Der Konflikt zwischen Grünlandwirtschaft und Naturschutz
unter Berücksichtigung der Projektierung des
Großschutzgebietes Hammeniederung

**Fried Meyer zu Erbe**

**1997**

Inv.-Nr. A 29791

Z-266
Dev A-IX-2
Dev-3-I-3
VB-

# Inhaltsverzeichnis

Seite

Verzeichnis der Karten..................................................................................4
Verzeichnis der Tabellen und Übersichten.....................................................4
Verzeichnis der Abbildungen.........................................................................4
Vorbemerkung................................................................................................6

1       Einleitung: Entwicklung der Fragestellung und ihre
Beziehung zur Methodenwahl...................................................................7
1.1    Fragestellung und Aufgabe der Untersuchung........................................7
1.2    Fragestellung in Beziehung zur Methodenwahl....................................10

2       Durchführung der Untersuchung.............................................................14
2.1    Die qualitativen, unstandardisierten Interviews.....................................14
2.2    Vorgehen bei der Erhebung....................................................................16
2.3    Auswertungskonzept..............................................................................20

3       Einführung in die Agrarstruktur und das Vorhaben des
Naturschutzes im Hauptuntersuchungsgebiet Hammeniederung..............24
3.1    Agrarstruktur der Hammeniederung......................................................24
3.2    Agrarstruktur unter dem Einfluß der Milchmengenregelung.................31
3.3    Naturschutzgroßvorhaben und Entwicklungs-
und Betroffenheitsanalyse......................................................................34

4       Ergebnisse der Auswertung nach Sachbezügen und inhaltlich
zusammengehörigen Kategorien:..............................................................52

4.1    Erfahrungen in bestehenden Naturschutzgebieten und im
Vertragsnaturschutz................................................................................54
4.1.1  Erschwernisausgleich............................................................................55
4.1.2  Vorzeitiges Mähen in Naturschutzgebieten als
Beispiel für eine flexible Handhabe von Naturschutzauflagen..............61
4.1.3  Heterogene Bewirtschaftungsintensität in den Naturschutzgebieten....66
4.1.4  Der § 28a/b des Niedersächsischen Naturschutzgesetzes.....................69
4.1.5  Das Feuchtgrünlandschutzprogramm....................................................75

Seite

| | | |
|---|---|---|
| 4.2 | Naturschutzplanungen | 84 |
| 4.2.1 | Planung von Naturschutzgebieten unter besonderer Berücksichtigung der Probleme bei Großschutzgebietsausweisungen | 84 |
| 4.2.2 | Beispiel: Das Kerngebiet der Planungen im Hammeraum | 96 |
| 4.2.3 | Flurbereinigung mit Naturschutzzielsetzung | 104 |
| 4.2.4 | Landschaftspflege durch landwirtschaftliche Betriebe | 109 |
| 4.2.5 | Milch und Fleisch aus Naturschutzgebieten | 112 |
| 4.3 | Naturschutz als soziales und gesellschaftliches Problem | 122 |
| 4.3.1 | Erfahrungen mit der Naturschutzadministration | 122 |
| 4.3.2 | Sozialpsychologische Aspekte des Naturschutzes | 130 |
| 4.3.3 | Ängste der Landwirtschaftschaft gegenüber vermeintlichen Ansprüchen des Naturschutzes | 135 |
| 4.3.4 | Agrarsoziodemographische und agrarsozioökonomische Differenzierungen | 138 |
| 4.4 | Naturschutz und Wasserwirtschaft | 145 |
| 4.4.1 | Grabenräumung | 145 |
| 4.4.2 | Uferrandstreifen | 150 |
| 4.4.3 | Überschwemmungen und Wiedervernässung | 157 |
| 5 | Zusammenfassende und bewertende Schlußbetrachtung | 162 |

Literaturverzeichnis......167

Anhang: Dokumentation der qualitativen unstandardisierten Interviews in Form der transkribierten Tonbandaufnahmen und rekonstruierten Expertengespräche......179

## Verzeichnis der Karten:

Seite

Karte 1: Lage des Hauptuntersuchungsgebietes Hammeniederung und
weiterer erwähnter Großschutzgebiete in Deutschland..................................................8

Karte 2: Intensitätskarte: Bewirtschaftungsintensität des Grünlandes
in der Hammeniederung..................................................................................................29

Karte 3: Regionale Lage - Bezugsgebiet des Vororientierungsantrages
von 1989 und des Antragsgebietes vom Juli 1991......................................................36

Karte 4: Schutzgebietskonzept mit den vier Landwirtschaftszonen......................................37

Karte 5: Abgrenzung des Projekt- und Kerngebietes.
Stand: September 1992...................................................................................................44

Karte 6: Neuer Abgrenzungsvorschlag zum Kreistagsbeschluß
vom 17. Juni 1993; Eigentumsverhältnisse sowie
Natur- und Landschaftsschutzgebiete............................................................................45

Karte 7: Gebietsabgrenzung. Stand: Januar/Februar 1994....................................................48

Karte 8: Endgültige Gebietsabgrenzung des GR-Gebietes.....................................................49

Karte 9: Klassifizierte Straßen und Eisenbahnen im Bereich
Teufelsmoor/Hammeniederung......................................................................................97

## Verzeichnis der Tabellen und Übersichten:

Tabelle 1: Entwicklung der Betriebsgrößenstruktur im Landkreis Osterholz...........................25

Tabelle 2: Betriebsgrößenstruktur der im Rahmen der Entwicklungs- und Betroffenheitsanalyse
Hammeniederung erhobenen Betriebe........................................................................26

Tabelle 3: Futterbau-Milchviehbetriebe des Weser-Elbe-Raumes
im Zeitvergleich...............................................................................................................31

Übersicht 1: Feuchtgrünlandschutzprogramm Niedersachsen - Vertragsvarianten
"Moorriem mit Huntenniederung"...............................................................................75

Übersicht 2: Futterwert in Abhängigkeit vom Extensivierungsgrad......................................118

## Verzeichnis der Abbildungen:

Abbildung 1: Titelbild: Blick auf die Hamme mit ihren Altarmen zwischen Ritterhude und
Scharmbeckstotel. Quelle: Anita Suchodolski.
In: Osterholzer Kreisblatt vom 15. Juli 1994...............................................................1

Abbildung 2: Heuernte in der Hammeniederung: Großballen, bereit für den Abtransport.
Im Hintergrund die Klosterkirche von Osterholz.......................................................27

Seite

Abbildung 3: Im Jahre 1994 erneut in das GR-Gebiet einbezogene Feuchtgrünlandflächen im Ritterhuder Raum; Nuphar luteum (Gelbe Teichrose) und Nymphaea alba (Weiße Seerose) auf einem Altarm der Hamme...................................................................50

Abbildung 4: Heterogene Bewirtschaftungsintensität im Naturschutzgebiet.............................67

Abbildung 5: § 28a - Fläche in der Hammeniederung................................................................69

Abbildung 6: Senecioni Brometum Racemosi (Wassergreiskrautwiese) mit den Kennarten Senecio aquaticus (Wassergreiskraut), Myosotis palustris (Sumpfvergißmeinnicht) und Caltha palustris (Sumpfdotterblume).................................................................77

Abbildung 7: Holcus lanatus (Wolliges Honiggras), Thalictrum flavum (Gelbe Wiesenraute) und Rumex acetosa (Großer Sauerampfer).........................77

Abbildung 8: Vorfluter im Kerngebiet der Naturschutzplanungen mit seggen- und hochstaudenreichen Grabenrandbereichen; im Vorfluter Sagittaria sagittifolia (Pfeilkraut) und Cygnus olor (Höckerschwan)................................................101

Abbildung 9: Pellwormer Inselmilch.........................................................................................114

Abbildung 10: Wiesen- und Weidenutzung; Wassersportaktivitäten auf der Hamme.................................................................130

Abbildung 11: Grabenrandvegetation bestimmt vom Frühsommeraspekt Lychnis flos-cuculi (Kuckucklichtnelke)................................................................150

Abbildung 12: Grabenrandvegetation bestimmt vom Sommeraspekt Thalictrum flavum (Gelbe Wiesenraute).....................................................................151

Abbildung 13: Jungviehweide mit zertretenen Uferbereichen; am gegenüberliegenden, seggenreichen Grabenrand Iris pseudacoris (Gelbe Schwertlilie)....................................................................................................152

Abbildung 14: Feuchtwiesenlandschaft und monotone Agrarlandschaft im Vergleich.............154

Abbildung 15: Ausgedehnte Überschwemmungen in der Hammeniederung............................157

Abbildung 16: Deschampsia caespitosa (Rasenschmiele) - Horst; Deschampsia caespitosa wird vom Weidevieh weitgehend gemieden und erfährt dadurch eine selektive Förderung ....................................................................159

## VORBEMERKUNG

Ich bedanke mich bei allen Befragten, die durch ihre Gesprächsbereitschaft und vor allem durch ihre Offenheit dazu beigetragen haben, die Konfliktsituation in dieser Form darlegen zu können.

Mein besonderer Dank gilt meinen Korrektorinnen Vera Popp und Reinhild Schabacher sowie meinem Korrektor Klaus-Jürgen Stritzel, die sich auf meine Bitte hin die Zeit genommen haben, mit mir die vorliegende Arbeit durchzugehen und dabei engagiert ihren Standpunkt vertreten haben.

Für seine konstruktive Kritik und begleitende Unterstützung während des Forschungsprozesses bin ich Herrn Prof. Dr. Bahrenberg verbunden.

# 1. Einleitung: Entwicklung der Fragestellung und ihre Beziehung zur Methodenwahl

Vor dem Hintergrund eines Umdenkens in Fragen des Naturschutzes infolge des gestiegenen Natur- und Umweltbewußtseins in Gesellschaft und Politik wird auch die Wirtschaftsweise der modernen Grünlandwirtschaft immer kritischer beurteilt. Sie wurde in den vergangenen Jahrzehnten zunehmend technisiert; die technisch-biologische Entwicklung ist vorangeschritten und hat zu einer Intensivierung der Bewirtschaftung der Wiesen und Weiden beigetragen, was nicht selten ohne negative Auswirkungen auf den Naturhaushalt geblieben ist.

Die Leistungsfähigkeit des Naturhaushaltes ist jedoch die Lebensgrundlage menschlichen Daseins und kann nachhaltig nur durch eine Landschaft gesichert werden, die sich im biologischen Gleichgewicht befindet und als solche erhalten wird. Darüber besteht ein allgemeiner und politischer Konsens. Als Folge hat der Naturschutz in den letzten Jahrzehnten eine beachtliche Aufwertung erfahren. Heute nimmt der Naturschutz in der Werteskala der gesellschaftlichen Aufgaben eine Spitzenstellung ein. Insbesondere in Gebieten, die noch einen hohen landschaftsökologischen Wert besitzen, ist die Aufgabe, den Naturschutz zu fördern, nahezu unumstritten.

## 1.1 Fragestellung und Aufgabe der Untersuchung

Niederungsgebiete mit hohem Feuchtgrünlandanteil zählen zu den Gebieten, in denen sich der landschaftsökologische Wert bis in die Gegenwart hinein erhalten konnte. Schutzmaßnahmen sollen in diesen Gebieten die Naturerhaltung gewährleisten, und Entwicklungsmaßnahmen sollen helfen, die landschaftsökologische Situation zu verbessern. Konkret bedeutet dies einerseits eine Extensivierung zugunsten des Naturschutzes in der Grünlandwirtschaft, wo in den letzten Jahren eine Intensivierung stattfand und andererseits eine Erhaltung extensiver Wirtschaftsweise dort, wo sie derzeit noch vorhanden ist. Diese Bemühungen finden ihren Ausdruck in einer vorrangigen Anwendung des Vertragsnaturschutzes, aber auch in der verstärkten Ausweisung von Naturschutzgebieten.
In großräumigen, landschaftsökologisch wertvollen und schutzbedürftigen Bereichen werden Großschutzgebiete deklariert. Hierbei handelt es sich um Nationalparke, Naturparke und Biosphärenreservate, die unter Umständen aber auch den Charakter von Gebieten mit gesamtstaatlich repräsentativer Bedeutung für Natur und Landschaft besitzen.

Karte 1: Lage des Hauptuntersuchungsgebietes Hammeniederung und weiterer erwähnter Großschutzgebiete in Deutschland
Quelle: eigene

Besondere Vorgaben und Ansprüche des Naturschutzes führen dabei zu Interessenkonflikten zwischen Grünlandwirtschaft und Naturschutz. Die betroffenen Landwirte vertreten bestimmte Meinungen und Ansichten, die vorrangig aus Erfahrungen, die sie mit dem Naturschutz gemacht haben, resultieren. Diese Erfahrungen unterscheiden sich von denen, die organisierte Naturschützer, im Naturschutz engagierte Politiker oder die für die administrative Umsetzung verantwortlichen Vertreter der Naturschutzbehörden gemacht haben. Auch ihre Meinungen sind im Einzelfall von sehr unterschiedlichen Erfahrungen geprägt. Die jeweiligen Erfahrungen bestimmen die Haltung gegenüber dem Naturschutz. Sie sind dann von besonderer Bedeutung, wenn sie zum Verständnis sozialer und gesellschaftlicher Interaktionen herangezogen werden sollen. Einstellungen gehen auf frühere Erfahrungen mit dem Naturschutz zurück, und viele frühere Erfahrungen haben mit dem jetzigen und zukünftigen Verhalten zu tun.

Krech u.a. (1992, S.46) definieren die Einstellung wie folgt: "Eine Einstellung ist ein Bündel relativ dauerhafter Überzeugungen und damit verbundener Gefühle in bezug auf ein Objekt oder eine Situation, durch die Überzeugungen...mit Ansicht über existentielle Grundfragen aufgebaut werden."

Wenn Einstellungen aus früheren Erfahrungen und Verhalten resultieren, gilt es zunächst die verschiedenen und manchmal unvereinbaren Überzeugungen zu analysieren, die mit dem Naturschutz im weiteren Sinne verbunden sind. Langfristig wird auf diese Weise die Voraussetzung für eine transparentere Sichtweise geschaffen, aus der verbesserte Ansätze zur Konfliktlösung hervorgehen könnten.

Naturschutzmaßnahmen können kaum erfolgreich durchgeführt werden, wenn die Interessenkonflikte nicht in einer sachlichen Diskussion zwischen den Interessengruppen ausgetragen und ausgeglichen werden. Nur wenn die handelnden Gruppen, die Landwirte, die Vertreter der Naturschutzbehörden, der Politik und die Naturschutzverbände wissen, wie der Diskussionspartner fühlt und denkt und wie sein Handlungsrahmen abgesteckt ist, können gemeinsame Lösungen erarbeitet werden. Gemeinsam erarbeitete Lösungen werden über lange Zeiträume in der Landschaft wirksam umgesetzt werden können.

Mit Hilfe der folgenden Untersuchung soll versucht werden, das Verständnis zwischen den handelnden Gruppen bei Naturschutzmaßnahmen zu fördern.

Da die Thematik nicht in einer theoretischen Untersuchung abgehandelt werden kann, wurde ein laufendes Ausweisungsverfahren für ein Großschutzgebiet, in diesem Fall ein Großschutzgebiet mit gesamtstaatlich repräsentativem Charakter, vorrangige Untersuchungsgrundlage. Um dem Thema einen räumlichen Bezug zu geben, wurde vom Verfasser ein Niederungsgebiet in Norddeutschland, die Hammeniederung, ausgewählt, in dem die Untersuchung überwiegend durchgeführt wurde. Andere projektierte Naturschutzgebiete in Norddeutschland wurden aber auch berücksichtigt (vgl. Karte 1). Das Gebiet ist gemäß Regionalem Raumordnungsprogramm (Landkreis Osterholz,1985) Vorranggebiet für Natur und Landschaft; in diesem Gebiet sollen aufgrund der Empfehlung der Niedersächsischen Fachbehörde für Naturschutz (1992) vorrangig staatliche Naturschutzprogramme, wie das Gewässerrandstreifenprogramm und das Feuchtgrünlandschutzprogramm, eingesetzt werden. In einigen Teilbereichen sind seit Jahren Naturschutzgebiete ausgewiesen, so daß auf Erfahrungen mit dem Naturschutz zurückgegriffen werden kann.

Nach Ansicht des Verfassers besteht die Möglichkeit, aus der Untersuchung den angestrebten praktischen und theoretischen Nutzeffekt zu erreichen. Dabei ist es vordringliches Anliegen des Verfassers, über den Problemkreis 'Naturschutz in Grünlandgebieten' aus erster Hand zu informieren, die Konfliktsituation zu analysieren und Ursachen des Konfliktes aufzuzeigen. Die Meinungen und Ansichten der in der Landschaft wirtschaftenden Agrarproduzenten werden besonders herausgestellt, weil sie die Naturschutzmaßnahmen in der Landschaft umsetzen und es bei der Umsetzung durch mangelndes Verständnis der anderen am Naturschutz Beteiligten oft zu Schwierigkeiten kommt.

Für die Landwirte ist es von Interesse, Einblick in die Entscheidungsstrukturen der für sie zunächst undurchsichtigen Naturschutzverwaltung zu bekommen. Landwirte, die in Naturschutzgebieten wirtschaften, werden zwangsläufig permanent mit Entscheidungen der Verwaltung konfrontiert. Die in Natur und Landschaft planende Administration handelt im Rahmen der vorgegebenen Gesetze und Verordnungen; Ausmaß und Durchsetzungstempo bei Naturschutzplanungen werden aber von den Politikern maßgeblich beeinflußt. Für Politiker sind Fragen aktueller Naturschutzplanung relevant, weil sie die Entscheidung, in welchen Gebieten und in welchem Umfang Naturschutz betrieben werden soll, zu treffen haben.

Für Vertreter des organisierten Naturschutzes kann die vorliegende Untersuchung dazu dienen, Naturschutz mehr in Übereinstimmung und weniger im Gegensatz zu den Interessen der Landwirtschaft durchzuführen. Zu einer eingehenden ausreichenden Aussprache kommt es zwischen den beteiligten Landwirten, Verwaltungen, Politikern und Vertretern der Naturschutzverbände selten. Die Verhandlungsatmosphäre ist in vielen Fällen emotional belastet.

Der Verfasser will versuchen, die Ergebnisse so wirklichkeitsnah darzustellen, daß die *construction of reality* weitgehend gelingt. Mit der Analyse der Konfliktsituation hofft der Verfasser, Anregungen geben zu können, damit Naturschutzmaßnahmen zukünftig auf einem erweiterten Bewußtseinsstand der Interessengruppen umgesetzt werden können.

## 1.2 Fragestellung in Beziehung zur Methodenwahl

Die vorliegende Untersuchung beschäftigt sich mit dem Konflikt zwischen Grünlandwirtschaft und Naturschutz, wobei es Ziel ist, qualitative Informationsdefizite aufzuarbeiten. Es handelt sich um eine Untersuchung mit interdisziplinärem Charakter, da sowohl agrarstrukturelle, naturschutzplanerische als auch soziologische und psychologische Themen angesprochen werden. Sie ist in der Geographie angesiedelt, weil sie sich mit dem Bezug des Menschen zum Landschaftsraum auseinandersetzt.

Die Einstellung gegenüber bestimmten Fragen des Naturschutzes ist ökonomisch, soziologisch und psychologisch motiviert, wobei die soziologischen Gründe für die Einstellung gegenüber dem Naturschutz überwiegen, wie sich bei einer in Göttingen durchgeführten Untersuchung herausstellte (Mährlein, 1993, S. 188). Der hohe Stellenwert soziologischer und psychologischer Aspekte im Naturschutz wurde bisher noch nicht näher untersucht. Die in der Vergangenheit durchgeführten Forschungen zielten auf agrarökonomische Auswirkungen ab, oder ihr Ziel war es, die landschaftsökologischen Auswirkungen von Naturschutzmaßnahmen zu erfassen. Sie bedienten sich daher naturwissenschaftlicher Methoden, z.B. von vegetationskundlichen Kartierungen und gezielten laboranalytischen Boden- und Wasseruntersuchungen. Sofern die agrarökonomischen Auswirkungen Forschungsthema waren, bedienten sich die Forscher quantitativer Untersuchungsmethoden, in denen standardisierte Erhebungsbögen Verwendung fanden.
Für bestimmte Fragestellungen ist die quantitative Forschung mit standardisierten Erhebungsbögen nicht die geeignete Methode. Sie bietet sich jedoch zum Beispiel zur Erkundung der in einem geplanten Naturschutzgebiet liegenden Struktur landwirtschaftlicher Betriebe an, indem die Höhe der Milchquoten oder die Verluste über Standarddeckungsbeitragsrechnungen erfaßt werden. Für das überwiegend an Handlungszusammenhängen und Wirklichkeitsstrukturierungen intersierte und sozialwissenschaftlich orientierte Forschungsvorhaben eignet sich die quantitative Forschung nicht, so daß für das vorliegende Forschungsvorhaben ein anderer Forschungsansatz gewählt wurde. Mayring (1990, S. 9 ff.) beschreibt, daß in Forschungen "der eigentliche Ausgangspunkt und das eigentliche Ziel, die Subjekte, ins Hintertreffen geraten. Entweder werden bestimmte Methoden so in den Vordergrund gestellt, daß deren Verfeinerung wichtiger wird als die Ergebnisse; oder es werden Theorien oder Theoriebruchstücke auf Bereiche übertragen, ohne ihre Angemessenheit zu überprüfen. Der direkte Zugang zu den betroffenen Subjekten würde diese Verzerrungen sofort ans Tageslicht bringen."

Um die Perspektiven der in die Planungen involvierten Personen und Gruppen zu verdeutlichen, wird in der vorliegenden Untersuchung ein qualitativer Forschungsansatz unter Zuhilfenahme unstandardisierter offener Interviews mit den am Konflikt beteiligten Interessengruppen verwendet. Freie Interviews ermutigen zu lebensnäheren Antworten, da sie der Situation angepaßt sind. Zudem erlauben sie eine flexible Durchführung der Befragung. Prädetermination durch den Forscher ist nicht nur überflüssig, sondern sogar unerwünscht, weil sie den Untersuchungsablauf und die Ergebnisse schon von vornherein in ein Schema pressen würde. Ein weiteres Charakteristikum der qualitativen Forschung ist die Offenheit.

"Die Offenheit des Vorgehens wird durch den narrativen Charakter der Befragung, die dem Befragten viel Freiraum zur eigenen Betonung wichtiger Themenbereiche läßt, gewährleistet. Die Kommunikativität und die Naturalizität des Verfahrens ergibt sich aus dem weitgehend natürlichen Charakter des Gesprächs. ...(So) erfahren wir..nicht nur insgesamt mehr, sondern auch mehr Details, eben alles, was für den Befragten von Bedeutung ist, und wir können durch die an den Gesprächsverlauf angepaßten Fragen sehr weitgehend in Erfahrung bringen, wie gewichtig welche Aspekte für den Betroffenen sind"(Lamnek, 1989, S. 55).

Breite und Tiefe der Informationen bei standardisierten Befragungen sind in der Regel nicht tiefgehend und komplex genug, um strukturelle Zusammenhänge zu erkennen und die Relevanzsysteme der Befragten deutlich werden zu lassen. Die festgelegten Formulierungen der Fragen und der grundsätzlich festgelegte Ablauf der Befragungsform können oft ein Nachteil sein.

Methodisch geht der Verfasser so vor, daß den befragten Naturschutzbehörden und Landwirten kein vorgefertigter Fragebogen vorgelegt wird. Die ausgewählten Experten des Konfliktes zwischen Grünlandwirtschaft und Naturschutz werden motiviert, dem Interviewer umfassend und eindringlich ihre Erfahrungen und Einstellung zu aktuellen Fragen des Naturschutzes darzulegen.

Zu Beginn der Untersuchung wurde vom Verfasser keine theoretische Strukturierung des Untersuchungsgegenstandes vorgenommen. Bei der Untersuchung mit qualitativen Methoden kommt es darauf an, die Untersuchung so zu entwickeln und zu präzisieren, daß sie sich an den realen Verhältnissen orientiert und darin verwurzelt bleibt. Qualitative Forschung bedient sich einer flexiblen Vorgehensweise, so daß z.B. im Verlauf der Untersuchung ganz neue Aspekte der Konfliktsituation hinzutreten können. Die Flexibilität der Vorgehensweise bedeutet nicht, daß sie richtungslos vonstatten geht. Der Blickwinkel ist zunächst weit, spitzt sich allerdings im Verlauf der Untersuchung zu.

Der Zweck qualitativer Erhebungen ist, ein klares Verständnis für die Zusammenhänge zu gewinnen und sich der Perspektive der einzelnen Betroffenen bzw. betroffenen Personengruppen anzunähern. Signifikante Bezugslinien werden aus der Fülle der Informationen herausgefiltert, wobei die Perspektive der einzelnen Person oder Personengruppe nicht aus dem Auge verloren werden darf. In dieser Hinsicht unterscheidet sich unstandardisierte qualitative Forschung von der Haltung des Forschers, der mit einem quantitativen Forschungsansatz arbeitet. Denn dieser muß schon vor der eigentlichen Untersuchung ein festgelegtes und klar strukturiertes Problem vorlegen. Er muß genau wissen, welche Arten von Daten er sammeln soll und wird einen vorgefertigten Satz von Techniken haben. An diesen Techniken muß er streng festhalten (vgl. auch Blumer, 1979, S. 54 f.).

Noch vor Jahren stand qualitative Forschung im Kontrast zu dem verbindlichen Protokoll der quantitativen Forschung. Heute hat die qualitative Forschung in der Geographie und ihren benachbarten Disziplinen längst Einzug gefunden. Qualitative Untersuchungen werden vielfach durchgeführt und haben dazu beigetragen, in neue Problembereiche vorzudringen und den Kenntnisstand auf verschiedenen Sachgebieten zu verbessern (vgl. z.B. Krüger u.a., 1984/86/93; Vonderach u.a., 1993; Meier, 1989; Girtler, 1988). Orth und Hofstetter (1995) sowie Jansen (1992) wählten für bestimmte Detailfragen bezüglich der Umsetzung von Naturschutz im Agrarraum einen qualitativen Ansatz; die Untersuchung von Adomßent befindet sich noch im Forschungsprozeß (mündliche Mitteilung Adomßent, 1996). Es verwundert, daß bisher keine qualitativen Ansätze zur Exploration des Konfliktes zwischen Grünlandwirtschaft und Naturschutz bekannt sind. Diese Tatsache stellt eine Herausforderung dar, den defizitären Kenntnisstand zu überwinden.

## 2 Durchführung der Untersuchung
### 2.1 Die qualitativen unstandardisierten Interviews

Eingangs wurde die Fragestellung entwickelt und ihre Beziehung zur angewandten qualitativen Untersuchungsmethode hergestellt. Die methodische Grundsatzentscheidung zur qualitativen Erhebung mit Hilfe von Interviews ist gefallen, um einen direkten Zugang zu den Befragten zu ermöglichen. Die qualitativen unstandardisierten Interviews erlauben es, Meinungen, Ansichten und Erfahrungen der Befragten zum Konfliktfeld wirklichkeitsnah zu erfassen.

Für das offene und weitgehend unstrukturierte Interview wird vom Verfasser nur im Einzelfall ein stichpunktartiger Leitfaden aufgestellt, der dann auch tatsächlich zu den Gesprächen vorliegt. Gedanklich wird immer ein Leitfaden vorbereitet und im Geiste mitgeführt. Die Interviews werden überwiegend extemporär geführt. Der Leitfaden enthält zwar Vorschläge für Fragestellungen, die in das Gespräch einfließen könnten und ist somit eine hilfreiche Ergänzung, wenn das Gespräch ins Stocken gerät; er dient jedoch eher als Subsidium, als psychologische Stütze, denn als Leitfaden in dem Sinne, wie er von Methodologen der Qualitativen Sozialforschung beschrieben wird (vgl. z.B. Meuser und Nagel, 1994).

Die Forderung, daß das Interview einem natürlichen, sich sukzessive entwickelnden Gespräch gleichen soll, erlaubt nicht, an einem vorgefertigten Leitfaden festzuhalten. Charakteristisch für das qualitative unstandardisierte Interview ist seine Offenheit. "Die Offenheit des Vorgehens wird durch den narrativen Charakter der Befragung, die dem Befragten viel Freiraum zur eigenen Betonung wichtiger Themenbereiche läßt, gewährleistet. Die Kommunikativität und Naturalizität des Verfahrens ergibt sich aus dem weitestgehend natürlichen Charakter des Gespräches,..." (Lamnek, 1989, S. 55). Der entscheidende Unterschied zu einem Alltagsgespräch liegt in der organisierten Form des Gespräches. Durch die an den Gesprächsverlauf angepaßten Fragen kann sehr weitgehend in Erfahrung gebracht werden, wie gewichtig welche Aspekte für den Befragten sind.

Paraphrasieren, Nachfragen und vorsichtiges Interpretieren sind methodisch geeignete Mittel, um den Befragten zu weiteren Ausführungen anzuhalten. Insbesondere das Paraphrasieren als ein Aufgreifen des Gesagten in leicht modifizierter Form hält der Verfasser für besonders geeignet, um einen Sachverhalt profund zu erschließen. Die Fragen und Bemerkungen sind dann so gehalten, daß sie mit den Worten des Befragten in das geschilderte Geschehen zurückführen.

Der Verfasser verhält sich überwiegend permissiv, läßt den Befragten erzählen und greift nur aktiv steuernd in das Gespräch ein, wenn es notwendig wird, ihn durch neue Fragen aufzufordern sich weiterführend mit dem Gesprächsthema auseinanderzusetzen. Damit gibt er Stimulationen, erzählt aber auch von sich aus, um die Gesprächssituation nicht zu sehr von einem Alltagsgespräch zu entfernen. Es erscheint unnatürlich, wenn ein Gesprächspartner im Gespräch unentwegt eine Frage nach der anderen stellt, selbst aber nie Beiträge leistet oder bisweilen Fragen beantwortet. Auch

Lamnek (1989, S. 67) weist darauf hin: "Daß einer nur Fragen stellt und ein anderer nur antwortet, ist eben alltäglich absolut unüblich (Ausnahme: Verhör etc.). Die Asymmetrie im qualitativen Interview ist aber eine durchaus nicht unübliche Alltagssituation: Jemand erzählt und andere hören interessiert zu. Das zu erkennen gegebene Interesse ist für den Erzählenden eine positive Sanktion, die er willkommen als Stimulans für deren Fortsetzung betrachtet."

Der oder die Befragte wird immer wieder dazu angehalten, einzelne Aspekte genauer zu erklären, wobei vor allem darauf hingewiesen wird, daß seine persönlichen Ansichten interessieren. Er wird zum geschätzten Experten, der bereitwillig und offen sein Fachwissen dem Verfasser mitteilt.

Der Verfasser bleibt während des Gespräches überwiegend in der Position des interessierten Zuhörers. Soweit es möglich ist, vermeidet er, seine Meinung in die Interviews einzubringen. Ein Problem entsteht in der Interviewsituation, wenn der Interviewer aufgefordert wird, selbst zu Fragen Stellung zu beziehen. Dann läßt es sich nicht mehr vermeiden, vorsichtig und moderat Stellung zu beziehen, gerade weil es auch für den Befragten wichtig ist, die Positionen des Interviewers in Erfahrung zu bringen.
Die Stellungnahme seitens des Interviewers ist in der qualitativen Sozialforschung umstritten. Sie weist sowohl Vorteile als auch Nachteile auf. Viele Methodologen der Qualitativen Sozialforschung lehnen das Einbringen eigener Meinungen und Ansichten grundsätzlich ab, weil sie um den Verlust der Objektivität fürchten und den Befragten beeinflußt sehen. Wird vom Interviewer eine Meinungsposition aufgebaut, kann der Befragte als Folge in eine Richtung gedrängt werden. Entweder schließen sich die Befragten der Meinung des Interviewers voreilig an und versäumen ihren eigenen Standpunkt differenziert darzulegen oder bauen bewußt eine Gegenposition auf, die stark überzeichnet ist. Die Meinung des Befragten ist nicht mehr vollkommen frei, sondern ist in Position zur Meinungsäußerung des Interviewers ausgerichtet und besitzt damit andere Akzente.

Andere Sozialforscher halten es für hilfreich, den Standort des Forschers darzulegen, um tiefere Informationen über das Forschungsfeld zu bekommen. Nach dieser Auffassung wird der Befragte nicht geneigt sein, sich bereitwillig zu öffnen, wenn er das Gefühl hat, sein Gegenüber "spielt mit verdeckten Karten" und möchte ihn aushorchen (vgl. Girtler, 1988).

Versucht man die hier geführten qualitativen unstandardisierten Interviews formal stilistisch einem Subtyp zuzuordnen, erkennt man, daß die in der Untersuchung verwendeten Interviews formal zwischen narrativem und problemzentriertem Interview angesiedelt sind. Bei den Gesprächen handelt es sich nicht um klassische narrative Interviews, in denen dem Interviewten die Gestaltung des Gesprächsablaufes vollständig überlassen wird (vgl. Schütze, 1977). Der Verfasser griff vielmehr von Zeit zu Zeit steuernd in den Gesprächsablauf ein.

Der Verfasser, der sich schon seit Jahren mit dem Konflikt zwischen Naturschutz und Grünlandwirtschaft beschäftigt, tritt nicht ohne jegliches theoretisch-wissenschaftliches Vorverständnis in die Erhebungsphase ein, wie es von Schütze beim narrativen Interview gefordert wird (vgl. Schütze, 1977). Insofern besitzen die Interviews eher Charakterzüge, die dem problemzentrierten Interview eigen sind. Dennoch handelt es sich nicht um ein rein problemzentriertes Interview; dieses arbeitet mit einem bereits bestehenden wissenschaftlichen Konzept, welches durch die Äußerungen des Erzählenden modifiziert wird (vgl. Lamnek, 1989, S. 74).

Es wurden auch vorhandene erkenntnistheoretische Zusammenhänge nur soweit in den Forschungsprozeß einbezogen, wie sie den Forschungsablauf nicht störten und keine Prädetermination, welche sich nachteilig im Forschungsprozeß auswirken könnte, drohte.

Die offene Struktur der geführten Gespräche eröffnete dem Befragten die Chance, sich nach seinen eigenen Bedürfnissen und Vorstellungen im Gespräch zu artikulieren. Die Betonung des Erzählprinzips in den Interviews hat den Vorteil, daß die Orientierungsmuster des Handelns deutlich werden und die retrospektive Interpretation des erzählten Handelns berücksichtigt wird. Die Antworten fielen daher in der Regel wesentlich länger aus als bei standardisierten Erhebungen. Somit ist die gesamte Interviewdauer, die sich bei den vorliegenden Interviews bis zu vier Stunden hinzog, zumeist erheblich länger, als bei einer standardisierten Befragung.

## 2.2 Vorgehen bei der Erhebung

Da der räumliche Schwerpunkt der Untersuchung auf die Hammeniederung gelegt wurde, rekrutieren sich auch die meisten Befragten aus diesem Raum. Bei der qualitativen Erhebungsmethode geht es nicht um statistische Repräsentativität. Der Feldforscher sucht im Rahmen des *theoretical sampling* nach seinen Erkenntnisinteressen einzelne Fälle für die Befragung aus.

Die befragten Personen sind 'Experten des Konfliktes' zwischen Grünlandwirtschaft und Naturschutz. Ihre Auswahl ergab sich zum Teil aus der Tätigkeit des Verfassers im Zusammenhang mit der Entwicklungs- und Betroffenheitsanalyse Hammeniederung, die im Rahmen der Projektierung des Naturschutzgroßvorhabens von der Landwirtschaftskammer (1993) erstellt wurde.

Der Verfasser suchte das Gespräch mit den agierenden Personen des Raumes, den Politikern, den Vertretern der Naturschutzverwaltung und den Naturschutzverbänden sowie den vom Naturschutz betroffenen Landwirten und ihren Verbänden.

Um neben der Hammeniederung auch andere Feuchtgrünlandgebiete bzw. Naturschutzplanungsgebiete nicht unberücksichtigt zu lassen und nicht einen zu engen Blickwinkel zu bekommen, wurde auch in vergleichbaren Räumen in Brandenburg, Schleswig-Holstein und Ostfriesland befragt. Der Erkenntnisgewinn konnte hiermit überregional erweitert werden, beispielsweise in bezug auf den Vertragsnaturschutz.

In Schleswig-Holstein verfügt man seit 1989 über umfangreiche Erfahrungen mit dem Biotopprogramm im Agrarbereich, so daß diese entsprechend in die Untersuchungsergebnisse einfließen konnten.

Mit der Befragung des Bundesamtes für Naturschutz und des Bundesumweltministeriums, die als übergeordnete Behörden über Einblicke in die verschiedenen Naturschutzplanungsgebiete verfügen, konnten interregionale Vergleiche vorgenommen werden.

Hoffmann-Riem (1994, S.33) weist darauf hin, daß die durch Felderkundung gewonnen ersten Vermutungen zur Erweiterung des Forschungsfeldes anregen. Vom Feldforscher werden Bezugslinien verfolgt, die in sein besonderes Interessenfeld rücken und von denen er sich gute Erkenntnisgewinne verspricht. Auf diese Weise wird das Forschungsfeld erweitert, wenn Hinweise der Befragten neue Gesichtspunkte bringen. Es wird von dem provisorischen Befragungsplan abgewichen, der ohnehin keinen verbindlichen Charakter hat.

Bei dieser Vorgehensweise ist "eine weitgehende Selbstkontrolle des Forschers insoweit erforderlich, als er vermeiden muß,...eine verzerrte, weil untypische, Auswahl vorzunehmen" (Lamnek, 1989, S. 93).

Die in der Hammeniederung befragten Agrarproduzenten wurden so ausgewählt, daß sie aus verschiedenen Subregionen des Untersuchungsgebietes kommen (vgl. Karte 2). Es wurden Neben- und Haupterwerbslandwirte, ältere und jüngere Landwirte befragt. Entsprechend der Agrarstruktur der typischen Feuchtgrünlandgebiete majorisieren die Betriebsleiter der Milchvieh-Futterbaubetriebe, wobei andere Betriebsformen nicht unberücksichtigt bleiben.

In den Naturschutzbehörden wurden nicht nur Amts- und Abteilungsleiter befragt, sondern auch Sachbearbeiter.

Bei den Politikern wurde jeweils ein Vertreter jeder Partei ausgewählt. Zwei befragte Politiker sind Fraktionsvorsitzende im Osterholzer Kreistag, zwei sind Landespolitiker. Um auch den besonderen Verhältnissen in den norddeutschen neuen Bundesländern Rechnung zu tragen, wurden auch Politiker des Landes Brandenburg in die Erhebung einbezogen.

Dieser Vorgehensweise liegen keine stichprobentheoretischen Überlegungen im wahrscheinlichkeitstheoretischen Sinne zugrunde. Vielmehr bemüht sich der Verfasser um realitätsgerechte Rekonstruktion von Bedeutungsstrukturierungen. Die qualitative Erhebung zielt im Gegensatz zur quantitativen Methodologie nicht darauf ab, die Häufigkeiten bestimmter Handlungsmuster und -strukturen zu charakterisieren und zu analysieren.

Bei der Auswahl und dem Zugang zu den Befragten spielen informelle Kontakte eine wichtige Rolle. Hierauf weist auch Girtler (1992, S. 87) in seiner 'Anleitung zur Feldarbeit' hin: "..informelle Kontakte sind der geeignetere Weg, um überhaupt in eine solche Organisation hineinzuschlüpfen, als formelle Briefe oder gescheite Telefonanrufe,..." Auch bei der vorliegenden Untersuchung wurden informelle Kontakte genutzt. Wenn die zu Befragenden dem Verfasser vor der Erhebung nicht bekannt waren, bemühte er sich, über andere Kontaktpersonen eine Verbindung herzustellen. Nur in wenigen Fällen richtete er offizielle Anschreiben an die Gesprächspartner in den Verwaltungen, in denen das Forschungsvorhaben kurz vorgestellt wurde, und bat um einen Gesprächstermin. Diesen Weg wählte der Verfasser immer in solchen Fällen, wo ein offizielles Vorgehen ratsam zu sein schien.

Die Erhebungssituation, in der das Gespräch zwischen Interviewpartnern und Verfasser stattfand, sollte möglichst vertraulich und entspannt sein. Um die Atmosphäre für den Befragten von vornherein angenehm und entspannt zu gestalten, wurde auch der Gesprächsort in einer für den Befragten vertrauten und alltäglichen Situation gewählt. Die Interviews mit den Landwirten, den Vertretern der Naturschutzverbände und den Politikern wurden überwiegend im Hause der Befragten - im Wohnraum, in der Küche oder im Garten - geführt. Die Gespräche mit den Vertretern der Naturschutzadministration erfolgten in den Dienstzimmmern der Befragten. Selbst wenn dem Verfasser im Einzelfall z.B. wegen der verkehrsgeographischen Distanz ein anderer für ihn günstigerer Gesprächsort vorgeschlagen wurde, lehnte der Verfasser dies in der Regel ab, um die Erhebungssituation möglichst unverfälscht und unter Ausschluß psychologischer und sozialer Störeinflüsse gestalten zu können.

Es sollte schon zu Beginn des Gespräches eine ausgeglichene und harmonische Atmosphäre hergestellt werden, die frei von Spannungen und Hemmungen war. Während des Gespräches bemühte sich der Verfasser, sich insgesamt teilnehmend interessiert, dennoch eher zurückhaltend zu zeigen, da es primär darum ging, den Befragten erzählen zu lassen und nur steuernd in das Gespräch einzugreifen. Im Unterschied zur standardisierten Befragung wurde der Interviewpartner nicht als objekthafter Datenlieferant einer Untersuchung, sondern als Subjekt in einer möglichst alltagsnahen Gesprächssituation verstanden (Lamnek, 1989, S. 65).

Die Interviews wurden vom Verfasser mit Hilfe eines Tonbandes aufgezeichnet. Der Vorteil der Tonbandaufnahmen liegt darin, daß die gesamte Information in ihrer originären Sequenz beliebig reproduziert werden kann. Tonbandaufnahmen können den Nachteil haben, daß sich die Befragten bedeckt halten. Auf keinen Fall darf den Befragten das Gefühl gegeben werden, sie ausspionieren zu wollen. Roland Girtler, der sich vorwiegend mit sozialen Randgruppen beschäftigt, aber auch Befragungen mit Vertretern des staatlichen Sicherheitssystems durchführt, stellt die Problematik der Befragungen mit Tonbandaufnahmen heraus. Da gerade soziale Randgruppen bei Tonbandaufnahmen argwöhnen, man wolle sie ausspionieren und "verraten", verwendet Girtler vielfach den methodischen Ansatz der teilnehmenden Beobachtung und des Postskriptums zur Datenaufzeichnung.

In der Einleitungsphase der Gespräche wurde ein kurzes Vorgespräch geführt, in welchem der Verfasser das Forschungsvorhaben vorstellte und der zu Befragende darauf hingewiesen wurde, wie wichtig seine Einschätzungen und Erfahrungen mit dem Naturschutz sind. Dabei wurden die Befragten auf den praktischen und theoretischen Nutzen hingewiesen. Da in den geführten Interviews allen Befragten der praktische und theoretische Nutzen der Untersuchung einleuchtete, standen sie in der Regel bereitwillig für das Interview zur Verfügung. Im Falle zweier Interviews mit Vertretern der Naturschutzadministration ergaben sich Probleme, weil die befragten Behörden im nachhinein ihr Einverständnis zur wörtlichen Wiedergabe des Interviews verweigerten. In einem Fall wurde der Verfasser sogar ausdrücklich aufgefordert, die Tonbandaufnahme zu vernichten. Im anderen Fall wandte sich die Behörde an die Fachbereichsleitung des Fachbereichs 8 der Universität Bremen mit der Bitte, die aufgezeichneten Gespräche zu verfremden. Der Verfasser ist der Aufforderung nachgekommen. Nicht zuletzt entspricht es der verwendeten qualitativen Methode, daß niemand in seiner Arbeit gestört werden soll. Allerdings wurde auch von diesen Gesprächen jeweils ein Postskriptum angefertigt, das als Vorlage für einen rekonstruierten Gesprächsablauf diente. In einem dritten Fall wurde dem Verfasser von vornherein die Tonbandaufnahme untersagt, so daß er sich während des Interviews auf eine Mitschrift beschränken mußte, die anschließend für eine dem Gesprächsablauf sehr nahe kommende Rekonstruktion verwendet wurde.

Inhaltlich divergierten die Fragestellungen, je nachdem an welchen Adressaten sie gerichtet waren. Die Fragen waren weder vorab formuliert, noch war ihre Anordnung vorgeschrieben.

Zu Beginn der Befragung standen zunächst Aspekte im Vordergrund, die die vermuteten persönlichen Berührungspunkte mit dem Naturschutz betreffen, aber sachlicher Natur sind. Sie sollten dazu dienen, die Interviewten zu ersten Ausführungen anzuregen. Dies konnten z.B. Fragen sein wie:

- Wie bewirtschaften Sie Ihre Flächen im Naturschutzgebiet?
- Haben Sie schon einmal mit Naturschutzbehörden zutun gehabt?
- Können Sie mir die Abwicklung des Erschwernisausgleiches schildern!?
- Was halten Sie von den aktuellen Naturschutzplanungen?

Fragen, die das soziale Umfeld betreffen, vorwiegend im agrarsozialen Kontext stehen, wurden erst im vorangeschrittenen Gesprächsverlauf angesprochen. Der Verfasser machte die Erfahrung, daß Fragen zur persönlichen Einschätzung von Interaktionen der Interessengruppen, die oft soziale und psychologische Akzente tragen, erst nach einer Öffnungsphase angesprochen wurden. Dies konnten z.B. Fragen sein wie:

- Von wem und warum werden die Naturschützer kritisiert ?
- Worauf ist die zum Teil ablehnende Haltung der Landwirte gegenüber dem Naturschutz zurückzuführen ?
- Wie beurteilen Sie das Verhalten der Naturschutzbehörden ?

Die Befragten antworteten gemäß ihrem eigenen Vorverständnis und ihrer eigenen Interpretation. Es ergaben sich gute Anknüpfungspunkte, um im Gesprächsablauf Schritt für Schritt auf andere Fragen überzuleiten. Wenn der Verfasser den Eindruck gewann, daß weiteres Verharren beim gegenwärtigen Gesprächskomplex keine neuen Aspekte ans Tageslicht brachte, lenkte er auf ein anderes Thema über. Dieses neue Thema entnahm er seinem 'im Geiste mitgeführten Leitfadenkatalog'.

Abschließend sei darauf hingewiesen, daß das Wort Interview möglichst nicht in Gegenwart der Befragten Verwendung finden sollte, sondern der Terminus 'Gespräch' oder 'Informationsgespräch' zu bevorzugen ist. Der Verfasser beobachtete bei Verwendung des Ausdrucks 'Interview', daß die Befragten Vorbehalte entwickelten. In Behörden beispielsweise sind nur bestimmte Personen bzw. Referate berechtigt, Interviews zu erteilen.

## 2.3 Auswertungskonzept

Charakteristisch für die qualitative Forschung ist, theoretische Überlegungen schon während der Datenerhebung bewußt zuzulassen und in die Konzepte weiterer Interviews einfließen zu lassen. In einigen Phasen finden daher Datenerhebung und Auswertung zeitversetzt statt.

Die Interviews wurden in den Jahren 1993 bis 1995 geführt. Gleichzeitig begann die Auswertung, verlief lange Zeit mit der Datenerhebung parallel, konnte aber erst 1996 zum Abschluß gebracht werden. Schon während der Durchführung der Interviews kristallisierten sich schrittweise Sachbezüge und inhaltlich zusammengehörige Kategorien heraus. Sie könnte man auch als theoretischen Bezugsrahmen mit zunächst verschwommenen, später klar gezeichneten Konturen bezeichnen.

Die weitere Datenerhebung wurde abgebrochen, wenn der Verfasser mit Klarheit und Aussagekraft der Interviews zufrieden gestellt war. Im weiteren wurde nur noch die Auswertung verfolgt.

Für die Auswertung galt es, Handlungsstrukturen, Einstellungen und Prinzipien herauszuarbeiten, in einen Kontext zu stellen und theoretisch zu generalisieren. "In der qualitativen (Forschung) gibt es keinen Konsens über eine bestimmte Analysemethode, vielmehr wird angestrebt, dem jeweiligen Projekt eine an Thema und Erhebungsmethode orientierte Auswertungsmethode auf den Leib zu schneidern" (Lamnek, 1989, S. 111).

Daher wurde auch für die vorliegende Untersuchung eine eigens der Untersuchung angepaßte Auswertungsmethode entwickelt. Die Auswertungsmethode ist ein inhaltlich-reduktives Verfahren, das an das von Meuser und Nagel (1991) vorgeschlagene Auswertungsmodell, an die von Girtler (1992, S. 146) praktizierte Vorgehensweise und grob an das Auswertungskonzept der Phänomenologischen Analyse Anlehnung findet (vgl. Giorgi, 1985; Graumann und Metreux, 1977; Kockelmann, 1987).

Grundgedanke der Phänomenologischen Analyse ist es, an die Perspektive der einzelnen Menschen, an ihre subjektiven Bedeutungsstrukturen und an ihre Intentionen anzuknüpfen (Mayring, 1990, S. 80). Die Anlehnung an das Phänomenologische Auswertungskonzept wurde gewählt, weil es am besten der Zielsetzung der vorliegenden Untersuchung entspricht. Phänomenologische Analyse hat "eine kritische Funktion indem vorherrschende Richtungen in einzelnen inhaltlichen Gebieten in Frage gestellt werden...(und) eine deskriptive Funktion, indem eine breitere Einsicht in wichtige Gegenstandsbereiche aus der Perspektive der betroffenen Subjekte entfaltet wird" (Mayring, 1990, S.81 nach Graumann und Metraux).

Die zentrale Forderung an die Methode ist es, daß die Befragten aus ihrer eigenen Sicht Erfahrungen darlegen und ihnen die Möglichkeit gegeben wird, sich mit eigenen Worten zu artikulieren. Ziel der Studie ist es, diese Sinnzuschreibungen zu verstehen, und dieser Anforderung muß das eigens angepaßte Auswertungskonzept gerecht werden.

Die Auswertung vollzieht sich in mehreren Schritten: Zunächst müssen die Gespräche, die in der Regel als Tonbandaufzeichnung vorliegen, transkribiert werden. Sofern es sich ersatzweise um eine handschriftliche Mitschrift handelt, muß diese überarbeitet werden, d.h. in einen zusammenhängenden Text überführt werden. Lücken zwischen den Gesprächsmitschriftteilen müssen geschlossen werden. Die Lücken werden so geschlossen, daß das Gespräch aus der Erinnerung des Verfassers und aus dem Sinnzusammenhang rekonstruiert wird. Die Rekonstruktionsteile des Interviews werden vom Verfasser zu einem Text zusammengefügt.

Die Tonbandaufnahmen werden zunächst vollständig handschriftlich und wortwörtlich transkribiert, um nach einer ersten Sichtung und Verbesserung mit der elektronischen Textverarbeitung erfaßt zu werden. Die im Anhang geführten Transkripte sind als Quittung oder Belege für die Authentizität der geführten Gespräche zu verstehen. Vor allem dienen die Transkripte jedoch dazu, als sequentielle Textrekonstruktionen kontextabhängige Bedeutungsinterpretationen vornehmen zu können.

Die transkribierten Interviews liegen in umgangssprachlichem Deutsch vor und weisen somit grammatikalische und semantische Fehler als auch Syntaxfehler im Sinne des allgemein verbindlichen Wortschatzes der deutschen Gegenwartssprache auf. Die Fehler wurden in der Regel nicht bereinigt, da sie einen erheblichen Authentizitätsverlust bedeutet hätten. Nur in Fällen, in denen es zum Nachvollziehen des Gespräches notwendig erschien, wurden in einem zweiten Schritt notwendige Korrekturen vorgenommen.

Die überarbeiteten Interviews wurden vom Verfasser mehrfach durchgegangen, um einen Überblick über alle relevanten Inhalte zu erhalten. Dieser allgemeine Eindruck vom gesamten Material ist sehr wichtig für die weiteren Schritte, denn das Vorgehen ist wenig formalisiert und ergibt sich aus den erkenntnistheoretischen Zusammenhängen. Die Interpretation orientiert sich an thematischen Einheiten und inhaltlich zusammengehörigen Kategorien der über verschiedene Interviews verstreuten Passagen.

Daher wurde im nächsten Schritt das Material passagenweise durchgearbeitet, für jede Passage eines Interviews der relevante Schwerpunkt des Inhaltes bestimmt und einer inhaltlich zusammengehörigen Kategorie oder einem Sachbezug zugeordnet. Hierbei handelte es sich um einen Auswertungsschritt, der auch als "Konstruktion deskriptiver Systeme" in die Literatur Eingang gefunden hat (vgl. Mayring, 1990, S. 73 ff.). Dieser Schritt ist außerordentlich wichtig, weil die Zuordnung den entscheidenden Hauptanalyseschritt bildet. Mit dieser Zuordnung wird eine Interpretation des Inhaltes vorgenommen. Schwierig ist die Zuordnung insofern, als in bestimmten Gesprächsteilen mehrere Aspekte gleichzeitig von Bedeutung sind, so daß der Interpret zu entscheiden hat, welcher Aspekt dominiert und wie er an welcher Stelle in der Darstellung der Ergebnisse einfließen soll (vgl. auch Einführung in Kapitel 4). In bezug auf den Schwerpunkt des Inhaltes unglücklich gewählte und damit nicht adäquat zugeordnete Gesprächspassagen führen zu einer dem tatsächlichen Sachverhalt und den realen Gegebenheiten nicht entsprechend präsentierten Darstellung der Ergebnisse.

Um inhaltlich zusammengehörige Kategorien oder Sachbezüge im Text zu lokalisieren und zu kennzeichnen, wurden vom Verfasser am Rande der Transkripte entsprechende Anmerkungen und Notizen gemacht.

In einem weiteren Schritt wurden alle Textpassagen eines relevanten Sachbezuges oder einer inhaltlich zusammengehörigen Kategorie zusammengeführt. Bestimmte Sachbezüge oder inhaltlich zusammengehörige Kategorien, die nur peripher mit dem Rahmenthema in Zusammenhang stehen, wurden aussortiert. Beispiele sind die aktuelle Agrarpolitik in Verbindung mit der Agrarreform von 1992, Probleme zwischen Naturschutz und Tourismus oder Naturschutz und Ackerbau, die angespannte Finanzlage des Naturschutzes oder die aktuelle Naturschutzpolitik.

Aus der Fülle des Materials wurden einzelne Passagen ausgewählt und thematisch miteinander verglichen, dabei Gemeinsamkeiten und Unterschiede festgestellt. Bei Überschneidungen von Meinungen und Erfahrungen verringerte sich der aufzubereitende Materialumfang dadurch, daß nur eine, die stilistisch und inhaltlich aussagekräftigste Meinungsäußerung repräsentativ für inhaltlich gleichartige Aussagen aufgegriffen wurde. Wegen der großen Bandbreite der Mitteilungen blieb eine Reihe einzelner Aussagen ohne Erwähnung, die einen sehr persönlichen, zum Teil sogar biographischen Charakter besitzen. Diese können in der Auswertung nur im Einzelfall berücksichtigt werden, da es sonst zu einer Sprengung des Rahmens gekommen wäre.

Anders als bei der Einzelfallanalyse geht es nicht darum, den Text als individuellen besonderen Ausdruck zu behandeln. Das Ziel ist vielmehr, im Vergleich aller Interviews das Überindividuell-Gemeinsame herauszuarbeiten (Meuser und Nagel, 1991, S.452). Nur diejenigen Passagen wurden ausgewählt, von denen der Verfasser meinte, daß es sich um charakteristische Ansichten und einschlägige Erfahrungen der Befragten handelt. Bei der Auswahl ging es nicht etwa um statistische Repräsentanz, sondern darum, das Typische und im Einzelfall besonders Interessante herauszustellen.

Neben der subjektiven Perspektive aus der Wahrnehmung der Betroffenen heraus wurde auch eine 'objektive Perspektive' berücksichtigt, mit der Hintergrundinformationen gegeben wurden und mit der eine Betrachtung aus übergeordneter Perspektive ermöglicht wird.

Die Darstellung der Ergebnisse soll zu weiterem Nachdenken und Nachforschen in mehreren Richtungen Anlaß geben. Dabei ist der gewählte Grad der Abstraktion je nach Zielsetzung und Themenkomplex oft unterschiedlich gewählt. Vorschläge zur Lösung des Konfliktes werden bewußt nicht unterbreitet und nur an einigen Stellen angedeutet. Die Beschreibung der Konfliktsituation, also die *construction of reality*, steht im Vordergrund. Ziel ist es, einen Einblick in die Perspektive der am Konflikt beteiligten gesellschaftlichen Gruppen zu ermöglichen sowie die Probleme in ihrer Vielschichtigkeit darzustellen und zu interpretieren.

# 3 Einführung in die Agrarstruktur und Vorhaben des Naturschutzes im Hauptuntersuchungsgebiet Hammeniederung

Um die Auswirkungen eines Naturschutzvorhabens einschätzen zu können, ist es zunächst erforderlich, sich mit den agrarstrukturellen Verhältnissen im Planungsraum vertraut zu machen. Dabei wird deutlich, daß in der Hammeniederung die Milchproduktion eine so herausragende wirtschaftliche Bedeutung hat, daß ihr unter 3.2 ein eigenes Kapitel gewidmet ist. Im Anschluß wird das Naturschutzvorhaben in seinem chronologischen Entwicklungsgang dargestellt, wobei der landwirtschaftlichen Entwicklungs- und Betroffenheitsanalyse breiter Raum eingeräumt wird.

## 3.1 Agrarstruktur der Hammeniederung

Die Landwirtschaft in der Hammeniederung ist trotz der Tatsache, daß es sich um ein agrarisches Problemgebiet (vgl. Agrarkarte, 1980) handelt, ein relativ bedeutender Wirtschaftsfaktor. Über ihre vor- und nachgelagerten Wirtschaftsbereiche ist sie eng mit anderen Wirtschaftszweigen verbunden und darf somit nicht losgelöst von der gesamten regionalen Wirtschaft gesehen werden.

Abnehmende Erzeugerpreise, sinkende Gewinne und seit 1992 unzureichende staatlichen Unterstützungen, dazu düstere Entwicklungsperspektiven und hohe Arbeitsbelastung sind die Ursachen dafür, daß heute viele landwirtschaftliche Betriebe aus dem Produktionsprozeß ausscheiden. Im Wachstum begriffene Betriebe übernehmen die frei gewordenen Flächen mit den dazugehörigen Quoten. Die Wachstumsschwelle zwischen Rückgang der kleineren und Zunahme der größeren landwirtschaftlichen Betriebe liegt derzeit in Niedersachsen bei ca. 75 ha. Dieser Prozeß, der im allgemeinen als landwirtschaftlicher Strukturwandel bezeichnet wird, setzte 1950 ein, nahm in den 70er und 80er Jahren zu und beschleunigte sich mit der EU-Agrarreform im Jahre 1992.

Wie in ganz Deutschland nimmt auch im Landkreis Osterholz die Zahl der landwirtschaftlichen Betriebe ab. Damit sinkt der Anteil der in der Landwirtschaft beschäftigten Bevölkerung. Da es über die agrarstrukturelle Entwicklung der in der Hammeniederung wirtschaftenden Betriebe keine langfristige Statistik gibt, muß auf Ergebnisse der Agrarberichterstattung auf Landkreisebene zurückgegriffen werden.
Die Hammeniederung ist ein Raum inmitten des Landkreises Osterholz, so daß diese Daten auch recht verläßlich die langfristige Entwicklung der in der Hammeniederung wirtschaftenden Betriebe widerspiegeln.

Tabelle 1: Entwicklung der Betriebsgrößenstruktur im Landkreis Osterholz

Quelle: Niedersächsisches Landesamt für Statistik. In: Landwirtschaftskammer Hannover, 1993a

| Jahr | Anzahl der Betriebe in den Größenklassen | | | | Betriebe insgesamt |
|---|---|---|---|---|---|
| | 5 - 10 ha | 10 - 20 ha | 20 - 50 ha | über 50 ha | |
| 1949 | 944 | 1.044 | 467 | 41 | 2.496 |
| 1960 | 702 | 1.019 | 563 | 43 | 2.327 |
| 1971 | 399 | 720 | 774 | 70 | 1.963 |
| 1983 | 263 | 412 | 725 | 157 | 1.557 |
| 1987 | 244 | 336 | 647 | 207 | 1.434 |
| 1991 | 204 | 271 | 553 | 268 | 1.296 |

Die Tabelle läßt erkennen, daß kurz nach dem Krieg (1949) im Landkreis Osterholz noch knapp 2.500 landwirtschaftliche Betriebe wirtschafteten. Der Strukturwandel vollzog sich zwischen 1950 und 1970 noch relativ langsam, beschleunigte sich aber in den 70er und 80er Jahren immer mehr. 1991 wurden noch knapp 1.300 landwirtschaftliche Betriebe registriert. Diese Zahl ist nach Ermittlung des Verfassers inzwischen auf 1.100 (1996) zurückgegangen. Der beschleunigte Strukturwandel wirkt sich also auch sehr deutlich im Landkreis Osterholz aus.

Spezifisch agrarstrukturelle Daten für die in der Hammeniederung wirtschaftenden Betriebe liegen erst seit der Aufnahme von Betriebsdaten im Jahre 1992/93 im Rahmen der Entwicklungs- und Betroffenheitsanalyse vor.
Demnach wirtschaften in der Hammeniederung 241 Betriebe. Von diesen Betrieben werden in der Regel nicht nur Flächen in der Niederung, sondern auch auf der Geest oder im östlichen Teufelsmoor bewirtschaftet. Die von den Betrieben insgesamt bewirtschaftete Fläche (LF) mit ca. 11.000 ha ist also erheblich größer als die ca. 4.000 ha LF, die ausschließlich in der Hammeniederung liegen.

Die Betriebsgrößenstruktur der in der Entwicklungs- und Betroffenheitsanalyse erfaßten 241 Betriebe läßt erkennen, daß 52% eine Betriebsgröße von 30-75 ha aufweisen. Nur 14 % aller Betriebe sind größer als 75 ha. Bei den kleineren Betrieben unter 30 ha handelt es sich überwiegend um Nebenerwerbsbetriebe. Die Zahl der Nebenerwerbsbetriebe liegt nach Schätzung des Verfassers bei knapp 50 % und entspricht damit in etwa dem Bundesdurchschnitt.

Tabelle 2: Betriebsgrößenstruktur der in der Hammeniederung wirtschaftenden landwirtschaftlichen Betriebe
Quelle: Landwirtschaftskammer Hannover, 1993a

| Betriebsgrößenklasse in ha LF | erhobene Betriebe gesamt | | | |
|---|---|---|---|---|
| | Anzahl | Anteil in % | ha LF | Anteil in % |
| 5 - 10 | 12 | 5 | 86 | 1 |
| 10 - 20 | 39 | 16 | 602 | 5 |
| 20 - 30 | 28 | 12 | 689 | 6 |
| 30 - 50 | 64 | 26 | 2426 | 22 |
| 50 - 75 | 64 | 26 | 3889 | 36 |
| 75 - 100 | 24 | 10 | 2020 | 19 |
| über 100 | 10 | 4 | 1235 | 11 |
| insgesamt | 241 | 100 | 10947 | 100 |

Die auslaufenden Betriebe verpachten in der Regel an aufstockende Betriebe, so daß die verbleibenden Betriebe einen immer höher werdenden Pachtflächenanteil aufweisen. Der Pachtflächenanteil der in der Hammeniederung wirtschaftenden Betriebe ist mit 46 % höher als in umliegenden Gebieten, weil in den 70er Jahren umfangreiche Flächen vom Land Niedersachsen - der sog. heutige Flickenteppich - aufgekauft und verpachtet wurden. In der Entwicklungs- und Betroffenheitsanalyse der Landwirtschaftskammer Hannover (1993) wird deutlich darauf hingewiesen, daß dies weitgehende Folgen für die Bewirtschafter haben kann.

Die öffentliche Hand möchte die landeseigenen Flächen dem Naturschutz zuführen und ist darüber hinaus bemüht, weitere Flächen aufzukaufen. Da viele Eigentümer nicht Bewirtschafter sind, ist eine hohe Verkaufsbereitschaft zu erwarten. Die Folge ist, daß den Pächtern durch Umwidmung umfangreicher Flächen zu Naturschutzzwecken ihre Produktionsgrundlagen zumindest teilweise entzogen werden.

Die Hammeniederung ist ein absoluter Grünlandstandort; bei den ca. 4000 ha LF, die in der Hammeniederung bewirtschaftet wird, handelt es sich daher fast ausschließlich um Wiesen und Weiden. Die Grünlandbewirtschaftung hat sich aufgrund der drastischen Veränderungen der agrarökonomischen Rahmenbedingungen und der rasanten technisch-biologischen Entwicklung in den letzten Jahrzehnten stark gewandelt. So haben drei technische Entwicklungen die großflächige Bewirtschaftung der Grünlandflächen des Niederungsmoores möglich gemacht:

Die Einführung des Kreiselmähwerkes erhöhte die Arbeitskapazität um ca. 500%. Der vor dieser Entwicklung benutzte Messermähbalken konnte nur mit begrenzten Arbeitsbreiten und geringen Arbeitsgeschwindigkeiten eingesetzt werden. Diese Technik litt außerdem darunter, daß sie für die in den Niederungsmoorflächen stark verbreiteten Horstgräser wie Deschampsia caespitosa (Rasenschmiele) nicht geeignet war, so daß permanent Störungen auftraten. Der Kreiselmäher hingegen ist ein Gerät, das mit großer Arbeitsbreite bei hoher Arbeitsgeschwindigkeit ohne nennenswerte technische Störungen große Grünlandflächen abernten kann.

Abbildung 2: Heuernte in der Hammeniederung: Großballen bereit für den Abtransport. Im Hintergrund Klosterkirche Osterholz-Scharmbeck

Eigene Quelle

Die Entwicklung der Großballenpresse ermöglicht im Gegensatz zu den bisherigen Arbeitsverfahren eine volltechnisierte Heuwerbung ohne aufreibende körperliche Tätigkeit vieler Arbeitskräfte.
Parallel hierzu ist die Technisierungsreihe für Grassilage durch den Silowagen zu sehen, die ebenfalls die bis dahin schwere körperliche Arbeit bei der Grassilageernte ersetzte. Auch bei diesen beiden technischen Entwicklungsreihen hat sich die Arbeitskapazität um 300 bis 500 % erhöht.

In der Innenwirtschaft kam es in den vergangenen zwei Jahrzehnten zu einem drastischen Entwicklungssprung. So wurde in der Milchviehhaltung überwiegend auf Boxenlaufställe mit Gülle umgestellt. Konnte in dem alten Aufstallungsverfahren mit Stroh und Anbindevorrichtung eine Arbeitskraft mit schwerem körperlichen Einsatz bis zu ca. 40 Tiere betreuen, ermöglicht die Spaltenbodenaufstallung mit Güllelagerraum eine Erhöhung der Arbeitskapazität von 40 auf 200 Tiere pro Arbeitskraft, womit eine deutliche Verbesserung der Arbeitsplatzsituation verbunden ist (vgl. Eichhorn, 1985).

Festzustellen ist somit, daß die skizzierten technischen Entwicklungen das Tempo des Strukturwandels im Bereich der Grünlandniederungen erst ermöglicht haben.

Neben den arbeitswirtschaftlichen Gesichtspunkten wurde die Vergrößerung der Viehbestände in den Niederungsmoorbetrieben auch dadurch ermöglicht, daß die Tierhaltung mit Güllewirtschaft den Zukauf von Stroh von der Geest erübrigte. Der Mangel an Einstreu war bis zum Übergang zur Güllewirtschaft einer der limitierenden Faktoren bei der Viehaufstockung. Nach Umstellung der Betriebe auf Güllewirtschaft konnten die bisher mit Getreide bestellten Geestflächen für den Maisanbau genutzt werden. Beim Maisanbau ermöglichten züchterisch intensiv bearbeitete Hybridsorten auch unter den schwierigen Bodenverhältnissen der Geestrandflächen des Teufelsmoores noch einen Ertragsdurchschnitt von über 6000 Kilostärkeeinheiten pro ha. Damit konnte einerseits eine energiereiche Futtergrundlage für die intensiv betriebene Milchproduktion bereitgestellt werden, andererseits war die hohe Energiedichte der Maissilage Voraussetzung für den Aufbau einer intensiveren Bullenmast.

Das Grünland der Hammeniederung wird zu 14% intensiv als 4- oder 5- schürige Wiese, Portionsweide oder Umtriebsweide genutzt. Der überwiegende Teil der Grünlandflächen wird mit mittlerer oder geringer Intensität bewirtschaftet, d.h. es herrschen zwei- bis dreischürige Wiesen, ein- bis zweischürige Mähweiden oder Standweiden vor.

Der Blick auf die Intensitätskarte (Karte 2) läßt subregionale Unterschiede in der Bewirtschaftungsintensität erkennen. Bereiche, die insgesamt eher intensiv bewirtschaftet werden, sind der südliche Ritterhuder Raum, der Waakhauser Polder und im Norden der Ortsteil Überhamm, wobei dies auf verschiedene Ursachen zurückzuführen ist. Im Ritterhuder Raum ist die intensive Nutzung auf Fluß- und Moormarschböden auf deren natürlichen Ertragsreichtum zurückzuführen; die Böden sind hier teilweise mit der Grünlandzahl 60 eingestuft. Im Waakhauser Polder ist die intensive Nutzung auf die günstig gelöste wasserwirtschaftliche Situation und in Überhamm auf die besondere agrarstrukturelle Situation in dieser Ortschaft zurückzuführen.
Insgesamt extensiv werden dagegen die Osterholzer und Pennigbütteler Wiesen (der sog. Flickenteppich), die Ortsteile Weyermoor und Teufelsmoor sowie Flächen in Worpswede, direkt an der Hamme, genutzt. Hier sind es die ertragsschwachen Böden und die hohen Grundwasserstände in Verbindung mit lang andauernden Überschwemmungen, die die Landwirte zu einer extensiven Nutzung zwingen. Im Naturschutzgebiet 'Wiesen und Weiden nordöstlich des Breiten Wassers' ist zudem die extensive Nutzungsweise in der Verordnung festgeschrieben.

Ein wichtiger Parameter für die Nutzungsintensität ist der Viehbesatz. Von den Betrieben, die in der Hammeniederung wirtschaften, werden insgesamt knapp 19.000 Großvieheinheiten (GV) gehalten, was einem Besatz von 1,76 GV/ha LF entspricht (Landwirtschaftskammer Hannover, 1993a). Etwa zwei Drittel aller Betriebe haben einen Viehbesatz von weniger als 2 Raufutterfressenden-Großvieheinheiten pro Hektar (RGV/ha), das restliche Drittel hat auf dem Grünland einen Viehbesatz von 2 - 3 RGV/ha, nur wenige Betriebe liegen über 3 RGV/ha.

Auch die Anzahl der Dungeinheiten (DE) pro ha LF ist gering und liegt weit unter der höchst zulässigen Ausbringungsmenge von 2,5 DE laut niedersächsischer Gülleverordnung. Die Hälfte aller Betriebe bringt durchschnittlich noch nicht einmal 1 DE/ha auf ihre Flächen aus, die andere Hälfte liegt unter 2 DE/ha, so daß man zumindest in bezug auf die Wirtschaftsdüngerausbringung feststellen kann, daß die Landwirtschaft der Hammeniederung heute sehr umweltschonend wirtschaftet.

Neben der Milchviehhaltung hat die Bullenmast und die Färsenaufzucht eine gewisse Bedeutung. Ca. 200 Landwirte halten knapp 8000 Aufzuchtfärsen; 100 Landwirte betreiben mit ca. 4.200 Mastbullen intensive Bullenmast. Die übrigen Formen der Tierproduktion wie Färsenmast, Weideochsenmast, Mutterkuhhaltung, Pensionsrinder, Schweine-, Pferde-, Schafhaltung spielen eine weitaus geringere Rolle.

Die Landwirte investierten in den Jahren zwischen 1983 und 1993 mit 82,5 Mio. DM eine erhebliche Summe in ihre Betriebe. Dies entspricht durchschnittlich ca. 34.000 DM pro Betrieb und Jahr. Mit den Investitionen wurden Um- und Ausbauten durchgeführt, neue Wirtschaftsgebäude erstellt, Maschinen angeschafft und meliorative Maßnahmen auf den Flächen durchgeführt. Expandierende Betriebe haben in der Regel größere Investitionen getätigt als auslaufende Betriebe, die allenfalls noch die notwendigsten Reparaturmaßnahmen durchführten.

Die Entwicklungs- und Betroffenheitsanalyse der Landwirtschaftskammer Hannover (1993) geht aufgrund der durchgeführten Befragung davon aus, daß von den 241 Betrieben in den nächsten 15 Jahren noch ca. 200 Betriebe weiter bewirtschaftet werden. Aus verschiedenen Gründen, wie z.B. ungesicherter Hofnachfolge, Inanspruchnahme der Produktionsaufgaberente und Unterlassen von Ersatzinvestitionen kann bei mehreren Landwirten von einer Aufgabe der Betriebe ausgegangen werden.

## 3.2 Agrarstruktur unter dem Einfluß der Milchmengenregelung

Da die Boden- und Wasserverhältnisse in der Hammeniederung nur eine Grünlandnutzung zulassen, es handelt sich - wie bereits herausgestellt - um einen absoluten Grünlandstandort, sind die landwirtschaftlichen Betriebe fast ausschließlich als Milchvieh-Futterbaubetriebe organisiert; die Milchviehhaltung ist die tragende Säule im betriebswirtschaftlichen Aufbau.

Als im Jahre 1983 die Milchgarantiemengenregelung eingeführt wurde, bewirkte dies auch in der Hammeniederung einen verstärkten Strukturwandel. Viele Höfe, die bis 1980 noch mit 10 bis 15 Milchkühen bewirtschaftet wurden, haben die Milchviehhaltung aufgegeben und die Flächen mit der Milchquote an Nachbarbetriebe verpachtet. Die pachtenden Betriebe erweiterten ihre Futtergrundlage durch die Zupacht und stockten den Milchviehbestand von durchschnittlich 15 auf 25 Milchkühe auf. Seit Mitte der 80er Jahre beschleunigte sich der Strukturwandel, was sich darin äußerte, daß die betriebswirtschaftlich stärkeren Betriebe durch Zupacht ihre Flächen auf 75 bis 125 ha vergrößerten. Dadurch weiteten sie ihre Milchviehhaltung über Quotenpacht, Quotenleasing und Quotenkauf auf eine Bestandsgröße von 50 bis 75 Milchkühen aus. Um eine Übersicht über diese agrarstrukturelle Entwicklung und den betriebswirtschaftlichen Hintergrund in den Betrieben zu bekommen, müßte eine Betriebszweigabrechnung im Zeitvergleich zwischen 1980 und 1990 vorgenommen werden. Nur ein Teil der Betriebe ist der Landberatung angeschlossen und verfügt über betriebswirtschaftliche Daten, die diesen Zeitvergleich zulassen.

Tabelle 3: Futterbau-Milchviehbetriebe des Elbe-Weser-Raumes im Zeitvergleich

Quelle: Landwirtschaftskammer Hannover, 1993b

| Wirtschaftsjahr | | 1980/81 | 1982/83 | 1984/85 | 1986/87 | 1988/89 | 1990/91 | 1991/92 |
|---|---|---|---|---|---|---|---|---|
| LF | ha,ar | 42,40 | 43,59 | 43,00 | 43,90 | 44,79 | 48,19 | 48,75 |
| HfF | ha,ar | 33,75 | 35,92 | 35,65 | 37,10 | 35,65 | 38,94 | 39,83 |
| HfF | ar/RVE | 48,6 | 48,9 | 48,7 | 49,1 | 48,3 | 50,7 | 51,3 |
| Rindvieh | VE | 69,5 | 73,5 | 73,1 | 75,6 | 73,8 | 76,9 | 77,7 |
| Milchkühe | Stück | 38 | 42 | 41 | 39 | 33 | 34 | 34 |
| Milchleistung | kg/Kuh | 5.062 | 5.358 | 5.105 | 5.705 | 5.830 | 5.790 | 5.970 |
| Milchpreis | Pf/kg | 63,7 | 68,6 | 68,7 | 70,1 | 77,1 | 72,3 | 71,3 |
| Eigenkapital | TDM | 432,6 | 443,7 | 445,6 | 481,1 | 522,3 | 545,0 | 573,9 |
| Fremdkapital | TDM | 202,8 | 235,8 | 229,0 | 220,0 | 200,7 | 201,0 | 194,5 |
| Ertr. Boden.,RV | DM | 177.995 | 215.160 | 198.617 | 206.593 | 217.724 | 203.988 | 206.700 |
| Spezialaufw. ges. | DM | 90.694 | 98.165 | 92.235 | 83.278 | 82.100 | 76.285 | 76.781 |
| Spezialaufw. % Ertr. | | 51,0 | 45,6 | 46,4 | 40,3 | 37,7 | 37,4 | 37,1 |
| Zweckertrag | DM | 195.167 | 233.512 | 221.063 | 229.729 | 242.583 | 232.902 | 237.705 |
| Zweckaufwand | DM | 165.106 | 184.429 | 179.697 | 171.473 | 174.905 | 176.761 | 181.545 |
| Zweckaufwand % Zweck | | 84,6 | 79,0 | 81,3 | 74,6 | 72,1 | 75,9 | 76,4 |
| Z. E. Gewinn | DM | 30.062 | 49.082 | 41.366 | 58.255 | 67.678 | 56.141 | 56.160 |
| Z. E. Gewinn | DM/FAK | 19.257 | 32.431 | 27.078 | 37.134 | 44.569 | 36.793 | 36.685 |
| Rentabilität | in % | 56,4 | 95,3 | 71,1 | 92,8 | 104,7 | 82,1 | 77,7 |

Im Bereich der Landwirtschaftskammer Hannover (1993b) gibt es jedoch einen Zeitvergleich der Betriebsabrechnung Rindvieh, der auf Daten von 197 Betrieben der Grünlandregion zwischen Weser und Elbe beruht. Nach Ansicht des Verfassers können diese Daten unter Berücksichtigung der agrarstrukturellen Spezifitäten als Vergleichsdaten für die größeren Haupterwerbsbetriebe im Untersuchungsgebiet herangezogen werden.

Wie die Daten aus Tabelle 3 belegen, haben die landwirtschaftlichen Betriebe ihre Futterfläche ausgedehnt. Durch eine Qualitätsverbesserung des Grundfutters und über eine Nutzung des züchterischen Fortschrittes wurde die Milchleistung gesteigert. Dadurch freigewordene Stallplätze werden überwiegend zur Aufstockung des Jungviehbestandes und zur Rindermast genutzt.

Bei den Spitzenbetrieben ist eine umfangreiche Gebäudeinvestition für Boxenlaufställe kurz vor Einführung der Milchquotenregelung getätigt worden. Nur wenige Betriebe haben danach zwischen 1985 und 1990 einen Boxenlaufstall gebaut.

Seit 1983 erfolgt eine Konsolidierung bei den größeren Milchviehbetrieben, die durch einen Eigenkapitalanstieg und Verminderung des Fremdkapitals zum Ausdruck kommt. Innerbetrieblich haben die Landwirte mit produktionstechnischem Fortschritt und Kostenminimierung reagiert, weil die Produktion über Aufstockung nur schwer auszuweiten ist. Es bleibt als Anpassungsmöglichkeit nur eine Senkung der Produktionskosten, die in den Jahren seit 1989/90 aber nur beschränkt umgesetzt worden ist. Als Folge wirken sich die fallenden Milchpreise nach einem beachtlichen Anstieg bis 1988/89 deutlich auf den Gewinn aus. Der Gewinn ist in der landwirtschaftlichen Betriebslehre als derjenige Betrag definiert, der für die Lebenshaltung der Unternehmerfamilie sowie für Tilgungen und Nettoinvestitionen bereitsteht.

Der Gewinn stieg bis 1988/89 auf ca. 70.000,- DM pro Betrieb und Jahr und fiel danach im Wirtschaftsjahr 1991/92 deutlich auf 56.000,- DM zurück. Da dieser Gewinn nicht ausreicht, um Entnahmen für die Tilgung vorhandener Kredite, die Lebenshaltungskosten der landwirtschaftlichen Familien und Nettoinvestitionen zu bestreiten, müssen die Betriebsleiter reagieren. Die Reaktion kann bei den Futterbaubetrieben einerseits über weitere Intensivierung auf der Fläche, andererseits über Eintreten in ein entsprechendes staatliches Extensivierungsprogramm oder Feuchtgrünlandschutzprogramm erfolgen. Eine weitere Möglichkeit ist die Zupacht von Ländereien mit den dazugehörigen Quoten.

Da sich die Konkurrenz auch auf dem Pachtmarkt verstärkt, stiegen die Pachtpreise seit 1990 kontinuierlich auf heute ca. 400,- DM je ha. Die Preise für Milchquoten haben sich von ca. 0,10 DM je kg auf 0,15 DM je kg Milch erhöht (Landwirtschaftskammer Hannover, 1993b). Wie oben angesprochen, bringen die Betriebe in erheblichem Umfang Eigenkapital und Arbeitsleistung der landwirtschaftlichen Familie ein. Bewertet man diese Produktionsfaktoren monetär, so deckt der Gewinn den Lohn- und Zinssatz seit dem Wirtschaftsjahr 1990/91 nur zu 77,7 % ab. Bis 1990 hatte dieser Wert noch über 100% gelegen.

Bei den Vollerwerbsbetrieben, die sich in den Jahren über Zukauf und Zupacht ausgedehnt haben, geht die Schere zwischen den erfolgreichen und weniger erfolgreichen Betrieben auseinander. Bei vergleichbarem Eigenkapital weisen die weniger erfolgreichen Betriebe oft doppelt so viel Fremdkapital auf wie die erfolgreichen. Während bei den erfolgreichen Betrieben auf 4,- DM Eigenkapital 1,- DM Fremdkapital kommt, ist dieses Verhältnis in den weniger erfolgreichen oft 1:2 (Landwirtschaftskammer Hannover, 1993b).

Besonders in den letzten Jahren hat sich eine Verlagerung von Flächen, Milchviehbeständen und Bewirtschaftungsintensität von den kleineren, oft extensiv bewirtschafteten Betrieben, hin zu den mittleren Betrieben mit hoher Flächenbewirtschaftungsintensität ergeben. Gleichzeitig wurde die Milchleistung in den vergangenen Jahren pro Jahr um fast 100 kg auf heute fast 6750 kg/Kuh und Jahr erhöht (Landwirtschaftskammer Hannover, 1993b).
Auffällig ist dabei besonders, daß die Milchleistung aus Grundfutter im gleichen Maße anstieg und der Kraftfutteraufwand nicht erhöht wurde, was belegt, daß die erfolgreiche Bewirtschaftung eines Milchviehfutterbaubetriebes auf dem Grünlandstandort Hammeniederung vor allem über die höhere Intensität auf der Fläche erreicht wird. Außerdem ist bei dem Vergleich der Erfolgsdaten der Betriebe in den letzten Wirtschaftsjahren deutlich erkennbar, daß trotz Quotenregelung das Einkommen der Milchviehhalter über Betriebswachstum, höhere Bewirtschaftungsintensität und konsequente Kosteneinsparung erreicht wurde.

Faßt man die Betriebsergebnisse vor dem Hintergrund des Strukturwandels im Zuge der Milchmengengarantieregelung zusammen, kann folgendes festgestellt werden:
Die Entwicklungslinie, die sich bei den ausgewerteten Milchviehbetrieben der Landwirtschaftskammer Hannover abzeichnet, kann auch bei den prosperierenden Haupterwerbsbetrieben der Hammeniederung beobachtet werden. Die Gruppe der erfolgreichen Haupterwerbsbetriebe hat sich vergrößert, d.h. immer mehr Betriebe sind in den höheren Leistungsklassen vertreten. Mit steigenden Herdenleistungen erhöht sich auch die aus dem Grundfutter produzierte Milchmenge; sie ist von 2000 kg bei nur 5000 kg Leistung auf ca. 3000 kg bei einer Leistung von über 7000 kg gestiegen. In der Hammeniederung ist dies eine besondere Leistung, da die natürlichen und die wasserwirtschaftlichen Rahmenbedingungen ungünstig sind.

## 3.3 Naturschutzvorhaben und Betroffenheitsanalyse

Um das landschaftsökologisch wertvolle Gebiet des Teufelsmoores, insbesondere der Hamme- und Wümmeniederung in seiner Gesamtheit und nicht nur in Teilbereichen zu schützen, wurden Ende der 80er/Anfang der 90er Jahre die Pläne konkreter, ein Großschutzgebiet auszuweisen. Dabei bestand zunächst die Vorstellung, einen Naturpark zu errichten, welcher nicht nur den Schutz der naturnahen Kulturlandschaft gewährleisten, sondern vor allem dem regionalen Tourismus als Wirtschaftsfaktor dienen sollte. Für Naturparke können Strukturhilfemittel vom Land Niedersachsen beantragt werden (Osterholzer Kreisblatt v. 30.03.1989).

Bald machte der in dem Wahlkreis Osterholz/Verden gewählte SPD-Bundestagsabgeordnete den Vorschlag, einen Nationalpark einzurichten, der einen weitaus intensiveren und großräumigen Schutz für Natur und Landschaft bedeutet hätte. Im Landkreis Osterholz machte er den Nationalpark zu seinem Wahlkampfthema (Wümme-Zeitung v.23.08.1990), so daß die Nationalpark-Idee 1990 im lokalen Wahlkampf politisch diskutiert wurde. Der Bundestagsabgeordnete war sich zunächst der begrifflichen Inhalte nicht in vollem Umfang bewußt und unterschätzte die Strenge der Schutzverordnung für einen Nationalpark (Wümme-Zeitung, 15.10.1990). Nach Aufklärung durch das Bundesumweltministerium, daß der Gesamtraum Teufelsmoor den Kriterien für die Ausweisung eines Nationalparkes "nur schwerlich entsprechen" könne (Wümme-Zeitung, 02.11.1990), rückte der Abgeordnete von der Nationalpark-Idee ab. Er verfolgte aber nach wie vor politisch die Projektierung eines Großschutzgebietes.

Parallel zu diesen politischen Aktivitäten hatte bereits am 22.09.1989 die Naturschutzbehörde des Landkreises Osterholz begründet durch die hohe landschaftsökologische Qualität der Hammeniederung und der Hammemoore einen Vororientierungsantrag zur Aufnahme eines Großschutzgebietes in das Förderprogramm des Bundesumweltministeriums zur 'Errichtung und Sicherung schutzwürdiger Teile von Natur und Landschaft mit gesamtstaatlich repräsentativer Bedeutung' gestellt. Dieser Vororientierungsantrag bezog sich auf ein 9.565 ha großes Gebiet, das die Hammeniederung zwischen der Kreisstraße 9 im Süden bis zur Ortslage Vollersode im Norden erfaßte (vgl. Karte 3).

Auf der Grundlage des Vororientierungsantrages erfolgte am 28./29.08.1990 eine Gebietsbereisung mit Vertretern der Bundesforschungsanstalt für Naturschutz und Landschaftsökologie, des Niedersächsischen Ministeriums für Ernährung, Landwirtschaft und Forsten, der Niedersächsischen Fachbehörde für Naturschutz, der Oberen Naturschutzbehörde (Bezirksregierung Lüneburg) und des Landkreises Osterholz. Die Bereisung ergab einerseits, daß die nördlich der Teufelsmoorstraße gelegenen Gebietsteile dem hohen Anforderungskriterienkatalog für ein gesamtstaatlich repräsentatives Gebiet nicht entsprechen können, andererseits die südlich der Teufelsmoorstraße gelegenen Bereiche aufgrund ihres Naturraumpotentials für einen Antrag auf Anerkennung als Großschutzgebiet mit gesamtstaatlich repräsentativem Charakter sehr wohl in Frage kommen (Landkreis Osterholz, 1991).

Für eine Entscheidung über die Förderungswürdigkeit verlangte die Bundesanstalt für Landschaftsökologie und Naturschutz jedoch einen qualifizierten Projektantrag, der auch den Niederungsraum zwischen Osterholz-Scharmbeck und Ritterhude westlich der Kreisstraße 9 einschließt. Der Antrag mit fachlich detaillierten Aussagen zur Schutzwürdigkeit des Naturraumpotentials und einem dem Planungsstadium adäquatem Zielkonzept wurde von der Unteren Naturschutzbehörde erarbei-tet. Nachdem der Kreisausschuß am 10.04.1991 den entsprechenden Beschluß gefaßt hatte (Landkreis Osterholz, 1991), legte im Juli 1991 der Landkreis Osterholz den Förderantrag als Orientierungsantrag bestehend aus Text- und Kartenteil sowie Fotodokumentation bei der Bundesanstalt für Naturschutz und Landschaftsökologie vor. Das Antragsgebiet umfaßt die Hammeniederung zwischen der Kreisstadt Osterholz-Scharmbeck und den Gemarkungen Worpswede und Ritterhude. Es ist das gleiche Gebiet, welches die Fachbehörde für Naturschutz als 'Feuchtgebiet nationaler Bedeutung' deklariert hatte.

Bei diesem Naturschutzvorhaben in seiner ursprünglich projektierten Gebietsabgrenzung handelte es sich um das drittgrößte Projektgebiet in den alten Bundesländern und wahrscheinlich um das Gebiet mit der absolut größten landwirtschaftlichen Nutzung (Landkreis Osterholz, 1992a).

Die Größe dieses Naturschutzvorhabens wird deutlich, wenn man es mit den Großschutzgebieten 'Borgfelder Wümmewiesen' und 'Fischerhuder Wümmewiesen' vergleicht. Das Naturschutzgebiet 'Borgfelder Wümmewiesen' ist 677 ha groß, von dem die Hälfte Kerngebiet ist. Das Großschutzgebiet 'Fischerhuder Wümmewiesen' ist 690 ha groß.

Der Zonenzuschnitt im Orientierungsantrag war vom Landkreis zunächst so vorgenommen worden, daß eine Sukzessionszone und vier Landwirtschaftszonen differenziert dargestellt wurden (vgl. Karte 4). Die Bewirtschaftungsauflagen wurden jedoch allgemein gehalten und so gefaßt, daß in den Zonen III und IV ein Minimum an Nutzungsmöglichkeiten für die Landwirtschaft verbleiben sollte (Landkreis Osterholz, 1991). Nach Aufforderung durch die Bundesforschungsanstalt für Landschaftsökologie und Naturschutz (1992a) sah sich der Landkreis Osterholz gezwungen, die Bewirtschaftungsauflagen für die Landwirtschaftszonen neu festzulegen, um den dargelegten Wünschen weitestgehend zu entsprechen. Die Bewirtschaftungseinschränkungen waren bis zum Herbst 1992 selbst in der Landwirtschaftszone IV so umfangreich, daß sie in Zusammenhang mit der Gesamtkonzeption des Naturschutzvorhabens dem strengen Kriteriensystem entsprachen und zu einer ganz erheblichen Extensivierung geführt hätten (Landkreis Osterholz, 1992a).

Aufgrund einer Reduzierung des ursprünglich angesetzten Fördervolumens von 54 Mio. DM auf ca. 43 Mio. DM kam es im Herbst 1992 unter Wahrung der naturschutzfachlichen Zielsetzung zu einer erneuten gravierenden Planänderung. Die bisher vorgesehene stark differenzierte Zoneneinteilung mit den entsprechenden Bewirtschaftungsauflagen in den vier Landwirtschaftszonen wurde aufgehoben; das Projektgebiet mit einer Größe von 4580 ha blieb jedoch unverändert. Statt dessen

Karte: 3

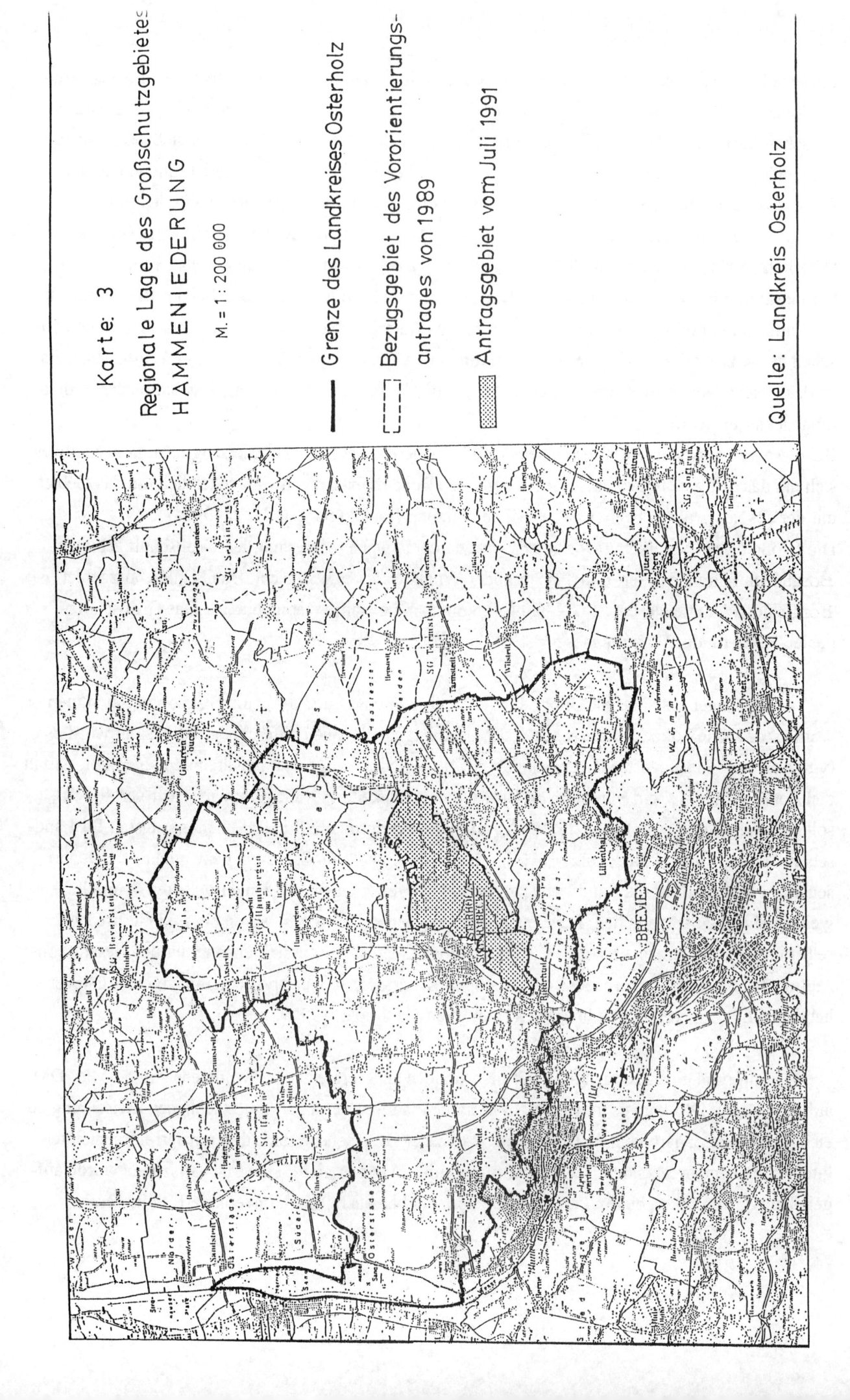

Regionale Lage des Großschutzgebietes
HAMMENIEDERUNG

M. = 1 : 200 000

— Grenze des Landkreises Osterholz

⊡ Bezugsgebiet des Vororientierungsantrages von 1989

▦ Antragsgebiet vom Juli 1991

Quelle: Landkreis Osterholz

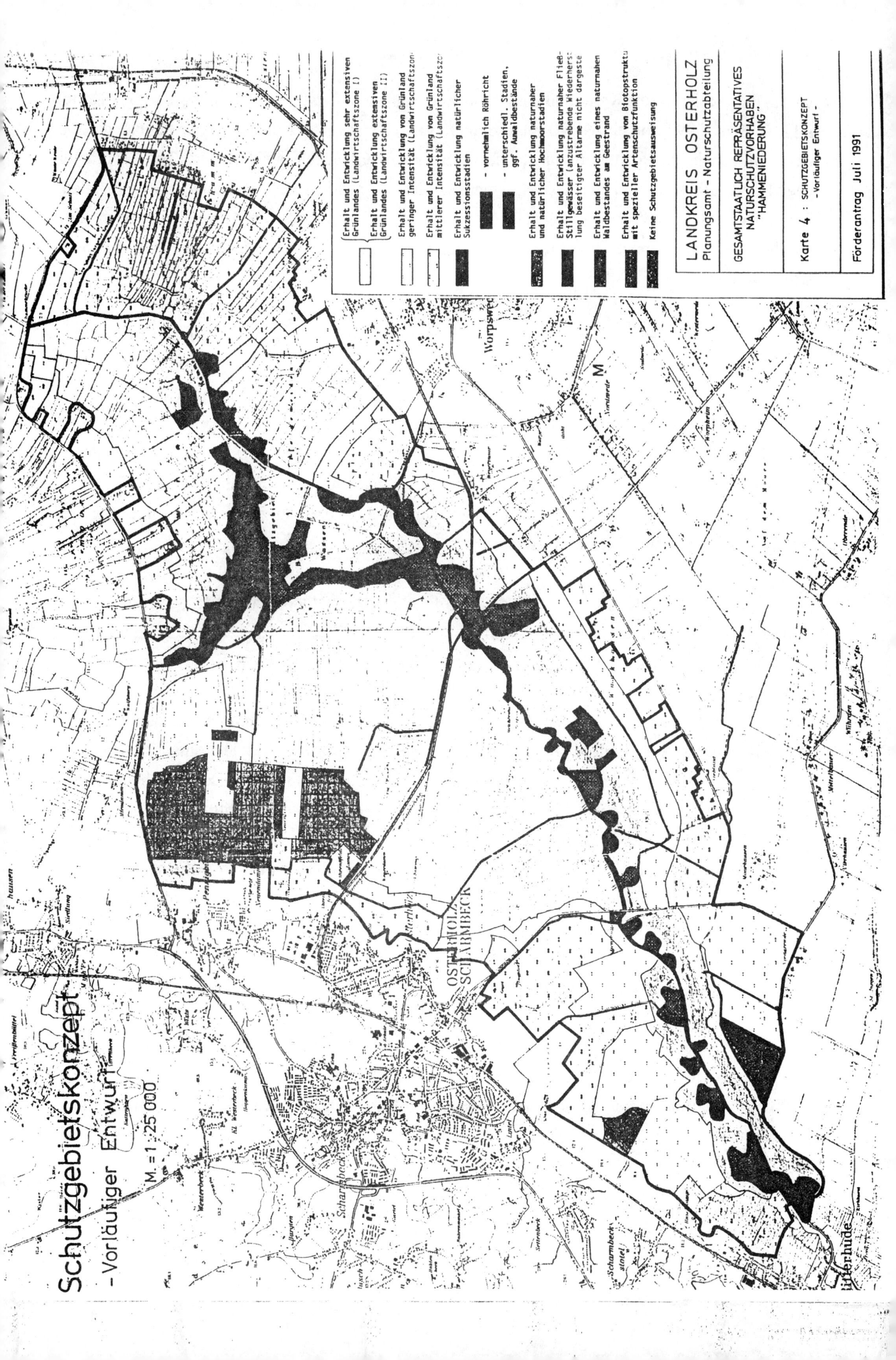

# Schutzgebietskonzept
## – Vorläufiger Entwurf –
M. = 1 : 25 000

| | |
|---|---|
| ☐ | Erhalt und Entwicklung sehr extensiven Grünlandes (Landwirtschaftszone I) |
| ☐ | Erhalt und Entwicklung extensiven Grünlandes (Landwirtschaftszone II) |
| ▨ | Erhalt und Entwicklung von Grünland geringer Intensität (Landwirtschaftszone ...) |
| ▨ | Erhalt und Entwicklung von Grünland mittlerer Intensität (Landwirtschaftszone ...) |
| ■ | Erhalt und Entwicklung natürlicher Sukzessionsstadien |
| ▬ | – vornehmlich Röhricht |
| ▮ | – unterschiedl. Stadien, ggf. natürlicher Hochmoorstadien/Auwaldbestände |
| ■ | Erhalt und Entwicklung naturnaher und natürlicher Hochmoorstadien |
| ■ | Erhalt und Entwicklung naturnaher Fließ-/Stillgewässer (anzustrebende Wiederherstellung beseitigter Altarme nicht dargestellt) |
| ■ | Erhalt und Entwicklung eines naturnahen Waldbestandes am Geestrand |
| ■ | Erhalt und Entwicklung von Biotopstrukturen mit spezieller Artenschutzfunktion |
| ■ | Keine Schutzgebietsausweisung |

**LANDKREIS OSTERHOLZ**
Planungsamt - Naturschutzabteilung

GESAMTSTAATLICH REPRÄSENTATIVES
NATURSCHUTZVORHABEN
"HAMMENIEDERUNG"

Karte 4 : SCHUTZGEBIETSKONZEPT
– Vorläufiger Entwurf –

Förderantrag Juli 1991

wurde das Gebiet in eine Kern- und eine Randzone eingeteilt (Landkreis Osterholz, 1992b u. Karte i.d.F. v. Sept. 1992). Im einzelnen umfaßte die Kernzone mit 3180 ha diejenigen Teilräume, die aus naturschutzfachlicher Sicht vorrangig zu schützen und zu entwickeln sind; sie sollte von der öffentlichen Hand aufgekauft und auch als Naturschutzgebiet ausgewiesen werden. In der 1400 ha großen Randzone sollten schwerpunktmäßig landeseigene Naturschutzprogramme Anwendung finden und auf diese Weise eine möglichst weitgehende Extensivierung der landwirtschaftlichen Nutzung angestrebt werden.

Die Randzone sollte als Landschaftsschutzgebiet ausgewiesen und nach wie vor in privater Hand bleiben. Dieser Planungsstand vom Herbst 1992 war Grundlage für die Erhebung im Rahmen der 'Entwicklungs- und Betroffenheitsanalyse Hammeniederung', die von der Landwirtschaftskammer Hannover, Bezirksstelle Bremervörde, in den Jahren 1992 bis 1993 durchgeführt wurde. Um die erheblichen Auswirkungen auf die landwirtschaftliche Nutzung, die von einem Naturschutzgroßvorhaben ausgehen, einschätzen zu können, wurde die Entwicklungs- und Betroffenheitsanalyse vom Landkreis Osterholz an die landwirtschaftliche Fachbehörde in Auftrag gegeben. Sie sollte über eine Reihe bisher ungeklärter Fragen Aufschluß geben.

Eine der zentralen Fragen war, wie hoch die naturalen und monetären Ertragsverluste sein würden. Für die öffentliche Hand ist es von großem Interesse, in Erfahrung zu bringen, in welcher Höhe sich die staatlichen Ausgleichszahlungen an die Landwirte bewegen, falls ein Flächenerwerb nicht möglich ist. Auch möchte man sich ein Bild über die Pflegekosten machen, die auf die öffentliche Hand nach Herausdrängen der Landwirtschaft zukommen würden. Darüber hinaus sollten standortangepaßte Konfliktlösungen aufgezeigt werden, wobei primär Ausgleichsmaßnahmen, Nutzungsalternativen, Möglichkeiten des Flächenerwerbes und des Flächentausches zu nennen sind. Die Entwicklungs- und Betroffenheitsanalyse beschreibt in einem ersten Schritt die heutige agrarstrukturelle Situation in der Hammeniederung und stellt in einem zweiten Schritt unter Berücksichtigung der Mitwirkungsbereitschaft der Landwirte die Betroffenheit der Betriebe heraus.
Zur Berechnung der qualitativen und quantitativen Ertragsausfälle ist es notwendig, die Höhe des Ausgangsertrages auf den Grünländereien zu erfassen. Das Ausmaß der Ertragsminderung ist einerseits von der Höhe des Grünlandertrages zum Zeitpunkt der Bewirtschaftung ohne Auflagen (Referenzertrag) andererseits von Art und Umfang der Bewirtschaftungsauflagen abhängig.

Die Berechnungen ergaben, daß die Betriebe auf den Futterflächen des Kerngebietes ca. 86 Mio. Megajoule Netto-Energie-Laktation (MJ NEL) ohne Auflagen erzeugen. Dieser Ertrag würde bei Bewirtschaftung mit den geplanten Naturschutzauflagen auf ca. 27 Mio. MJ NEL zurückgehen, so daß nur noch 32 % des Referenzertrages gewonnen werden könnte. Die Ertragsminderung würde somit 68 % betragen.

Hierbei ist zu beachten, daß es sich um einen Durchschnittswert handelt.
Auf intensiv genutzten Flächen läge die Ertragsminderung über diesem Wert, auf heute bereits extensiv genutzten Flächen darunter.

Da die Betriebe in der Regel nicht nur Futterflächen im, sondern auch außerhalb des Kerngebietes bewirtschaften, betrüge die durchschnittliche Ertragsminderung auf betrieblicher Ebene entsprechend weniger; sie würde bei 20 % liegen.
Bei Ertragsminderung in dieser Höhe bestehen auf betrieblicher Ebene unterschiedliche Anpassungsmöglichkeiten. Entweder ist Ersatzfutter, z.B. in Form von Kraftfutter, zu beschaffen oder die Viehbestände der Betriebe sind entsprechend abzustocken.

Um zu einer ökonomischen Bewertung der auflagebedingten Ertragsminderungen zu kommen, wurden Teilbereichskalkulationen durchgeführt. Mit Hilfe von Standarddeckungsbeitragsberechnungen sind die Einkommensverluste auf Teilflächen eines Betriebes ermittelbar.

Unter Berücksichtigung der in der Kernzone vorgesehenen Auflagengruppe zeigte sich, daß die monetär bewerteten Ertragsminderungen erheblich schwanken. Sie liegen in der Kernzone zwischen 198 DM/ha bei der 1-schürigen Wiese und 1233 DM/ha bei der intensiv genutzten 4- bzw. 5-schürigen Wiese. Der durchschnittliche Ertragsverlust läge nach den Berechnungen bei 798 DM/ha. Bei einer Fläche von 2780 ha entspräche dies einem Gesamtverlust von 2.218.440 DM jährlich.

Mit den strengen Naturschutzauflagen in der Kernzone wäre auch die Ausbringung der Gülle nicht mehr möglich gewesen. Für Betriebe mit geringem Viehbesatz und geringer Flächenbetroffenheit hätte das Gülleausbringungsverbot keine bedeutenden Auswirkungen. Diese Betriebe könnten ihre Gülle ordnungsgemäß sowie unbedenklich außerhalb des Kerngebietes auf ihren Flächen ausbringen. Etliche Betriebe kämen jedoch in erhebliche Bedrängnis, weil es für sie nicht mehr möglich wäre, ihre Gülle in vollem Umfang auf den eigenen Flächen zu verwerten. Auf den außerhalb der Kernzone gelegenen Flächen müßte so viel Gülle ausgebracht werden, daß die laut niedersächsischer Gülleverordnung vorgeschriebene Höchstmenge von 2,5 Dungeinheiten pro Hektar überschritten werden würde. Die Gülle, die die Betriebe nicht mehr im Rahmen der ordnungsgemäßen Grünlandbewirtschaftung ausbringen könnten, müßte dem Beispiel der südoldenburgischen Veredlungslandwirtschaft folgend in andere Gebiete abtransportiert werden.

Im Kerngebiet gäbe es 45 Betriebe mit insgesamt 640 ha Wirtschaftsfläche, bei denen das spezielle Problem des Gülleüberschusses auftreten würde. Dies entspricht 23 % der untersuchten landwirtschaftliche Nutzfläche im Kerngebiet.
Die zum Abtransport der organischen Dungstoffe notwendigen Transportkosten lägen bei 128.000 DM jährlich.

Die Güllebelastungen außerhalb des Projektgebietes würden steigen, d.h. in einem breiten Gürtel um das Projektgebiet herum würden zusätzliche Güllemengen ausgebracht werden, die an die zulässige Höchstgrenze von 2,5 Dungeinheiten heranreichen würden. Heute bringt die Hälfte aller Betriebe noch nicht einmal 1 DE/ha auf ihre Flächen aus, die andere Hälfte liegt deutlich unter 2 DE/ha. Die Landwirtschaft der Hammeniederung wirtschaftet - zumindest in bezug auf die Gülleausbringung - heute also schon sehr umweltschonend.

Die dargelegten Projektierungen zeigen, daß die organische Düngung im Umkreis um das Projektgebiet voraussichtlich intensiviert werden würde. Die Intensivierung der organischen Düngung führt nicht zwangsläufig zu einer Überdüngung, da - in gewissen Grenzen - mineralischer durch organischen Dünger ersetzt werden kann. In einer umfassenden Betrachtungsweise sollte dies dennoch berücksichtigt werden, zumal die Landwirte auf diesen außerhalb gelegenen Flächen eine allgemeine Intensivierung der Nutzung forcieren werden, um zumindest teilweise die naturalen Ertragsverluste auf diese Weise auszugleichen. Zu dieser Intensivierung sind die Landwirte sogar angehalten, da per Gesetz eine schadensmindernde Anpassung der landwirtschaftlichen Betriebe gefordert ist (§254 Bürgerliches Gesetzbuch).

Es war geplant, das Kerngebiet des Großschutzgebietes vollständig in die öffentliche Hand zu überführen. Obwohl im Kerngebiet bereits ca. 900 ha im Eigentum der öffentlichen Hand sind, müßten noch 2280 ha aufgekauft werden. Bei einem ortsüblichen Preis von durchschnittlich 1,40 DM/m² wäre eine Kaufsumme von 30,8 Mio. DM erforderlich.

Von dem Naturschutzvorhaben sind alle im Planungsgebiet wirtschaftenden landwirtschaftlichen Betriebe betroffen. Die Analyse des Grades der Betroffenheit ist schwierig und hängt von den Maßen bzw. Maßstäben ab, die zum Feststellen der Betroffenheit angesetzt werden.
Ein klassischer Maßstab ist die Flächenbetroffenheit, die auch in der Entwicklungs- und Betroffenheitsanalyse zugrunde gelegt wurde. Sie kann mit anderen Kriterien, z. B. dem Erwerbscharakter oder dem Viehbesatz pro Fläche in Verbindung gesehen werden, wobei im einzelnen entschieden werden muß, ob der Viehbesatz pro Hauptfutterfläche, der Viehbesatz pro Grünlandfläche oder der Viehbesatz pro Weidefläche als Kriterium herangezogen wird.
In Gebieten, in denen die Milchwirtschaft eine überragende ökonomische Rolle spielt, ist es zweckmäßig, die Höhe der Milchquote mit der Flächenbetroffenheit in Beziehung zu bringen. Auch der Gesamtdeckungsbeitrag pro Hektar LF ist ein geeignetes Kriterium, welches mit der Flächenbetroffenheit in Verbindung gebracht werden kann. Im übrigen bietet es sich an, darüber hinaus weitere Kriterien, die die soziale und wirtschaftliche Situation des Betriebsleiters und seiner Familie berücksichtigen, in die Betrachtung einzubeziehen. So ist es beispielsweise wichtig, das Alter des Betriebsleiters, die Hofnachfolge und die Anzahl der vom Betrieb lebenden Personen in Erfahrung zu bringen.

Es gibt also eine Vielzahl von Einflußfaktoren, die die tatsächliche Betroffenheit ausmachen. Mathematisch betrachtet handelt es sich um eine Gleichung mit einer Vielzahl von Variablen, in der die agrarsozialen Variablen die am schwersten zu erfassenden Einflußgrößen sind.

In der Hammeniederung sind insgesamt 241 landwirtschaftliche Betriebe betroffen, von denen 193 mit ihren Flächen im Kerngebiet liegen. Von diesen wirtschaften 138 im Haupterwerb. Geht man davon aus, daß bei diesen 138 Haupterwerbsbetrieben eine Flächenbetroffenheit von mehr als 50 % als gravierend anzusehen ist, sind nur 24 Betriebe betroffen.
Zur weiteren Charakterisierung der Betroffenheit ist es möglich, oben angesprochene agrarsoziale und agrarsozioökonomische Kriterien heranzuziehen. Ein Betriebsleiter, der über 60 Jahre alt ist, der keinen Hofnachfolger hat und als einzige Person von seinem Betrieb lebt, ist weniger stark betroffen als ein Betrieb, dessen Betriebsleiter 30 Jahre alt ist, der seinen Betrieb gern weiterführen möchte und in dessen Haushalt mehrere Personen vom Betrieb leben. Ein Betrieb mit hohem Viehbesatz pro Fläche wird immer stärker betroffen sein als ein Betrieb mit niedrigem Viehbesatz pro Fläche. Ein Betrieb mit hoher Milchquote pro Fläche wird stärker betroffen sein als ein Betrieb mit niedriger Milchquote pro Fläche.

Im Kerngebiet des Naturschutzgroßvorhabens Hammeniederung liegen 750 ha landeseigene Flächen im Bereich des sog. "Flickenteppichs". Die Feststellung der Betroffenheit dieser Flächen gestaltete sich besonders schwierig. Die Flächen wurden seinerzeit für den Bau des Wasserrückhaltebeckens aufgekauft, und die Bewirtschaftung der Flächen wurde einstweilen interessierten Landwirten überlassen (vgl. Kap. 4.2.2). Die Landwirte bewirtschaften diese Flächen im Rahmen einjähriger Pachtverträge teilweise über zwei Jahrzehnte, so daß sich, nachdem feststand, daß das Wasserrückhaltebecken nicht mehr gebaut werden würde, ein schutzwürdiges Vertrauensverhältnis herausbildete. Dies bedeutete, daß die Landwirte stillschweigend damit rechneten, daß ihnen auch in Zukunft diese Flächen zur Verfügung stehen würden. Andererseits handelte es sich um Flächen, die in dem Glauben, daß sie zukünftig nicht mehr für eine landwirtschaftliche Nutzung zur Verfügung stehen würden, an das Land Niedersachsen verkauft wurden.

Die Verfasser der Enwicklungs- und Betroffenheitsanalyse haben zusammengefaßt folgende Vorschlage zur Konfliktlosung gemacht (vgl. Landwirtschaftskammer Hannover, 1993, S. 126 ff.): Ausgleichszahlungen machen es möglich, daß die Landwirte ohne Einkommensverluste ihre Betriebe mittelfristig weiterführen können. Monetäre Ertragsverluste, die sich für die Landwirte ergeben, müssen nach § 50 und § 52 Niedersächsisches Naturschutzgesetz (NNatG) ausgeglichen werden.

Im Rahmen des Naturschutzvorhabens ist vorgesehen, die Flächen des Kerngebietes, die aufgrund strenger Naturschutzauflagen nicht mehr gewinnbringend bewirtschaftet werden können, aufzukaufen. Für diese Flächen muß die öffentliche Hand ausreichend wertgleiche Ersatzflächen bereitstellen, was nur im Zuge eines Flurneuordnungsverfahrens möglich sein wird.

Im Rahmen eines Flurneuordnungsverfahrens mit Naturschutzzielsetzung werden Flächen außerhalb des Naturschutzvorhabens gegen Flächen innerhalb der Kernzone ausgetauscht. Betrachtet man aber das gigantische Ausmaß des Naturschutzgroßvorhabens, melden sich berechtigte Bedenken, ob ein Flurneuordnungsverfahren dieser Größenordnung erfolgreich durchgeführt werden kann.

Eine andere Möglichkeit zur Umsetzung von Naturschutz besteht darin, Flächen für Naturschutzzwecke langfristig anzupachten. Bei diesem Umsetzungsmodell sind spätere Auseinandersetzungen um die Wertminderung der Fläche vorstellbar.

Durch die Einbeziehung der ortsansässigen Landwirtschaft in die Landschaftspflege des Kerngebietes könnte für die Landwirtschaft ein neues Aufgabenfeld bzw. eine neue Zuerwerbsquelle erschlossen werden. Mehrere landwirtschaftliche Betriebe würden als zusätzlichen Betriebszweig die Flächenpflege übernehmen.
Bei der Befragung im Rahmen der Entwicklungs- und Betroffenheitsanalyse erklärten sich 54 von 241 Betrieben bereit, unter Umständen Landschaftspflegearbeiten in der Hammeniederung zu übernehmen, wobei als Entgelt der derzeitige Maschinenringsatz angenommen wurde. Nach Einschätzung des Verfassers wären weniger als zehn Betriebe erforderlich, um die Pflegearbeiten für das Großschutzgebiet Hammeniederung zu übernehmen. Eine andere Möglichkeit wäre, daß sich Betriebe ausschließlich auf die Flächenpflege spezialisieren. Solche Landschaftspflegebetriebe brauchen eine große Fläche, um rentabel arbeiten zu können. Der hohe Flächenbedarf dieser Betriebe würde dann möglicherweise in Konkurrenz zur jetzigen Landwirtschaft stehen.

Den Betriebsleitern wurde die Frage nach etwaigem Verkauf, Verpachtung und wertgleichem Tausch ihrer Flächen gestellt. Hier zeigte sich, daß nur wenige Landwirte beabsichtigen, ihre Flächen zu verkaufen oder zu verpachten. Im Gegensatz zur verhaltenen Verkaufs- und Verpachtungsbereitschaft sind 41 % aller Landwirte bereit, Flächen wertgleich zu tauschen. Dies gilt insbesondere für Flächen im Projektgebiet. Hier wären 98 Betriebsleiter zum Tausch von insgesamt ca. 1.000 ha bereit. Am Zukauf von Ländereien außerhalb des Projektgebietes sind etliche Landwirte interessiert; ca. 70 Landwirte wollen durch Flächenzukauf oder Flächenzupacht ihre Betriebe vergrößern. Diese Landwirte werden im Falle eines Umlegungsverfahrens im Rahmen des Naturschutzvorhabens mit dem Staat außerhalb des Gebietes um Flächenerwerb konkurrieren. Die Landwirtschaftskammer Hannover (1993a) macht darauf aufmerksam, daß der Flächenerwerb für Naturschutzzwecke durch die öffentliche Hand nur dann zu vertreten ist, wenn die entwicklungsfähigen und entwicklungswilligen Betriebe die Möglichkeit der Ersatzlandbeschaffung zu vergleichbaren Preisen erhalten.
Bei dem geplanten Ausmaß des Flächenerwerbes für Naturschutzzwecke wird die Ersatzlandbeschaffung nur begrenzt möglich sein. Trotz intensiver Bemühungen wird es bei dem ursprünglich geplanten Ausmaß des Naturschutzvorhabens mit 4300 ha nicht gelingen, einen Interessenausgleich herbeizuführen.

Im Rahmen eines Flurneuordnungsverfahrens werden hingegen aufgabebereite Betriebsleiter die guten Verkaufs- und Verpachtungsmöglichkeiten wahrnehmen, denn durch den Flächenerwerb der öffentlichen Hand erhalten verkaufswillige Landwirte einen angemessenen Quadratmeterpreis für ihre Grünlandflächen. Nicht entwicklungsfähigen Betrieben könnte dadurch der Ausstieg aus der Landwirtschaft erleichtert werden.

Im Rahmen der Befragung zur Erstellung der Entwicklungs- und Betroffenheitsanalyse bekundeten 95 aller befragten Landwirte ihr Interesse, mit Teilflächen an einer Extensivierung teilzunehmen; sie wären bereit, eine Fläche von insgesamt 1080 ha extensiv unter Naturschutzauflagen zu bewirtschaften. Das Interesse an einer vollständigen Umstellung aller Flächen des Betriebes ist dagegen sehr viel geringer. Dies hängt damit zusammen, daß die überwiegende Anzahl der Betriebe ihre Futtergrundlage für die Milchproduktion gesichert sehen möchte und daher eine Extensivierung aller Grünlandflächen nicht opportun ist.

Nachdem die Entwicklungs- und Betroffenheitsanalyse fertiggestellt war und deutlich wurde, daß sich das Naturschutzvorhaben von 4300 ha sowohl finanziell wegen weiterer angekündigter Mittelkürzungen durch die Bundesforschungsanstalt als auch agrarstrukturell - aufgrund der zu erwartenden erheblichen Umsetzungsschwierigkeiten - nicht würde realisieren lassen, wurde vom Antragsteller die Projektgröße auf ca. 2000 ha reduziert. Die Projektabgrenzung wurde nun so gewählt, daß sie im wesentlichen nur noch das Kerngebiet der Planungen - den sog. Flickenteppich - in Verbindung mit den schon vorhandenen Naturschutzgebieten 'Breite Wasser', 'Wiesen und Weiden nordöstlich des Breiten Wassers' und 'Pennigbütteler Moor' umfaßte (Landkreis Osterholz, 1993a und Karte 6). Dieses Gebiet, welches im weiteren Planungsverlauf als das "Konzept auf kleinerer Ebene" betitelt wurde, beinhaltet die 750 ha umfassenden Flächen, die vor ca. zwanzig Jahren mit zweckgebundenen öffentlichen Mitteln in der Größe von 14 Mio. DM für die damals geplante Anlage eines Hochwasserrückhaltespeichers aufgekauft worden sind.

Diese radikale Gebietsverkleinerung auf rund 2000 ha ließ sich nach Prüfung durch das Bundesamt für Naturschutz (am 01.01.1994 hervorgegangen aus der ehemaligen Bundesforschungsanstalt für Landschaftsökologie und Naturschutz) nicht mit der geforderten Großräumigkeit eines Naturschutzgroßvorhabens in Einklang bringen, so daß ein Vergrößerung gefordert wurde. Im Winter 1993/94 wurde vom Landkreis Osterholz ein Ergänzungsantrag mit einer neuen Abgrenzung erarbeitet und dem Bundesamt für Naturschutz vorgelegt (vgl. Karte 7, Grenze der Gebietsabgrenzung Stand 1994). Wesentliche Änderung dieser neuen Abgrenzung war die Einbeziehung des Flußlaufes Hamme zwischen Tietjens Hütte und Ritterhude und der noch vorhandenen Altarme der Hamme mit großzügig bemessenen Uferrandstreifen.

# Schutzgebietskonzept
## – Vorläufiger Entwurf –

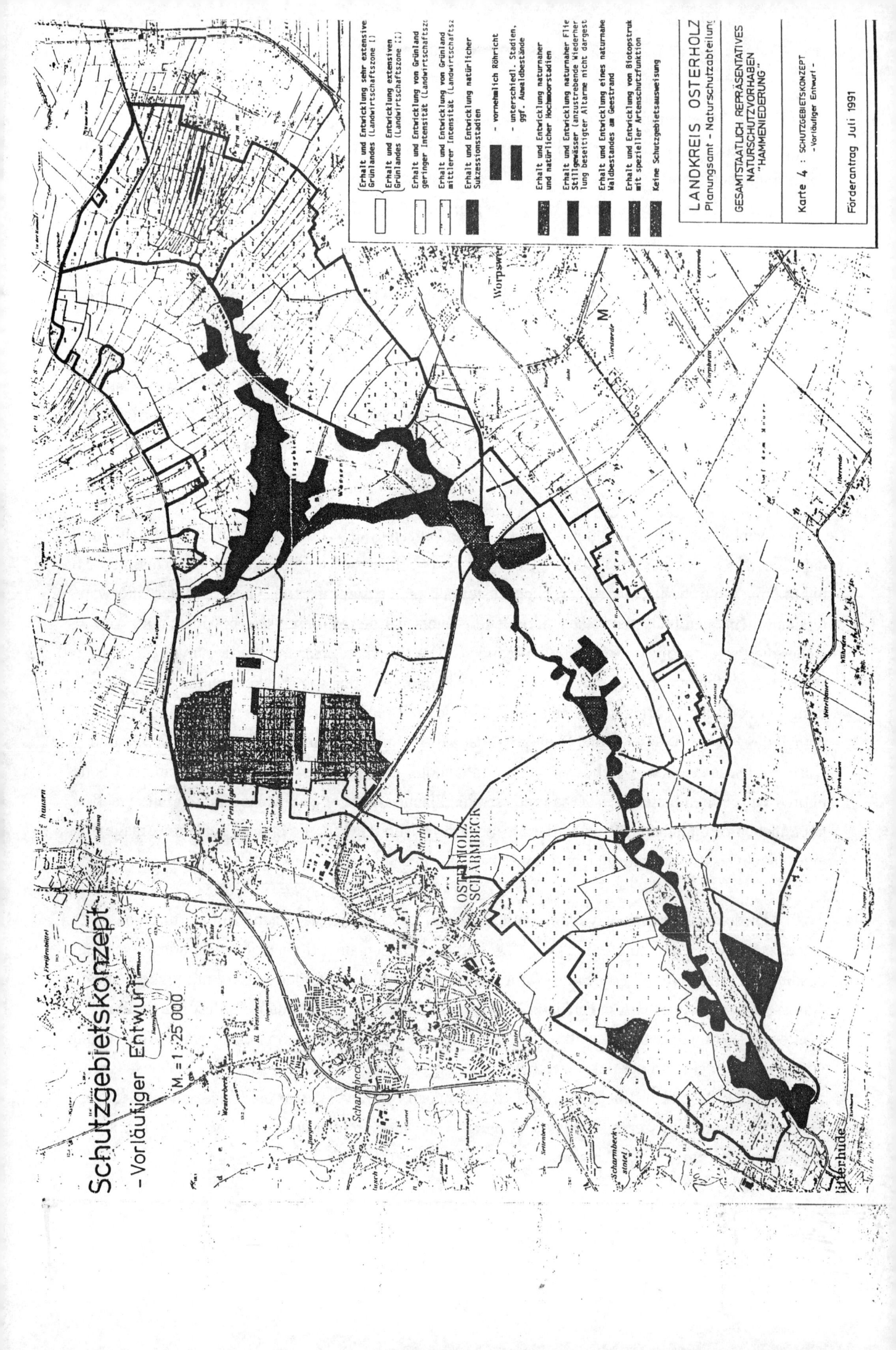

M. = 1 : 25 000

| | Erhalt und Entwicklung sehr extensiven Grünlandes (Landwirtschaftszone I) |
|---|---|
| | Erhalt und Entwicklung extensiven Grünlandes (Landwirtschaftszone II) |
| | Erhalt und Entwicklung von Grünland geringer Intensität (Landwirtschaftsz |
| | Erhalt und Entwicklung von Grünland mittlerer Intensität (Landwirtschaftsz |
| | Erhalt und Entwicklung natürlicher Sukzessionsstadien |
| | Erhalt und Entwicklung naturnaher und natürlicher Hochmoorstadien – vornehmlich Röhricht – unterschiedl. Stadien, ggf. Auwaldbestände |
| | Erhalt und Entwicklung naturnaher Fließ-/Stillgewässer (anzustrebende Wiederherstellung beseitigter Altarme nicht dargest |
| | Erhalt und Entwicklung eines naturnahen Waldbestandes am Geestrand |
| | Erhalt und Entwicklung von Biotopstruk mit spezieller Artenschutzfunktion |
| | Keine Schutzgebietsausweisung |

**LANDKREIS OSTERHOLZ**
Planungsamt - Naturschutzabteilung

GESAMTSTAATLICH REPRÄSENTATIVES
NATURSCHUTZVORHABEN
"HAMMENIEDERUNG"

Karte 4 : SCHUTZGEBIETSKONZEPT
– Vorläufiger Entwurf –

Förderantrag Juli 1991

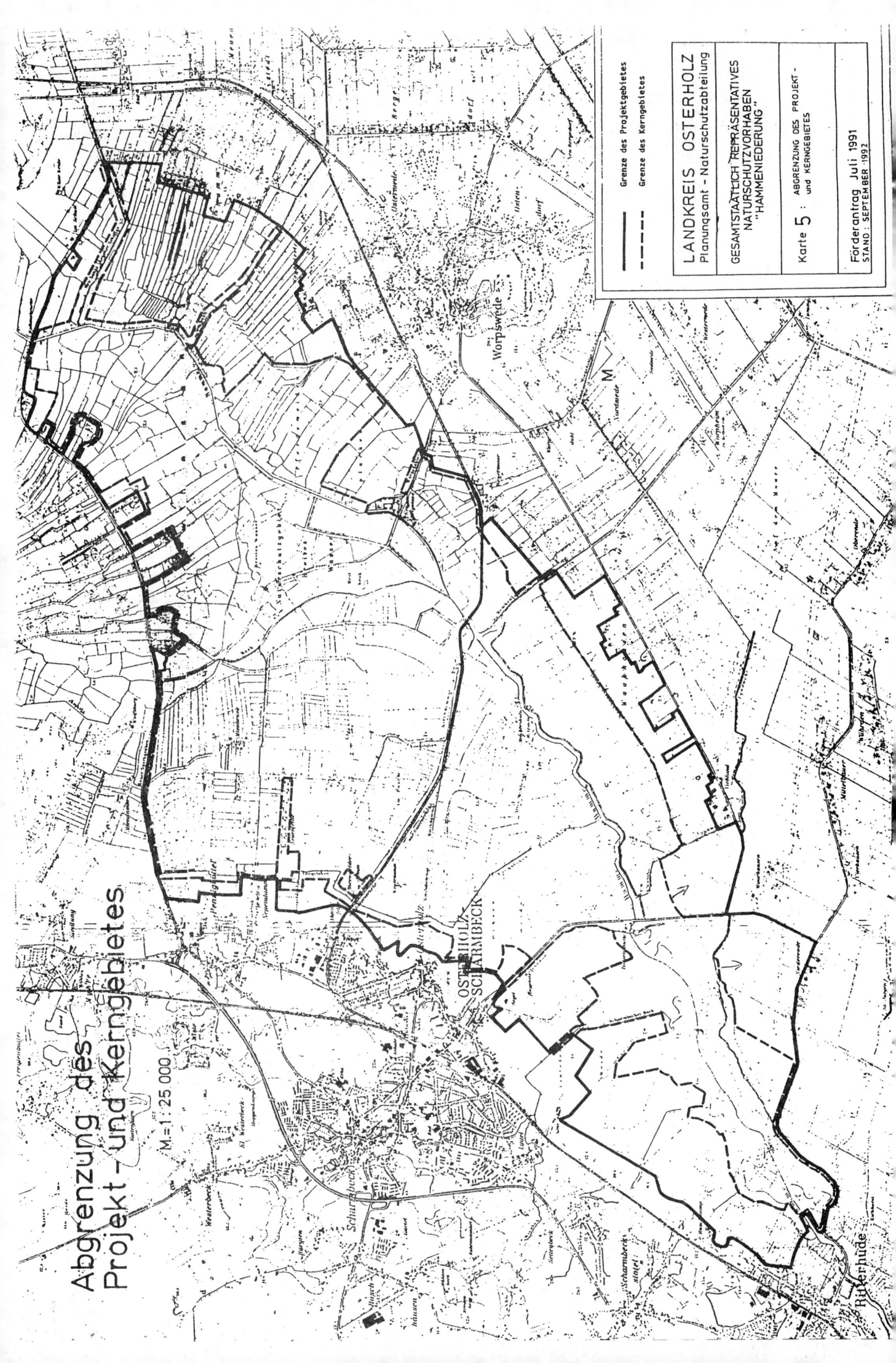

# Abgrenzung des Projekt- und Kerngebietes

M = 1 : 25 000

**LANDKREIS OSTERHOLZ**
Planungsamt - Naturschutzabteilung

GESAMTSTAATLICH REPRÄSENTATIVES
NATURSCHUTZVORHABEN
"HAMMENIEDERUNG"

Karte 5: ABGRENZUNG DES PROJEKT-
und KERNGEBIETES

—————— Grenze des Projektgebietes
— — — — Grenze des Kerngebietes

Förderantrag Juli 1991
STAND: SEPTEMBER 1992

Zu diesem Zeitpunkt drängte die Bezirksregierung Lüneburg als Obere Naturschutzbehörde zusehends auf eine Beschleunigung der Großschutzgebietsplanungen. Da die sich nunmehr seit fünf Jahren entwickelnden Projektierungen immer noch nicht in eine Abschlußphase eingetreten waren, befürchtete sie einen landschaftsökologischen Wertverlust des Gebietes aufgrund etwaiger Intensivierung der Agrarwirtschaft. Parallel zu den Großschutzgebietsplanungen erarbeitete die Bezirksregierung daher einen Verordnungsentwurf für ein größeres 'normales' Naturschutzgebiet "Postwiesen und Hofleuteweiden" für das Kerngebiet der Planungen (Bez. Reg. Lüneburg, 1993). Diese parallel zueinander verlaufenden Schutzgebietsplanungen ließen sich nach Auffassung der Bezirksregierung gut miteinander verzahnen. Für die Wasserwirtschaft war in der Naturschutzgebietsverordnung ausdrücklich eine Freistellung vorgesehen. Selbst wenn dem Großschutzgebietsantrag des Landkreises das zuständige Bundesministerium und das Bundesamt für Naturschutz in Bonn nicht zugestimmt hätten, wäre das Land in der Lage, mit Naturschutzmitteln die noch verbliebenen Privatflächen in den kommenden Jahren aufzukaufen und danach auch die Problematik mit den 14 Mio. DM aus den Mitteln der Gemeinschaftsaufgabe zur Verbesserung der Agrarstruktur und des Küstenschutzes (GA-Mittel) zu lösen (Landreis Osterholz, 1994b).

Der bisherige Widerspruch zwischen Wasserwirtschaft und Naturschutz in der Hammeniederung war administrativ noch nicht aufgelöst. Die Einbeziehung der vom Land aufgekauften Flächen stand zur Disposition und wurde explizit von allen partizipierenden Planungsträgern befürwortet. Ein vom Staatlichen Amt für Wasser und Abfall Verden ausgearbeitetes Konzept war zwischen dem für GA-Mittel zuständigen Bundeslandwirtschaftsministerium, der obersten Landeswasserwirtschaft, der Bezirksregierung Lüneburg als Obere Wasserbehörde und dem Landkreis Osterholz abgestimmt worden; die komplizierte verwaltungstechnische Abwicklung war jedoch noch nicht vollzogen, so daß die Gefahr einer Rückforderung der 14 Mio. DM durch den Bundesrechnungshof nicht auszuschließen war. Der noch immer ausstehende Nachweis über die zweckmäßige Verwendung der 14 Mio. DM GA-Mittel konnte noch nicht erbracht werden.

In der Hammeniederung ist es notwendig, Wasserwirtschaft und Naturschutz miteinander zu koordinieren. Das Großschutzgebietsvorhaben sieht dieses im Rahmen des Aufkaufes bzw. Austausches von Flächen ausdrücklich vor und bietet dazu aufgrund der finanziellen Möglichkeiten des Bundes eine reale Chance. Wenn nicht durch GR-Mittel der Ankauf und Austausch sichergestellt werden kann, müssen andere Landesmittel beschafft werden, was bei der angespannten Haushaltssituation des Landes Niedersachsen schwierig sein dürfte. Nach Auffassung des Staatlichen Amtes für Wasser und Abfall (Landkreis Osterholz, 1994a) sei es auf keinen Fall vertretbar, über den sog. Flickenteppich, einer Gemengelage von privaten und öffentlichen Flächen durch Erlaß einer Naturschutzverordnung verbindliche Festsetzungen zu treffen, ohne vorher die bestehende Problematik zwischen Bund, Land und Wasser- und Bodenverband gelöst zu haben.

Die Bezirksregierung hingegen war der Auffassung, daß aus naturschutzfachlicher Sicht eine rasche Ausweisung geboten sei. Bei sorgfältiger Verzahnung der Naturschutzgebietsplanungen mit denen der Großschutzgebietsprojektierungen würden sich diese nicht nachteilig auf letztere auswirken. Im Gegensatz hierzu verwies der Landkreis Osterholz darauf, daß Finanzmittel aus dem sog. GR-Fonds nicht in bereits unter Naturschutz gestellte Gebiete fließen sollen (Landkreis Oster-holz, 1994b).

In einem Gespräch zwischen der Kreisverwaltung Osterholz und der Regierungspräsidentin am 10.05.1994 betonte diese nachdrücklich, daß die von der Bezirksregierung betriebene Naturschutzgebietsausweisung keinerlei negative Auswirkung auf das Großschutzgebietsvorhaben habe, wie es im übrigen auch durch das Bundesamt für Naturschutz bestätigt worden sei. Die Regierungspräsidentin wünschte sich, daß dieses auch vom Landkreis Osterholz akzeptiert werde und "nicht immer wieder Besorgnisse ihres Hauses wegen des Naturschutzvorhabens vorgebracht würden"(Landkreis Osterholz, 1994b, S. 2).

Durch den fast einstimmigen Beschluß des Kreistages auf der Grundlage der Betroffenheitsanalyse für die Landwirtschaft, das ursprünglich 4500 ha große GR-Gebiet einzuschränken, besteht heute zum Großschutzgebietsvorhaben eine relative Zustimmung bei den Landwirten. Der Kreislandwirt machte darauf aufmerksam, daß diese nicht in Frage gestellt werden dürfe, wobei er deutlich machte, daß sich durch die seiner Meinung nach übereilten Naturschutzaktivitäten der Bezirksregierung "große Unruhe und Mißtrauen unter den Landwirten ausgebreitet hat" (Landkreis Osterholz, 1994b, S. 6).

In der Besprechung am 10.05.1994 im Kreishaus in Osterholz-Scharmbeck bemühten sich die vorrangig am Großschutzprojekt beteiligten Planungsträger auf die Bezirksregierung dahingehend einzuwirken, ihre Naturschutzgebietsplanungen vorerst ruhen zu lassen.
Nach langwierigen und zähen Verhandlungen erklärte sich die Regierungspräsidentin bereit, vorerst weitere Naturschutzaktivitäten des schon eingeleiteten Naturschutzgebietsverfahrens auszusetzen. Gleichzeitig setzte sie dem Oberkreisdirektor des Landkreises Osterholz ein Ultimatum, daß bis zum 30.06.1994 eine formelle oder zumindest informelle Anerkennung des Großschutzgebietes erfolgen müsse.

Um den Großschutzgebietsplanungen Hammeniederung im Planungsprozeß zu einem Durchbruch zu verhelfen, war unter ausdrücklicher Zustimmung aller Planungsbeteiligten am 22.02.1994 eine Verhandlungskommission der CDU-Kreistagsfraktion, der unter anderem auch der örtliche Bundestagsabgeordnete angehörte, zum Bundesumweltministerium gereist (Bundesumweltministerium, 1994).

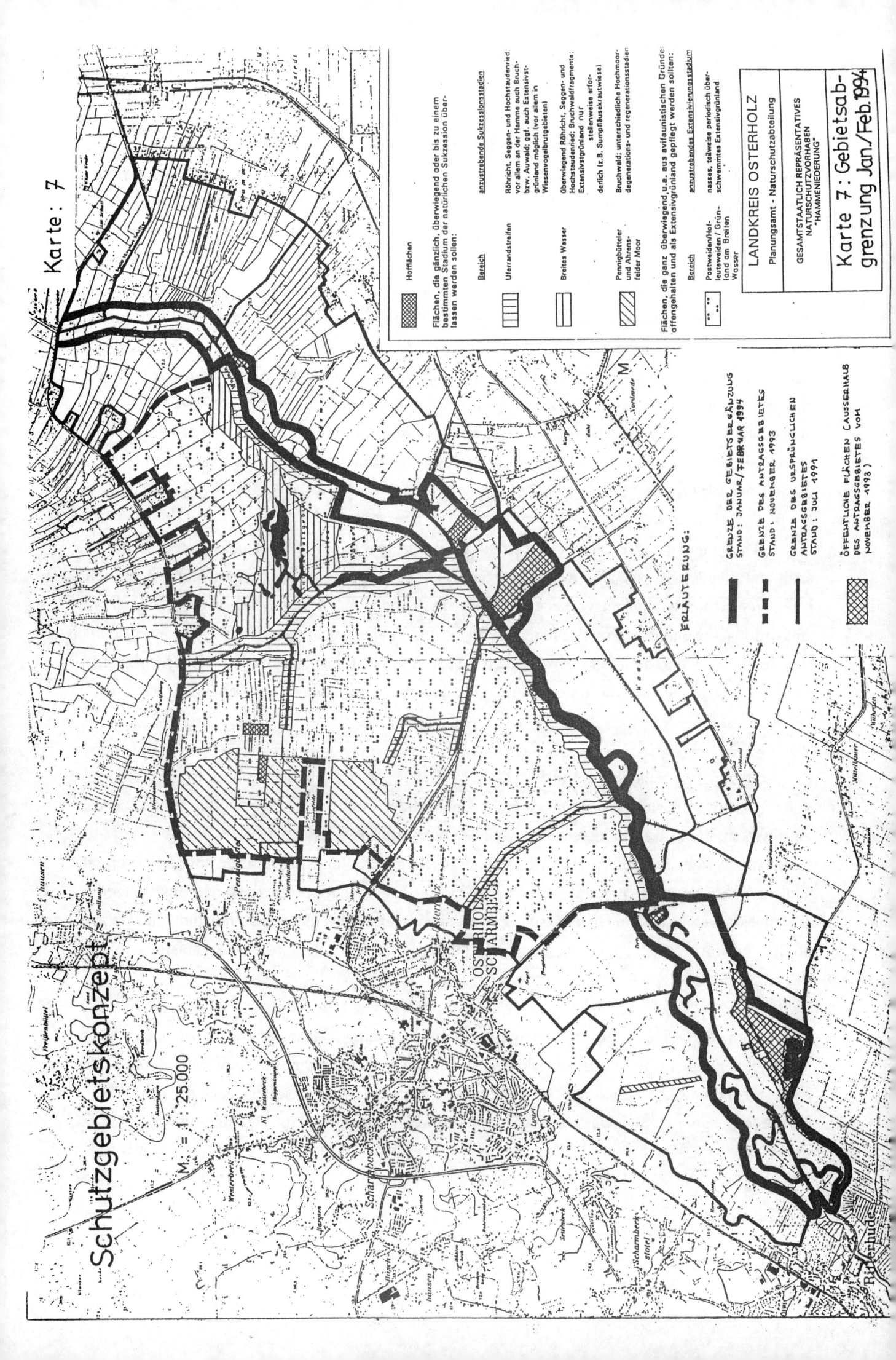

# Schutzgebietskonzept

Karte: 7

M = 1 : 25.000

## Erläuterung:

| | GRENZE DES GEBIETSBEZUGES STAND: JANUAR/FEBRUAR 1994 |
| --- | --- |
| | GRENZE DES ANTRAGSGEBIETES STAND: NOVEMBER 1993 |
| | GRENZE DES URSPRÜNGLICHEN ANTRAGSGEBIETES STAND: JULI 1991 |
| | ÖFFENTLICHE FLÄCHEN AUSSERHALB DES ANTRAGSGEBIETES VON NOVEMBER 1993 |

Flächen, die gänzlich, überwiegend oder bis zu einem bestimmten Stadium der natürlichen Sukzession überlassen werden sollen:

- Hofflächen
- Bereich — anzustrebende Sukzessionsstadien
- Uferrandstreifen — Röhricht, Seggen- und Hochstaudenried; vor allem an der Hamme auch Bruchbzw. Auwald; ggf. auch Extensivgrünland möglich (vor allem in Wiesenvogelbrutgebieten)
- Breites Wasser — Überwiegend Röhricht, Seggen- und Hochstaudenried; Bruchwaldfragmente; Extensivgrünland nur stellenweise erforderlich (z.B. Sumpfläusekrautwiese)
- Pennigbütteler und Ahrensfelder Moor — Bruchwald; unterschiedliche Hochmoordegenerations- und regenerationsstadien

Flächen, die ganz überwiegend u.a. aus avifaunistischen Gründen offengehalten und als Extensivgrünland gepflegt werden sollten:

- Bereich — anzustrebendes Extensivierungsstadium
- Postweiden/Hofleuteweiden / Grünland am Breiten Wasser — nasses, teilweise periodisch überschwemmtes Extensivgrünland

**LANDKREIS OSTERHOLZ**
Planungsamt - Naturschutzabteilung

GESAMTSTAATLICH REPRÄSENTATIVES
NATURSCHUTZVORHABEN
"HAMMENIEDERUNG"

Karte 7: Gebietsabgrenzung Jan./Feb. 1994

# Karte 8: Endgültige Gebietsabgrenzung

**Grenze des Antragsgebietes**
M = 1:25.000

## LANDKREIS OSTERHOLZ
DER OBERKREISDIREKTOR
- Planungsamt -

**GESAMTSTAATLICH REPRÄSENTATIVES NATURSCHUTZVORHABEN "HAMMENIEDERUNG"**

### Karte 8

--- Grenze des Antragsgebietes

### ERLÄUTERUNGEN

- [ ] GRENZE "GR" GEBIET STAND 01.02.1994
- [▨] ERGÄNZUNGEN STAND 16.05.1994

Abbildung 3: Im Jahre 1994 erneut in das GR-Gebiet einbezogene Feuchtgrünlandflächen im Ritterhuder Raum; Nuphar luteum(Gelbe Teichrose) und Nymphaea alba (Weiße Seerose) auf einem Altarm der Hamme. Eigene Quelle

Hier stellte der Staatssekretär eine Zusage zum Großschutzvorhaben zwar in Aussicht; um abschließend die Voraussetzung für eine Projektförderung zu schaffen, wurden vom Bundesumweltministerium jedoch noch einige naturschutzfachliche Erweiterungen im nordöstlichen Teil des Projektgebietes sowie östlich der Hamme gefordert. Die daraufhin vom Landkreis Osterholz erneut ausgeweitete und wie sich zeigte, endgültige Gebietsabgrenzung (vgl. Karte 8) unterschied sich von den vorangegangenen Änderungsanträgen durch die erneute Einbeziehung der sog. Pferdeweiden in Worpswede, eines besonders feuchten Grünlandareals an der Semkenfahrt innerhalb des Waakhauser Polders sowie kleinerer Grünlandbereiche im Ritterhuder Raum (vgl. Abb. 3).

Nachdem nun der Anerkennung des Großschutzgebietes seitens des Bundesumweltministeriums und des Bundesamtes für Naturschutz nichts im Wege stand, mußte die Kofinanzierung des Projektes mit niedersächsischen Landesmitteln sichergestellt werden. Aufgrund der angespannten finanziellen Situation des Landes und eines rigiden Sparkurses der Landesregierung schien dieses nicht ohne weiteres möglich zu sein. So verzögerte sich die Sicherstellung der Haushaltsmittel nicht zuletzt deswegen, weil der Bund, entgegen seiner bisherigen Angaben, eine Kürzung von 12,5% des ursprünglich in Höhe von 75% veranschlagten Bundesmittelanteils in den Jahren 1996-2006 vornahm, so daß sich der Landesanteil zur Kofinanzierung des Naturschutzvorhabens auf 16,55% erhöhte (Landkreis Osterholz, 1995a).
Erst im Herbst 1995 konnte der Finanzierungsplan Hammeniederung sichergestellt werden; am 13.10.1995 erfolgte schließlich die Zuweisung aus dem Bundeshaushalt für die Haushaltsjahre 1995-1998 vom Bundesamt für Naturschutz an das Niedersächsische Umweltministerium (Bundesamt für Naturschutz, 1995).

Nach Maßgabe des Bundesamtes ist der Landkreis Osterholz verpflichtet, unter Mitwirkung einer projektbegleitenden Arbeitsgruppe einen Pflege- und Entwicklungsplan zu erarbeiten, welcher nach Prüfung und Zustimmung des Projektträgers, des Landes Niedersachsen und des Bundesamtes für Naturschutz in Kraft gesetzt wird. In ihm sollen die erforderlichen biotopgestaltenden und -lenkenden Maßnahmen sowie Maßnahmen zur dauerhaften Folgepflege detailliert und parzellenscharf festgelegt werden.

Die die zukünftigen Planungen im Großschutzgebiet begleitende projektbezogene Arbeitsgruppe setzt sich aus Vertretern verschiedener Institutionen zusammen. Beteiligt sind:

- Bundesumweltministerium,
- Bundesamt für Naturschutz,
- Niedersächsisches Umweltministerium,
- Niedersächsisches Landesamtes für Ökologie,
- Bezirksregierung Lüneburg,
- Landkreise Osterholz und Verden,
- World Wildlife Found,
- Staatliches Amt für Wasser und Abfall Verden,
- Wasser- und Bodenverband Teufelsmoor,
- Landwirtschaftskammern Hannover und Bremen,
- Niedersächsisches Landvolk,
- Grundstückseigentümer und -nutzer,
- Niedersächsische Landgesellschaft,
- Naturschutzverbände und
- beauftragte Planungs- und Kartierungsbüros.

Die regelmäßig zweimal im Jahr tagende Arbeitsgruppe ist an allen Planungsschritten zu beteiligen. Aus der Arbeitsgruppe kommende Anregungen und Bedenken sind vom Planersteller zu bewerten, abzuwägen und unter Berücksichtigung der Projektziele bei der Planerstellung zu beachten (Bundesamt für Naturschutz, 1995, S. 7/8).

Um den landschaftsökologischen Wert des Gebietes langfristig zu sichern und etwaige schadliche Eingriffe von vornherein zu vereiteln, ist seitens des Landes Niedersachsen dafür Sorge zu tragen, daß das Großschutzgebiet so bald wie möglich auch naturschutzrechtlich geschützt wird, d.h. als Naturschutzgebiet ausgewiesen wird.

# 4 Ergebnisse der Auswertung nach Sachbezügen und inhaltlich zusammengehörigen Kategorien:

Der Auswertung der Befragungsergebnisse liegen folgende Überlegungen zugrunde: In den Gesprächen dominieren zum Teil die Sachbezüge, wie z.B. das Feuchtgrünlandschutzprogramm oder die Grabenräumung. Andererseits nehmen inhaltlich zusammengehörige Kategorien einen hohen Stellenwert ein, wie die Naturschutzplanungen oder der Naturschutz als soziales und gesellschaftliches Problem. Um diesem Umstand Rechnung zu tragen, orientiert sich die Ergebnisauswertung und deren Gliederung hieran.

Die Erscheinungsformen des Konfliktes zwischen Grünlandwirtschaft und Naturschutz werden durch bestimmte Intentionen, Ziele oder Zwecke gekennzeichnet, die die am Konflikt beteiligten verfolgen. Die Erscheinungsformen dürfen nicht als statisch angesehen werden, so daß der entwicklungsmäßige Aspekt unbedingt einzubeziehen ist.

Das induktive Vorgehen erlaubt Verallgemeinerungen auf verschiedenen Abstraktionsebenen. So sind auf der Grundlage der im Einzelfall zweckmäßig und vom Verfasser zu verantwortenden Analyse Abstraktionsebenen auf verschiedenem Niveau gewählt worden. Das 'Vorzeitige Mähen in Naturschutzgebieten als Beispiel für eine flexible Handhabe von Naturschutzauflagen' ist auf einem eher greifbaren Abstraktionsniveau als die 'Ängste der Landwirtschaft vor vermeintlichen Ansprüchen des Naturschutzes' angesiedelt.

Beim Aufbau der Gliederung zeigte sich, daß inhaltliche Bezugslinien so vielfältig und vernetzt sind, daß eine Strukturierung schwierig ist. Die Einordnung in ein Kapitel als auch die Zuordnung der Unterkapitel zu den Hauptkapiteln 4.1 bis 4.4 birgt in sich schon die Gefahr, bestimmte Aspekte überzubetonen und gleichzeitig andere zu vernachlässigen. Bevor diese Gliederung gewählt wurde, wurden auch andere Gliederungsmöglichkeiten in Betracht gezogen, welche sich bezogen auf:

- Betroffenheit unter Berücksichtigung verschiedener Betroffenheitsmaßstäbe
- agrarökonomische Auswirkungen in bezug auf Wertverlust, Einkommensverlust, Verlust des Selbstbestimmungsrechtes und der Eigenständigkeit, Planungsunsicherheit
- Umsetzung des Naturschutzes mit Hilfe von Flächenaufkauf, Schutzgebietsausweisung und Vertragsnaturschutz
- Abwehrstrategien der Landwirtschaft und Kooperationsansätze zwischen den Raumnutzern
- Historische Entwicklung des Konfliktes, heutige Ausprägungsformen und zukünftige Entwicklungslinien

- psychologische, soziale und ethische Betrachtungen des Konfliktes
- Naturschutzrecht und dessen Umsetzung im Landschaftsraum
- Planungsinstrumente des Naturschutzes und der Landwirtschaft im Vergleich
- Strategien zur Konkliktlösung - Wege zur Bewältigung der Umsetzungsprobleme
- Naturschutz und Grünlandwirtschaft aus der Perspektive der am Konflikt beteiligten Landwirte, Naturschützer, Verwaltung und Politik (in Anlehnung an die Befragungsgruppen)
- Segregation zwischen Produktionslandschaft und Protektionslandschaft
- Integration der Protektionsbemühungen in die Produktionslandschaft
- landschaftsökologische und naturschutzfachliche Bewertung sowie Ausweisung von Schutzgebieten unterschiedlicher Schutzgebietskategorien
- Gliederung in Anlehnung an die Flächennutzungstypen Wiese, Weide, Mähweide, Acker, Kompensationszone mit und ohne Auflagen
- Gliederung in Anlehnung an die wasserwirtschaftlichen Verhältnisse (gepolderte, dränierte, überschwemmte, wiedervernäßte Flächen)
- administrativer Naturschutz als starre Umsetzungsform versus regional-demokratisierten Naturschutz als flexible Umsetzungsform
- Differenzierung nach Verfahrensarten (Großschutzgebietsausweisung, NSG- und LSG-Ausweisung, Schutzstatus aufgrund des § 20 c BNatSchG)

Der gewählten Gliederung ist eine langwierige und zähe Diskussion vorangegangen. Im Forschungsprozeß tauchte immer wieder Kritik auf, ob bestimmte Passagen, Unterkapitel oder übergeordnete Kapitel im logischen Zusammenhang und in ihrer Abfolge schlüssig sind. So ist dem Verfasser die Einordnung des Kapitels 'Landschaftspflege durch landwirtschaftliche Betriebe' nicht leicht gefallen, da landwirtschaftliche Betriebe bereits seit Jahren in den vorhandenen Schutzgebieten die Landschaft pflegen. Die Einordnung in das Kapitel 4.1 wäre demnach möglich gewesen. Um jedoch die Bedeutung der Landschaftspflege als zukunftsorientierte Aufgabe herauszustreichen, wurde die Zuordnung in das Planungskapitel gewählt.

Die Gliederung der gesamten Ergebnisse war einem ständigen Wandel unterworfen. Einige Unterkapitel wurden mehrmals zwischen den übergeordneten Kapiteln verschoben; zwei zu Beginn des Forschungsprozesses aufgestellte Unterkapitel wurden am Ende wieder aufgelöst.

Es handelte sich um 'Finanzielle Probleme des Naturschutzes' sowie um 'Intensivere Grünlandwirtschaft in den Poldern'. Ihre Inhalte wurden entweder anderen Bereichen zugeordnet oder ganz aus der Ergebnisdarstellung herausgenommen. Hingegen wurde in einem Stadium, als das Rohkonzept bereits fertiggestellt war, noch ein neues Unterkapitel eingerichtet. Die sich hier findenden Inhalte zu den 'Ängsten der Landwirtschaft gegenüber vermeintlichen Ansprüchen des Naturschutzes' waren zuvor zum Teil in anderem Kontext zu finden. Da der Verfasser zunehmend zu der Auffassung gelangte, daß diesem Aspekt bisher noch zu wenig Rechnung getragen sei, löste er alle dementsprechenden und relevanten Inhalte aus den verschiedenen Zusammenhängen heraus und fügte sie in einem eigens eingerichteten Unterkapitel zusammen.

Der Auswertung der Ergebnisse liegt ein Aufbau zugrunde, der sich in vier übergeordnete Sachgebiete bzw. inhaltlich zusammengehörige Kategorien gliedert. In einem ersten Teil werden Erfahrungen in bestehenden Naturschutzgebieten und mit dem Vertragsnaturschutz analysiert Es handelt sich um Gebiete, die gesetzlichen Schutz oder Schutz per Verordnung genießen sowie um Flächen, die aufgrund privatrechtlicher Verträge in Naturschutzprogramme aufgenommen sind. In einem zweiten Teil stehen Naturschutzplanungen im Vordergrund. Das Planungsfeld wurde inhaltlich sehr weit abgesteckt, um alle für die Naturschutzplanungen relevanten Ideen, Prozesse und Aspekte zu berücksichtigen. Im dritten Teil wird der Naturschutz als soziales und gesellschaftliches Problem untersucht. Im vierten Teil schließlich werden Aspekte in der Konfliktsituation aufgegriffen, die thematisch neben Grünlandwirtschaft und Naturschutz vor allem die Wasserwirtschaft betreffen.

Für den vierten Teil wurde mehrmals eine Angliederung an Kapitel 4.1 diskutiert. Denn Wiedervernässung wird nur in naturschutzrechtlich geschützten Arealen praktiziert. Die Einordnung dieses Punktes erscheint somit problemlos. Uferrandstreifen, Überschwemmungen und Grabenräumung sind zwar auch in Schutzgebieten anzutreffen, ihr flächenmäßiger Anteil in Feuchtgrünlandgebieten außerhalb von Schutzgebieten ist jedoch sehr groß. Ihre zentrale Bedeutung für den Naturschutz in diesen Bereichen ist so evident, daß der Verfasser zu der Auffassung gelangt ist, mit dem Kapitel 4.4 der Wasserwirtschaft breiten Raum einräumen zu müssen.

## 4.1 Erfahrungen in vorhandenen Naturschutzgebieten und im Vertragsnaturschutz

Als ältestes Instrument des Naturschutzes hat in Niedersachsen der Erschwernisausgleich eine zentrale Bedeutung. Aus ihm resultieren das unter 4.1.2 untersuchte Beispiel für eine flexible Handhabe von Naturschutzauflagen. Eine der wichtigsten Naturschutzauflagen zur Flächennutzung ist die terminlich festgelegt frühestmögliche Mähnutzung. Wird diese Vorschrift flexibel gehandhabt, kommt es zum sog. vorzeitigen Mähen in Naturschutzgebieten.

Eng verknüpft mit dem Erschwernisausgleich ist die heterogene Bewirtschaftungsintensität in den Naturschutzgebieten. Die naturschutzrechtlich mit dem § 28a/b des Niedersächsischen Naturschutzgesetzes geschützten Feuchtgrünländereien sind zwar formal keine Naturschutzgebiete, die Problematik der Umsetzung dieser Naturschutzkategorie ist jedoch so eng mit der von Naturschutzgebieten verknüpft, daß sich eine Einordnung in das Kapitel 4.1 geradezu aufdrängt. Parallel zum administrativen Naturschutz wird in jüngster Zeit dem Vertragsnaturschutz eine hohe Bedeutung beigemessen. Als Beispiel für ein landesweites Programm wird das Niedersächsische Feuchtgrünlandschutzprogramm besonders hervorgehoben.

### 4.1.1 Der Erschwernisausgleich

Das Land Niedersachsen gewährt Bewirtschaftern von Dauergrünlandflächen für naturschutzbedingte Auflagen einen Erschwernisausgleich (Runderlaß des Niedersächsischen Landwirtschaftsministeriums vom 27.09.1985). Der Erschwernisausgleich, der die Bewirtschaftungsnachteile finanziell ausgleichen soll, bezieht sich auf Flächen in rechtskräftig ausgewiesenen Naturschutzgebieten oder Nationalparks. Den Bewirtschaftern wird einheitlich ein Grund- bzw. Sockelbetrag von 300,- DM pro Hektar und Jahr gewährt, auf dem nach Option weitere Stufen aufbauen. Dabei können die Bewirtschaftungsauflagen je nach regionaler Lage und insbesondere nach Alter der jeweiligen Schutzgebietsverordnung recht unterschiedlich sein. In älteren Schutzgebietsverordnungen ist die Bewirtschaftung der Wiesen und Weiden nicht reglementiert, weil zum damaligen Zeitpunkt die inzwischen erfolgte Intensivierung der Grünlandbewirtschaftung nicht vorausgeahnt werden konnte. Die in den 30er bis 60er Jahren erlassenen Verordnungen ließen eine zeitgemäße, damals übliche Bewirtschaftung zu: "Die Bewirtschaftung damals, als die Verordnung geschaffen wurde, da war man ja noch mit Pferd und Wagen unterwegs. Die Zeit entwickelt sich ja. Dann kam der Traktor dazu usw., es wurde immer intensiver, was ursprünglich vom Naturschutz gar nicht erwartet wurde."(28)
Als Auflage ist bis heute in der Regel lediglich ein Umwandlungsverbot von Grünland in Acker festgeschrieben und eine Intensivierung der Entwässerung unterbunden.

Sind die Bewirtschafter über die von den Verordnungen obligatorisch vorgeschriebenen Auflagen hinaus bereit, weitere ergänzende Auflagen zur Extensivierung zu beachten, können Sie fakultativ zusätzliche Vereinbarungen mit dem Land Niedersachsen abschließen. Die freiwilligen Zusatzvereinbarungen sind in den Varianten 1 und 2 ausgestaltet, wobei Variante 1 dem Vegetationsschutz dient, Variante 2 vorrangig dem Wiesenvogelschutz. Diese Zusatzvereinbarungen sind vom Grundkonzept einheitlich aufgebaut, differieren aber in ihrer Ausgestaltung, um den spezifischen örtlichen und naturschutzfachlichen Gegebenheiten Rechnung zu tragen.

Die Bewirtschaftungsauflagen der Variante 1 sind in der Regel weniger streng als die der Variante 2. Erstere werden vom Land Niedersachsen mit 400,- DM/ha ausgeglichen. Entschließen sich die Bewirtschafter die Auflagen der Variante 2 zu beachten, wird dies mit 500,-DM/ha honoriert. Mit der Abhandlung der Vertragsabschlüsse sowie für Überwachung bzw. Einhaltung der Bewirtschaftungsauflagen ist das jeweilige Amt für Agrarstruktur zuständig, in dessen Amtsbezirk sich das Naturschutzgebiet befindet. Daß der entgangene Einkommensverlust ausgeglichen werden muß, ist sowohl in den politischen Parteien, Naturschutzverbänden als auch landwirtschaftlichen Berufs- und Interessenvertretungungen unumstritten.

Ob die Landwirte sich für die Variante 1, 2 oder auch nur den Grundbetrag entscheiden, hängt von den betriebsspezifischen Gegebenheiten ab.
Ein Landwirt, der umfangreiche Flächen im Naturschutzgebiet 'Breite Wasser' hat, erklärt, welche Überlegungen betriebswirtschaftlich relevant sind und ob der Abschluß einer weiterführenden Vertragsvariante betriebswirtschaftlich in Frage kommt: "'Wenn ich das kriege und das dafür geben soll, das ist für mich eine machbare Variante.' Oder er sagt: 'Das alles kann ich nicht in den Vertragsnaturschutz nehmen, aber einen Teil meiner Flächen.' Wir haben im Breiten Wasser auch Flächen, die wir Jahr für Jahr beweiden. Da haben wir Variante 2 gewählt, weil wir da nicht so erhebliche Minderungen hinnehmen müssen,... Das, was wir denen geben und das, was wir dafür bekommen, gleicht sich aus. Aber das ist eben von Betrieb zu Betrieb verschieden. Hat einer einen kleinen Betrieb mit viel Vieh, kann der sich an fünf Fingern abzählen: Ich habe das ums Verrecken nötig und muß dreimal mähen. Das muß jeder für sich entscheiden."(14)

Hier zeigt sich, daß der Abschluß von freiwilligen Bewirtschaftungsverträgen einem Abwägungsprozeß unterliegt. Noch deutlicher geht aus dem folgenden Vergleich hervor, wie unterschiedlich attraktiv der Abschluß solcher Verträge sein kann. Ein Landwirt vergleicht zwei ihm bekannte Betriebe, die beide mit Grünlandflächen im gleichen Naturschutzgebiet liegen: "R. aus Altendamm ist hier im Breiten Wasser auch am wirtschaften. Der hat ungefähr 50 ha in Bewirtschaftung, hat einen Boxenlaufstall, ganzjährige Stallhaltung von den Kühen. Der kann gar nichts anderes machen, als seine Flächen auch im Naturschutzgebiet intensiv zu nutzen. Der sagt mir auch: 'Die 200,- DM gleichen das längst nicht aus, was ich an Auflagen hinnehmen muß.' ... Nimmt man unseren Nachbarn K.: Der Hof ist 130 ha groß - er krabbelt da alleine herum. Der kriegt doch die Hälfte fertig. Der sagt doch: 'In den Bereichen kann ich das nicht nur hinnehmen auf den und den Flächen, ich habe sogar eine Mark über!'"(14)

Für den erstgenannten Betrieb ist freiwilliger Vertragsnaturschutz nicht adäquat, weil 500,- DM pro Hektar kein suffizienter finanzieller Ausgleich für den entgangenen alternativ erwirtschafteten Gewinn sind. Im Gegensatz dazu sieht die betriebliche Situation des zweiten Betriebes so aus, daß sich für ihn mit dem Erschwernisausgleich eine attraktive Alternative eröffnet.

Ein anderer Landwirt kommentiert den Erschwernisausgleich folgendermaßen: "Normalerweise sind 500,- DM ein Witz. Das klappt bei mir nur, weil ich relativ große Flächen habe und dadurch die Endsumme auch dementsprechend hoch ist. Wenn man das wirklich auf den Hektar umsetzt und damit vergleicht, was ich wirklich verdienen könnte, wenn ich richtig melken würde, sind die 500,- DM ein Witz."(7) Hier wird deutlich, daß der Betriebsleiter abzuwägen hat, ob sich Bewirtschaftungsauflagen in die betriebliche Situation einpassen lassen. Bei einer im Verhältnis zur Milchquote des Betriebes hohen Grünlandflächenausstattung ist es in den meisten Fällen wirtschaftlich realisierbar, Zusatzverträge abzuschließen.

Die Agrarproduzenten stehen dem Erschwernisausgleich im allgemeinen positiv gegenüber, weil es sich um einen freiwilligen Vertrag handelt. Das Maß an Freiwilligkeit und Liberalität erscheint einigen schon fast verwunderlich: "Mich wundert das jedesmal, daß wir da im Naturschutzgebiet 'Breites Wasser' keine Zwangsauflagen bekommen."(11)

Der Erschwernisausgleich wurde erst mit Wirkung vom Jahr 1986 einheitlich auf alle Naturschutzgebiete Niedersachsens aufgesattelt, ohne daß das jeweilige Alter der Naturschutzgebietsverordnung bzw. die damit verbundenen Bewirtschaftungsauflagen berücksichtigt wurden. Dieser Umstand hat dazu geführt, daß dem Grundbetrag von 300,- DM in Naturschutzgebieten älteren Datums kaum nennenswerte Auflagen gegenüberstehen. Nur der Grundwasserstand ist festgeschrieben, so daß eine zeitgemäße Bewirtschaftung mit schweren Maschinen zwar behindert ist, aber nicht unmöglich wird. Das Umbruchverbot vereitelt in intensiv agrarisch genutzten Regionen den Maisanbau im Naturschutzgebiet. Trotzdem sind diese Auflagen nicht angemessen und rechtfertigen nicht einen derart hohen Grundbetrag.

Ein Naturschützer Ostfrieslands fordert dazu auf, sich mit dieser Problematik auseinanderzusetzen: "Kommen Sie mal ins Naturschutzgebiet 'Ewiges Meer'. Da wird mehr gewirtschaftet als alles andere!"(28)
Selbst bei den Landwirten löst diese Vorgehensweise - wie bereits herausgestellt - Befremden aus: "Ich frage immer, ob da etwas Besonderes eingehalten werden muß, und mir wird immer gesagt: 'Nein, das muß nicht sein.' Ich bekomme meinen Stempel."(11) Nach Ansicht der Naturschutzverbände ist diese Situation für den Naturschutz unbefriedigend und bedeutet Mißbrauch.

Mit Einführung des Erschwernisausgleiches gewann die Bewirtschaftung von Grünlandflächen in Naturschutzgebieten älteren Datums schlagartig an Attraktivität: "Da sagte mir der Vorsitzende des Entwässerungsverbandes Aurich letztens: 'Hätten wir das nur mal angenommen und auf Sie gehört, daß das Naturschutzgebiet wird! In dem Gebiet bekomme ich 300,- DM und außerhalb gar nichts.'"(28)

Um das beobachtete Mißverhältnis der Relationen zwischen Leistung und Entgelt zu korrigieren, wird inzwischen vom Niedersächsischen Umweltministerium eine Neugestaltung des Erschwernisausgleiches in Erwägung gezogen. Erste Entwürfe des Umweltministeriums sehen die Einführung eines neuen Systems vor. Anstelle des bisherigen dreistufigen Systems mit Sockelbetrag und Aufbauvarianten soll ein Punktesystem treten, mit welchem sich je nach Strenge der Bewirtschaftungsauflagen der Erschwernisausgleich berechnen lassen soll. Danach würden beispielsweise geringe Auflagen - frühe Schnittzeitpunkte, gering eingeschränkte Düngung - niedrige Punktzahlen ergeben, während starke Bewirtschaftungsauflagen mit einer späten Mahd und stark reduzierter Düngung hohe Punktzahlen ergeben. Aber auch an diesem System zeichnet sich heute schon Kritik ab. Die Bewirtschaftungsauflagen können bei einzelbetrieblicher Betrachtung trotz gleicher Ausgestaltung dennoch in ihrer Wirkung von unterschiedlicher Härte sein. So wäre nur ein auf den betrieblichen Einzelfall bezogenes System, welches darüber hinaus temporäre Entwicklungen berücksichtigt, geeignet, tatsächliche Erschwernisse exakt auszugleichen. Das würde umfangreiche einzelbetriebliche Berechnungen erfordern und wäre administrativ nicht umsetzbar, weil der Aufwand in keinem Verhältnis zu den Zahlungen stünde. Heute ist in den Ämtern für Agrarstruktur durchschnittlich eine halbe Arbeitskraft mit der Abwicklung des Erschwernisausgleiches beschäftigt. Bei Einführung des Punktesystem würde sich der Arbeitsaufwand beträchtlich erhöhen, während er sich bei einzelbetrieblichen Berechnungen sogar vervielfachen würde.

Obwohl der Erschwernisausgleich die oben angesprochenen Unzulänglichkeiten aufweist, bewirkt die Freiwilligkeit und Liberalität doch eine hohe Akzeptanz des Naturschutzes. Ein Nebenerwerbslandwirt aus Otterstein schließt schon seit Jahren freiwillige Bewirtschaftungsverträge für seine Grünlandflächen im Naturschutzgebiet ab. Er berichtet: "An die Regelungen im Naturschutzgebiet haben wir uns schon gewöhnt. Das weiß ich jetzt schon, daß wir um den 20. Juni, wenn das losgeht, das abmähen, heuen, und der Bauer aus Lüninghausen rollt das eben mit seiner Rundballenpresse auf, und dann sind wir fertig. - Manchmal fahren wir das Gras des zweiten Schnittes ins Silo. Das ist aber nichts; es will nicht silieren und schimmelt, weil es zu schilfig ist. Das Silo dichtet nicht ab, weil das ein ganz anderes, richtig halmiges Gras ist."(4)

Auch ein Haupterwerbslandwirt aus Bergedorf, der u.a. Flächen im Naturschutzgebiet 'Truper Blänken' an der Wümme bewirtschaftet, erläutert seine Einstellung zu den Regelungen im Naturschutzgebiet: "In den Vorjahren haben wir den Erschwernisausgleich bekommen. Es gab drei Stufen, wobei ich die unterste Stufe eingegangen bin: zwei Großvieheinheiten pro ha - das mußte ich akzeptieren. Da bin ich so eingestellt, daß ich das akzeptiere, wenn die Fläche im Naturschutzgebiet liegt."(5)

Sind Landwirte nach den bisherigen Regelungen in den Naturschutzgebieten älteren Datums nicht bereit, weitergehende Auflagen zu beachten, werden sie dazu nicht gezwungen, wie aus der folgenden Äußerung zu entnehmen ist: "Ich wurde..gefragt, ob ich weitere Einschränkungen eingehen wolle und mehr Geld haben möchte. Ich sage: 'Solange ich das nicht brauche, bin ich zufrieden !"(11)

In intensiv bewirtschafteten Grünlandregionen, wie z.B. in Ostfriesland, machen nur wenige Bewirtschafter von den Aufbauvarianten Gebrauch: "Ich wüßte überhaupt keinen, der die 500,- DM-Variante nimmt. Ich gehe jedes Jahr wegen unserer Flächen ein paarmal zum Amt für Agrarstruktur und frage: 'Wer hat denn schon Aufbauvarianten abgeschlossen ?' - 'Sie sind der einzige!'"(28)

Nimmt die Strenge der Auflagen zu, bzw. ist die Auswahl zwischen verschieden strengen Auflagen nicht mehr möglich, sinkt die Akzeptanz. Die erforderliche Einsicht in die Notwendigkeit der einheitlichen und sehr strengen Auflagen ist nicht gegeben. Ein typisches Beispiel sind die Bewirtschaftungsauflagen in Großschutzgebieten oder auf staatlichen Flächen in Naturschutzgebieten, wo in der Regel sehr strenge Maßstäbe aus naturschutzfachlicher Sicht angesetzt werden.

Landwirte kritisieren am Erschwernisausgleich, daß die finanziellen Zuwendungen des Landes zwar im Naturschutzgesetz verankert, aber derzeit nur unzureichend in dem Runderlaß des Niedersächsischen Landwirtschaftsministeriums geregelt sind. Erlasse sind relativ leicht aufhebbar. Es wird befürchtet, daß bei leeren Haushaltskassen die Zahlungen irgendwann unterbleiben. Wenn Betriebe einen großen Flächenanteil im Naturschutzgebiet haben und sich inzwischen auf die Zahlungen des Erschwernisausgleiches in ihren betriebswirtschaftlichen Kalkulationen eingestellt haben und darauf angewiesen sind, würden Probleme auftreten. Die finanzielle Abhängigkeit vom Erschwernisausgleich geht im Einzelfall so weit, daß eine Betriebsaufgabe bei Ausbleiben der Zahlungen unumgänglich wäre: "Bei mir wäre der Betrieb kaputt, wenn sie mir keine Ausgleichszahlungen mehr bezahlen würden."(7)

Eine Landwirtin aus der Ortschaft Teufelsmoor äußert ebenfalls ihre Bedenken: "Was ich kritisiere ist, daß die Zahlungen des Erschwernisausgleiches nicht festgeschrieben sind, so daß man eine Sicherheit hätte. Bei uns wird das Naturschutzgebiet immer bestehen bleiben - egal, ob Geld gezahlt wird oder nicht. Wir müssen aber von dem Geld mit leben; wir müssen dieses Geld tatsächlich mit einplanen, weil alles andere auch rückläufig ist. Das ist wirklich ein Ausgleich für unseren Verdienstausfall. Wenn das nicht mehr gezahlt wird, der Naturschutz aber bleibt und die Auflagen auch bleiben, sieht das ganz schlecht aus. Es ist nicht festgeschrieben, daß der Erschwernisausgleich in Naturschutzgebieten gezahlt werden muß. Es heißt: 'solange Mittel vorhanden sind !' - genauso wie beim Bergbauerngeld."(13) Ihr Mann fährt weiter fort: "Gehen wir mit dem Naturschutz Bewirtschaftungsverträge ein, machen wir..so viel Zugeständnisse in der Betriebsführung, indem wir dies und das zurücknehmen an Intensität. ...Wenn der Naturschutz und das Geld für die Auflagen, die uns gegeben werden, irgendwie in einer wirklichen Sicherheit gewährt werden und nicht nur dann, wenn Haushaltsmittel vorhanden sind, dann können wir uns sprechen."(14)

Diese Ausgangssituation schafft bei Ausdehnung oder Neueinrichtung flächenhafter Naturschutzvorhaben auf landwirtschaftlichen Nutzflächen Vorbehalte seitens der Landwirte. Um diese Vorbehalte eindeutig auszuräumen, muß die feste Verankerung des Erschwernisausgleiches, welche bereits im § 52 Niedersächsischen Naturschutzgesetz (NNatG) vom Gesetzgeber vorgenommen wurde, auch mit einer entsprechenden Verordnung umgesetzt werden.

## 4.1.2 Vorzeitiges Mähen in Naturschutzgebieten als Beispiel für flexible Handhabe von Naturschutzauflagen

Mit der festgelegt frühestmöglichen Mähnutzung reglementiert der Naturschutz die Flächennutzung in Grünlandgebieten. Diese zu den bekanntesten Auflagen zu rechnende Vorschrift ist sowohl Bestandteil von Schutzgebietverodnungen als auch von freiwilligen Vereinbarungen im Rahmen der Naturschutzprogramme.

Je nach Schutzzweck enden die Verbotszeiträume zwischen dem 15. Juni und dem 15. Juli; die am häufigsten gewählten Termine sind der 15. oder 20. Juni. Das wirkt sich auf die Futterqualität aus. Die Qualität des auf den Grünlandflächen gewonnen Winterfutters sollte zum Zeitpunkt des Schnittes einen Rohfasergehalt von 22 bis 25 % aufweisen. So fiele der erste Schnitt in die zweite Maihälfte.

Wird zum Schutz der Wiesenvogelgelege oder bestimmter Feuchtgrünlandvegetation, der man Gelegenheit zum Eintritt in die generative Phase geben möchte, der erste Schnitt verzögert, wirkt sich dies nachteilig auf die Futterqualität aus. Die Rohproteingehalte des später eingefahrenen Futters sinken merklich ab, die Energiekonzentration wird stark reduziert und der Gehalt an Rohfaser als Zeichen des Aufbaus von ligninhaltiger Gerüstsubstanz nimmt zu. Entsprechend dem Rohfaseranstieg sinkt auch die Verdaulichkeit. Es wird schwierig, größere Mengen überständigen Futters zu verwerten. Selbst wenn Heu anstatt Grassilage gewonnen wird, kann dieses in den Futterbau-Milchviehbetrieben nicht problemlos verfüttert werden. Vielfach muß das qualitativ geringwertigere Futter in einem separaten Silo oder Heustapel gelagert und entnommen werden. Der verspätete Schnittzeitpunkt im Juni oder Juli fällt zudem in eine Zeit, in der das Witterungsrisiko höher ist als im Mai.

Es wundert daher nicht, daß die Landwirte eine Lockerung der strengen Naturschutzauflagen in Gestalt einer flexiblen Handhabe von Auflagen in der Regel befürworten. Ist in einem Jahr die Vegetation besonders früh entwickelt, erfolgt die Eiablage und das Brutgeschehen der Wiesenvogelarten in Grünlandgebieten entsprechend eher. Aufgrund des vorzeitigen Brutgeschäftes der Wiesenvögel besteht dann keine große Gefahr mehr, daß durch die Mahd Gelege vernichtet und Jungvögel getötet werden. In solchen Jahren ist es möglich, die Mahd vor dem vertraglich festgelegten bzw. in der Verordnung festgeschriebenen Termin zuzulassen. Die Landwirte wenden sich dann mit ihren Anfragen an das Amt für Agrarstruktur oder an die zuständige Bezirksregierung. Die Fachbehörden entscheiden, ob dem Wunsch der Landwirte entsprochen werden kann. Der zuständige Sachbearbeiter der Bezirksregierung Lüneburg erklärt wie entschieden wird, ob einer vorzeitigen Mahd zugestimmt werden kann oder nicht: "Ich rufe beim Landkreis Osterholz an, von dort fährt jemand heraus und guckt sich das ganze Gebiet an. Jedes Naturschutzgebiet wird einzeln abgefahren; die Flächen werden begangen. Darüber hinaus stehen die Naturschutzgebiete unter ständiger Betreuung des

Landkreises und der Biologiestation, die mit dem Landkreis in Verbindung steht. In erster Linie wird festgestellt, ob die Bodenbrüter sich noch auf ihren Gelegen befinden. Die Bodenbrüter stehen im Vordergrund."(17)

Die Landwirte haben Interesse daran, früh zu mähen, da die Futterqualität des einzubringenden Heus oder der einzufahrenden Silage von Tag zu Tag im voranschreitenden Frühjahr abnimmt. Ein Landwirt, der für seine Grünlandflächen im Naturschutzgebiet die Variante 2 abgeschlossen hat, wandte sich mit seiner Anfrage an das zuständige Amt für Agrarstruktur in Bremerhaven. Er erklärt: "Wenn das Wetter gut war, haben wir angerufen und gefragt, ob wir eher mähen können. - Dann haben die bei der Bezirksregierung nachgefragt, sich bekakelt,... Ein paar Stunden später riefen sie uns wieder an: 'Ja, das geht'. Die mündliche Zusage reichte aus, schriftlich dauert ja viel zu lange. Da haben wir nie Schwierigkeiten mit gehabt."(4)

Es wird auch folgendes Verfahren praktiziert: Das Amt für Agrarstruktur setzt sich mit der Bezirksregierung in Verbindung und spricht einen vorgezogenen Termin mit dieser ab. Unter Umständen fahren die Beamten auch heraus und überprüfen vor Ort, ob ein vorzeitiges Mähen zu vertreten ist. Die Landwirte bekommen vom Amt für Agrarstruktur eine schriftliche Genehmigung. Die schriftliche Genehmigung ist notwendig, wie ein leitender Beamter des Amtes für Agrarstruktur erklärt: "Wenn sie es schriftlich haben, dürfen sie mähen. Wenn sie vorab eine mündliche Zusage haben, bekommen sie es auf jeden Fall schriftlich bestätigt. Das haben wir also auch schon gemacht, daß wir in Absprache mit der Bezirksregierung das O.K. gekriegt haben und dem Landwirt das noch an dem Tag gesagt haben. Dann hat er zwei Tage später den Brief gekriegt. Aber in der Regel bekommt er die Genehmigung nur schriftlich. Wenn da jemand herauskommt und der Landwirt sagt, daß er das mündlich mal irgendwo erfahren hat! Das muß bei uns eben auch schriftlich in den Akten festgehalten sein."(16) Dagegen ist es nach Auffassung der Bezirksregierung nicht unbedingt notwendig, neben der mündlichen Erlaubnis zusätzlich eine schriftliche Genehmigung zu erteilen. Der zuständige Sachbearbeiter der Bezirksregierung erläutert: "Ich notiere mir Gemarkung, Flur und das entsprechende Flurstück, gebe das an meine Kollegin, die die Akte Erschwernisausgleich führt, und informiere den Landkreis. Wir unterhalten uns darüber, welche Landwirte angerufen wurden. Ein schriftlicher Bescheid kommt nicht. Das ist möglich, den mündlichen Bescheid zu geben und einen Aktenvermerk darüber anzufertigen. Ich sage am Telefon: 'Der mündliche Bescheid reicht.'"(17)

Der vorgezogene Mahdtermin wird vielfach als eine flexible Handhabungsweise der zuständigen Behörden gelobt. Dennoch wird die Möglichkeit, von der vorgezogenen Mahd Gebrauch zu machen, kritisiert. So ist ein Landwirt aus Worpswede der Ansicht, daß selbst bei fortgeschrittener Vegetation aus Sicht des Naturschutzes eine vorzeitige Mahd nicht vertreten werden kann, weil sich immer noch Jungvögel auf den Flächen befinden: "Letztes Jahr haben wir am 7./8. Juni gemäht. Da kam mein Nachbar dann rüber und meinte: 'Heu schon trocken?' Ich sagte: 'Jo, klar bei diesem Wetter!' Mein Nachbar hat dann sofort beim Amt für Agrarstruktur angerufen und die Genehmigung bekommen. Das ist doch nicht richtig so etwas! Das habe ich auch zu meinem Nachbarn gesagt: 'Erst einmal kassierst Du die 500,- DM und bekommst Dein Heu genauso gut rein wie alle anderen. Auf meinem Stück an der Hamme waren, als ich mähte, kleine Kiebitze drin. Dann sind die auch woanders. Die sind nicht nur auf meinem Grundstück,...'"(10)

Offenbar wird in diesem Fall die rein objektiv fachliche Einsicht zusätzlich von einem Neidkomplex überlagert. Der Nachbar zieht finanzielle Vorteile aus seinen Naturschutzflächen, ohne daß er gravierende Bewirtschaftungsnachteile in Kauf nehmen muß. Hier handelt es sich allerdings um einen Einzelfall. Einen sich entwickelnden Neidkomplex als Phänomen aufzuzeigen, würde die Realität verzerren und wäre nicht repräsentativ, zumal die mit Bewirtschaftungsauflagen wirtschaftenden Landwirte in der Regel durch Berufskollegen bedauert werden.

Auch in anderen Gesprächen wurde das Ausmähen von Bodenbrütern und häufig auch Rehwild angesprochen. Dabei erkennen die Landwirte die konkrete Gefahr für diese Tierarten, die vom Kreiselmähwerk ausgeht und können die mortale Wirkung visuell feststellen. Wie sich in einer von Pongratz (1992, S. 207) durchgeführten Untersuchung herausstellte, wird daher auch die -zumindest partielle - Beteiligung der Landwirtschaft am Rückgang der Tier- und Pflanzenarten sowie an der geminderten Vielfalt der Landschaft kaum bezweifelt. Hingegen werden Gefahren in bezug auf die Belastung des Wassers oder Gefahren, die von Pflanzenschutzmitteln ausgehen, als nicht so gravierend eingestuft. Diese negativen Wirkungen sind im Gegensatz zum Ausmähen kaum unmittelbar beobachtbar, sondern erst nach laboranalytischer Untersuchung erkennbar, wodurch sich die etwas gelassenere Gefahreneinschätzung erklären läßt. Die Notwendigkeit des Einhaltens von Mahdterminen im Naturschutzgebiet wird von etlichen Landwirten auch nicht in Frage gestellt; im Gegenteil, einige halten sie sogar für geboten. So kritisierte beispielsweise ein Landwirt die seiner Ansicht nach zu flexible Handhabe des vorzeitigen Mähens in Naturschutzgebieten: "Das ist nicht richtig. Die Regelungen müssen eingehalten werden, wenn man dafür etwas gezahlt bekommt. Sonst braucht ja überhaupt gar kein Termin festgesetzt zu werden. Jeder könnte ja sagen: 'Ich hole mir eine Genehmigung und fange an zu mähen. Das Geld bekomme ich trotzdem.' Wenn abgemacht ist, daß vor dem 15. Juni nicht gemäht werden darf, darf nicht gemäht werden ! Da kann man auch keine Sondergenehmigung erteilen."(10)

Die Aufsicht zur Einhaltung der Vorschriften in den Naturschutzgebieten obliegt den Behörden und müßte nach Auffassung der Naturschutzverbände in einigen Regionen noch strenger sein. Ein Vertreter des Naturschutzbundes Deutschland stellt sich die Überwachung in den Naturschutzgebieten so vor: "Die Aufsicht müßte latent präsent sein, so daß die Landwirte immer meinen, sie seien beobachtet. Sie können mir natürlich jetzt vorwerfen: Das würde zu einem absolutären Staate führen. Ich glaube, daß solche Dinge nur durch Kontrolle erfolgreich geregelt werden.

Denn es ist ja so: Eine Fläche, die einmal botanisch falsch behandelt wurde, z.B. kräftig gekalkt oder entwässert wurde, ist für viele Jahre kaputt! Das ist kein Kavaliersdelikt! Und das wird von den Behörden ganz anders gesehen..."(28)

Tatsächlich wird die Einhaltung der Vorschriften sowohl von der Nachbarschaft als auch von engagierten Naturschützern in der Öffentlichkeit beobachtet. Im Einzelfall kommen Hinweise aus der Bevölkerung, die manchmal irrtümlich annehmen, daß der Landwirt unberechtigterweise vorzeitig gemäht hat, berichtet ein Vertreter der Bezirksregierung: "In Osterholz ist die Bevölkerung sensibel geworden, es kommt schon mal vor, daß sich Leute ans Telefon hängen und beim Landkreis anrufen. Sie wissen vielleicht den Termin, ab wann normalerweise gemäht werden darf und erkundigen sich. Dabei handelt es sich um Leute direkt aus der Bevölkerung oder um Vertreter der Naturschutzverbände."(17)

Da manche Landwirte nicht wissen, daß auch die mündliche Zustimmung der Bezirksregierung ausreicht, um vorzeitig mähen zu können, warten sie auf den schriftlichen Bescheid. Die schriftlichen Bescheide der Behörden benötigen in der Regel mehrere Tage bis sie den Empfänger erreichen. Ein vorgezogener Mahdtermin wird dann oft sinnlos, wie deutlich aus der folgenden Schilderung hervorgeht: "Die Bezirksregierung Lüneburg hat letztes Jahr die Landwirte im Naturschutzgebiet 'Wiesen und Weiden nordöstlich des Breiten Wassers' angerufen und ihnen gesagt, daß sie aufgrund der fortgeschrittenen Vegetation schon ab dann und dann mähen dürfen. Da kam V. bei mir an und hat mir das erzählt. Er sagte zu mir: 'Ruf doch auch an, wir können mähen !' Ich bin ans Telefon und habe die gefragt. Sagt der mir: 'Ja, da müssen Sie einen Antrag stellen.' - 'Haben die hier doch auch nicht ?'- Nein, das wüßte er nicht. Ich wußte noch nicht einmal, wer das am Telefon war, weil der seinen Namen da so reinnuschelte. Wir haben uns sofort hingesetzt und einen Antrag geschrieben und gleich dahin gesendet. Wir haben die Sondergenehmigung gekriegt, wissen Sie wann ? Am 19. Juni. Ich sagte: 'Das Schreiben hätten sie sich auch sparen können.' Außerdem, das ist doch eine Sauerei, das ist doch eine Diskriminierung der Landwirte in unserem Naturschutzgebiet gegenüber denen. Zwei Naturschutzgebiete nebeneinander und so unterschiedlich wird da verfahren. Das habe ich auch G. und R. von der Bezirksregierung Lüneburg gesagt: 'Was Sie hier machen ist eine Sauerei, das kann man nicht aushalten !' Dann sollen sie doch alle anschreiben und wenn sie die nicht anschreiben wollen - da haben sie doch ihre Leute vor Ort: 'Aufgrund der fortgeschrittenen Vegetation in diesem Jahr können Sie eher mähen !' Das muß gleich sein. Entweder das gilt für den einen und dann auch für den anderen. Wenn da solche Unterschiede gemacht werden, soll sich doch keiner wundern, wenn da keine Motivation für den Naturschutz bei den Landwirten ist."(14)

Welche Gründe für die unterschiedliche Handhabungsweisen verantwortlich sind, entzieht sich der Kenntnis des einzelnen Landwirtes. Aufklärung des Sachverhaltes erfolgte nicht, so daß die Beweggründe nicht nachvollzogen werden können. Dadurch, daß dem Landwirt auch nicht die Identität des Vertreters der Bezirksregierung bekannt war, weil "der seinen Namen da so reinnuschelte" und insgesamt die Transparenz des Verwaltungsapparates der Bezirksregierung für den Agrarproduzenten gering ist, verunsichert es ihn. Er tritt nun nicht mehr zielstrebig und selbstbewußt genug auf, so daß die Aussichten sinken, seinen Wünschen entsprechenden Nachdruck zu verleihen. Bei wiederholtem Auftreten solcher Situationen kommt es zu einer frustrierten Abwehrhaltung gegen die Verwaltung.

Die unterschiedlichen Handlungsweisen der Naturschutzbehörden in den einzelnen Naturschutzgebieten verursachen Unzufriedenheit. Ob es sich um eine Bevorzugung oder Benachteiligung handelt, ob naturschutzfachliche Gründe eine so unterschiedliche Handhabung erfordern oder ob es sich um einen verwaltungstechnischen Fehler handelt, bleibt unklar. Bei den Landwirten bleibt nur der subjektive Eindruck zurück, daß sie benachteiligt wurden.

## 4.1.3 Heterogene Bewirtschaftungsintensität in den Naturschutzgebieten

Die Möglichkeit zwischen verschiedenen Varianten mit unterschiedlich strengen Bewirtschaftungsauflagen zu wählen, verursacht eine Heterogenität in den Naturschutzgebieten. Flächen, die extensiv, weniger extensiv oder sogar intensiv bewirtschaftet werden, liegen nebeneinander. Von einigen Fachleuten des Naturschutzes, aber auch in der breiten Öffentlichkeit wird diese Heterogenität kritisiert. So wird befürchtet, daß das großräumige Schutzziel nicht erfolgreich verfolgt werden kann.

Ein Landwirt, der seit Jahren mit seinen Flächen im Naturschutzgebiet 'Breites Wasser' unter Naturschutzauflagen wirtschaftet, äußert auch Bedenken. Nach seiner Auffassung sind die uneinheitlichen Bewirtschaftungsauflagen im Naturschutzgebiet nicht geeignet, der Avifauna nachhaltigen Schutz zu bieten: "Ich habe schon so oft gesagt, wenn ich dazwischen liege mit meinen 14 Morgen, woher weiß ein Vogel, wo gemäht wird und wo nicht ? Wo darf der brüten, und wo darf der nicht brüten bis zum 20. Juni ? ... Auf den Grünlandflächen, auf denen eher als am 15. Juni gemäht wird, die sind ja reif. Da geht der Kopf ab, oder wie ist das? Das weiß doch so ein Tier nicht."(4)

Während des Mähvorganges sind Kontrollmöglichkeiten stark eingeschränkt, so daß es immer wieder zu Gelegeverlusten kommt. Um ein Ausmähen tatsächlich auszuschließen, ist die Verlagerung des ersten Mahdtermins die einzige Möglichkeit des Schutzes. Demzufolge muß ein ganzes Gebiet insgesamt erst später gemäht werden, wenn der optimale Schutz der Avifauna Priorität hat und die Zerstörung von Gelegen vollständig ausgeschlossen werden soll.

Es wird deutlich, daß die in Naturschutzgebieten wirtschaftenden Grünlandwirte die Situation nicht nur einseitig aus agrarischer Perspektive beurteilen, sondern - bei zunehmender Auseinandersetzung mit den Problemen im Naturschutzgebiet - vermehrt naturschutzfachliche, oft avifaunistische Aspekte in ihre Betrachtungsweise einfließen lassen.
Dafür steht auch die Äußerung eines im Naturschutzgebiet 'Breites Wasser' wirtschaftenden Agrarproduzenten: "Ich finde es nicht so gut, daß in einem so kleinen Bereich die Möglichkeit so weit auseinander geht: Hier Variante 2, da ist 1 und gleich daneben ist überhaupt nichts! Da ist zwar auch Naturschutzgebiet, und die Bewirtschafter bekommen 300,- DM Grundbetrag. Die 300,- DM Grundbetrag werden genommen, aber es wird drei- oder viermal gemäht, jedes Mal Gülle hinterher, und an Gülle wird so viel wie möglich darauf gestreut... Die Unterschiede in einem so kleinen Bereich sind zu groß. Ich bin der Meinung, daß das für die Natur nicht förderlich ist. Sagen wir mal:

Der eine kriegt 500,- DM: kein Walzen, kein Schleppen, kein Mähen vor dem 20. Juni und der daneben sagt: 'Ach, scheiß auf die 200,- DM. Ich nehme die 300,- DM mit. Ich walze, ich schleppe, ich knalle das an Gülle und an Stickstoff rauf und mähe Ende Mai. In einem so kleinen Bereich wie das Breite Wasser mit den knapp 400 ha - das ist ein zu kleiner Bereich, als das man so was macht.'"(14)

Bei einem so dichten Nebeneinander von extensiv und intensiv bewirtschafteten Grünlandflächen leidet die Schutzqualität, da die Intensitätsdifferenzen der einzelnen Vertragsoptionen des Erschwernisausgleichs zu groß sind. Ein Vertreter des Naturschutzbundes Deutschland macht darauf aufmerksam, wie hoch auf einigen Flächen die Beweidungsintensität ist: "Wenn Sie manchmal die Fleischberge sehen, die da auf dem Freiland laufen mit 50, 60 bis 100 Tieren, quälen sich da auf einer Einhektarfläche herum... Für den Naturschutz ist das nicht gut."(28)

Im Zuge einer Novellierung des Erschwernisausgleiches muß es zu einer Angleichung der untersten Stufe an die nachfolgenden kommen, um die derzeitig starke Disparität zu überwinden. Intensivere Grünlandwirtschaft sollte soweit wie möglich aus den Naturschutzgebieten ausgeschlossen werden, um in den ohnehin meist nur wenige hundert Hektar umfassenden Naturschutzgebieten einen nachhaltigen Schutz für Flora und Fauna zu garantieren.

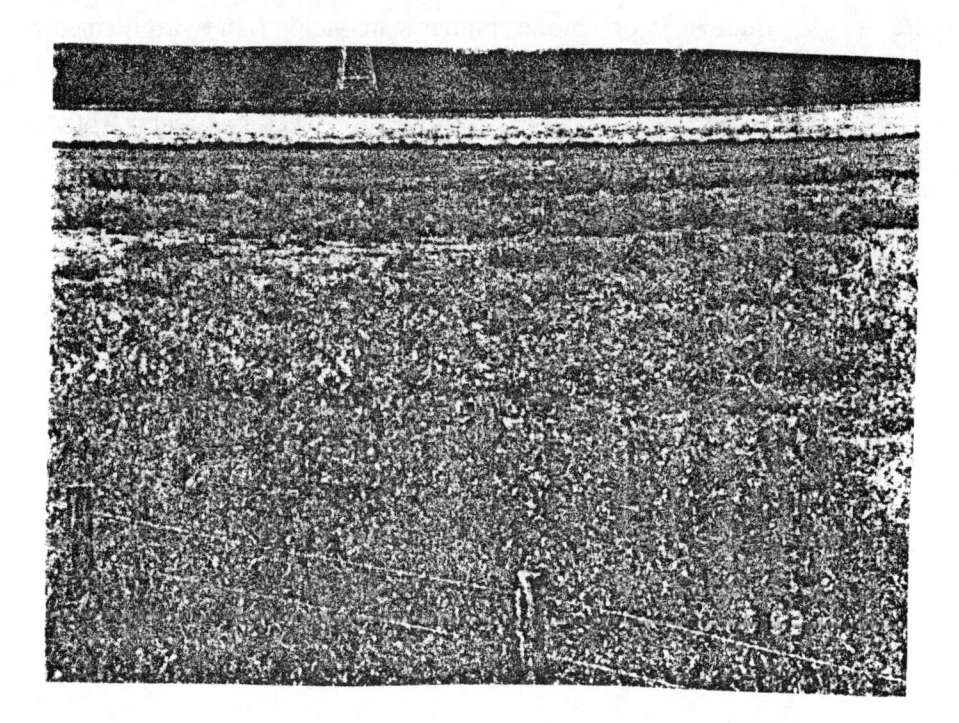

Abbildung 4: Heterogene Bewirtschaftungsintensität im Naturschutzgebiet. Eigene Quelle

Die heterogene Bewirtschaftungsintensität ist in der landwirtschaftlichen Naturschutzpraxis umstritten. Einerseits bemüht man sich, die Grünlandwirtschaft in den Naturschutzgebieten zu halten und zu integrieren, da ohne Integration der Grünlandwirtschaft in großräumigen Feuchtbiotopen deren Erhaltung nicht möglich ist; andererseits werden die Landwirte von allzu strengen und einheitlich verordneten Bewirtschaftungsauflagen abgeschreckt.

Kuntze (1988b, S. 23) formuliert zwar in diesem Zusammenhang: "Ein unmittelbares Nebeneinander von Naturschutzgebiet und intensiv genutzter landwirtschaftlicher Nutzfläche schließen sich gegenseitig aus." Es muß dabei jedoch beachtet werden, daß die Grünlandwirtschaft in der Hammeniederung wie auch in anderen von Überschwemmungen betroffenen Flußniederungen ohnehin nur relativ intensiv betrieben werden kann. Im Vergleich zu anderen Grünlandgebieten, beispielsweise eingepolderten Grünlandgebieten, kann sie als mäßig intensiv bezeichnet werden. Sie liegt im Übergangsbereich zwischen intensiv und extensiv.

Berücksichtigt man dies, ergibt sich ein anderes Bild. In den Naturschutzgebieten liegen mäßig intensiv bewirtschaftete Flächen neben extensiv bewirtschafteten. Das Intensitätsgefälle von intensiv zu extensiv ist nicht so groß wie oft angenommen. Die Bedenken vieler Naturschützer und Landwirte stellen sich daher als nicht so schwerwiegend dar, sie lassen sich, zumindest teilweise, ausräumen.

Auch aus Sicht des Wiesenvogelschutzes ist die Heterogenität nicht so problematisch und relativiert sich: Um das Überleben einer Wiesenvogelpopulation langfristig zu sichern, muß ein Schlupferfolg von etwa 40 bis 50 % als Voraussetzung gewährleistet sein (vgl. Bölscher, 1992, S. 40). Insofern verkraftet es eine Wiesenvogelpopulation, wenn das Brutgeschehen auf etwas intensiver bewirtschafteten Grünlandflächen gestört wird.

Ziel sollte es aus Sicht des Naturschutzes immer sein, vielen Landwirten einen Anreiz zum Abschluß von Verträgen im Rahmen der unterschiedlichen Varianten zu geben. Schließen einzelne Landwirte für ihre Flächen keine Verträge, ist der Naturschutzzweck insgesamt trotzdem nicht gefährdet.

## 4.1.4 Der § 28a/b des Niedersächsischen Naturschutzgesetzes

Seggen-, binsen- oder hochstaudenreiche Naßwiesen sowie Übergangs- und Hochmoorflächen sind in Niedersachsen durch den § 28a NNatG seit 1990, Feuchtgrünland durch den § 28b NNatG seit 1993 unter besonderen Schutz gestellt. Hier sind Handlungen, die zu einer Zerstörung oder sonst erheblichen Beeinträchtigung führen könnten, verboten. Dies gilt auch, wenn der besonders geschützte Biotop noch nicht in das Verzeichnis geschützter Teile von Natur und Landschaft gemäß § 31 Abs. 1 NNatG eingetragen worden ist. Diese Gebiete sind geschützt, es bedarf keiner zusätzlichen Verordnung, Satzung oder Einzelanordnung. Die bloße Existenz der Biotope, wo immer sie sich auch befinden, genügt, um den besonderen Schutz samt seinen Einschränkungen auszulösen.

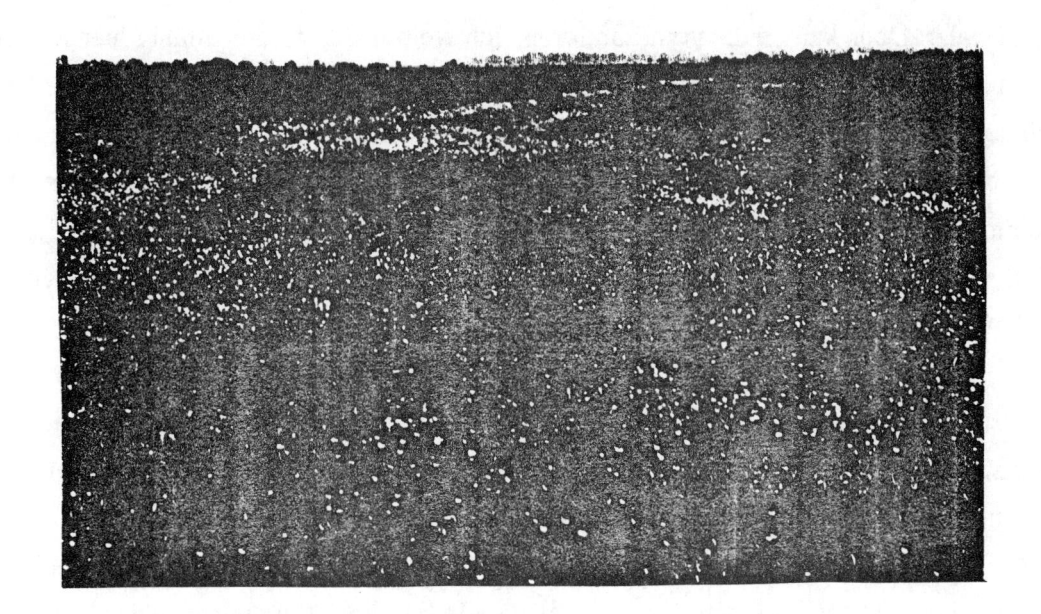

Abbildung 5: § 28a - Fläche in der Hammeniederung. Eigene Quelle

Für die Landwirte bedeutet dies, daß auf ihren § 28a/b-Flächen, sofern es sich um bewirtschaftete Flächen handelt, keine Intensivierung der derzeitigen Nutzung vorgenommen werden darf. Zusätzliche Entwässerungsmaßnahmen sind untersagt. Grunlandumbruch darf nicht vorgenommen werden. Das Einebnen oder Ausfüllen von besonders feuchten Senken ist nicht gestattet. Auch der Einsatz von Pflanzenschutzmitteln und Düngemitteln ist unerwünscht, sofern er die Biotope erheblich beeinträchtigt.

Die § 28a/b-Flächen werden, sobald sie kartiert worden sind, von der Unteren Naturschutzbehörde in das Verzeichnis besonders geschützter Teile von Natur und Landschaft eingetragen. Derzeit sind die Unteren Naturschutzbehörden damit beschäftigt, diese Aufgabe zu erledigen. Da es in den nördlichen Landkreisen Niedersachsens eine Vielzahl von § 28a/b-Flächen gibt, wird es einige Jahre in Anspruch nehmen bis die besonders geschützten Biotope von den Unteren Naturschutzbehörden vollständig katalogisiert worden sind. Nach Auskunft der zuständigen Dezernenten einiger Kreisverwaltungen ist der Personalbestand nicht ausreichend, um die Vielzahl der Biotope zügig zu erfassen.

Der § 28a NNatG ist seit dem 11. April 1990 in Kraft. Noch nicht alle Eigentümer und Bewirtschafter der Flächen kennen die neue Rechtsnorm. Der Bekanntheitsgrad des Paragraphen steigt jedoch. Die Eigentümer und Bewirtschafter bekommen einen Hinweis, wenn sie im Besitz einer § 28a/b-Fläche sind, die vom Landkreis erfaßt wurde.

Ein Landwirt aus der Hammeniederung erinnert sich, wie ihm der § 28a NNatG bekannt wurde: "Ein Bekannter von mir hatte seine Gräben ausgebaggert - und das ist das A und O bei den Gräben, daß die sauber sind. Er hatte auf seiner Fläche zusätzliche Erde aufgebracht und einplaniert und angewalzt. Dann kamen die vom Landkreis. Ich weiß nicht, ob die zufällig hier waren oder ob die extra herausgekommen sind. Sie haben das gesehen. Daraufhin mußte er die ganze Erde wieder aufnehmen und wegbringen. Das muß man sich mal vorstellen! Ein Wahnsinn! Als ich das gesehen hatte, dachte ich, was fällt dem denn ein ? Da mußt du mal hin und den aufklären. Das ist wohl ein Schildbürgerstreich. Ich sah, daß er alles wieder mit der Raupe zusammenschob, wieder aufnahm und die Erde wieder wegfuhr. Ich kann mir nicht helfen, aber... Er fragte mich: 'Hast Du schon einmal etwas vom §28a gehört?' Ich habe ihm geantwortet: 'Nein!'"(9)

Einigen Landwirten ist völlig unverständlich, daß landeskulturelle Meliorationen, in diesem Fall Aufschütten und Einebnen von Grünlandflächen, nicht mehr durchgeführt werden dürfen. Jahrzehntelang strebte man Meliorationen an, um die Bewirtschaftung der Flächen zu erleichtern. Jahrzehntelang galt es als erstrebenswert, die Bewirtschaftung der Grünlandflächen zu intensivieren. Plötzlich kehrt sich dies ins Gegenteil um, was gerade für ältere Landwirte eine schwer nachzuvollziehende Entwicklung ist.

Der Landwirt fährt in seiner Schilderung fort: "Dann wollte er gerne ein paar Bäume pflanzen, das wollen die doch so gerne, daß Bäume gepflanzt werden. Aber nicht auf dem Stück, was dem § 28a unterliegt. Da darf nichts gemacht werden. Da darf nicht einmal ein Baum gepflanzt werden. ...Es liegt jetzt brach."(9)
Der Naturschutz strebt oftmals die Anpflanzung von Bäumen an, das ist bekannt. Weniger bekannt ist, daß das Anpflanzen nicht überall auf den besonders geschützten Biotopen angestrebt wird. Handelt es sich z.B. um eine seggenreiche Naßwiese, soll diese als solche erhalten bleiben. Handelt es sich um eine Hochmoor-Brachfläche, soll diese als ungenutzte und nicht mit Bäumen bepflanzte Fläche erhalten und geschützt werden.

Der Landwirt berichtet weiter: "Dann war der Landkreis nochmals da und hat sich das angeguckt. Die fahren nach Hause, und man denkt, nun wäre alles in Ordnung. Ein paar Tage später, vielleicht auch Wochen, bekommt er ein Schreiben: Auf der anderen Seite der Straße ist auch eine Fläche mit dem § 28a ! Da hätte er sowieso nichts mit gemacht. Dann kam er wieder zu mir: 'Nun ist der Bagger hier. Wir müssen die Gräben aufmachen! Wenn die nicht aufgemacht werden, brauchen wir hier nicht mehr...- Ich habe ihm geraten: 'Baggern und die Erde liegen lassen !' Bisher haben sie das noch akzeptiert oder haben das noch nicht gesehen. Ich habe gesagt: 'Die können doch nicht einfach hier... - die Erde gehört doch dahin. Ich sagte: 'Baggere den aus und wenn sie kommen - weiß ich auch nicht, was wir dann machen.' Wir können uns nicht ganz unterkriegen lassen. - Sie sehen also, viele kennen den § 28a nicht. Ich kenne ihn nun nach dieser Geschichte."(9)

Die Äußerung: 'Wir können uns doch nicht unterkriegen lassen', läßt erkennen, daß die Landwirte sich durch den administrativen Naturschutz bevormundet fühlen und dem juristisch-administrativen Staatsapparat hilflos gegenüberstehen. Sie sehen mit dem administrativen Naturschutz erhebliche Restriktionen auf sich zukommen, d.h. sie fühlen sich in der Verfügbarkeit über ihren Grund und Boden erheblich eingeengt. Die Restriktionen des Naturschutzes sind in Einzelfällen so stark, daß sie als eine faktische Enteignung aufgefaßt werden. Dazu kommt, daß für § 28a/b-Flächen in Niedersachsen bisher kein Erschwernisausgleich gezahlt wird. Die Erschwernisse, die durch zu beachtende Bewirtschaftungsauflagen auf den § 28a/b-Flächen entstehen, müssen ohne Entschädigung hingenommen werden. Erst mit der geplanten Novellierung des Erschwernisausgleiches wird sich dies ändern (mündliche Mitteilung des Niedersächsischen Umweltministeriums vom Februar 1996). Dann soll es auch außerhalb von Naturschutzgebieten auf § 28a/b-Flächen möglich sein, den Erschwernisausgleich in Anspruch zu nehmen. Die besonders geschützten Biotope können nicht über staatliche Naturschutzprogramme, wie z.B. das Fischotterprogramm oder das Feuchtgrünlandschutzprogramm, gefördert werden. Diese Programme gelten nur für bisher noch nicht naturschutzrechtlich geschützte Flächen, so daß ein Vertragsnaturschutz nicht in Frage kommt. Durch Fehler in der Organisation der Naturschutzadministration kommt es jedoch vor, daß Landwirten mit § 28a/b-Flächen der Vertragsnaturschutz angeboten wird: "Und das hatten sie auch schon aus Versehen gemacht, hat mir die Naturschutzbehörde erzählt. Sie hatten Landwirte angeschrieben, ob sie nicht bereit wären, Feuchtgrünlandverträge abzuschließen - für Flächen, die schon § 28a-Flächen waren."(28)

Die Identifikation der besonders geschützten §28a/b-Flächen ist auch für die Fachleute des Naturschutzes nicht immer einfach, obwohl sie sich fast täglich mit dieser Aufgabe beschäftigen. Die Landwirte kennen zwar die wichtigen Wirtschaftsgräser des Grünlandes, auch die flächenhaft auftretenden Problemkräuter und Ungräser, allerdings sind ihnen die auf der Roten Liste der gefährdeten Farn- und Blütenpflanzen in Niedersachsen und Bremen (1993) stehenden Dikotylen und Monokotylen weniger bekannt.

Dies erklärt, daß die eindeutige Identifikation der § 28a/b-Flächen den Landwirten häufig Schwierigkeiten bereitet. Die Vorsitzende des Naturschutzbundes Deutschland, Kreisverband Leer, berichtet von einem Fall: "Der war da am schimpfen. 'Da ist gar kein Röhricht', hat er erzählt. Na ja, da habe ich zu dem anderen Landwirt, den treffe ich öfter mal, gesagt: 'Hier habe ich Ihnen mitgebracht!' Da gibt es ja dieses Heft über die verschiedenen geschützten Biotope von der unteren Naturschutzbehörde. ...Das habe ich ihm in die Hand gedrückt und gesagt: 'Hier stehen sechs oder sieben oder noch mehr Röhrichtbiotope drinnen, da können Sie sich eins aussuchen!' Und gerade jetzt letzte Woche hat er mir erzählt, daß das so schwierig ist, weil alle Namen auf lateinisch sind und Röhrichte und Gräser sind ja auch nicht in den gängigen Bestimmungsbüchern drinnen. Das sind gewöhnlich Bestimmungsbücher über Blütenpflanzen, aber keine mit Gräsern und Röhricht. Da sagt er: 'Jetzt sind wir genauso schlau wie vorher und wissen überhaupt nicht, was da wächst!'"(27)

Die Vertreter der Naturschutzverbände haben oft bessere botanische und vegetationskundliche Kenntnisse. Selten gewordene Flora gehört zu ihrem speziellen Interessengebiet, auf dem sie sich detaillierte Kenntnisse aneignen: "Und ich setze mich für gewöhnlich hier hin und fange mit den Fachbüchern an, wobei ich mir daneben schreibe, was das auf deutsch heißt."(27)

Wird in Feuchtgrünlandgebieten die Entwässerung untersagt, führt das schnell zu einer Versumpfung der anliegenden Flächen. Die ordnungsgemäße Räumung ist normalerweise auch gestattet, weil der besonders geschützte Biotop nicht erheblich beeinträchtigt wird. Den Bewirtschaftern ist aber nicht immer ganz klar, was erlaubt ist und was nicht. In den Mitteilungsschreiben der Unteren oder Oberen Naturschutzbehörde sind häufig die zulässigen und unzulässigen Handlungen nicht eindeutig genug erklärt, so daß Unklarheiten auftreten können. Als Folge kann es zum Beispiel aufgrund selektiver Nutzung, eingeschränkter Pflegemaßnahmen, aber auch aufgrund unangemessener Düngung und häufiger Mahd zu einer aus naturschutzfachlicher Sicht falschen Behandlung der Feuchtgrünlandflächen kommen. So weisen kritische Stimmen der Naturschützer darauf hin: "Wenn das nur Grünland ist, wer will da nachweisen, daß da nicht zur falschen Zeit gemäht oder gedüngt worden ist."(28)

Die Kontrolle ist auf den besonders geschützten Biotopflächen schwierig, weil keine konkreten Angaben über Bewirtschaftungsauflagen gemacht worden sind. Wechselt auf den Flächen der Pächter oder werden sie veräußert, werden die neuen Bewirtschafter nicht immer auf die Schutzsituation hingewiesen. Worauf letztlich eine vermeintlich falsche Behandlung der § 28a/b-Flächen zurückzuführen ist, bleibt schwer nachvollziehbar: "Das muß nicht Vorsatz sein, kann aber auch Vorsatz sein."(28)

Nicht nur nach Ansicht der Naturschutzverbände, sondern auch nach Ansicht des Verfassers darf eine vorsätzliche Zuwiderhandlung nicht unterstellt werden. Im Regelfall sind die Bewirtschafter bemüht, den Ansprüchen des Naturschutzes gerecht zu werden und halten sich an die naturschutzrechtlichen Vorgaben des § 28a/b NNatG: "Und wenn sie weiter so wirtschaften dürfen, ist eine ganze Reihe von Landwirten recht vernünftig, vor allem, weil sie manche Flächen..gar nicht anders bewirtschaften können..."(27)

Außer Frage steht, daß die Nutzung der § 28a/b-Flächen nicht intensiviert werden darf. Für sich entwickelnde und expandierende Milchviehbetriebe ist es daher nicht attraktiv, auf solchen Flächen zu wirtschaften. Die Option einer intensiveren Nutzung ist von vornherein vereitelt. Im Rahmen von Flurbereinigungsverfahren oder freiwilligem Landtausch wird den Landwirten seitens der Behörden geraten, sich über die Schutzwürdigkeit der Flächen zu informieren: "'Ehe Sie anfangen, Ländereien zu tauschen,' hat die untere Naturschutzbehörde gesagt,' stellen Sie fest oder lassen Sie feststellen, ob das § 28a oder b-Flächen sind ! Wir konnten wegen Arbeitskräfte- und Zeitmangel noch nicht alle § 28a- und b-Flächen erfassen. Gucken Sie selber, damit Sie sich nachher nicht ärgern oder wundern, daß Sie eine § 28a-oder b-Fläche eingetauscht haben,...'"(27)

Ein weiterer Kritikpunkt der Landwirte ist die ihrer Meinung nach unflexible Handhabung der Naturschutzparagraphen. So ist ein Nebenerwerbslandwirt aus Lilienthal der Auffassung, daß es leichter sein müßte, für geschützte Flächen Ersatzflächen zu stellen, sofern sie vom Landwirt benötigt werden: "Wenn die Betriebe sich aussuchen könnten, welche Stücke sie stillegen, ist das in Ordnung. Wenn sie bereit sind, soundso viel Fläche freiwillig zur Verfügung zu stellen, geht das. Aber der Landkreis geht da ja gegen an. Der will lieber die großen Flächen haben, auf denen gewirtschaftet wird. Warum sagt der Staat nicht gleich: 'Suchen Sie sich aus, welches Stück, und das wird dann stillgelegt.' Man kann doch nicht sagen: 'Hier sind 20 Morgen, da standen früher Bäume, da müßt Ihr wieder Bäume hinpflanzen!' Daß man sich da mal gütig einigt mit dem Landwirt, aber der muß da erst wieder gegen angehen, hier vors Gericht, da vors Gericht."(3)

Auf Antrag kann die Naturschutzbehörde zwar Ausnahmen zulassen, die hierdurch entstehenden Beeinträchtigungen des Naturhaushaltes oder des Landschaftsbildes sind dann aber durch Ausgleichmaßnahmen auszugleichen (§ 28a Absatz 5 Punkt 5 NNatG). Werden die Ausgleichsmaßnahmen zur Regel, verfehlen die Naturschutzvorschriften jedoch die Zielsetzung des Naturschutzparagraphen § 28a NNatG, landschaftsökologisch besonders wertvolle Biotope in ihrem Bestand zu schützen, weil sie vielerorts tatsächlich durch Intensivierungsmaßnahmen akut gefährdet sind.

Ein besonders geschützter Biotop, beispielsweise eine seggenreiche Naßwiese, kann nicht ohne weiteres durch eine entsprechende Ausgleichsmaßnahme an anderer Stelle ersetzt werden. Die Ansprüche an den Wasserhaushalt und an den Boden, mit der damit korrelierenden Verfügbarkeit von Nährstoffen, sind sehr spezifisch. Selbst langjährige Ausmagerungsbestrebungen und Bemühungen, geeignete Grundwasserstände einzuregulieren, führen nicht immer zum gewünschten Biotop.

Daß es immer wieder zu gerichtlichen Auseinandersetzungen, nicht nur wegen des § 28a, sondern auch wegen anderer Naturschutzvorschriften kommt, ist eine bedauerliche Tatsache. In Anbetracht eines anzustrebenden verbesserten Verhältnisses zwischen Landwirtschaft und Naturschutz ist es sinnvoll, von gerichtlichen Verfahren so weit wie möglich abzusehen und die Differenzen auf dem Verhandlungswege auszuräumen.

## 4.1.5 Das Feuchtgrünlandschutzprogramm

Das Land Niedersachsen gewährt gemäß Runderlaß des Umweltministerium (1995) den Bewirtschaftern von Feuchtgrünland für die Erhaltung und Pflege der Flächen finanzielle Unterstützung. Der Erlaß basiert auf der Grundlage der EU-Verordnung Nr. 2078/92 und der Verwaltungsvorschrift zu § 44 Landeshaushaltsordnung. Die finanzielle Zuwendung des Landes zielt auf Erhaltung und Pflege der Feuchtgrünlandflächen ab. Nach Möglichkeit sollen diese Bereiche im Sinne des Naturschutzes weiterentwickelt sowie die Gestaltung neuer Feuchtgrünlandareale unterstützt werden. Die vertraglichen Vereinbarungen des Programms sind zunächst mittelfristig über fünf Jahre Laufzeit angelegt. Wünschenswert ist die Verlängerung der Verträge, damit der Vertragsnaturschutz für die einzelne Fläche auch längerfristig greifen kann. Ziel ist es, Feuchtgrünland-Lebensräume mit ihren typischen Wiesenbrütern, Watt-, Wasser- und Rastvögeln sowie der für diese Feuchtgrünlandstandorte typischen Flora zu erhalten, zu pflegen und nach Möglichkeit zu entwickeln.

Die Naturschutzauflagen für die Feuchtgrünlandflächen werden von der Bezirksregierung als Oberer Naturschutzbehörde in Form von maximal fünf gebündelten Bewirtschaftungsauflagen festgelegt und bekanntgegeben. Dabei werden die naturräumlich typischen Einheiten und regionalen Gegebenheiten beachtet, so daß den regionalspezifischen Besonderheiten Rechnung getragen wird. Die Höhe der Zuwendungen ist nach dem Ausmaß der Bewirtschaftungsauflagen bemessen. Sie richten sich nach Mähzeitpunkt, zulässiger Düngermenge und vorgegebener Bewirtschaftungsart. Als Beispiel für die Vertragsbedingungen sind die gebündelten Bewirtschaftungsauflagen des Schwerpunktraumes 15, des Raumes Moorriem bei Elsfleth, in der Übersicht 1 aufgeführt:

### Moorriem (Schwerpunktgebiet Nr.15)

Für alle Vertragsvarianten gelten die allgemeinen Bewirtschaftungsbedingungen nach § 3 (1) der Richtlinie (siehe Rückseite)

| Prämie | Bewirtschaftung im Frühjahr | Schnittnutzung | Beweidung | Düngung | Sonstiges |
|---|---|---|---|---|---|
| **Grundvertrag** | | | | | |
| 300,-DM | keine Regelung | maximal 2 Schnitte | 2 GVE/ha bis 15.06. | 110 kg N insgesamt | |
| **Aufbauvarianten Naturschutz** | | | | | |

Für alle folgenden Verträge gilt grundsätzlich:
- mineralischer Stickstoffdünger darf erst ab dem 15. Juni ausgebracht werden
- an einem Seitenrand der Parzelle darf ein Streifen von 2,50m Breite bis zum 31.Juli nicht gemäht werden
- die Parzellengräben (Eigentumsgräben) dürfen nur in der Zeit vom 1.Sept bis zum 15.Okt aufgereinigt werden

| Prämie | Bewirtschaftung im Frühjahr | Schnittnutzung | Beweidung | Düngung | Sonstiges |
|---|---|---|---|---|---|
| 550,-DM | Keine maschinellen Arbeiten wie Düngen, Schleppen u.a. vom 15.März bis 15. Juni | Dauerweide: Keine Schnittnutzung | 2 GVE/ha bis 15.06. | keine N- Düngung | Zur Weidepflege ist Ausmähen (Mulchen) der Flächen ab dem 15. Juni zulässig. |
| 550,-DM | | Mähweide: Schnittermin ab 15.06. | 2 GVE/ha bis 15.06. | 80 kg N/ha insgesamt | Mindestens einen Ertragsschnitt |
| 650,-DM | Keine maschinellen Arbeiten wie Düngen, Schleppen u.a. vom 15.März bis 20. Juni | Mähweide: Schnittermin ab 20.06. | 2 GVE/ha bis 20.06. | keine N- Düngung | Mindestens einen Ertragsschnitt |
| 650,-DM | | Mähwiese: Schnittermin ab 20.06. | keine Beweidung | keine N-Düngung | Mindestens 2 Ertragsschnitte, Nachweide je nach Aufwuchs |
| 800,-DM | Keine maschinellen Arbeiten wie Düngen, Schleppen u.a. vom 1.März bis 30. Juni | Mähwiese: Schnittermin ab 30.06. | keine Beweidung | keine Düngung | Ein zeitlich begrenzter Rückstau des Winterniederschlags in Gräben oder Grüppen wird vertraglich vereinbart, Ertragsschnitt |

Stand: 16.02.94
untere Naturschutzbehörde
Landkreis Wesermarsch

Ein Programm zum Schutz des Feuchtgrünlandes außerhalb naturschutzrechtlich geschützter Bereiche ist in Niedersachsen notwendig geworden, weil aufgrund betriebswirtschaftlicher Erfordernisse viele Dauergrünlandflächen umgebrochen oder intensiver bewirtschaftet wurden. Die Umwandlung der Flächen in Ackerland geschah in der Regel, um den Maisanbau innerbetrieblich ausweiten zu können. Die Maissilage besitzt höhere Energiewerte als Grassilage und eignet sich somit besser für die Verfütterung in der Milchproduktion oder bei der intensiven Mast. Dabei beschränkten sich die Landwirte nicht immer nur auf den Umbruch fakultativen Grünlandes. In einigen Fällen überschätzten Landwirte die Ackertauglichkeit der Moor- oder Marschböden. So wurden auch absolute Grünlandstandorte umgebrochen, auf denen sich auf Dauer keine nachhaltige Ackerwirtschaft betreiben läßt: "Ja, wo es irgend geht, nimmt der Anteil an Acker zu - das heißt, es gibt auch Stellen, wo es hieß: 'Das werden sie wohl wieder aufgeben.' Da ist der Ertrag für Mais nicht gut genug, weil wir hier zum großen Teil Moorböden unter den Wiesen und Weiden haben, und das erschwert den Landwirten die Bearbeitung. Insofern, weil sie eben diese Feuchtwiesen loswerden wollen,..."(27)

Allein in den Jahren zwischen 1982 und 1991 schrumpfte die Grünlandfläche Niedersachsens um etwa 10 % auf 1 Mio. ha (Prüter und von Nordheim, 1992, S. 3). Die Nutzung der verbliebenen Wiesen und Weiden mußte vielfach intensiviert werden, weil nur bei Nutzungsintensivierung eine rentable Bewirtschaftung noch möglich war. Die Nutzungsintensivierung der nassen Standorte erfolgte durch Entwässerung, Düngung und Aussaat ertragsreicher Leistungsgräser. Ertragsreiche Süßgräser ersetzten die ertragsschwachen Sauergräser. Eine gezielte Düngung mit den wichtigen Nährelementen und die Einstellung des für die Süßgräser geeigneten pH-Wertes ließen den Grünlandertrag steigen.

Aus Sicht des Naturschutzes ist dies ein Wertverlust, da die pflanzensoziologische Vielfalt deutlich zurückging. Die Entwässerung und erhöhte Nährstoffzufuhr machte das Auftreten vieler feuchtigkeitsliebender bzw. auf nährstoffarme Böden angewiesener Arten unmöglich. Binsen und Seggen wichen den dominierenden Grünlandspezies Alopecurus pratensis (Wiesenfuchsschwanz), Phleum pratensis (Wiesenlieschgras) und Lolium perenne (Weidelgras). In der Fauna ist eine ähnliche Entwicklung zu beobachten. Vogelarten wie Tringa totanus (Rotschenkel), Gallinago gallinago (Bekassine) und Numenius arquata (Großer Brachvogel) wurden in ihren Beständen reduziert.

Nicht in allen Bereichen der norddeutschen Tiefebene erfolgt die Intensivierung in gleichem Tempo. In der Hammeniederung hat sich diese Entwicklung noch nicht so drastisch vollzogen. Aufgrund der ungelösten wasserwirtschaftlichen Situation konnte eine Intensivierung der Grünlandwirtschaft nur beschränkt vorgenommen werden. Dies ist der Grund dafür, daß auch heute noch die pflanzensoziologische Zusammensetzung der Grasnarbe vielfältig ist, wie ein Landwirt aus Osterholz berichtet: "Wir haben ja nicht die Möglichkeit, hier Umbruch und Neuansaat zu machen, weil es sich um einen absoluten Grünlandstandort handelt. Bei uns sind das noch die alten Naturgräser, die auf den Wiesen und Weiden wachsen. Sicher, die werden ein bißchen mit Stickstoff gedüngt, das ist klar ! Aber das ist doch noch natürlicher als die Ackergräser, die man jetzt anbaut."(8)

Abbildung 6: Senecioni Brometum Racemosi (Wassergreiskrautwiese) mit den Kennarten Senecio aquaticus (Wassergreiskraut), Myosotis palustris (Sumpfvergißmeinnicht) und Caltha palustris (Sumpfdotterblume). Eigene Quelle

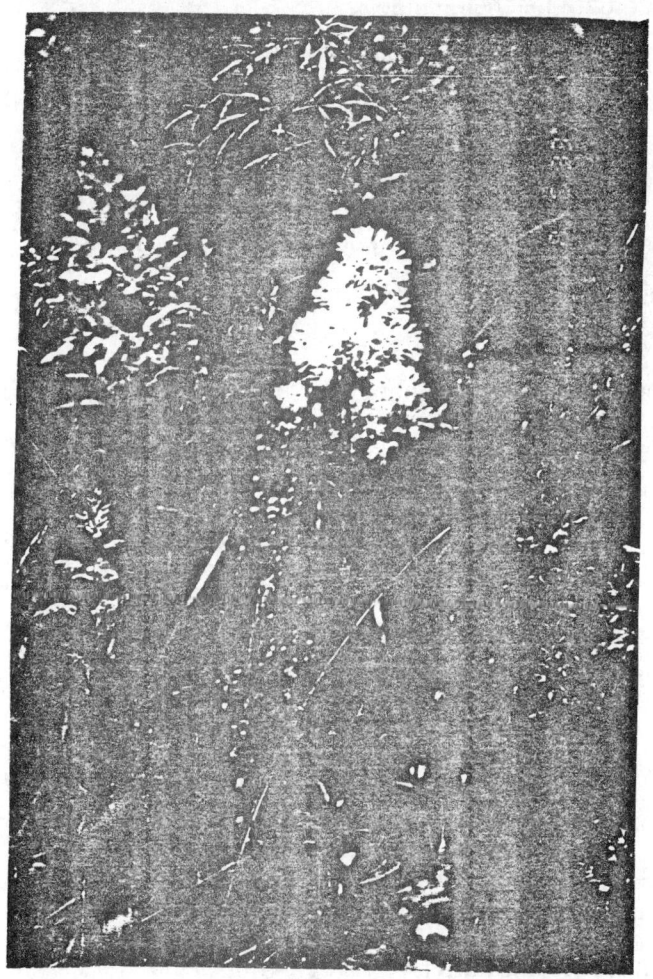

Abbildung 7: Holcus lanatus (Wolliges Honiggras), Thalictrum flavum (Gelbe Wiesenraute) und Rumex acetosa (Großer Sauerampfer) Eigene Quelle

Mit dem Feuchtgrünlandschutzprogramm soll der sich abzeichnenden Entwicklung des landschaftsökologischen Wertverlustes entgegengewirkt werden. Die Schwerpunkträume des Programms liegen überwiegend in den küstennahen Feuchtgrünlandgebieten Niedersachsens:
"Ich kann Feuchtwiesen nur da schützen, wo sie sind. Und nun haben wir mal das Pech oder das Glück - ganz so herum, wie Sie es sehen wollen, daß wir der Landkreis mit den meisten Feuchtwiesen sind. Also ist es für die Landwirte natürlich ein Problem, und sie haben im Laufe der Jahre versucht, Feuchtgrünlandflächen in Acker umzuwandeln."(27)

In Nachbarländern Niedersachsens gibt es seit Jahren Programme zur Grünlandextensivierung. In Schleswig-Holstein hat man seit 1985 umfangreiche Erfahrungen mit dem freiwilligen Vertragsnaturschutz für Feuchtgrünland, der in das landesweite Biotopprogramm im Agrarbereich integriert ist.

Von den ca. 1 Million ha umfassenden Grünlandflächen Niedersachsens wurden in einem Umfang von ca. 300 000 ha durch die Fachbehörde für Naturschutz - Niedersächsische Landesamt für Ökologie - Schwerpunkträume für die Grünlanderhaltung ausgewählt. Innerhalb dieser Schwerpunkträume sind ca. 140.000 ha großräumige Gebiete für die besondere Feuchtgrünlandentwicklung abgegrenzt worden, in denen das Feuchtgrünlandschutzprogramm greift, soweit es sich nicht um naturschutzrechtlich geschützte Flächen handelt.
Die von den Landwirten geleistete, wertvolle landschaftsökologische Arbeit auf den Wiesen und Weiden kann nun entsprechend honoriert werden. An das Programm werden sowohl von grünlandwirtschaftlicher Seite, als auch von naturschutzfachlicher Seite große Erwartungen geknüpft. Ein Landwirt aus Osterholz-Scharmbeck erklärt, wann sich ein Einstieg in das Programm anbietet:
"Wenn das eine Fläche ist, die sowieso schon extensiv bewirtschaftet wird, kann man das machen. Grundsätzliche Bedenken hätte ich nicht."(1)

In der untersten Stufe des Programms, die mit den geringsten Naturschutzauflagen, ist noch eine Stickstoffdüngung von 110 kg N/ha erlaubt. Nicht zuletzt aus diesem Grunde wird von fast allen befragten Landwirten das Programm grundsätzlich positiv beurteilt (vgl. auch Janzen, 1992, S. 44). Eine Pferdewirtin aus Worpswede erläutert: "Ich würde meine ganze Grünlandfläche in das Programm nehmen, außer den beiden Weiden hinter dem Haus, weil wir da die Pferde weiden. Ich bekomme ein bißchen Geld und kann Heu für die Pferde da herunterholen. Das wäre für unseren Betrieb eine wunderbare Sache. Mein Nachbar soll sich da auch mal erkundigen."(2)

Der Einstieg in das Programm ist jedoch nicht für alle Betriebe betriebswirtschaftlich sinnvoll, wie eine Landwirtin anhand ihres Betriebes in Teufelsmoor erläutert: "Wir liegen mit unserem Viehbesatz ziemlich niedrig. Im Vergleich zu anderen liegen wir unter dem Rahmen. Man könnte das schon als extensiv ansehen. Aber, ob wir das jetzt schon machen, hängt davon ab, ob wir unseren Viehbestand auch noch weiter mit Futter versorgen können."(13)

Ist die Grünlandflächenausstattung eines Betriebes im Verhältnis zur Milchquote mehr als ausreichend, kommt eine extensive Grünlandbewirtschaftung einzelner Flächen im Rahmen des Feuchtgrünlandschutzprogramms in Frage. Bei den Landwirten besteht Bereitschaft zum Eintritt in das Feuchtgrünlandschutzprogramm, solange ausreichend qualitativ und quantitativ gutes Futter für die Milchkühe gewonnen werden kann und solange das Futter, das von den extensivierten Grünlandflächen gewonnen wird, im Betrieb verwertet werden kann. Darüber hinaus muß gewährleistet sein, daß noch genügend Fläche zur Gülleausbringung vorhanden ist. Denn auf den nicht in das Feuchtgrünlandschutzprogramm einbezogenen Flächen darf die maximal zulässige Ausbringungsmenge von 2,5 Dungeinheiten pro Hektar nicht überschritten werden.

In der Stollhamer Wisch, westlich von Nordenham im Landkreis Wesermarsch, ist das Feuchtgrünlandschutzprogramm 1994/95 erstmals als Pilotprojekt angelaufen. Seit 1995/96 wird das Feuchtgrünlandschutzprogramm landesweit angeboten, und es kristallisiert sich heraus, daß in einigen Landkreisen -Wesermarsch, Osterholz, Stade- das Programm gut angenommen wird. In den Landkreisen Cuxhaven, Friesland und Wittmund üben die Landwirte ein wenig Zurückhaltung, während in den Landkreisen Rotenburg (Wümme), Cloppenburg, Emsland, Aurich und Leer die Akzeptanz gering ist. Der Grund liegt zum einen in der intensiven Agrarstruktur dieser Landkreise, vor allem aber auch an den ausgeprägten Vorbehalten gegenüber anderen staatlichen Programmen. In diesen Landkreisen ist es in den vergangenen Jahren im Zusammenhang mit dem jeweiligen Regionalen Raumordnungsprogramm oder dem Landschaftsrahmenplan zu kontroversen, manchmal sogar heftigen Auseinandersetzungen mit der Landwirtschaft gekommen. Im Landkreis Leer sorgte zudem das Fachgutachten über das Leda-Jümme-Gebiet für Unmut und Empörung. Diese Stimmung schlug sich in vermehrten Vorbehalten auch gegen das Feuchtgrünlandschutzprogramm nieder. Die Vorsitzende des Naturschutzbundes Deutschland, Kreisverband Leer, beschreibt, welche Stimmung herrscht und mit welchem Gefühl die Landwirte dem neuen Programm gegenüberstehen: "Sie haben wohl das Gefühl: Es wird ihnen wieder etwas aufgedrängt, wo sie nicht übersehen können, welche Folgen das für sie und ihren Betrieb hat. Und sie lassen sich gar nicht gerne etwas aufdrängen."(27)

Die Naturschutzverbände zeigen Engagement und bemühen sich um die Akzeptanz: "Ich hatte mich bei einem Gespräch im Reiderland...aus dem Fenster gehängt und den Landwirten gesagt: 'Nun wagen Sie es doch endlich mal, so einen Vertrag abzuschließen. Es muß ja nicht gleich der ganze Betrieb sein - zwei, drei Hektar!'"(27)
Ein bedeutender Grund für die Ablehnung ist die Befürchtung, nach Ablauf des Vertrages weiterhin mit Auflagen behaftet zu sein. Die Flächen könnten sich aus Sicht des Naturschutzes so weit entwickeln bzw. verbessern, daß Teile oder ganze Flächen nach dem NNatG mit einem Schutzstatus des § 28b NNatG belegt würden. Damit diese Ansicht sich nicht verbreitet, wurde gerade im Hinblick auf das Vertrauenspotential eine Möglichkeit geschaffen, diesen Fall auszuschließen, ohne gleichzeitig den § 28b NNatG aushebeln zu wollen. Das niedersächsische Umweltministerium entschloß sich in Absprache mit den Bezirksregierungen in den privatrechtlichen Vertrag einen Passus aufzunehmen,

der den Fall des Hineinwachsens in den § 28b NNatG regelt. Zum Vorteil der Landwirte, im Sinne des Vertrauensschutzes, wurde gleichsam das mögliche Verfahren zur Erteilung einer Ausnahmegenehmigung vorweggenommen und die potentielle Ausnahmegenehmigung quasi schon verbindlich erteilt. Hier ist auch ein Konsens mit den Naturschutzverbänden hergestellt worden, so daß beim Eintreten eines solchen Status die Ausnahmegenehmigung greift und nicht von den Verbänden angefochten werden kann. Bevor es jedoch hierzu kam, war diese Regelung insbesondere im Naturschutzbund Deutschland sehr umstritten. Eine starke orthodoxe Fraktion vertrat die Ansicht, daß das Naturschutzgesetz nicht zu flexibel zu handhaben sein dürfte und die angestrebte Lösung eine Aufweichung des Naturschutzes bedeute: "Das geht ja wohl nicht! Wir können doch nicht auf unsere Rechte verzichten!"(27)

Eher pragmatisch eingestellte Naturschützer hatten eine andere Sichtweise. Sie setzten sich nach langen Diskussionen innerhalb des Landesverbandes schließlich durch: "Ich habe dann mit unserem Landesgeschäftsführer gesprochen und gesagt: 'Wieso geht es denn da in der Stollhamer Wisch ?'Ich sage: Wenn wir irgendwie vorankommen wollen und mit den Landwirten irgendwie vorwärtskommen wollen, dann muß man da mal entgegenkommend sein. Dann hat sich nachher auch der Landesverband angeschlossen."(27)
Mit Überzeugung wird diese Regelung jedoch heute immer noch nicht von allen Verbandsmitgliedern getragen, wie der folgenden Äußerung zu entnehmen ist: "Na ja, sie haben geschrieben, sie schließen sich unserer Stellungnahme an, aber damit können sie nichts mit anfangen."(27)

Das Feuchtgrünlandschutzprogramm wird in Niedersachsen sowohl von der landwirtschaftlichen Interessenvertretung, als auch von der Landwirtschaftskammer und maßgeblich vom Landwirtschaftsministerium getragen und befürwortet. In Schleswig-Holstein hingegen opponierte der Bauernverband gegen das mit dem niedersächsischen Feuchtgrünlandschutzprogramm vergleichbaren Biotopprogramm im Agrarbereich. Die ablehnende Haltung des Schleswig-Holsteinischen Bauernverbandes ist vor dem Hintergrund der Mitte der 80er Jahre spürbar gewesenen Umbruchstimmung im Naturschutzbereich zu sehen. Nicht zuletzt durch die Persönlichkeit des damaligen Umweltministers Prof. Dr. Heidemann und seiner konsequenten Rechtsetzung im Naturschutzbereich sowie der großräumigen Umsetzung von Naturschutz fühlte sich die Landwirtschaft übergangen und benachteiligt.
Ein Vertreter des Naturschutzbundes Deutschland beschreibt die Stimmung: "Als Prof. Dr. Heidemann noch Umweltminister war, da ging das hier ganz anders ab. Alleine durch die Person Heidemann war das ziemlich polarisiert. Das bereitete natürlich in der Diskussion unheimliche Schwierigkeiten. Die landwirtschaftliche Seite - da fällt die Klappe. Man will da nichts mehr von hören. Man ist da nur gegen, weil dieser Mann so ist. Das Ganze ist natürlich auch durch den Bauernverband geschürt worden, ganz extrem geschürt worden. Man hatte da eine schöne Feindfigur."(29)
In Kiel wurde zeitweise über die Auflösung der Landwirtschaftskammer und die Schließung des Landwirtschaftsministeriums diskutiert. Existenzängste traten auf. Die Landwirtschaft sperrte sich

in fast allen Naturschutzbereichen gegen die naturschützerischen Aktivitäten des Umweltministers und seiner Administration.

Die zunehmende Machtposition des Naturschutzes im Agrarraum wird auch heute noch von dem Bauernverband als gefährlich angesehen, wie ein Vertreter des Naturschutzbundes erklärt: "Der Bauernverband sieht da sicherlich aus seiner Verbandsstrategie heraus andere Gesichtspunkte, daß der Naturschutz da jetzt in etwas hineinbricht, daß er da jetzt über landwirtschaftliche Flächen mit zu entscheiden hat."(29)

Die Diskussion wurde auf einer stark emotionalen Ebene geführt, wobei der Naturschutz vielfach als Sündenbock für andere agrarpolitische Probleme herhalten muß. Nach Ansicht der Naturschutzverwaltung bewegt sich die Diskussion auf einer unseriösen Ebene: "Dies Gefühl und diese Diskussion, die zur Zeit eine Schärfe annimmt, ist politisch geschürt. Ich denke: Die Landwirtschaft verlangt vom Naturschutz Ehrlichkeit. Da müssen sich die Landwirte ehrlich eingestehen, daß sie die Agrarpolitik zur Zeit in die Enge drängt und nicht der Naturschutz. Der Naturschutz wird aber immer emotional angegriffen. ... Wenn man von Naturschutzseite her angegriffen wird, und dafür herhalten muß, daß es der Landwirtschaft finanziell nicht gut geht, das ist nachher auch ziemlich unseriös."(20)

Erst mit einer veränderten politischen Konstellation ist es in der schleswig-holsteinischen Naturschutzpolitik zu einer Verbesserung der Beziehungen zwischen Landwirtschaft und Naturschutz gekommen. Ähnliches ist in Brandenburg erkennbar. Der umweltpolitische Sprecher der PDS-Fraktion im brandenburgischen Landtag erläutert: "Dieser Widerspruch zwischen Landwirtschaftsminister und Umweltminister ist bis heute nicht ganz ausgeräumt. Der ging im Beispiel des unteren Odertals bis zu der Tatsache, daß der Landwirtschaftsminister sagte: 'Laßt Euch Eure Felder nicht wegnehmen !' Er hat das sozusagen als Drohgebärde ausgesprochen. Während der Umweltminister mit seinen Verantwortlichen Schlagbäume aufstellen ließ. Die Bauern konnten gar nicht auf ihre Felder. Dann gab es eine kleine Bauernrevolte. Die sind mit Traktoren losgefahren und haben die Schlagbäume liquidiert. Das ging bis in den Landtag zu heftigen Debatten.
Also, das Problem ist immer die Akzeptanz, Naturräume mit den Menschen und nicht gegen sie zu gestalten."(26)

Die zukünftige Entwicklung der Akzeptanz des Feuchtgrünlandschutzprogramms in Niedersachsen wird vom Verfasser unter Berücksichtigung subregionaler Unterschiede so eingeschätzt, daß sich nach anfänglicher Zurückhaltung ein wachsendes Interesse entwickeln wird. Die Teilnahmebereitschaft wird nicht so weit hinter den Erwartungen zurückbleiben wie es Hamm und Konrad (1992) für die saarländischen Programme im Agrarbereich beschreiben. Die Autoren machen auf die unzureichende Information aufmerksam und führen die geringe Akzeptanz hierauf zurück. In den Landkreisen Niedersachsens ist die Information über das Feuchtgrünlandschutzprogramm unterschiedlich. Sie hängt von dem Engagement und Vorgehen der Naturschutzverbände, des Bauernverbandes, der Landwirtschaftskammer, der staatlichen Agrarverwaltung und der Naturschutzbehörden sowie der Zusammenarbeit dieser Organisationen ab. In der Wesermarsch ist die Zusammenarbeit zwischen Landwirtschaftsamt und Unterer Naturschutzbehörde besonders effektiv. Die Untere Naturschutzbehörde beweist bei ihrer Vorgehensweise psychologisches Geschick: Die Vorbehalte der Landwirte, die Untere Naturschutzbehörde aufzusuchen, sind größer als die, sich im Landwirtschaftsamt beraten zu lassen. Aus diesem Grunde wurde die Antragstellung für das Feuchtgrünlandschutzprogramm von der Unteren Naturschutzbehörde räumlich in das Landwirtschaftsamt verlegt. Das bietet den Vorteil, daß die landwirtschaftlich-betriebswirtschaftlichen Berater hinzugezogen werden können. Nach Prüfung der betriebswirtschaftlichen und naturschutzfachlichen Eignung und unter Berücksichtigung der Auflagen und des Flächenumfangs wird gemeinsam über den Eintritt in das Feuchtgrünlandschutzprogramm entschieden. Dies ist ein nachahmenswertes Beispiel auf dem Weg zu Vertrauensbildung und Kooperation.

Landwirte, die sich dafür entscheiden, im Rahmen des Feuchtgrünlandschutzprogramms einen Bewirtschaftungsvertrag abzuschließen, müssen sich für einen Zeitraum von mindestens fünf Jahren verpflichten, Auflagen zu beachten. Aus der Sicht der Landwirte sind fünf Jahre laufende Bewirtschaftungsverträge im Hinblick auf die zukünftige Agrarentwicklung in der EU gerade noch zu akzeptieren. Landwirte, die mit Pachtflächen in das Feuchtgrünlandschutzprogramm einsteigen möchten, müssen zusätzlich die Laufzeit der Pachtverträge beachten und in ihre Überlegungen einbeziehen.

Aus Sicht des Naturschutzes ist ein Bewirtschaftungsvertrag, der über fünf Jahre abgeschlossen wird - auch wenn er um weitere fünf oder zehn Jahre verlängert wird - von zu kurzer Dauer. Auf den meisten Standorten ist der Ausmagerungsprozeß sehr langwierig, und erst nach Jahren geduldiger Pflege und sukzessiven Nährstoffentzuges stellt sich die gewünschte meso- und oligotrophe Grünlandvegetation ein.

Ein Vertreter des Naturschutzbundes Deutschland, der von einem Landwirt eine Grünlandfläche gekauft hatte, berichtet folgendes: "Wenn man keinen Dünger, keinen Kalk gibt, ist nach zwei, drei Jahren auf den vormals intensivst bewirtschafteten Flächen die Flatterbinse da. Und das widerstrebt jedem Landwirt, weil die Tiere nur oben an der Flatterbinsen die Spitzen abfressen."(28) Die Flatterbinse wird nur von robusten Rinderrassen, wie z.B. den Galloways, in Zeiten knappen Nahrungsangebotes gefressen. Wenn sie nicht an besseres Futter gelangen können bzw. nicht zugefüttert werden, fressen sie den gesamten vegetativen oberirdischen Teil der Flatterbinse: "Die Galloways gehen in einem kargen Winter daran. Das habe ich selbst an einer Fläche festgestellt. So hohe Binsenlandschaft, - deshalb haben wir die Fläche auch kaufen können. Später hat der Landwirt gesagt: 'Was ist das denn ? Hätte ich doch bloß nicht die Fläche verkauft, sondern Galloways da hineingesteckt !'"(28)

Der Vorsitzende des Naturschutzbundes Deutschland, Kreisverband Aurich, erläutert, daß viele Naturschützer diesen langwierigen Prozeß der Ausmagerung nicht durchstehen und vorzeitig ihr Bemühen aufgeben: "Und das stehen die meisten Naturschützer auch nicht durch. Man muß mit fünfzehn bis zwanzig Jahren rechnen, bis der Dünger verbraucht ist, so daß die Binse weg ist. Sie ist ein typischer Anzeiger für gestörte nährstoffreiche, stickstoffreiche Böden. Und wir wollen Seggenwiesen; das ist ja ein typischer Anzeiger für saure und nährstoffarme Böden. Je mehr da herauskommt, um so besser ist das! Bloß wir haben heute die Probleme, daß über den eingetragenen Luftstickstoff die Ausmagerung unheimlich lange dauert. Die Geduld muß man haben."(28)

Die Landwirte heben auch die langfristige finanzielle Unsicherheit hervor, die mit dem Programm verbunden ist. Nach Janzen (1992, S. 46) wird die Teilnahme oft nur als Zwischenlösung gesehen, um für die Weiterführung des Hofes die günstigste betriebswirtschaftliche Maßnahme zu ergreifen. Die Bewirtschaftungsauflagen jedoch machen die Landwirte unflexibel und engen ihren Handlungsspielraum ein. Die Witterungsabhängigkeit für Heu- und Grassilageernte wird im Programm bisher nicht berücksichtigt: "Zuletzt kommt die Arbeitsspitze dann auf einem Mal am 20. Juni !"(4) So ziehen es die meisten Landwirte vor, nur mit Teilflächen in das Programm einzusteigen: "Gut, mit diesem einen Stück geht das; das kann man entbehren. Aber, wenn man noch zusätzlich wieder vier ha erst am 20. Juni mähen darf, und das Wetter muß dementsprechend gut sein, ob man dann nicht in Bedrängnis kommt ?!"(4)

Es bleibt festzuhalten: Eine Teilnahme am Feuchtgrünlandschutzprogramm bietet sich für den auf überwiegende Milchproduktion ausgerichteten Betrieb nur an, wenn das Verhältnis zwischen Milchquote und Flächenausstattung relativ gut ist. Dann können hofferne und ohnehin etwas weniger intensiv bewirtschaftete Grünlandflächen in das Feuchtgrünlandschutzprogramm einbezogen werden und unter den Naturschutzauflagen der unteren Stufen bewirtschaftet werden. Die Bewirtschaftung unter den Vertragsbedingungen der höheren Stufen ist für intensive Milchviehbetriebe kaum möglich, da die notwendige Futterqualität bei dem späten Mahdtermin nicht mehr gegeben ist. Eine höhere Akzeptanz in diesen Stufen wäre denkbar, wenn es zu einer flexibleren Handhabe - vergleichbar mit der Option des vorzeitigen Mähens in Naturschutzgebieten - kommen würde. Wenn das Brutgeschäft der Wiesenvögel abgeschlossen ist und keine Gefahr mehr besteht, Gelege zu zerstören, können sie zur Mahd freigegeben werden.

## 4.2 Naturschutzplanungen

Naturschutzplanungen im engeren Sinne beziehen sich auf die Planung von Naturschutzgebieten, wobei die Probleme bei der Projektierung von Großschutzgebieten aufgrund ihres Ausmaßes und ihrer Komplexität einen besonderen Stellenwert besitzen. An dem Beispiel des Kerngebietes der Großschutzgebietsplanungen im Hammeraum werden regionalspezifische Besonderheiten herausgearbeitet und die Unterschiede der Planungsvorstellungen in den letzten drei Jahrzehnten deutlich gemacht.

Das wirksamste Instrument zur Entschärfung eines Konfliktes zwischen Grünlandwirtschaft und Naturschutz ist die Flurbereinigung mit Naturschutzzielsetzung. Im Planungskapitel ist außerdem die Landschaftspflege durch landwirtschaftliche Betriebe eingeordnet, weil in Zukunft diesem neuen Aufgabenbereich vermehrt Aufmerksamkeit geschenkt werden wird. Milch und Fleisch aus Naturschutzgebieten werden bisher nur vereinzelt und gesondert vermarktet, wenngleich in fast allen projektierten Schutzgebieten diese Idee der Produktion und Vermarktung von Naturschutzprodukten verfolgt wird. Daher wurde diesem spezifischen Planungsbereich unter Punkt 4.2.5 ein eigenes Kapitel eingeräumt.

### 4.2.1 Planung von Naturschutzgebieten unter besonderer Berücksichtigung von Großschutzgebietsausweisungen

Naturschutzgebiete sind die strengste Schutzform, die der Gesetzgeber zur Erhaltung besonders wertvoller Gebiete geschaffen hat. In Naturschutzgebieten hat die Erhaltung der Natur absoluten Vorrang vor allen anderen Belangen.

Die Ausweisung von Naturschutzgebieten ist an ein weitgehend festgelegtes Verfahren gebunden (Louis,1990; Beispiel für landesrechtliche Norm: § 24 in Verbindung mit § 30 NNatG). Es wird in der Regel um zusätzliche Planungsschritte erweitert, die zwar nicht vorgeschrieben sind, sich jedoch in der Praxis etabliert haben. Als Planungsgrundlage dient der Landschaftsrahmenplan. Wo dieser noch nicht vorhanden ist, werden landesweite Biotopkartierungen der Fachbehörden für Naturschutz und zusätzliche landschaftsökologische Fachgutachten bzw. Kartierungen von Flora und Fauna in Verbindung mit der originären Planungsgrundlage des jeweiligen Regionalen Raumordnungsprogramms herangezogen.

Im Folgenden ist der schematischen Ablauf - so wie er sich überwiegend bei Schutzgebietsausweisungen vollzieht - dargestellt. Die Reihenfolge der Planungsschritte kann gegebenenfalls variieren.

## Ausweisungsverfahren eines Naturschutzgebietes

- Planungsgrundlage: Landschaftsrahmenplan (ggf. Regionales Raumordnungsprogramm, landesweite Biotopkartierungen der Fachbehörden für Naturschutz und/oder zusätzliche landschaftsökologische Fachgutachten bzw. Kartierungen von Flora und Fauna)

- Betroffenheitsanalyse, evtl. Änderung der Planungsvorstellungen

- Verordnungsentwurf für das Naturschutzgebiet

- Vorstellen des Naturschutzvorhabens durch die Bezirksregierung bzw. in Ländern mit zweistufigem Verwaltungsaufbau durch die für die Ausweisung verantwortliche Behörde

- Stellungnahmen der betroffenen Behörden, Verbände, Gemeinden und Körperschaften des öffentlichen Rechts, aufgrund dieser evtl. Gebietskulissenänderung und Änderung der Inhalte

- Auslegung der Naturschutzverordnung in den Gemeinden

- Anregungen und Bedenken der Bürger, aufgrund dieser evtl. Gebietskulissenänderung und Änderung der Inhalte

- Erlaß der Naturschutzverordnung (enthält a) Karten b) Schutzzweckbegründung c) Verbote)

- Es schließt sich ein Pflege- und Entwicklungsplan für das Naturschutzgebiet an.

Naturschutzgroßvorhaben unterscheiden sich von dem dargestellten Ausweisungsverfahren dadurch, daß zusätzliche Schritte erforderlich sind. Die Betroffenheitsanalyse wird hier in der Regel um einen projektierten Entwicklungsteil erweitert und dann als Entwicklungs- und Betroffenheitsanalyse bezeichnet. Es erfolgt ein Antrag auf Anerkennung als Naturschutzgroßvorhaben beim Bundesamt für Naturschutz und beim Bundesumweltministerium. Entspricht das geplante Vorhaben den Anforderungskriterien des Bundesamtes für Naturschutz und ist eine Finanzierung gewährleistet, erfolgt die offizielle Erklärung zum Großschutzgebiet. Um einen entstehenden Nutzungskonflikt zwischen Naturschutz und Landwirtschaft zu entschärfen, wird das Naturschutzgroßvorhaben oft von einem Flurbereinigungsverfahren begleitet.

Die Planung von Naturschutzgebieten, insbesondere aber das Verfahren zur Ausweisung eines Großschutzgebietes, kann recht langwierig sein und dauert mehrere Jahre. Schon im Vorfeld der Planungen ergeben sich die ersten Schwierigkeiten, wenn es darum geht, inwieweit die betroffenen Landwirte in die Planungen eingebunden werden sollen. Ein Landwirt aus dem östlichen Teufelsmoor erklärt, was nach seiner Ansicht bei den Naturschutzplanungen primär beachtet werden müßte: "Vor allem müßten die hohen Herren mal eine öffentliche Bekanntmachung machen, wie z.B. beim 'Naturschutzvorhaben Hammeniederung', eine Versammlung von meinetwegen 6000 Leuten einberufen und mal erklären, was das überhaupt für einen Sinn hat, was sie sich dabei denken. ... Die Information wird unter den Tisch gekehrt. Es weiß keiner was davon. Normalerweise sollte man die Landwirte von vornherein informieren, nicht erst, wenn schon alles am Laufen ist. 'Hier, wir müssen Euch noch mal eben was erzählen.' Dann ist das schon zu spät. Dann wurde schon geplant und gemacht und getan. Von vornherein muß man alle an einen Tisch holen und sagen: 'So und so haben wir etwas vor, und so haben wir uns das gedacht!' Entweder werden die Leute mitten drin informiert oder wenn alles abgeschlossen ist - zum Ende. Dann ist alles zu spät. Daß dann Reibereien kommen, daß die Bauern sich über den Naturschutz aufregen, ist klar."(3)

Frühzeitiges Informieren aller Betroffenen ist einerseits erstrebenswert, birgt aber andererseits ein gewisses Konfliktpotential in sich. Es besteht die Gefahr, daß mit unausgereiften Vorentwürfen und groben Planungskarten in eine verfrühte Diskussion eingestiegen wird. Eine leitende Referentin des Umweltministeriums, die mit dem Planungsvorgang bei Naturschutzvorhaben genau vertraut ist, erläutert: "Man nimmt eine Karte und zeichnet die Grenzen ein, die das Schutzgebiet haben könnte. Die Karte geht heraus; bald weiß es der Nachbar, es weiß jeder Bescheid: aha, auf dessen Fläche will der Naturschutz etwas. Die Eigentümer erkundigen sich in den Naturschutzbehörden und ihnen muß gesagt werden: 'Das weiß man noch nicht genau, was dort passieren soll.'"(20)

In dieser Planungsphase wissen die Landwirte tatsächlich nicht, was mit ihren Flächen geschehen wird. Als Folge des hohen Grades an Ungewißheit entsteht Unruhe bei der ländlichen Bevölkerung im Planungsgebiet. Die Referentin des Umweltministeriums beschreibt dies sehr eindrucksvoll, wobei auch ihr bewußt ist, wie mißlich die Situation für die Betroffenen ist: "Nach einer Weile großer Unsicherheit kommen Sie in die Gefahr, ins offene Messer zu laufen. Es weiß niemand, was auf den Flächen passieren soll, auch der Naturschutz nicht. Bis zum jetzigen Zeitpunkt ist unklar: Sollen die Flächen angekauft werden, sollen sie entschädigt werden oder wird etwas anderes passieren? ... Die Landwirte finden aber Möglichkeiten, an die Karten heranzukommen und haben sie auch. Dann entsteht draußen auf dem Land ganz große Unruhe. Da können Sie als Land nur sagen: 'Es tut uns leid, daß die Bonner immer noch nicht entschieden haben.' Sie haben zwar bestimmte Vorstellungen, aber ob und zu welchem Zeitpunkt diese realisiert werden können, das weiß niemand. Das gibt so böses Blut! Es ist ein unmöglicher Zustand, der davon abhängt, daß die Antragstellung für die GR-Projekte vier, fünf, sechs Jahre dauert."(20)

Wenn sich die Planungen über Jahre hinziehen, nimmt die Beteiligungsbereitschaft bei den Betroffenen ab. Dazu ergeben sich während des Planungsprozesses neue Aspekte, die dazu beitragen, die bisherigen Planungsentwürfe immer wieder zu modifizieren. Nach Aussage der Referentin werden die Landwirte zunehmend verunsichert: "Heute sagen Sie 'hüh', morgen sagen Sie 'hott'! Es kommt der Frust der Landwirte gegen eine Verwaltung durch, und der ist auch gerechtfertigt."(20)

Um die Irritation auf ein Minimum zu beschränken, werden die Betroffenen in der Initialphase des Planungsprozesses zunächst nicht involviert. Auch dies wirkt sich negativ aus, weil für die Betroffenen der Eindruck entsteht, daß ihnen wichtige Informationen vorenthalten werden: "Wenn da zwei Jahre lang irgend jemand sitzt und schreibt und malt und in diesen zwei Jahren wird nichts nach draußen gegeben, dann ist das ganz, ganz schwierig. Dürfen Sie von vornherein mit niemanden darüber reden, dann ist das schon von Anfang an zum Scheitern verurteilt, weil Sie -und das kann man mit Recht sagen- die Betroffenen übergangen haben."(20)

Wichtig ist der Referentin des Umweltministeriums, den richtigen Zeitpunkt zur Offenlegung der Planungen abzupassen: "Diese Zeit für die Entwicklung eines Planes, der noch nicht an die Betroffenen geht, brauchen Sie. Wichtig ist, daß diese Planungszeit so kurz wie möglich ist. Dann kann man rausgehen. Bloß durch die Bonner Großschutzvorhaben ist das nicht mehr möglich. Das ist haarsträubend. Die Großschutzprojekte lassen sich dann nachher nicht mehr umsetzen, weil draußen die Zustimmung fehlt. Es wird zerredet..."(20)

Eine genau gegensätzliche Ansicht vertritt ein Kommunalpolitiker in einem anderen Planungsraum. Er sieht gerade in dem langen Planungszeitraum eine Chance zu einer sachlichen Diskussion. Während zu Beginn der Planungen oft emotionsgeladen diskutiert wird, komme es - auch begünstigt durch detaillierte Aufklärung - mit zunehmender Planungszeit zu einer Versachlichung der Diskussion: "Ich weiß noch, daß da eine Sitzung stattfand, wo einige Bauern mit Traktoren und Dreschflegeln aufgekreuzt sind und uns sogar Schläge angedroht haben. Aber ich nehme mal an, daß sich das völlig geändert hat und daß erst im zweiten Schritt gesehen wird, daß das auch im Interesse der Landwirte ist. So haben wir die Landwirte nicht zusätzlich verunsichert, sondern immer sicherer gemacht. Es ist etwas, was sie mitgestalten können und ihnen nicht übergestülpt wird. Gerade das ist im konkreten Fall Osterholzer Großschutzgebiet gelungen."(24)

Nach dieser Auffassung sollte das Tempo der Planungen nicht zu sehr forciert werden, weil dadurch die Konsensfindung gestört werden könnte. Dennoch drängen Naturschützer auf einen raschen Verfahrensgang, da sie befürchten, daß durch den zeitraubenden Planungsprozeß ein landschaftsökologischer Wertverlust eintreten könnte. Eine übereilte Naturschutzgebietsausweisung ruft in der Regel eine ausgesprochen oppositionelle Haltung der Betroffenen hervor; es besteht die Gefahr, das erwünschte Ziel ins Gegenteil umzukehren. Naturschutzgebiete, die gegen den Willen der Landwirte, die sie pflegen sollen, eingerichtet werden, werden nicht so akzeptiert wie jene, die aufgrund eines Konsenses aller Planungsbeteiligten ausgewiesen wurden.

Einige Landwirte erfahren erst durch die Zeitung oder durch Mundpropaganda von den Naturschutzplanungen, da die Informationsveranstaltungen des Berufsverbandes häufig nicht ausreichend besucht werden. Für solche Landwirte kommen die Planungen dann unerwartet. Ein Landwirt aus Osterholz-Scharmbeck berichtet, wie er das erste Mal von dem Naturschutzvorhaben erfuhr und wie er die Nachricht aufgenommen hat: "Wir waren ziemlich überrascht, daß das ganze Gebiet von der Teufelsmoorstraße bis nach Ritterhude Naturschutzgebiet werden sollte. ... Das war für uns ein Schock, weil wir uns eigentlich immer sicher fühlten. Hier unten war von der Naturschutzseite nicht so viel zu erwarten."(1)

Auch große Teile des eingepolderten Waakhausen sollten zunächst in das Naturschutzgroßvorhaben einbezogen werden. Das Erstaunen der Landwirte im Waakhauser Polder und im Ritterhuder Bereich, der höher bonitierte Flußmarschböden aufweist, war groß. Ein Landwirt aus dem Waakhauser Polder berichtet, wie der Großschutzgebietsplan im Ort bekannt wurde und welche Aufregung es um die Planungskarte gab: "...die anderen Landwirte des Ortes riefen bei mir an, und ich habe gesagt: 'Das kann doch wohl nicht angehen. Ich glaube da nichts von!' ...Irgendwann hatten wir die Planungskarte dann, auf der ganz Waakhausen drauf war. Da durfte überhaupt nichts mehr passieren. Ich weiß das genau, weil ich damals gefragt habe, was die gestrichelte Linie zu bedeuten hat." Es handelte sich um landwirtschaftliche Nutzflächen, die laut Plan zukünftig der Sukzession überlassen werden sollten. So fühlten sich die Betroffenen von den verantwortlichen Behörden und den Politikern überplant. Sie wurden weder in die Planungen einbezogen noch erlaubte man ihnen, die Planungsunterlagen mit der Planungskarte einzusehen. Dieses Vorenthalten von Informationen trug in besonderem Maße zu einer Zuspitzung bei:
"Wir durften die Karte nicht einsehen - das war die Höhe !"(9)

Aus Sicht der Betroffenen sind die Beweggründe, warum die Planungsunterlagen in der Frühphase der Planungen nicht eingesehen werden sollen, unverständlich. Die Betroffenen empfinden es, als würde man sie für nicht urteilsfähig halten; sie fühlen sich bevormundet und betrachten das Verhalten der Planungsbehörde als Machtdemonstration. Von entscheidender psychologischer Bedeutung ist das Gefühl, das den Betroffenen vermittelt wird. Es ist das Gefühl der Ausgrenzung, das zu Verzweiflungsakten führen kann, wie die auf einer Versammlung mit der Planungsadministration ausgesprochene Drohung verdeutlicht: "...und dann hat einer gesagt: 'Sie kommen hier nicht lebend hinaus!'"(9)

Die Betroffenen finden jedoch zum Beispiel über den Berufsverband, die Wasser- und Bodenverbände oder einzelne Abgeordnete Möglichkeiten, die Planungsentwürfe einzusehen. Auch im angesprochenen Planungsbeispiel der Hammeniederung war die Planungskarte inoffiziell zumindest teilweise bekannt: "Daraufhin hat unser I. öffentlich erklärt: 'Wir haben die Karte schon. Wir haben sie auf dem Schwarzmarkt bekommen !'"(9)

Naturschutzbehörden, die bei ihren Planungen mit großer Sensibilität vorgehen, und denen es gelingt, das Vertrauen der Landwirte zu gewinnen, arbeiten mit geringeren Reibungsverlusten. Sie werden von den Landwirten nicht als agrarproduktionsfeindlich eingestuft, so daß ein kooperativer Ansatz in der Planungsarbeit möglich wird. In solchen Gebieten, wie z.B. in der Wesermarsch wurde ein Kooperationsmodell entwickelt, das sich bei Aufstellung des Landschaftsrahmenplanes Wesermarsch sowie bei der Umsetzung des Feuchtgrünlandschutzprogrammes als positiv erwiesen hat. Das Kooperationsmodell Landwirtschaft/Naturschutz im Landkreis Wesermarsch wird heute als Musterbeispiel für erfolgreiche Zusammenarbeit zwischen Interessengruppen angeführt, wie auch der Presse zu entnehmen ist: "Das Pilotprojekt ist ein Vorbild für andere Regionen - konstruktive Kooperation von Naturschutz und Landwirtschaft" (Lohe,1994) oder "Naturschützer und Landwirte arbeiten Hand in Hand - Einziges Projekt in ganz Niedersachsen" (Kreiszeitung Wesermarsch v.14.05.1994). Es handelt sich in dieser Form um das einzige Kooperationsmodell für erfolgreiche Zusammenarbeit. In anderen Landkreisen wird es noch nicht als Instrument zur Entschärfung des Nutzungskonfliktes herangezogen, obwohl es gerade im Vorfeld von Naturschutzgebietsausweisungen als hilfreiches Instrumentarium dienen könnte.

Bisher können die von Naturschutzplanungen Betroffenen im Vorfeld der Planungen oft nur mit Unterschriftensammlungen versuchen, direkt auf das Projekt einzuwirken. Die Unterschriftensammlungen werden an Politiker und an die für die Planungen zuständige Administration gesandt, um die ablehnende Einstellung zu dem Naturschutzvorhaben deutlich zu machen. Ob sie letztlich Erfolg zeigen, sei dahingestellt, zumindest verleihen sie den Betroffenen das Gefühl, am aktiven Widerstand beteiligt zu sein und nicht nur passiv über den Berufsverband Einfluß zu nehmen.

So früh wie möglich bemühen sich die Naturschutzplaner ein umfassendes Bild über die zu erwartenden Folgen einer großräumigen Naturschutzgebietsausweisung zu zeichnen. Dazu werden (Entwicklungs- und) Betroffenheitsanalysen von den Verantwortlichen in Auftrag gegeben. Sobald die Untersuchungsergebnisse vorliegen, kann mit gesichertem Zahlenmaterial in eine sachliche Diskussion eingestiegen werden. Hieran schließt sich eine Entscheidungsfindung aller beteiligten Planungsgruppen an. Der (Entwicklungs- und) Betroffenheitsanalyse wird heute bei allen Naturschutzplanungen eine große Bedeutung beigemessen. Ein Landwirt aus Osterholz-Scharmbeck erläutert die Bedeutung der Entwicklungs- und Betroffenheitsanalyse im Planungsverlauf: "Die Naturschutzplaner gehen da erst einmal von aus, daß das Naturschutzgebiet werden soll. Aber wie das Grünland zum jetzigen Zeitpunkt bewirtschaftet wird, wissen die wahrscheinlich auch nicht. Sie haben da nicht so den praktischen Durchblick. Dann wird das erst einmal so gesagt, und erst mit der Betroffenheitsanalyse kommt das ans Tageslicht, wie das im einzelnen aussieht, wie da gewirtschaftet wird und was das für Konsequenzen nach sich zieht."(1)

Den betroffenen Landwirten ist die wirtschaftliche Bedeutung ihrer einzelnen Grünlandfläche im Planungsgebiet bekannt. Sie wissen am besten, wie ihre eigenen Flächen derzeit bewirtschaftet werden. Daher ist eine Analyse unumgänglich, damit die zuständigen Planungsbehörden und Politiker die Gesamtheit der agrarökonomischen und agrarstrukturellen Auswirkungen im Planungsgebiet berücksichtigen können.

Im Planungsbeispiel Hammeniederung stand parallel zu den Planungen als Großschutzgebiet (GR-Gebiet) die Ausweisung als 'normales' Naturschutzgebiet zur Disposition. In einem wesentlich schnelleren Verfahren beabsichtigte die zuständige Bezirksregierung in Lüneburg die Ausweisung, wenn nicht definitiv innerhalb einer gesetzten Frist die offizielle Anerkennung als GR-Gebiet vom Bundesumweltministerium bzw. Bundesamt für Naturschutz erfolgen würde. Die Kommunalpolitik in Osterholz wurde unter Druck gesetzt, obwohl sie keine Notwendigkeit für die Eile der oberen Naturschutzbehörde sah: "Es ist ja auch so, jedenfalls haben uns das die Bonner aus dem Umweltministerium gesagt: 'Das Gebiet ist nicht so kaputt, daß eine langsamere Gangart das ganz kaputt machen würde. ...Wenn die Bonner sehen würden, daß diese Art der Umsetzung per GR-Gebiet in bezug auf die Qualität des Naturschutzes nachteilig ist, würden sie sagen: 'Laßt die Finger davon ! Laßt die Hannoveraner das machen, denn die machen es schneller!'"(24)

Nach Einschätzung der CDU im Kreistag Osterholz hätte gerade ein schnelles NSG-Ausweisungsverfahren den Widerstand der Betroffenen gegen den Naturschutz besonders herausgefordert: "Aber man hatte dabei nicht das politische Feeling, daß, wenn man das so rigoros macht, den Widerstand so herausfordert, daß dann alles kaputtgehen könnte."(24)
Insbesondere die CDU, die das GR-Vorhaben in dieser Planungsphase vorantrieb, fühlte sich in der Verantwortung: "Es ist uns von der Verwaltung und den anderen politischen Parteien gesagt worden: 'Nun liegt es an der CDU dieses Damoklesschwert der administrativ verhängten Naturschutzverordnung abzuwenden und das Bundesumweltministerium zu veranlassen, einen positiven Bescheid zu geben.'"(24)

Zu diesem Zeitpunkt schien bei den bisher im fast völligen Konsens arbeitenden politischen Parteien im Kreistag kurzfristig Mißstimmung aufzukommen, die sich erst wieder legte, als der positive Bescheid des Bundesumweltministeriums aus Bonn endgültig in Aussicht gestellt wurde: "Das Bundesumweltministerium hat durch den Staatssekretär die positive Grundtendenz erkennen lassen, und sie haben damit das Vorhaben zusätzlich beflügelt. Es ist nicht zuletzt dadurch Konsens entstanden. ...Hier sind keine Widerstände mehr von irgendeiner Seite da - nicht mehr!"(24) Der Staatssekretär ermutigte und ermunterte die Kommunalpolitiker dadurch, daß er die Freiwilligkeit des Vorhabens herausstellte und darauf verwies, daß die Problembewältigung nicht so schwer sei wie oft im Vorfeld der Naturschutzplanungen angenommen wird: "Der Staatssekretär bemerkte immer wieder: 'Also erstens, wir wollen Euch gar nichts aufdrängen und zweitens, wenn es dann losgeht, läuft es viel geschmierter als manche im Vorfeld geglaubt haben!'"(24)

Um die Bewirtschaftung unter strengen Naturschutzauflagen großräumig durchsetzen zu können, letztlich auch Wiedervernässungen zu ermöglichen, werden Naturschutzgebiete und hier bevorzugt Großschutzgebiete, von der öffentlichen Hand aufgekauft. Naturschutz läßt sich so leichter und nachhaltig umsetzen. Der Aufkauf wird von den im Naturschutz agierenden Gruppen unterschiedlich beurteilt. Einige Landwirte begrüßen es, daß der Staat die Bereiche, auf denen reiner Naturschutz betrieben werden soll, aufkauft. Andere lehnen einen Aufkauf durch die öffentliche Hand grundsätzlich ab. Insgesamt ist die Verkaufsbereitschaft der interviewten Landwirte nicht groß. Dies wird auch durch die Erhebung der Entwicklungs- und Betroffenheitsanalyse (Landwirtschaftskammer Hannover,1993a) im Planungsbeispiel Hammeniederung bestätigt. Dennoch kann sich die Bereitschaft zum Verkauf von Grünlandflächen oder sogar ganzer landwirtschaftlicher Betriebe im Verlauf der Umsetzung des Naturschutzvorhabens ändern. Im nachfolgenden Bericht wird dem Verfasser von einem Landwirt ausführlich erklärt, wie es schnell zu einem sich ändernden Verkaufsverhalten kommen kann:
"Weißt Du, wenn ich Dir eine Frage stelle: Willst Du das verkaufen? Dann gehst Du doch im ersten Moment ein bißchen auf Distanz, weil Du Dir sagst: 'Mensch ! Verkaufen - mit dem Gedanken habe ich mich noch nicht so angefreundet.' Dann ruft der ein zweites Mal bei Dir an und sagt: 'Ich gebe Dir für den ganzen Kram hier - der normal gehandelt wird - eine Mark oder zwei Mark, vielleicht auch vier Mark. Da kannst Du Dir eine ganze Menge für wieder kaufen ! Und für die Gebäude kriegst Du meinetwegen noch eine halbe Millionen extra - fertig. Dazu bekommst Du die Landschaftspflege darfst hier wohnen bleiben.' Was meinst Du, wieviele darauf anspringen !"(12)
Zunächst ist mit einer reservierten Haltung der Grundstückseigentümer zu rechnen. Erst nach mehrmaligem Angebot und Aufzeigen der finanziellen Möglichkeiten sowie attraktiver Alternativen kommt es sukzessive zu einem Sinneswandel. Psychologisch mag dieser zögernde Sinneswandel so zu erklären sein, daß eine Hofstelle, die in der Regel über Generationen bewirtschaftet wurde, nicht in einer ad-hoc-Entscheidung aufgegeben wird.

Die Verkaufsbereitschaft darf jedoch nicht überschätzt werden, da sie fast immer, sofern es sich nicht um auslaufende Betriebe handelt, an die Beschaffung von Ersatzland gekoppelt sein wird: "Verkaufen würde ich, wenn sie mir das gut bezahlen und wenn ich hier in Otterstein etwas wieder kriegen könnte ! Ein Flächentausch wäre möglich; aber Flächen ganz abgeben kann ich nicht,..."(4)

Die Bereitschaft zum Verkauf läßt sich sehr schwer mit der Bereitschaft zum Wirtschaften auf Eigentumsflächen mit Naturschutzauflagen vergleichen. Hier spielt der zu erzielende Verkaufserlös eine Rolle. Auch die Belastung durch zu erwartende Bewirtschaftungsauflagen wirkt sich auf die Verkaufsbereitschaft aus.

In vielen Gesprächen stellte der Verfasser fest, daß Landwirte eher zum Wirtschaften auf ihren Eigentumsflächen mit Auflagen neigen. Fast die gesamte eigene Grünlandfläche des nachfolgend zitierten Landwirtes unterliegt seit Jahren dem Naturschutz: "Ich persönlich würde nichts verkaufen. Ich finde es besser, Bewirtschaftungsverträge abzuschließen, aus denen man aussteigen kann. Wobei der Naturschutz ja eine Sache ist, aus der man nicht mehr herauskommt. Bei einem Verkauf muß man ganz raus. Da hat man im Grunde genommen nur noch Nutzungsrecht."(7)

Bei einem Verkauf der Flächen verlieren die Landwirte die Verfügungsmöglichkeit über ihre ehemaligen Grünlandflächen vollständig. Beim Wirtschaften mit privaten Flächen unter Naturschutzauflagen oder z.B. im Rahmen des Feuchtgrünlandschutzprogrammes wird die Verfügungsmöglichkeit zwar auch eingeschränkt, geht aber nicht verloren. Daher ist es nicht verwunderlich, daß viele Landwirte den Verkauf ablehnen. Auch der nachstehende Nebenerwerbslandwirt vertritt eine dahingehende Meinung: "Ich halte es nicht für sinnvoll, daß der Staat für den Naturschutz aufkauft. Er sollte lieber das Geld so anlegen, daß die Privatleute die Flächen vernünftig behandeln."(3)

Somit favorisieren viele Landwirte, aber auch einige Vertreter des Naturschutzes, das Instrument des freiwilligen Vertragsnaturschutzes gegenüber dem Aufkauf von Flächen. Die Richtlinien des Bundesamtes für Naturschutz zur Förderung der Großschutzgebiete lassen aber eine Verwendung der Gelder des sog. GR-Titels für solche Zwecke nicht zu (Bundesminister für Umwelt, Naturschutz und Reaktorsicherheit,1993). In dem in der Öffentlichkeit stattfindenden Diskurs wird auch diese Frage aufgeworfen und eingehend erörtert: "Dann hieß es aber in der Diskussion: 'Ja, die Gesetze sind so, daß das nicht anders geht. Wir müssen die Flächen für den Naturschutz aufkaufen und...'"(27)

Die Landwirte empfinden es als Gefahr, wenn die öffentliche Hand in einem größeren Gebiet einzelne Flächen in ihr Eigentum überführt: "Dann wird gesagt: 'Hier auf den staatlichen Flächen ist Naturschutz, willst Du nun mitziehen, oder nicht ?'...Anders ist es, wenn ein großes Gebiet aufgekauft ist, und die können das nach ihren Vorstellungen umgestalten, das wäre O.K.. Dann sind wir hier und die da;..."(1)

Der finanzielle Aufwand für Aufkauf, Pflege und Entwicklungsmaßnahmen in Großschutzgebieten ist hoch. Für die Hammeniederung ergaben die Berechnungen der Entwicklungs- und Betroffenheitsanalyse, daß die jährlichen Kosten für das Naturschutzvorhaben bei mindestens

2,3 Mio. DM liegen würden (Landwirtschaftskammer Hannover, 1993). Daher sahen viele Landwirte das Naturschutzvorhaben - zumindest in dem ursprünglich geplanten Ausmaß von 4300 ha - schon von Anfang an zum Scheitern verurteilt. Gerade vor dem Hintergrund leerer Haushaltskassen des Bundes und der Länder werden die finanziellen Schwierigkeiten, mit denen auch der Naturschutz konfrontiert wird, zum limitierenden Faktor, um Naturschutzprojekte umzusetzen.

Ähnlich wie die im Folgenden zitierte Landwirtin schätzen fast alle Agrarproduzenten und Naturschützer die Situation ein: "Der Staat hat sowieso kein Geld und daher konnte man schon sagen: Da wird nichts von. Der kann das nicht bezahlen."(13) Dagegen schätzt sie die Chancen für eine Realisierung des Naturschutzvorhabens in kleinerem Rahmen auf dem Flickenteppich günstiger ein: "Was jetzt auf Pennigbütteler Seite als kleine Lösung geplant wird, ist etwas anderes. Die Flächen gehören dem Land Niedersachsen, und die wollen sie zusammenlegen."(13) Daß die Haushaltslage angespannt ist und nur einen begrenzten Aufkauf von Flächen in den Großschutzgebieten zuläßt, wird durch den Abteilungsleiter im Bundesumweltministerium bestätigt: "Inzwischen sind eine Reihe großer Projekte angeleiert mit der Folge, daß wir das im Moment gar nicht mehr finanziell bedienen können. In den nächsten Jahren werden wir hier erhebliche Schwierigkeiten mit den neuen GR- Vorhaben bekommen."(22)

Zu den bisher diskutierten Problemen der Planung und Finanzierung tritt das Problem der agrarstrukturellen Auswirkungen bezüglich der Ausbringungsbeschränkungen organischer Dungstoffe. Diese Einschränkungen sehen entweder nur eine reduzierte Gülleausbringung oder sogar ein absolutes Ausbringungsverbot vor.

In der Landwirtschaft besteht Verständnis für moderate Düngungsbeschränkungen wie sie im Rahmen der Gülleverordnung (1990) oder von Schutzgebietsverordnungen festgeschrieben sind, denn das Umweltbewußtsein der Landwirte ist relativ hoch. Trotz des hohen Umweltbewußtseins stoßen radikale Düngungsverbote jedoch auf Ablehnung und werden von den Landwirten selten fachlich akzeptiert. Ein Landwirt aus dem Waakhauser Polder bekundet seine ablehnende Haltung: "Es ist geplant, daß keine Gülle mehr ausgebracht werden darf. Das werde ich nicht mitmachen. Ich werde die Zeiten vom 15. Oktober bis zum 1. Februar, in denen man sowieso keine Gülle fahren darf, einhalten. Aber danach werde ich Gülle fahren, selbst wenn die Herren hierherkommen und hier in Begleitung der Polizei stehen würden. Das wird hart werden,..."(9)

Durch große Investitionen in Boxenlaufställe, in Güllegruben und Güllesilos sind für die landwirtschaftlichen Betriebe vielfach erhebliche finanzielle Belastungen aufgetreten. Die Betriebe sind heute zum großen Teil auf die Güllewirtschaft umgestellt. Daher treten durch ein generelles Verbot der Gülleausbringung im Großschutzgebiet, insbesondere für landwirtschaftliche Betriebe mit einem hohen Flächenanteil im Großschutzgebiet, kaum überwindbare Probleme auf.

Ausbringungsverbote werden erteilt, um einerseits die Nährstoffbelastung der Gewässer zu reduzieren, andererseits - und dies ist der Hauptgrund - rasch die botanisch interessanten Grünlandflächen auszumagern.

Im geplanten Großschutzgebiet Hammeniederung sollte die Gülleausbringung gemäß erster Auflagenentwürfe zunächst ganz untersagt werden. Die Güllemengen könnten zwar zu einem gewissen Anteil auf die neben dem Großschutzgebiet liegenden Flächen ausgebracht werden, was jedoch auch rasch auf Grenzen stößt. Denn hier darf die gemäß Gülleverordnung (1990) höchst zulässige Ausbringungsmenge pro Hektar von 2,5 Dungeinheiten nicht überschritten werden. Die pflanzenbedarfsgerechte Düngung muß sich in dem von der Düngeverordnung (1996) vorgegebenen Rahmen bewegen. Es dürfen Düngemittel im Rahmen der guten fachlichen Praxis zeitlich und mengenmäßig nur so ausgebracht werden, daß die Nährstoffe von den Pflanzen weitestgehend genutzt werden können und damit Nährstoffverluste bei der Bewirtschaftung sowie damit verbundene Einträge in die Gewässer weitestgehend vermieden werden. Es ist nicht im Sinne des Naturschutzes, daß im gleichen Zuge mit einer Nährstoffentlastung im Großschutzgebiet erhöhte Güllemengen außerhalb ausgebracht werden. Die ausgebrachte Menge organischer Dungstoffe verringert sich insgesamt nicht, sondern wird nur regional in das Umfeld des Großschutzgebietes verschoben.

Ein Landwirt aus Worpswede, der Flächen im heute schon bestehenden Natur-schutzgebiet 'Breites Wasser' bewirtschaftet, erläutert: "Das ist auch schon bei den heutigen Naturschutzgebieten bzw. Vertragsflächen so, daß die Gülle, die nicht auf den vertragsgebundenen Flächen ausgebracht wird, dafür woanders, auf den Flächen außerhalb, eingesetzt wird. Insofern ist die ausgebrachte Menge gleichgeblieben."(15)

Auf den Flächen außerhalb des Großschutzgebietes erhöht sich die Bewirtschaftungsintensität. Anstatt zwei- oder dreimaliger Mahd und mäßiger Beweidung dieser Grünlandflächen ist eine Schnitthäufigkeit von drei- bis viermal und entsprechend intensivere Beweidung zu befürchten.

Die Beseitigung überschüssiger Mengen organischer Dungstoffe stellt die Betriebsleiter zum Teil vor kaum lösbare Probleme, wie ein Landwirt aus der Ortschaft Teufelsmoor erläutert: "Ich wüßte nicht, wie ich das bei mir machen sollte. Ich habe 1200 cbm Gülle. Die muß ja irgendwo hin. Wenn da nichts mehr zu machen ist, dann... Die können das nicht einfach den Landwirten, wie z.B. meinem Nachbarn S., aufs Auge drücken. Das fände ich eine Schweinerei."(7)

Als Lösung unterbreitet er folgenden Vorschlag: "Mit den Landwirten, die das vom Konzept her können und wollen, machen wir das, und die anderen lassen wir. - Aber daß sie den Leuten den Naturschutz aufdrücken, und das paßt agrarstrukturell nicht in den Betrieb, das geht nicht. Wenn ich 60 Kühe melken würde, würde ich das auch nicht machen."(7)

Als weiterer Lösungsvorschlag bietet sich für die vom Naturschutz stark betroffenen Betriebe an, außerhalb des Großschutzgebietes zusätzliche Flächen anzupachten, um auf diesen hochwertigeres

Futter zu werben als auch die anfallenden Dungstoffe auszubringen. Landwirte stellen Überlegungen an, wo zusätzliche Ländereien gepachtet werden könnten: "Aber dann bekam man doch ein bißchen Angst, als es hieß: Es darf keine Gülle mehr ausgebracht werden. Die Leute fingen schon an, Land außerhalb des geplanten GR - Gebietes zu suchen. Der A. aus Worpswede hatte sich auch schon Gedanken gemacht. Er wollte schon woanders etwas pachten."(15)

Diese Initiativen setzen voraus, daß außerhalb des Großschutzgebietes ausreichend Flächen in absehbarer Zeit vakant werden. Bei großen Naturschutzplanungsgebieten muß davon ausgegangen werden, daß die Kapazitäten der im Rahmen des beschleunigten Strukturwandels in der Landwirtschaft frei werdenden Flächen nicht ausreichen, um den Bedarf zu decken.

## 4.2.2 Beispiel: Das Kerngebiet der Planungen im Hammeraum

In der Hammeniederung liegt nördlich der Straße Osterholz-Scharmbeck - Tietjens Hütte, der Kreisstraße 9, ein ca. 1500 Hektar großes Gebiet, das für den Naturschutz von großem Interesse ist (vgl. Karte 9). Dieses Gebiet erstreckt sich über den Ahrensfelder Damm und reicht im Norden direkt bis an die Teufelsmoorstraße. Im Osten dehnt es sich bis an Beek und Hamme aus und reicht im Westen bis auf wenige hundert Meter an den bebauten Bereich der Stadt Osterholz-Scharmbeck heran. In diesem Gebiet liegen ca. 750 ha landeseigene Flächen. Die landeseigenen Flächen sind nicht zusammenhängend, sondern werden von privateigenen Schlägen unterbrochen. So entsteht bei einer kartographischen Darstellung, bei der man diese unterschiedlichen Eigentumsverhältnisse zeichnerisch darstellt, für den Betrachter das Bild eines Flickenteppichs (vgl. Karte 6).

Der Begriff 'Flickenteppich' wurde von den regionalen Behörden und der Bevölkerung für den Raum der angekauften Flächen geprägt und hat sich bereits etabliert. Die landeseigenen Flächen des Flickenteppichs wurden vom Land Niedersachsen zur Anlage eines Wasserrückhaltebeckens in den 70er Jahren aufgekauft. Mit einem Wasserrückhaltebecken, - so war der Plan -, wollte man die mißliche wasserwirtschaftliche Situation des Teufelsmoores verbessern und im großen Stil meliorative Maßnahmen ermöglichen.

Der Plan eines Wasserrückhaltebeckens wurde im Rahmen des Forschungsvorhabens Teufelsmoor, das Anfang 1972 vom Niedersächsischen Ministerium für Ernährung, Landwirtschaft und Forsten in Auftrag gegeben wurde, entwickelt. Das Wasserrückhaltebecken sollte die Einhaltung eines günstigen Sommer- und Winterwasserstandes garantieren. Hochwasserschäden, die bei längerer Zeit geschlossenem Lesumsperrwerk auftreten können, sollten vermieden werden. So erhoffte man sich für die Grünlandwirtschaft des Teufelsmoores eine merkliche Besserung. Eine intensivere Nutzung der um das Wasserrückhaltebecken liegenden Flächen wurde in Aussicht gestellt.

Das Wasserrückhaltebecken sollte aus einer Tiefwasserzone, einer Flachwasserzone und einer Landzone bestehen, jeweils umgeben von einem Deich, so daß es sich letztlich um drei miteinander verbundene Polder gehandelt hätte.
Flächenmäßig sollte das Wasserrückhaltebecken 1148 ha in Anspruch nehmen. Von diesen 1148 ha wurden seinerzeit 800 ha überwiegend extensiv als Grünland genutzt und 348 ha waren ungenutzte Moore (Landwirtschaftskammer Hannover, 1976, S. 132).
In diesem Zusammenhang sah das Gutachten auch eine Sanierung der Landwirtschaft in diesem Bereich vor. Man war der Meinung, daß ein großer Teil der landwirtschaftlichen Betriebe stillgelegt werden müßte, um einerseits die Flächen für das Wasserrückhaltebecken bereitzustellen andererseits die verbliebenen landwirtschaftlichen Betriebe mit einer höheren Flächenausstattung zu versehen.

## Planungen

### Karte: 9

**Klassifizierte Straßen und Eisenbahnen**

| | |
|---|---|
| A27 | Bundesautobahn |
| B6 | Bundesstraße |
| L149 | Landesstraße |
| K4 | Kreisstraße |
| ▭▭▭ | Straßenneubau (Planung) |
| ▬▬▬ | Eisenbahn-Hauptstrecke |
| ▬▬▬ | Eisenbahn-Nebenstrecke |
| ▭▭▭ | Eisenbahn (Planung) |

M = 1 : 75.000

Mit der Anlage eines Wasserrückhaltebeckens war auch die Schaffung eines Freizeitparkes vorgesehen. Das Wasserrückhaltebecken, auch Teufelsmoorsee genannt, sollte das Zentrum eines groß angelegten Freizeitparkes werden, in dem Naherholungssuchenden aus Bremen eine große Palette von Freizeitaktivitäten angeboten werden sollte. So wären im Park Möglichkeiten zum Schwimmen, für Wasserski, Regatten, Schlittschuhlaufen, Rasen- und Ballsport, Minigolf sowie Restaurant-, Café-, und Kioskbesuchen gewesen.

Im Landschaftsrahmenplan Teufelsmoor (Hammegebiet)(1972) wurde für den Erholungsbereich am Teufelsmoorsee eine Belastbarkeit von 800 Booten, 10 ha Liegewiesen für 5000 Personen sowie 1 ha Strand für 1000 Personen errechnet.

Diese Pläne stießen auf erheblichen Widerstand der Naturschützer und vor allem der betroffenen Landwirte im Raum Pennigbüttel. Die Naturschützer befürchteten eine zu starke Konzentration der Erholungssuchenden und eine damit verbundene Zerstörung der Landschaft. Weiterhin erwarteten sie durch Inanspruchnahme der jetzigen Feuchtwiesen für den Bau des Sees eine Verminderung des Lebensraumes einiger seltener Vogelarten, z.B. der Wiesenweihe, die im unteren Beekgebiet 10 % ihres Gesamtbestandes in der damaligen Bundesrepublik hatte (Bredehöft, 1977, S. 67). Die betroffenen Landwirte und ihre Verbände lehnten das Wasserrückhaltebecken ab, weil sie der Meinung waren, daß mit Flächenfreisetzung und Unterstützung einiger weniger landwirtschaftlicher Betriebe der Landwirtschaft im Teufelsmoor insgesamt nicht geholfen werden könne.

In den folgenden Monaten wurde das Thema Teufelsmoorsee beinahe täglich in der Lokalpresse behandelt. Schlagzeilen wie "kein Rummelplatz im Teufelsmoor", "Proteste gegen Freizeitgehege" oder "Selbstmordprogramm für das Teufelsmoor" wechselten sich ab.

Die heftige Reaktion der betroffenen Landwirte, der Naturschützer und der Öffentlichkeit im allgemeinen veranlaßte das Niedersächsische Ministerium für Ernährung, Landwirtschaft und Forsten, die Pläne in Zusammenarbeit mit den verschiedenen Interessengruppen erneut überarbeiten zu lassen. Die redigierte Version des Planes wurde ein zweites Mal überarbeitet. Die dritte Version sah schließlich eine kleinere Park- bzw. Seefläche vor, ein begleitendes Flurbereinigungsverfahren sowie eine ruhigere Erholung. Dem Naturschutz wurde eine erweiterte Flachwasserzone auf Kosten des Sees zugestanden (vgl. Bredehöft, 1977, S.68). Das Planfeststellungsverfahren wurde daraufhin eingeleitet. Mit dem Aufkauf der Flächen beauftragte das Land Niedersachsen die Niedersächsische Landgesellschaft, die in den folgenden Jahren ca. 750 ha für das Wasserrückhaltebecken erwarb. Dieses sind die landeseigenen Flächen des damals entstandenen Flickenteppichs.

Die auf dem Flickenteppich wirtschaftenden Landwirte hatten sich inzwischen auf die neue Situation eingestellt und hatten den zu erwartenden Flächenverlust in ihre betriebswirtschaftlichen Planungen einbezogen wie sich ein Landwirt aus Osterholz-Scharmbeck erinnert: "Ich habe aber auch noch genügend Pachtfläche von anderen Landwirten, die nicht verkauft haben, so daß ich meinen Milchviehbestand hätte weiter halten können. Ich hätte praktisch nur Jungvieh reduziert."(8)

Nach dem Aufkauf geriet das Teufelsmoorseeprojekt ins Stocken. Die Regierung in Hannover wechselte, und die neue Regierung zog den im Parlament schon einmal gebilligten Plan vom 16.2.1976 wieder zurück. Wann und in welcher Form Hochwasserschutz- und Entwässerungsmaßnahmen in Angriff genommen werden sollten, war unklar. Es blieb jahrelang ungewiß, was mit den aufgekauften Flächen passieren sollte. Das Land Niedersachsen hatte erhebliche finanzielle Mittel aufgewendet, ohne daß sie ihrem Verwendungszweck zugeführt wurden. Ein Vertreter der Kreisverwaltung wundert sich, daß dies bisher kritiklos vom Bürger hingenommen wurde: "Es ist ja auch eine Frage von besonderer Pikanterie, daß aus Steuermitteln vor 15 Jahren etwa für 14 Mio. DM die Ländereien gekauft worden sind und bis heute ihrem Zweck nicht zugeführt sind. Das ist ja auch so eine Sache. Mich wundert, daß der Steuerzahler da nicht hintergefaßt hat."(19)

Die vom Land aufgekauften Flächen wurden vom Wasser- und Bodenverband treuhänderisch verwaltet. Der Wasser- und Bodenverband verpachtete die Grünlandflächen an interessierte Landwirte. Diese Landwirte waren überwiegend die ehemaligen Eigentümer, denen die Flächen zur einstweiligen Bewirtschaftung überlassen wurden. Die Pacht war relativ gering. Die Nutzungsverträge (Niedersächsische Landgesellschaft, 1985) wurden jeweils nur für ein Jahr abgeschlossen. Das Land Niedersachsen wollte damit Handlungsfreiheit für eine eventuelle Durchführung des Teufelsmoorseeprojektes haben. Für die Pächter, die Landwirte im Raum Pennigbüttel, Sandhausen und Osterholz-Scharmbeck, war die kurze Vertragsdauer ein erheblicher Unsicherheitsfaktor. Sie mußten in den ersten Jahren damit rechnen, daß ihnen in kurzer Zeit die Flächen wieder abgenommen würden.

Die Tatsache, daß es sich bei den bewirtschafteten Grünlandflächen um Staatsflächen handelt, hat Einfluß auf die Wirtschaftsweise bzw. auf den damit verbundenen hohen landschaftsökologischen Wert. Denn bei Staatsflächen, die zudem auch nur für ein Jahr gepachtet sind, ist das Interesse, Grünland verbessernde Maßnahmen zu ergreifen, relativ gering. Schon eine Grunddüngung ist teuer, eine optimale Versorgung mit allen Nährelementen ist, besonders in Verbindung mit einer hohen N-Gabe, sogar sehr teuer. Ein Grünlandumbruch mit anschließender Neuansaat ist ebenfalls sehr aufwendig und rechtfertigt nur den Aufwand, wenn davon auszugehen ist, daß die neu angesäten Grünlandflächen auch über einige Jahre hinweg den Bewirtschaftern zur intensiven Nutzung zur Verfügung stehen werden. So werden aus diesem Grunde auch heute viele Wiesen und Weiden des Flickenteppichs weiterhin extensiv bewirtschaftet, was den ökologischen Wert erhält.

Da die Planungen langfristig ins Stocken gerieten, vertrauten die Landwirte andererseits nach einigen Jahren immer mehr darauf, daß sie auch langfristig mit den Pachtflächen rechnen könnten. Für große Investitionen war die Situation jedoch immer noch hemmend. Trotzdem bauten in den 80er Jahren einige Bewirtschafter des Flickenteppichs neue Boxenlaufställe und benötigen heute die gepachteten Grünlandflächen für ihren aufgestockten Rindviehbestand. Müßten diese Betriebe ihre Flächen kurzfristig abgeben, würden sie in Bedrängnis geraten. Denn in unmittelbarer Umgebung stehen kurzfristig keine Ersatzflächen zur Verfügung. Die Anfahrtswege wären weit. Dies ist aber nach der heute herrschenden öffentlichen Meinung kein Grund dafür, daß man diesen Betrieben auch langfristig die Bewirtschaftung der Flächen in Aussicht stellen sollte. Dies spiegelt sich in dem Kommentar eines Landwirtes aus Teufelsmoor wieder:
"Wer damals mit dem Land sein großes Geld gemacht hat, kann jetzt nicht sagen: 'Ihr nehmt unsere Pachtländereien weg.' Die haben damals ihr Geld dafür bekommen und haben daher kein Recht mehr zu sagen: 'Das hier ist unser wichtigstes Land.' In Pennigbüttel haben sie sich alle ziemlich damit saniert. Wer einmal verkauft hat, kann nachher nicht sagen: 'Ihr macht uns kaputt !' Das hätten sie sich vorher überlegen müssen."(14)

Seit den 80er Jahren zeichnete sich ab, daß die Teufelsmoorseeplanungen nicht weiter verfolgt würden. Mit dem Anwachsen der Bürgerbewegungen gewann der Naturschutz an Bedeutung, was sich auch in einer verstärkten Ablehnung des ursprünglich geplanten Teufelsmoorseeprojektes in der breiten Öffentlichkeit niederschlug, so daß die damaligen Planungen nicht mehr durchsetzbar schienen. Der hohe landschaftsökologische Wert nicht nur des Flickenteppiches, sondern der ganzen Hammeniederung geriet in das Interessenfeld des Naturschutzes.
In diesem Zusammenhang beauftragte die Bezirksregierung Lüneburg 1986 die Universität Bremen (Fachbereich 2) mit der Kartierung der Flora und Fauna in der unteren Hammeniederung, um sich ein umfassendes Bild über den landschaftsökologischen Wert zu machen. Die Kartierungen ergaben, daß gerade der Bereich des Flickenteppichs, aber auch die übrige Hammeniederung hinsichtlich des Artenbestandes ein besonders schutzwürdiges Gebiet ist. Im Gutachten wird darauf hingewiesen, daß weitere Extensivierungsmaßnahmen zur Sicherung der Bestände wünschenswert wären und daß Intensivierungsmaßnahmen der Landwirtschaft "sehr schnell verheerende Wirkung entfalten würden" (Nettmann, 1987, S. 5).
In diesem Zusammenhang stellte die Bezirksregierung Lüneburg schon 1985 per Verordnung einen besonders schützenswerten Teilbereich des Flickenteppichs, das 'Pennigbütteler Moor', unter Naturschutz (Verordnung der Bezirksregierung Lüneburg über das Naturschutzgebiet 'Pennigbütteler Moor', 1985).
Im 'Pennigbütteler Moor' liegen ausgedehnte Hochmoorflächen neben abgetorften Flächen mit Tümpeln und Feuchtwiesen.

Abbildung 8: Vorfluter im Kerngebiet der Naturschutzplanungen mit seggen- und hochstaudenreichen Grabenrandbereichen; im Vorfluter Sagittaria sagittifolia (Pfeilkraut) und Cygnus olor (Höckerschwan). Eigene Quelle

Die Verordnung sieht eine Erhaltung und Entwicklung der Lebensstätten moortypischer Flora und Fauna vor. Die vegetationskundliche Bedeutung als Bestandteil des Teufelsmoores soll wiederhergestellt werden. Nach Ansicht der Landwirte der umliegenden Ortschaften wird allerdings zu wenig zur Erreichung dieser Entwicklungsziele unternommen. Konkrete Maßnahmen zur Wiederherstellung des Hochmoorbiotops bzw. der vegetationskundlichen Bedeutung sind bisher ausgeblieben, wie ein Landwirt berichtet: "Sie kommen mit ihrem eigenen Land, welches sie noch haben, nicht mehr klar. Das sehen wir in Pennigbüttel. Das schöne Moor ! Das haben sie unter Naturschutz gestellt, dann sind sie dahin gewesen, haben überall Schilder aufgestellt, und seitdem ist da nie wieder einer gewesen."

Im Naturschutzgebiet 'Pennigbütteler Moor' haben die Landwirte die Möglichkeit, für ihre eigenen Flächen Bewirtschaftungsverträge im Rahmen der verschiedenen Varianten mit dem Amt für Agrarstruktur abzuschließen (vgl. Kap. 4.1.1). Auch außerhalb der Naturschutzgebiete schließen seit einiger Zeit mehrere Bewirtschafter des Flickenteppichs mit ihren Eigentumsflächen Bewirtschaftungsverträge mit den Naturschutzverbänden ab. Die Bewirtschaftungsverträge enthalten, je nach Standort und Schutzzielen, unterschiedliche Nutzungsbeschränkungen, in der Regel jedoch einen verzögerten Mahdtermin, Düngungsauflagen und Besatzstärkenreglementierungen. Der damit verbundene Ertrags- und Qualitätsverlust wird den Landwirten aus dem Naturwiesenfond der Stadt Osterholz-Scharmbeck erstattet. Der Naturschutz hat ein großes Interesse daran, auf dem Flickenteppich möglichst extensive Grünlandwirtschaft aufrechtzuerhalten, um den hier typischen Pflanzengesellschaften, wie z.B. Bromo-Senecionetum (Wassergreiskraut-Wiese) oder Pediculario palustris-Juncetum filiformis (Sumpfläusekraut Fadenbinsen-Sumpf), Lebensraum zu bieten.

In Verbindung damit wird eine Detrophierung oder zumindest eine Beibehaltung der heutigen Trophierung angestrebt. Auch die Wasserstände im Bereich des Flickenteppiches sollen nach Möglichkeit weiter angehoben werden.

Auf Initiative des Landkreises Osterholz wurde inzwischen vom Staatlichen Amt für Wasser und Abfall Verden ein Plan entwickelt, wie man die wasserwirtschaftlichen Interessen mit den Naturschutzinteressen verbinden kann. Das ursprünglich geplante Teufelsmoorseeprojekt soll heute nicht mehr durchgesetzt werden. Die hierfür aufgekauften Flächen sollen nun vorrangig für den Naturschutz bereitgestellt werden, aber gleichzeitig auch zu einer Verbesserung der gesamtwasserwirtschaftlichen Situation im Hamme-Wümme-Raum beitragen.
Der zuständige Dezernent für Landschafts- und Naturschutz des Landkreises Osterholz erläutert: "Heute haben wir..mit viel Mühe, aber inzwischen auch mit Erfolg, ein Konzept entwickelt, wie man die wasserwirtschaftlichen Interessen sehr gut mit den Naturschutzinteressen koordinieren kann. Das heißt im Klartext: Da das ursprüngliche Seeprojekt nicht mehr diskutabel ist, geht es heute darum, daß diese Flächen nun aber mindestens für unzeitgemäße Hochwasser als Überschwemmungsflächen zur Verfügung stehen. Das heißt natürlich, daß man die Privatflächen dazwischen heraus haben muß, sonst würde der einzelne ja schweren Schaden haben. Man hält sie als Überschwemmungsflächen vor und vergrößert damit ihren Feuchtigkeitsgehalt. Vernässung ist ja dieses aggressive Wort. Der Naturschutz hat immenses Interesse daran. ...Hier würden wir schon relativ stärker entwässerte, aber ursprünglich eindeutige Feuchtgrünlandflächen wieder zu dem machen, was sie einmal waren. Wir würden die Wasserstände höher fahren und würden mehr Feuchtigkeit im Beritt belassen. Wir würden gleichzeitig, was die Bewirtschaftung anbetrifft, Veränderungen vornehmen - keine intensive landwirtschaftliche Nutzung mehr. Dadurch würden auch Veränderungen der Pflanzenzusammensetzung auftreten, reichhaltige Pflanzengemische. Alles in allem würde durch diese Maßnahmen eine Verbesserung oder sogar eine Wiederherstellung eines Nahrungsbiotops für Vögel, u.a. dem lieben Klapperstorch, eintreten. Das ist heute eindeutig nicht gegeben. Und das interessiert den Naturschutz. Wenn man das hinbekommt, daß man vorher noch die dazwischen herumliegenden Privatflächen entweder austauscht oder freiwillig erwirbt, auf jeden Fall in öffentlichen Besitz überführt, dann tut diese Maßnahme keinem Landwirt weh. Sie gefährdet keinerlei Existenz und nichts. Sie nutzt dem Naturschutz, nutzt der Wasserwirtschaft. Was heißt der Wasserwirtschaft, damit ja irgendwo im weiteren Sinne der Landwirtschaft, weil die unzeitgemäßen Hochwässer sich dann in Bereichen ausdehnen können, wo sie der Landwirtschaft nicht schaden. Durch die Abflußverzögerung, bedingt durch die im Gebiet vorhandenen Wegedämme und durch geschicktes Verknüpfen dieser Verwallungen, die in diesem Gebiet vorhanden sind, durch den Einbau von Schützen, die den Wasserabfluß verzögern usw., erhält man bessere Vorflutverhältnisse in Hamme und Wümme. Unter dem Strich kann man mit dieser Methode der Wasserwirtschaft und damit der Landwirtschaft in dem Gebiet Nutzen bringen, und dem Naturschutz schafft man auch etwas Gutes."(19)

Nachdem sich der Landkreis hierfür durch einen Kreistagsbeschluß (vgl. Kap. 3.3) ausgesprochen hatte, wurde ein Konzept für die naturschutzfachlichen und wasserwirtschaftlichen Belange detailliert ausgearbeitet. Ein Finanzierungsplan mußte aufgestellt werden. Hierbei kam es maßgeblich darauf an, ob das Naturschutzvorhaben allein aus kreis- und landeseigenen Haushaltsmitteln finanziert werden sollte oder ob doch noch Bundesmittel, GR-Mittel, in das Projekt einfließen würden. Eine Vertreterin der Bundesforsschungsanstalt für Landschaftsökologie und Naturschutz schätzte die Chancen für eine Anerkennung des verkleinerten GR-Gebietsantrages im Jahre 1993 wie folgt ein: "Bisher orientierte man sich ja immer an der großen Variante. Mit der Maßgabe, um das noch als gesamtstaatlich repräsentativ anerkennen zu können, braucht man Großräumigkeit. Ob es nun die Großräumigkeit in dieser ursprünglich beantragten Fassung sein muß, das kann ich Ihnen im Augenblick nicht sagen. Aber man muß näherungsweise diese Großräumigkeit haben. Ansonsten schaffen wir es mit den Kriterien einfach nicht mehr. Bisher war es so, daß wir den Fördertopf hatten und einige Anträge. Jetzt ist es aber so, daß wir viele Anträge haben. Als Bundesforschungsanstalt haben wir auch eine gewisse Verantwortung, wo die Gelder aus Sicht des Naturschutzes zuerst eingesetzt werden müßten."(30)

Darüber hinaus ist die langfristige Finanzplanung unsicher, weil der Finanzrahmen für den Titel im Bundeshaushalt jährlich neu veranschlagt wird. Ohne GR-Mittel würde sich die Finanzierung des Naturschutzvorhabens schwierig gestalten, wie aus den diesbezüglichen Ausführungen des Dezernenten von 1993 hervorgeht: "Das ist sehr schwer in heutiger Zeit. Der Landkreis hat fast kein Geld für solche Dinge. Das Land Niedersachsen hat ebenfalls kein Geld, Bonn bzw. der Bund auch nicht. Die öffentlichen Hände sind leer. Deswegen weiß man nicht... Der gute Wille alleine reicht nicht. Es muß auch das Geld da sein, also die Finanzierung muß stehen, wobei man Gott sei Dank in dieser Sache viel Zeit haben kann. Man kann das ja über zehn, zwölf Jahre verschieben, verziehen. Denn für das große GR-Vorhaben waren auch zwölf Jahre vorgesehen. Und wenn man so etwas über einen längeren Zeitraum entwickelt, dann ist es finanziell wieder viel eher machbar. Außerdem wollen wir doch hoffen, daß es in etlichen Jahren der öffentlichen Hand aller Ebenen mal wieder besser geht. Insofern möchte ich ausdrücklich meinen, daß man wegen der momentanen schlimmen Finanzverhältnisse die Flinte nicht ins Korn werfen sollte."(19)

Die Anerkennung als Großschutzgebiet mit gesamtstaatlich repräsentativem Charakter erfolgte am 13.10.1995. Daß es in einem mittelfristigen Zeitrahmen zu einer Naturschutzgebietsausweisung kommen wird, ist unumstritten.

## 4.2.3 Flurbereinigung mit Naturschutzzielsetzung

Naturschutzgroßvorhaben werden in der Regel durch Flurbereinigungsverfahren begleitet. Die Flurbereinigung wird als das geeignetste Instrument flächendeckender Wirkungsmöglichkeiten zur Umsetzung von Naturschutzinteressen angesehen. Betroffenen landwirtschaftlichen Betrieben in den vom Naturschutz überplanten Gebieten wird hiermit geholfen, der landwirtschaftlichen Nutzung eine betriebswirtschaftliche Fortentwicklung zu ermöglichen. Gleichrangig sollen die direkten Ziele des Naturschutzes bodenordnerisch unterstützt werden.

Die Durchführung des Flurneuordnungsverfahrens Hammeniederung ist notwendig, um die entstandene Konfliktsituation zwischen Landwirtschaft und Naturschutz zu lösen. Das Naturschutzvorhaben wird von einem Flurneuordnungsverfahren begleitet, um insbesondere Betrieben mit hohem Flächenanteil im zukünftigen Naturschutzgebiet zu helfen. Die Ersatzlandbeschaffung ohne Flurbereinigung würde auf Schwierigkeiten stoßen.

Die meisten landwirtschaftlichen Betriebe, die von dem Naturschutzvorhaben betroffen sind, sind auf landwirtschaftlichen Bestanderhalt der Nutzfläche angewiesen. Diesen Betrieben soll es im Verlauf des Verfahrens ermöglicht werden, wertgleiche Ersatzflächen außerhalb des Naturschutzgebietes zu erhalten. Daher müssen außer den lagegerechten Flurstücken auch außerhalb des zukünftigen Naturschutzgebietes Flächen erworben werden, die im Verlauf des Verfahrens gegen innerhalb liegende Fläche eingetauscht werden. Landwirtschaftliche Betriebe, die derzeit im Bereich des Naturschutzvorhabens wirtschaften, können dies dann ohne Auflagen auf Flächen außerhalb des Naturschutzgebietes.

Ohne begleitende Flurbereinigung wären stark erhöhte Bodenpreise zu erwarten. Die Flurbereinigung wird nicht nur im Interesse des Naturschutzes, sondern auch im Interesse der Landwirtschaft durchgeführt. Dabei sollen die ökonomisch strukturellen Bedingungen der Landwirte zukunftsorientiert gestaltet werden, Maschinen- und Betriebskosten sollen gesenkt und der Arbeitsaufwand minimiert werden. Es gilt, den Betrieben in der Nähe des zukünftigen Naturschutzgebietes ihre wirtschaftliche Existenz zu sichern und auch langfristig eine agrarstrukturelle Entwicklung zu gewährleisten. Aus diesem Grunde unterstützen die Vertreter aller Interessengruppen ausdrücklich das bodenordnerische Vorhaben.

Es obliegt der örtlich zuständigen Agrarverwaltung die entsprechenden Flurbereinigungsverfahren einzuleiten. In der praktischen Umsetzung haben sich für Flurneuordnungen mit Naturschutzzielsetzung die Verfahrensarten der beschleunigten Zusammenlegung gemäß §§ 91 ff. Flurbereinigungsgesetz (FlurbG) oder das vereinfachte Flurbereinigungsverfahren gemäß § 86 (2) FlurbG als hilfreich erwiesen.

Das Flurbereinigungsverfahren mit Naturschutzzielsetzung im Fehntjer Tief/Flumm-Niederung beispielsweise ist ein Verfahren gemäß § 86 (3) FlurbG, die Flurneuordnung zur Umsetzung des Großschutzvorhabens Fischerhuder Wümmewiesen ist ein Verfahren gemäß § 91 FlurbG.

Beim Flurbereinigungsverfahren gemäß §§ 91 ff. handelt es sich um ein freiwilliges Verfahren. Der Erfolg ist von der aktiven Mitwirkung der betroffenen Landwirte bzw. Eigentümer abhängig. Am Ende sollen die Kerngebiete der jeweiligen Großschutzareale in die öffentliche Hand überführt worden sein, um die Durchführung notwendiger Maßnahmen des Naturschutzes und der Landschaftspflege, insbesondere die Wiedervernässung, zu ermöglichen. Auch die Umsiedlung ganzer landwirtschaftlicher Betriebe ist denkbar und hat den Vorteil, daß Tauschflächen für andere verkaufswillige Landwirte zur Verfügung stehen, sofern es sich nicht um Flächen in der geplanten Kernzone handelt. Mit diesen Betriebsumsiedlungen entstehen der öffentlichen Hand zusätzliche Ausgaben, so daß erhebliche öffentliche Finanzmittel notwendig werden, die die Anzahl der Betriebsumsiedlungen schnell begrenzen wird (vgl. z.B. Klohn, 1992, S. 118).

Die Landwirte beurteilen den Sinn und die möglichen Auswirkungen der Flurbereinigung unterschiedlich. Die Niederungsmoorbetriebe in der Gemarkung Teufelsmoor haben eine durchschnittliche Größe von 120 ha LF. Die auf diesen Betrieben wirtschaftenden Landwirte können keine strukturellen Verbesserungen aus der Flurbereinigung erwarten, weil diese Betriebe zu 80% in dem Großschutzgebiet Hammeniederung liegen und bereits arrondiert sind. Ihnen wird man in erreichbarer Nähe keine Austauschflächen geben können. Für sie wird die Flurbereinigung mit Naturschutzzielsetzung nur ein Mittel, mit dem man sie zur Flächenabgabe zwingen kann, so der Tenor der Landwirte in dieser Ortschaft. Für Betriebe, die am Rande des Planungsgebietes liegen und Flächen in Streuparzellen bewirtschaften, kann dagegen eine strukturelle Verbesserung durch die Flurbereinigung erreicht werden. Die Haltung dieser Landwirte ist deshalb weniger skeptisch.

Die Größe des jeweiligen Flurneuordnungsverfahrens wird variabel gestaltet und davon abhängig gemacht, ob alle Flächen erworben werden können: "Ich kann mir...durchaus denken.., daß die endgültige Abgrenzung...in einigen Ecken dort oben an der Kreisstraße 10 davon abhängig gemacht werden kann, wie man in der Lage ist, freiwillig die Flächen in die Hand zu bekommen."(19)

Die Voraussetzungen zur Einleitung eines vereinfachten Flurbereinigungsverfahrens oder einer beschleunigten Zusammenlegung liegen im Hammeraum vor. Dabei ist für die Landwirte wichtig, über den Verfahrensgang und die Rechtsbehelfsmöglichkeiten aufgeklärt zu sein, so daß schon im Vorfeld des Verfahrens Aufklärungsversammlungen stattfinden, die von der zuständigen Flurbereinigungsbehörde begleitet werden. Die potentiellen Verfahrensteilnehmer werden unterrichtet, welche Möglichkeiten die Flurbereinigung bietet. Dabei bedarf es für die Landwirte einer Gewöhnung an die neuen Naturschutzzielsetzungen. Wolfram (1991, S. 74) hebt hervor, daß "ohne ihre Überzeugung vom Sinn der Umstrukturierung...sowie ohne eine entsprechende Unterstützung auch durch die Politik das Instrument Flurbereinigung einen wesentlichen Teil seiner Wirksamkeit einbüßen müßte. Schließlich stellen die Landwirte den Hauptteil der Teilnehmergemeinschaft, ohne deren Einverständnis dann nur noch Unternehmensverfahren durchgeführt werden könnten."

In den Versammlungen, zu denen die Flurbereinigungsbehörde durch öffentliche Bekanntmachungen in den zur Flurbereinigung vorgesehenen Gemeinden einlädt, wird über Sinn und Zweck der anstehenden Flurbereinigung gesprochen. Die Behörden erörtern das Planungskonzept, die geplante Begrenzung des Flurbereinigungsgebietes, den zeitlichen und verfahrenstechnischen Ablauf sowie die voraussichtlich anfallenden Kosten und die Finanzierung.

Im anstehenden Flurbereinigungsverfahren für die Hammeniederung wird von der zuständigen Behörde, dem Amt für Agrarstruktur in Bremerhaven, ein freiwilliges Verfahren, voraussichtlich ein beschleunigtes Zusammenlegungsverfahren, angestrebt. Dieses sog. BZ-Verfahren gem. §§ 91 ff. FlurbG. ist juristisch zwischen einem klassischen Flurbereinigungsverfahren mit allen agrarstrukturellen Möglichkeiten und einem freiwilligen Landtausch angesiedelt. Das beschleunigte Zusammenlegungsverfahren ist in erster Linie auf die Mitwirkungsbereitschaft aller Beteiligten angewiesen. Es garantiert ein hohes Maß an Freiwilligkeit und ist somit das geeignete Verfahren, um den Nutzungskonflikt zwischen Grünlandwirtschaft und Naturschutz zu lösen.

Erste Pläne des Amtes für Agrarstruktur sehen vor, das Verfahrensgebiet großräumig abzugrenzen, um den Erwerb umfangreicher Tauschflächen zu ermöglichen.

Die betroffenen Landwirte zeigen in der Regel zunächst eine reservierte Haltung, wie dem Gespräch mit einem Landwirt aus Osterholz-Scharmbeck zu entnehmen ist: "Der Staat möchte jetzt gerne, daß die Flächen zusammengelegt werden. Das, was sie als Ersatzland werden stellen können, wird minimal sein."(8) Die Eigentümer erkennen zu diesem Zeitpunkt noch nicht an, daß Flurbereinigung ein wirksames Instrument ist, um die durch das Naturschutzvorhaben entstehenden betrieblichen Nachteile abzumildern. Die Zurückhaltung äußert sich in Vorbehalten in bezug auf ungerechte Flächenzuteilung: "Einzelne Betriebe werden vielleicht noch befriedigt werden. Denn einige wenige Austauschflächen gibt es."(8)

Eher optimistisch beurteilt der Fraktionsvorsitzende der CDU Osterholz die bodenordnerische Umsetzung des Naturschutzvorhabens: "Man hat folgende Erfahrung gemacht: Sobald es wieder Ersatzgebiete, die sogar eine bessere Aufstockung des Betriebes bedeuten können, gibt, steigt die Bereitschaft. Weiterhin spielen die Preise und die familiäre Situation eine Rolle."(24) Bei den anlaufenden Verkaufsverhandlungen zeigt sich, daß die Bodenpreise eng mit der Verkaufsbereitschaft korreliert sind. Die Landwirte legen Wert auf eine angemessene Bezahlung, wie den weiteren Ausführungen des CDU-Politikers zu entnehmen ist: "Es ist im landwirtschaftlichen Bereich selten, daß

Landwirte in bezug auf Preise übers Ohr gehauen werden. Die wissen in dieser Beziehung bestens Bescheid und wissen sich auch mit allen Kräften dagegen zu wehren, wenn sie meinen, daß sie irgendwo auf den Arm genommen werden."(24)

Bei fast allen Flurneuordnugsverfahren besteht die Befürchtung, daß die Grundeigentümer, mit denen zuerst verhandelt wird, die höchst bonitierten Grundstücke bekommen und die zuletzt geladenen sich mit den geringer bonitierten Grundstücken zufrieden geben müssen. Übertragen auf die Bodenwertverhältnisse an der Hamme bedeutet dies nach Einschätzung eines Landwirtes aus Osterholz-Scharmbeck: "Sie wollen nach Möglichkeit die Zusammenlegung direkt an der Hamme, und das sind die besten Flächen. Wenn sie tief ins Moor hineingehen würden,...- da wollen sie aber auch nicht hin. Die guten Flächen an der Hamme gegen schlechte eintauschen, das macht doch keiner... Zusammenlegung überhaupt, finde ich nicht sinnvoll."(8)

In jedem Flurbereinigungsverfahren bemüht sich die Flurbereinigungsbehörde um eine wertgleiche Abfindung; die Gewähr dafür kann allerdings nicht gegeben werden. Im Planwunschtermin nach § 57 des Flurbereinigungsgesetzes wird den Grundstückseigentümern Gelegenheit gegeben, Wünsche für die Gestaltung ihrer Landabfindung abzugeben. Jeder Grundeigentümer wird einzeln gehört und sein spezieller Wunsch wird festgehalten. Eine Zusage über die endgültige Neueinteilung kann dennoch nicht gegeben werden. Die Entscheidung über die Neuzuteilung kann erst zu einem späteren Zeitpunkt fallen, wenn alle Anträge vorliegen und deren Interessen gegeneinander abgewogen worden sind.

Die Grundstückseigentümer sind bestrebt, mindere Einlagegrundstücke abzugeben und gute Lagen zu erhalten. Dies geht aus den folgenden Äußerungen deutlich hervor: "Aber es ist ja auch so: Wenn ein Bauer tauschen soll, dann will er auch ein bißchen mehr zurück haben."(8) Es bedarf keiner umfangreichen Analyse, um zu erkennen, daß ein Verfahren unter dieser Prämisse mit empfindlichen Flächeneinbußen verbunden ist; es läßt sich nicht mit dem Flurbereinigungsgesetz vereinbaren, nach dem bei der Landabfindung die betriebswirtschaftlichen Verhältnisse aller Teilnehmer gegeneinander abgewogen werden sollen und alle Umstände zu berücksichtigen sind, die auf den Ertrag und die Verwertung der Grundstücke wesentlichen Einfluß haben (Seehusen und Schwede, 1992).
In diesem Zusammenhang sind auch geographische Distanzen zwischen Hofstelle und landwirtschaftlicher Nutzfläche zu berücksichtigen. Weite Anfahrtswege zu den Wirtschaftsflächen sind zu vermeiden: "Die können ja auch nicht wer weiß wohin fahren und die Flächen bewirtschaften. Die Landwirte fahren heute schon weit genug von ihren Betrieben in Pennigbüttel aus."(1)

Obwohl die Verfahrenskosten, also die Personal- und Sachkosten der Behördenorganisation, von dem Land getragen werden, werden in der Diskussion immer wieder finanzielle Aspekte angesprochen. Grundsätzlich ablehnende Haltungen der Eigentümer gegen ein Flurneuordnungsverfahren sind nur schwer auszuräumen. So bekräftigen die Landwirte immer wieder ihre Einstellung und fassen in ähnlicher Form wie ein Landwirt aus Osterholz-Scharmbeck zusammen: "Ich sehe den Sinn nicht. ...Im Grunde genommen meine ich - zumindest für unser Gebiet hier unten - da sollten wir so weiter wirtschaften."(8)

Auch der Bund-Länder-Arbeitsgemeinschaft Flurbereinigung (1985, S. 7 ff.) sind diese Einstellungen bekannt. Sie empfiehlt daher, daß sich jeder Grundeigentümer rechtzeitig über Ziele und Möglichkeiten informieren sollte, die ihm Neuordnungsverfahren bieten. Nur dann wird es möglich sein, Chancen zu nutzen, die so schnell nicht wiederkehren.

## 4.2.4 Landschaftspflege durch landwirtschaftliche Betriebe

Da die in den Naturschutzgebieten mit strengen Bewirtschaftungsauflagen belegten Wiesen und Weiden mit ihren seltenen Pflanzengesellschaften zum Teil nicht mehr rentabel landwirtschaftlich genutzt werden können, wird Landschaftspflege notwendig.

Die Landwirte verfügen über die entsprechende Technik und die fachliche Kompetenz, sie können im Vergleich zu Landschaftsgärtnereien effizienter arbeiten, so daß die in den Naturschutzgebieten ansässige Landwirtschaft prädestiniert ist, Landschaftspflegeaufgaben zu übernehmen. Politisch ist dies kein strittiges Thema, da sich in dieser Frage alle Parteien einig sind. Ein Kreistagsabgeordneter der Grünen erläutert: "...und das sollte aus finanziellen Gründen schon der Landwirt machen,... Wenn da amtlich eine Landschaftsgärtnerei mit beauftragt wird, kann das keiner bezahlen; wir brauchen die Landwirte. Ich weiß nicht, wie das sonst funktionieren sollte."(25)

Nach offiziellen Verlautbarungen über die Zielsetzung der deutschen Landwirtschaft soll die Pflegefunktion für die Landschaft gleichrangig neben der Produktionsfunktion stehen (BML-Informationen, 1988, Nr. 44). Wenn als Nachfrager für die Leistungen dieses neuen Betriebszweiges die öffentliche Hand stellvertretend für die Gesamtgesellschaft in Erscheinung tritt, greifen die Landwirte die Chance der Entwicklung eines Betriebszweiges 'Landschaftspflege' auf (Knauer, 1987, S. 26).

Die neue Aufgabe kann zwar Zukunftsperspektiven für die Regionen geben und damit der in der Landwirtschaft verbreiteten Resignation entgegenwirken, sie wird jedoch als zusätzliche Einkommensquelle für die Landwirtschaft häufig überbewertet. In Anbetracht der zur Verfügung stehenden Finanzmittel darf nicht die Hoffnung aufkommen, hiermit seien die Probleme existenzbedrohter landwirtschaftlicher Betriebe zu lösen. Auch Rösler (1994, S. 5) hebt hervor, daß die Zuerwerbsmöglichkeiten für die Landwirte häufig zu optimistisch dargestellt werden: "Von Einzelfällen abgesehen, beträgt der durchschnittliche Zuerwerb pro Landwirt und Jahr lediglich rund 800,- DM."

Das Berufsbild der Landwirte ist in der Vergangenheit stark durch die Produktion von Nahrungsmitteln geprägt worden. Dabei war das selbständige und organisierende Denken auf eigenem Boden ein wesentliches Element. Mit der Landschaftspflege auf der Basis von Honoraren scheint dieses Selbstverständnis der Landwirte in Frage gestellt; viele können sich mit der Rolle als Landschaftspfleger nur schlecht identifizieren.
Dies wird von den Politikern erkannt, wobei sie in der Regel der Auffassung sind, daß es sich um eine Verengung der möglichen Aufgaben der Landwirtschaft handelt wie ein Politiker der CDU hervorhebt: "Die Landwirte haben sich ja vor Jahren dagegen gesträubt, weil das eine Tätigkeit ist, die mit ihrem Berufsbild kaum übereinstimmt. Warum ist das denn eine nicht vollzunehmende...? Das ist doch überholt! ...Ich bin der Meinung, daß sich da in den nächsten Jahren auch in der Bewußtseinsbildung eine Änderung ergibt und nicht in einer Tour davon gesprochen wird: 'Wie können wir eine

Produktionsvermehrung von Produkten bewirken, die auf dem Markt nicht mehr absetzbar sind.'In unseren Bereichen...wird man sich überlegen müssen, ob es nicht besser sein wird, der Landwirtschaft eine wunderbare Zukunftsaufgabe zu übertragen, nämlich Naturschutzbereiche zu erhalten."(24)

Es stellt sich die Frage: Sind Landwirte, die in Naturschutzgebieten wirtschaften, bereit, ihre Betriebsorganisation auf einen neuen Betriebszweig 'Landschaftspflege' umzustellen? Die anfangs ablehnende Haltung hat sich in den letzten Jahren -nicht zuletzt vor dem Hintergrund der EU-Agrarreform- erkennbar verändert. Die entgeltliche Pflege der Landschaft wird als ein Dienstleistungsmarkt, den man interessiert beobachten muß, angesehen.

Ein großes Problem in Naturschutzgebieten, in denen die Bewirtschaftungsauflagen nach rein naturschutzfachlichen Gesichtspunkten gefaßt sind, ist die Beseitigung des Mähgutes. Wenn die bei der Landschaftspflege anfallende Grünmasse wegen geringen Nährwertes nicht mehr verfüttert werden kann, muß sie als Rückstand auf einer Deponie entsorgt werden. Die Landwirte bringen für diese Art der Beseitigung von Mähgut nur wenig Verständnis auf: "Ich fragte damals: 'Wie stellt Ihr Euch das vor, wenn das ein nasses Jahr ist und ich soll da im September herumfahren und das zusammenkratzen? Wo soll ich denn mit dem Kram hin?' Ja, dann hätte ich das für mich kostenpflichtig zur Mülldeponie Sandhausen abzuliefern.'Sonst fällt Euch wohl nichts ein!'"(14)

Organische Stoffkreisläufe werden drastisch durchbrochen, so daß sich die Landschaftspflege nach und nach von der Produktion in der naturnahen Kulturlandschaft abkoppelt, was Huber (1992, S. 23) so interpretiert: "An dieser Stelle fängt der konservative Naturschutzgedanke an, sich zu verselbständigen..." Auch andere Autoren, wie z.B. Thomas (1992), warnen eindringlich vor einer von der Landwirtschaft losgelösten Landschaftspflege. In der Diskussion wird immer wieder angeführt, daß bei einer Entsorgung auf Deponien der organisatorische Aufwand hoch ist und die langen Transportwege aufgrund des unangemessenen Energieaufwandes und der Kostenintensität auf Dauer nicht zu verantworten sind. Es wird gefordert, Partien, die sich nicht mehr in der Fütterung einsetzen lassen, dezentral zu kompostieren. Vorrangig sollte jedoch die Verwertung des Mähgutes angestrebt werden, d.h. es wird gefordert, Landschaftspflege und Tierproduktion wieder zusammenzuführen. Hierfür ist eine Lockerung der strengen Naturschutzauflagen notwendig, um das gewonnene Futter zumindest partiell in der Tierproduktion einsetzen zu können.

Im Rahmen der Umsetzung von Naturschutzgroßvorhaben wird auch die Forderung erhoben, Milch-, Mutterkuh- und Schafquoten flächengebunden als Nutzungsrechte zur Verfügung zu stellen; diskutiert wird die Einführung von Quotenfonds (vgl. Niedersächsisches Umweltministerium und Niedersächsisches Ministerium für Ernährung, Landwirtschaft und Forsten, 1995). Verpflichtungsermächtigungen zugunsten des Naturschutzes würden dazu beitragen, das Risiko, welches aus der Einnahme aus Dienstleistungen für die öffentlichen Hand resultiert, kalkulierbar zu machen. Nur wenn der Landwirtschaft in Großschutzgebieten auch langfristig Perspektiven eröffnet werden, können sich Investitionskosten in dem Betriebszweig Landschaftspflege amortisieren.

Zur organisatorischen Umsetzung von Landschaftspflege werden drei verschiedene Modelle diskutiert:
1. Einrichtung von Landschaftspflegehöfen als zentrale Betriebseinheiten
2. Landschaftspflegeverbände als Mittler zwischen Landwirt und öffentlicher Hand
3. Direkte Beauftragung von landwirtschaftlichen Betrieben oder von Maschinenringen mit dem Betriebszweig Landschaftspflege

Landschaftspflegehöfe laufen Gefahr, eine institutionelle Eigendynamik zu entwickeln; sie arbeiten in der Regel sehr kostenintensiv, so daß anderen Umsetzungsmodellen der Vorzug zu geben ist. Landschaftspflegeverbände haben die Aufgabe, auf regionaler Ebene Pflegeleistungen zu organisieren bzw. zu koordinieren, ggf. Pflegekonzepte zu entwickeln. Die Durchführung der Maßnahmen wird an Landwirte oder Maschinenringe delegiert. Der Vorteil dieser Organisation liegt in der koordinierten Abwicklung; der Nachteil ist nach Auffassung Golters (1993, S. 11) der Aufbau neuer Verwaltungseinheiten, die sich zu unnötigen 'Wasserköpfen' entwickeln können. Der Einsatz von Maschinenringen als Selbsthilfeorganisation der Landwirte könnte ohne nennenswerten Kostenaufwand die Koordination bei größeren Pflegemaßnahmen ermöglichen. Die Kostenansätze für die Pflegearbeiten basieren auf den Verrechnungssätzen der Maschinenringe. Die Bezahlung von Sonderarbeiten, wie z.B. das Entfernen von Gehölz oder Gestrüpp, werden von den zuständigen Behörden mit den Landwirten in Abhängigkeit vom Zeitaufwand und Maschineneinsatz ausgehandelt. Auch im Landkreis Osterholz hat sich ein derartiger Maschinenring entwickelt, der von einem hauptamtlichen Geschäftsführer geleitet wird und eine gute Akzeptanz findet.

Die direkte Übertragung der Landschaftspflege auf landwirtschaftliche Betriebe ermöglicht eigenverantwortliches Handeln. Wenn die Gesellschaft es wünscht, daß Landwirte Landschaftspflege übernehmen und diese sich sogar zu einem eigenen Betriebszweig entwickeln soll, müssen die Voraussetzungen dafür geschaffen werden. Soll der Landwirt auf diesem Gebiet unternehmerisch tätig werden, muß er auch eigenverantwortlich Verträge abschließen können.

## 4.2.5 Milch und Fleisch aus Naturschutzgebieten

Schon seit einigen Jahren gibt es Überlegungen, Produkte, die in Naturschutzgebieten unter erschwerten Bedingungen mit Bewirtschaftungsauflagen produziert werden, gesondert zu vermarkten (vgl. auch Förster, 1992, S. 135 ff.).
Im Hinblick auf den in Deutschland zunehmenden Anteil an Produktionsflächen in Schutzgebieten muß man die Idee der Vermarktung von Produkten aus Naturschutzgebieten - auch Naturschutzprodukte genannt - einer ernsthaften Prüfung unterziehen.

Ausgehend von der Überlegung, die Landwirtschaft in den Naturschutzgebieten unterstützen zu wollen, argumentieren die Befürworter der Naturschutzprodukte mit einer besseren Produktqualität, mit dem regionalen Bezug und mit dem ideellen Wert. So wurde beispielsweise im Rahmen der Projektierungen eines Großschutzgebietes in der Elbtalaue die Idee für ein Vermarktungskonzept von "Storchenmilch" verfolgt. Hiermit sollte die Bedeutung der Feuchtwiesen in der Region betont werden (vgl. Marschall, 1995).

Um das Einkommen der Agrarproduzenten über höhere Preise nachhaltig zu sichern und nicht nur aus den Transferzahlungen des Erschwernisausgleiches zu bestreiten, regen die Naturschutzverbände an, die vom Naturschutz betroffenen Betriebe ganz auf eine ökologische Wirtschaftsweise umzustellen.
Die zusätzlichen Einkommensmöglichkeiten über höhere Produktpreise und entsprechend höhere Wertschöpfung sollten jedoch nicht zu optimistisch beurteilt werden. Sie können auf keinen Fall den Erschwernisausgleich ersetzen, wie z.B. auch der umweltpolitische Sprecher der PDS-Landtagsfraktion Brandenburg hervorhebt: "Mit Naturschutzprodukten alleine den Naturschutz zu finanzieren, ist kaum denkbar."(26)

Einzelne Landwirte vermarkten schon ihre im Naturschutzgebiet produzierten Produkte direkt. Als Anbieter von Naturschutzmilch oder Naturschutzfleisch stellen sie den ökologischen Umweltaspekt stärker in den Vordergrund: "Ich habe mir das abgewöhnt, meine Ochsen in den normalen Handel zu geben. Inzwischen habe ich mehrere private Abnehmer im Volkswagenwerk in Wolfsburg. Das sind Leute, die da besonderen Wert darauf legen, daß das vernünftig aufgewachsen ist. Da unten gibt es nicht groß Rindvieh, so daß die auch mal 20 kg abnehmen, weil sie sich sagen: 'Ich möchte meine Truhe voll haben. Dann habe ich etwas, wenn ich mal was brauche.' Wenn man den Kontakt zu den Leuten pflegt, die gut bedient, dann läuft das..."(7)

Eine Vermarktung ist auch über Erzeuger- oder Erzeuger- und Verbrauchergenossenschaften denkbar. Die Anbieter stoßen in einen neuen und unerschlossenen Markt vor und konkurrieren unter

Umständen mit Demeterprodukten oder anderen unter ähnlichen ökologischen Bedingungen erzeugten sog. Bioprodukten. Der Markt für solche Produkte wächst aber nicht in dem Maße, wie ihn sich die Anbieter wünschen. Wirtschaftliche Probleme in diesem Sektor sind unverkennbar. In Schleswig-Holstein wird die auf der Hallig Pellworm erzeugte Inselmilch aus dem Nationalpark Schleswig-Holsteinisches Wattenmeer speziell vermarktet (vgl. Verpackungsdesign und Beschriftung der Pellwormer Inselmilch).

Die Naturschutzmilch mit hohem Ladenpreis muß mit den Markenprodukten der großen Molkereien konkurrieren. Schwierigkeiten, das Vermarktungskonzept erfolgreich umzusetzen, sind nicht zu übersehen, so daß die Molkerei um ihre Existenz fürchten muß, wie ein Vertreter des Naturschutzbundes Deutschland berichtet: "Die haben ganz große Schwierigkeiten; die Meierei steht kurz vor der Pleite."(29)

Nach einer Kaufumfrage von v. Alvensleben (1990) sind bei der Mehrheit der Kunden, die z.B. sog. Bio-Lebensmittel kaufen, die Kaufmotive für Nahrungsmittel egoistischer und nicht altruistischer Natur. Vermarktungskonzepte haben dies zu berücksichtigen, sie müssen stark auf die Bedürfnisse der Verbraucher abgestellt werden. Der Vertreter des Naturschutzbundes Deutschland berichtet von einem Vermarktungskonzept: "Es gibt in Hessen, in der Rhön ein ganz pfiffiges Konzept - Direktvermarktung von solchen Produkten und Spezialitäten. Und ähnliches bauen wir derzeit auch auf."(29)

Es wird den Verbrauchern nahegelegt, Naturschutzprodukte zu kaufen, weil sie aus einer vermeintlich gesundheits-, umwelt- und sozialverträglichen Landwirtschaft stammen. Bisher werden die Naturschutzprodukte im Rahmen einer einstufigen Vermarktung, d.h. als Erzeuger-Verbraucher-Direktvermarktung abgesetzt. In nahe den Ballungszentren gelegenen Großschutzgebieten könnte dies vielleicht realisierbar sein, wie eine Vertreterin des Bundesamtes für Naturschutz berichtet: "Es wird von verschiedenen Projektträgern immer wieder als Variante offeriert, Produkte aus Naturschutzgebieten besonders zu vermarkten, z.B. in der Schorfheide in Brandenburg. Da steht so etwas ebenfalls zur Debatte. Die haben diesen riesigen Berliner Markt vor Augen und meinen, wenn sie ihre Bioprodukte aus dieser schönen Gegend - wenn das unter Schutz steht - dort anbieten, da doch eine Chance hatten. Wie gesagt, ich habe das schon aus verschiedensten Projekten gehört, und ich bin trotzdem skeptisch."(30)

In Großschutzgebieten, fernab der direkten Absatzmärkte in den großen Ballungszentren, scheint die Vermarktung von Naturschutzprodukten beinahe unmöglich, wie der Vertreter des Naturschutzbundes Deutschland aus der Eider-Treene-Sorge-Region berichtet: "...hier wohnen wenige Leute. Das Fleisch von hier ist immer schon weiter weg transportiert worden. Auch die Milch

# FRISCHE VOLLMILCH

pasteurisiert und homogenisiert

## Qualitäts - Landmilch aus bester Insel - Natur

**Kontrollierte Qualität**

Markenqualität aus deutschen Landen

*Garantiert von der grünen Insel Pellworm*

**PELLWORMER INSELMILCH**

*Klasse im Geschmack, umweltfreundlich verpackt.*

### DIE NORDSEEINSEL PELLWORM

liegt inmitten des nordfriesischen Wattenmeeres vor der Westküste Schleswig-Holsteins. Die stark landwirtschaftlich geprägte, reine Marschinsel hat viel von ihrer ursprünglichen Eigenart erhalten. Sie hat eine Größe von 37 qkm und wird durch einen ca. 8 m hohen und 25,2 km langen Seedeich geschützt.
Durch die natürlichen Gegebenheiten der Insel, das Reizklima der Nordsee, die ruhige Lage im Nationalpark Wattenmeer, eine weitgehend schadstofffreie Luft und eine überdurchschnittliche Sonnenscheindauer bietet Pellworm günstige Voraussetzungen für eine naturnahe Produktion von hochwertigen Nahrungsmitteln.

Das Wahrzeichen der Insel Pellworm ist die Alte Kirche aus dem 11. Jahrhundert.
Die Pellwormer Inselmilch beteiligt sich an Natur- und Umweltschutzmaßnahmen auf der Insel Pellworm.

mit naturbelassenem Fettgehalt
mind. 3,8% Fett

**1 Liter**

Gekühlt (+10 °C) mindestens haltbar bis: Siehe Aufdruck

4 019506 000106

D SH 010 EWG

Pellwormer Inselmilch
25849 Pellworm

ist in andere Regionen gegangen. Daher ist es ganz schwierig, hier etwas aufzubauen. Wir sind auch kein touristisches Gebiet, wo man sagen kann: Sehr viele Touristen kommen hier hin, und wir können das direkt vor Ort vermarkten."(29)

Eine zusätzliche Schwierigkeit ergibt sich daraus, daß der Aufbau von dezentralen Produktions-, Verarbeitungs- und Vermarktungsstrukturen in der industrialisierten Nahrungsmittelproduktion schwierig ist, weil die Ansprüche an Technik, Automation und Hygiene im Nahrungsmittelbereich hoch sind. Beispielsweise würde die Verarbeitung von Naturschutzmilch in bestehenden Molkereien sehr schwierig sein, weil diese in bezug auf ihre Produktionskosten und Produktionsabläufe optimiert sind. Soll in den vorhandenen Kapazitäten der Molkerei Naturschutzmilch verarbeitet werden, wird eine zusätzliche Produktionsschiene notwendig. Die Milch kann nur bei Neustart der Produktionsbänder verarbeitet werden, nachdem sämtliche Anlagen sterilisiert wurden. Die Naturschutzmilch darf nicht mit Rückständen aus der vorherig verarbeiteten konventionellen Milch in Kontakt kommen, denn dies würde das Verständnis von Naturschutzmilch verletzen. Auch die Erfassung ist aufwendig und teuer, weil nur in bestimmten inselartig gelegenen naturschutzrechtlich geschützten Gebieten Naturschutzmilch produziert werden kann. Tanksonderfahrten werden notwendig und mit kilometerweiten zusätzlichen Anfahrtswegen ist zu rechnen, so daß die Erfassungskosten der Naturschutzmilch in die Höhe schnellen. Zusätzliche Anforderungen sind zudem an die Verpackung und Lagerung der Naturschutzmilch zu stellen.

Die dezentrale Organisation paßt nicht in die ökonomische Struktur der modernen industrialisierten Nahrungsmittelproduktion. Daher scheinen Produktion und Vermarktung von Naturschutzprodukten nur möglich, wenn mit Hilfe staatlicher Programme, spezifischer Beratung und detaillierter Konzepte die regionale Beratung gezielt gefördert werden würde. Bisher sind die Ambitionen der Naturschutzadministration in dieser Richtung sehr verhalten. Die Naturschutzämter sind zwar für die Ausweisung und generelle Betreuung der Schutzgebiete verantwortlich, sie unterstützen jedoch bisher noch nicht gezielt die Vermarktung von Naturschutzprodukten, indem sie neue Absatzwege aufzeigen:
"Was ich meine - aber da ist das Amt für Agrarstruktur in Bremerhaven oder die Obere Naturschutzbehörde in Lüneburg wohl mit überfordert - sie müßten zu den Naturschutzverordnungen Konzepte stellen, wie das Land am besten zu nutzen ist, wie neue Vermarktungswege neu aufgebaut werden. Wenn z.B. jemand wie ich Mutterkuhhaltung macht, könnte dem gesagt werden: 'Wir sehen zu, daß wir Eure Fleischrinder auf einem gesonderten Weg absetzen und daß das auch finanziell unterstützt wird.' Aber das wird ja nun gar nicht gemacht."(7)

Viele Landwirte in den Naturschutzgebieten begrüßen die spezielle Vermarktung von Naturschutzprodukten und würden sie unterstützen. Eine Landwirtin erinnert sich, daß ein bei der Molkereiversammlung unterbreiteter Vorschlag zur Vermarktung von Naturschutzmilch auf wenig Resonanz stieß: "Da will keiner so richtig ran. Das hat mein Mann schon vor ein paar Jahren auf der

Molkereiversammlung von Bremerland angesprochen. Da sagte Herr A.: 'Dann würde die konventionelle Milch disqualifiziert werden.'...Dann hätte man die Milch aus dem Bioanbau - oder wie man das nennen würde. Die andere konventionelle Milch würde der Verbraucher als nicht so gut ansehen. Gerade im Hinblick auf die Vermarktung erscheint ihm das nicht angebracht. Da haben wir gesagt: 'Es gibt doch hier Marschenlandfleisch. Das ist doch auch ähnliches Futter, mit dem dieses Fleisch erzeugt wird.' 'Nein', antwortete er, 'letztes Jahr haben die überhaupt nichts verkauft!'"(13)

Naturschutzprodukte zu produzieren und zu vermarkten bedeutet, daß eine Produktdifferenzierung betrieben wird, welche die innerbetriebliche Konkurrenz der Molkereibetriebe verstärkt. Es erweckt den Anschein, daß die normale konventionelle Milch in ihrer Qualität nicht so gut ist wie Milch, die in Naturschutzgebieten erzeugt wird.

Ob der Markt für Naturschutzprodukte erschlossen werden kann, erscheint ungewiß und ist auch davon abhängig, ob sich die Naturschutzprodukte deutlich von Produkten außerhalb der Schutzgebiete unterscheiden. Ein junger Landwirt, der mit einem großen Flächenanteil seines Betriebes im Naturschutzgebiet "Wiesen und Weiden nordöstlich des Breiten Wassers" wirtschaftet, bekundet verhaltenen Optimismus: "Der Markt für Milch und Fleisch aus Naturschutzgebieten ist doch da. So etwas kann man doch verkaufen, oder nicht ? ...Wir haben nun doch auch etwas Besonderes: ohne Dünger und ohne dies und ohne das. Daher müßten die Produkte, die daraus gemacht werden, auch besonders bezahlt werden. ... Der Verbraucher will, daß das in der Natur herumgelaufen ist, daß das natürlich und langsam aufgewachsen ist. Es kann doch nicht angehen, daß ich für meinen Ochsen, den ich hier drei Jahre gemästet habe, weniger bekomme als jemand für seinen Bullen, der irgendwo anderthalb Jahre im Stall gestanden hat. Beide hängen beim Schlachter nebeneinander; ich bekomme aber weniger, weil er nicht die Bemuskelung hat. Meist sind das nur Klappergestelle, die drei Jahre alt sind."(7)

Ohne Zweifel werden die Produkte aus Naturschutzgebieten unter erschwerten Produktionsbedingungen erzeugt. Ob dies mit einer verbesserten Qualität des Naturschutzproduktes einhergeht, erscheint fraglich. Es sind bislang keine meßbaren Qualitätsmethoden und Qualitätskriterien, die die Voraussetzungen einer naturwissenschaftlichen Methode erfüllen, bekannt, mit denen sich Naturschutzprodukte von anderen Produkten differenzieren ließen.

Die Flora extensiven Feuchtgrünlandes ist artenreicher und liefert im Hinblick auf die in den Kräutern und seltenen Gräsern enthaltenen anderen Spektren an sekundären Inhaltsstoffen ein Futter, welches sich unter Umständen auch im Geschmack sowie anderen Qualitätsmerkmalen bemerkbar machen könnte. Förster (1992, S. 148) geht in ihren außerordentlich optimistischen Prognosen soweit, daß sie behauptet: "Die Milch von Kühen, die von Extensivgrünland ernährt werden, hat mit hoher Wahrscheinlichkeit einen besseren Geschmack, einen besseren Geruch und eine bessere Haltbarkeit als intensiv erzeugte Milch."

In eine kritische Prüfung zur Beurteilung der Naturschutzmilch -sowie insgesamt der Naturschutzprodukte- wird mit einzubeziehen sein, daß die Erzeugung dieser Nahrungsmittel unter tierproduktionell, tierhalterischen bzw. veterinärmedizinisch erschwerten Bedingungen erfolgt. Vor allem, wenn in Naturschutzgebieten wiedervernäßt wird, ist mit einer Reihe von Problemen zu rechnen.

Weidet das Vieh auf stark nassen Weiden, wird der Leberegel gefördert, der als Parasit des Rindes eine Entzündung der Gallengänge und der Leber verursacht. Ein anderer gefährlicher Parasit auf nassen Weiden ist der Lungenwurm. Er ist der Verursacher, wenn die Kühe andauernd stark husten und klumpiger Schleim aus der Nase läuft. Der Medikamentenverbrauch für Kühe in vernäßten Naturschutzgebieten wird zwangsläufig ansteigen, wenn man die Kühe wieder gesund pflegen möchte.

Die Pflanzengesellschaften nassen Grünlandes weisen nur einen geringen Anteil hochwertiger Futterpflanzen auf, während das Vorkommen an Seggen und Binsen hoch ist. Seggen, wie z.B. Carex gracilis oder Carex acutiformis, haben harte und schneidend scharfe Blattränder und hakigrauhe Blattnerven. Bei Verfütterung von stark mit Seggen durchsetztem Grünfutter und Wiesenheu können Verletzungen an Zunge und Gaumen auftreten, die zusammen mit den oft zahlreich vorhandenen Calciumoxalat-Raphiden Brennen auf der Zunge, Reizungen und Verwundungen der Magen- und Darmschleimhäute hervorrufen. Vor allem die Massenbildner unter den Seggen stehen daher in dem Ruf, Schleimhautentzündungen hervorzurufen, und ihre Verdaulichkeit ist außerordentlich gering, weil sie stark verkieselt sind. Bei der Verfütterung stark kieselhaltigen Futters als Folge des erhöhten Anteils an Seggen dürfte der Gehalt der Milch an Kieselsäure zunehmen. Da die Carex-Arten außerdem kalkarm und säurereich sind, begünstigen sie Lecksucht, Rachitis und Knochenbrüchigkeit.

Bei der Verfütterung stark seggenhaltigen Heues können neben Entzündungen der Verdauungsorgane, die sich symptomatisch mit Durchfall äußern, auch Entzündungen der Nieren auftreten, welche an dem blutigen Harn erkennbar werden. Als Folge magern die Tiere ab und die Milch- und Milchfettproduktion sinkt (vgl. Stählin, 1957, S. 205). Nach Verfütterung von Seggenheu kann der Geruch der Butter hefig sein, der Rahm schmeckt nach Seggenheu, und die Butter wird hart und bröckelig. Bei ausschließlicher Verfütterung von Seggenheu "schmecken Butter und Buttermilch so bitter, daß sie für den menschlichen Genuß unbrauchbar sind" (Böhme, 1929 In Stählin, 1957, S. 205).

Binsen werden gänzlich vom Weidevieh verschmäht und erfahren dadurch eine selektive Förderung. So sinkt in Naturschutzgebieten allmählich nicht nur der mengenmäßige Futterertrag, sondern auch die Qualität des Futters.

# Futterwert in Abhängigkeit vom Extensivierungsgrad

(nach Prof. Dr. Ernst Zimmer, Braunschweig-Völkenrode, 1990)

| Nutzungstermin | Rohfaser in der Trockenmasse | Energie je kg Trockenmasse | Bewirtschaftungs-/ Extensivierungs- maßnahmen | Produktionsformen der Tierhaltung |
|---|---|---|---|---|
| bis Ende Ährenschieben | unter 25% | über 6,0 bis ca. 5,8 MJ NEL<br>über 600 bis ca. 570 StE<br>über 540 bis ca. 520 EFr | normale Intensität in Düngung und Nutzung | ▶ Milchkühe hohe Leistung, für alle Produktionsformen geeignet |
| Beginn bis Mitte der Blüte | 25-30% | 5,8 bis ca. 5,5 MJ NEL<br>570 bis ca. 540 StE<br>520 bis ca. 470 EFr | Düngung eingeschränkt Nutzungstermin verspätet | ▶ Milchkühe, bei Zufütterung energiereicher Futtermittel<br>▶ Mutterkühe und Kalb (bei 11,5kg Trockenmasse—Aufnahme je nach Rasse 8,5-10 l Milch täglich)<br>▶ Mastrinder (Bullen, Färsen) — tägliche Zunahme ca. 800g<br>▶ Mutterschafe und Lämmer<br>▶ Ziegen — bei 2kg Trockenmasse—Aufnahme ca. 2,5 l Milch täglich |
| Mitte bis Ende der Blüte | 30-35% | 5,5 bis ca. 4,5 MJ NEL<br>540 bis ca. 450 StE<br>470 bis ca. 430 EFr | keine oder eingeschränkte Düngung Nutzungstermin spät | ▶ überwiegend Winterfutter<br>▶ Kühe trockenstehend (bei ca. 9,5kg Trockenmasse—Aufnahme* täglich)<br>▶ Aufzucht- und Mastrinder (Färsen ab ca. 200kg Lebendgewicht) — maximal 600g tägliche Zunahme<br>▶ Mutterkühe — mit Kalb gute Grassilage zufüttern (bei Rassen mit geringen Futteransprüchen Zufütterung nicht notwendig)<br>▶ Schafe — leer und niedertragend (rasseabhängig)<br>▶ Ziegen (Fleischproduktion)<br>▶ Pferde (Robustrassen) |
| Ende der Blüte bis überständig | über 35% | unter 4,5 MJ NEL<br>unter 450 StE<br>unter 430 EFr | keine Düngung Nutzungstermin sehr spät | ▶ ausschließlich Winterfutter (Rauhfutter) kaum verwendbar, nur in geringen Mengen für<br>▶ ältere Jungrinder<br>▶ Schafe — leer<br>▶ Damwild<br>▶ Pferde (Robustrassen) |

→ zunehmender Extensivierungsgrad

\* Aufnahme unsicher, da über Akzeptanz bei veränderter botanischer Zusammensetzung keine gesicherten Daten vorliegen (selektives Freßverhalten)

NEL = Netto - Energie - Laktation;    EFr = Energetische Futtereinheit Rind;    StE = Stärkeeinheit

Auf vernäßten Mähweiden und Wiesen treffen wir zudem vermehrt auf Kräuter aus der Familie der Hahnenfußgewächse (Ranunculaceae). Diese fast alle leuchtendgelb blühenden Kräuter sind für das Rindvieh teilweise giftig, weil sie die Giftstoffe Protoanemonin und Anemonin enthalten.

Extensive Tierhaltungsverfahren in Naturschutzgebieten wie z.B. Färsen- oder Ochsenmast und Mutterkuhhaltung sind grundsätzlich möglich. Bei dem in den Naturschutzgebieten gewonnen Grundfutter mit Energiegehalten von durchschnittlich 5,0 bis 6,0 MJ NEL und einem hohen Rohfasergehalt ist die Wachstumsleistung dieser Tiere allerdings gering. Sie müssen daher länger als üblicherweise gehalten werden, um die Schlachtreife zu erlangen, wodurch sie an Fleischqualität einbüßen. Lediglich mittelrahmige Rinderrassen wie Limouson oder Angus erreichen auf extensiven Standorten ausreichend früh die Schlachtreife (vgl. Landwirtschaftskammer Hannover, 1993, S. 39). Diese Tiere sind in ihrer Anschaffung teuer, aber auch sie stellen Mindestanforderungen an die Futterqualität.

Aus der Übersicht 2 geht hervor, welche Nutztierhaltungsverfahren sich in den Naturschutzgebieten bei vermindertem Futterwert des Grundfutters noch eignen.

In dem unter erschwerten Bedingungen gewonnenen Grundfutter vermehren sich bevorzugt Clostridien, Buttersäurebildner, Pilze u.a. unerwünschte Mikroorganismen, die speziell die Käseherstellung erschweren und insgesamt die Qualität der Milch beeinträchtigen. Alles deutet darauf hin, daß es unter solchen Produktionsbedingungen schwieriger sein wird, die in der Milchgüteverordnung (1993) festgelegten Qualitätskriterien hinsichtlich Keimzahl, Zellzahl, Hemmstoffe u.a. einzuhalten. Die Milchgüteverordnung legt Grenzwerte fest, die eingehalten werden müssen. Wenn die Milch die Grenzwerte überschreitet, ist sie nicht mehr verkehrsfähig.

Auf den feuchten Standorten wiedervernäßter Weiden kann es außerdem zu einer Belastung von Klauen und Beinen der Rinder kommen, d.h. die Klauen des Rindviehs weichen auf. Gerade von dem Verbraucher von Naturschutzprodukten, der vermutlich auch großen Wert auf Tierschutzaspekte legt, sollte dies in die Überlegungen einbezogen werden.

Die dargelegten Unwägbarkeiten zeigen, daß diese Voraussetzungen zur Erzeugung eines besonders hochwertigen Nahrungsmittels nur schwer erfüllt werden können. Es sind viele Komponenten, die das Vieh auf den wiedervernäßten Feuchtgrünlandflächen schwächen. Der Veterinär wird voraussichtlich oft in unter solchen Bedingungen gehaltenen Rindviehbeständen Behandlungen durchführen müssen.

Die Ausdrücke "Naturschutzmilch" und "Naturschutzfleisch" oder insgesamt "Naturschutzprodukte" werden mit einem naturbelassenen und ökologischen Lebensmittel assoziiert.

Auf der einen Seite wird ein naturbelassenes Nahrungsmittel erwartet, auf der anderen Seite stehen jedoch die Bedingungen und Faktoren, die z.B. Krankheiten begünstigen. Hier offenbart sich ein natürlich ungewollter Wirkungswiderstand und Widerspruch auch im Begriff.

Den Verbrauchern soll der Gedanke nahegebracht werden, daß sie durch den kontinuierlichen Kauf von Naturschutzprodukten einen besonderen Beitrag zum Erhalt der Naturschutzgebiete leisten. Die Naturschutzprodukte werden "unter gleichzeitiger Pflege der Naturschutzgebiete produziert und haben daher auch einen ideellen Wert" (Förster, 1992, S. 136).
Es wird deutlich, daß neben den reinen Produktionsbedingungen gerade die Zusatzfaktoren bei der Produktion von Naturschutzprodukten eine elementare Rolle spielen.

Chancen für die Vermarktung von Naturschutzprodukten bieten sich in der regionalen Vermarktung standortgerecht erzeugter Produkte. Dabei ist es insbesondere der regionale Bezug, der für den Verbraucher von Bedeutung sein kann. Es gibt Verbraucher, die einem Produkt aus dem Gebiet, in dessen Nähe sie wohnen und welches sie persönlich kennen, auch mehr persönliche Wertschätzung entgegenbringen. Die persönliche Wertschätzung kann mit naturwissenschaftlichen Methoden nicht erfaßt werden, so daß heute in der Europäischen Union geltende naturwissenschaftliche Methoden, die auf Reproduzierbarkeit und kausaler Interpretierbarkeit beruhen, zur allgemeinen Qualitätsuntersuchung und Qualitätsbeurteilung von Naturschutzprodukten nur eingeschränkt herangezogen werden können.

Ausgehend von dem regionalen Bezug können auch romantische Vorstellungen und philosophische Gesichtspunkte eine Rolle spielen. Die verklärenden Vorstellungen, die der Verbraucher mit den Naturschutzprodukten verknüpft, verleihen ihnen eine besondere Sympathie. Das Bild von glücklichen Kühen, die auf saftigen Weiden inmitten des Naturschutzgebietes weiden und gesunde Milch geben, mag dabei mitschwingen. Naturschutzprodukte werden in dieser Vorstellungswelt als höherwertige Nahrungsmittel angesehen, denn alles, was aus Naturschutzgebieten kommt, - so meint man im allgemeinen-, ist natürlich, unbelastet, gesund, eben ökologisch.

Die Vorliebe für ganzheitlich gesunde Nahrungsmittel in Verbindung mit Naturschutz geht zum Teil auf philosophische Einstellungen zurück. Ein philosophischer Ansatz, der versucht, die Aufspaltung in Gegensätze zu überwinden und die Wirklichkeit als Einheit sieht, ist die vedische Philosophie.
Schon früh in der Geschichte Indiens bildete sich die Vorstellung von einer Lebensmaterie heraus. Danach wird die Nahrung als Prinzip des Seins und letzter Grund der Wirklichkeit bezeichnet. Es herrscht Einheit zwischen Geist und Materie; auch jede Tat und ihre Wirkung bilden einen unauflöslichen Zusammenhang (vgl. z.B. von Brück, 1987). Übertragen auf die Produktion von Naturschutzprodukten bedeutet dies, daß das Naturschutzprodukt nicht von seiner umweltschonenden Produktion im Naturschutzgebiet losgelöst gesehen werden darf. Vielmehr ist der Beitrag zur Schonung und

Pflege des Schutzgebietes samt seines Ökosystems im Gesamtzusammenhang zu sehen. Der positive Wirkungszusammenhang überträgt sich auf das Naturschutzprodukt und persistiert bei weiteren Verarbeitungsschritten bis zum Verbraucher. Die positive Wirkung wird als besondere Zuneigung zu dem Naturschutzprodukt von der Region bzw. dem speziellen Naturschutzgebiet zu dem Verbraucher transportiert und geht hier auf ihn über.

Nach der hinduistischen karman-Theorie bildet, wie bereits herausgestellt, jede Tat und ihre Wirkung einen unauflöslichen Zusammenhang. Jede Tat - hier die Produktion von Naturschutzprodukten und die Erhaltung und Pflege der Natur und Landschaft in den Naturschutzgebieten - trägt somit eine unvermeidliche Wirkung in sich. Auf der Basis dieses vedisch-philosophischen Ansatzes vermag die Produktion und Vermarktung von Milch und Fleisch aus Naturschutzgebieten positiv zu beurteilen sein.

Die mit vielen Unwägbarkeiten verbundene Produktion der Naturschutzprodukte sowie die aufwendige und kostenintensive Vermarktung deuten jedoch insgesamt darauf hin, daß dieser Kategorie von Produkten bei kritischer Betrachtung nur eine sehr eingeschränkte Umsetzungsperspektive eingeräumt werden kann.

## 4.3 Naturschutz als soziales und gesellschaftliches Problem

Dem Naturschutz als sozialem und gesellschaftlichem Problem ist in der Vergangenheit zu wenig Aufmerksamkeit gewidmet worden. Mit der vorliegenden Befragung wurde deutlich, wie wichtig dieser Bereich ist. Dabei fällt der Naturschutzadministration bei der Umsetzung von Naturschutz eine Schlüsselstellung zu. Vielfältige sozialpsychologische Aspekte sind bei den Interaktionen zwischen den Interessengruppen wesentlich. Die Ängste der Landwirtschaft gegenüber den vermeintlichen Ansprüchen des Naturschutzes spielen eine wichtige Rolle. Abschließend wird mit Kapitel 4.3.4 der Versuch unternommen, soziale und gesellschaftliche Probleme innerhalb der Gruppe der Agrarproduzenten zu differenzieren. Hier wird im Hinblick auf agrarsoziodemographische und agrarsozioökonomische Gesichtspunkte die Einstellung zum Naturschutz differenziert.

### 4.3.1 Erfahrungen mit der Naturschutzadministration

Der administrative Naturschutz wird durch die Naturschutzbehörden, mit denen sich der Landwirt oder Naturschützer im Einzelfall auseinandersetzen muß, vertreten. Direkte Berührungspunkte haben die Landwirte oder Naturschützer mit der Unteren Naturschutzbehörde des jeweiligen Landkreises, der in der Bezirksregierung integrierten Oberen Naturschutzbehörde bzw. in Ländern mit zweistufigem Verwaltungsaufbau mit den entsprechenden Landesämtern oder Umweltministerien. Auch den staatlichen Agrarstruktur- und Wasserwirtschaftsverwaltungen sind zum Teil administrative Aufgaben in diesem Bereich übertragen.

Berührungspunkte ergeben sich vor allem in Naturschutzgebieten im Zusammenhang mit dem Erschwernisausgleich, dem Vertragsnaturschutz, aber auch im Zusammenhang mit einstweiligen Sicherstellungen oder Naturschutzgebietsausweisungen. Dabei verlaufen die Aktivitäten nicht immer reibungslos, da die Ansprüche des Naturschutzes oft den agrarökonomischen Zielsetzungen im Grünlandgebiet entgegenstehen. So berichtet der Betriebsleiter eines größeren Milchviehbetriebes, daß aufgrund innerbetrieblicher Viehbestandsaufstockung für ihn eine intensive Nutzung aller Grünlandflächen erforderlich wurde. Als eine seiner wichtigsten und hofnahen Produktionsflächen unter Naturschutz gestellt werden sollte, wurde er mehrmals bei der Unteren Naturschutzbehörde vorstellig und erklärte sich damit nicht einverstanden: "Die haben mich so ungefähr an die Luft gesetzt. Das war nicht schön. Sie haben mich gefragt, was ich denn überhaupt mit dem Stück wolle."(12)

Kompromißbereitschaft der Behörden ist nicht immer gegeben, gerade dann nicht, wenn bei besonders schützenswerten Biotopen und eindeutiger Rechtslage keine zwingende Notwendigkeit besteht. Die Vertreter der Naturschutzbehörden beendeten das o.g. Gespräch, ohne daß zumindest der Eindruck vermittelt wurde, daß man um eine gütliche Einigung bemüht sei. Es ist also die Art und Weise, wie Gespräche geführt werden und wie die Verwaltung den bittstellenden Bürger behandelt.

Als im dargestellten Fall der Landwirt gegen die einstweilige Sicherstellung Einspruch eingelegt hatte, wurde ihm seine Situation, in der er sich hilflos und ohnmächtig gegenüber dem Staatsapparat fühlte, deutlich: "Ich sagte damals: 'Das kann man doch nicht machen, da muß man doch einen Kompromiß finden.' I. antwortete mir: 'Eigentum verpflichtet, was wollen Sie überhaupt - das ist Sozialpflichtigkeit !'"(12)

Das Eigentum unterliegt in der Bundesrepublik Deutschland der Sozialbindung. Der Gesetzgeber hat im Artikel 14 des Grundgesetzes die Sozialpflichtigkeit des Eigentums verankert. Die Kritik der Landwirte richtet sich jedoch oft weniger gegen die Tatsache der grundsätzlichen Sozialpflichtigkeit des Eigentums, gegen das Naturschutzgesetz, gegen Verordnungen, Erlasse oder spezielle Maßnahmen der Behörden, als vielmehr gegen die Art und Weise, wie die Administration mit den Agrarproduzenten umgeht. Die Landwirte empfinden es oft so, als ob sie sich in einer untergeordneten Stellung gegenüber einer übermächtigen Verwaltung befinden, d.h. es wird als Überordnung der sozialen Position der Verwaltung über die eines Agrarproduzenten gewertet. Hieraus entwickelt sich eine Art Minderwertigkeitskomplex der Agrarproduzenten, die Vertreter der Naturschutzadministration betrachteten sie 'nur als dumme Bauern'.
Krüger und Danielzyk (1993, S. 166) beschreiben dies als ein "Syndrom,'als die dummen Bauern' dazustehen'", weil die Landwirte bezogen auf die Wahrnehmung in der Bevölkerung "'ja (sowie)so keine Ahnung haben.'" Vor diesem Hintergrund und in Verbindung mit der exponierten Position der Naturschutzbehörden wird die nicht nur in der ländlichen Bevölkerung weit verbreitete Ansicht verständlich, daß Behördenvertreter arrogant seien. Die Landwirte machen ihre soziale Position dafür verantwortlich, daß ihnen zu wenig Gehör geschenkt wird. Brune und Pamperin (1993, S. 16) berichten in diesem Zusammenhang von einer Arbeitsgemeinschaft Bremer Landwirte, deren erklärtes Ziel es u.a. ist, sich bei der Naturschutzämtern in Fragen zum Naturschutz Gehör zu verschaffen. Die Initiative war nur von begrenztem Erfolg, weil die Arbeitsgemeinschaft mit ihrem Anliegen zu wenig beachtet wurde und nichts bewirken konnte.

Nicht nur die Agrarproduzenten beklagen das Verhalten und die Arbeitsweise der Behörden, auch die Vertreter der Naturschutzverbände kritisieren die Administration: "Ach, was ich hier schon mit den Behörden im Zusammenhang mit den Verfahren geredet habe, ja angeschrien ! So eine Dickfälligkeit - Wahnsinn! Man spricht von Verschlankung und Verschnellerung der Verwaltung und der Arbeit, und da passiert überhaupt nichts. ...Die Behörden sitzen auf einem ganz hohen Roß!"(28)

Die Verwaltung befindet sich oft in einer dominanten Position, weil sie in der Regel nicht nur die Rechtslage weitaus besser kennt als die Landwirte und die Naturschützer, sie befindet sich zudem in der Lage, Forderungen aufstellen zu können und diese von Amts wegen durchzusetzen. Ihre Amtsautorität scheint viel gewichtiger zu sein als die eines einzelnen Bürgers bzw. Naturschützers oder Agrarpoduzenten. Aus der Perspektive der Bürger sieht es so aus, als würden innerbehördliche Kontrollmechanismen gar nicht greifen und als sei den Vertretern der Behörden in der Dynamik ihres Handelns kein geeignetes Korrektiv zugeordnet: "Haben Sie schon einmal gehört, daß hier...ein Bediensteter der Behörden zur Rechenschaft gezogen wurde ?"(28)

Gerade im Hinblick auf hoheitliche Maßnahmen der Administration im Rahmen von einstweiligen Sicherstellungen oder Unter-Naturschutz-Stellungen erscheint es für die Landwirte oft so, als ob sie sich in einer ohnmächtigen Position gegenüber einer übermächtigen Verwaltung befinden und der Versuch, sich dagegen zur Wehr zu setzen, erscheint aussichtslos: "Ich habe einige gefragt und die haben gesagt: 'Da kommt man nicht gegen an.'"(12)

In einer rechtsstaatlichen Organisation ist dem Bürger zwar offiziell die juristische Gleichstellung mit der Administration garantiert, dennoch erscheint es dem einzelnen manchmal so, als ob er sich in einer untergeordneten Position befindet: "Der Staat hat ja doch etwas mehr Macht!"(12) Oder noch viel eindeutiger: "Wenn der Staat sagt: 'Das ist nicht, das wird so gemacht!', dann wird das so gemacht, da können wir uns drehen und wenden wie wir wollen!"(3)

Auch eine Untersuchung der Universität Göttingen (Mährlein, 1993, S. 188) bestätigt, daß sich Landwirte durch Vertreter der Naturschutzbehörden bevormundet fühlen. In der quantitativen Erhebung wurden Landwirte nach dem Verhalten der Naturschutzbehörden befragt. 25,3% aller befragten Landwirte gaben an, daß sie sich durch die Naturschutzbehörden bevormundet fühlen und 7,4% empfanden das Auftreten der Naturschutzbehörden sogar als arrogant. Die Landwirte nach den Ursachen ihrer skeptischen und bisweilen ablehnenden Haltung befragt, antworteten vorwiegend mit "Bevormundung durch die Naturschutzbehörden", "der Eingriff in das Eigentum" oder "die bestehende Unsicherheit während des Ausweisungsverfahrens".

Janzen (1992, S. 41) verweist im Zusammenhang mit staatlichen Programmen und Reglementierungen auf einzelne Schicksale, die "aufgrund bürokratischer Mißverständnisse bis zum Verlust des ganzen Hofes führten". Die Betriebsleiter der noch existierenden landwirtschaftlichen Betriebe, die dieses in ihrem sozialen Umfeld beobachten, halten sich vorsichtshalber zurück und nehmen präventiv an keinen staatlichen Naturschutzprogrammen teil.

"Unbekannten Naturschützern vom Amt"(Janzen, 1992, S. 43) wird die Kompetenz abgesprochen, über die Region, in der sich die Landwirte auskennen, zu entscheiden. Der Verfasser kann diese Einstellung nur eingeschränkt teilen, da sie zu stark pauschalisiert. So wurden in allen geführten Interviews immer Detailprobleme im Hinblick auf spezifische Fragen erörtert und hier vermeintliche Fehlentscheidungen angesprochen. Generell wurde die Kompetenz der Naturschutzbehörden nicht in

Frage gestellt. In einigen Regionen Norddeutschlands genießen die Naturschutzbehörden sogar relativ große Akzeptanz, was nicht nur auf die fachliche Kompetenz der Beördenvertreter, sondern insbesondere auf die außerordentlich sensible und psychologisch einfühlsame Vorgehensweisen der Behördenvertreter zurückzuführen sein dürfte.

Als sich Anfang bzw. Mitte der 80er Jahre die Umweltdiskussion auf einem Höhepunkt befand, waren die Konfrontationen zum Teil so zugespitzt, daß sich die Landwirte in die Position der vermeintlichen Umweltzerstörer gedrängt sahen. Sie sahen sich als unbeliebten Berufsstand: "Damals als diese Verordnungen und Verfügungen kamen, da hatte ich das Gefühl: 'Die Bauern, die machen ja sowieso nur alles kaputt. Die müssen wir erst einmal abschaffen, und dann können wir weitersehen."(12) Ähnliche Aussagen deuten immer wieder an, daß sich zum damaligen Zeitpunkt die Landwirte in der Defensive befanden. Vielfach blieb ihnen keine andere Wahl, als sich mit den Anwürfen abzufinden.

Naturschutzverfahren wurden insbesondere in den 70er und 80er Jahren ohne Einverständnis des Besitzers durchgeführt und haben somit die ablehnende Haltung der Eigentümer und Bewirtschafter gegenüber dem Naturschutz hervorgerufen. Die Bereitschaft der Landwirte zur Zusammenarbeit mit den Naturschutzbehörden leidet durch solch negative Erfahrungen. Ebenso ist das verlorene Verfügungsrecht über eigene Flächen verantwortlich für die ablehnende Haltung der Landwirte.

Das Verhältnis zwischen administrativem Naturschutz und wirtschaftenden Landwirten war lange Zeit mit vielen Unwägbarkeiten belastet und ist es zum Teil heute noch. Zur Erläuterung soll die Schilderung einer Auseinandersetzung eines Landwirtes mit dem Amt für Agrarstruktur wiedergegeben werden.
In diesem Einzelfall führte eine an sich geringfügige Panne im Verwaltungsvorgang zu einem heftigen Disput zwischen Landwirt und Agrarverwaltung, die in einer gerichtlichen Auseinandersetzung mündete.

"Im Naturschutzgebiet 'Breites Wasser' bekommt man den Erschwernisausgleich für die landwirtschaftliche Nutzfläche, die unter Naturschutz gestellt ist. Wir haben dieses Geld für die Gesamtheit des Flurstückes beantragt, weil die gesamte Fläche von uns landwirtschaftlich genutzt wird. Der Erschwernisausgleich wurde drei Jahre lang gezahlt, bis der gute Mann in Bremerhaven vom Amt für Agrarstruktur gefunden hat, daß angeblich aufgrund seines Kartenmaterials,- der Kataster- und Katasterauszüge -, da Differenzierungen sind. Das Flurstück in seiner gesamten Größe weist laut Karte Grünland, Wasser, Schilf und Röhricht auf. Damals als das 1963 unter Naturschutz kam, ist versäumt worden, eine Bestandskartierung über das Naturschutzgebiet zu machen und zu sagen: Auf der Fläche ist das und auf der Fläche ist das. ...Die sind daran gegangen und haben gesagt: 'Hier, so ist das - da steht das, peng ! Ihr habt zu Unrecht für eine Fläche Geld kassiert, die gar kein Grünland, sondern nach Kataster Wasser und Röhricht ist. Auf der Fläche 'Wasser und Röhricht' habt ihr gar keine landwirtschaftliche Nutzung zu betreiben. Das tut Ihr gesetzeswidrig und das ist strafbar.' Erst wollten sie das an uns angeblich zu viel geleistete Geld zurückhaben. Sie legten gleich einen Überweisungsvordruck dabei - und dann her mit der Kohle!"(14) Der Landwirt glaubte zu Unrecht das Geld zurückzahlen zu müssen und zahlte daher auch nicht. Er legte gegen den Bescheid Widerspruch ein und scheute auch vor einer juristischen Auseinandersetzung nicht zurück.

Ein Landwirt, der sich so vehement gegen Entscheidungen der Verwaltung wehrt und sogar Widerspruch einlegt, ist selten. In der Regel fehlt die notwendige Transparenz, um den Verwaltungsvorgang nachzuvollziehen; die meisten Agrarproduzenten sehen die Entscheidung der Behörden als endgültig an und leisten ihr Folge, selbst wenn sie sich im Recht wähnen. Daß der Landwirt dennoch gegen die Behördenentscheidung anging, spiegelt seine selbstbewußte Haltung wider. Nach einem langwierigen juristischen Verfahren stellte sich heraus, daß der Zuwendungsempfänger im Recht war. Die Vorgehensweise bestätigt aber auch den Eindruck, daß viele Landwirte auf die Zahlungen des Erschwernisausgleichs geradezu angewiesen sind.

Folgende Schlüsse sind aus diesem Vorgang zu ziehen: Die Verwaltung hat dem Kataster mehr Beweiskraft zugemessen als den Angaben des Landwirtes, ohne zu berücksichtigen, daß das Kataster nicht laufend fortgeschrieben worden ist. Die früher einmal aus Ödland, Schilf und Röhricht bestehende Fläche wurde inzwischen extensiv landwirtschaftlich als Weideland genutzt. Eine Korrektur der Katasterkarten war zum notwendigen Zeitpunkt nicht erfolgt. Die Verwaltung hat nicht nach Überprüfung auf der Fläche, sondern nach Aktenlage entschieden.
Auch der Hinweis des Landwirtes, daß sich die Angaben in den Katasterkarten von den tatsächlichen Verhältnisse unterscheiden, nützte nichts. Die räumliche und bewußtseinsmäßige Distanz zwischen Landwirt und Agrarverwaltung war zu groß; das Vertrauensverhältnis war zu schwach, um auch schwierige Situationen zu bewältigen.

In den Naturschutzgebieten herrschen Restriktionen, die von den Landwirten beachtet werden müssen. Auch außerhalb der Naturschutzgebiete fließen bereits seit Jahren verstärkt Umwelt- und Naturschutzgesichtspunkte in das landwirtschaftliche Fachrecht ein. Eine Reihe von Vorschriften sind hinzugekommen, z.B. die Gülleverordnung (GülleVO), Düngeverordnung (DüngeVO) oder landesweite Schutzverordnung für Wasserschutzgebiete (SchuVO). Die Bestimmungen über Zulassung und Anwendung von Pflanzenschutzmittel sind verschärft worden. Die Errichtung und der Betrieb landwirtschaftlicher Anlagen müssen den Anforderungen des Emissionsschutz-, Wasser-, Umwelthaftungs- und Baurechts sowie dem Gesetz über die Umweltverträglichkeitsprüfung entsprechen (BMELF-Informationen vom 2. August 1993, S.1). Mit der EG-Agrarreform 1992 hat sich eine neue große Welle von Vorschriften, Verordnungen und Reglementierungen über die Landwirtschaft ergossen.

Die Restriktionen sind so erheblich, daß man heute teilweise schon von administrativer oder halbstaatlicher Landwirtschaft spricht. Die EG-Agrarreform steht zwar ursächlich mit dem Naturschutz nicht in direktem Zusammenhang, es sind aber zum Teil die gleichen Behörden, an die sich die Landwirte seit der Agrarreform häufiger zu wenden haben. Die Behördengänge sind für sie wichtiger Bestandteil des Alltages geworden. Die Landwirte stehen einer Vorschriftenflut gegenüber, die fast alle Sektoren der Agrarproduktion erfaßt hat.

Der große Einfluß der Verwaltungsbehörden läßt es vielen Landwirten so erscheinen, als hätten sie fast gar keine Verfügungsgewalt über ihre Betriebe bzw. ihren Grund und Boden. Dies geht aus den folgenden Worten eines Landwirtes aus dem Raum Worpswede hervor: "Wir Landwirte haben nichts mehr zu sagen - ähnlich wie früher in den Kolchosen in der DDR. Ich kenne jemanden, der früher in der DDR in der Landwirtschaft arbeitete. Er erzählte mir: 'Wir haben nichts mehr zu sagen, wir sind bloß noch Arbeiter auf unserem Hof!'"(10) Unter den Landwirten kommt die Befürchtung auf, daß Verhältnisse wie in den ehemaligen Staatswirtschaften der Ostblockstaaten in abgewandelter Form unter dem Diktat der EU-Agrarpolitik in Zukunft auch im hiesigen Raum herrschen werden.

Die Agrarproduzenten haben den Eindruck, daß die allgemein administrativen, agrarpolitischen und umweltpolitischen Tendenzen ihre berufliche Freiheit unerträglich einengen. Sie fühlen sich bevormundet, gleichzeitig aber auch in hohem Maße abhängig vom Staat. Staatliche Maßnahmen werden eher gezwungenermaßen geduldet, denn aus eigenem Antrieb gewünscht. Der Staat greift in betriebliche Entscheidungen der Landwirte ein, was sich bis in das Alltagsleben der Landwirte hinein auswirkt.

Für Landwirte, die sich heute z. T. noch als freie Unternehmer verstehen, ist es schwer, sich daran zu gewöhnen, daß Behörden in Naturschutzgebieten mit einigen Befugnissen ausgestattet sind. Je erfolgreicher der Betriebsleiter ist, je qualifizierter seine Ausbildung ist, desto selbstbewußter vertritt er seine Interessen, desto empfindlicher reagiert er aber auch auf administratives Hineinreden in die Bewirtschaftung seines Betriebes.
Er empfindet es als Einmischen von Theoretikern und Laien in seine Tätigkeit als landwirtschaftlicher Unternehmer.

Die Naturschutzbehörden und die Agrarverwaltung haben noch nicht die notwendige Sensibilität für diese Einstellung der Landwirte entwickelt. Wird das Verhältnis zueinander gestört, ist es schwer, neues Vertrauen aufzubauen. Ein einmal getrübtes Verhältnis zu den Naturschutzbehörden kann nicht von heute auf morgen in eine vorbildliche und notwendige Kooperation verwandelt werden.

Vielfach ist dies von den Naturschutzbehörden erkannt worden. Sie bemühen sich, auf die Landwirte zuzugehen und sie nicht als Gegner anzusehen. Die Vertreter des Naturschutzes sind bemüht, sich in die Lage der von Naturschutzgebietsausweisung betroffenen Landwirte zu versetzen, um die Folgen bestimmter Auflagen für die Betriebe besser nachvollziehen zu können. Dies geht auch aus dem Bericht des oben zitierten Landwirtes aus Waakhausen hervor: "Nun hat sich die Gesinnung des Landkreises im Laufe der letzten zwei, drei Jahre schon etwas zum landwirtschaftlich Positiven geändert, habe ich das Gefühl. Ich habe jetzt in den letzten zwei Jahren ein paar Gespräche mit dem Landkreis gehabt. Der eine sagte zu mir: 'Ganz glücklich sind wir da auch nicht mit.' Das sind ja schon Friedensangebote!"(12)

Der Verfasser konnte in vielen anderen Fällen die Erfahrung machen, daß zwischen Administration und Agrarproduzenten ein durchaus gutes Vertrauensverhältnis entsteht. Auch hierfür soll ein Beispiel gegeben werden.

Positive Erfahrungen hat ein Landwirt aus Teufelsmoor mit dem Naturschutz gemacht. Er wirtschaftet mit einem Großteil seiner Flächen im heutigen Naturschutzgebietes 'Wiesen und Weiden nordöstlich des Breiten Wassers'. Das Naturschutzgebiet wurde erst vor wenigen Jahren ausgewiesen. Während des Naturschutzgebietsausweisungsverfahrens bestand eine gute Kooperation zwischen der Bezirksregierung und dem Landwirt aus Teufelsmoor. Im Zuge der Planungen wurden durchführbare Einschränkungen der ordnungsgemäßen Grünlandbewirtschaftung diskutiert und gemeinsam ein Konzept erarbeitet, welches sowohl die Belange der Grünlandwirtschaft als auch des Naturschutzes berücksichtigt. Die Zusammenarbeit mit dem Landwirt verlief reibungslos und vorbildlich, so wie es der Landwirt schildert: "Ich habe die in der Verordnung vorgesehenen Auflagen hauptsächlich mit zwei Leuten aus der Bezirksregierung besprochen, und die waren wirklich sehr kulant. Die Bezirksregierung war eine ganze Zeit hier und hat sich das angeguckt. Klar, die haben ihre Richtlinien gehabt, daß sie gesagt haben: 'Das muß so werden, das muß so kommen!' Dies ist aber auch verständlich. Denn wir konnten unmöglich fordern: 'Wir wollen das Geld haben und nichts dafür extensivieren!'"(7)

So zeigte sich in der Erhebung, daß durch sensible Vorgehensweise der Naturschutzverwaltung in Verbindung mit kooperativer Haltung der Konflikt zwischen Grünlandwirtschaft und Naturschutz spürbar entschärft werden kann. Das hat eine Annäherung der am Konflikt beteiligten Personen und gesellschaftlichen Gruppen zur Folge.

Die unterschiedliche Einstellung gegenüber dem administrativen Naturschutz ist auch historisch begründet. In den Grünlandgebieten Norddeutschlands gibt es unterschiedlich gewachsene Agrarstrukturen, wie sie sich auch innerhalb des Untersuchungsgebietes Hammeniederung widerspiegeln. Im unteren Hammeraum und dessen Geestrandgebiet im Bereich Pennigbüttel und Teufelsmoor liegen größere Höfe, auf denen die Bauernfamilien zum Teil schon seit dem Mittelalter wirtschaften. Hier hat sich ein bäuerliches Denken herausgebildet, für welches Eigenständigkeit und hohes Selbstbewußtsein in Verbindung mit Ablehnung staatlicher Eingriffe kennzeichnend ist. Versetzt man sich in die traditionale Denkweise, so muß es den Agrarproduzenten scheinen, als versuche der Staat von außen mit Hilfe seiner Bürokraten, die im traditionalen Wertesystem der Landwirte hochgeschätzte Freiheit und Unabhängigkeit einzuengen. Dieser Wahrnehmung folgend wird die Administration eher als eine Gegnerin, die bevormundet und kontrolliert, gesehen.

Dagegen wurden die sog. Findorffsiedlungen - Ortschaften der inneren Kolonisierung - erst vor ca. 200 Jahren gegründet. Sie sind wesentlich kleiner und ihre Gründung geht auf staatliche Kulturbaumaßnahmen zurück. Die Betriebe in den sog. Findorff-Dörfern haben bis in die jüngste Vergangenheit Hilfe durch die Landeskulturverwaltung erfahren. Die großen Meliorationsvorhaben, die Anlage von Drainagen, der Ausbau von Straßen und Wegen wurde durch besondere Förderungen im Rahmen 'der Gemeinschaftsaufgabe zur Verbesserung der Agrarstruktur und des Küstenschutzes' entwickelt. Die innere Verbundenheit der Landwirte mit ihrem Land in den Findorff-Siedlungen ist deshalb nicht geringer, oft sogar intensiver, weil jeder Hektar landwirtschaftlicher Nutzfläche durch härteste Arbeit erst in Kultur gebracht werden mußte.

Die positiven Erfahrungen mit der Agrarstrukturverwaltung beeinflussen aber anscheinend immer noch die innere Einstellung zur Zusammenarbeit mit staatlichen Verwaltungen. Oft ist der Wille zur konstruktiven Zusammenarbeit mit Naturschutz- und Agrarverwaltung erkennbar. Andererseits reagieren diese Landwirte verständnislos, wenn die gleichen Behörden, die ihre Flächen mit staatlicher Unterstützung melioriert und entwässert haben, nun Forderungen zur Extensivierung bei der Bewirtschaftung dieser Flächen vorbringen.

## 4.3.2 Sozialpsychologische Aspekte des Naturschutzes

Der Konflikt zwischen Grünlandwirtschaft und Naturschutz ist auch auf soziale und/oder psychologische Ursachen zurückzuführen. Auch im Naturschutz spielen Beziehungen des Individuums zur Umwelt eine Rolle, bei der soziale Spannungen auftreten. In diesem Zusammenhang ist es notwendig, die psychologischen Strukturen, sozialen Bindungen und gesellschaftlichen Interaktionen näher zu beleuchten.

Die sich seit 1960 entwickelnde Freizeitgesellschaft beanspruchte die freie Landschaft mehr denn je. Von den urbanen Ballungszentren wenig entfernt liegende und landschaftlich reizvolle Gebiete wurden von naherholungssuchenden Großstädtern stark beansprucht. Im Ballungszentrum Bremen frequentierten Naherholungssuchende am Wochenende regelmäßig das Teufelsmoor. Für die einheimischen Teufelsmoorbauern, die den Andrang so großer Besuchergruppen nicht gewohnt waren, erschien es, als würden sie von den Naherholungssuchenden überflutet werden.

Abbildung 10: Wiesen- und Weidenutzung; Wassersportaktivitäten auf der Hamme. Eigene Quelle

Die Erholungssuchenden reisten über die von den Landwirten instand gehaltenen Wirtschaftswege an und gingen ihrem Freizeitvergnügen nach. Gleichzeitig mühten sich in unmittelbarer Nähe die Landwirte bei ihrer harten Arbeit in der Landwirtschaft ab. Lange Arbeitszeiten waren in den 60er und 70er Jahren in der Landwirtschaft üblich; sie sind es auch heute noch, während die Arbeitszeiten in fast allen Wirtschaftszweigen ständig verkürzt wurden. Die Landwirte kamen und kommen jedoch keineswegs in den Genuß verkürzter Arbeitszeiten - im Gegenteil: Wegen sinkender Preise und steigender Arbeitslöhne müssen landwirtschaftliche

Arbeitnehmer entlassen werden. Die zusätzlich anfallende Arbeit muß von den Betriebsleitern selbst übernommen werden. Angesichts hoher Arbeitsbelastung entstand eine Art Sozialneid auf die mit mehr Freizeit ausgestattete erholungssuchende Bevölkerung.

Das direkte Nebeneinander von Freizeitvergnügen und Arbeit der Teufelsmoorbauern führte nicht selten zu sozialen Spannungen. Ein Landwirt aus der Ortschaft Teufelsmoor erinnert sich, daß die Teufelsmoorbauern nicht nur wegen der von ihnen geliebten Eigenheit und Ruhe der Landschaft und der Brutplätze der Enten und Bekassinen, sondern auch aus anderen Gründen die Unter-Naturschutz-Stellung selbst beantragten: "Hier, unser Naturschutzgebiet 'Breites Wasser' ist nicht von den Behörden gemacht worden, sondern das ist nur auf Initiative der unteren sechs Landwirte (der westlich an der Teufelsmoorstraße gelegenen Höfe, d.V.) zustande gekommen zum Schutz ihrer Höfe gegen das Begehren von Bremer Motorbootfahrern, die entlang der Beek sich Flächen angepachtet hatten. Sie kamen dort mit ihren Motorbooten ans Ufer heran, bauten ihre Zelte auf und die Frauensleute kamen hier den Sandweg durch mit Autos. Er war mit dem Motorboot da, baute das Zelt auf - es waren zum Teil große Kajütenboote - und die Frauen und Angehörigen kamen von hier. Da hatten wir auf dem Weg, den wir als Besitzer unterhalten mußten, nichts zu sagen. Wir waren bloß am Augenreiben von dem ganzen Sand. Die waren nicht wegzukriegen! Das war so um den Dreh 1960/61/62. 1963 ist das Breite Wasser unter Naturschutz gekommen. ... Jeder Bremer hatte ja eher ein Boot als ein Auto - dann kamen sie angetuckelt. Unser Vater ist da hinterher und hat gesagt: 'So kann das nicht weitergehen!' G. hatte damals da seine Nachbarn im bekannten Bremer Nachtlokal Golden City. Der ist hier hochgebrackert, daß die Bugwelle bis zu 10 Meter auf das Land geknallt ist. So ist der hier hochgezwitschert, bis sie dann aus Worpswede und Osterholz - Scharmbeck mit der Polizeistreife gekommen sind und versucht haben, ihn an der Worpsweder Brücke anzuhalten. Er ist vorbeigeflitzt! Dann sind die hinterhergefahren und haben ihn unten am Brandgraben mit der Pistole angehalten. Hier war richtig Wild West! ...Das war alles nur zu stoppen, indem man das unter Naturschutz stellte."(14)

Deutlich wird, daß die freizeitvergnügliche urbane Bevölkerung z.T. achtlos mit der Natur umgeht, so daß es zu Beeinträchtigungen kommt. Uferbereiche werden durch den Motorbootverkehr geschädigt; in anderen Regionen werden Wiesen und Felder zertrampelt oder Weidezäune von Pilzsuchenden zerschnitten. Vielfach ist der durch das Fehlverhalten entstandene Schaden gar nicht so groß, daß man die Erholungssuchenden grundsätzlich verurteilen müßte, vielmehr betrachen die Landwirte das Verhalten als eine Mißachtung ihrer landwirtschaftlichen Arbeit in Natur und Landschaft. Selbst wenn dies von den Erholungssuchenden nicht beabsichtigt ist, sondern nur aus Unwissenheit der Eindruck entsteht, trägt ihr Verhalten dazu bei, daß es als solches empfunden wird.

Seit Naturschutz eine zentrale Bedeutung gewonnen hat, ist es zu Spannungen zwischen Naturschützern und Landwirten gekommen. Die Ursachen für diese Spannungen sind nicht nur in den unterschiedlichen Zielsetzungen der Landwirte bzw. der Naturschützer zu sehen, sondern haben auch einen sozialen bzw. psychologischen Hintergrund. Die Landwirte fühlen sich durch "selbsternannte Naturschützer" bevormundet und werden von ihnen für Fehlentwicklungen, wie Verlust der Artenvielfalt von Flora und Fauna oder Beseitigung von Feuchtbiotopen, verantwortlich gemacht. Ein Teil der Landwirte fühlt sich von nicht kompetenter Seite beschuldigt.

Die Naturschützer rekrutieren sich oft aus sozialen Kreisen, die sowohl mit genügend finanziellen Mitteln als auch im Verhältnis zu den Landwirten mit mehr Freizeit ausgestattet sind. Sie stammen aus einem soziokulturellen Milieu, mit dem die Landwirte wenig Kontakt haben und dem sie mit skeptischer Distanz gegenüberstehen. Auch Pongratz (1992, S. 120 ff.) hebt hervor, daß das soziale und kulturelle Erscheinungsbild der Naturschützer bei den Landwirten eher als Gegenkultur angesehen wird. Dabei spricht er die Ökologie-Bewegung, die aus der ganz akademisch und städtisch ausgerichteten Studentenbewegung heraus entstanden ist, an. Sie findet insbesondere in der gehobenen Mittelschicht Unterstützung. Vor diesem Hintergrund sind die folgenden Äußerungen eines Landwirtes aus der Hammeniederung zu verstehen:
"Wir müßten befreit werden von den Naturschützern, die den Naturschutz als Hobby betreiben. Die leben alle gut, juckeln hier durch die Gegend und wollen Vorschriften machen. Die Vogelschützer sind doch alle Hobbynaturschützer, die aus dem Gefühl heraus irgend etwas machen. Ob das berechtigt ist oder nicht berechtigt ist, darüber dürfen die sich kein Urteil erlauben, meine ich."(8)

Die Naturliebhaber sind in ihrer Freizeit - am Wochenende, abends und im Urlaub - in der Natur. Sie beobachten das natürliche Geschehen und die Schönheit der Natur nur aus der Perspektive eines Naturinteressierten. Die Naturliebhaber pflegen daher ein anderes Naturverhältnis, während die Landwirte "mit der Arbeit in der Natur aufgewachsen sind" (Pongratz, 1992, S. 190). Die Landwirte pflegen ein Naturverständnis, welches vielfach noch durch die traditionelle Einheit von Landschaftspflege und Produktion geprägt ist. Das kann aber zum Auslösemoment für Konflikte werden. Die vom urbanen Selbstverständnis geprägten Naturschützer möchten meist eine strikte Trennung zwischen Produktion und Pflege in der Agrarlandschaft vornehmen. Kölsch und Dettmer (1990, S. 97) bringen hiermit "Fehlinterpretationen und -handlungen" in Zusammenhang, die "vom einzelnen nicht beabsichtigt sind". In dieser Interpretation ist der Naturschutz etwas, "was aus den Städten kommt" und die Lebenswelt der Landwirte gefährdet.

Hieraus ergeben sich unterschiedliche Kenntniszusammenhänge, und die Perspektive ist so unterschiedlich, daß zwangsläufig Spannungen zwischen Naturschützern und Landwirten vorprogrammiert sind, die schnell die sachlich-rationale Ebene verlassen können und in einen emotional geführten Disput übergehen. Dabei beinhaltet der Disput oft pauschal abwertende Charakterisierungen, die "von gravierenden Verständigungsschwierigkeiten ebenso wie von einer gewissen Hilflosigkeit in der Auseinandersetzung mit den Kritikern"(Pongratz, 1992, S. 213) zeugen. Die Naturschützer sind den Landwirten oft rhetorisch überlegen, so daß die Landwirte als Folge einer rhetorischen Unterlegenheit ihre ablehnende Haltung verstärken. Eine nur emotional geführte Diskussion erschwert den persönlichen Umgang miteinander. Im Einzelfall kann es dazu führen, daß Landwirte aus ihrer Verärgerung heraus auf Kritik gar nicht mehr eingehen wollen. Pongratz (1992, S. 212) befragte im Zusammenhang mit seiner Untersuchung 40 bayrische Landwirte, von wem die Kritik an der Landwirtschaft hauptsächlich komme. Die häufigsten Nennungen waren "Grüne und Naturschützer", gefolgt von "Leuten, die keine Ahnung haben".

Als weitere bedeutende Kritikgruppe werden die Medien genannt. Die Medien konfrontieren die Landwirtschaft mit vehementer ökologischer Kritik, die sich in Grünlandgebieten auf Themen der Grünlandbewirtschaftung, von der vermeintliche Gefahren für die Natur und den Naturhaushalt ausgehen, bezieht. Da die Landwirtschaft auf die Medienwelt einen nur geringen Einfluß hat, kann sie ihre Gegenposition in der Öffentlichkeit kaum darlegen, sie fühlt sich machtlos "der Macht der Medien" ausgesetzt und durch sie diskriminiert. Auch Bendixen (1984, S. 75) beschreibt in ähnlicher Weise, daß das Thema von den Medien pauschalisiert und aufgebauscht wird.

Der im Folgenden zitierte Landwirt nimmt Stellung zu einen am 28.08.1992 im Osterholzer Kreisblatt erschienen Artikel, der seiner Meinung nach repräsentativ für die Einstellung der Medien und auch der Naturschützer ist:
"Der Vogelschutz meldete z.B. letztens: Die Störche sind abgehauen! Da sollen die Bauern dran Schuld sein. Zu dieser Zeit als der Storch hier war, wurden gerade drei Gräben aufgemacht. Man behauptete daher, daß der Storch zu wenig Nahrung gefunden hätte. Der Grund ist aber ein anderer: Der Storch hat keine Frau gekriegt und versucht es jetzt woanders; das war ein einzelner Storch."
Anmerkung: Ein mangelndes Nahrungsangebot schließt Abwandern wegen eines fehlenden Partners nicht aus - mangelndes Nahrungsangebot bedeutet, daß die Populationsdichte in den Feuchtwiesenlandschaften verringert wird und damit die Partnersuche erschwert wird.

"Die Störche sind weg - die Ideale auch," warnt ein Plakat, welches vom brandenburgischen Naturschutzverein herausgegeben wurde. Hinter diesem Warnruf verbirgt sich die Anklage gegen die Landwirtschaft: Sie kümmere sich nur noch wenig um die Natur und den Naturschutz und habe sich auch bei ihren betrieblichen Anpassungen an das industriegesellschaftliche Prinzip der Modernisierung und Kapitalisierung in ihren Idealen und ihrem Bewußtsein von der Natur gelöst. Agrarökologische Beziehungen und tradierte Bindungen im Agrarraum sind gelockert oder gar nicht mehr vorhanden, so daß das Handeln losgelöst von jeglicher ökologischer Moral und dem damit verbundenen Umweltbewußtsein scheint.

Hinzu tritt die Auffassung weiter Bevölkerungsteile, daß die heutige Form der Landwirtschaft sich immer mehr industrialisiert und von ihrer originären Form entfernt, so daß "die Natur nur unter dem Sachaspekt der Funktionalität für das weitere Wachstum" (Kölsch und Dettmer, 1990, S. 107) gesehen wird. Diese Sichtweise drängt die Landwirtschaft nicht nur in die oben angesprochene Verteidigungshaltung, sondern auch in eine sozial marginale Position. Die Anschuldigungen werden so vorgetragen, daß sie die Landwirtschaft zum Prügelknaben machen. Auf diese Gefahr weist Beck (1986, S. 101) hin, der von einer "immanente(n) Tendenz zur 'Sündenbock-Gesellschaft'" spricht. Den permanenten gesellschaftlichen Vorwürfen bezüglich der Umweltverschmutzung durch die Landwirtschaft in Verbindung mit der schwindenden gesellschaftlichen Anerkennung der landwirtschaftlichen Arbeit ausgesetzt zu sein, kann zu einem "Rückzug aus der Gesellschaft" (Kölsch und Dettmer, 1990, S. 87) führen.

Das Verhältnis der Gesellschaft zum Naturschutz ist einseitig an der neuen Leitwissenschaft der Ökologie ausgerichtet. Andere Bedürfnisse im Hinblick auf die soziale und ökonomische Situation der besonders belasteten Landwirte werden dabei von der Gesellschaft in ihrer Diskussion über Naturschutz unterschätzt. Dabei geht Pongratz (1992, S. 123) sogar so weit, daß er die Sichtweise der Naturschützer als "wirklichkeitsfremd" bezeichnet, weil sie die gesellschaftlichen Definitions- und Gestaltungsnotwendigkeiten für die Natur unterschätzen.

### 4.3.3 Ängste der Landwirtschaft gegenüber vermeintlichen Ansprüchen des Naturschutzes

Wer sich mit der *construction of reality* des Konfliktes zwischen Grünlandwirtschaft und Naturschutz beschäftigt, wird unweigerlich mit den Ängsten der Landwirte konfrontiert. Diesem Bereich wurde bisher zu geringe Aufmerksamkeit geschenkt. Erst seit wenigen Jahren gibt es vereinzelte Ansätze, diese Ängste zu thematisieren. Sie resultieren aus einer allgemein verbreiteten Unsicherheit, die durch den Naturschutz induziert ist. In diesem Zusammenhang scheint die Diskrepanz, die sich aus den Ansprüchen des Naturschutzes und den ihm gegenüberstehenden Ängsten ergibt, bedeutsam zu sein. Zur näheren Betrachtung wird es notwendig, die Ansprüche des Naturschutzes zu definieren und von visionären Ansprüchen zu trennen. Die Landwirtschaft hat in der Regel Angst vor dem Naturschutz, die mit Vorstellungen gekoppelt ist, die weit über das hinausgehen, was den Agrarproduzenten tatsächlich durch den Naturschutz abverlangt wird. Diese Diskrepanz aufzudecken, ist der erste Schritt, um die Angst vor dem Naturschutz abzubauen (vgl. Kap. 4.3.4). Eine leitende Referentin des Umweltministeriums schildert ihre Bemühungen in dieser Richtung. In der Diskussion im Rahmen offizieller Veranstaltungen fordert sie die Landwirte auf, die tatsächlichen Anforderungen des Naturschutzes zu konkretisieren:

"'Nehmen Sie einen Zettel und schreiben auf, was der Naturschutz zur Zeit Ihnen abverlangt ! Wenn Sie mehr herauskriegen als die Gülleverordnung und daß Sie in Schleswig-Holstein keine Knicks und Kleingewässer beseitigen dürfen, bekommen Sie von mir eine Tafel Schokolade.' Dann fingen die Landwirte auch an zu lachen. 'Aber es könnte ja - ' Da habe ich gesagt: Da kann ich nicht mit umgehen. Ich kann mit den Ängsten mir gegenüber einfach nicht umgehen. Ich brauche ganz konkrete Angaben, wo ich Ihnen weh tue!'"(20)

Wie im vorherigen Kapitel herausgestellt, fürchten die Landwirte einen Naturschutz, der ihre ohnehin aufgrund der agrarpolitischen und agrarökonomischen Verhältnisse unsichere Lage gefährdet. Sie fürchten, daß allzu aufgeschlossenes Auftreten und Entgegenkommen im Rahmen einer partiellen Zusammenarbeit zu ihrem Nachteil ausgenutzt werden könnte. Eine Vertreterin des Naturschutzbundes Deutschland erläutert diese Angst: "Selbst die Landwirte, die uns gut gesonnen sind, sagen: 'Man muß schon bei den kleinsten Kleinigkeiten aufpassen, weil meistens da etwas Übles hinterherkommt!' Das ist eigentlich das Hauptproblem. Man kann die Landwirte nicht überzeugen, irgend etwas zu machen, weil sie fürchten, sie geben den kleinen Finger und nachher ist die ganze Hand genommen."(27)

Wenn sich der Naturschutzbund um gemeinsame Veranstaltungen mit der landwirtschaftlichen Interssenvertretung bemüht, treten Schwierigkeiten auf. Die Interessenvertretung ist sehr zurückhaltend, manchmal drohen gemeinsame Veranstaltungen aufgrund bestehender Vorbehalte zu scheitern. Das folgende Beispiel belegt dies. Es handelte sich um eine gemeinsame Informationsveranstaltung des landwirtschaftlichen Hauptverbandes Ostfriesland und des Naturschutzbundes

Deutschland Landkreis Leer zum Thema 'Landschaftspflege und ihre Technik'. Die Landwirte zögerten lange, bevor sie sich bereit erklärten, gemeinsam mit dem Naturschutzbund diese Veranstaltung zu organisieren. Die Vorbehalte gegenüber dem Naturschutzbund waren so groß, daß es fast unmöglich erschien, eine gemeinsame Veranstaltung durchzuführen: "Die haben sich geziert, als sollten sie ein Kind kriegen, überhaupt mit uns etwas zusammen zu machen. Angst, daß sie sozusagen schon irgendwelchen Sachen zustimmen."(27)

Wenn Vertreter des Naturschutzes in der Diskussion anwesend sind, werden auch andere Probleme, die kaum im Zusammenhang mit den jeweils aktuellen Themen stehen, auf den Naturschutz reflektiert. Damit dient der Naturschutz gewissermaßen als gesellschaftlicher Sündenbock oder als sozialer Blitzableiter für die Probleme der Agrarwirtschaft: "...wenn ich dann sage: 'Ihre Probleme, die kommen gar nicht vom Naturschutz, die kommen von der EU-Agrarpolitik !' Dann sagen die Landwirte sofort: 'Ja!' Ich sage: 'Nun kommt das I-Tüpfelchen: der Naturschutz!' 'Jetzt haben wir Sie - haben Sie vor Ort - hier können wir unseren Frust loswerden, oder hier können wir meckern, an die anderen kommen wir ja nicht ran!'"(27)

Nach Ansicht der Naturschutzverbände greift der Bauernverband die Ängste gezielt auf und verstärkt sie zusätzlich: "Das Ganze ist natürlich auch durch den Bauernverband geschürt worden, das Ganze ist sogar extrem geschürt worden!"(29) Erhärtet wird dies auch durch die Aussage einer Naturschützerin, die versucht, den allgemeinen Tenor des Bauernverbandes und dessen Empfehlungen an die Landwirte wiederzugeben: "Heute versprechen sie Euch das und zwei Jahre später ist jemand anders an der Regierung oder sie haben kein Geld mehr und streichen das alles. Und dann kriegt Ihr sowieso nichts. Also, laßt Euch da gar nicht erst auf den Naturschutz ein ! Und jetzt erzählen sie Euch, daß das nicht unter § 28a fallen wird - aber Ihr wißt ja gar nicht, was sie später machen !"(27) Dies ist der Grund, warum die Naturschutzverbände die Agitation des Bauernverbandes mit Polemik in Zusammenhang bringen. Häufig werden dadurch zusätzliche Spannungen zwischen Landwirten und Naturschützern entfacht, so daß Ansätze zur Konfliktlösung von vornherein verbaut werden. Dieser gesellschaftliche Prozeß dauert schon seit Jahren an und hat sich inzwischen verselbständigt. Er wirkt als selbständiger sozialer Verstärker, der die Konfliktsituation polarisiert. Oft beobachtet man bei den Landwirten ein solidarisches Gemeinschaftsgefühl in Verbindung mit einem Schulterschluß gegen den Naturschutz.

In der Diskussion kommt erschwerend hinzu, daß die Naturschutzverbände der Auffassung sind, ihnen werde zu starkes Entgegenkommen und übermäßige Kompromißbereitschaft abverlangt. In Stellungnahmen der Verbände wird von vornherein erwartet, daß landwirtschaftliche Belange berücksichtigt werden. Bei der Entscheidungsfindung führt dies zu Arbeitsergebnissen und Kompromissen, die weit unter den Erwartungsvorstellungen der Naturschutzverbände liegen: "Man verlangt von uns bei den Stellungnahmen oder so, daß wir für die Landwirtschaft Verständnis haben. Das gleiche macht bei den ganzen Verhandlungen kein einziger Verein ! Die Landwirtschaft argumentiert ja auch nicht für den Naturschutz, sondern jeder argumentiert für die Interessen seiner Mitglieder. Und wir argumentieren für die Interessen der Natur und müssen sagen: Was wäre für die Natur am besten ? Der Kompromiß muß hinterher gefunden werden. Aber wir müssen schon bei unseren Vorschlägen das ganze Wohl und Weh der Landwirtschaft mit einbeziehen. Wenn wir schon mit den Kompromissen kommen, wird von dem Kompromiß noch mal ein Kompromiß gemacht, und dann bleibt für die Natur schließlich gar nichts mehr übrig."(27)

Aus der Diskrepanz zwischen den Ansprüchen des Naturschutzes und den Ängsten der Landwirtschaft resultiert, daß sowohl die Landwirtschaft als auch die Naturschützer und ihre Verbände in ihren Zielvorstellungen oft unter völliger Vernachlässigung der Allokationseffizienz deutlich über das Ziel hinausschießen. Es ergibt sich eine festgefahrene Konfliktsituation, die von Marschall (1995, S. 15) wie folgt beschrieben wird: "Der Konflikt zwischen Naturschutz und Landwirtschaft läuft vielerorts in gleichen Bahnen: Festgefahrene Positionen, gegenseitiges Mißtrauen, Unflexibilität und Verluste auf beiden Seiten. Der Naturschutz fordert, die Landwirtschaft stellt sich...dagegen,..." Als eine Möglichkeit, diesen Prozeß zu durchbrechen, können Einzelgespräche dienen. Immer wieder verweisen Naturschützer, aber auch Amtsleiter, Referenten und Dezernenten der Naturschutzadministration darauf, daß im Einzelgespräch eine Annäherung der Positionen möglich wird, weil befreit vom gemeinschaftlichen Solidaritätszwang sachlich diskutiert wird.

Der Annäherungsprozeß vollzieht sich aber auch auf der offiziellen Verbandsebene. Vergleicht man die Stellungnahmen des Deutschen Bauernverbandes (Kieler Positionen, 1993) und der Naturschutzverbände, ist ein Bemühen um sachliche Arbeit erkennbar. Dies wirkt sich zeitverzögert auf die Einstellung und Haltung der Kreisverbände des Bauernverbandes und parallel auch der örtlichen Naturschutzorganisationen aus.

## 4.3.4 Agrarsoziodemographische und agrarsozioökonomische Differenzierungen

In der Literatur gibt es zur Beurteilung agrarsoziodemographischer und agrarsozioökonomischer Determinanten für die Einstellung zum Naturschutz in der ländlichen Bevölkerung nur wenige Anhaltspunkte. Sie beziehen sich auf Differenzierungsansätze mit Hilfe der Determinanten Altersgruppe, Erwerbsform, Stadtnähe und Schulbildung. Die vorliegenden Befragungsergebnisse zeigen aber auch, daß Engagement und die aktive Mitarbeit in den Naturschutzverbänden bedeutsam sind.

Unterschiede sind in der Motivation zu Fragen des Naturschutzes zu beobachten. Jüngere Landwirte können aufgeschlossen sein, weil sie auf der Grundlage einer guten Ausbildung den Produktionsprozeß hinsichtlich der ökologischen Folgen relativ gut erfassen können. Wenn indes über Gebühr und auf psychologisch ungeschickte Art und Weise Umweltkritik herangetragen wird, bauen sie eine ausgeprägte Abwehrhaltung auf. Denn die "Umweltkritik empfinden sie als Angriff auf ihre persönlichen Fähigkeiten" (Pongratz, 1992, S. 248). So ist das Phänomen zu erklären, daß parallel zur relativen Aufgeschlossenheit eine außergewöhnlich starke Abwehrhaltung jüngerer Landwirte gegenüber dem Naturschutz entwickelt werden kann.

Älteren Landwirten fällt es schwer, dem Naturschutz vor ökonomischen Gesichtspunkten Vorrang zu gewähren. Sie haben die vom Hunger geprägten Zeiten nach dem Krieg erlebt, und "damit ein Wertesystem aufgebaut und verinnerlicht, das sich von dem der jüngeren Generation grundlegend unterscheidet" (Klohn, 1992, S. 111). Das Wertesystem dieser Kriegsgeneration wird durch die sogenannte "Mangelhypothese" erklärt (vgl. Inglehart 1979, S. 280). Danach reflektieren die subjektiven Prioritäten eines Individuums seine sozioökonomische Umwelt, d.h. diejenigen Dinge werden am höchsten geschätzt, die verhältnismäßig knapp sind. Obwohl die unmittelbar physischen Bedürfnisse schon seit Jahrzehnten in unserer Gesellschaft befriedigt werden können, wirken die in früher Jugend manifestierten subjektiven Prioritäten posttemporär nach, dergestalt, daß der hohe Stellenwert der Nahrungsmittelproduktion augenfällig ist. Die zunehmende Bedeutung der Landschaftspflege, des Naturschutzes und der Flächenstillegung läuft nicht konform mit dem verinnerlichten Wertesystem dieser Generation: "Wissen Sie, daß ich hier im Krieg losgezogen bin, um das Moor urbar zu machen und wenige Quadratmeter Ackerfläche dazuzugewinnen ? Und jetzt soll das alles wieder aufgegeben werden - möglicherweise brachfallen. Ich verstehe das nicht!" (N.N.)

Untersucht man das Engagement der Landwirtschaft in den Naturschutzverbänden, stellt man fest, daß nur wenige Landwirte in den großen überregionalen Verbänden des Naturschutzbundes Deutschland oder des BUND organisiert sind. Andererseits sind im ländlichen Raum viele Landwirte jagdlich interessiert und Mitglied in der als Naturschutzverband anerkannten Jägerschaft. Die Jägerschaft ist neben dem Naturschutzbund und dem im Umweltschutz tätigen BUND der bedeutendste Naturschutzverband. Delegierte dieser Naturschutzverbände sitzen als beratende Mitglieder in den Umweltausschüssen der Landkreise und Gemeinden: "Der Landkreis-Beauftragte für Naturschutz kommt von der Jägerschaft, hat da auch eigentlich mehr sein Herz in der Jägerschaft, aber ist einer, der Jagd und Naturschutz zusammenbringt."(27) In der Jägerschaft ist die Naturschutzkomponente neben der jagdlichen etwa gleichbedeutend. Gleichwohl gibt es Mitglieder in der Jägerschaft, für die eindeutig der Naturschutz von überwiegendem Interesse ist. Bei zu einseitigem Engagement kann es sogar zu Konflikten mit den eigenen Verbandsmitgliedern kommen.

Die Vertreter des Naturschutzbundes und des BUND lehnen in der Regel die jagdlichen Aktivitäten strikt ab. Sie erkennen in der Jagd nicht das humanökologische Regulativ im Ökosystem, sondern sehen die Aktivitäten der Jäger in ethischer und moralischer Hinsicht als bedenklich und verwerflich an. Insbesondere solche Jäger werden kritisiert, bei denen die jagdliche Komponente überwiegt und die zudem ihre jagdlichen Aktivitäten im Ausland entfalten: "Wir haben also hier einen, der ist auch im Umweltausschuß - einen CDU-Menschen - großer Jäger vor dem Herrn. Der hat die ganzen Wände voll mit Köppen, aber nicht aus Deutschland!"(27)
Bei der Jagd im Ausland - wird unterstellt - fehlt der direkte Bezug zu dem Landschaftsraum, in dem der Jäger beheimatet und aktiv gestaltend tätig ist.

Als Mitte der 80er Jahre der flächenhafte Naturschutz im Agrarraum wachsenden Einfluß nahm, waren es überwiegend Naturschutzverbände mit Mitgliedern aus dem urbanen und nichtlandwirtschaftlichen Bereich, die hier aktiv wurden und aus den nahegelegenen Kleinstädten und Ballungszentren in diese Agrarräume hineindrangen. Um dieser Aktivität etwas entgegenzustellen, die Vehemenz des Naturschutzes aufzufangen und den Naturschutz mit den Produktionszielen besser konform laufen zu lassen, wurden in einigen Regionen bäuerliche Naturschutzvereine gegründet: "Wir haben hier auch sehr viele kleine örtliche Naturschutzverbände, bäuerliche Naturschutzverbände. Die sind auf einem Schmusekurs mit der Landwirtschaft. Das sind Bauern, die einen Naturschutzverband gegründet haben - örtliche Gruppen, so kleine Vereine, die hier wurschteln."(29)
In Schleswig-Holstein haben diese Verbände ihre Anfänge in den konfliktreichen Jahren Anfang und Mitte der 80er Jahre. Sie verfolgten einen Naturschutz, der sich landwirtschaftlichen Interessen nicht entgegenstellt, wie ein Vertreter des Naturschutzbundes in Schleswig-Holstein erklärt: "Ursprünglich waren das Organisationen, um den Naturschutz ein bißchen abzubiegen. Das muß man ganz ehrlich sagen. ...Die versuchen mehr, keine Konflikte zu schaffen oder Problemen aus dem Wege zu gehen. Wir sind ein großer Verband, der überregionale Ziele hat, und ganz anders vorgeht in der Diskussion mit der Landwirtschaft."(29)

Heute, zehn Jahre später, arbeiten diese Verbände nach anfänglichen Berührungsängsten zum Teil eng mit den großen Naturschutzverbänden zusammen. Die Naturschutzorganisationen respektieren und würdigen sich gegenseitig: "Aber mittlerweile sind das Verbände oder Vereine, die durchaus ernstzunehmende Arbeit machen. Nur, natürlich mit einem ganz anderen Verhältnis zur Landwirtschaft. ... Wir sind bei deren Mitgliederversammlung. Wir diskutieren häufig miteinander über gewisse Probleme."(29)

Ob der Faktor Stadtnähe die Einstellung zum Naturschutz beeinflußt, darüber gibt es in der Literatur keine Hinweise. Nur Pongratz (1992, S. 248) stellt in einem anderen Zusammenhang heraus, daß stadtnahe Landwirte mit den ökologischen Ansprüchen aus der Stadt stärker konfrontiert werden. Sie haben konkrete Vorstellungen von dem Anforderungsprofil der Ökologie und des Umweltschutzes, weil es ihnen häufiger und intensiver vor Augen geführt wird. Ob sich dies auf den Naturschutz übertragen läßt, bleibt fraglich. Stadtnahe Gebiete sind nicht unbedingt gleichzeitig besonders naturschutzwürdig. Naturschutzgebiete finden sich sowohl in stadtfernen als auch stadtnahen Bereichen; das gleiche gilt für andere Schutzgebietskategorien.

Eine Ausnahme bilden die Stadtstaaten Bremen, Berlin und Hamburg. Hier sind die Landesregierungen bemüht, gerade wegen des geringen Anteils an landwirtschaftlicher Nutzfläche, ökologische Kriterien bei der Bewirtschaftung der Flächen einfließen zu lassen. Außerdem müssen innerhalb des Stadtstaatsgebietes im Rahmen groß angelegter Bauvorhaben Ersatz- und Ausgleichsflächen für den Naturschutz bereitgestellt werden. Im Land Bremen sind der Ausbau des Containerterminals III, das Gewerbegebiet Uni Ost und Weidedamm III oder der anstehende Bau der Straßenbahnlinie 4 aktuelle Beispiele.

Im Land Bremen sind heute ca. 90 % der landwirtschaftlichen Nutzfläche naturschutzrechtlich geschützt (Senator für Umwelt und Stadtentwicklung, 1992). Auch in den der Landesgrenze nahe gelegenen Gebieten auf niedersächsischer Seite ist die Konzentration der naturschutzrechtlich geschützten Gebiete augenfällig. Hier befinden sich zudem mehrere projektierte Naturschutzgebiete wie auf der Strohauser Plate und deren Randbereichen, im Delmetal, im Hamberger Moor, in den Fischerhuder Wümmewiesen und der Hammeniederung. Bei den beiden letztgenannten handelt es sich um vom Bundesamt für Naturschutz anerkannte und geförderte Großschutzgebiete. Aus diesem Grunde haben die stadtnahen Agrarproduzenten des Raumes Bremen zahlreiche Berührungspunkte mit dem Naturschutz. Viele wirtschaften in Naturschutzgebieten, andere sind durch die im Berufsverband stattfindenden Diskussionen mit den Regelungen und Ansprüchen vertraut. Als Beispiel soll der Bericht eines stadtfernen Agrarproduzenten, der im Rahmen eines Ausfluges in den stadtnahen Bereich am Hollerdeich in Kontakt mit einem vom Naturschutz betroffenen Bremer Landwirt kam, dienen:

"Ich kenne einen Landwirt am Lehester Deich. Ich war da vor zwei Jahren an einem Tag, an dem genauso gutes Wetter war wie heute. Die anderen Landwirte fuhren Silo, und er saß neben seinem Haus. Ich sagte zu ihm: 'Junge, wie kann das angehen, Sie sitzen hier neben dem Haus! Haben Sie Ihr Silo schon fertig?' 'Wir sind arbeitslos,' sagte er. 'Wieso das denn?' 'Wir liegen im

Naturschutzgebiet !' 'Aber Ihr Nachbar ist doch auch...!' 'Ja, hier ist gerade die Grenze. Der darf Silo fahren. Ich darf nicht. Vor dem 25. Juni darf ich nicht anfangen. Das muß ich über mich ergehen lassen. Mein Nachbar hat alles weg, und hier ist Naturschutzgebiet,' sagte er."(10)

Dieser Kontakt führt zwar selten zu einer höheren Akzeptanz des Naturschutzes, erhöht aber den Kenntnisstand über Naturschutzauflagen. Dieses Wissen ist notwendig, um einen Dialog zwischen Grünlandwirtschaft und Naturschutz auf höherem Niveau zu konstituieren.

Es ist interessant, wie unterschiedlich die Einstellung unter den Landwirten ist, die erstmalig mit dem Naturschutz konfrontiert werden und denen, die schon seit Jahren Erfahrungen mit den Naturschutzauflagen des administrativen Naturschutzes haben. Letztere fürchten den Naturschutz nicht mehr als eine imaginäre Chimäre, welche die Landwirtschaft mit überzogenen Forderungen konfrontiert und stehen dem Naturschutz insgesamt positiver und aufgeschlossener gegenüber. Sie wissen, um welche Auflagen es sich handelt und wie damit betriebswirtschaftlich und produktionstechnisch umzugehen ist. Versammlungen in solchen Gebieten verlaufen in der Regel viel ruhiger und disziplinierter ab als in Gebieten, in denen erstmalig Naturschutzgebietsplanungen anlaufen. Der Verfasser machte auf ein ähnliches Phänomen im Zusammenhang mit Wasserschutzgebietsplanungen aufmerksam (vgl. Meyer zu Erbe, 1995, S. 44).

Der Einfluß der Erwerbsform auf die Einstellung zum Naturschutz ist umstritten. Untersuchungen kommen zu unterschiedlichen Ergebnissen. Das Bundesministerium für Ernährung, Landwirtschaft und Forsten vertritt in seinem offiziellen Informationsblatt (BMELF-Informationen Nr. 24, 13.Juni 1994) die Auffassung: "Auf die Frage, ob in der Landwirtschaft der kleine oder große Betrieb, Haupt- oder Nebenerwerbsbetrieb umweltfreundlicher ist, gibt es keine eindeutige Antwort." Das Bundesministerium bezieht sich auf die Untersuchungen von Nieberg (1994), nach der weder Betriebsgröße noch Erwerbsform in einem eindeutigen generellen Zusammenhang zu den Umweltwirkungen der Agrarproduktion stehen. Es lasse sich vielmehr ein "facettenreiches Gesamtbild" feststellen, heißt es in der Arbeit. Eine Politik, die das Betriebsgrößen- und Erwerbsformenspektrum beeinflussen will, sei daher nicht geeignet, um umweltpolitische Ziele zu erreichen. Solch eine Politik ließe sich daher auch nicht begründen. Dies gelte sowohl für eine Politik, die die landwirtschaftliche Betriebsstruktur konservieren, als auch für eine, die den Strukturwandel beschleunigen wolle. Auch eine finanzielle Benachteiligung bestimmter Betriebsgrößen bei der Gewährung ökologisch begründeter Einkommentransfers erscheine deshalb "wenig zielkonform". Somit sei der Einfluß der Erwerbsform auf die Einstellung zum Naturschutz als indifferent anzusehen.

Zu einem ganz anderen Ergebnis kommt Haris (1987, S. 176). Er stellt den oben aufgezeigten indifferenten Einfluß mit Nachdruck in Frage. Wichtig erscheint ihm die Tatsache, daß bei den meisten Nebenerwerbslandwirten die Kenntnisse fehlen, Chemikalien sachgerecht einzusetzen. Gleichzeitig stehe die Bewirtschaftungsintensität kaum hinter der der Vollerwerbslandwirte zurück.

Daraus schließt er, daß "ein erheblicher Teil der Nebenerwerbslandwirte der der Nebenerwerbslandwirtschaft zugewiesenen Aufgabe, nämlich eine ökologisch stabile und als Erholungsraum brauchbare Kulturlandschaft zu erhalten, nicht gewachsen ist" (Haris, 1987, S. 176).

Ob sich dies auf Grünlandgebiete übertragen läßt, ist fraglich. Auf Wiesen und Weiden werden ohnehin kaum Pflanzenschutzmittel eingesetzt. Der Einsatz organischer Dünger ist durch den Viehbesatz je Hektar vorgegeben und nur die Düngung mit mineralischem Dünger ist variabel. Selbst wenn man der Auffassung Haris folgt, sind die Nebenerwerbslandwirte eher geneigt, für ihre Grünlandflächen Naturschutzauflagen anzunehmen.

Vergleicht man die Situation der Haupterwerbslandwirte mit der der Nebenerwerbslandwirte werden Unterschiede deutlich. Die Einstellung der Nebenerwerbslandwirte ist nicht von vornherein ablehnend. Bei den Nebenerwerbslandwirten ist die Intensität der Bewirtschaftung überwiegend geringer als bei den Haupterwerbslandwirten. Bei vielen Nebenerwerbsbetrieben wurde die arbeitsintensive Milchviehhaltung bereits aufgegeben. Ist sie noch nicht aufgegeben, kommt den Betrieben die Extensivierung insofern gelegen, als daß sich der Arbeits- und Kapitalaufwand für die Bewirtschaftung des extensiv organisierten Betriebes verringert. Ein Nebenerwerbslandwirt erklärt: "Die Nebenerwerbslandwirte können vom Ausmaß nicht so wirtschaften wie die Haupterwerbslandwirte. Das geht nicht, weil die Unkosten zu hoch werden."(3) Extensivierung bedeutet für sie keine gravierende Einschränkung gegenüber der vorherigen Wirtschaftsweise, da sie zum Teil bereits relativ extensiv wirtschaften und bei einem Eintritt in ein Naturschutzprogramm gegebenenfalls lediglich den Mahdtermin etwas hinauszögern müßten. Weidemast mit Jungrindern, Mutterkuhhaltung und Weideochsenmast, im Einzelfall auch Schafhaltung sind Betriebszweige, die auf diesen Höfen oft seit Jahren vorhanden sind. Die Einstellung gegenüber dem Naturschutz ist etwas entspannter, weil sie ökonomisch unabhängiger von ihrer Landwirtschaft sind. Denn Nebenerwerbslandwirte beziehen den größten Teil ihres Einkommens aus der hauptberuflichen Tätigkeit. Der Übergang zur Extensivierung bedroht nicht die Existenz, sie bietet sogar in vielen Fällen Verbesserung der Arbeitsökonomie. Ungefähr 50 % aller in der Hammeniederung wirtschaftenden Betriebe sind Nebenerwerbslandwirte. Einem Teil von ihnen kommt Extensivierung zustatten; sie läßt sich innerbetrieblich vereinbaren.

Eine Sondergruppe unter den Nebenerwerbslandwirten bilden die Pferde haltenden Betriebe. Diese nutzen die Grünlandflächen überwiegend als zweischürige Wiese. Die Weiden liegen dabei auf etwas höheren Flächen, auch hier ist die Besatzstärke und Bewirtschaftungsintensität gering. Naturschutzforderungen sind von diesen Betrieben leicht zu erfüllen, sie entsprechen in der Regel der heutigen Wirtschaftsweise. Folglich ist die Zustimmung zu Naturschutzvorhaben bei den Pferdehaltern größer.

Eine Pferdehalterin aus Worpswede erklärt: "Pferde ernähren sich sowieso überwiegend von Kraftfutter. Das Pferdeheu haben sie nur zum Kauen."(2) Im Hinblick auf die ihr bekannten größeren Milchviehbetriebe fügt sie einschränkend hinzu: "Natürlich, bei anderen großen Milchviehbetrieben wird das Futter knapp."(2)

Der Verfasser charakterisiert die Einstellung der Landwirte unter Berücksichtigung der Erwerbsform zum Naturschutz wie folgt: Haupterwerbslandwirte, die mit ihrer ganzen Existenz auf den Fortbestand und die Entwicklung ihrer Betriebe angewiesen sind, stehen Naturschutzvorhaben kritisch gegenüber. Sie sehen im Naturschutz oft eine Behinderung der Anpassung ihrer Betriebe an die sich verändernden Rahmenbedingungen. In der Grünlandwirtschaft wird durch den Naturschutz eine Entwicklung in Richtung größerer Intensität unterbunden. Die Intensität wird zurückgefahren. So ist es verständlich, daß Haupterwerbslandwirte, die moderne Milchwirtschaft betreiben und mit hoher Milchquote ausgestattet sind und gleichzeitig oft intensive Mast betreiben, den Naturschutz kritisch beurteilen. Wenn in den vergangenen Jahren hohe Investitionen in Boxenlaufställe, moderne Melkanlagen, Außentechnik und Güllelagerkapazitäten getätigt wurden, kann das auf eine Zustimmung im Hinblick auf den Naturschutz hemmend wirken. Die ablehnende Haltung gegenüber dem Naturschutz und seinen Projektierungen wird somit verständlich, wobei nicht selten sehr emotional geprägte Einstellungen zu beobachten sind. Ein Landwirt aus Waakhausen schildert wie sein Nachbar die Nachricht von den Naturschutzplanungen aufgenommen hat: "Der drehte ja beinahe dabei durch. Er hatte große Angst! Erst vor kurzem hat er seinen Stall und die Güllegruben für 100.000,- DM fertiggestellt. Er hat sich das alles vom Mund abgespart. Es wäre doll gewesen, wenn das gekommen wäre; dann hätte er einpacken können."(9)

Agrarwissenschaft und Agrarverwaltung ordnen die landwirtschaftlichen Betriebe in Betriebstypen entsprechend ihrer Produktionsrichtung ein. Außerdem werden die Betriebe in Größenklassen katalogisiert. Aus dem Institut Rurale Entwicklung der Universität Göttingen stammt der Versuch, Landwirte in sieben Typen entsprechend ihrer Einstellung zum ökonomischen und sozialen Handeln einzuordnen.

TYPEN DER AGRARPRODUZENTEN

1. Typ des Agrarindustriellen
2. Typ des sog. modernen Wachstumslandwirts
3. Typ des traditionellen Wachstumslandwirts
4. Typ des Landwirts zwischen Ökonomie und Ökologie
5. Typ des traditional naturorientierten Landwirts
6. Typ des modernen naturorientierten Landwirts
7. Typ des traditionalen Landwirts

Die Einordnung in diese Kategorien ist der Versuch, die unterschiedlichen Einstellungsmuster auf die umweltrelevanten Themen und den aus dem Naturschutz kommenden Anforderungen an die Bewirtschaftung landwirtschaftlicher Betriebe zu typisieren. Bei den Gesprächen, die der Verfasser mit den verschiedenen Landwirten führte, zeigte sich ihre Position im Spannungsfeld zwischen gesellschaftlichen Ansprüchen und Individuum sowie zwischen industriegesellschaftlicher Entwicklung und Landwirtschaft vor dem Hintergrund des sozialen Milieus. Dabei stellte sich heraus, daß der Typ des Agrarindustriellen, der das System der agrarindustriellen Massenproduktion und der Externalisierung von sozialen und ökologischen Kosten favorisiert, in den untersuchten Grünlandgebieten nicht anzutreffen ist.

Der Typ des sogenannten modernen Wachstumslandwirts, der die agrarische Produktion vorrangig unter dem Gesichtspunkt der Expansionsmöglichkeit seines Betriebes sieht und landwirtschaftlich intensiv genutzte Produktionsfläche räumlich getrennt vom Naturschutz einordnet, ist eher die Ausnahme. Im ostfriesischen Raum wird er durch die dort ansässigen holländischen Agrarproduzenten repräsentiert: "Wir haben auch Holländer, die hier Pachthöfe bewirtschaften. Da sieht das ganz anders aus: Die sind bei den ostfriesischen Landwirten nicht gut angesehen, obwohl sie sehr tüchtig und fleißig und alles sind. Die holen alles aus dem Betrieb heraus, fahren sonntags und feiertags Gülle raus und..."(28)

Jüngere Landwirtschaftsmeister sind überwiegend den drei Gruppen - Wachstumslandwirt - Landwirt zwischen Ökonomie und Ökologie - und traditional naturorientierter Landwirt - zuzuordnen. Eine eindeutige Zuordnung ist jedoch kaum möglich.

Die Haupterwerbslandwirte mit langfristigen Zukunftsperspektiven stellen den überwiegenden Anteil der Typen 3. und 5. dar. Sie sind sich ihrer landschaftsökologischen Verantwortung bewußt und versuchen einen vertretbaren Kompromiß zu ihren subjektiven ökonomischen Notwendigkeiten zu finden; die Natur ist für sie keine Sache, die man unbegrenzt ausnutzen kann. In ihrer Berufsethik rangiert die ökonomische Erhaltung des Hofes an erster Stelle.

Der Typ des sog. modernen naturorientierten Landwirts, der die ökonomischen Notwendigkeiten seines Betriebes eher sekundär neben der ökologischen Ausrichtung seiner Produktion sieht, ist eine Ausnahme. Diese Ausnahmebetriebe versuchen sich in Marktnischen zu etablieren und entwickeln die Selbstvermarktung.

Der Typ des traditionalen Landwirts ist fast nur in der älteren Generation zu finden. Das Bewußtsein dieser Landwirte bewegt sich im traditionellen Kreislaufdenken. Der Nährstoffkreislauf des Betriebes ist für sie ein Teil selbstverständlichen betriebswirtschaftlichen Handelns. Den verordneten Naturschutz bewerten sie jedoch als eine 'Erfindung der Nichtlandwirte' und als permanenten Angriff auf die eigene Existenz und die persönliche Unabhängigkeit.

## 4.4 Naturschutz und Wasserwirtschaft

Konflikte, die zwischen Grünlandwirtschaft und Naturschutz im Bereich der Wasserwirtschaft bestehen, treten auf bei der Grabenräumung, den Uferrandstreifen, Überschwemmungen und Wiedervernässungen. Überschwemmungen und Wiedervernässungen werden aufgrund ihrer ähnlichen Auswirkungen auf die Grünlandwirtschaft und den Naturschutz in einem gemeinsamen Kapitel abgehandelt.

### 4.4.1 Grabenräumung

Ein gut ausgebautes Entwässerungsnetz kann man in Feuchtgrünlandgebieten nicht entbehren, da aus den Niederungen große Wassermengen abgeführt werden müssen. Um die Entwässerung langfristig zu garantieren, ist die Unterhaltung der Gräben eine vordringliche Aufgabe. So wird verhindert, daß Gräben zuwachsen und der Abfluß nicht mehr gewährleistet ist. Eine Umwandlung ausgedehnter Grünlandgebiete in stark vernäßtes Feuchtgrünland oder Sumpfgebiet würde bedeuten, daß diese Regionen landwirtschaftlich nicht mehr nutzbar wären. Die Futtererträge würden abnehmen und die Nutztierleistungen sinken. Daher ist es für die Grünlandwirtschaft wichtig, daß in den Niederungsgebieten Norddeutschlands die Gräben regelmäßig geräumt werden.
Die Grabenräumung erfordert nicht nur einen hohen organisatorischen und finanziellen Aufwand, sondern auch erfahrene Fachkräfte und den Einsatz von Spezialmaschinen.

Für die Unterhaltung der Gräben sind die Grundstückseigentümer direkt oder indirekt über den Entwässerungsverband bzw. Wasser- und Bodenverband verantwortlich. Die Zuständigkeit hängt davon ab, ob es sich um ein Gewässer I., II. oder III. Ordnung handelt (vgl. Wasserverbandsgesetz, 1991).

Die Grabenräumgeräte haben z.T. vernichtende Wirkung auf die Schwimmblattvegetation, die Grabenrandvegetation, auf Reptilien und Amphibien: "Die Artenvielfalt der Gewässer hat enorm abgenommen. Wir haben kaum noch Gewässer mit Teichrosen oder Seerosen hier in Ostfriesland."(28) Dabei unterscheidet man schonende von weniger schonenden Räumverfahren, wie ein Vertreter des Naturschutzbundes Deutschland erklärt: "Die Mähstreifen fahren die Böschung einzeln entlang... Einen Monat später fahren sie wieder entlang - der gleiche Prozeß wiederholt sich drei-, viermal im Jahr und da kann also keinerlei Röhricht oder Hochstaudenflur wachsen. Das ist der grosse Nachteil, denn dies sind die biologisch aktiven Flächen an den Gewässern, die wir brauchen."(28)

Von den Naturschutzverbänden wird die Räumung mit dem Mähkorb bevorzugt: "...der Entwässerungsverband Emden, mit dem komme ich am besten klar. Der hat sich ganz früh auf die Unterhaltung mit dem Mähkorb eingerichtet, aus meiner Sicht die naturschonendste..."(28)

Mit ihm ist die Räumung für die Grabenvegetation und limnische Fauna erheblich schonender, dennoch hat auch dieses technische Verfahren Nachteile, wie ein Landwirt aus Worpswede befürchtet: "Früher hatte der Wasser- und Bodenverband ein Gerät, das das Räumgut herausschleuderte. Jetzt kommen sie mit den Mähkörben und führen damit die Räumung durch. Dies geschieht aus Naturschutzgründen, weil sonst die Frösche zerstückelt werden. Das hat einen Nachteil: Es bleibt ein dammartiger Rückstand neben den Gräben auf den Wiesen und Weiden liegen, den man eigentlich abfahren müßte."(15) Wenn eine Satzung das Abfahren des Räumgutes nicht vorsieht, verbleibt es als störendes Residuum auf dem Grünland, wird von unerwünschten Pionierpflanzen, wie Urtica dioica und Urtica minor (Brennessel), Cirsium palustre (Sumpfkratzdistel) u.a. besiedelt und beeinflußt die Grasnarbe negativ. Werden die Gräben mit anderen Geräten, wie z.B. der Räumschnecke mit Förderscheibe geräumt, sollte umschichtig unilateral geräumt werden.

Die einseitige Grabenräumung ist ein praktikables Verfahren, um die Grabenrandvegetation zu schützen. Viele Entwässerungsverbände schreiben inzwischen zwar in ihren Satzungen die wechselseitige Räumung vor; die Entwässerungsverbände halten sich jedoch nicht immer an diese selbst erlassene Vorschrift, wie der Vorsitzende des Naturschutzbund Deutschlands, Kreisverband Aurich, erläutert: "Alle Satzungen hier enthalten, daß wechselseitig geräumt werden muß. Ein Jahr von einer Seite, im nächsten Jahr von der anderen.- Das trifft man kaum an! In anderen Gebieten läuft das besser."(28)

In den neueren Naturschutzgebieten ist die wechselseitige Grabenräumung in den Verordnungen verankert. So ist im Naturschutzgebiet 'Wiesen und Weiden nordöstlich des Breiten Wassers' die einseitige Grabenräumung in der Verordnung festgeschrieben. Wird in diesem Gebiet nur einseitig geräumt, kann von der nicht geräumten Grabenseite rasch das geräumte Ufer mit Stratiotes aloides (Krebsschere), Saggittaria sagittifolia (Pfeilkraut) und anderen Pflanzen besiedelt werden.

Welche Erfahrungen wurden bisher mit der einseitigen Grabenräumung gemacht ? Ein im Naturschutzgebiet wirtschaftender Landwirt erläutert, was beachtet werden muß: "Man darf nicht anfangen zu schluren. Man muß alle Gräben wirklich einseitig aufmachen. Wenn man das verschlurt, muß man eine Grundräumung machen und dann gibt es mit Sicherheit Ärger."(7)

Wie schon bemerkt, obliegt die Unterhaltung aller kleineren Gräben, der Gewässer III. Ordnung, dem Eigentümer direkt, d. h. die Räumung muß von ihm selbst veranlaßt werden. Im allgemeinen beauftragt er ein Spezialunternehmen mit der Durchführung der Grabenräumung. Dabei bekommt i.d.R. das kostengünstigste Unternehmen den Zuschlag. Die günstiger arbeitenden Spezialfirmen verwenden jedoch nicht immer die umweltschonendsten Geräte, weil sie zu kostenintensiv sind. Dies hat in der Vergangenheit schon viel Anlaß zur Kritik gegeben. Die Schäden, die dem Ökosystem der Gräben und Gräbenränder zugefügt werden, sind erheblich. Die Naturschützer drängen auf eine umweltfreundlichere Grabenräumung. Dies kann z.B. auch durch eine Räumung per Hand oder durch Räumung mit vegetationsschonenden Spezialmaschinen erreicht werden. Wie eingangs erläutert, ist die schonende Räumung nicht nur ein organisatorisches, sondern vor allem ein finanzielles Problem. Ein Landwirt aus Teufelsmoor berichtet, wie er sich jahrelang um die Räumung eines Grabens sorgte: "Ich habe hier unten einen Schaugraben, der muß jeden Oktober zum ersten geräumt sein. Zwei Jahre lang haben die Mitarbeiter der Biologiestation den per Hand geräumt und ich habe ihnen dafür das gegeben, was mich die Maschinenräumung gekostet hatte. Dafür sind die daran gegangen und haben das gemacht. Ich habe ihnen gesagt: 'Mir ist das egal - wenn die Grabenschau ansteht, wird das geschaut, und wenn die Sache ordentlich ist, ist das ordentlich. Wenn die Grabenräumung nicht abgenommen wird, habt ihr das nicht ordentlich gemacht. Ihr müßt dann da von neuem ran. Das ist nicht eine Angelegenheit, bei der ich sage: Das habt Ihr nicht gut gemacht, sondern das machen die, die die Aufsicht darüber haben."(14) Hier wird deutlich, daß es den Landwirten als Eigentümer der Gräben lieber ist, wenn etwaige Kritik von neutraler Seite an die Naturschützer herangetragen wird.

Die Räumung per Hand ist zu mühselig, als daß sie sich auf Dauer durchhalten ließe. So wurde sie auch von der Biologiestation allenthalben aufgegeben.: "Zwei Jahre lang hat die Biostation das gemacht. Im dritten Jahr hat der Wasser- und Bodenverband gesagt: Diese Fehnderstreckenregelung, die dreißig Jahre durchgeführt wurde, ist heute nicht mehr praktikabel. Man solle nun eine Ausschreibung machen. Der günstigste Anbieter bekam den Zuschlag. Der Z. aus Großenmeer hat die Gräben mit dem Mähkorb geräumt. Aber, weil dieser spezielle Graben besonders schwer zu räumen ist - die Uferbereiche sind weich - hat der gewaltig dadrin herumgewirtschaftet. Da ist sehr viel Zirkus, Streit, Radau nach der Grabenräumung im Oktober 1991 gewesen. 1992 wurde dann vereinbart, daß dieser Graben mit dem Raupenbagger, der mit einem langen Laufwerk und einem Mähkorb ausgerüstet ist, geräumt werden sollte - Da sind sie aber nicht mit zu Potte gekommen. Die ganze Grabenräumung, die eigentlich zum ersten November fertig sein sollte, hat sich so verzögert und verzögert, bis er sie endlich in der letzten Februarwoche gemacht hat."(14)
Es war nicht nur eine zeitliche Verzögerung, sondern auch ein erheblicher Mehraufwand, der für diesen Graben notwendig wurde: "Den Graben hat er ganz gut hingekriegt, jedoch nicht in dem Angebotspreis: Ein laufender Meter sollte eigentlich 50 Pfennig kosten. Aufgrund der Schwierigkeit hat der Meter jedoch 2,60 DM gekostet."(14)

Der Landwirt wollte die Gräben umweltfreundlich geräumt sehen, weil er bereit war, einen Beitrag zum Schutze der Natur zu leisten. Diesen Beitrag kann er jedoch nicht alleine leisten, eine aktive und finanzielle Unterstützung ist erforderlich, wie aus seinen Worten deutlich wird: "Aber wenn die was von der Naturschutzseite wollen, egal von welcher, ob das nun DBV oder Biostation oder Untere Naturschutzbehörde ist, dann sollen sie uns auch wirklich tatkräftig unterstützen. Wir wollen das wohl, aber alleine können wir das nicht. Nur, wenn Ihr uns dabei helft, können wir da was machen."(14)

Eine von diesem Landwirt gut gemeinte Initiative stieß auf bürokratische bzw. verwaltungstechnische Schranken, wie aus seinem weiteren Bericht hervorgeht: "Als hier die Frau B. noch bei der Unteren Naturschutzbehörde war, habe ich ihr einen Prospekt, den ich von der Ausstellung in Oldenburg hatte, mitgebracht. Ich sagte zu ihr: 'Gucken Sie mal, hier wird so ein Gerät angeboten, das hinten an den Schlepper angebaut wird. Es ist ein verhältnismäßig einfaches und leichtes Gerät. Wenn der eine das nicht mehr braucht, kann der nächste das an seinen Trecker anbauen und zum schonenden Grabenräumen verwenden. Wenn wir das Gerät zusammen anschaffen würden, wir sind daran interessiert. Wir, d.h. die vier oder fünf Landwirte hier in Teufelsmoor, könnten die Hälfte bezahlen und die andere unsere Untere Naturschutzbehörde.' Dann hätten wir mit dem Apparat die Gräben im Sinne des Naturschutzes geräumt. Papierkorb - weg ! ... Es wäre nicht die Aufgabe der Unteren Naturschutzbehörde, solche Dinge zu finanzieren. Die Grabenräumung ist Aufgabe und Verpflichtung der Landwirte. Ich sagte: 'Na ja.' Wie endete das Ganze ? Wir haben den Grube wieder angerufen, weil der der günstigste mit seiner Grabenfräse ist - der Meter 60 Pfennig. Und die von der Unteren Naturschutzbehörde sind wieder mit dem Fotoapparat losgelaufen und haben geguckt wie das hier alles übergeschnattert war und haben geschrieben: 'Die Frösche werden wieder frikassiert !' Wieso helfen die uns denn nicht ? Immer hier bloß hinlaufen und sagen: Das darfst Du nicht und das darfst Du nicht ! Sie können uns doch helfen !"(14)

Auch empören sich die Landwirte darüber, daß zwar für die privaten Flächen Pflicht besteht, mit dem Mähkorb zu räumen, für die landeseigenen Flächen in Osterholz jedoch zum damaligen Zeitpunkt noch nicht: "Was ist denn mit der Grabenräumung los ? Hier machen wir neuerdings die Grabenräumung mit dem Mähkorb - sowohl im Naturschutzgebiet als auch auf den anderen Flächen. Wieso haben sie auf den landeseigenen Flächen in Pennigbüttel ausschließlich mit der Schleuder die Gräben geräumt ? Das ist doch nicht zu fassen ! Wieso machen sie das ? Das Land Niedersachsen macht genau das, was sie uns untersagen."(14)

Die Landwirte wissen, daß in absehbarer Zeit das Kerngebiet der Hammeniederung als Naturschutzgebiet ausgewiesen werden soll. Daher wundern sie sich, und es empört sie, daß in einem zukünftigen Naturschutzgebiet, das zum großen Teil aus landeseigenen Flächen besteht, das Entwässerungsnetz nicht gewässerschonend unterhalten wird. Es erscheint vielen Landwirten unverständlich und erweckt Mißmut: Die Privatleute werden von staatlicher Seite angehalten, ihre Gräben möglichst naturschonend zu räumen. Andererseits handelt der Staat seinen eigenen Empfehlungen und Anordnungen zuwider. Wem dieses mehrfach direkt vor Auge geführt wurde, ist mit der Zeit enttäuscht und resigniert. Im Naturschutz engagierte Landwirte werden durch unangenehme Erfahrungen frustriert und verlieren am Ende das Interesse an einer aktiven Zusammenarbeit zwischen Naturschutz und Landwirtschaft. So verwundert die heutige Einstellung des Landwirtes aus Teufelsmoor nicht:

"Aber zuletzt hat man da auch keine Lust mehr zu. Nachdem ich den ganzen Kram hier mitgemacht habe, was sie mir alles geschrieben haben, ist mir die Lust vergangen. Ich engagiere mich auch nicht mehr für den Naturschutz. Ich passe nur noch auf unseren Kram auf. Da bin ich voll mit beschäftigt. Daß man immer nur vorneweg prescht und die anderen nicht hinter sich weiß, alleine dasteht, das ermüdet zuletzt."(14)

## 4.4.2 Uferrandstreifen

Die Randstreifen entlang der Gräben, Kanäle und Siele bilden einen Übergangsbereich zwischen Produktionsfläche und Gewässer. Ihnen kommt als Kompensationsfläche und Pufferzone zwischen Graben und Grünlandfläche in bezug auf die Qualität des Oberflächenwassers Bedeutung zu. Unmittelbar störende Einflüsse, insbesondere ein überhöhter Nährstoffeintrag durch die Agrarproduktion wirken schädigend auf das Ökosystem der Gewässer ein. Durch Uferrandstreifen können solche Störeinflüsse reduziert werden.

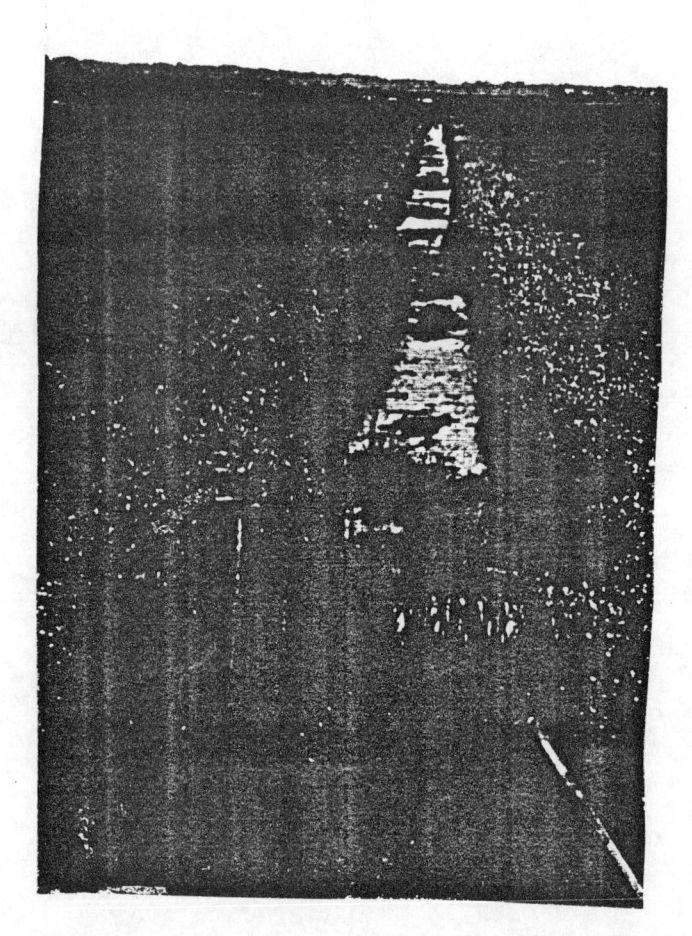

Abbildung 11: Grabenrandvegetation bestimmt vom Frühsommeraspekt Lychnis flos-cuculi (Kuckucklichtnelke). Eigene Quelle

Uferrandstreifen werden entweder ganz aus der Produktion herausgenommen oder mit reduzierter Nutzungsintensität ohne Düngung und ohne Pflanzenschutzmittel bewirtschaftet. Die herausgelöste, gesondert extensive Nutzung der Randflächen gestaltet sich in der landwirtschaftlichen Praxis nicht immer einfach. Kontrollen sind fast unmöglich, wie ein Vertreter des Naturschutzbundes Deutschland zu Bedenken gibt: "Am Ems-Jade-Kanal wurde ein Streifen angekauft und als Gewässerrandstreifen ausgewiesen. Wenn man ihn jetzt einzäunen würde, würde da eine Hochstaudenflur entstehen. Das ist für das Auge des Ostfriesen nichts! Also erst einmal versucht: Wir verpachten dem angrenzenden Landwirt die Fläche kostenlos mit. Da darf er keinen Dünger streuen. Wer will das jemals in den Griff bekommen ? Außerdem, wenn im Frühjahr - gleich im Mai -, die Tiere darauf kommen, werden die dann die Streifen nicht beweiden ? Das ist doch alles Unsinn ! Ich fordere grundsätzlich, daß diese Randstreifenflächen nicht bewirtschaftet werden und allenfalls alle paar Jahre mal gemäht werden."(28)

Abbildung 12: Grabenrandvegetation bestimmt vom Sommeraspekt Thalictrum flavum (Gelbe Wiesenraute). Eigene Quelle

Das Düngemittelgesetz und die Düngeverordnung sehen zwar vor, daß von der Düngung keine Beeinträchtigungen auf das Ökosystem der Gewässer ausgehen dürfen, trotz eindeutiger Rechtsvorschriften läßt sich aber beim Ausbringen von Düngemitteln in unmittelbarer Nähe von Gewässern nicht immer vollkommen ausschließen, daß kleinere Mengen stickstoff- und phosphorhaltige Nährstoffe unbeabsichtigt in die Gewässer gelangen. Aus diesem Grund wird von den Naturschutzverbänden die Auszäunung der Randstreifen gefordert, die in einigen Satzungen der Entwässerungsverbände und Naturschutzgebietsverordnungen bereits vorgesehen ist.

Ein Vertreter des Naturschutzes aus dem Landkreis Aurich erläutert die Diskrepanz zwischen dem Inhalt der Satzungen und dem, was bisher umgesetzt werden konnte: "Die Gewässer müssen ja eingezäunt werden, mindestens 80 cm von der Oberkante des Gewässers entfernt müssen sie stehen! Und den Graben zeigen Sie mir mal, wo das ist ! Ich habe den Entwässerungsverband angeschrieben: 'Viele sind ja überhaupt nicht eingezäunt, - auch im Fehntjer Tief nicht !' Fehntjer Tief ist ein staatliches Gewässer. Nach fünf Tagen bekomme ich eine Antwort: 'Wir kennen das Problem, aber wir können nichts machen ! Denn wir haben 1200 Kilometer Gewässer - 1200 Kilometer Gewässer, die wir abgehen und mit den Eigentümern ins Gericht gehen müßten und sagen: 'Hier, Zäune ziehen !'"

Abbildung 13: Jungviehweide mit zertretenen Uferbereichen; am gegenüberliegenden seggenreichen Grabenrand Iris pseudacoris (Gelbe Schwertlilie).

Eigene Quelle

Die in den Satzungen verankerten Vorschriften lassen sich administrativ nicht umsetzen, aber gerade für den Naturschutz würde die Umsetzung einen enormen Gewinn bedeuten, wie er fortfahrend erläutert: "Wenn man bei 1200 Kilometer nur 80 Zentimeter zurücknimmt, was das für ein Gewinn für den Naturschutz ist, ohne daß... Das muß man mal nachrechnen. Die meisten Gewässer sind ja bloß 10 oder 20 Zentimeter entfernt von... Der Zaun, wenn er vorhanden ist, steht ja genau auf der Kante der Böschung. Das ist extensive Fläche, die dem Naturschutz eigentlich zukommt. Und das ist wichtig im Gewässerschutz und letztlich auch für die Landwirtschaft. Alle Welt regt sich darüber auf, was für Nährstoffe aus der Landwirtschaft in die Nordsee fließen. Unsere Gewässer wimmeln von Algen."(28)

Der Naturschützer spricht den Imageverlust an, den die Landwirtschaft durch das Überdüngungsproblem erleidet. Nach seiner Ansicht würde die Auszäunung in Verbindung mit ausgesparter Grünlandbewirtschaftung nicht nur die Wasserqualität verbessern, sondern auch einen Imagegewinn für die Landwirtschaft bedeuten. Der Handlungsbedarf, der sich aus den Rechtsvorschriften in bezug auf ihre Umsetzung ergibt, ist noch groß. Wortgetreue Umsetzung aller Normen ist dabei nicht immer möglich: "Geschriebenes Wort ist etwas anderes als das, was draußen in der Natur geschieht!"(28) Arbeitstechnisch ist diese Anordnung nur schwer umsetzbar. Zäune behindern die Bewirtschaftung und kosten laufende Unterhaltung.

Trotz der bisher kritischen Diskussion sind im Umwelt und Naturschutz Erfolge und Fortschritte zu erkennen. Die pflanzenbedarfsgerechte Düngung mit organischen und anorganischen Düngern ist wichtiger Bestandteil der landwirtschaftlichen Ausbildung geworden. Die Auszubilden-

den werden zum umweltbewußten Wirtschaften im Agrarraum erzogen, es wird ihnen deutlich gemacht, daß beim Überschreiten umweltrelevanter Normen dieses geahndet werden kann und Sanktionen drohen. Ein landwirtschaftlicher Meister berichtet in diesem Zusammenhang:
"Ich bin selbst auch bemüht, und meinem Lehrling sage ich das ebenfalls: 'Bleib bloß von den Gräben weg, daß wir da keinen Ärger kriegen !' Wenn wir mähen, lassen wir auch immer einen Streifen stehen,... Ich bin bestrebt, das einzuhalten."(1)

Naturschutzfachliche Aspekte werden seit Jahren zunehmend in die landwirtschaftliche Ausbildung und Beratung einbezogen und berücksichtigt. Noch vor wenigen Jahren kritisierten Umweltforscher, daß der Umweltschutz nur in wenigen Lehrplänen als eigenständiges Fach an den Landwirtschaftsschulen der Bundesländer ausgewiesen ist (Wentingmann, 1988, S. 31). Fast zehn Jahre später, scheint diese Kritik teilweise überholt zu sein; sie hat nur noch auf den Einzelfall bezogen Gültigkeit. In der landwirtschaftlichen Ausbildung wird den Fragen des Natur- und Umweltschutzes zunehmend Rechnung getragen, nicht zuletzt, weil in den letzten Jahren zahlreiche Rechtsnormen in bezug auf umweltrelevante Regelungen im landwirtschaftlichen Sektor hinzugetreten sind und auch weiter hinzutreten (vgl. z.B. GülleVO, SchuVO, DüngeVO, § 20c BNatG). Sie werden Auszubildenden und Meisteranwärtern vermittelt und auch im Prüfungsstoff abverlangt. Daneben wird sowohl von der Fachpresse als auch landwirtschaftlichen Beratern die Möglichkeit der Teilnahme an Umweltprogrammen zunehmend herausgestellt bzw. publik gemacht.

Eine auch vom Naturschutz beeinflußte Haltung spiegelt sich in der folgenden Äußerung wider: "Ein oder zwei Meter bleibt man ja sowieso vom Grabenrand ab. Das Gras ist sowieso minderwertig, ich mache meine Maschinen kaputt, und für das Wild sind das Schutzzonen."
Häufig sind Randflächen am Fließgewässer von geringerer Ertragskraft als die übrigen Flächen oder aufgrund einer unregelmäßigen Uferlinie nicht maschinengerecht zu bewirtschaften. Nicht nur für das Wild bieten sich Rückzugsbereiche, sondern es werden auch naturnahe Lebensgemeinschaften in ihrer Entwicklung gefördert.

Einige Landwirte stören sich jedoch an dem vermeintlich unordentlichen oder unsauberen Landschaftsbild, das nach ihrer Auffassung durch die Uferrandstreifen entsteht. Hier kommt die ordnungsliebende Einstellung deutscher Landwirte zum Ausdruck: "Für die Uferrandstreifen bin ich ja überhaupt nicht. ...wenn ich das sehe: Hier der Graben und daneben geht 20 Meter die Wildnis los. Wir haben ja alles nur Stücke von 20 Meter Breite, und dann auf jeder Seite so einen Streifen ? Wie sieht das aus ?"(4)

Steht der Flächenverlust, der sich bei einem langen schmalen Flurstück ergibt, in keinem Verhältnis mehr zu der verbleibenden landwirtschaftlichen Nutzfläche, ist diese Einstellung verständlich. Liegt die betriebswirtschaftlich optimale Schlaggröße bei zehn ha, sind die Verluste auf Schlägen mit zwei bis drei ha überproportional groß und damit unzumutbar.

Ein anderer Landwirt äußert sich in ähnlicher Weise über das ästhetische Empfinden seiner Berufskollegen: "Es gibt einige Landwirte, die mähen direkt bis an den Graben heran. Die haben die Einstellung: das muß glatt sein, das muß sauber sein !"(8) Dies impliziert ein ästhetisches Empfinden, welches sich an einer sauberen und egalen Grünlandbewirtschaftung orientiert. Diese Gruppe von Landwirten sieht die Schönheit des Landschaftsbildes und der Natur in einer flurgeordneten und uniformen Bewirtschaftung. Pongratz (1992, S. 194) beschreibt dieses ästhetische Empfinden als "sachlich instrumentelle Haltung des Naturverständnisses der Bauern". Seine Untersuchung orientiert sich allerdings überwiegend an ackerbaulichen Fragestellungen und weniger an grünlandwirtschaftlichen, daher lassen sich die Ergebnisse auch nur bedingt auf die vorliegende Untersuchung übertragen. Nach Ansicht des Verfassers läßt sich jedoch eine Parallele zur Grünlandbewirtschaftung ziehen. Pongratz erläutert das Naturverständnis der Landwirte so: "Schön ist dann ein Feld eben nicht, wenn dort Blumen wachsen,...sondern wenn es fachgerecht in Ordnung gehalten wird."

Wichtiger Unterschied zwischen Grünland und Acker bleibt, daß es sich bei Wiesen und Weiden in der Regel um mehrjährige Pflanzengesellschaften handelt, die aus vielen Gräsern und Kräutern zusammengesetzt sind, und somit keine Monokulturen darstellen. Die Diversizität des Grünlandbestandes mit seinen Pflanzengesellschaften bedingt immer, daß Gräser und Kräuter zu verschiedenen Zeitpunkten in die generative Phase eintreten und daß sich ein mehrphasiges koloriertes Erscheinungsbild des Grünlandbestandes ergibt. Der Uniformität im Feuchtgrünland sind immer naturbedingt Grenzen gesetzt.

Ein anderes ästhetisches Empfinden haben Naturschützer und Landschaftsökologen. Ihre Sichtweise verläuft konträr zu der oben beschriebenen. Diesem Verständnis liegt ein Leitbild zugrunde, welches auf Diversizität und Heterogenität im Landschaftsbild abzielt. Die Bildanalyse der schematischen Zeichnung zum Landschaftsbild zeigt dies:

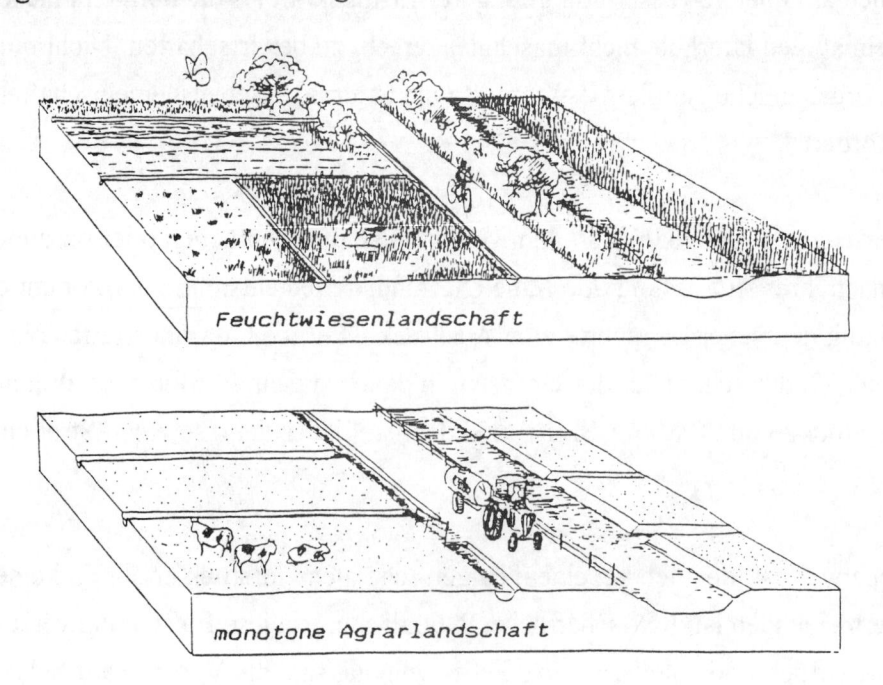

Abbildung 14: Feuchtwiesenlandschaft und monotone Agrarlandschaft im Vergleich. Quelle: Biologie Station Osterholz, 1991

Das Leitbild wurde von Vertretern der Naturschutzverbände angefertigt und zeigt eine typische Feuchtwiesenlandschaft, der das Negativbeispiel einer monotonen Agrarlandschaft gegenübergestellt ist.

Außer dem unterschiedlichen ästhetischen Empfinden und differierenden Leitbildern gibt es andere Beweggründe, warum Landwirte Uferrandstreifen skeptisch gegenüberstehen. Uferrandstreifen stellen für die Bewirtschafter Nutzungseinschränkungen dar, d.h. sie schmälern den landwirtschaftlichen Ertrag auf den betroffenen Flächen. Mit den Gewässerrandstreifen geht landwirtschaftliche Nutzfläche verloren. Betrieben, die möglicherweise ohnehin schon eine knappe Flächenausstattung haben, fehlen diese Produktions- und Nachweisflächen: "Der Wasser- und Bodenverband ist da ja bei, Flächen für die Gewässerrandstreifen aufzukaufen. ...Da habe ich schon gesagt: 'Dann ist mein Acker noch kleiner...'"(4)

Nur wenige Grundeigentümer sind interessiert, bei derzeit geringer finanzieller Förderung auf eigene Initiative Uferränder anzulegen, gerade wenn es sich um breitere Streifenanlagen handelt. Daher werden von Wasser- und Bodenverbänden sowie Sielachten Randstreifen mit öffentlichen Geldern aufgekauft und in das Eigentum der Verbände überführt. Es gehört zu den gesetzlichen Pflichten der Entwässerungsverbände, bei der Gewässerunterhaltung den Belangen des Naturschutzes Rechnung zu tragen (vgl. § 2 Punkt 12 und 13 Wasserverbandsgesetz). Der Bund, die Länder und einzelne Landkreise oder Gemeinden beteiligen sich über Programme finanziell an der Anlage. Die unterschiedlichen politischen Ebenen staffeln ihre Mitwirkung nach dem Rang der Maßnahmen. Der Bund fördert im Rahmen seines Finanzbudgets für Großschutzmaßnahmen an Gewässern mit gesamtstaatlicher Bedeutung die Anlage von Gewässerrandstreifen (Blap u.a., 1992).

Das Land Niedersachsen stellt Finanzmittel bereit, mit denen einerseits die Gewässer naturnah umgestaltet und andererseits Gewässerrandstreifen angelegt werden können. Die wichtigsten staatlichen Programme in diesem Zusammenhang sind das Fischotterprogramm und das Fließgewässerprogramm (vgl. Niedersächsisches Umweltministerium, 1992; Asendorf und Meyercordt, 1993). Die Wörpe, ein Nebenfluß der Wümme, wird beispielsweise mit dem Gewässerrandstreifenprogramm gefördert. Der Maßnahmenkatalog orientiert sich an den Fischottergewässern, die im Fischotterprogramm der Landesregierung ausgewiesen sind und an besonders schutzwürdigen Gewässerbiotopen nach dem Fließgewässerschutzsystem, so wie es von der Fachbehörde für Naturschutz (Niedersächsisches Landesamt für Ökologie) ausgearbeitet wurde.

Auch in der Hammeniederung werden Uferrandstreifen vom Land Niedersachsen, vertreten durch das Staatlichen Amt für Wasser und Abfall, aufgekauft: "Sie wollen ganz entlang der Hamme in einer Breite von sieben bis acht Metern die Flächen aufkaufen. Bezahlt werden dafür 2,- DM pro m². Damit waren wir auch teilweise einverstanden,"(9) berichtet ein Landwirt aus Waakhausen. Die Landwirte befürchten bei solchen Vorhaben jedoch oft, daß sie Rechte, insbesondere Wegerechte, verlieren und sehen Schwierigkeiten auf sich zukommen: "...verkaufen möchte ich nicht. Denn wir fahren über die Lintelner Brücke über die Hamme. Auf der anderen Seite der Hamme liegen fünf Landwirte von hier mit ihren Flächen. ...Wenn wir das verkauft hätten, hätten wir wahrscheinlich den Weg nicht mehr nutzen können. Grundsätzlich hätte man da nichts mehr zu sagen."(1)

Eine andere Befürchtung der Landwirte ist, daß bei Verkauf der Gewässerrandstreifen die Grabenräumung zukünftig nicht mehr regelmäßig und ordnungsgemäß durchgeführt werden könnte, so daß bei reduzierter Entwässerung die Grünlandflächen vernässen würden.

Im Rahmen der staatlichen Programme gibt es auch die Möglichkeit, über privatrechtliche Verträge Uferrandstreifen einzurichten. Hier verlieren die Eigentümer ihre Rechte nicht, so daß sich die Bedenken vieler Grundstücksbewirtschafter ausräumen lassen. Heute wird von dieser Möglichkeit noch wenig Gebrauch gemacht, weil der finanzielle Anreiz über die Programme gering ist und die Bewirtschaftungsnachteile nicht entsprechend finanziell ausgleicht. Außerdem ist die Frage der Pflege oft ungeklärt. Die Gewässerrandstreifen müssen gepflegt werden und da sie sich in besonders feuchten Bereichen befinden, ergeben sich organisatorische Probleme, wie aus folgendem Bericht hervorgeht:
"Vor zwei Jahren sind hier Randstreifen eingerichtet worden. Die Gräben können nicht mehr geräumt werden, weil man nicht mehr durchkommt. Wer soll da hinfahren ? Wie soll man das Abgemähte herausbekommen ?"(8) In vielen Fällen ist das Mähen der Uferrandstreifen nur von der Wasserseite möglich, so daß die Maßnahmen der Renaturierung verstärkt mit der Gewässerunterhaltung abgestimmt werden müssen. Das verursacht nicht zu unterschätzende Mehrkosten für den Wasser- und Bodenverband. Da die Kosten umgelegt werden, wird die Fixkostenbelastung der landwirtschaftlichen Nutzfläche erhöht. Unter den schwierigen Rahmenbedingungen, mit denen die Grünlandwirtschaft in der EU zu wirtschaften hat, ist eine solche Auswirkung negativ.

## 4.4.3 Überschwemmung und Wiedervernässung

Wenige Niederungsgebiete Norddeutschlands werden heute noch regelmäßig überschwemmt. In der Hammeniederung treten im Winter Überschwemmungen auf, die sich bis zu 17,3 km² ausdehnen (vgl. Eickhorst u.a., 1987, S. 22). Durchschnittlich stehen 40 % der Hammeniederung alljährlich unter Wasser. Die überschwemmten Flächen sind für seltene und schutzwürdige Grünlandvegetation bedeutsam, für die Avifauna sogar von existentieller Bedeutung, da viele Vogelarten auf die Überschwemmungen angewiesen sind. Eickhorst et al. stellten in ihren Untersuchungen fest, daß die Siedlungsdichte der Brutvögel im Überschwemmungsbereich doppelt so hoch ist wie außerhalb. Die Population der Enten und Limikolen wäre sogar noch größer, wenn man die Überschwemmungen bis ins Frühjahr ausdehnen würde.

Abbildung 15: Ausgedehnte Überschwemmungen in der Hammeniederung. Eigene Quelle

Aus Sicht der Grünlandwirtschaft ist eine Ausdehnung der Überschwemmungen bis weit in das Frühjahr hinein problematisch, da alljährlich langandauernden Überschwemmungen sich negativ auf die Grünlandwirtschaft auswirken würden. Durch solche Überflutungen wären selbst die obersten Bodenschichten eine geraume Zeit wassergesättigt und daher so schlecht durchlüftet, daß die wertvollen Süßgräser und Kräuter keine geeigneten Wachstumsbedingungen vorfinden würden (vgl. z.B. Baden, 1961, S. 34).

Je feuchter ein Boden ist, desto mehr Wärme muß ihm zugeführt werden, um das Pflanzenwachstum im Frühjahr einzuleiten, folglich setzt in den von Überschwemmungen betroffenen Niederungen erst verhältnismäßig spät der Vegetationsbeginn ein. Stark vernäßte oder überschwemmte

Böden können nicht mit Maschinen befahren werden, d.h. Pflegemaßnahmen, die im Frühjahr auf den Grünlandflächen vorgenommen werden müssen, sind nicht möglich.

"Die Vegetation fängt Mitte März an. Dann kann man das ja nicht mehr befürworten, daß da dann noch Wasser steht. Will man Pflegemaßnahmen oder eine Grunddüngung durchführen, dann muß das auch so weit abgetrocknet sein."(1)

Heute verhindern die Überschwemmungen in weiten Teilen der Hammeniederung eine intensive Grünlandnutzung. Soll die Grünlandnutzung auf stark vom Wasser beeinflußten Flächen intensiviert werden, sind umfangreiche wasserwirtschaftliche Maßnahmen notwendig. In den 60er und 70er Jahren wurden solche Maßnahmen immer wieder in den von Überschwemmungen betroffenen Regionen angestrebt, jedoch nicht überall verwirklicht (vgl. z.B. Agrarstrukturelle Vorplanung des Landkreises Osterholz, 1969). Heutzutage werden sie nicht mehr diskutiert, weil inzwischen naturschutzfachliche Entwicklungsziele den Vorrang haben.

Für die Grünlandwirtschaft stellen die Überschwemmungen in Verbindung mit allgemein hohen Grundwasserständen ein großes Bewirtschaftungsproblem dar. Ein Landwirt aus der Ortschaft Teufelsmoor fordert dazu auf, sich mit den produktionstechnischen Schwierigkeiten bei der Futterwerbung und Futterkonservierung vertraut zu machen: "Kommen Sie mal im Sommer hierher, wenn es naß ist! Wir haben so viele nasse Sommer gehabt, und wir bekommen wieder welche. ... Wir waren einmal im Sommer da unten in den Wiesen, da war es so schlimm, daß wir den Kram nicht einmal mit dem Kreiselmähwerk abkriegen konnten. Das war der erste Schnitt. Da haben wir das Heckmähwerk mit dem Fingermähbalken hergeholt und haben das abgefitzelt (mühselig abmähen, d.V.). Als es ab war, konnten wir den Kram nicht zusammenkriegen, weil das Gras im Wasser lag. Das war im Juli! ... Der ganze Kram stinkt sogar, aber abräumen müssen wir es ja doch. Wir können doch nicht den Kram da stehen lassen! Wenn wir es abgemäht haben, können wir es nicht liegen lassen, sonst ist unter dem liegengebliebenen Gras alles tot."(14)

Werden in solchen Gebieten grünlandverbessernde Maßnahmen ergriffen, wie z.B. Neuansaat und Reparatursaat, ohne daß gleichzeitig trockengelegt wird, bleibt der Erfolg aus. Dies wird aus den weiteren Ausführungen des Landwirtes deutlich: "Solange wir hier im Winter das Wasser auf den Flächen hinnehmen müssen, brauchen wir keine Grasnarbenverbesserungen zu machen, indem wir da die Schlitzdrille einsetzen."(14) Die vorherige, an extreme Nässe angepaßte Grünlandvegetation stellt sich immer wieder ein; wertlose Gräser wie beispielsweise Holcus lanatus (Wolliges Honiggras) oder Deschampsia caespitosa (Rasenschmiele) bilden bald wieder den dominanten Aspekt.

Abbildung 16: Deschampsia caespitosa - Horst; Deschampsia caespitosa (Rasenschmiele) wird vom Weidevieh weitgehend gemieden und erfährt dadurch eine selektive Förderung. Eigene Quelle

Die im Überschwemmungsgebiet wachsenden Grünlandpflanzen sind an das Übermaß an Wasser und das dadurch bedingte Milieu angepaßt. Sie vertragen Sauerstoffmangel und reduzierende Bedingungen im Boden. Es sind vielfach Sauergräser, Binsen und Seggen, die infolge ihres inneren Gewebeaufbaus Atemluft aus den oberirdischen Organen in die Wurzeln leiten können, also phytoanatomisch mit einem Aerenchym ausgerüstet sind. Es handelt sich in der Regel um Grünlandpflanzen mit nur geringem Futterwert, d.h. diese Pflanzen sind nach der Wertstufenskala von Klapp und Stählin nur mit einer verhältnismäßig geringen Punktzahl bewertet. Sie sind entweder giftig, reizend, holzig oder werden wegen ihres geringen Energiegehaltes und ihrer geringen Schmackhaftigkeit vom Weidevieh gemieden. Beim Weidegang des Rindviehs ist stets zu beobachten, daß die Tiere naß gewordenes Futter verschmähen, wenn sie trocken gewachsenes erreichen können.

Unter naturschutzfachlichen Kriterien sind die gleichen Grünlandpflanzen besonders landschaftsökologisch wertvoll. Dies ist das Hauptproblem im Konflikt zwischen Grünlandwirtschaft und Naturschutz.

Nur wenn das Wasser zeitig zu Vegetationsbeginn wieder abläuft und die Grundwasserstände abgesenkt werden, treten für die Grünlandwirtschaft keine schädigenden Auswirkungen auf. Im Einzelfall können sie sogar einen positiven Effekt haben, wie ein Nebenerwerbslandwirt aus Otterstein herausstellt: "Im Winter könnte man das Wasser ruhig ein paar Mal überlaufen lassen. Wenn es richtig trockenes Wetter ist, sind da unglaublich viele Mäuse ! In einem Jahr war ich da unten, da war das alles blank, man hatte das überfluten lassen. Weil der Weg etwas höher liegt, hatten sich die Mäuse hierhin gerettet und saßen zu Tausenden auf dem Weg. Ich ging auf dem Weg entlang, so daß es ein bißchen vibrierte. Da kamen die Mäuse überall aus den Löchern herausgekrochen. So schlimm

ist das! ... Diesen Winter war in Weyerdeelen die ganze Grasnarbe durch die Mäuseplage zerstört."(4)
Die Mäuse werden durch das Hochwasser in ihrem Bestand reduziert, und durch die Mäuseplage entstehende Schäden auf den Grünlandflächen können gemindert werden.

Eine Forderung des Naturschutzes in landschaftsökologisch wertvollen Grünlandregionen ist die Wiedervernässung. Auch in der Hammeniederung wird eine Wiedervernässung in Teilgebieten angestrebt. Seltene und schutzwürdige Grünland-Pflanzengesellschaften sollen dadurch in ihrer Entwicklung gefördert werden. Der Grauseggensumpf beispielsweise ist eine Niedermoor-Gesellschaft, die in Deutschland durch Entwässerung und Eutrophierung bis auf einige Reste verdrängt wurde. Eine Wiedervernässung würde zusammen mit einer Detrophierung die Regeneration dieser seltenen Pflanzengesellschaft ermöglichen.

Aus Sicht der Grünlandwirtschaft haben Wiedervernässungen die bereits genannten weitreichenden Folgen und sind mit denen lang anhaltender Überschwemmungen vergleichbar. Infolgedessen wird die landwirtschaftliche Nutzung erheblich erschwert, selbst Landschaftspflege kann nur noch eingeschränkt durchgeführt werden. Die Trittfestigkeit und Befahrbarkeit verringert sich, weil der Moorboden plastischer wird. Er trägt weder Maschinen noch Weidetiere: "Mit Maschinen kommt man dann überhaupt nicht mehr zurecht. Da kann ich also nichts von halten."(4) Eine rationell betriebene Milchproduktion ist vollkommen undenkbar. Insbesondere dort, wo die Grünlandwirte bereits gegenwärtig Schwierigkeiten haben, ihre Wiesen und Weiden problemlos zu nutzen, stößt eine Wiedervernässung auf ablehnende Haltung: "A. schimpft heute schon immer, daß er nicht auf sein Land fahren kann, weil es zu naß ist. Vor zwei Jahren sagte er zu mir - da hatten wir in Linteln schon längst Silo gefahren -: 'Wir können da noch gar nicht dran denken, Silo zu fahren, weil das alles noch so naß ist, daß wir noch gar nicht auf das Land rauffahren können. Ich kann noch nicht einmal Kunstdünger streuen.'"(1)

Ist der Wasserstand heute ohnehin relativ hoch, verschärft sich mit Hebung der Wasserstände die bereits wasserwirtschaftlich angespannte Situation im Wiedervernässungsraum. Liegt der sommerliche Wasserstand beispielsweise bei 40 oder 50 cm unter Flur - ein relativ hoher Grundwasserflurabstand- und soll er um 20 cm angehoben werden, ist eine Beweidung fast unmöglich. Der durch den Tritt der Tiere verursachte Schaden ist erheblich. Nach Auffassung Mährleins (1993) ist allenfalls eine Pflege der Flächen mit Schafen und leichten Extensivrinderrassen möglich. Die vernäßten Feuchtgrünlandflächen sind nur noch mit Maschinen befahrbar, die mit breiten Spezialreifen versehen sind. Nur wenn Schlepper, Silierwagen, Pressen und andere Geräte so umgerüstet werden, ist eine Befahrbarkeit auf den vernäßten Flächen denkbar, ohne daß es zu tiefen Fahrspuren kommt. Bei sehr hohem Grundwasserstand ist die Flächenbewirtschaftung dermaßen erschwert, daß die Aufgabe der Bewirtschaftung droht. Der erforderliche technische Aufwand steht in keinem Verhältnis mehr zu dem noch erzielbaren Ertrag der wiedervernäßten Wiesen und Weiden. In diesem Fall werden in der Regel Honorarzahlungen der öffentlichen Hand notwendig, die weit über dem Höchstbetrag des Erschwernisausgleiches liegen. Nur so kann eine Pflege der Flächen im Sinne des Naturschutzes garantiert werden. Andernfalls würden die Flächen aufgegeben werden und damit der Sukzession überlassen.

Ein weiteres Problem tritt auf: Bei Wiedervernässung werden gefährliche Weideparasiten in ihrer Ausbreitung begünstigt. Der Leberegel beispielsweise benötigt Feuchtstellen zur Entwicklung, weil sein Zwischenwirt, die Zwergschlammschnecke, an nasse Stellen und feuchte Böden gebunden ist. Dem Ausbreiten des Leberegels ist nur mit verstärktem Einsatz von Medikamenten zu begegnen: "Dann mußt Du da jeden Tag hinrennen, die Rinder müssen bis zum Gehtnichtmehr geimpft werden, nachher sind sie doch noch alle krank."(5) Diese drastische Darstellung ist überspitzt, dennoch charakterisiert sie die mit einer Wiedervernässung auftretenden Schwierigkeiten. Medikamente und Tierarztkosten belasten das Budget der landwirtschaftlichen Betriebe, die aufgrund agrarpolitischer Konstellationen ohnehin zu einer stringenten Kalkulation gezwungen werden. Außerdem tragen die Arzneien mit Sicherheit nicht zu einer verbesserten Fleisch- und Milchqualität bei.

Aus den aufgezeigten Gründen stehen Landwirte Wiedervernässungsmaßnahmen ablehnend und ängstlich gegenüber. Im Fall der Hammeniederung konzentrieren sich die Bedenken auf eine Änderung des Wasserregimes über die Ritterhuder Schleuse: "Es sei denn, es kommt soweit, - das weiß man nicht - , daß sie sagen: 'Wir machen die Schleuse zu, fahren den ganzen Wasserstand 30 cm höher und lassen das ganze Wasser nicht ablaufen.'... Das wäre für die ja theoretisch ganz einfach. ... Das weiß man ja nicht. Da habe ich Angst vor."(7) Diese Befürchtung ist kein Einzelfall, sie tritt in allen Niederungsgebieten auf, in denen über Naturschutzmaßnahmen diskutiert wird. Dabei wurde festgestellt, daß Landwirte nicht genau über die wasserrechtlichen Möglichkeiten des Naturschutzes informiert worden sind. Die Wiedervernässung in einem großen Bereich, in dem sich noch Privatflächen befinden, läßt sich rechtlich nicht ohne weiteres durchsetzen. Wenn in einem bestimmten Raum ein anderer, höherer Wasserstand eingestellt werden soll, ist dies nur in einem klar abgegrenzten Raum mit eigenem Wassermanagement möglich. Bei einer Wiedervernässung müssen auf jeden Fall die wasserrechtlichen Bestimmungen eingehalten werden. Nach den Wassergesetzen der Länder ist eine Wiedervernassung nur möglich und hat nur Sinn, wenn die Grundeigentümer der Flächen ausdrücklich ihr Einverständnis gegeben haben und das Grünland 30-jährig angepachtet wird. Ist der alleinige Grundeigentümer der Flächen die öffentliche Hand und hat sie sich zum Ziel gesetzt wiederzuvernässen, bestehen keine rechtlichen Bedenken.

Auch wenn die Landwirte dieses wissen, befürchten sie dennoch, daß die heutige rechtliche Situation sich schnell ändern kann, weil sie von politischen Gegebenheiten abhängig ist. Sie sehen die Staatsgewalt als mächtiger an und befürchten daher, daß der Staat immer Wege finden wird, seine Interessen durchzusetzen.

# 5 Zusammenfassende und bewertende Schlußbetrachtung

Die vorliegende Arbeit untersuchte den Konflikt zwischen Grünlandwirtschaft und Naturschutz unter Berücksichtigung der Projektierung des Großschutzgebietes Hammeniederung.

Der qualitative Ansatz wurde gewählt, um einen direkten Zugang zu den am Konflikt Beteiligten zu ermöglichen, sowie ihre Meinungen und Ansichten in Erfahrung zu bringen und zu analysieren. Von Erfahrungen mit dem Naturschutz leiten sich die gegenwärtigen Einstellungen ab. Da die Einstellungen im Individuum verankert bleiben, bleiben sie auch über Zeiträume und Situationen erhalten. Sie beeinflussen das Verhalten der am Konflikt Beteiligten gegenüber bestimmten Fragestellungen des Naturschutzes. So zeigt sich: Logische Argumente sind in der Naturschutzdiskussion nicht allein ausreichend, um Änderungen herbeizuführen, die zu einer transparenteren Konfliktsituation führen. Vielmehr ist es notwendig, ein besseres Verständnis für die Beweggründe, Anliegen und die darauf aufbauende Argumentation der anderen Seite zu bekommen. Wenn diese Voraussetzungen geschaffen sind, ist die Basis für einen effektiveren Diskussionsverlauf gelegt.

Durch die vorliegenden Befragungsergebnissen wird deutlich, daß die Akzeptanz von Naturschutz in Grünlandgebieten im wesentlichen von gegebenen agrarstrukturellen und sozialen sowie gesellschaftlichen Faktoren bestimmt wird.
Die agrarstrukturellen Faktoren lassen sich in drei Punkten zusammenfassen:

1. Bei überproportionaler Grünlandflächenausstattung eines landwirtschaftlichen Betriebes im Verhältnis zur Milchquote kommt eine extensive Grünlandbewirtschaftung in Naturschutzgebieten oder im Rahmen des Vertragsnaturschutzes in Frage. Bei den niedersächsischen Landwirten besteht Bereitschaft zum Eintreten in das Feuchtgrünlandschutzprogramm, solange ausreichend qualitativ gutes Futter von anderen Flächen für die Milchproduktion gewonnen werden kann.

2. Nimmt die Strenge der Naturschutzauflagen in den Naturschutzgebieten oder im Rahmen der Programme zu bzw. ist die Option der Auswahl zwischen verschieden strengen Auflagen nicht mehr möglich, sinkt die Akzeptanz.

3. Eine höhere Akzeptanz ist festzustellen, wenn Naturschutz flexibel gehandhabt wird, z.B. mit der Möglichkeit des früheren Mähens in Naturschutzgebieten.

Vorbehalte gegenüber staatlichen Programmen entstehen, wenn es im Zusammenhang mit den jeweiligen Regionalen Raumordnungsprogrammen, Landschaftsrahmenplänen o.ä. zu kontroversen Auseinandersetzungen gekommen ist. Dabei wird der zunehmende Einfluß des Naturschutzes im

Agrarraum vom Bauernverband als gefährlich angesehen; erst allmählich ändert sich diese Einstellung. Die Naturschutzdiskussion wurde lange Zeit auf emotionaler Ebene geführt, wobei vielfach andere agrarpolitische Probleme dem Naturschutz - quasi als Sündenbock - angelastet wurden.

Die zukünftige Entwicklung der Akzeptanz für Naturschutzmaßnahmen und Naturschutzprogramme wird vom Verfasser insgesamt positiv beurteilt. Bei der Umsetzung spezieller Maßnahmen, Programme oder Naturschutzgebietsausweisungen sind dennoch erhebliche Probleme zu überwinden. Zum Beispiel zeigt sich bei den Projektierungen von Naturschutzgebieten, daß sowohl frühzeitiges als auch zu spätes Einbeziehen der Betroffenen in den Planungsprozeß Auslösemomente für Konflikte birgt. Die Vorgehensweise ist bei den Planungsträgern umstritten. Naturschutzgebiete, die gegen den Willen der Landwirte, die sie pflegen sollen, ausgewiesen werden, werden nicht so akzeptiert wie jene, die aufgrund eines Konsenses aller Planungsbeteiligten ausgewiesen werden. Die Einbeziehung der Interessengruppen und deren Belange in eine naturschutzplanerische Organisationsstruktur ist daher Grundsatz für einen erfolgreichen Naturschutz.

In der Wesermarsch oder in der Elbtalaue wurden beispielsweise Kooperationen entwickelt, die nicht nur bei Naturschutzgebietsausweisungen, sondern auch im Zusammenhang mit anderen naturschutzrelevanten Vorhaben wie Landschaftsrahmenplan oder Feuchtgrünlandschutzprogramm angewandt werden können.

Der Aufkauf von Flächen für den Naturschutz wird von den Befragten unterschiedlich beurteilt. Gründe, die gegen den Aufkauf sprechen, sind der enorme finanzielle Aufwand für den Erwerb und die Pflege. Auch wird immer wieder angeführt, daß das Interesse der Pflege einer privaten Fläche langfristig größer ist als das einer öffentlichen.
Das Instrument des Vertragsnaturschutzes wird positiv beurteilt. Viele Befragte empfehlen, es vorrangig vor dem Erwerb durch die öffentliche Hand einzusetzen. Andererseits lassen sich private Grünlandflächen, die nur mittelfristig über Programme gefördert werden, kaum langfristig im Sinne des Naturschutzes entwickeln; Wiedervernässungsmaßnahmen und Detrophierung sind kaum umsetzbar.

Bei der Befragung der Politiker zeigte sich, daß die Unterschiede in der Einstellung zum Naturschutz und dessen Umsetzung minimal sind; die politischen Parteien stehen zum Teil in fast völligem Konsens in Fragen der aktuellen Naturschutzpolitik.

Nach offiziellen Verlautbarungen über die Zielsetzung der deutschen Landwirtschaft soll die Pflegefunktion für die Landschaft gleichrangig neben der Produktionsfunktion stehen. Noch konnte die Landschaftspflege den ihr zugewiesenen Rang nicht in vollem Umfang einnehmen.

Das Berufsbild der Landwirte ist in der Vergangenheit vor allem durch die Produktion von Nahrungsmitteln geprägt worden. Dabei war das selbständige und organisierende Denken auf eigenem Boden ein wesentliches Element. Mit der Landschaftspflege auf der Basis von Honoraren scheint dieses Selbstverständnis der Landwirte in Frage gestellt; viele können sich mit der Rolle als Landschaftspfleger nur schlecht identifizieren. Dies wird von den Politikern kritisiert und als eine Verengung der möglichen Aufgaben angesehen.

In fast allen projektierten Schutzgebieten wird die Idee der Produktion und Vermarktung von Naturschutzprodukten verfolgt. Die Produktion ist jedoch mit vielen Unwägbarkeiten verbunden, und die Vermarktung ist aufwendig und kostenintensiv, so daß insgesamt alles darauf hindeutet: Dieser Kategorie von Nahrungsmitteln kann bei kritischer Betrachtung nur eine sehr eingeschränkte Umsetzungsperspektive eingeräumt werden.

Mit der Untersuchung wird deutlich, wie gewichtig soziale und gesellschaftliche Einflüsse im Naturschutz sind. Der Administration fällt deshalb bei der Umsetzung von Naturschutz eine Schlüsselstellung zu. Sie befindet sich in einer dominanten Position, nicht nur weil sie die Rechtslage in der Regel besser kennt, auch weil sie sich in der Lage befindet, Forderungen stellen zu können und diese von Amts wegen durchzusetzen. Ihre Amtsautorität erscheint gewichtiger als die eines einzelnen Agrarproduzenten. Hinzu tritt die Anonymität und die für die Agrarproduzenten und Naturschützer geringe Transparenz des Verwaltungsapparates. Häufig werden Sachverhalte nicht ausreichend erläutert, so daß die Beweggründe nicht nachvollzogen werden können. Insgesamt zeigt sich: Die bewußtseinsmäßige Distanz zwischen Landwirten, Administration und Naturschützern ist vielfach zu groß; das Vertrauensverhältnis ist zu schwach, um schwierige Situationen zu bewältigen.
Es zeigt sich jedoch, daß in einigen Regionen Norddeutschlands die Naturschutzbehörden relativ große Akzeptanz genießen, was nicht nur auf die fachliche Kompetenz, sondern insbesondere auf die außerordentlich sensible und psychologisch einfühlsame Vorgehensweise der Behördenvertreter zurückzuführen sein dürfte. Wo diese Sensibilität entwickelt ist, gehen die Behördenvertreter mit kooperativer Haltung auf die Agrarpoduzenten zu, und diese sehen sie nicht als Gegner an.

Mit der Untersuchung wurde aber auch deutlich, daß es für Landwirte, die sich zum Teil noch als freie Unternehmer verstehen, schwer ist, sich daran zu gewöhnen, daß Behörden in Naturschutzgebieten mit einigen Befugnissen ausgestattet sind.

Gesellschaftlich rekrutieren sich die privaten Naturschützer oft aus sozialen Kreisen, die sowohl mit genügend finanziellen Mitteln als auch im Verhältnis zu den Landwirten mit mehr Freizeit ausgestattet sind. Sie stammen aus einem soziokulturellen Milieu, mit dem die Landwirte wenig Kontakt haben und dem sie skeptisch gegenüberstehen. Die Naturschützer sind den Landwirten häufig in der dialektischen Argumentation überlegen, was zur Folge hat, daß die Landwirte ihre ablehnende Haltung verstärken.

Da die Landwirtschaft in der Medienwelt einen nur geringen Einfluß hat, kann sie ihre Gegenposition in der Öffentlichkeit kaum darlegen; sie fühlt sich machtlos. Die Vertreter des Naturschutzes sind im Gegensatz zu den Medien oder den EU-Agrarpolitikern in der Naturschutzdiskussion vor Ort greifbar. So werden z.T. auch andere Probleme, die kaum mit der Naturschutzdiskussion im Zusammenhang stehen, auf sie reflektiert. Damit dient der Naturschutz als gesellschaftlicher Sündenbock oder als sozialer Blitzableiter für die Probleme der Agrarwirtschaft.

Der Bauernverband griff in der Vergangenheit häufig die Ängste der Landwirte auf, um sie zu verstärken, was in dieser Vehemenz überflüssig war und Ansätze zur Konfliktlösung von vornherein verbaute. Erschwerend kam in der Diskussion hinzu, daß die Naturschutzverbände der Auffassung sind, ihnen würde zu starkes Entgegenkommen und übermäßige Kompromißbereitschaft abverlangt werden. Dieser gesellschaftliche Prozeß erreichte in den 80er Jahren seinen Höhepunkt, relativiert sich aber in den letzten Jahren allmählich.

Die Einstellung der Landwirte gegenüber dem Naturschutz wurde im Hinblick auf agrarsoziodemographische und agrarsozioökonomische Gesichtspunkte differenziert. Als wesentliches Ergebnis wurde herausgearbeitet, daß Haupterwerbslandwirte im Naturschutz eine Behinderung der Anpassung ihrer Betriebe an sich ändernde Rahmenbedingungen sehen. So kann z.B. wenn in vergangenen Jahren hohe Investitionen in Boxenlaufställe, moderne Melkanlagen, Außentechnik und Güllelagerkapazitäten getätigt wurden, der Naturschutz auf die Amortisierung der Investitionskosten hemmend wirken.
Die Einstellung der Nebenerwerbslandwirte jedoch ist nicht von vornherein ablehnend. Bei vielen Nebenerwerbslandwirten wurde die arbeitsintensive Milchproduktion bereits aufgegeben. Ist sie es noch nicht, kommt den Betrieben die Extensivierung insofern gelegen, als daß sich Arbeits- und Kapitalaufwand für die Bewirtschaftung des extensiv organisierten Betriebes verringern.

Konflikte, die zwischen Grünlandwirtschaft und Naturschutz im Bereich der Wasserwirtschaft bestehen, treten auf bei der Grabenräumung, den Uferrandstreifen, den Überschwemmungen und den Wiedervernässungen. In diesem Zusammenhang zeigt sich, daß wortgetreue Umsetzung aller relevanten Rechtsnormen nicht immer möglich ist, da z.B. arbeitstechnische (Auszäunung der Gewässerrandstreifen) und finanzielle Gründe (naturschutzkonforme Grabenräumung) dem entgegenstehen.

Das ästhetische Empfinden nicht nur vieler Landwirte orientiert sich überwiegend an einer sauberen und gleichartigen Grünlandwirtschaft. Schönheit des Landschaftsbildes und der Natur wird in einer flurgeordneten und uniformen Bewirtschaftung gesehen. Das ästhetische Empfinden der Naturschützer und Landschaftsökologen verläuft konträr zu dieser Vorstellung.

Eines der gravierendsten und originärsten Probleme im Konflikt zwischen Grünlandwirtschaft und Naturschutz ist, daß die gleichen Pflanzen, die vielfach landschaftsökologisch besonders wertvoll sind, aus landwirtschaftlicher Sicht wegen ihres niedrigen Energiegehaltes, einen geringen Wert haben.

Aus Sicht der Grünlandwirtschaft haben insbesondere die Überschwemmungen und Wiedervernässungen weitreichende Folgen. Die landwirtschaftliche Nutzung wird erheblich erschwert und ist für den Rindviehbestand gesundheitsgefährdend; selbst Landschaftspflege kann nur eingeschränkt durchgeführt werden.

Naturschutz kann nur in Zusammenarbeit aller am Konflikt beteiligten Interessengruppen erfolgen. Kooperation und Kompromißbereitschaft sind genauso unerläßlich wie eine sensible Vorgehensweise. Die wichtigste Voraussetzung für eine sachliche Diskussion ist, daß die am Konflikt Beteiligten die Interessen und die Arbeit der anderen Seite kennen und respektieren lernen. Nur wenn dieses gewährleistet ist, werden auch in Zukunft die Erwartungen der Gesellschaft an den Naturschutz erfüllt werden können.

# LITERATURVERZEICHNIS:

**Agrarkarte des Landes Niedersachsen**,1980: Niedersächsisches Ministerium für Ernährung, Landwirtschaft und Forsten (Hrsg.), Hannover

**Agrarstrukturelle Vorplanung des Landkreises Osterholz**,1969; bearbeitet von der Niedersächsischen Landgesellschaft, Gruppe Raumplanug Hannover

**Asendorf,R. und Meyercordt,A.**,1993: Naturschutz und Landschaftspflege. In: Hannoversche Land- und Forstwirtschaftliche Zeitung,Nr.43,30.10.1993,S.12-13

**Alvensleben,R.**,1990: Das Umweltschutzmotiv beim Lebensmitteleinkauf. Landpost,10.11.1990,S.32-36

**Baars,S. und Dittrich,K.**,1992: Extensive Grünlandbewirtschaftung durch Nutztierhaltung - Begriffsbestimmungen und Quellenhinweise. In: AID-Inormationen; Arbeitsunterlagen für Berufsbildung und Beratung. Herausgegeben vom Auswertungs- und Informationsdienst für Ernährung, Landwirtschaft und Forsten.

**Baden,W.**,**1961**: Beurteilung und Düngung von Moor und Anmoor. Landwirtschaftliche Schriftreihe Boden und Pflanze. Nr.10, November 1961; Herausgegeben von Ruhr-Stickstoff Bochum.

**Baetge,C.**,1993: Bezahlung ökologischer Leistungen. In: Land- und Forstwirtschaftliche Zeitung, Nr.43 vom 30.10.1993

**Beck,U.**,1986: Risikogesellschaft. Auf dem Weg in eine andere Moderne. Frankfurt am Main; Suhrkamp.

**Becker,H.-J.**,1991: Der Bauer in der Industriegesellschaft als Produzent und Landschaftspfleger. In: NNA-Mitteilungen 2/92 - Einzelbeiträge zu besonderen Themen. Vortrag anläßlich der Lehrherren-Tagung d.ev.Heimvolkshochschule Lindenhof/Bethel am 4.1.1988.

**Bendixen, O.**,1984: Umweltschutz und Agrarproduktion aus Sicht von Landwirten und Beratern in Hessen. Eine explorative Studie zur Erkundung des Umweltbewußtseins von Landwirten. ASG-Materialsammlung Nr.167; Göttingen.

**Bezirksregierung Lüneburg**,1993: Geplantes Naturschutzgebiet 'Postwiesen und Hofleuteweiden'; Verordnungsentwurf mit Karte; Erläuterungen. Stand: 21.12.1993 (unveröffentlicht)

**Bezirksregierung Lüneburg**,1987: Erläuterungen zum Verordnungsentwurf für das Naturschutzgebiet -Breites Wasser- Erster nordöstlicher Erweiterungsabschnitt. AZ.: 13-22221/3-23
April 1987 (unveröffentlicht).

**Biologische Station Osterholz**,1990/91: Das Projekt Naturwiesen für eine naturschonende Grünlandwirtschaft.

**Blankenburg,J.**,1988: Zur Problematik der Wiedervernässung von land- und torfwirtschaftlich genutzten Flächen. In: Zeitschrift für Kulturtechnik und Flurbereinigung 29, 332-334 (1988); Verlag Paul Parey Berlin und Hamburg.

**Blap,J. et al.**,1992: Naturschutzprojekte des Bundes. Förderprogramm zur Errichtung und Sicherung schutzwürdiger Teile von Natur und Landschaft mit gesamtstaatlich repräsentativer Bedeutung. Naturschutzprojekte und Gewässerrandstreifenprojekte; Natur und Landschaft; Zeitschrift für Naturschutz und Landschaftspflege und Umweltschutz. 67.Jg.H.7/8 Juli 1992.

**Blum,P., Agena,C. und J.Franke**,1993: Kommentar Niedersächsisches Naturschutzgesetz i.d.F.v. 26. Mai 1993 (Nieders.GVBl.S.121) Kommunal- und Schulverlag Heinig Wiesbaden.

**Blumer,H.**,1979: Methodologische Prinzipien empirischer Wissenschaft. In: Gerdes,K. (Hrsg.),1979,S.41-62.

**BMELF-Informationen** vom 2.August 1993; Nr.31; Herausgegeben vom Bundesminister für Ernährung, Landwirtschaft und Forsten Bonn.

**BMELF-Informationen** vom 13.Juni 1994; Nr.24; Herausgegeben vom Bundesminister für Ernährung, Landwirtschaft und Forsten Bonn.

**BML**,1988: Agrarpolitische Mitteilungen; Nr.14/88. Agrarpolitik, Schwerpunkt und Vorhaben der Bundesregierung.

**Borggräfe,K. und O.Kölsch**,1993: Extensive Grünlandnutzung im Spannungsfeld zwischen Ökonomie und Ökologie. IN: Mitteilungen der NNA; 4.Jg.1993 Heft4, Schneverdingen.

**Böhme,H.**,1929: Weidewirtschaft und Futterbau 24,26 und 27; ref. Dtsch. landw. Rdsch.4,201,1929. In: Stählin,A.,1957: Methodenbuch Band VII. Die Beurteilung der Futtermittel; Neumann Verlag Radebeul und Berlin.

**Bölscher,B.**,1992: Zum Einfluß moderner Grünlandbewirtschaftung auf Wiesenvögel. In: NNA-Berichte 5.Jahrg./Heft 4,1992: Extensivierung der Grünlandnutzung - Technische und fachliche Grundlagen.

**Bredehöft,H.**,1977: Erschließung und Nutzung des Teufelsmoores unter besonderer Berücksichtigung der Landwirtschaft. Schriftliche Hausarbeit zur Ersten Staatsprüfung für das Lehramt an öffentlichen Schulen, Sekundarstufe I; Universität Bremen.

**Briemle,G. und M.Elsäßer**,1992: Die Grenzen der Grünland-Extensivierung. Anregungen zu einer differenzierten Betrachtung. In: Naturschutz und Landschaftsplanung, Zeitschrift für Angewandte Ökologie Heft 5/1992 Sept./Okt.,24.Jhrg. Verlag Eugen Ulmer Stuttgart.

**Brune,E. und L.Pamperin**,1993: Agrarstrukturelle Auswirkungen in Naturschutzgebieten am Beispiel 'Borgfelder Wümmewiesen' und 'Breites Wasser' - unter Einbeziehung von Interviews mit betroffenen Landwirten. Studentisches AV/Hausarbeit u. Anleitg. v. F. Meyer zu Erbe, FB 8-Geographie, Universität Bremen (unveröffentlicht)

**Bruns,K.-P.**,1993a: Der Beitrag der Landwirtschaft bei Erhalt und Pflege des Landschaftsbildes. In: Landschftsästhetik - eine Aufgabe für den Naturschutz ? NNA-Berichte, 6.Jhrg./Heft 1, 1993

**Bruns,K.-P.**,1993b: Die Auswirkungen der Landwirtschaft auf die Natur und Naturgüter im Positiven und im Negativen. In: Mitteilungen der NNA; 4.Jhrg.1993 Heft 4, Schneverdingen.

**Brück,M.** von,1987: Einheit der Wirklichkeit. Gott, Gotteserfahrung und Meditation im hinduistisch-christlichen Dialog. Chr. Kaiser Verlag München.

**Bund-Länder-Arbeitsgemeinschaft Flurbereinigung**,1985: Das Flurbereinigungsverfahren. Herausgegeben vom Auswertungs- und Informationsdienst für Ernährung, Landwirtschaft und Forsten (AID); Bonn.

**Bundesamt für Naturschutz**,1995: Schreiben des BfN an das Niedersächsische Umweltministerium. Betr.: Zuweisung aus dem Bundeshaushalt, Haushaltsjahre 1995 bis 1998, Kap. 1602 Tit.88211, zur Errichtung und Sicherung schutzwürdiger Teile von Natur und Landschaft mit gesamtstaatlich repräsentativer Bedeutung,- Naturschutzgroßprojekte-; hier Projekt Hammeniederung. Bonn,d.13.10.1995 (unveröffentlicht)

**Bundesforschungsanstalt für Naturschutz und Landschaftsökologie**,1993: Schreiben der BfNL an den Landkreis Osterholz v. 29.11.1991,05.12.1991 und 05.02.1992 (unveröffentlichter Schriftverkehr)

**Bundesminister für Umwelt, Naturschutz und Reaktorsicherheit**,1993: Richtlinien zur Förderung der Errichtung und Sicherung schutzwürdiger Teile von Natur und Landschaft mit gesamtstaatlich repräsentativer Bedeutung einschließlich der Förderung von Gewässerrandstreifen (Förderrichtlinien für Naturschutzprojekte vom 28.06.1993

**Bundesminister für Umwelt, Naturschutz und Reaktorsicherheit**,1994: Pressemitteilung: 'Bundesumweltministerium - Staatssekretär Stroetmann stellt Zusage zum Naturschutzvorhaben des Landkreises Osterholz in Aussicht'; Telekopie vom 7.03.1994; Bonn.

**Bürgerliches Gesetzbuch** vom 18.08.1896 (RGBl.S.195), zuletzt geändert am 28.10.1994 (BGBl.III 400-2).

**DBV-Informationen**, 1993: Anhörung zum Naturschutz im Bundestag, DBV-Info. 47-93; v.25.11.1993,S.5.

**Deutscher Bundestag** (Hrsg.),1992: Gesetzentwurf der Fraktion der SPD: Entwurf eines Zweiten Gesetzes zur Änderung des Bundesnaturschutzgesetzes; Deutscher Bundestag, 12. Wahlperiode; Drucksache 12/3487; 21.10.1992; Sachgebiet 791; Verlag Heger Bonn.

**Dietz,H.-J.**,1993: Naturschutz als Kooperationsaufgabe - Programme für umweltverträgliche, standortgerechte Landwirtschaft in Nordrhein-Westfalen. In: Mitteilungen der NNA; 4:Jhrg.1993 Heft 4, Schneverdingen.

**Duden**,1989: Duden Deutsches Universalwörterbuch. 2., völlig neu bearb. und stark erweiterte Auflage, Hrsg.u.bearb.v. Wissensch. Rat u. den Mitarb. der Dudenredaktion unter Ltg. v.Drasdowski; Dudenverlag Mannheim, Leipzig, Wien, Zürich.

**Düngemittelgesetz** vom 15.11.1977 (BGBl.IS.2134), zuletzt geändert am 29.09.1994 (BGBl.IS.2705).

**Düngeverordnung** vom 28.01.1996: Verordnung über die Grundsätze der guten fachlichen Praxis beim Düngen (DüngeVO). Bundesgesetzblatt, Jg.1996 Teil I Nr. 6,S.118-121, ausgegeben zu Bonn am 06.02.1996.

**Eggelsmann,R.**,1989: Wiedervernässung und Regeneration von Niedermoor. In: TELMA, Band 19, S.27-41, Hannover.

**Eichhorn,H.**(Hrsg.),1985: Landtechnik. Landwirtschaftliches Lehrbuch 4, Neubearbeitete und erweiterte 6.Auflage; Verlag Eugen Ulmer Stuttgart.

**Eickhorst,W., K.Schröder, M.Trobitz und H.Hille**, 1987: Kartierung der Flora und Fauna in den Hammewiesen 1986/87. Im Auftrage der Bezirksregierung Lüneburg -Dezernat 507-, Teil III Brutvögel/(Rastvögel).

**Escher,H.**,1993: Möglichkeiten der Einbeziehung von Landwirten in die Aufgaben von Naturschutz und Landschaftspflege im Rahmen von Förderprogrammen - Beispiele aus dem Landkreis Osnabrück. In: Mitteilungen der NNA; 4.Jhrg.1993, Heft 4; Schneverdingen.

**Fink-Keßler,A. et al.**,1995: Für eine nachhaltige Landwirtschaft in Niedersachsen - Regionale Lösungen für regionale Probleme. Herausgegeben von der AG Ländliche Entwicklung/Fachbereich Stadtplanung und Landschaftsplanung der Gesamthochschule Kassel. Wissenschaftsreihe ABL-Bauernblatt Verlag; Rheda-Wiedenbrück.

**Flurbereinigungsgesetz** (FlurbG) i.d.F.v. 16.03.1976; BGBl.I S.546

**Förster,C.**,1992: Vermarktung (Kapitel IV.) In: Leitfaden zur Extensivierung der (Grün-)Landwirtschaft. Herausgegeben von der Umweltstiftung WWF-Deutschland -Projekt Wümmewiesen-. Verlag Arbeitsgemeinschaft Bäuerliche Landwirtschaft - Bauernblatt. Rheda-Wiedenbrück.

**Girtler,R.**,1984: Methoden der qualitativen Sozialforschung. Anleitung zur Feldarbeit. Wien,Köln,Graz.

**Girtler,R.**,1988: Aschenlauge. Bergbauernleben im Wandel; Landesverlag Linz.

**Giorgi,A.**,1985: Sketch of a psychological phenomenological method. In: Giorgi,A.(Ed.), phenomenological and psychological research. (pp.8-22). Pittsburg, PA.: Duquesne Univerdity Press.

**Golter,F.**,1993: Umweltleistungen der Bauern honorieren ! Durchführung und Bezahlung der Landschaftspflege; Golter, Hauptgeschäftsführer Landesbauernverband in Baden-Württemberg, Stuttgart; o.w.A.

**Graumann,C. und Métraux,A.**,1977: Die phänomenologische Orientierung in der Psychologie. In: K.A.Schneewind (Hrsg.), Wissenschaftstheoretische Grundlagen in der Psychologie (S.27-53). Reinhardt, München.

**Grundgesetz für die Bundesrepublik Deutschland** vom 23.05.1949, zuletzt geändert am 28.06.1993 (BGBl.S.1; BGBl.III 100-1).

**Gülleverordnung**,1990: Verordnung über das Aufbringen von Gülle und Geflügeltrockenkot (GülleVO), vom 9.1.1990 Nied.GVBl.44 (1990), Nr.2, S.9-10.

**Hamm,U. und M.Konrad**,1992: Akzeptanzmindernde Faktoren beim EG-Extensivierungsprogramm. In: Berichte über Landwirtschaft; Band 70, S.184-212; Hamburg und Berlin.

**Haris,J.**,1987: Umweltrelevante Einstellungen und Verhaltensweisen von Nebenerwerbslandwirten. In: Agrarsoziologische Orientierungen; Ulrich Planck zum 65.Geburtstag. Herausgegeben von Dieter Jauch und Frank Krowka; S.168-181; Verlag Eugen Ulmer Stuttgart.

**Hemmerling,W.**,1994: Effektiver Naturschutz durch Flächenaufkauf. In: Bauernblatt vom 3.September 1994, S.11-13.

**Hoffmann-Riem,C.**,1994: Elementare Phänomene der Lebenssituation. Ausschnitte aus einem Jahrzehnt soziologischen Arbeitens. Herausgegeben von Wolfgang Hoffmann-Riem, Marianne Pieper und Gerhard Riemann; Deutscher Studien Verlag; Weinheim.

**Huber,K.**,1992: Kritische Gedanken zum Modell der Landschaftspflegeverbände. Landschaftspflege statt Naturschutz ? Von gepflegten Wiesen frisch auf den Kompost! In: Arbeitsergebnisse der AG Ländliche Entwicklung, Nr.21, September 1992, Fachbereich 13 - Stadtplanung/Landschaftsplanung; Gesamthochschule Kassel.

**Inglehart,T.**,1979: Wertwandel in den westlichen Gesellschaften: Politische Konsequenzen von materialistischen und postmaterialistischen Prioritäten. In: Klages,H. und P.Kmieciak (Hrsg.),1979: Wertewandel und gesellschaftlicher Wandel; S.279-316; Frankfurt am Main.

**Janzen, N.**,1992: Auswirkungen der Extensivierungsprogramme des Landes Niedersachsen auf die Landwirtschaft in der Wesermarsch; Diplomarbeit aus dem Integrierten Diplomstudiengang, FB Landwirtschaft, Gesamthochschule Universität Kassel; Witzenhausen. (unveröffentlicht).

**Jedani,P.**,1985: Teufelsmoor und Bergedorf - Siedlungen im Raum Worpswede und ihre sozioökonomischen Veränderungen -. Schriftliche Hausarbeit; vorgelegt im Rahmen der Ersten Staatsprüfung für das Lehramt der Sekundarstufe I. Fachgebiet: Geographie und ihre Didaktik, Bielefeld.

**Kieler Positionen**,1993: Agrarpolitisches Programm des Deutschen Bauernverbandes. Verabschiedet von der DBV-Mitgliederversammlung am 8.7.1993 anläßlich des Deutschen Bauerntages 1993 in Kiel.

**Kisch,W.**,1995: Karlsruhe soll entscheiden. Unmittelbarer Biotopschutz auf dem rechtlichen Prüfstand. In: Das Landvolk (Hrsg.), Nr.7; 1.April 1995.

**Klapp,E.**,1971: Wiesen und Weiden. Eine Grünlandlehre. 4.Auflage; Verlag Paul Parey; Berlin und Hamburg.

**Klohn,W.**,1992: Probleme der Raumgestaltung in der Dümmerniederung. VSAG Vechtaer Studien zur Angewandten Geographie unr Regionalwissenschaft; Vechtaer Druckerei und Verlag, Vechta.

**Knauer,N.**,1987: Entwicklung einer ökologiegerechten Kulturlandschaft durch Landwirtschaft. In: Naturschutzprogramme mit der Landwirtschaft -Extensivierungs-,Flächenumwidmungs- und Landschaftspflegeprogramme in der Agrarlandschaft, Naturlandstiftung Hessen, Bad Nauheim.

**Knauer,N.**,1995: Naturschutz und Landwirtschaft - aktuelle Konflikte und Perspektiven. In: Regeneration und Schutz des Feuchtgrünlandes; NNA-Berichte, 8.Jahrgang/1995, Heft 2 Herausgeber und Bezug: Alfred Töpfer Akademie für Naturschutz, Schneverdingen.

**Kockelmanns,J.**(Ed.),1987: Phenomenological psychologie. The Dutch School. Dordrecht, Nijhoff.

**Kölsch,O. und J.Dettmer,**1990: Agrarfabriken oder bäuerliche Wirtschaftsweise ? Fakten und Aussagen zur Umweltzerstörung und zur sozialen und wirtschaftlichen Situation von Agrarproduzenten im Landkreis Vechta. Schriftenreihe des Fachbereiches Stadtplanung/Landschaftsplanung. Band 16; Gesamthochschule Kassel.

**Krech, D. und R. Crutchfield,**1992: Grundlagen der Psychologie. Herausgegeben von Hellmuth Benesch. BELTZ Psychologie Verlags Union.

**Kreiszeitung Wesermarsch** vom 14.05.1994: Einmaliges vor den Toren Nordenhams. Naturschützer und Landwirte arbeiten Hand in Hand - Einziges Projekt in ganz Niedersachsen.

**Krüger,R., J.Hasse und D.Hagen**,1984: Bestand und Veränderungstendenzen räumlicher Identität (Heimatbewußtsein) angesichts bevorstehender Umweltveränderungen durch den Neubau eines Seedeiches innerhalb der Ortslage des Sielhafenortes Ditzum. Wahrnehmungsgeographische Studien; Bibliotheks- und Informationssystem der Universität Oldenburg.

**Krüger,R. et al.**,1986: Heimat im Matscher Tal. Eine kulturgeographische Untersuchung zu Alltag und Identität in einem abgelegenen Hochtal Südtirols. Biblitheks- und Informationssystem der Universität Oldenburg.

**Krüger,R., Danielzyk,R., Schäfer,B.**,1993: Ostfriesland: Regionalbewußtsein und Lebensformen - Eine Spurensuche nach Gestaltungsperspektiven von Regionalentwicklung und Lebensalltag; Endbericht zum DFG-Projekt Kr927/2 (i.a.F. veröffentlicht).

**Kulp,H.-G.**,1995: Der Weyerberg und das Teufelsmoor - ein landschaftsökologischer Führer. Herausgegeben von der Biologischen Station Osterholz. Verlag M. Simmering Lilienthal.

**Kuntze,H.**,1988a: Neue wissenschaftliche Aspekte der Landeskultur. In: Sonderdruck aus Gießener Universitätsblätter Jg.21, Heft 1/1988; S.19-25.

**Kuntze,H.**,1988b: Auswirkungen von Verboten oder Beschränkungen von Düngungsmaßnahmen und Pflegearbeiten sowie von Wiedervernässungen auf den Boden unter besonderer Berücksichtigung verschiedener Standorte. In: Auswirkungen von Naturschutzauflagen auf auf die Grünlandbewirtschaftung. Herausgegeben vom Kuratorium für Technik und Bauwesen in der Landwirtschaft (KTBL), Darmstadt.

**Lamnek,S.**,1988: Qualitative Sozialforschung, Band 1, Methodologie; Psychologie Verlags Union München und Weinheim.

**Lamnek,S.**,1989: Qualitative Sozialforschung, Band 2, Methoden und Techniken; Psychologie Verlags Union München und Weinheim.

**Landkreis Osterholz**,1985: Regionale Raumordnungsprogramm für den Landkreis Osterholz, Osterholz-Scharmbeck.

**Landkreis Osterholz**,1991: Gesamtstaatlich repräsentatives Naturschutzvorhaben 'Hammeniederung'. Förderantrag Juli 1991 Text- und Kartenteil, Fotodokumentation (unveröffentlicht).

**Landkreis Osterholz**,1992a: Schreiben des Landkreises Osterholz an die Bundesforschungsanstalt für Naturschutz und Landschaftsökologie vom 5.3.1992 (unveröffentlicht).

**Landkreis Osterholz**,1992b: Schreiben des Landkreises Osterholz an die Bundesforschungsanstalt für Naturschutz und Landschaftsökologie vom 5.10.1992 (unveröffentlicht).

**Landkreis Osterholz**,1993a: Naturschutzvorhaben Hammeniederung. In: Entwicklungs- und Betroffenheitsanalyse - Einführung- Neuer Abgrenzungsvorschlag zum Kreistagsbeschluß v. 17.06.1993 (unveröffentlicht).

**Landkreis Osterholz**,1993b: Vermerk zum Gesamtstaatlich repräsentativen Naturschutzvorhaben Hammeniederung, hier: Erörterung der Möglichkeiten zur Regelung der sog. "Flickenteppichproblematik". Besuch von Herrn Winzek vom Bundeslandwirtschaftsministerium Bonn (BML) in Worpswede am 5.4.1993; Osterholz-Scharmbeck,d.15.04.1993 (unveröffentlicht).

**Landkreis Osterholz**,1994a: Sitzungsvorlage für den Kreisausschuß am 1.2.1994 mit dem Betreff: Ergänzung des Antrages zur Ausweisung eines 'GR-Gebietes Untere Hammeniederung'(unveröffentlicht).

**Landkreis Osterholz**,1994b: Niederschrift über die Besprechung am 10.05.1994 im Kreishaus Osterholz-Scharmbeck zum 'GR-Vorhaben Untere Hammeniederung' und 'NSG-Vorhaben Postwiesen/Hofleuteweiden', Osterholz-Scharmbeck, den 07.06.1994 (unveröffentlicht).

**Landkreis Osterholz**,1995a: Niederschrift über die Sitzung des Umweltausschußes am 16.10.1995 im kleinen Sitzungssaal des Kreishaus in Osterholz-Scharmbeck (unveröffentlicht).

**Landkreis Osterholz**,1995b: Landschaftsrahmenplan für den Landkreis Osterholz -Vorentwurf- (unveröffentlicht).

**Landkreis Osterholz**,1996: Startschuß für GR-Gebiet. Fördervolumen von 23 Millionen Mark. In: Hauspost v.5.02.1996.

**Land- und Forstwirtschaftliche Zeitung**, 1996: Vier neue Naturschutz-Großvorhaben. Land- und Forstwirtschaftliche Zeitung v.21.03.1996 Nr.12, S.27.

**Landvolk**,1992: Stellungnahme zum Ersten Planentwurf des geplanten GR-Gebietes im mittleren Hammeraum; Niedersächsisches Landvolk, Kreisverband Osterholz; Osterholz-Scharmbeck, d.26.05.1992 (unveröffentlicht).

**Landwirtschaftskammer Hannover**,1976: Sozio-ökonomische Strukturanalyse und Prognose für das Gebiet Teufelsmoor - untere Hamme im Landkreis Osterholz. Bearbeitet im Auftrage und mit Finanzierung des Niedersächsischen Ministers für Ernährung, Ladwirtschaft und Forsten; Osterholz-Scharmbeck.

**Landwirtschaftskammer Hannover**, Bezirksstelle Bremervörde,1993a: Naturschutzvorhaben Hammeniederung, Entwicklungs- und Betroffenheitsanalyse (Band II/Landwirtschaft).

**Landwirtschaftskammer Hannover**,1993b: Dritte Betriebszweigsabrechnung in der Rindviehhaltung mittels EDV-Anwendung "BZA-Rind" der Landwirtschaftskammer Hannover, Anlage zu TOP 4 - Vorabdruck für den Ausschuß Wirtschaftsberatung (unveröffentlicht).

**Leser, H.**,1992: Die Kulturlandschaft - Der unbezahlte Wert. In: deutsche bauern korrespondenz; dbk 5/92, S.175

**Lohe,H.**,1994: Ministerin: Das Pilotprojekt ist ein Vorbild für andere Regionen. In: Nordwest Zeitung; Ausgabe vom 08.06.1994.

**Louis,H.**,1990: Niedersächsisches Naturschutzgesetz - Kommentar 1.Teil §§1 bis 34. Naturschutzrecht in Deutschland; Schapen Edition Braunschweig.

**Marschall,I.**,1995: Fünf Jahre Tauziehen in der Dannenberger Marsch - ein Lehrstück. Zum Konflikt Landwirtschaft und Naturschutz. In: arbeitsergebnisse, Heft 31, Mehr Demokratie auf's Land; Schriftreihe der Arbeitsgemeinschaft Ländliche Entwicklung am Fachbereich Stadtplanung/Landschaftsplanung der Gesamthochschule Kassel.

**Mayring,P.**,1990: Einführung in die qualitative Sozialforschung - Eine Anleitung zum qualitativen Denken; Psychologie Verlags Union München.

**Mährlein,A.**,1993a: Einzelwirtschaftliche Auswirkungen von Naturschutzauflagen. Eine theoretische und empirische Analyse unter besonderer Berücksichtigung Niedersachsens; Arbeit aus dem Institut für Agrarökonomie und dem Forschungs- und Studienzentrum für Veredlungswirtschaft Weser-Ems der Universität Göttingen; 2.durchges. Auflage, Wissenschaftsverlag Vauk Kiel.

**Mährlein,A.**,1993b: Kalkulationsdaten für die Grünlandbewirtschaftung unter Naturschutzauflagen. Herausgegeben vom Kuratorium für Technik und Bauwesen in der Landwirtschaft (KTBL) Darmstadt -Arbeitspapier 179- Landwirtschaftsverlag Münster-Hiltrup.

**Meier,V.**,1989: Frauenleben im Calancatal -Eine sozialgeographische Studie-; Notizie della Callanca, Zürich.

**Meyer zu Erbe,F.**,1989: Landschaftsökologische und landeskulturelle Weiterentwicklung einer Moorlandschaft, dargestellt am Teufelsmoor bei Bremen. Diplomarbeit im Fach Landschaftsentwicklung; Institut für Wasserwirtschaft und Landschaftsökologie an der Chistian-Albrechts-Universität Kiel (unveröffentlicht).

**Meyer zu Erbe,F.**,1995: Probleme und Erfolge in der Zusammenarbeit zwischen Wasserwirtschaft und Landwirtschaft. II. Staatsprüfung: Hausarbeit gemäß § 17 Abs.1 der Verordnung über die Ausbildung für den höheren landwirtschaftlichen Dienst im Land Niedersachsen (Nied.GVBl.v.31.01.1983); Oldenburg im April 1995.

**Meuser,M. und U.Nagel**,1991: ExpertInneninterviews - vielfach erprobt, wenig bedacht. In: Garz,D. und K.Kraimer (Hrsg.): Qualitativ - empirische Sozialforschung. Konzepte, Methoden, Analysen.

**Meuser,M. und U.Nagel**,1994: Expertenwissen und ExpertInneninterviews. In: Hitzler,R., A,Honer u.C.Maeder: Expertenwissen - Die institutionalisierte Kompetenz zur Konstruktion von Wirklichkeit. Westdeutscher Verlag.

**Meuser,M. und U.Nagel**,1996: Das ExpertInneninterviews - Wissenssoziologische Voraussetzungen und methodische Durchführung. In: Friebutshäuser,B., Prengel,A.(Hrsg.): Handbuch qualitative Forschungsmethoden in der Erziehungswissenschaft; München (in Vorbereitung).

**Milchgüteverordnung**,1993: Verordnung über die Güteprüfung und Bezahlung der Anlieferungsmilch (MilchgüteVO) i.d.F.v. 27.12.1993; (BGBl.I.S.2481).

**Nettmann,H.-K.**,1987: Kartierung der Flora und Fauna in den Hammewiesen, 1986/87 im Auftrage der Bezirksregierung Lüneburg -Dezernat 507- I.Allgemeiner Teil und IX. Gesamtauswertung (unveröffentlicht).

**Nieberg,H.**,1994: Umweltwirkungen der Agrarproduktion unter dem Einfluß von Betriebsgröße und Erwerbsform. Werden die Umweltwirkungen der Agrarproduktion durch die Betriebsgröße und Erwerbsform landwirtschaftlicher Betriebe beeinflußt ? Schriftreihe des Bundesministeriums für Ernährung, Landwirtschaft und Forsten. Reihe A: Angewandte Wissenschaft, Heft 428, Landwirtschaftsverlag Münster.

**Niedersächsische Fachbehörde für Naturschutz**,1992: Grünlandschutzkonzept Niedersachsen -Regierungsbezirk Lüneburg-

**Nieders. Gülleverordnung**,1990: s. Gülleverordnung

**Niedersächsische Landgesellschaft**,1985: Nutzungsvertrag zwischen dem Wasser- und Bodenverband Teufelsmoor, vertreten durch die Niedersächsische Landgesellschaft und dem Landwirt... (Vertragsmuster); Bremerhaven und Hannover.

**Niedersächsisches Landvolk** (s.Landvolk)

**Niedersächsisches Ministerium für Ernährung, Landwirtschaft und Forsten**, 1985: Rd. Erl. d. ML vom 27.09.1985: Ausgleich für naturschutzbedingte Erschwernisse in Naturschutzgebieten und Nationalparken (Nied.MBl.Nr.41/1985,S.994).

**Niedersächsisches Ministerium für Ernährung, Landwirtschaft und Forsten**, 1990: Flurbereinigungsprogramm 1990-1994 für das Land Niedersachsen. (Rd.Erl.d.ML v.09.09.1990-304-61103(1990)2-)

**Niedersächsisches Naturschutzgesetz** i.d.V. vom 18.10.1993; (Nds.Ges.u.VOBlatt S.444).

**Niedersächsisches Umweltministerium und Niedersächsisches Ministerium für Ernährung, Landwirtschaft und Forsten** (Hrsg.), 1990: Niedersächsisches Fischotterprogramm.

**Niedersächsisches Umweltministerium** (Hrsg.),1992: Das Niedersächsische Fließgewässerprogramm.

**Niedersächsisches Umweltministerium und Niedersächsisches Ministerium für Ernährung, Landwirtschaft und Forsten** (Hrsg.), 1995: Geplantes Großschutzgebiet "Elbtalaue" -Niedersächsischer Teilraum- Bestandsaufnahme und Konfliktlösungskonzept.

**Niedersächsisches Umweltministerium**,1996: Gebiete mit gesamtstaatlich repräsentativer Bedeutung im Land Niedersachsen, Einzelplan 15, Kapitel 1520(Titel88301) Stand: 08.01.1996 (unveröffentlicht).

**Orth,C. und M.Hofstetter**,1995: Naturschutz in der offenen agrargenutzten Kulturlandschaft des Biosphärenreservates Schorfheide-Chorin. Zwischenbericht der Gesamthochschule Kassel AG Ländliche Entwicklung; erstellt im Rahmen des BMBF-DBU-Verbundprojektes (unveröffentlicht).

**Osterholzer Kreisblatt** vom 30.03.1989: Teufelsmoor soll Naturpark werden. Minister Hirche wird heute Denkschrift der CDU übergeben.

**Osterholzer Kreisblatt** vom 28.08.1992: "Letztes Storchenpaar gefährdet." Nahrungsmangel in der Hammeniederung: Naturschützer vernässen Wiesen.

**Persiel,H.-W.**,1993: Ziele des Naturschutzes im Bezug zur Landwirtschaft. In: Mitteilungen der NNA, 4.Jhrg.1993,Heft4 Schneverdingen.

**Pompl,O.**,1994: Natur- und Landschaftsschutzgebiete, Biosphärenreservate. In: Verantwortung für den Umweltschutz in der Landwirtschaft und im ländlichen Raum. Fortbildungstagung für Führungskräfte und Spezialberater der Landwirtschaftskammern, Landwirtschaftsministerien und Landwirtschaftsverwaltungen der Länder am 13.-16.Sept.1994 in der Internat. Naturschutzakademie auf der Insel Vilm/Rügen; Hrsg.: Verband der Landwirtschaftskammern; Schriftreihe Heft 36,1995 Bonn.

**Pongratz,H.**,1992: Die Bauern und der ökologische Diskurs. Befunde und Thesen zum Umweltbewußtsein in der bundesdeutschen Landwirtschaft, Profil Verlag München Wien.

**Prüter,J. und H.von Nordheim**,1992: Extensivierung der Grünlandnutzung - Fachliche und technische Grundlagen. In: Extensivierung der Grünlandnutzung - Technische und fachliche Grundlagen. NNA-Berichte 5. Jahrgang/1992 Heft 4.

**Quade,J.**,1963: Lohnt die Grünland-Intensivierung? Landwirtschaftliche Schriftreihe Boden und Pflanze, Sonderheft, Dezember 1963; Herausgegeben von Ruhr-Stickstoff Bochum.

**Rantzau,R.**,1993: Möglichkeiten der Kooperation zwischen Naturschutz und Landwirtschaft. In: Mitteilungen der NNA 4.Jhrg.1993, Heft4; Schneverdingen.

**Rd.Erl.d.ML** vom 27.09.1985, Nds.MBl.Nr. 41/1985,S.994: s. Nieders. Ministerium für Ernährung, Landwirtschaft und Forsten

**Rd.Erl.d.MU** vom 20.04.1993 - 113-22280/1-12 - : Niedersächsisches Naturschutzgesetz; Bestimmung der besonders geschützten Biotope gemäß § 28a - VORIS 28100 01 00 00 024 -

**Rd.Erl.d.MU** vom 24.05.1994 - 113-22260/22262 - : Zuständigkeit für Ausnahmegenehmigungen gemäß § 28a Abs.5 und § 28b Abs.4 des Niedersächsischen Naturschutzgesetzes -VORIS 28100 01 00 00 031-

**Rd.Erl.d.MU** vom 19.06.1995 - 112-22281/1 - Richtlinie über die Gewährung von Zuwendungen für die Erhaltung, Entwicklung und Wiederherstellung von Feuchtgrünland in großräumigen Gebieten (Feuchtgrünlandschutzprogramm - Aufbauleistung Naturschutz) VORIS 28 100 001 00 00 038.

**Rote Liste der gefährdeten Farn- und Blütenpflanzen in Niedersachsen und Bremen**,1993. Herausgegeben vom Niedersächsischen Landesamt für Ökologie -Naturschutz- 1/93; Informationsdienst Naturschutz Niedersachsen.

**Rösler,S.**,1994: Landschaftspflegeverbände. Chancen und Gefahren. Naturschutzbund Deutschland (Hrsg.). Positionen.

**SchuVO:** s.Verordnung über die Schutzbestimmungen in Wasserschutzgebieten.

**Schütze,F.**,1977: Die Technik des narrativen Interviews in Interaktionsfeldstudien - dargestellt an einem Projekt zur Erforschung von Kommunalen Machtstrukturen. In: Arbeitsgruppe Bielefelder Soziologen,1976,S. 159-260.

**Seehusen,o.A. und Schwede**,1992: Kommentar zum Flurbereinigungsgesetz. Neubearbeitet von Hegele,H.,E.,Schoof und F.Schwantag, Herausgegeben von Harms,W. und Ehlers,D.. Aschendorffs Juristische Handbücher Band 86; Münster.

**Senator für Umweltschutz und Stadtentwicklung**,1992: Natur- und Landschaftsschutzgebiete im Land Bremen. Karten und Texte zum Natur- und Landschaftsschutz in den Stadtgemeinden Bremen und Bremerhaven.

**Stählin,A.**,1957: Methodenbuch Band XII. Die Beurteilung der Futtermittel. Neumann Verlag Radebeul und Berlin.

**Stroetmann,o.A.**,1992: Teufelsmoor/Untere Hammeniederung - Bringen die Planungen eine Gefahr oder bedeuten sie Zukunft? Rede des Herrn Staatssekretär Stroetmann, Bundesministerium für Umwelt, Naturschutz und Reaktorsicherheit anläßlich einer öffentlichen Veranstaltung in Osterholz-Scharmbeck am 10.Juni 1992.

**Thomas,F.**,1992: Der Pflegefall in Hessen. Landschaftspflegeverbände aus kritischer Sicht der Landwirtschaft. In: Arbeitsergebnisse der AG für Ländliche Entwicklung, Fachbereich 13, Stadtplanung/Landschaftsplanung; Nr.21 September 1992; Gesamthochschule Kassel.

**Ullrich,B.**,1994: Konfliktfelder zwischen Naturschutz und Fremdenverkehr im Naturschutzgebiet Schelmkopf-Falkenstein - Analyse und Lösungsansätze. In: Tagungsunterlagen zur Frühjahrstagung der Agrarsozialen Gesellschaft in Kusel vom 04.bis 07. Mai 1994; Fachexkursion D (Donnersbergkreis) 06. Mai 1994. (unveröffentlicht).

**Verordnung der Bezirksregierung Lüneburg über das NSG** "Pennigbütteler Moor",1985.

**Verordnung über die Schutzbestimmungen in Wasserschutzgebieten** (SchuVO) vom 24.05.1995, Nds. GVBl. Nr.11/1995, ausgegeben am 9.6.1995.

**Vonderach,G.**,1993: Milchbauern in der Wesermarsch. Wissenschaftliche Verlagsgesellschaft WVB Bamberg.

**Wasser- und Bodenverband Teufelsmoor**,1993: Niederschrift über die Vorstandssitzung des Wasser- und Bodenverband Teufelsmoor am Donnerstag, d.8. Juli 1993 im Gasthof Dreyer, Waakhausen-Viehland.

**Wasser- und Bodenverband Teufelsmoor**,1993: Geplantes Naturschutzgebiet Hamberger Moor, Aktivitäten der oberen Naturschutzbehörde im laufenden GR-Vorhaben "Unterer Hammeraum"; Schreiben des Verbandes vom 14.03.1993 an den Landkreis Osterholz (unveröffentlicht).

**Wasserverbandsgesetz** (Gesetz über Wasser- und Bodenverbände) vom 12.02.1991 (BGBl.Nr.11, ausgegeben am 20.02.1991).

**Wasserverbandstag Bremen, Niedersachsen, Sachsen-Anhalt**,1993: Wasserverbandsrecht. Ein Leitfaden für die Praxis. Hannover.

**Wentingmann,U.**,1988: Umweltkenntnisse und -bewußtsein bei Junglandwirten. Empirische Untersuchung zur Umsetzung von Lernzielen zum Umwelt- und Naturschutz in der landwirtschaftlichen Berufsbildung. Landwirtschaftsverlag Münster-Hiltrup.

**Wolfram,o.A.**,1991: Die Berücksichtigung von Natur- und Landschaftspflege in der Flurbereinigung. Diplomarbeit im Fach 'Ländliche Entwicklung' im Vermessungsstudium an der Technischen Universität Berlin; Scharnbeck (unveröffentlicht).

**Wümme-Zeitung** vom 23.08.1990: Nationalpark ist sein erklärtes Ziel. Schutz des Teufelsmoores und der Wümmeniederung.

**Wümme-Zeitung** vom 15.10.1990: Börnsen: Will Bauern nicht an den Kragen. SPD- Bundestagskandidat hält an Konzeption fest.

**Wümme-Zeitung** vom 02.11.1990: Börnsen will ein Streitgespräch. SPD-Mann sucht Nationalpark-Diskussion mit von Hammerstein.

**Zimmer,E.**,1990: Grünlandbewirtschaftung. In: Extensive Grünlandbewirtschaftung durch Tierhaltung; KTBL-Arbeitspapier 140, Darmstadt.

**Anhang:**
**Dokumentation der qualitativen unstandardisierten Interviews in Form der transkribierten Tonbandaufnahmen und rekonstruierten Expertengespräche**

Interview 1
mit Haupterwerbslandwirt A. aus Osterholz-Scharmbeck

V.: Sie haben von den Naturschutzplanungen erst aus der Zeitung erfahren, ist das richtig ?

A.: Politisch sind wir nicht irgendwie aktiv und daher erfährt man vorher auch nichts. Wir waren ziemlich überrascht, daß das ganze Gebiet von der Teufelsmoorstraße bis nach Ritterhude, Naturschutzgebiet werden sollte. ... Das war für uns ein Schock, weil wir uns eigentlich immer sicher fühlten. Hier unten war von der Naturschutzseite nicht so viel zu erwarten. Auch Waakhausen sollte in das GR - Gebiet einbezogen werden. Waakhausen ist noch gar nicht so lange eingepoldert. Das ist noch relativ neu. Das man so etwas unter Naturschutz stellen will - stillegt !

V.: Es ist nun vorgesehen, die für den Teufelsmoorsee seinerzeit aufgekauften Flächen für Naturschutzzwecke umzuwidmen.

A.: Wenn man was machen will, ist das ja irgendwie einzusehen, obwohl wir diejenigen Landwirte, die das bewirtschaften, sehen das wohl auch etwas anders. ... Das geht ja auch nicht ohne weiteres; die können ja auch nicht wer weiß wohin fahren und die Flächen bewirtschaften.

A²: Die fahren heute schon weit genug von Pennigbüttel aus. Wir haben da oben auch noch eine Eigentumsfläche.

A.: Wenn es dem Staat schon gehört, fallen auch keine weiteren Kosten, Entschädigungskosten, an. Kosten fallen natürlich an, wenn sie es umgestalten wollen. Aber auch in Zukunft werden die Kosten niedriger liegen, weil sie keine Erschwernisausgleichszahlungen leisten müssen.

V.: Was halten Sie denn davon, daß der Staat das ganze Kerngebiet des GR-Gebietes aufkaufen wollte ?

A²: Was für ein Unsinn ! Im jetzigen Ostdeutschland gibt es doch so viel Land, z.B. das ganze Zonenrandgebiet. Da könnte man doch gut Naturschutz machen.

A.: Wenn man das von dieser Seite sieht, brauchte man hier nichts machen. Da gibt es genug Flächen, wenn sie rein auf den Naturschutz hinaus wollen.

A²: Das ist meine Meinung. Und die Leute freuen sich doch, daß sie das Land los sind, weil das doch alles verwildert ist.

V.: Was halten Sie denn überhaupt davon, daß der Staat Flächen für den Naturschutz aufkauft ?

A.: Was ich für gefählich halte, daß in einem großen Gebiet vereinzelte Flächen vom Staat aufgekauft werden. Der Staat hat ja doch etwas mehr Macht. Dann wird gesagt: "Hier auf den staatlichen Flächen ist Naturschutz, willst Du nun mitziehen, oder nicht ?" Irgendwie wird da nicht der kleine Finger genommen, sondern die ganze Hand. Das ist die größte Gefahr. Anders ist es, wenn ein großes Gebiet aufgekauft ist, und die können das nach ihren Vorstellungen umgestalten, das wäre o.k.. Dann sind wir hier, die da; jeder hat so seine... In den ursprünglichen Zustand entwässert worden, insgesamt ist es trockner geworden. Das so zu vernässen, daß es richtig wieder Moor wird, ist unmöglich.

V.: Ziel ist eine Extensivierung der Grünlandnutzung. ...

A².: Die Grünlandwirtschaft lohnt sich dann doch gar nicht mehr.

A.: Wenn man Milchvieh hat, braucht man energiereiches Futter. Mäht man so spät, kann man mit Milchvieh nicht wirtschaften. Wenn man das ausrechnet: vorher hat man 7,0 MJ NEL, nachher hat man 4,5 MJ NEL. Was man an Kraftfutter mehr einsetzen muß, um das auszugleichen, sind einige zig-tausend Mark. Wenn man sein Vieh auf Gülle hat, kann man seine Gülle nicht los werden. Das müßte man wer weiß wo in Ackergebiete mit hin. Wird von oben gesagt: Da ist Naturschutz, muß auch dementsprechend entschädigt werden, so daß man da nicht ins Defizit kommt. ...

V.: Was meinen Sie müßte bei Naturschutzplanungen mehr beachtet werden, wo liegen die Fehler ?

A².: Das ist die Unerfahrenheit der Leute, die das planen.

A.: Die gehen da erst einmal davon aus, daß das Naturschutzgebiet werden soll. Aber wie das Grünland zum jetzigen Zeitpunkt bewirtschaftet wird, wissen die wahrscheinlich auch nicht. Sie haben da nicht so den praktischen Durchblick. Dann wird da erst einmal so gesagt und erst mit der Betroffenheitsanalyse kommt das ans Tageslicht, wie das im einzelnen aussieht, wie da gewirtschaftet wird und was das für Konsequenzen nach sich zieht. Sobald es objektiv dargelegt ist, kann entschieden werden, wie es gemacht werden soll.

V.: Hälst Du es grundsätzlich für sinnvoll, daß Naturschutzgebiete in so einem großen Rahmen geplant werden ?

A.: Auf der einen Seite soll dieses GR - Gebiet ausgewiesen werden, auf der anderen Seite soll die Umgehungsstraße durch das Gebiet gebaut werden. Das paßt doch nicht zusammen. Entweder man baut die Straße dadurch oder macht dieses GR-Gebiet. ...Ich bin grundsätzlich dafür, daß die Intensität insgesamt zurückgeschraubt wird. Was nützt das, wenn auf der einen Fläche Naturschutz ist, wo nichts mehr gemacht werden darf, eine andere Fläche, die man hat, wird genauso weiter bewirtschaftet wie vorher, wenn nicht sogar mit höherem Stickstoffaufwand. Das bringt ja nichts. Das ist grund - verkehrt. Wenn Intensität insgesamt zurückgeführt wird, wird wahrscheinlich auch die Nitratbelastung kein Problem sein.

V.: Was hälst Du von dem Gewässerrandstreifenprogramm ?

A.: Das halte ich für sinnvoll. Wenn man Mineraldünger streut oder Gülle fährt und geht da zu dicht heran, geht doch einiges in die Gewässer, was nicht sein sollte. Daher bin ich selbst auch bemüht und meinem Lehrling sage ich das auch: "Bleib bloß von den Gräben weg, daß wir da keinen Ärger kriegen !" Wenn wir mähen, lassen wir auch immer einen Streifen stehen, ... Ich bin bestrebt, das einzuhalten. Auf längere Sicht möchte ich noch Flächen dazu kriegen, so daß der Viehbesatz pro ha im Durchschnitt etwas zurückgeführt wird. Dies ist wichtig, um den gesetzlichen Vorschriften, z.B. Gülleverordnung, Genugtuung zu leisten und eventuell noch Milchquote dazu zu bekommen. Na ja, ein Wandel hat sich in den letzten Jahren schon vollzogen. Aber was ich nicht verstehe, wenn man so sieht, wenn einige am mähen sind, mähen die bis in den Graben rein. Das tut ja auch nicht nötig. Da denke ich: Mensch, wie kann man das angehen? Die wollen alle so fortschrittlich sein. Dem Wild würde man ja einen großen Dienst damit erweisen, wenn man da was stehen läßt. Wir haben ein Schreiben gekriegt von G.. Der wollte im Auftrag der Landesregierung Randstreifen aufkaufen. Da konnte man sich melden und dann würde das Land die Randstreifen aufkaufen. Ich sage: Ich gehe von vornherein nicht so dicht an die Hamme heran, ich brauche verkaufen möchte ich es nicht. Ein Beispiel: Wir fahren über die Lintelner Brücke über die Hamme. Auf der anderen Seite der Hamme liegen fünf Landwirte mit ihren Flächen. Angenommen, wir hätten alle 10 Meter Randstreifen verkauft - jetzt ist da noch immer der Weg, so daß man von einem Stück zum anderen kommt. Wenn wir das verkauft hätten, hätten wir wahrscheinlich den Weg nicht mehr nutzen können. So würden die ersten Schwierigkeiten auftreten. Grundsätzlich hätte man da nichts mehr zu sagen.

V.: Wie beurteilst Du das neue Grünlandschutzprogramm ?

A.: Wenn das eine Fläche ist, die sowieso schon extensiv bewirtschaftet wird, kann man das machen. Grundsätzliche Bedenken hätte ich nicht. Das Grünlandschutzprogramm bietet sich an, wenn sowieso schon ziemlich extensiv gewirtschaftet wird. Hier würde das keiner machen, weil die alle eine hohe Milchquote haben. ... Ich versuche das auf eigene Initiative. Ich habe immer eine Befürchtung im Hinterkopf, daß man als einzelner das optimale herausholen möchte. Auf lange Sicht fährt man da auch nicht schlecht mit. Wenn man von vornherein seine Landwirtschaft in der Intensität ein bißchen zurückgeführt hat, und gewisse Spielregeln mit der Düngung, Bodenuntersuchung usw. einhält, denke ich schon, daß man auf lange Sicht besser damit fährt.

V.: Aus Sicht des Naturschutzes ist es sinnvoll gewesen, daß die Milchquotenregelung eingeführt wurde. Die Intensität wurde auf dem damaligen Stand eingefroren.

A.: 1983 war ein enormer Zuwachs mit der Milch. Klar, wenn das die letzten 10 Jahre auch noch so weitergelaufen wäre, wäre um einiges intensiver gewirtschaftet worden.

Im weiteren Verlauf kommt die EG - Agrarreform zur Sprache.

A².: Der Staat hat in alles Einblick. Man muß alles darlegen. Früher hatte man doch praktisch nichts mit dem Staat zu tun, man war freier. Heute muß man, wenn man irgend etwas machen will, hierfür eine Genehmigung haben und dafür eine Genehmigung haben. Man läuft doch nur noch zu den Behörden, um dort irgendeinen Antrag oder Genehmigung zu holen. Zuletzt wird einem gesagt: "Da können wir nicht zustimmen. Das darf nicht sein, das darf nicht sein !"

A.: Die Bürokratie in der Landwirtschaft nimmt immer mehr zu. Jetzt aktuell ist, daß man dieses Hofkataster erstellen muß.

A².: Da ist auch viel Schwindel mit den Angaben getrieben worden. Ich glaube, daß viele irgend etwas angegeben hatten, was sie gar nicht hatten. Also davon abgesehen wurde das mal Zeit, daß sich da etwas ändert. ... Es ist jetzt so: auf der einen Seite wird einem das Geld vom Staat abgenommen, auf der anderen Seite kriegen wir es in Raten wieder zurück.

A.: Wer findet das schon grundsätzlich gut, das ist auch keine gute Lösung. Aber ob sie das nochmal wieder anders in den Griff bekommen ? Man muß mal sehen, wie sich die Preise bei der Milch und beim Schlachtvieh entwickeln.

V.: Was hälst Du für besser, daß der Staat vorwiegend die Naturschutzaufgaben übernimmt oder die Naturschutzverbände ?

A.: Ich finde, das fällt dem Staat zu. Die Verbände können sich zwar zu Worten melden und ihre Initiative mit einbringen, verantwortlich ist der Staat. Die Verbände können grundsätzlich was positives für sich haben, - obwohl manchmal sind das ja Fanatiker.

V.: Hättest Du Bedenken, Bewirtschaftungsverträge abzuschließen ?

A.: Das könnte man ja noch machen. Das ist ja nur ein Vertrag und irgendwann läuft der wieder aus. Dann kann man sehen, ob man damit zurecht kommt. Aber wenn man das verkauft hat, hat man alle Pflichten und Rechte abgegeben.

V.: Was hälst Du davon, daß man von Naturschutz - Seite her die Überschwemmungen an der Hamme bis April ausdehnen will ?

A.: Die Vegetation fängt ja Mitte März an. Dann kann man das ja nicht mehr befürworten, daß da dann noch Wasser steht. Will man Pflegemaßnahmen oder eine Grunddüngung durchführen, dann muß das auch so weit abgetrocknet sein.

A².: Der Grundwasserspiegel der Hamme ist gesenkt worden, daher ist es im Sommer manchmal zu trocken. Manchmal ist der so niedrig, daß die Fische eingehen. Fahren die Landwirte Gülle, dann ist Hochwasser.

A.: Einen Vorteil hätten die Überschwemmungen noch: Hier auf dem Moor sind vielfach Mäuse. Die würden dann durch die Überschwemmungen verschwinden. ...

V.: Was halten Sie von den Wiedervernässungsbestrebungen im Bereich des Flickenteppichs ?

A².: A. schimpft heute schon immer, daß er nicht auf sein Land fahren kann, weil es zu naß ist. Vor zwei Jahren sagte er zu mir - da hatten wir in Linteln schon längst Silo gefahren -: "Wir können da noch gar nicht dran denken, Silo zu fahren, weil das alles noch so naß ist, daß wir noch gar nicht auf das Land rauffahren können. Ich kann noch nicht einmal Kunstdünger streuen."

Interview 2
mit einer Pferdewirtin A. aus Worpswede

V.: Sie haben im Verhältnis zu Ihrer Fläche einen relativ geringen Pferdebestand oder anders ausgedrückt: wenige GV pro Fläche. Im Grunde haben Sie einen Futterüberschuß, ist das richtig?

A.: Wir verschenken noch Heu an Heinz und meinen Nachbarn F. Außerdem verkaufen wir noch Heu an einen Landwirt in Lilienthal, außer im letzten Jahr. Da hatten wir kein Futter. Wenn das ein trockenes Jahr ist, ist das nicht so doll. Sonst verkaufe ich etwa 50 bis 60 Rundballen.

Frau A. kommt auf das Grünlandschutzprogramm zu sprechen. Sie ist sehr interessiert an dem staatlichen Programm und beabsichtigt, für ihre Flächen entsprechende Bewirtschaftungsverträge der zweiten Stufe abzuschließen.

A.: Pferde ernähren sich sowieso überwiegend von Kraftfutter. Das Pferdeheu haben sie nur zum Kauen. Ich würde meine ganze Grünlandfläche in das Programm nehmen, außer den beiden Weiden hinter dem Haus, weil wir da die Pferde weiden. ... Die Mähweiden sollen in das Programm. Ich bekomme ein bißchen Geld und kann Heu für die Pferde da runter holen. Das wäre für unseren Betrieb eine wunderbare Sache. Ich finde das in Ordnung. Mein Nachbar soll sich da auch mal erkundigen. ... Das ist für Betriebe wie er oder uns eine gute Regelung. ... Natürlich, bei anderen großen Milchviehbetrieben wird das Futter knapp. Das ist so. Sicherlich werden die Meinungen auseinander gehen. Das kann man auch verstehen. Aber wenn es sich anbietet, sollte man ruhig in das Programm eintreten. Z.B. bei Rinderhaltung wäre es doch auch möglich.

V.: G. aus Worpswede ist der Meinung: Ich möchte keine Bewirtschaftungsverträge mit dem Staat abschließen. Ich sehe den Naturschutz als einen Eingriff in das Eigentum an. Die Behörden haben da nichts zu suchen.

A.: Das ist ja Blödsinn ! Diese Meinung teile ich nicht. Ich finde, daß sich das Grünlandschutzprogramm für mehrere Landwirte anbieten würde und ich glaube, daß sich die Landwirte mehr und mehr umstellen sollten.

V.: Würden Sie es vorziehen, mit den Naturschutzverbänden oder mit dem Staat Bewirtschaftungsverträge abzuschließen ?

A.: Mir wäre es lieber mit dem Staat. Da sollte der Staat sich mehr drum kümmern. Ich meine, das ist besser. Es gibt dann einfach nicht so viel Theater darum. ... Die Schwierigkeiten werden besser ausgemerzt, nicht zuletzt weil die Regelungen einheitlicher sind.

V.: Wenn Sie einen Futterüberschuß haben, warum verpachten Sie denn nicht Flächen ?

A.: Das wollen wir auf keinen Fall. Ich lasse die Pferde da rüber grasen. Das würde ich nicht wollen. Ich kann das gar nicht begründen. Ich würde das nicht machen, weil das Land zu stark ausgenutzt würde. Wenn man das verpachtet, sind meine Bedenken, daß das Land ausgemergelt wird oder nicht richtig gepflegt wird. Da bin ich lieber mein eigener Herr.

V.: Sehen Sie das Grünlandschutzprogramm denn dann nicht auch als einen Eingriff an ?

A.: Nein, überhaupt nicht ! Ich finde das gut, man schlägt zwei Fliegen mit einer Klappe: Einerseits bekommt man etwas finanzielle Unterstützung, andererseits werden die Tiere dadurch geschützt. Was haben wir denn eigentlich noch an Vogelarten ? Es nimmt sehr ab. Irgendwann ist nichts mehr da ! Die Natur wird zu wenig beachtet. Ich meine, der Naturschutz sollte natürlich nicht zu extrem sein, daß man jetzt wer weiß was macht. Aber man sollte es schon fördern.

V.: Was halten Sie denn von den GR - Gebietsplanungen ?

A.: Ich hätte das begrüßt. Es hätte allerdings gewährleistet werden müssen, daß die Existenz der Landwirte nicht in Frage gestellt wird. Die Landwirte hätten woanders Flächen bekommen müssen, so daß sie außerhalb hätten weiter wirtschaften können. Denn man kann nicht einfach sagen: "Für diese Landwirte - Existenz gleich Null". Aber grundsätzlich begrüße ich das Naturschutzgroßvorhaben. Man hätte den Plan vielleicht mehr ausarbeiten müssen. Man hätte sich zusammensetzen und fragen: "Was wollt Ihr ?" Es ist notwendig, mehr aufeinander zuzugehen. Gespräche zwischen Landwirten und Naturschützern wären ein Schritt in die richtige Richtung. Wenn gesagt wird: "Mensch, Kinder, haut da nur so und soviel Dünger rauf, ... ! Das ist möglich. Der Landwirt muß sich dann genau überlegen: Entweder ich gehe dazu über, Grünlandwirtschaft unter Naturschutzauflagen zu betreiben, und dann kann ich auch nur diese bestimmte Menge Futter da runterholen. Das muß dann berücksichtigt werden.

V.: Was halten Sie davon, daß der Staat umfangreiche Flächen in der Hammeniederung aufkaufen will und in eigener Regie bewirtschaften möchte ?

A.: Das begrüße ich nicht so sehr. Ich hätte das nicht gemacht ! Der Landwirt hängt ja auch an seinem Land. Das gehört nun mal dazu. Man sollte das Angebot so machen, daß es für die Landwirte interessant wird, Grünlandwirtschaft unter Naturschutzauflagen zu betreiben, daß sie weiter existieren können. Man müßte sich weitaus mehr überlegen.

V.: Haben Sie schon einmal mit Naturschutzbehörden zu tun gehabt? Direkt noch nicht. Herr V. aus der Ortschaft Teufelsmoor, der umfangreiche Flächen im Naturschutzgebiet 'Wiesen und Weiden' nordöstlich des Breiten Wassers' hat, hat uns erzählt, wie das abläuft, wenn die Ländereien unter Naturschutz gestellt werden. Die sind davon ganz begeistert. Sie hatten das gerade durchgezogen (und wir waren ebenfalls daran interessiert. Ich sprach darauf meinen Nachbarn F. an, der auch an so was interessiert war. Das war vor drei Jahren. Wir haben V. gefragt, wo man den Antrag stellt. ... Daraufhin haben wir dann einen formlosen Antrag an die Bezirksregierung, Dezernat 507, gestellt. Die Bezirksregierung hat aber gesagt, daß das diesseits der Hamme, (gemeint ist die Worpsweder Seite, nicht in Frage käme.

V.: Hatten Sie nicht Angst, daß Sie eventuell zu starke Bewirtschaftungsauflagen bekommen würden ?

A.: Nein. Man muß sicherlich wissen: Was kann ich ? Wie sind meine Auflagen ? Ist das machbar ?

V.: Es wundert mich, daß Ihr Antrag abgelehnt wurde. Denn das ganze Worpsweder Gebiet an der Hamme ist heute in die Planungen des Naturschutzgroßvorhabens inbegriffen.

A.: Damals war das noch nicht. Da hieß es: "diesseits der Hamme ist nichts für ein Naturschutzgebiet vorgesehen."

A.: Wiedervernässung kann man aber nur nach einer Einpolderung und nur auf den staatlichen Flächen machen. Wenn das von den anderen Flächen abgepoldert wird, müssen die anderen nicht darunter leiden. Das muß dann für sich sein, so daß die anderen dadurch nicht in Mitleidenschaft gezogen werden, wenn da ein besonderes Biotop entstehen soll. Dann hätte ich da nichts gegen. ... Ich habe gehört, daß die Grünen dagegen sind, daß die Gräben weiterhin mit der Schleuder geräumt werden. Sie haben auch Protest eingereicht. Sie möchten, daß mit dem Mähkorb geräumt wird. Man könnte das hier ja auch so machen: die Gräben umschichtig einseitig räumen - nicht in Verbindung mit dem Mähkorb, sondern nach wie vor mit der Schleuder, aber einseitig. Das wäre doch kein Problem.

Interview 3
mit NebenerwerbslandwirtIn D. aus Lilienthal

D.: Nebenerwerbslandwirte können vom Ausmaß nicht so wirtschaften wie die Haupterwerbslandwirte. Das geht nicht, weil die Unkosten zu hoch werden.

V.: Wie war das bei Ihnen ? Sie haben wieder mit der Landwirtschaft angefangen ?

D.: Ja, 1982. Mein Vater hat 1977 vollständig mit der Landwirtschaft aufgehört.

V.: Dann haben Sie auch keine Milchquote bekommen, oder ?

D.: Nein, aber auf unserem Land sind noch Milchquoten drauf. Das Land ist aber verpachtet, unser Nachbar hat die darauf gebracht. Deshalb kann ich auch nicht an mein eigenes Land heran. ... Nur das Land hier ums Haus herum und auf der anderen Seite ist ein bißchen Eigenland, welches ich selbst bewirtschafte. Die wollte der Nachbar damals nicht haben, weil die Flächen zu klein waren. Das sind insgesamt drei Morgen. Die halten wir immer selbst in Bewirtschaftung. Das, was verpachtet ist, da sind die Milchquoten drauf. Daher käme ich da nicht ran. Ich könnte da zwar ran, dann würde die Milchquote aber meinem Nachbarn zufallen. ... Da ich nur Jungvieh habe, und ich will tatsächlich mal die Landwirtschaft aufgeben, dann werde ich das Land nicht los. Ohne Milchquote ist das Land nichts wert ! Man kann da dann höchstens verkommen lassen, oder eben Naturschutz oder so etwas, oder man verschenkt das für ein Ei und einen Appel. Möglicherweise bekommst man da einen rauf, der versaut Dir das Land. Wenn da Milchquoten drauf sind, ist das Land mehr wert. Verpachtest Du das so, bekommst Du höchstens 30,- DM pro Morgen, mit Milchquote bekommst Du 60,- 70,- oder 80,- DM je nach dem. So etwas muß man sich schon vorher überlegen. Daher habe ich fast alles nur Pachtland, weil das Pachtland billiger ist, als wenn ich mein eigenes Land aus der Verpachtung zurücknehmen würde. Meine Fläche im Teufelsmoor habe ich von E. übernommen. Als der in Rente gegangen ist, hat er mich schon gefragt, ob ich das nicht übernehmen will, weil das ja reine Weidefläche ist. Das geben wir auch so schnell nicht wieder. Der E. hat früher auch Grunddünger gestreut. Die Landwirte da drum herum um dieses Stück, die hauen da immer ordentlich was rauf, und da ist auch nicht mehr Gras drauf.

V.: Ja, das sind zum Teil intensive Betriebe, die da drum herum liegen. Die haben sogar Maisflächen dort.

D.: Um mein Stück herum liegen die Flächen von S., und der gibt immer gut Gülle. ... Ich hatte da eine Grube ausgehoben, damit das Vieh Wasser zum Saufen bekommt. Der ganze Graben war nur voll Gülle. Die Tiere sind mir dadurch krank geworden. Ich mußte dann die Gülle mit einer Pumpe auf die Weide spülen.

V.: Ist das inzwischen besser geworden ?

D.: Das ist nicht besser geworden. Er fährt da auf sein Maisland immer gewaltig viel Gülle rauf. Das die nun gerade sein muß ? Das die großen Betriebe mit Gewalt da so viel raufknallen ? Ein bißchen Gülle, da will ich ja nichts sagen, gerade für seinen Betrieb. Aber die übertreiben das ja auch gleich immer. ... Die kleinen Betriebe leiden da genauso drunter. Die machen den Ruf der Landwirtschaft kaputt wir bekommen dafür einen auf den Deckel. Die größeren Betriebe in der Gegend sind alle so. Bei mir im Dorf bin ich noch der einzige, der Mist hat. Da hauen sie sich die Köpfe drum ein. Mit vier Bauern streiten sie sich um meinen Mist. Der eine gibt mehr als der andere und dann kriegen sie sich in die Haare. Da geben die noch richtig Geld drauf. Die fragen wegen des Kartoffelanbaus; da kann man keine Gülle für nehmen. Das ist jedes Jahr das gleiche. Meine Frau und ich handeln das jedes Jahr neu aus. Wer am meisten bietet, soll kommen. Aber mit der Gülle, das ist auch so eine Sache : wie sie schon sagten, das wurde alles vom Staat gefördert. Ich muß ganz ehrlich sagen: Ich finde das schon einen ganz großen Quatsch, was da so gemacht hat. Das ist Blödsinn. Es wurden ja haupsächlich die großen Boxenlaufställe vom Staat gefördert. Heute ist das ja fast so, daß einige wieder daran denken, auf Mist umzustellen. Hier ist die Gülle zwar kein Problem, aber zum Beispiel im Raum Vechta. Ich sehe das schon: Die Gruben der großen Boxenlaufställe werden wieder zugekippt. Das ist doch alles Blödsinn; da wird doch Geld aus dem Fenster geschmissen.

V.: Was halten Sie denn von dem Naturschutzvorhaben in der Hammeniederung?

D.: Ich finde das schon richtig, daß der Naturschutz ein bißchen gefördert wird. Ich meine, wenn man unsere kleinen Betriebe anguckt: Wir streuen ein bißchen Grunddünger - da kann man nicht viel mit kaputt machen. Aber, wenn man ganz nichts mehr machen soll, das halte ich auch nicht für richtig. Verkehrt ist das schon nicht, daß das alles kontrolliert wird. Es ist eben auch so, daß die Haupterwerbslandwirte es meist übertreiben.

D².: Das sieht man hier in Wörpedorf. Das sind hier die ersten, die fürs Silo mähen, hinterher wird Gülle rauf gefahren, Kunstdünger hinterher; die mähen sechs Mal. In Wörpedorf gibt es welche, die haben jetzt schon ihr erstes Silo weg. Da ist das Gras gerade mal so hoch.

D.: In Wörpedorf haben die Bauern zum einen viel Kuhgülle, in Seehausen gibt es eine Hühnerfarm. In der Hühnergülle ist der Stickstoffgehalt ja noch höher, da übertreiben die das leicht mit. Hühnergülle ist wirklich sehr intensiv. Wenn die da hinten ihre Hühnergülle umrühren, kann man das hier riech, so stinkt das !

D².: Da sieht man den Unterschied: Wir mähen gerade zweimal, höchstens dreimal im Jahr, wie im letzten Sommer.

D.: Mit dem ersten Schnitt machen wir Heu, von dem zweiten fahren wir ein kleines Silo. Danach wird das normalerweise abgeweidet. Auf unseren Mähweiden fahren wir nur Mist rauf, mit Ausnahme von Teufelsmoor, wo wir Kunstdünger, Thomaskali, streuen. Mit dem Mist dort hinzufahren, ist mir zu weit. Allerdings, ein bißchen muß darauf, sonst können da keine Tiere weiden. Das Gras würde nach unten, anstatt nach oben wachsen.

D².: Nicht so wie unser Nachbar hier, der ist ein Grüner. Er hatte in Bergedorf Grünland, auf das er noch nicht einmal seinen Mist gefahren hat.

doch nicht, so was ! Dann brauchen wir keinen Berater vom Landkreis.

V.: Halten Sie es für sinnvoll, daß der Staat Flächen für den Naturschutz aufkauft ?

D.: Ich halte es nicht für sinnvoll, daß der Staat für den Naturschutz aufkauft. Er sollte sieber das Geld so anlegen, daß die Privatleute die Flächen vernünftig behandeln.

D².: ...daß sie das mit Auflagen belegen; das kann man ja heutzutage schon.

D.: Wenn der Staat das aufkauft, da bin ich nicht für. Der Staat kriegt das immer hin, daß da irgendwo Bebauungsgebiet wird. Das ist Tatsache. Im Hollerland wurde es gesagt: Naturschutz, Naturschutz ! Jetzt ist da schon fast alles dicht gebaut. Der Staat sollte die Privatleute so fördern, daß sie das vernünftig im Sinne des Naturschutzes behandeln. ... Wenn der Staat weiter weiß, dann schnackt und schnackt er und bald ist das alles Bebauungsgebiet. Und wo ist das Geld geblieben ? Da hat der Staat erst sein ganzes Geld herausgeschmissen, alles aufgekauft, anschließend sieht er zu, daß er von den Privatleuten das Geld wieder hereinholen will. Es wird alles dicht betoniert - Beton raufgefahren, fertig. Im Hollerland haben sie erst zu einem Aufstand gemacht - von wegen Naturschutz und so ! Da nützt uns Deutschen auch nicht mehr das Demonstrieren. Wenn der Staat sagt: "Das ist nicht, das wird so gemacht, dann wird das so gemacht, da können wir uns drehen und wenden wie wir wollen.

V.: Haben hier in der Gegend Landwirte auch Verträge mit den Naturschutzverbänden?

D².: Nein, das ist auch noch nie im Gespräch gewesen. Das wissen die wenigsten hier in der Gegend.

D.: Eines muß man sagen: Es gibt ja auch gar keine Informationen. Wenn man was wissen will, kann man zum Landvolk oder zur Landwirtschaftskammer fahren. Aber das der Staat mal richtig öffentlich die Leute informiert, das der einzelne Bürger auf einer großen Versammlung informiert wird, das ist auch nie der Fall. Von den Behörden, vom Landkreis oder der Landwirtschaftskammer, kommt doch nie was. Da steht vielleicht irgendwann mal etwas in der Zeitung.

D².: In Osterholz-Scharmbeck werden Vorträge gehalten, das steht bei uns in der Zeitung, aber so klein gedruckt, daß man das nicht sieht. ... Wie sollen wir denn das und das beantragen, wenn man das nicht weiß ? Ja, der Staat spart dann Geld, wenn man das nicht weiß.

D.: Da kann man lange drüber streiten. Da wird man mit dem Staat schlecht auf einen Nenner kommen. Das ist schwierig.

V.: Meinen Sie auch, daß die Landwirte bei den GR - Naturschutzplanungen vorher zu wenig informiert wurden ?

D.: Das ist das, was wir eben schon besprochen haben. Die Information wird unter den Tisch gekehrt. Es weiß keiner was

D.: Dann hat er sein Land verpachtet, weil er meinte, daß auf seinem Land nichts wächst. Wenn da kein Mist und kein Dünger aufgebracht wird, kann da auch nichts wachsen.

V.: Bei Ihnen würde es sich anbieten, einen Bewirtschaftungsvertrag über das Grünlandschutzprogramm abzuschließen.

D².: Wir kennen das nicht. Was man an Zuschüssen bekommen kann, hat uns nie jemand erklärt.

D.: Ich will die jetzige Wirtschaftsweise so nach wie vor beibehalten. Daß ich für mein Jungvieh viel Geld investiere, das sehe ich nicht ein. Das kriegen wir ja nicht wieder. ... Um unsere Fläche liegt S. mit seinen Flächen herum. Toll, machen wir Naturschutz, läuft von seinen Flächen nach wie vor Gülle in den Graben. Unsere Wiese wird davon auch beeinträchtigt. Dann machen wir in dem Sinne ja auch keinen Naturschutz !

V.: Halten Sie das Grünlandschutzprogramm für sinnvoll ?

D².: Ja, vor allem ist das für uns ja auch eine Hilfe. ... Unser Pachtvertrag läuft nächstes Jahr aus. Wir wollen dann Jahr für Jahr verlängern. Auf fünf Jahre würde ich mich nicht einlassen, aber nicht auf einen zwölfjährigen Pachtvertrag, schon aus dem Grunde nicht, weil man nie weiß, was mal kommt. Dann hast Du die Pachtvertrag und wirst das Land nicht los. ... So wie das jetzt aussieht, hat die Landwirtschaft keine Zukunft !

D.: Vor allem für die kleinen Landwirte ist es schwer.

V.: Meinen Sie nicht, daß es mit der neuen Politik besser wird ?

D.: Für die kleinen Nebenerwerbslandwirte ist es noch schwieriger geworden, seitdem der EG - Markt offen ist. Die Produktpreise sind niedrig. Aus dem Ausland kommt alles rein und wir werden unsere Agrarprodukte nicht los. Womit hat der Deutsche das verdient ? Ich muß sagen, daß unser Staat auch ein bißchen Schuld. Unsere Politiker lassen alles durchgehen. Sie werden von irgendeiner Seite bedroht, daher lassen sie alles durchgehen. Was können wir da machen ? Guckt man sich doch die Milchproduktion oder die Fleischproduktion an.

V.: Haben Sie schon einmal Schwierigkeiten mit dem Naturschutz gehabt ?

D.: Wir mußten eine Güllekuhle bauen, weil sie sich aufgeregt hatten. Strafe brauchten wir nicht zu bezahlen. Da war im August einer vom Landkreis, ein Berater. Da hat der einen Zettel ausgeschrieben, daß er um 18 Uhr wieder zurückkommen würde. Da hat sich aber nie einer meiner Oma zu Hause. Der hat sich aber nie wieder gemeldet. Das haben wir auf dem Gericht angegeben und haben gesagt: "Das ist eine Sauerei,- wenn da einer rum kommt, um Beratung zu machen, dann soll der auch wieder zurückkommen ! Aufgrund dessen sind wir damit auch durchgekommen, daß wir keine Strafe bezahlen brauchten. Der kann nicht einfach reinschreiben: Um 18" Uhr komme ich wieder und er meldet sich nie wieder. Das geht davon. Normalerweise sollte man die Landwirte von vornherein informieren, nicht erst, wenn schon alles am Laufen ist. "Hier wir müssen Euch noch mal eben was erzählen." Dann ist das schon zu spät. Dann wurde schon geplant und gemacht und getan. Von vornherein muß man alle an einen Tisch holen und sagen: "So und so haben wir etwas vor und so haben wir uns das gedacht!" Entweder werden die Leute mitten drin informiert oder wenn alles abgeschlossen ist - zum Ende. Dann ist das schon. Das man Reibereien kommen, daß die Bauern sich über den Naturschutz aufregen, ist klar. Andererseits regen die Naturschützer sich auf, daß dies und das nicht richtig ist. Das sind drei Parteien, die gegeneinander arbeiten: der Staat, die Naturschützer und die Landwirte. Die Naturschützer schimpfen auf den Landwirt: "Die Landwirte machen Intensivhaltung. Es wird kein Naturschutz betrieben!" Und der Staat steht davor: "Wir haben das jetzt so abgemacht, das muß jetzt so geschehen!"

D².: Das dollste Ding ist ja: Die Landwirte bekommen Zuschüsse, die Naturschützer bekommen auch vom Staat Zuschüsse und dann werden Landwirte und Naturschützer beide aufeinander gehetzt und der Staat freut sich. So sieht das doch aus.

D.: Zuletzt sagt der Staat: "Geht nicht mehr, gibt es nicht mehr, fertig!" Da kann man sich drehen und wenden wie man will.

V.: Haben Sie auch § 28a - Flächen?

D².: Also wir sind ganz schlecht informiert; wir kennen das nicht.

D.: Ich kenne hier oben einen im Dorf, der hat auf der anderen Seite der Straße ein Stück gehabt. Er wollte da eigentlich richtig schönes Ackerland von machen. Da wurde ihm vom Landkreis auferlegt, Bäume anzupflanzen. Er ist dagegen angegangen, weil er das gerne in Bewirtschaftung behalten wollte. Gerne hat er das nicht für den Naturschutz hergegeben. Aber es nützt nichts, er kam da nicht mit durch. Das ist jetzt stillgelegt. Man darf da nichts mehr dran machen.

V.: Halten Sie das für richtig?

D.: Wenn solche Betriebe, wie der eben erwähnte, sich aussuchen könnten, welche Stücke sie stillegen, ist das in Ordnung. Wenn sie bereit sind, so und so viel Fläche freiwillig zur Verfügung zu stellen, - "diese Flächen leisten wir" -, geht das. Aber der Landkreis geht da ja gegen an. Der will lieber die großen Flächen haben, auf denen gewirtschaftet wird. Warum sagt der Staat nicht gleich: "Suchen Sie sich aus, welches Stück, und das wird dann stillgelegt. Dann wäre das in Ordnung. Man kann doch nicht sagen: "Hier sind 20 Morgen, da standen früher Bäume, da müßt Ihr wieder Bäume hinpflanzen!" Das man sich da mal gütig einigt mit dem Landwirt, aber der muß da erst wieder gegen angehen, hier vors Gericht, da vors Gericht. Das ist doch alles Blödsinn und Hin- und Hermacherei.

V.: Haben Sie mit der Bezirksregierung auch schon zu tun gehabt?

D².: Es ist ja auch so: Hier war nie jemand, nur wenn wir was falsch gemacht haben, dann kommen sie. Sie wissen im Grunde genommen auch gar nicht, was Sache ist. Die sitzen da auf ihrem Stuhl. Sie schreiben nur vor. ...

D.: Das die Landwirte sich verarscht fühlen und ärgerlich werden, das ist ja klar.

V.: Sie meinen: Es herrscht Unkenntnis und mangelnder landwirtschaftlicher Sachverstand?

D.: Ja, genauso ist es.

D².: Die meisten der Beamten wissen das doch gar nicht, wie es in der Landwirtschaft zugeht. Die sind in der Stadt geboren, studieren da und ...

D.: Vor allem müßten die hohen Herren mal eine öffentliche Bekanntmachung machen, wie z.B. beim 'Naturschutzvorhaben Hammeniederung', eine Versammlung von meinetwegen 6000 Leuten einberufen und mal erklären, was das überhaupt für einen Sinn hat, was sie sich dabei denken. So könnte man alle drei Parteien zufrieden stellen: die Landwirte, die Naturschützer und die Regierung.

---

Interview 4
mit Nebenerwerbslandwirt F. aus Otterstein

V.: Haben Sie schon immer für Ihre Stücke im Naturschutzgebiet Varianten abgeschlossen? Wie lange läuft das schon?

F.: Es läuft schon eine ganze Zeit. Gülle fahren wir ins 'Breite Wasser' sowieso nicht hin. Tiere haben wir da auch nicht. Wenn wir hier mal das Mähen haben und da anfangen, ist es sowieso schon 15. Juni. Manche sagen: "Wir wollen das nicht". Aber das ist Quatsch - nur weil das Gras ein bißchen höher ist. Unsere Tiere fressen das gerne. Wir pressen das in 50 große Rundballen. Die Bullen und die Kühe mögen das.

V.: Bekommen auch die Milchkühe das Heu aus dem Naturschutzgebiet?

F.: Das kriegen die Milchkühe jetzt auch noch. Immer, wenn wir fertig sind, bekommen die das nach und morgens ist das alles aufgefressen. Der eine findet es gut, der andere findet es nicht gut.

V.: Viele sagen, daß die Qualität des Futters doch erheblich abnimmt.

F.: Ja, das sagen viele hier. Wer so auf Zucht und alles hinarbeitet, der... Die meisten (Landwirte) mähen ihr Gras nur fürs Silo - "das andere alles ist Schiet", so reden die. Aber das ist 'ne Schnuppe!

V.: Würden Sie das auch in größerem Maßstab machen, Flächen unter Naturschutzauflagen bewirtschaften?

F.: Wenn das zuletzt nicht uninteressant wird. ...

V.: Es gibt demnächst auch die Möglichkeit, außerhalb von Naturschutzgebieten über das Grünlandschutzprogramm Bewirtschaftungsverträge abzuschließen. Dies Programm beinhaltet, daß mit dem Land Niedersachsen freiwillig Verträge abgeschlossen werden können. Das Amt für Agrarstruktur ist dafür zuständig.

F.: Was sind das für Auflagen, was kommt da auf einen zu?

Der Verfasser erklärt Herrn F. die Inhalte und Regelungen des Grünlandschutzprogramms.

F.: Für uns käme eventuell die zweite Stufe für unser Stück in Weyerdeelen an der Hamme in Frage. ... Gülle darf man also bei der zweiten Stufe nicht mehr ausbringen und bei der dritten Stufe darf man praktisch gar nichts mehr machen: Du darfst nur noch hinfahren und das angucken. Zuletzt kommt dann alles auf einem Mal am 20. Juni, vorausgesetzt, daß man für alle Flächen Verträge der zweiten Stufe abgeschlossen hat. Gut, mit diesem einen Stück geht das; das kann man entbehren. Aber, wenn man noch zusätzlich wieder vier ha erst am 20. Juni mähen darf, und das Wetter muß dementsprechend sein, ob man dann nicht in Bedrängnis kommt?! Ich meine, Geld stinkt ja nicht - man bekommt ja auch was dafür.

V.: Halten Sie es für sinnvoll, daß der Staat dafür Geld ausgibt?

F.: Ich weiß nicht, wo das noch endet! Nein, ganz ehrlich: Wir waren heute da, um unsere Anträge abzugeben für die 'Ausgleichszahlungen in benachteiligten Gebieten'. Das war in Grasberg bei einem Außentermin der Landwirtschaftskammer. Das ist so schwierig geworden mit dem Hofkataster. Was da für ein Geld weggeschmissen wird! Die sollten die Milch und das Rindfleisch ein bißchen teurer machen und gar keine (staatlichen Transferzahlungen) zahlen. Das wäre doch gesünder. Was stecken die da ein Geld rein! Jeder will das Geld. Wieviel soll da noch hineingesteckt werden, 800 Mio.? Wieviel war das noch?

V.: Es soll billiger sein, direkte staatliche Zahlungen zu geben. Andererseits ist der Verwaltungsaufwand größer. Es wird viel für die Behörden ausgegeben. Die Behörden haben so viel zu tun, daß sie teilweise über Ostern arbeiten mußten.

F.: Bis Du das alles fertig kriegst. Den ganzen Winter bist Du zu Gange, den Antrag, den Antrag, zur Landvolkversammlung, man will ja auch was mitkriegen, d.h. man will auch informiert sein. Man muß auch ein bißchen auf dem neuesten Informationsstand sein. Ich habe dies Schulungsseminar mitgemacht, damit ich den Antrag überhaupt ausfüllen kann. Dann sitzt man da abends vor den Anträgen), trägt die Flächen ein, die Katasterauszüge - mißt die Flächen aus-oh Mann, oh Mann! Ob das alles sinnvoll und gesund ist?

V.: Was halten Sie denn davon, daß mehr und mehr Naturschutzgebiete ausgewiesen werden?

F.: Wenn sie Naturschutzgebiete ausweisen - gut, wo sollen die Tiere hin? Ich habe schon so oft gesagt: Wenn ich dazwischen liege mit meinen 14 Morgen, woher weiß ein Vogel, wo gemäht wird und wo nicht? Wo darf der nun brüten und wo darf er nicht brüten bis zum 20. Juni? ... Auf den Grünlandflächen, auf denen eher (als am 15. Juni gemäht wird, die sind ja reif. Da geht der Kopf ab, oder wie ist das? Das weiß doch so ein Tier nicht. Da müßte doch ein ganzes Gebiet insgesamt erst später gemäht werden); jeder müßte dazu verpflichtet sein.

V.: Wenn 60 % ausgemäht werden, verkraftet die Population der Vögel das gerade noch. 40 % der Brutvögel müssen mindestens überleben, das ist eine Faustzahl. Daher möchte man auch einen starken Anreiz dafür schaffen, daß möglichst viele Landwirte die Varianten abschließen. Etliche Landwirte möchten das nicht so gerne, sie sagen: "Das Futter wird zu schlecht."

F.: Dieser Meinung sind hier viele, die würden das nie machen. Daher habe ich schon oft gesagt: Die anderen haben ihre Flächen sauber und unser Gras steht dann da noch! Die, die da bei uns brüten, haben Glück gehabt, die anderen gehen hopps! ... Wenn es um die Tiere geht, müßten die Auflagen im Naturschutzgebiet einheitlich sein. Wenn man das rein vom tierischen Standpunkt betrachtet, muß man sagen, daß die Auflagen alle einheitlich streng sein müßten. ... Wenn man den Naturschutz natürlich so sieht: 40 % überleben, der Rest geht hopps, dann ist das in Ordnung.

V.: Was halten Sie denn davon, daß der Staat beabsichtigte, fast die ganze Hammeniederung aufzukaufen ?

F.: Wenn sie mir das gut bezahlen - ja. Und wenn ich hier in Otterstein was wieder kriegen könnte ! Ein Tausch wäre möglich; aber Flächen abgeben kann ich nicht. Dann gehen die GV weg, ich bin jetzt schon an der Grenze. Ich muß woanders was wieder haben, wenn ich diese Flächen verlieren würde. Aber hier ist ja auch kein Land, was man pachten könnte. Hier ist kein Land über. Die Schwierigkeit wäre, hier Ersatzflächen zu bekommen. Aber da wäre jedem mit gedient: Der Staat hätte sein Land an der Hamme und ich hätte Land dichter bei und ohne Auflagen. Das wäre ja sinnvoll. Das haben schon mehrere Landwirte gesagt: Wenn sie das haben wollen, sollen sie das haben, mein Nachbar S. z.B. auch.

V.: Würden Sie auch an den Staat verkaufen und die Flächen mit starken Bwirtschaftungsauflagen zurückpachten ?

F.: Was darf man dann noch machen ?

V.: Dann darf man nichts mehr machen. Man muß darauf gefaßt sein, daß harte Bewirtschaftungsauflagen in Kauf zu nehmen sind.

F.: Wenn der Staat Leute einstellt, die das sauber halten, das ist ja auch nicht. Das müssen schon Bauern sein, die das sauber halten. Man kann da aber nichts zu sagen, ob man das mit Bewirtschaftungsauflagen zurückpachten würde, weil man keine Preise kennt. Es muß sowieso den Bauern erst schmackhaft gemacht werden, sonst verkauft er keiner. Ich würde auch nicht für ein Stück Butter und ein Ei weggeben. Wer würde das machen ? Ich wüßte keinen, der da Schaden von haben möchte. Die sehen doch alle, daß sie da auch was von haben - ich meine, die wollen nicht Millionär werden, aber die wollen das bezahlt haben. Egal, was man verkauft, ob das ein Stück Land oder ein Haus ist, man nimmt doch immer das meiste mit.

V.: Was halten Sie davon, daß auf dem Flickenteppich Naturschutz betrieben werden soll ?

F.: Ich kann da nichts zu sagen, ich kann ja nicht für andere Leute sprechen.

V.: Haben Sie schon einmal mit dem Amt für Agrarstruktur in bezug auf vorzeitiges Mähen zu tun gehabt ?

F.: Wenn das Wetter gut war, haben wir angerufen und gefragt, ob wir eher mähen können - wir fragen: "Geht das schon?" Dann haben die nachgefragt bei der Bezirksregierung, sich bekakelt - ob die da nun hingefahren sind, weiß ich nicht. Ein paar Stunden riefen sie uns wieder an: "Ja, das geht".

V.: Also mündlich.

F.: Ja, klar, mündlich. Schriftlich dauert ja viel zu lange. Da haben wir nie mit Schwierigkeiten mit gehabt. ... Ich habe einen Brief von der Uni Bremen bekommen. Da habe ich schon gesagt: "Dann sehen die da eine Blume, die ist geschützt, dann darf man die nicht mehr mähen, dann kommt da ein Stock mit Fahne rein, - dann wird es

kriminell ! Und wenn die Uferrandstreifen kommen sollten ! Für die Uferrandstreifen bin ich ja überhaupt nicht. Dann lieber eine richtige Fläche wie in Pennigbüttel. Aber wennich die Uferrandstreifen sehe: Hier der Graben und daneben geht 20 Meter die Wildnis los - da bin ich überhaupt kein Freund von. ... Dann lieber eine richtige Fläche, die man wieder vernäßt. Wir haben ja alles nur Stücke von 20 Meter breit, und der Bauer aus Lüninghausen rollt das eben auf einem Streifen ? Wie sieht das aus ? ... An die Regelungen im Naturschutzgebiet haben wir uns schon gewöhnt. Das weiß ich jetzt schon, daß wir um den 20. Juni, wenn das losgeht, dann wird das abgemäht, geheut, und der Bauer aus Lüninghausen rollt das eben auf, und dann sind wir fertig. Wir haben selbst keine Rundballenpresse. Das kommt draußen wieder auf einen Haufen und im Winter hole ich das wieder rein, - fertig ! Manchmal fahren wir das Gras des zweiten Schnittes ins Silo. Das ist aber nichts, das will nicht silieren, das schimmelt. Das ist zu schilfig. Das dichtet nicht ab, weil das ein ganz anderes, richtig halmiges Gras ist.

V.: Wie ist der Wasserstand im Breiten Wasser, würden Sie sagen, daß der zu hoch ist?

F.: Nein. Im Winter könnte man das ruhig ein paar Mal überlaufen lassen. Wenn es richtig trockenes Wetter ist, gibt viel Mäuse ! In einem Jahr war ich da unten, da war das unglaublich blank, man hatte das überfluten lassen, da saßen die Mäuse zu tausenden auf dem Weg. Ich ging auf dem Weg entlang, da vibriert es ein bißchen, da kamen die Mäuse herausgekrochen. So schlimm ist das. Das gleiche ist in Weyerdeelen. Diesen Winter war in Weyerdeelen die ganze Narbe kaputt. Wenn die Rundballen da 14 Tage gelegen haben - die müssen ja ausdunsten - und wir holen die in den Stall, ist der ganze Stall voll Mäuse.

V.: Was halten Sie denn davon, daß man den Wasserstand anheben möchte ?

F.: Das ist doch für einen Landwirt uninteressant. Jeder achtet doch darauf, daß er sein Land trocken bekommt. Es werden doch die Gräben aufgemacht, damit man im Sommer problemlos fahren kann. ... Mit Maschinen kommt man dann überhaupt nicht mehr zurecht. Da kann ich also nichts von halten. Ich würde mich widersprechen, wenn ich so etwas gutheißen würde.

V.: Haben Sie hier im Ort auch Landwirte freiwillige Bewirtschaftungsverträge mit den Naturschutzverbänden ?

F.: Das kann ich mir nicht vorstellen, ich habe da noch nichts von gehört.

V.: Was machen Sie mit Ihrem Stück in Weyerdeelen ? Wird dort Heu gemacht, oder fahren Sie dort Silo ?

F.: Da fahren wir mehr Silo. Heutzutage macht man ja mehr Silo. Früher sind wir da mit der Hochdruckpresse hin und haben das als Heu aufgepreßt. Wer weiß, wie lange das mit dem Silo noch geht. Wenn die Auflagen mit den Siloplätzen kommen, geht das richtig los. Viele werden dann wieder anfangen, Heu zu machen ! Nein, wir machen Heu. Die Bullen warten darauf, die warten, wenn sie einen Abend nichts kriegen. Die mögen das richtig und haben

sich daran gewöhnt. Erzähle ich das meinem Nachbarn, der sagt : Du bist verrückt. Zum Grünlandschutzprogramm: Die Frage ist, ob man mit dem Futter hinkommt. Dann die fünf Jahre ! Wenn das jedes Jahr wäre, d.h. den Vertrag im Jahr abschließen könnte, könnte man im nächsten Jahr sagen : in diesem Jahr nicht ! Aber fünf Jahre sich zu verpflichten, ist lang. Wenn man ordentlich Grünland hätte, kann man das ruhig mit einer Fläche machen - aber man ist nichts. ...

V.: Wer besonders wenig wirtschaftet, extensiv wirtschaftet, wird unterstützt.

F.: Ja, das ist so. Oder man muß dafür arbeiten. ... Den ganzen Tag hier sitzen, das Geld kommt so, nur auf den Postboten warten.

V.: Haben Sie Ihren Flächenantrag schon abgegeben ? Ja, ich war heute morgen da hin und habe den Antrag abgegeben. Wir hatten extra einen Termin bekommen für das Seminar. Um die neuen Antragsbögen für den Flächenantrag richtig ausfüllen zu können, wurde von der Landwirtschaftskammer ein extra Seminar durchgeführt. Wir sind da mit 12 oder 15 Mann gewesen. Es war ja in der Schule. Jeder mußte seine Katasterauszüge mitbringen. Man bekam den großen Bogen, den Flächennachweis. Dann schreibt man den Antrag. Dabei gucken die Beamten über die Schulter. Wenn man Fragen hat, fragt man. Einmal hatte ich mit einem Schlag was falsch gemacht. Da sagte R.: "Oh,oh!" Das ist ein Stück in Worpswede, da haben wir Mais. Das sind alles nur kleine Stücke - 2,5 Morgen ein Stück. Da habe ich mich mit versehen. Denn das muß doch größer sein. Ein Schlag muß doch eine Mindestgröße haben. Ich hatte die beiden Stücke getrennt aufgeschrieben. Die beiden getrennt liegenden Stücke müssen aber zusammen als ein Schlag aufgeschrieben werden, sonst reicht das nicht. R. hatte sich da hingesetzt. Ich fragte ihn: Ist da was, ist da ein Fehler ? "Lassen Sie mich doch mal gucken,"sagte er. "Da habe ich schon was". Dann habe ich das verbessert, fertig gemacht, ausgerechnet, die Endsumme unten muß ja auch wieder stimmen. Die muß identisch sein mit der anderen Summe. Zu Hause habe ich das noch einmal abgeschrieben, bin extra wieder nach Osterholz - Scharmbeck gefahren und habe das abgegeben. Papierkrieg ! ... Hier ein Bauer hat das alles alleine gemacht. Das ist eine Masse ! Ich hätte mir das nicht zugetraut.

V.: Ja, das ist alles ziemlich schwierig. Als nächstes kommt der Fleischprämienantrag.

F.: Ich habe hier noch Rinder. Wenn die zwei Jahre alt sind, kommen die weg. Für die stelle ich keinen Antrag mehr, weil ich bei denen nicht das Geburtsdatum weiß und ohne Geburtsdatum kann man keinen Antrag stellen. Die erste Fleischprämie habe ich gekommen, aber vor zwei Jahren hatte ich das Geburtsdatum nicht aufgeschrieben. Da war das noch nicht aktuell. Jetzt muß man es ja. ... Wenn man das erst einmal ein paar Jahre gemacht hat, mag das ja in Fleisch und Blut übergehen. Bloß jetzt erst muß man aufpassen. Kauft man sich Rindvieh, muß man darauf achten, daß man auch ja alle Belege bekommt. Die glauben einem nicht mehr. Da muß eine Masse Schmu gemacht worden sein, sonst hätte man das nicht alles so verschärft. Wahrscheinlich haben viele die Bullen zweimal angegeben.

V.: Wurde hier auch Viehzählung durchgeführt ?

F.: Ja, unser Vater macht auch Viehzählung. Man kann sich als Viehzähler melden. Er läuft dann ein, zwei Tage durch die Gegend. Er ist meistens für Neu-Otterstein und Otterstein zuständig. ... Er ist dazu verpflichtet, das richtig zu machen und er darf auch keinen in die Listen hineingucken lassen, was andere Leute für Tiere haben. Das gibt es nicht. Und die Ohrmarken unserer Rindviehher wurden von der Bezirksregierung in Lüneburg kontolliert. Letztes Jahr im März kam die Bezirksregierung, Dezernat Landwirtschaft, die hat sich das angeguckt: Die wollen die lila Ohrmarken sehen. Sie sind zuerst in den Stall gegangen. Zu dem Zeitpunkt war ich nicht zur Arbeit, meine Frau rief in Panik bei der Arbeit an: "Es fehlen zwei Bullen !" Man muß ja auch die Abrechnungen von den Bullen, die schon verkauft sind, vorlegen. Ich sagte zu ihr: "Das gibt es überhaupt nicht ! Da sind 15 Stück!" Er hat immer dreizehn gezählt. Dann waren hinten im Stall auch noch zwei. - Meine Frau und meine Mutter waren total perplex, die kamen hier an, wie die Polizei - Hausdurchsuchung ! Na ja. Alles war in Ordnung. Ich hatte die ganzen Tiere so ordnungsgemäß mit einer Betriebsnummer versehen. Da haben sie gesagt: "So etwas haben wir selten, so einen sauber geführten Betrieb ! So etwas hat so oft, sagte er.

Interview 5
mit Haupterwerbslandwirt G. aus Bergedorf, Worpswede

G.: Dies ist der Vertrag. ... Früher war das ein Privateigentümer, dem das gehörte. Der hat das an den Staat verkauft. Jetzt ist das Domänenamt in Stade dafür zuständig. Die machen auch die Pachtverträge mit den Pächtern. Die haben sich an uns gewand und gefragt, ob wir weiterhin an einer Pacht des Stückes interessiert sind. Ich habe gesagt, daß wir daran interessiert wären, weiterhin zu pachten und sie sollen uns einen Pachtvertragg zuschicken. Dann haben sie diesen Pachtvertrag geschickt. Das sind Bedingungen, die man normal bei einem Privatmann auf normalen Wege nie machen würde. Die härteste Bedingung ist: keine Kalkung, das Aufbringen von Gülle, Jauche, Klärschlamm, Geflügelkot, Stallmist ist nicht zulässig. Mein Enkel hat das durchgestrichen; es wird jetzt so abgeschickt. Ich vermute, daß sie das so nicht akzeptieren werden. Man kann es ja ersuchen.

V.: Wie haben sie diese Grünlandfläche denn in den Vorjahren bewirtschaftet ?

G.: In den Vorjahren haben wir den Erschwernisausgleich bekommen. Es gab drei Stufen, wobei ich die unterste Stufe eingegangen bin: zwei Großvieheinheiten pro ha - das mußte ich akzeptieren. Da bin ich so eingestellt, daß ich das akzeptiere, wenn die Fläche im Naturschutzgebiet liegt. Aber wenn man gar nichts mehr machen soll, das verstehe ich nicht. Wenn man überhaupt gar keinen Dünger mehr hinbringen darf, ist das nichts mehr wert. Es wächst nur noch Rasenschmiele. Wir sind Herdbuchbetrieb und mit den Hochleistungstieren ist das wegen des (hochwertigen) Futters, das diese Tiere benötigen, (nicht möglich).

V.: Sollen Sie denn noch Pacht für das Stück bezahlen?

G.: Nein, für die Unterhaltung bekomme ich das pachtfrei.

V.: Hat der Staat das ganze Naturschutzgebiet 'Truper Blänken' aufgekauft?

G.: Alles haben sie nicht aufgekauft. Einige liegen da noch drinnen, die auch drinnen bleiben wollen, z.B. A.. Der liegt mit großen Flächen drinnen. Der wird natürlich beim Erschwernisausgleich die Stufe wählen, bei der er noch Dünger streuen darf. Denn er hat die guten, angesäte Flächen, sehr gute Flächen. Die waren bestimmt sehr gut in Schuß; er hat sie immer gut in Schuß gehabt.

V.: Halten Sie die Naturschutzgebietsausweisungen grundsätzlich für sinnvoll?

G.: Ich bin Landwirt und muß sehen, daß ich auch leben kann. Na gut, diese Flächen kann ich verschmerzen. Ich glaube nicht, daß das immer so wächst, ohne daß man da was dran tut.

V.: Haben Sie schon einmal Schwierigkeiten mit dem Naturschutz gehabt?

H.: Wir haben ein Güllesilo gebaut. Als das fertig war, mußten wir das verstecken. Da kamen sie an und sagten: "Du hast hier ein Güllesilo gebaut. Jetzt mußt Du da drum herum 50 oder 60 Bäume pflanzen."

V.: Haben Sie schon mit der Unteren Naturschutzbehörde zu tun gehabt?

G.: Ich nehme an, daß unser Vertrag zur Unteren Naturschutzbehörde geschickt wird und daß der Kreis die Aufsicht bekommt. Ich nehme an, daß der das überwachen wird. (Vom Domänenamt) in Stade wird man das nicht überwachen können. Ein Viehzähler wird dann wohl herumgehen und Obacht geben: Du hast da 10 Viehcher laufen - so nehme ich an, so wird das wohl ablaufen.

V.: Die alten Regelungen über den Erschwernisausgleich hätten Sie allerdings akzeptiert? Die fanden Sie akzeptabel?

G.: Ja, ich hätte mich da überhaupt nicht dran gestört, wenn es nach wie vor so geblieben wäre, daß ich dort auch eine Grunddüngung hätte machen können. Kalkung und Grunddüngung mit Kali und Phosphor muß man schon einmal durchführen. Wenn man keine Gülle herauslässt, geht das vielleicht. Wenn man keine Grunddüngung durchführen darf, ist abzusehen, daß bald nichts mehr wächst. Das, was die Rinder als Kuhfladen hinterlassen, reicht nicht aus. ... Deswegen wachsen da auch Binsen und Rasenschmiele. Die Rasenschmiele tritt vor allem bei starken Wasserschwankungen auf. Wenn man sie kurz hält, geht das, das Vieh geht auch wieder ran. Wenn man gar nichts mehr aufbringen darf, das ist hart. Ich glaube nicht, daß das an der Landwirt akzeptiert. Es kostet zwar nichts, wenn man nichts dran macht, aber es wächst auch nichts. Ich hatte früher von den vorherigen Eigentümer andere Flächen gepachtet. Das waren gute Flächen. Dann wollte er das tauschen. Das waren Stück haben. Er wollte das Stück, welches ich jetzt habe, für seine Kinder haben. Die wollten reiten. Sie haben Pferde. Daher habe ich das jetzige Stück erst seit drei, vier Jahren. Vorher waren das andere Flächen. Die vorherigen Flächen lagen nicht im Naturschutzgebiet. Daher bin ich da überhaupt rangekommen. Damals, vor sechs Jahren, hatte ich es erst vor, einen Tiefumbruch zu machen. Damals wäre das wohl noch gegangen. Aber das kostet allerhand Geld. Ich hätte den Tiefpflug bestellt und der hätte mir das über Kopf gezogen.

V.: Und ihre Nachbarn dort im Naturschutzgebiet, die wollen das Land nicht an den Staat verkaufen, oder?

G.: Nein. A. hat das als Eigentum. Es ist sein eigenes Land. Die Bauern, die noch Landwirtschaft betreiben, haben ja auch kein Interesse, das Land an den Staat zu verkaufen. Die brauchen das und behalten es daher.

V.: Was sagen die zu den Auflagen im Naturschutzgebiet?

G.: Der Mähzeitpunkt ist für die natürlich auch zu spät. Aus diesem Grunde sind die auch nicht gerade erfreut darüber. ... Es kommt auch darauf an, ob jemand nur mit einem Stück im Naturschutzgebiet liegt oder mit fast allen seinen Flächen. Wenn dem die Auflagen gemacht werden, keine Gülle mehr auszubringen, wo sollen die ihre Gülle hinbringen?

V.: Wie intensiv werden Ihre anderen Flächen bewirtschaftet?

G.: Wir haben gar kein Stück, was in den letzten Jahren nicht neu angesät wurde. Hier in Bergedorf sind unsere besten Flächen. An der Hamme sind die Wiesen auch nicht so gut. Der Halm ist auch nicht so gut. Selbst wenn man dort Grünlandneuansaat macht, hält sich das gute Gras auch nicht, weil das Niedermoor ist. Nach zwei Jahren ist das gute Gras weg und das Schilfgras wieder da, trotz eventueller intensiver Düngung. Auf dem Hochmoor hält sich das gute Gras besser.

V.: Direkt an der Hamme ist der Wasserstand ziemlich hoch. Einige Landwirte haben daher bei der Bewirtschaftung ihrer Grünlandflächen Schwierigkeiten. Wie sieht das bei Ihnen aus?

G.: Wir liegen mit unserem Stück an der Brücke zu Neu - Helgoland. Wenn ich da im Sommer Gülle hinbringen will, sehe ich zu, daß es nicht am Sonnabend ist. Da sind öfters Gesellschaften, die da Schiffsfahrten machen und in die Gastwirtschaft gehen. Da müßte man eine Axt im Leibe haben. Das wäre direkt Spott. Das muß man auch verstehen. Die Leute kommen mit dem Schiff aus Vegesack und wollen sich dort gemütlich auf die Terasse setzen, essen und der Bauer bringt die Gülle hin. Das geht nicht! Man muß sehen, daß das im Rahmen bleibt. Das würde ich nicht machen. Wir haben da auch schon mal angerufen, als ich hier Gülle wegbringen mußte, als ich in Not war. Inzwischen haben wir ein zusätzliches Güllesilo. "Wie sieht das aus, muß ich nächste Woche Gülle fahren. Hast Du Gesellschaften, oder so?" "Nein, nächste Woche kannst Du ruhig kommen!"

Zum Ende des Gespräches kommt Herr S., der Enkel des Herrn G., von der Feldarbeit zurück. Der Verfasser bei seinen letzten Fragen hauptsächlich an ihn.

V.: Was halten Sie von dem GR - Vorhaben, was in der Hammeniederung geplant war?

S.: Das kostet einen Haufen Geld, was sie da geplant hatten. Es muß alles finanziert werden und der Staat ist schon hoch genug verschuldet. Ich weiß nicht, ob sie sich da besser bei stehen, wenn sie da Naturschutzgebiet machen. Aber wenn sie das durchwollen, setzen sie das durch.

V.: Was halten Sie von den Wiedervernässungsbestrebungen?

S.: Dann mußt Du da jeden Tag hinrennen, die Rinder müssen bis zum geht-nicht-mehr geimpft werden, nachher sind die doch noch alle krank.

V.: Und wie beurteilen Sie die Qualität des Futters, Herr S.?

S.: Das große Stück im Naturschutzgebiet beweiden wir. Nur zwei Morgen mähen wir zum zweiten und vierten Schnitt ab. Das geht auch nur darum, daß das abkommt. Dieser Heha kommt hier mit ins Silo. Wo sollen wir mit dem ganzen Scheiß hin? Das kommt da oben mit herauf und fertig ist die Sache. Das ist ein Wagen voll, mehr nicht. Wenn das dazwischen liegt, fällt das nicht so auf.

---

Interview 6
mit Haupterwerbslandwirt I. aus Waakhausen, Worpswede

V.: Was halten Sie von den Wiedervernässungsbestrebungen?

I.: Es kommt dann keine Luft mehr in den Boden. Durch die Feuchtigkeit kommt die Vegetation viel später in Gang. Dann kann man keine Landwirtschaft mehr betreiben.

V.: Wie werden heute die Wasserstände im Poldergebiet gefahren?

I.: In den ersten Jahren nach Einpolderung war es so, daß wir die Wasserstände nicht so niedrig gehalten haben, wie wir sie uns vorgegeben haben, langsam von dem damals und damals so abrupt, damit es zu einer allmählichen Anpassung kommt. Mitte der 70iger Jahre haben wir einen Wasserstand von teilweise unter 0,50 m unter NN erreicht. ... Hier an der Hamme halten sich gerne Mäuse auf, wo z.B. auf dieser Grünlandfläche. Die war total über Kopf. Da habe ich gesagt: Hier will ich einmal die Schlitzdrille einsetzen, damit nicht wieder Brennesseln, Disteln und so ein Zeug aufkommt. Mit den Mäusen geht das ein paar Jahre gut und dann... Alle sieben Jahre ist ein Mäusejahr, sagt man.

V.: Haben Sie schon vor den GR - Planungen einmal Schwierigkeiten mit dem Naturschutz gehabt?

I.: Nein, davor nicht. Wir sind bislang in Ruhe gelassen worden. Erst mit dem GR - Projekt ging das los! Das ist ja auch ein Wahnsinn! Wir sind ja gerade mal wieder so weit. - Wir hatten teilweise Belastungen wegen des Polderbaues, die waren abstrus hoch. Die lagen dreißig Jahre lang bei 56,- DM je Hektar. Der Deich- und Sielverband hat zwar auch hohe Belastungen, die sie aber dem Vorteil, daß sie erheblich mehr Zuschüsse bekommen haben als wir. Als wir hier unseren Polder gebaut hatten, das war Ende der 50er Jahre, da wurden die Zuschüsse schon abgebaut. Der Deich- und Sielverband hat teilweise bis zu 100 % Zuschuß bekommen. ... Hier in Waakhausen kamen ja auch noch die Folgemaßnahmen dazu.

V.: Merkt man den Unterschied zwischen den Flächen innerhalb und außerhalb des Waakhauser Polders?

I.: Das kann man aber gut sehen, das kann man echt sehen. Das wäre ein Vergleich. Hier sind viele Flächen direkt an der Hamme außerhalb des Polders, die hat der Landkreis für Naturschutzzwecke gekauft. Dazwischen liegt C. aus Waakhausen mit Grünlandflächen. Die hat er kürzlich erst gekauft, nachdem er sie jahrelang vorher schon in Pacht hatte.

V.: Hat C. keine Befürchtungen, daß er Naturschutzauflagen bekommt?

I.: Ja, das ist es ja! Das sagt er selber! Aber gleichzeitig sagt er: "Wenn ich die Flächen jetzt nicht kaufe, bin ich meine ganze Milchquote los." ... Er hat die Milchquote schon vor der Milchquotenregelung gehabt. Sonst sind die Milchquoten weg! Dann ist es vorbei! Daher hat er gesagt: "Ich muß kaufen!" Das bißchen Land, was er hier im Polder hat, ist

Interview 7
mit Haupterwerbslandwirt K. aus Teufelsmoor, Osterholz-Scharmbeck

Herr K. und einige Landwirte aus der Ortschaft Teufelsmoor haben selbst 1986 die Unternaturschutzstellung von Teilen ihrer Flächen bei der Bezirksregierung in Lüneburg beantragt. Zu Beginn des Gespräches erklärt Herr K., welche Beweggründe ihn zu diesem Schritt veranlaßten.

K.: Wir haben die Unternaturschutzstellung selbst beantragt, weil das mit der Milchquote nicht lief. Ich habe 1984 den Hof übernommen, habe dann einen Antrag auf einen 60er Boxenlaufstall gestellt, hätte den wohl auch genehmigt bekommen, jedoch wäre mir nicht mehr die entsprechende Quote zugeteilt worden. Dann nützt mir die ganze Sache ja nichts. Dann wußte ich auch nicht, was ich machen sollte.

V.: Hättest Du nicht als Härtefall anerkannt werden können ?

K.: Ich war dreimal Härtefall; jeweils habe ich 10.000 kg bekommen. Vorher hatte ich 36.000 kg, nachher lag ich bei 70.000 kg Milchquote. Im Grunde genommen hätte man sich das schenken können. Mit 12 Kühen wollte ich mich nicht beschäftigen.

V.: Es gibt viele, die nur so wenig Milchquote haben.

K.: Die machen das aber nebenbei. Wenn Du davon leben willst, mußt Du schon ein bißchen mehr haben. ... Bis zum letzten November habe ich gemolken. Dann kam das mit den Mutterkühen auf, die quotiert wurden. Dann habe ich mir gedacht: jetzt mußt Du aufpassen ! Jetzt habe ich 60 Mutterkühe und da habe ich auch schon wieder Probleme mit, weil das ja auch alles noch nicht so sicher ist. Es war ja im Gespräch, daß sie zu viel Mutterkühe haben, daß zu viel Leute Mutterkühe angemeldet haben und daß sie eventuell...

V.: Du hast auch noch relativ viel Ochsen. Wolltest Du nicht auf mehr Mutterkühe aufstocken ?

K.: Nein, ich wußte das ja auch nicht. Und mit meinem Haus habe ich mich geldlich festgelegt und ich konnte auch nicht mehr in den Stall stellen.

V.: Wie lief das seinerzeit mit der Beantragung des Naturschutzgebietes ?

K.: Wir sind das Naturschutzgebiet 'Wiesen und Weiden nordöstlich des Breiten Wassers'. Das bin ich mit 80 ha und Nr. 6 mit etwas weniger, 60 ha, und der J.. Wir wollten das. Ich habe heute dennoch 200 Morgen, die nicht unter Naturschutz sind.

V.: Die anderen Teufelsmoorbauern wollten eine Unternaturschutzstellung nicht ?

K.: Die wollten das auf keinen Fall, ist ja auch verständlich. Ich meine, wenn ich eine Milchquote bekommen hätte, hätte ich mich da auch vor geschützt. Aber in meinem Fall - ich konnte das Land ja nicht richtig nutzen.

nicht viel: 18 Morgen am Haus. Letztens sagte er zu mir: "Das ist ja klar, ich bin da ja nun ganz und gar (vom Naturschutz) eingeengt."

An einer anderen Fläche in unmittelbarer Nähe der Kreisstraße 11 angelangt, erklärt Herr I., daß es sich bei dieser Fläche um eine der niedrig gelegensten Flächen im Waakhauser Polder handelt. Gleichzeitig wird diese Fläche ziemlich extensiv genutzt.

I.: Hier sehen Sie: So würde es überall aussehen, wenn man den Grundwasserstand anheben würde. Hier wird extensiv gewirtschaftet. Er hat seine Milchquote aufgegeben. Er mäht nur einmal im Jahr und hat anschließend ein paar Tiere auf dieser Fläche.

V.: Was hat das Staatliche Amt für Wasser und Abfall mit den Flächen vor, die sie direkt an der Hamme aufgekauft haben ? Sollen das Randstreifen werden ?

I.: Sie haben geplant, ihr Baggergut dort abzulegen. Das lassen sie dann austrocknen und bringen es anschließend weg. Außerdem haben sie die Absicht einen Gewässerrandstreifen entlang der Hamme anzulegen. Sie wollen ganz entlang der Hamme in einer Breite von sieben bis acht Meter die Flächen aufkaufen. Bezahlt werden dafür 2,- DM pro m². Damit waren wir auch teilweise mit einverstanden. ... Ich kenne das noch von früher, wie die Landschaft hier 1947/48 aussah, als wir hier an der Hamme am Heuen waren. Ich ging da noch zur Schule. Wenn wir hier am Heuen waren, konnte man bis nach Worpswede zur Eisenbahnbrücke gucken. Heute ist das nicht mehr möglich. Heute guckt man auf Bäume, Sträucher und Bewaldung.

V.: Es ist ein gewisses Risiko, ein Naturschutzgebiet zu beantragen. Wenn das erst einmal Naturschutzgebiet ist, wird man das über Jahre hinweg nicht mehr anders bewirtschaften können.

K.: Das ist richtig. Aber hier in Teufelsmoor ist das so, daß man relativ billig woanders Flächen pachten kann. Die Pacht liegt bei ca. 50 DM. Und selbst, wenn ich wieder melken könnte, sei es, daß sie die Quote wieder frei geben, dann würde ich Flächen außerhalb des Naturschutzgebietes pachten. Allerdings glaube ich, daß die Quote bleibt - bis 2000 ist sie auf jeden Fall sicher. Ich hätte seinerzeit auf Nr. 6 Milch dazuleasen können, bloß ich hatte ja keinen neuen Stall gebaut. Den Stall hier habe ich erst später im Jahre 1989 gebaut. Der ist so gebaut, daß ich 28 Kühe da hineinstellen könnte.

V.: Ist der mit Hilfe des Einzelbetrieblichen Förderprogramms gebaut worden ?

K.: Nein, der ist mit dem Agrarkreditprogramm gebaut worden. Dies ist nicht ganz so gut in der Bezuschussung. Das andere sollte aber zwei Jahre mit der Beantragung dauern, und das war mir zu lange Zeit.

V.: Haben die anderen Landwirte aus Teufelsmoor das nicht mit Argwohn betrachtet, daß ihr die Unternaturschutzstellung beantragt habt ?

K.: Der Naturschutz hat einen Keil in das Dorf getrieben. Doch irgendwie sitzt einem das Hemd ja näher als die Hose. Was nützt mir das, wenn die anderen mit mir gut gestimmt sind, und ich habe kein Geld ? Ich muß ja zusehen, daß ich selbst über die Runden komme. Die haben das im Dorf auch eingesehen. Was sollte ich denn machen ?

V.: Wie beurteilst Du denn die GR - Planungen ?

K.: Ich meine, wenn der Naturschutz so weit kommt, wie ich auch die Vereinbarungen habe, dann ist das in Ordnung. Wer das persönlich ausmacht, wer das möchte, dann ist das in Ordnung. Bloß wenn sie anfangen, das Wasser hoch zu setzen, und man keinen Mist und keine Gülle mehr auf das Land fahren darf, ist keine Landwirtschaft mehr möglich. Wenn das hier alles feucht wird, Du kannst nicht mehr richtig mähen und nicht mehr weiden, dann kann man das doch vergessen. Und sie sollten den Leuten das nicht so aufs Auge drücken. Sie können sagen: "Wer will, kann mitmachen !" Vielleicht kann man auch zusätzlich was über das Geld machen. Wenn sie sagen würden: "Wir setzen das ein bißchen hoch", - obwohl, wer soll das bezahlen ? Aber wenn sie das über einen Kamm scheren und sagen: "Komm, so ist das !" Dann sieht es im Teufelsmoor mit der Landwirtschaft schlecht aus. - Aber das ist im Grunde genommen ja auch schon eine Art von Enteignung. Wer bei der Bank Abträge bezahlen muß, - das geht nicht ! Da würden sie einigen Leuten ja richtige Schwierigkeiten mit bereiten. ...

Aber Teufelsmoor bietet sich für den Naturschutz an, weil relativ wenig Bauern hier sind, die eine große Fläche haben. Da brauchen sie nicht... Wenn sie das in Grasberg machen würden, da müßten sie sich bei gleicher Fläche mit dreimal so viel Landwirten

herumstreiten. Ich glaube das nicht, daß sie einen Weg finden, daß alle zufrieden sind.

V.: Es ist heute davon auszugehen, daß, wenn das GR - Gebiet nicht kommt, der Flickenteppich unter Naturschutz gestellt wird. Auf dem Flickenteppich sind auch viele Betriebe, die auf diese Flächen angewiesen sind.

K.: Wer damals mit dem Land sein großes Geld gemacht hat, kann jetzt nicht sagen: "Ihr nehmt unsere Pachtländereien weg." Die haben damals ihr Geld dafür bekommen und haben daher kein Recht mehr zu sagen: "Das hier ist unser wichtigstes Land." In Pennigbüttel haben sie sich alle ziemlich damit saniert. Wer einmal verkauft hat, kann nachher nicht sagen: "Ihr macht uns kaputt !" Das hätten sie sich vorher überlegen müssen.

V.: Hat der Staat nicht eine gewisse Verantwortung ?

K.: Verantwortung ?! - Sie müßten ihnen vielleicht irgendwelche Ersatzflächen anbieten.

V.: Warum hast Du denn seinerzeit nicht die Regelungen, so wie sie im Breiten Wasser gelten, übernommen? Warum wurden in Eurer Verordnung andere Auflagen festgelegt ?

K.: Das ging nicht anders. Aber ich könnte auch nur den Grundbetrag in Anspruch nehmen. Wenn ich jetzt sagen würde, daß ich die noch als intensivere Fläche brauche, würde ich nicht die 500,- DM, sondern nur noch die 300,- DM kriegen, das ohne weiteres machbar. Ich muß den Bewirtschaftungsvertrag ja alle fünf Jahre neu beantragen. In diesem Bereich habe ich bis 50 kg N oder vergleichbaren Stickstoff und hier gar nichts. Geht man von Volldünger aus, dann sind das... Volldünger hat 15 % Reinstickstoff. Was sind das dann ?

V.: Und die PK - Düngung ?

K.: Im vergleichbaren Rahmen, so daß sich das ausgleicht. Sie waren an Phosphor - Kali auch nicht so interessiert.

V.: Warum hier eingeschränkten Stickstoff, auf den anderen gar kein Stickstoff ?

K.: Weil dies meine 'Melkflächen' sind. Da wollte ich ein bißchen Dünger streuen.

V.: Warum hast Du das nicht anders herum gemacht und die Niedermoorflächen als Düngerflächen vorgesehen ?

K.: Weil die hofnah sind.

V.: Wie lief das Unternaturschutzstellungsverfahren denn seinerzeit ab ?

K.: Ich habe das hauptsächlich mit zwei Leuten aus der Bezirksregierung gemacht und die waren wirklich sehr kulant. Klar, die haben ihre Richtlinien gehabt, daß sie gesagt haben : "Das muß so werden, das muß so kommen" - mit dem Mähen. Die Bezirksregierung war eine ganze Zeit hier und hat sich das angeguckt. Klar, wir konnten nicht sagen : "Wir wollen das Geld haben und nichts dafür extensivieren." ... Im Naturschutzgebiet weide ich nur noch mit 1,5 GV. Dies ist ein Problem, weil das Lukgras (Rasenschmiele) dadurch immer mehr zunimmt. Bei 1,5 GV fressen sie nur noch das heraus, was sie mögen.

V.: Hast Du außerdem noch Probleme mit anderen Gräsern, z. B. mit Seggen ?

K.: Mit Seggen nicht, weil das relativ trocken ist. Die Rasenschmiele ! Wegen der Rasenschmiele treibe ich auch früh aus - am 15.April. Gegen das Gras kommen die aber niemals an. Ich muß das dann nach der Beweidung jedesmal ausmähen. Das ganze Stück habe ich in vier Abteilungen eingeteilt. Da kommen jeweils 40 Stück rauf und die bleiben den Sommer über da auch stehen. Letzten Sommer hatten die das natürlich blitzeblank gefressen, so daß ich sie auch nicht hinters Haus treiben mußte. Die Flächen hinter dem Haus mähe ich dreimal im Jahr - da machen wir ganz normale Landwirtschaft.

V.: Grünlandumbruch und Einsatz von Pflanzenschutzmitteln sind verboten. Wie klappt das mit dem Schleppen ? Denn bis zum 15. März muß ja geschleppt sein.

K.: Es kommt immer darauf an, wie naß oder wie trocken es ist. Entweder ich schleppe im Frühjahr bis zum 15. März oder, wenn es ein trockener Herbst ist, schleppe ich im Herbst. Unten die Flächen sind sowieso so fest, daß das nicht unbedingt nötig ist. Es war auch schon einmal so, daß es im Herbst naß war und im Frühjahr naß war. Dann habe ich das unterlassen. Das ist alles nicht ideal.

V.: Es friert auch wieder auf !

K.: Das ist klar, daß das wieder auffriert. Bloß, mein Gott, alles kann man nicht haben. ... Im Frühjahr fahre ich auf die vorderen Flächen einmal Gülle hin. Dieses Jahr habe ich bisher gar keinen Dünger gestreut. ... Das Problem mit der Rasenschmiele haben wir alle im ganzen Bezirk. Gut, wer alle drei Jahre Neuansaat macht, der hat das Problem nicht. Aber die ganzen Wiesen hier bis an die Beek, das ist alles Rasenschmiele. Auch mit scharfem Mähen kriegt man das nicht in den Griff. Als hier der Naturschutz überhaupt noch nicht im Gespräch war, hatte ich die ersten 70 Morgen umgebrochen, mit Round up gespritzt und mit der Schlitzdrille neu angesät und auch Dünger gestreut. Aber das dauert drei oder vier Jahre, dann ist die Rasenschmiele wieder da. ... Solange die Richtlinie Verordnung in diesem Rahmen bleibt, kann ich damit leben. Ich habe meine Siloflächen hinter dem Haus und das reicht.

V.: Hälst Du es für sinnvoll, daß der Staat Flächen aufkauft, um darauf Naturschutz zu betreiben, oder findest Du es besser, daß Bewirtschaftungsverträge abgeschlossen werden ?

K.: Ich persönlich würde nichts verkaufen. Ich finde es besser, Bewirtschaftungsverträge abzuschließen, aus denen man aussteigen kann. Wobei der Naturschutz ja eine Sache ist, aus der man nicht mehr herauskommt. Bei einem Verkauf muß man ganz raus. Da hat man im Grunde genommen nur noch Nutzungsrecht.

V.: Was hälst Du von dem Grünlandschutzprogramm ?

K.: Es kommt immer darauf an, wie ein Betrieb strukturiert ist, wieviel Flächen er braucht. Wenn er z. B. irgendwo weiter entfernt Flächen hat, die er nur für Pferdeheu oder so gemäht hat, dann kann er das Geld vielleicht mitnehmen. Aber letztlich - ich weiß nicht... Ich habe dort am Breiten Wasser einmal kein Vieh gehabt, sondern Heu gemäht. Das guckte beim Mähen teilweise über die Motorhaube bei den Treckers hinaus. Das ja aus kein Futter mehr ! Wenn man das nicht weiden darf, - der Futterwert ist begrenzt. ... Daher mache ich heute auf den Naturschutzflächen auch kein Heu oder Silage mehr. Es wird nur noch beweidet.

V.: Wollte man Dich auf der Bezirksregierung nicht überreden, das als Wiese zu nutzen?

K.: Diese Flächen hier habe ich letztes Jahr noch gemäht. Da habe ich ein Silo gefahren, aber das ist auch ein Gras, das nicht so gut silieren läßt. Der Halm ist zu hart und zu glatt. Es ist schon nicht zu trocken, weil ich erst am 15. Juni hinkomme. Ich bin jetzt so weit, daß ich überall im Naturschutzgebiet Vieh hinjage. Sicherlich, das habe ich als Mähweide bei der Bezirksregierung eingetragen. Ich mähe das ja auch aus; es ist nicht so, daß das langsam versteppt. ... Wenn sie - das weiß ich nicht - , die ja theoretisch ganz einfach. Sie würden in Ritterhude die Schleuse zudrehen, und dann hätten sie ihr Naturschutzgebiet. Aber das wird man wohl rechtlich nicht durchsetzen können ?

V.: Es ist allenfalls möglich, in einem abgegrenzten Bereich kleinflächig den Wasserstand anzuheben. Die Nachbarflächen dürfen dadurch nicht beeinflußt werden.

K.: Dann müßte man ja poldern - sonst geht das ja nicht; über das Grabensystem läuft ja alles zusammen.

V.: Es gibt den Plan, in Pennigbüttel etwas einzupoldern. Dort will man auf langfristige Sicht den Wasserstand anheben, nachdem alle in einem Flurbereinigungsverfahren herausgelegt worden sind.

K.: In einem begrenzten Bereich ist das im Grunde genommen ja nur was fürs Auge. Das hat ja keine Wirkung auf die Natur. Wenn sie so einen Bereich wie Teufelsmoor einpoldern wollen, wer will das denn bezahlen ? Es sei denn, es kommt so weit, daß sie sagen: "Wir machen die Schleuse zu, fahren den ganzen Wasserstand 30 cm höher und lassen das ganze Wasser ablaufen." Das weiß ich ja nicht. Da habe ich Angst vor. Der Wasser - und Bodenverband hat die Pflicht, die Gräben ordnungsgemäß zu räumen und die Mitglieder dazu aufzufordern. Über die Schaukommission wird das ja kontrolliert, ob Du das gemacht hast oder nicht. Der Naturschutz sagt ja, daß bei mir z. B. die Gräben nur einseitig zu räumen sind, damit sich Krebsscheren und Pfeilkraut halten können. Das widerspricht sich teilweise. Der Wasser- und Bodenverband hat an sich nachgegeben. Ich weiß nicht: Das ist ein Kompetenzstreit, wer da mehr zu sagen hat.

V.: Was für Erfahrungen hast Du mit der einseitigen Grabenräumung gemacht ?

K.: Man darf nicht anfangen zu schluren. Man muß alle Gräben wirklich einseitig aufmachen. Wenn man das verschlurt, muß man eine Grundräumung machen mit Sicherheit Ärger. ... Der Graben 24 ist ein Graben zweiter Ordnung, der ganz vom Wasser- und Bodenverband geräumt wird. Ich habe die beiden großen Grenzgräben dritter Ordnung, die beschaut werden.

V.: Hast Du Schwierigkeiten mit den Naturschutzverbänden gehabt ?

K.: Nein. Die gucken immer mal. Im ersten Jahr haben sie das Vieh gezählt, um zu gucken , daß ich nicht überweide.

V.: Das kam auch immer hin, oder ?

K.: Zumindest haben sie mir niemals gesagt: "Hör mal zu, da hast Du zu viel Vieh gehabt !" Das bekommt man auch nicht ganz hin. Ich darf bis zu 1,5 GVE auftreiben. Da hast Du so eine Gruppe, willst Du dann zwei Tiere extra stellen ? Da sagen die auch nichts.

V.: Mir sind zwei Fälle bekannt, da hat man sich verzählt.

K.: Das Zählen ist ja auch ein Problem. Sagen wir mal, da habe ich diese drei Weiden in einem Stück, die fressen aber alle zusammen, es fressen zu viel Vieh hier und ein paar da, dann kommen sie und stehen z.B alle zusammen auf der einen Weide, obwohl sie theoretisch über die ganze Fläche rüberlaufen könnten. Wer das nicht weiß, denkt: Der hat sie alle in eine Ecke gejagt ! Und dann gibt es Ärger. ... Ich achte auch darauf, daß ich alles so in Ordnung halte. Es nützt mir nichts, wenn ich mit denen Streit anfange. ... Was da viel mehr gemacht werden müßte, wäre, daß die Naturschützer auch mal ankommen und sagen: "Dies hast Du vielleicht nicht so gut gemacht. Wäre es möglich, daß wir das und das zusammen machen ?" Man könnte sich z.B. einmal im Jahr zusammensetzen und alles, was sie sich denken und wir uns denken, besprechen. Ich glaube, daß die ein bißchen Berührungsängste haben. Man hört immer nur mal: Hier hat es Ärger gegeben und da ist was schief gelaufen. Wenn da irgendwelche Wünsche wären, könnte man das einmal reell sagen. Dann kann man auch sagen: "Das ist nicht machbar, das müssen wir irgendwie anders regeln." ...

Im weitern Verlauf des Interview kommt das GR - Gebiet wieder zur Sprache.

K.: Mit dem Wasser und der Gülle und dem Mist, das steht da ja in dem GR - Plan drinnen. Es sind dies die Vorstellungen. Ich wüßte nicht, wie ich das bei mir machen sollte. Ich habe 1200 cbm Gülle. Die muß ja irgendwo hin. Wenn da nichts mehr zu machen ist, dann... Die können das nicht einfach den Landwirten, wie z.B. meinem Nachbarn S., aufs Auge drücken. Dann müssen sie eben sagen: Wir machen Naturschutz auf dem Flickenteppich und lassen das ganz. Mit den Landwirten, die vom Konzept her können und wollen, machen wir Geschäfte und die anderen lassen wir. Oder sie müssen sagen: "Wir bieten Dir das an, bieten Dir richtig gutes Geld und dann versuche Dir irgendwo anders etwas zu besorgen." Aber daß sie den Leuten den Naturschutz aufdrücken und das paßt nicht in den Betrieb, das geht nicht. Wenn ich 60 Kühe melken würde, würde ich das auch nicht machen.

V.: Bist Du mit den 500,- DM pro Hektar zufrieden ? Meinst Du, daß dieses ausreichend ist ?

K.: Normalerweise sind 500,- DM ein Witz. Das klappt bei mir nur, weil ich relativ große Flächen habe und dadurch die Endsumme auch dementsprechend hoch ist. Wenn man das wirklich auf den Hektar umsetzt und damit vergleicht, was ich wirklich verdienen könnte, wenn ich richtig melken würde, sind die 500,- DM ein Witz.

V.: Entsprechend bekommt man in den Borgfelder Wümmewiesen 950,- DM.

K.: Das ist ja schon richtig Geld. Und dann muß das natürlich eine Sache sein, auf die man sich verlassen kann. Was nützt es Dir, wenn sie Dir zwei Jahre lang 950,- DM geben und Du sagst: "Ich mache das mit Euch und anschließend geben sie Dir nur 100,- DM oder so und sagen: "Wir haben leider keine Mittel mehr." Irgendwie besteht diese Gefahr ja. Diese ganzen Zahlungen - ist es festgeschrieben, daß das Land dazu verpflichtet ist ? Als wir das abgeschlossen hatten, war das eine 'Kann - Leistung'. Wir machen das, oder wenn nichts mehr da ist, können wir auch nichts mehr bezahlen.

V.: Laut § 50 NNatG müssen einschneidende Eingriffe des Naturschutzes ausgeglichen werden.

K.: Bei mir wäre der Betrieb kaputt, wenn sie mir keine Ausgleichszahlungen mehr bezahlen würden. ... Als ich letzte Jahr ans Breite Wasser gefahren bin, um zu mähen, habe ich von den 20 Morgen 150 Rundballen und 1000 Kleinballen runtergeholt. Ich habe keinen Dünger gestreut und nichts. ... Letztes Jahr haben wir noch bei der Bezirksregierung angefragt, ob wir nicht schon am 10. Juni mähen könnten. Da haben sie sich das angeguckt: Ja, ich hätte ein paar Tage eher können.

V.: Das ist ja erfreulich, daß es bei Dir keine Schwierigkeiten gab. Mir sind einige Fälle bekannt, wo die Landwirte bis zu 2 Wochen auf die schriftliche Genehmigung gewartet haben.

K.: Es ist auch so: Wie man in den Wald ruft, so kommt es heraus. Wenn du da immer nur auf Krawall aus bist, ist das auch nichts.

V.: Es gibt Landwirte - auch im Breiten Wasser -, die sagen: Wir lehnen es grundsätzlich ab, daß der Staat sich in das Privateigentum einmischt, und dies gilt gerade auch in Bezug auf den Naturschutz. Wir wollen keine Verträge mit dem Naturschutz abschließen.

K.: Wenn sie sich das finanziell erlauben können, mal zu ! Bloß aus Prinzip mache ich gar nichts. Das bringt doch nichts, wenn man sagt: "Ich bin der Eigentümer !" Im Teufelsmoor ist das mit dem Großgrunddenken sowieso nicht ... Ich komme ja aus dem Goslarer Raum. Da sind die Betriebe kleiner strukturiert, aber da geht es selbst dem schlechtesten Betrieb noch besser als hier den guten. Die haben alle falsche Vorstellungen davon, wie die Landwirtschaft normalerweise zu laufen hat. Selbst gute Betriebe hier sind doch nicht spitze. Mit der ganzen Milchwirtschaft ist das auch so eine Sache: Viel muß man über Kuhschrot machen, weil das

Grundfutter einfach nicht so gut ist. Wir haben hier einen höllischen Standortnachteil. Die meisten Betriebe hier haben 100 % Grünland und das ist für die Milchviehwirtschaft auch nicht das ideale. Viele füttern doch überhaupt gar keinen Mais.

V.: Viele Teufelsmoorbauern der Ortschaft Teufelsmoor hatten früher auch Land im Bremer Bereich. Hast Du das auch ?

K.: Ich habe noch etwas in der Wesermarsch, was zu diesem Hof gehört. In den guten Jahren vor dem ersten Weltkrieg hatten sie sich 70/80 Morgen Marschland dort gekauft. Als es dann schlechter wurde, haben sie immer mal was verkauft. Zusammengebrochen ist das ja mit der Währungsreform. ... Heute sind das noch 10 Morgen; da könnte ich 10 Ochsen hinjagen; und einmal im Jahr hin und meine Ochsen zählen ? Nein, die habe ich verpachtet. Wenn ich nur 2,5 ha Eigenland hätte, würde ich mit dem Naturschutz auch nichts machen. Was bringt das denn ? Da bekommst Du für 2,5 ha 1250 DM. Da würde ich mich für festlegen und sagen: Jetzt ist das für immer unter Naturschutz. Wenn Du das dann einmal verkaufen möchtest,...? Diese kleinen Betriebe hier oben sind entweder Nebenerwerbsbetriebe oder komplett verpachtet und machen gar nichts mehr mit Landwirtschaft. ... Wenn die das mal verkaufen wollen, haben sie ihre Fläche im Naturschutzgebiet und kriegen da kein Geld für. Das Naturschutzland ist im Grunde genommen ja gar nicht mehr zu handeln. Das kann vielleicht der Staat noch abkaufen, aber da gibt Dir ja kein Bauer mehr Geld für. Ich hatte hier unten noch Pächter auf meinem Eigenland, die wollten, nachdem es in das Naturschutzgebiet gekommen war, nur noch 20,- DM für den Morgen geben.

V.: Hälst Du das grundsätzlich für sinnvoll, daß der Staat so viel Geld für den Naturschutz ausgibt ?

K.: Der ganze Trend geht ja hin zum Naturschutz. Sie können bloß nicht verlangen, daß sie so eine Leistung kriegen und da nichts für bezahlen müssen. Wenn die Allgemeinheit daran interessiert ist, daß die Kiebitze irgendwo brüten, dann müssen sie sehen, wo er brüten will, da müssen sie es auch irgendwo bezahlen.

V.: In Bremen läßt man sich das noch mehr kosten !

K.: Bremen hat es aber auch relativ einfach, weil sie wenige Landwirte haben, weil sie ihre Gesetze mit den paar Landwirten machen können. Wenn Niersachsen uns hier so viel Geld anbieten würde, dann stehen da auf einmal Leute mit zig-tausenden von Hektar und wollen auch gerne Naturschutz machen. Ich weiß nicht, wieviel Bauern es in Bremen gibt, aber hier läßt sich das wohl nicht finanzieren. Das sie so einen Hof wie Warncken einrichten, ist ja in Ordnung, aber das müßte dann doch so sein, daß andere Bauern da hineingucken können. Aber wenn da von außen (vom Land Bremen immer Geld hineinkommt, ist das für alle anderen uninteressant. Bei mir kommt ja auch keiner, wenn ich kein Geld mehr habe - nach Hannover schreiben und sagen: "Könnt Ihr mir mal einen Scheck schicken?!" Das läuft ja nicht. Dann ist die Sache doch witzlos ! Was ich meine - aber da sind Bremerhaven oder Lüneburg wohl mit überfordert - sie müßten zu den Naturschutzverordnungen Konzepte stellen, wie das Land am besten zu nutzen ist, wie neue Vermarktungswege neu aufgebaut werden.

Wenn z.B. jemand wie ich Mutterkuhhaltung macht, könnte dem gesagt werden: "Wir sehen zu, daß wir Eure Fleischrinder auf einem gesonderten Weg absetzen und daß das auch finanziell unterstützt wird. Aber das wird ja nun gar nicht gemacht.

V.: Findest Du es sinnvoll, Fleisch und Milch aus Naturschutzgebieten gesondert zu vermarkten ?

K.: Der Markt ist doch dafür da, oder ? So etwas kann man doch verkaufen. ... Die Bremerland war an dieser ganzen Geschichte überhaupt nicht interessiert, weil es eine zu kleine Menge ist und weil sie ihre Vorzugsmilch in Flaschen haben. Innerbetrieblich müßte eine neue Schiene aufgemacht werden und sie dann gegen ihre eigenen Produkte im Hause konkurrieren. Wir haben nun doch aber etwas besonderes: ohne Dünger und ohne dies und ohne das. Daher müßten die Produkte, die daraus gemacht werden, auch besonders bezahlt werden.

V.: Die Qualität der Produkte aus Naturschutzgebieten ist aber nicht unbedingt besser, sondern teilweise schlechter.

K.: Aber das ist ja in jedem Bioladen so. Nur, weil die Pflanzen irgendwann einmal gegen z.B. Blattläuse gespritzt wurden, muß das Getreide ja nicht unbedingt schlechter sein. ... Der Verbraucher will das in der Natur herumgelaufen ist, das natürlich und langsam aufgewachsen ist. Es kann doch nicht angehen, daß ich für meinen Ochsen, den ich hier drei Jahre gemästet habe, weniger bekomme als jemand für seinen Bullen, der irgendwo anderthalb Jahre im Stall gestanden hat. Beide hängen beim Schlachter nebeneinander; ich bekomme aber weniger, weil er nicht die Bemuskelung hat. Meist sind das nur Klappergestelle, die drei Jahre alt sind. Ich habe mir das abgewöhnt, die in den normalen Handel zu geben. Ich habe mehrere private Abnehmer im VW - Werk in Wolfsburg. Das sind Leute, die da besonderen Wert darauf legen, daß das vernünftig aufgewachsen ist. Da unten gibt es nicht groß Rindvieh, so daß die auch mal 20 kg abnehmen, weil sie sich sagen: "Ich möchte meine Truhe voll haben." Dann habe ich etwas, wenn ich mal was brauche." Wenn man den Kontakt zu den Leuten pflegt, die gut bedient sind, dann läuft das. ...

V.: Hast Du auch Schwierigkeiten mit dem Leberegel gehabt ?

K.: Leberegel habe ich auch. Ich sehe das immer, wenn ich privat schlachte.

V.: Und Fliegen ?

K.: Ja, und Zecken auch.

Im weiteren Verlauf des Interviews kommt das Thema Milch aus Naturschutzgebieten wieder zur Sprache.

K.: Ich habe das bei mir gesehen: Ich hatte immer Schwierigkeiten mit den Keimzahlen, wenn ich auf der Weide gemolken hatte. Mit den Zellzahlen lag ich auch hoch. Mit zwölf Kühen wollte ich nicht richtig in die Melktechnik investieren. Meine Pulsatoren waren...- das war Schnee von gestern.

V.: Für viele ist es schwierig einzusehen, daß jetzt extensiviert werden soll. Gerade viele Landwirte aus der Kriegsgeneration, die die Notzeiten noch kennen, haben Schwierigkeiten damit.

K.: Aber das ist ja überall. Überall muß man sich umsehen und gucken und anpassen, sonst bist Du irgendwann mal weg !

V.: Der Naturschutz möchte lieber Mist haben als Gülle, wie beurteilst Du das ?

K.: Mist paßt hier überhaupt nicht. Grünland und Mist ist Mist ! Die Gülle wird vom Land aufgenommen. Wenn ich im Herbst Mist auf meine Flächen fahre, sieht das mit dem Silofahren schon schlecht aus, weil das noch nicht verrottet ist.

Interview 8
mit Haupterwerbslandwirt L. aus Osterholz-Scharmbeck

V.: Wann haben Sie damals von den Naturschutzplanungen gehört ?

L.: Meist aus der Zeitung. Ich war etwas verärgert auf die CDU, weil sie das in Gang gesetzt hat den GR-Antrag gestellt hat. das war ungeschickt. Man muß kein Angebot machen, wenn das nicht gebraucht wird. ... Nun, ich achte schon von alleine auf die Belange des Naturschutzes. Außerdem gibt es ja schon jahrelang die Auflagen, die sie uns machen. ... Von der Fläche her habe ich keine Schwierigkeiten. Bei uns ist es so, daß wir teilweise gezwungen sind, die Flächen extensiv zu bewirtschaften.

V.: Das heißt, Sie haben relativ viel Fläche und verhältnismäßig niedrigen Viehbestand. ... Haben Sie auch, ähnlich wie A. oder L. oder R. in Osterholz-Scharmbeck Verträge mit den Naturschutzverbänden ?

L.: Ich brauche meine Grünlandflächen selbst. Ich habe das einmal ein Jahr gemacht, das war auch noch nicht eine Fläche von der NLG landeseigene Fläche - die sieht das nicht gerne.

V.: Ich weiß, die NLG hat ein Rundschreiben versendet an alle Pächter, daß auf ihren Flächen keine Verträge mit dem Naturschutz abgeschlossen werden sollen. Wie gefiel Ihnen der Bewirtschaftungsvertrag?

L.: Im Juli werden die Flächen erst für die Bewirtschaftung freigegeben - nachher sogar schon am 15. Juni. Wenn man es beweidet, zählen sie die Tiere. Wenn man mit ein oder zwei Tieren über die vertraglich festgelegte Besatzstärke drüber weg war, drohten sie damit, das Geld zu streichen. ... Ich habe zusammenhängende Weiden und habe die Tiere über alle drüber weg laufen lassen - dann war es gut. Aber im Grunde ist es doch eigentlich gleichgültig, ob man eine Parzelle mit 20 oder drei Parzellen gleich auf einmal... Das späte Mähen hätte ich noch in Kauf genommen, weil die Flächen auch ziemlich weit entfernt vom Hof liegen. Aber das reglementierte Beweiden - nur immer Teile einer Herde auf einer Fläche - ist arbeitsaufwendig. Ich kann mir auch nicht denken, daß das so viel bringt. ... Am 15. Juni erst zu mähen, das kann man akzeptieren.

V.: Sie haben viele landeseigene Flächen gepachtet.

L.: Ja, ich hatte vorher auch Eigentumsflächen, die ich zum Teil verkauft habe und dann wieder zurückgepachtet.

V.: Wie haben Sie sich denn auf die einjährigen Pachtverträge eingerichtet ? Sind Sie nicht davon ausgegangen, daß der See gebaut wird ?

L.: Ja sicher. Ich meine,- Im Grunde genommen habe ich für meinen Viehbestand eigentlich zu viel Fläche. Die Landgesellschaft hatte damals manchmal Schwierigkeiten, die Ländereien überhaupt zu verpachten. Da habe ich noch etwas Fläche dazu genommen. Das war natürlich auch ein Fehler wegen der Milchquote ! Die Milchquote ist an die Fläche gebunden. Wenn ich 20 ha weniger gehabt hätte, wäre die Michquote pro Fläche höher gewesen. ...

V.: Sie haben auch erst damit gerechnet, daß Sie die Fläche nur ein paar Jahre bewirtschaften würden, oder ?

L.: Ich habe aber auch noch genügend Pachtfläche von anderen Landwirten, die nicht verkauft haben, so daß ich meinen Milchviehbestand hätte weiter halten können. Ich hätte praktisch nur Jungvieh reduziert.

V.: Haben sich die Landwirte des Flickenteppichs im Laufe der Zeit darauf eingestellt, daß sie die Flächen behalten können ?

L.: Ja, natürlich. Das sehe ich so. Seit Anfang der 80er Jahre, seit die großen Boxenlaufställe gebaut wurden, benötigen sie sie besonders. ... Der Staat möchte jetzt gerne, daß die Flächen zusammengelegt werden. Zum Bau des Teufelsmoorsees hätte man die Flächen auch zusammenlegen müssen. Das, was sie als Ersatzland stellen können, ist minimal. Ein Teil wurden damals die Flächen aufgekauft, die schlecht zu bewirtschaften waren. Als Austauschfläche würde die kein Landwirt nehmen.

V.: Was meinen Sie, wie das aussehen würde, wenn der Staat ein Zusammenlegungsverfahren einleiten würde ?

L.: Das wird schwierig werden. Einzelne Betriebe werden vielleicht noch befriedigt werden. Denn einige wenige Austauschflächen gibt es ... . Aber es ist ja auch so: Wenn ein Bauer tauschen soll, dann will er auch ein bißchen mehr zurück haben. Es sind ja auch zu viel Kosten. Ich sehe den Sinn nicht. Wenn dann noch Möglichkeiten die Zusammenlegung direkt an der Hamme, und das sind die besten Flächen. Wenn wir tief ins Moor hineingehen würden,...- da wollen sie aber auch nicht hin. Die guten Flächen an der Hamme gegen schlechte eintauschen, das macht doch keiner. ... Zusammenlegung überhaupt, finde ich nicht sinnvoll. Im Zusammenlegungsgebiet würde es Flächen von so unterschiedlicher Qualität geben.

V.: Halten Sie es grundsätzlich für sinnvoll, daß die Flächen des Flickenteppichs für den Naturschutz bereitgestellt werden ?

L.: Im Grunde genommen meine ich - zumindest für unser Gebiet hier unten - das sollten wir so weiter bewirtschaften. Wir haben ja sowieso nicht die Möglichkeit, hier Umbruch und Neuansaat zu machen. Bei uns sind das noch die alten Naturgräser, die auf den Wiesen und Weiden wachsen. Sicher, die werden ein bißchen mit Stickstoff gedüngt, das ist klar ! Aber das ist doch noch natürlicher als die Ackergräser, die man jetzt anbaut. ... Wenn man hier intensiv wirtschaftet, d.h. stark mit Stickstoff düngen würde, wird die Grasnarbe so weich, daß sie nicht befahrbar ist. Das habe ich auf Flächen erlebt. ... Zum Naturschutz möchte ich noch folgendes sagen: Sinnvoll ist es, bei der Ausbildung der Junglandwirte den Naturschutz mit in den Vordergrund zu stellen. Ich meine, das wird ja auch so teilweise getan, so daß sich jeder danach richten kann. Schwarze Schafe gibt es natürlich überall. Solche werden wir immer haben. ... Es gibt einige Landwirte, die z. B. beim Spritzen sagen: "Ach, ich habe hier gerade so viel von dem Zeug,

nehme ich das Doppelte von dem, was man normalerweise einsetzen sollte. Die vorgeschriebenen Mengen müssen sowieso eingehalten werden. Heute sind die Pflanzenschutzmittel zudem auch alle teuer geworden. Aber früher wurde doch geast mit dem Zeug. Außerdem ist das Umweltbewußtsein größer geworden. Wenn der Naturschutz in der Ausbildung schon nahe gebracht wird, dann wird das schon berücksichtigt werden.

V.: Was halten Sie denn vom Grünlandschutzprogramm ? Kennen Sie das ?

L.: Nein.

Der Verfasser erklärt, um was es sich beim Grünlandschutzprogramm handelt, welche Zielsetzung es hat und welche Regelungen es beinhaltet.

L.: Das muß jeder Betriebsleiter selbst entscheiden. Wenn er das für sinnvoll hält, kann er das ja machen.

V.: Haben Sie denn mit dem Naturschutz schon einmal Schwierigkeiten gehabt ?

L.: Nein. Ich habe auch mit Q. vom Deutschen Bund für Vogelschutz ein gutes Verhältnis. Naja, einmal hatte er ein bißchen..- ich habe ihn dann zur Ordnung gerufen. Man kann mit ihm reden. ... Wir müßten befreit werden von den Naturschützern, die den Naturschutz als Hobby betreiben. Die leben alle gut, juckeln hier durch die Gegend und wollen irgend welche Vorschriften machen. Die Vogelschützer sind doch alle Hobbynaturschützer, die aus dem Gefühl heraus irgend etwas machen. Ob das berechtigt ist, oder nicht berechtigt ist, darüber dürfen die sich kein Urteil erlauben, meine ich. ... Der Vogelschutz meldete z.B. letztens: Die Störche sind abgehauen ! Da sollen die Bauern dran Schuld sein. Zu dieser Zeit gab es für Storch hier war, wurden gerade drei Gräben aufgemacht. Man behauptete daher, daß der Storch zu wenig Nahrung gefunden hätte. Der Grund ist aber ein anderer: Der Storch hat keine Frau gekriegt und versucht es jetzt woanders. Das war ein einzelner Storch. ... Sie wollen jetzt, daß die Bauern in den Hofleuteweiden Land abgeben. Das Land, der Kreis oder die Stadt sollen das kaufen. Das sind aber gute Flächen, lange Flächen, die man gut mähen kann. Auch mit der Wiedervernässung - das ist nicht so einfach ! Ich meine, früher sind die Störche auch weiter geflogen. Die brauchen ihre Nahrung nicht gleich hundert Meter entfernt von Horst. Früher sind die Störche auch bis an die Hamme geflogen. Früher waren hier sehr viele Störche. Ich habe das 1956/57 noch erlebt, da hier 20 Störche waren. ... Daß das alleinige Schuld der Landwirtschaft sein soll, glaube ich nicht. Die Störche kommen ja nicht mehr wieder - genauso wie die Kiebitze. Wir haben so viele Kiebitze gehabt. Riesige Mengen von Kiebitzen fliegen hier weg und nur einzelne kommen zurück. Wo bleiben die ? Ich weiß es nicht. Vielleicht werden die auf dem Schwarzen Kontinent gefangen und gebraten.

V.: Aber Kiebitze gibt es doch noch relativ viele ?!

L.: Früher waren das bedeutend mehr. Es sind jedes Jahr weniger geworden. (Der Kiebitz ist ein relativ anpassungsfähiger Vogel.) Er weicht auch auf Ackerflächen, Getreidefelder aus. Aber

trotzdem! Ich glaube, daß die irgendwo abgeschossen bzw. vernichtet werden. ...Den Brachvogel haben wir auch noch, jedoch relativ selten. ...Rotschenkel sind auch noch da, und Uferschnepfen sind ebenfalls da. Die Enten brüten jetzt. An seltenen Enten haben wir die Krickente. Vereinzelt treten auch andere Enten auf. Das ist aber auch phasenweise, genauso wie bei den Hasen. Das eine Jahr haben wir einen geringen Besatz, so daß gefordert wird: "Die Hasen müssen geschützt werden !" Im anderen Jahr sind große Mengen an Hasen da.

V.: Wie beurteilen Sie denn die naturschützerischen Maßnahmen der Naturschutzverbände in den Osterholzer Wiesen ? Die Naturschutzverbände haben ja Flächen aufgekauft und für den Naturschutz umgestaltet, z.B. die Grabenränder abgeflacht.

L.: Ich werde dort nicht mehr Vögel. Es mag ja sinnvoll sein - doch ! Aber so doll ist das nicht, weil sich diese Flächen eigentlich nicht dafür eignen. Da ist viel Publikumsverkehr an den Flächen. Da haben sie noch ein Schild aufgestellt: "Hier brüten die Vögel" Die Kinder müssen natürlich alle rein: "Mal gucken, ob die Vögel da sind". Ganze Schulklassen rennen da rum.

V.: Meinen Sie, daß der Naturschutz mehr staatlich geleitet werden sollte ?

L.: Ja, natürlich. Und bei der Ausbildung der Junglandwirte muß angesetzt werden.

V.: Naturschutzgroßvorhaben werden vielfach kritisiert und es gibt die Meinung, man solle mehr zum freiwilligen Naturschutz übergehen.

L.: Wenn einzelne so wirtschaften, daß sie das Geld des Grünlandschutzprogrammes bekommen können, laß ihn doch machen ! Aber sie sollen nicht jeden Betrieb - ein ganzes Gebiet - vereinnahmen und bestimmen, was da gemacht wird. ... Es ist besser, wenn wir hier solche extensiven Inseln im Gebiet haben als ganzflächige Extensivierung.

L.: In Borgfeld bekommen die Landwirte eine ganze Menge. Einige Betriebe stehen sich dadurch noch besser als vorher. ... Andererseits haben diese Betriebe in Stadtnähe immer Schwierigkeiten.

V.: Hier ist ja auch stadtnaher Bereich ?!

L.: Ich habe meine Rinder rausgebracht. Die waren noch nie draußen, d.h. sie fallen natürlich in die Gräben - aber die gewöhnen sich daran. Das besser, als wenn man das alles einzäunt. Wenn die einmal ein, zwei Stunden draußen sind, werden sie vorsichtiger. Heute lag eine von diesen Rindern fest. Ich war gerade eine halbe Stunde weg, kamen da elf Leute entlang und alle dachten weiß Wunder, was da passiert ist. Hier ist das ja auch so: auf den Hauptwegen kann man nicht mehr zu Fuß gehen, weil man überall auf Hundehaufen tritt. Das ist unwahrscheinlich ! ... Ich meine, wenn sie auf den Wegen bleiben und die Hunde gehorchen, geht das, aber nicht, wenn sie in die Wiesen reinrennen und hinter den freilebenden Tieren herlaufen - wildern !

V.: Die Randstreifen sind ein sehr interessantes Thema. Ich habe schon verschiedene Meinungen gehört. Was halten Sie davon ?

L.: Randstreifen kann man noch verkraften ! Im Grunde genommen finde ich die Randstreifen nicht schlecht. Bloß, wer soll die mähen. Sollen wir die mähen ? Einmal müssen die durchgemäht werden. Ich habe auch eine Fläche mit Randstreifen. Dies ist eine landeseigene Fläche. Hier hat die NLG die Randstreifen aus der Verpachtung herausgenommen. Schwierig ist es, wenn die Gräben aufgemacht werden sollen. Wir kommen da ja auch ran. Wir kommen da nicht mehr hin.

V.: Hätten Sie Bedenken, auch bei anderen Grünlandflächen Randstreifen anzulegen, also im größeren Rahmen ?

L.: Sie versuchen immer Flächen für Randstreifen zu kaufen. Das ist schwierig. Pachten läßt sich noch machen. Zwischen Melcherhütte und Eisenbahnbrücke sind vor zwei Jahren Randstreifen eingerichtet worden. Die Gräben können nicht mehr geräumt werden, weil man nicht mehr durchkommt. Die Gossen sollen gemäht werden. Wer soll da hinfahren ? Wie soll man das Abgemähte herauskriegen ? Bisher habe ich gemäht. ... Man müßte das von der Wasserseite machen. ... Hobbypferdehalter hatten ihre Pferde in den Randstreifen hineingetrieben. Das ist ja nun auch nicht Sinn der Sache ! ...

V.: Es wird gesagt, daß die Gewässerrandstreifen wichtig sind, damit keine Gülle in die Gewässer kommt.

L.: Ein oder zwei Meter bleibt man ja sowieso vom Grabenrand ab. Auch mähe ich nicht direkt an den Graben heran, sondern lasse mindestens einen Meter Abstand. Das Gras ist sowieso minderwertig, ich mache meine Maschinen kaputt und für das Wild sind die Schutzzonen. ...Es gibt einige Landwirte, die mähen direkt bis an den Graben heran. Die haben die Einstellung, das muß glatt sein, das muß sauber sein. ...Es ist auch trockener auf den Flächen geworden, allgemein trockener, überall ! Der Grundwasserstand ist gesunken. Vor 35 Jahren konnte man kaum auf den Flächen fahren. ... Die Gräben sind besser geräumt als früher, weil das schneller gemacht wird. Vor ein oder zwei Jahren waren hier Studenten und Studentinnen, die sich die Flächen zur Brust nehmen sollten. Sie sollten eine Bewertung der Flächen durchführen. Danach wurden die extensiv bewirtschafteten als minderwertige, die gut gedüngten als vollwertige Flächen angesehen. Im Grunde genommen sind die extensiv bewirtschafteten aber den intensiv bewirtschafteten ebenbürtig. Aus der extensiven Bewirtschaftung wurde vielfach geschlossen, daß die Flächen selbst auch minderwertig seien und daß man sie dem Naturschutz einverleiben könne. ... Bei uns ist es meist so, daß die hofnahen Flächen intensiver bewirtschaftet werden als die weiter entfernten, nicht zuletzt wegen der Wegeverhältnisse. Wenn es trocken ist, geht das, aber wenn es naß ist, wird es schwierig. ... Noch vor fünf oder sechs Jahren war es so: Da wurde erst Ende Mai fürs Silo gemäht. Da hatten die Ricken alle schon gesetzt. Das war für die Kitze ungünstig. Jetzt wird vor dem 15. Mai gemäht. Zu diesem Zeitpunkt haben die Ricken noch gar nicht gesetzt. Deshalb haben wir beim Jungwild auch einen Kitzenzuwachs, der gewaltig ist.

Interview 9
mit Haupterwerbslandwirt O. aus Waakhausen, Worpswede

O.: Sie kommen mit ihrem eigenen Land, welches sie noch haben, nicht mehr klar. Das sehen wir in Pennigbüttel. Das schöne Moor ! Das haben sie unter Naturschutz gestellt, dann sind sie dahin gewesen, haben überall Schilder aufgestellt und seitdem ist da nie wieder einer gewesen.

V.: Ähnlich ist es bei V.. Im Naturschutzgebiet 'Hammealtarm' sind so starke Naturschutzauflagen gekommen, daß es sich nicht mehr für Herrn V. lohnt, diese Flächen zu bewirtschaften.

O.: Da lag auch die alte Hamme dran. Der Hammearm war ziemlich zugewachsen. Da haben die Vogelschützer mal gebaggert oder was weiß ich. Das Stück Land gehört dem Land Niedersachsen und...

Unterbrechung durch ein Telefongespräch. Wiederanstellen des Tonbandgerätes. Inzwischen ist das Gespräch auf das GR - Gebiet gekommen. Herr O. berichtet, daß er erst auf Umwegen von den Naturschutzplanungen an der unteren Hamme gehört hat.

V.: Sie haben das also erst aus Dritter Hand gehört ?

O.: Ja, auf einmal kam das dann. Und ich habe gesagt: "Das kann doch wohl nicht angehen." Ich habe davon nichts geglaubt. Das ging dann im Ort rum und die anderen Landwirte des Ortes riefen bei mir an. Ich habe gesagt: "Ich glaube da nichts von."

V.: Die Landwirte des Ortes riefen bei Ihnen an ?

O.: Ja, bis dann die Versammlung in Pennigbüttel war.

V.: Waren Sie nicht vielleicht als Ortsvertrauensmann eher informiert worden ?

O.: Nein, überhaupt nicht !

V.: Ich weiß von L., daß diese Karte schon unter der Hand bekannt war.

O.: Irgendwann hatten wir die Karte dann. Auf dieser Karte war ganz Waakhausen drauf. Da durfte überhaupt nichts mehr passieren. Dies war die erste Karte. Ich weiß das genau, weil ich damals gefragt habe, was die gestrichelte Linie zu bedeuten hat. Waakhausen und Pennigbüttel waren drin ! Dies waren Flächen der Kategorie I -Flächen, die der Sukzession überlassen werden sollen-... Wer das überhaupt so reingeschrieben hat ! Wenn einer mal die alten Bauern hier gefragt hätte ..., wie das früher hier gewesen war.

V.: Sie hatten die Karte also auf dem Schwarzmarkt bekommen ?

O.: Ja, aber ich möchte verständlicherweise nicht sagen wo.

V.: Sie fanden es jedenfalls nicht richtig, daß sie die Karte nicht sofort einsehen durften ?

O.: Das war die Höhe ! Das kann ich ganz ehrlich sagen. Ich meine, letztendlich interessierte uns gar nicht, was da auf der Versammlung gezeigt wurde. Was war das noch ? Waren das Anträge ? Wir wolten sehen, was los war. Das wolten alle sehen. Und man sollte die Karte nicht sehen. Und dann hat einer gesagt: "Sie kommen hier nicht lebend hinaus." Das war natürlich nicht so gemeint. Daraufhin hat unser I. öffentlich erklärt: "Wir haben die Karte schon. Wir haben sie auf dem Schwarzmarkt bekommen, die Karte ist da !" Sie [gemeint sind der Landkreis und die Bezirksstelle der LWK] konnten nun nicht mehr verleugnen, daß es diese gibt. Daraufhin wurde sie anschließend doch noch gezeigt. ... Dann haben wir mit der Unterschriftensammlung angefangen. Ich bin nach Scharmbeckstotel gewesen, weil von dort einige Landwirte ihre Flächen in Viehland haben, z.B. der H.H.S., R.- und einig andere noch. Die hatten aber auch schon parallel zu unserer Aktion Unterschriften gesammelt.

V.: Ja, ich weiß, in Linteln auch. Es gab drei Unterschriftensammlungen !

O.: Als die Landwirte dort gehört hatten, daß wir etwas machen, haben sie auch angefangen, Unterschriften zu sammeln.

V.: Ist nach den Unterschriftensammlungen noch ein Antwortscheiben zurückgekommen ?

O.: Das weiß ich nicht genau. Derjenige, der das im Ort gemacht hat - das wolte L. machen -, dem habe ich gesagt: "Heute Abend kommen Sie!" Er solle doch dazu kommen. Der war ja damals gar nicht scharf. Der drehte ja beinahe dabei durch. Er hatte große Angst. Aber das ist ja auch verständlich. Er hat gerade seinen Stall und die Güllegruben für 100.000,- DM fertiggestellt. Er hat sich alles vom Mund abgespart. Es wäre dol gewesen, wenn das gekommen wäre; dann hätte er einpacken können.

V.: Wurde eine Antwort aus dem Ministerium zurückgesandt ?

O.: Nein, das glaube ich nicht, nur J. hat zurückgeschrieben.

V.: Hatten Sie vor dem GR - Vorhaben auch schon Schwierigkeiten mit dem Naturschutz ?

O.: Nein.

V.: Auch nicht mit dem § 28a ?

O.: Oh ja, das kennt hier keiner. Aber ich kenne das! Dazu muß ich Ihnen folgendes erklären: Ein Hof hier in Waakhausen ist damals abgebrannt. Da ist meine Schwiegermutter aus dem Haus - daher weiß ich das so genau. Dann hat das Grundstück hier einer gekauft und wollte dort bauen. Der ehemalige Besitzer hatte schon den Bauantrag gestellt. Dann ging die Pleite. Na ja, er war vorher auch schon pleite, aber so konnte man das machen. Es gibt ja keinen anderen Weg ! Ich weiß, wie groß die Fläche war und was das alles gekostet hat. Eines Tages kam er zu mir und fragte mich: "Hast Du schon einmal etwas vom §28a gehört ?" Ich habe ihm geantwortet: "Nein!" Er hatte seine Gräben ausgebaggert - und das ist das A und O bei den Gräben, daß die sauber sind. Er hatte (auf

seiner Fläche zusätzliche Erde aufgebracht und einplaniert und angewalzt. Dann kamen die vom Landkreis. Ich weiß nicht, ob die zufällig waren oder ob die extra herausgekommen sind. Sie haben das gesehen. Daraufhin mußte er die ganze Erde wieder aufnehmen und wegbringen. Das muß man sich mal vorstellen ! Ein Wahnsinn ! Als ich das gesehen hatte, dachte ich, was fällt dem denn nun ? Das mußt du mal hin und aufklären. Das ist wohl ein Schildbürgerstreich. Ich sah, daß er alles wieder mit der Raupe zusammenschob, wieder aufnahm und die Erde wieder wegfuhr. Ich kann mir nicht helfen, aber... Dann wollte er gerne ein paar Bäume pflanzen, das wollte ich doch so gerne, daß Bäume gepflanzt werden. Aber nicht auf dem Stück, was dem § 28a unterliegt. Da darf nichts gemacht werden. Da darf nicht einmal ein Baum gepflanzt werden.

V.: Durfte es auch nicht mehr bewirtschaftet werden ?

O.: Das weiß ich nicht genau. Er wollte Hegebüsche anpflanzen. Es liegt jetzt brach. Dann war der Landkreis nochmals da und hat sich das angeguckt. Man denkt, nun wäre alles in Ordnung. Die fahren nach Hause und nun wir sind zufrieden. Ein paar Tages später, vielleicht auch Wochen, bekommt er ein Schreiben: Auf der anderen Seite der Staße ist auch eine Fläche mit dem § 28a ! Da hätte er sowieso nichts mehr gemacht. Dann kam er wieder zu mir: "Nun ist der Bagger hier. Wir müssen die Gräben aufmachen ! Die müssen doch auf ! Wenn die nicht aufgemacht werden, brauchen wir sie nicht mehr... Was soll ich denn nun machen ?" Ich habe ihm geraten: "Baggern und die Erde liegen lassen !" Bisher haben sie das noch nicht akzeptiert oder haben das noch nicht gesehen. Ich habe gesagt: "So geht das nicht!" Die können doch nicht einfach her..., - die Erde gehört doch dahin. Ich sagte: "Baggere den aus und wenn sie kommen - weiß nicht, was wir dann machen. Mach das mal erst einmal !" So geht das auch nicht. Wir können uns nicht ganz unterkriegen lassen. Sie sehen also, viele kennen den § 28a nicht. Ich kenne ihn nun nach dieser Geschichte.

V.: Hier vielleicht noch nicht. In der Ortschaft Teufelsmoor z.B. kennen dagegen fast alle Bauern den § 28a. Solche Flächen sind dort schon vorhanden.

O.: Ja, es ist zu befürchten, daß das hier auch kommt, wenn hier einer mal was beantragen würde, z.B. eine Güllegrube oder irgendwas anderes bauen würde, dann würden sie sich hier auch umschauen.

V.: Sie hätten also durchaus Befürchtungen irgendetwas zu bauen ?

O.: Da ist garantiert möglich. Na ja, bei mir kommt ja Bauen nicht mehr in Frage, weil unsere Kinder das nicht mehr wollen und die Enkel werden das nicht mehr brauchen. Insofern ist das nicht mehr geplant. Aber die Schwierigkeiten haben wir ja bei der Kläranlage gesehen. Ich hatte ja eine gute, etwas besseres gab es nicht. Ist ja auch logisch. Es ist auf jeden Fall sinnvoller gewesen als die heutige Lösung, die man es im Erdreich versickern läßt. Das wäre zu dieser Zeit auf das Gras gekommen. Im Winter dürfen wir sowieso nicht fahren. Aber jetzt würde es von den Wurzeln des Grases aufgenommen werden. Aber das verstehen die nicht. Soll mir doch

keiner erzählen, daß das im Kies bleibt, den man drumherum legen muß.

V.: Was halten Sie von den Naturschutzplanungen im allgemeinen, z.B. auch in Bremen und Fischerhude ? Was halten Sie von dem neuen niedersächsischen Grünlandschutzprogramm ?

O.: Das habe ich Ihnen schon gesagt: Ich bin wirklich nicht gegen den Naturschutz, weiß Gott nicht ! Aber Naturschutz sollte doch auf den Flächen, die nicht bewirtschaftet werden, die brach liegen, betrieben werden. Dort sollten sie irgendetwas machen ! Aber doch nicht auf landwirtschaftlich genutzten Flächen, und schon gar nicht bei uns hier in Waakhausen im Polder. Denn die Landwirte bei uns haben haben das gut in Gange - das haben sie auch schon gesehen.

V.: Ja klar, das sieht man !

O.: Wenn da mal ein paar Büsche oder Bäume stehen, ich kann das nicht alles gebrauchen. Ich habe sowieso etwas verpachtet. Wenn man auf den Deich kommt, kann man das ganz gut sehen. Aber eines vermute ich, irgend etwas mit dem Naturschutz kommt. Wahrscheinlich Flächenstillegung.

V.: Sie meinen auf den staatlichen Flächen ?

O.: ...in Pennigbüttel, was sie dort gekauft haben Flickenteppich. Sie können doch diese nehmen.

V.: Meinen Sie, man solte diese Flächen für den Naturschutz bereitstellen ?

O.: Ich bin dieser Meinung, wenn sie das machen wollen. Nun, ich kenne das Land nicht, aber sie sollten dort anfangen.

V.: Mir sind zwei Meinungen geläufig: Die einen sagen, das ist verkauft worden, heute sind das staatliche Flächen Flickenteppich und man kann dort heute Naturschutz betreiben. Andererseits wird gesagt, den Pennigbüttelern kann man doch nicht einfach 750 ha wegnehmen. Wo sollen die hin ? Sie haben dort Jahre, beinahe Jahrzehnte, auf diesen Flächen gewirtschaftet - es sollte ursprünglich der See 1973 gebaut werden. Man hat jedes Jahr die Pachtverträge um ein Jahr verlängert. Die Landwirtschaft hat sich auch langfristig darauf eingestellt, daß diese Flächen bewirtschaftet werden können. Man kann daher den Leuten diese Flächen nicht einfach wegnehmen und für den Naturschutz bereitstellen.

O.: Das stimmt sicher, aber sie haben es ja verkauft. Warum haben sie es verkauft ? Die waren doch froh, das Geld bekamen. Es hätte ihnen doch klar sein müssen, wenn wir es verkauft haben, ist es nicht mehr unser Land. Wie sehen Sie das denn ? Wenn ich z.B. an der Hamme mein bestes Land verkaufen würde, dann ist es weg. Wenn dann einer kommen würde, z.B. aus der Stadt und mir sagen würde: "Na gut, wenn Du möchtest kannst Du das weiter pachten." Ich würde es dann pachten und ich würde es auch brauchen. Aber das Geld habe ich erst einmal. Mit dem kann ich erst einmal wirtschaften, z.B. ein Haus bauen, Maschinen kaufen oder etwas anderes. Wenn er dann ankommen würde und zu mir sagen würde:

"Nächstes Jahr ist nicht mehr ," müßte ich es zurückgeben. Ich habe es ja verkauft. Ich wünsche den Pennigbüttelern nicht, daß man es ihnen wegnimmt. Aber wenn man das vergleicht, muß man doch sagen: Hier in Waakhausen wollen sie Land für den Naturschutz in Anspruch nehmen, aber gleichzeitig haben sie Land, welches verpachtet ist und nicht für den Naturschutz bereitgestellt wird. Das paßt doch nicht, oder ?

V.: Kann man nicht sagen: Der Staat nimmt das Eigentum der Landwirte in Anspruch, z.B. über § 28a. Ist der Staat dann nicht andererseits dafür verantwortlich, daß die Höfe nicht aufgegeben werden ? Da das Land des Flickenteppichs benötigt wird, ist es nicht richtig, es ihnen wegzunehmen. Es besteht also eine gewisse Verantwortung staatlicherseits.

O.: Ich vermute aber, daß diese Höfe bei Wegnahme der Flickenteppichsflächen nicht aufgegeben werden müssen. Das glaube ich nicht !

V.: Viele Landwirte haben Bewirtschaftungsverträge mit mit den Naturschutzverbänden abgeschlossen. Was halten Sie davon ?

O.: Das Land ist zwar naß, aber mit Sicherheit genauso gut bewirtschaftet wie unser Land. Es sieht genauso sauber aus wie unser Land.

V.: Sie sind also der Meinung, daß es keinen Unterschied zwischen den Waakhauser Flächen im Polder und den Osterholzer Wiesen gibt ?

O.: Nein, von der bewirtschaftung bzw. Pflege her nicht. Allerdings in bezug auf die Nässe. Es ist nasser. Ich bin außerdem der Meinung: Wenn ich ein Stück Land gepachtet habe, dann pflege ich es genauso als wäre es mein eigenes und versuche das beste daraus zu machen.

V.: Auch wenn Sie das nur für ein Jahr gepachtet haben ?

O.: Auch dann, vielleicht sogar um so mehr.

V.: Aber es ist doch normalerweise so, wenn man weiß, daß die Flächen nicht langfristig gepachtet sind, daß keine Grunddüngung und eingehende Pflege auf den erfolgt. Die Flächen werden vernachlässigt.

O.: Das ist möglich, wenn sie hundertprozentig wissen, daß sie die Flächen bald - in zwei Jahren oder so - abgeben müssen.

V.: Die meisten Landwirte haben sich darauf eingestellt, daß der Teufelsmoorsee (Wasserrückhaltebecken) nicht mehr gebaut wird.

O.: Der See wird wohl nicht mehr kommen.

V.: Glauben Sie denn, daß die Flächen Naturschutzgebiet werden ?

O.: Ja, das sehe ich so, daß dort etwas kommen wird. Eines muß ich sagen: Wenn das hier im Waakhauser Polder auch kommt, dann gibt es einen Krieg. Es ist geplant, daß keine Gülle mehr ausgebracht werden darf. Das werde ich nicht mitmachen. Ich werde die Zeiten vom 15. Oktober bis zum 1. Februar, in denen man keine Gülle

fahren darf, einhalten. Aber danach werde ich Gülle fahren, selbst wenn die Herren hierher kommen würden und hier in Begleitung der Polizei stehen würden. Das wird hart werden, vorausgesetzt alle machen mit. Daher hatte ich auch gar nicht so große Befürchtungen wie viele andere hier. Ein weiterer Grund wird sicher sein, daß ich nicht so viel investiert habe, wie z.B. L. Der hat fast jeden Tag wegen der GR-Planung herumtelefoniert. ...

V.: Den Antryg für das GR-Gebiet hat der Landkreis in Absprache mit der Bezirksregierung, der Bundesanstalt für Landschaftsökologie und Naturschutz und dem Bundesumweltministerium gestellt. Das Bundesumweltministerium hat letztendlich über die Anerkennung als GR-Gebiet zu entscheiden. In Fischerhude wurde ein ähnlicher Antrag gestellt, auch für ein großes Gebiet, was aber verkleinert wurde. Hiervon ist der Landkreis Osterholz wohl auch ausgegangen.

O.: Ich habe den Antrag selbst gesehen und gelesen. Der Antrag ist vom Landkreis ausgegangen nicht von Bonn aus. Es war nicht so, daß Bonn gesagt hat: Hier muß etwas passieren oder das die Landesregierung dafür verantwortlich ist. Das ist von unseren Herren hier ausgetüftelt worden. Wie ich schon sagte, ich habe eigentlich keine großen Befürchtungen. Sollte es tatsächlich doch kommen, stoßen die Herren uns vor den Kopf. Das wird nicht gut gehen.
...

V.: Dazu muß man wissen, daß es im Naturschutz zwei Richtungen gibt: Die einen wollen alles der Natur überlassen, die anderen wollen eine naturnahe Kulturlandschaft gestalten. Dies bedeutet möglichst wenig Einsatz von Gülle, spätes Mähen wegen der Brutvögel u.a. Dies ist die Richtung, die in der Regel meistens verfolgt wird. Ein Beispiel hierfür ist das Breite Wasser. Im Breiten Wasser sind die Regelungen so, daß der Wasserstand auf dem heutigen Niveau gehalten werden muß. Kein Grünlandumbruch ist erlaubt. Zusätzlich kann man sich freiwillig verpflichten, später zu mähen bzw. andere Bewirtschaftungsauflagen zu beachten. Dies wird gemacht, um die Pflanzen zu schützen, wie z.B. Wassergreiskraut und Sumpfdotterblume oder um die Brutvögel zu schützen. Die Eier sollen nicht kaputt gemacht werden.

O.: Diese Idee ist auf jeden Fall besser. Da wäre ich auch für. Dies ist viel besser, als wenn nichts gemacht wird. Wenn nichts gemacht wird, wird dort bald kein Vogel mehr sein. Die Natur kann man natürlich auch sich selbst überlassen, die wird sich schon darauf einstellen. Aber sollen wir machen ? Der Mensch braucht auch seinen Lebensraum. Es werden immer mehr Menschen geboren. Die wollen ihren Lebensraum genau wie jeder Vogel. Wir können die doch nicht z.B. in Bremen belassen, eine Absperrung drum herum machen, wie im Ghetto und ihnen sagen: "Hier dürft Ihr nicht hinein!" Das geht nicht. ... Eine andere Sache ist der Straßenbau. Die Grünen sagen, man soll keine Straßen bauen. Das geht doch gar nicht. Jedes Jahr kommen so und so viel Autos dazu. Unsere Kinder haben alle Führerschein. Zwei haben ein Auto.

V.: Wie sieht das denn außerhalb des Polders aus, Richtung Semkenfahrt ? Meinen Sie das dort eher etwas mit dem Naturschutz geplant wird ?

O.: Ein Teil hat der Landkreis schon gekauft - schöne Flächen. Ich war da jetzt im Winter mal auf Jagd. Aber das bleibt so quasi unter Naturschutz. Da braucht überhaupt nichts gemacht zu werden. Solche Flächen muß man so belassen. Es sind keine Kulturflächen: es sind Flächen, die auch im Hofkataster nicht geführt werden. Die sollte man ruhig etwas bezuschussen, aber den anderen guten Flächen sollte man in Frieden lassen.

V.: Sie meinen also, auf solchen Flächen soll Naturschutz betrieben werden ?!

O.: Ja, auf solchen Flächen kann man was machen. Das ist ja auch alles nicht eingepoldert. Das bleibt ja so !

V.: Kennen Sie jemanden von den Landwirten, die Flächen in den Naturschutzgebieten 'Breite Wasser' oder 'Pennigbütteler Moor' haben?

O.: Nein, ich weiß bloß, daß die Kutschfahrten dort verboten wurden. Und dann sehe ich in der Zeitung: Morgens um 4°° Uhr wollen die Exkursionen ins Naturschutzgebiet machen. Ich frage mich dann, ob die Kiebitze und andere Vögel dadurch nicht gestört werden. ... Ich war auf der Insel Rügen. Eine herrliche Gegend - muß ich Ihnen sagen. Da muß Naturschutz betrieben werden. Da muß aufgepaßt werden. Aber das versäumen sie anscheinend auch. Dort ist es schon vom Tourismus überfüllt. Es werden Hotels und vieles andere gebaut. Das gleiche gilt für die Mecklenburgische Seenplatte. Vielleicht werden dort auch die Motorboote rauschen, vielleicht haben wir auch Glück und es wird nicht zugelassen. ... Aber im Naturschutzgebiet 'Pennigbütteler Moor' soll es ja auch nicht gut aussehen.

V.: Es sieht aber so aus, wie man es sich seitens des Naturschutzes vorstellt. Es gibt dort viele Binsen und Seggen.

O.: Wenn der Naturschutz sich das so vorstellt, dann ist er auf dem verkehrten Dampfer. Besser ist es so, wie die Landwirte es hier machen. ... Wir haben Fasane, Bekassine, Rebhühner und Hasen.

V.: Und das, obwohl relativ intensiv gewirtschaftet wird ?!

O.: Sicher, um auf den Frosch zurückzukommen, der ist tatsächlich fast weg! Das weiß ich auch - ...

V.: Meinen Sie, daß in den Naturschutzbehörden zu wenig landwirtschaftlicher Sachverstand vorhanden ist ? Und glauben Sie, daß seitens der Naturschutzbehörden zu wenig Rücksicht auf die Landwirtschaft genommen wird ?

O.: Die besprechen ihre Pläne an ihrem Tisch - der ist noch nicht einmal grün - und beschließen da oben irgendetwas, ohne es irgendeinmal draußen vor Ort gesehen zu haben. Ich glaube, daß Die Zusammenarbeit mit den Landwirten nichts bringt, als wenn sie höchstens mal herauskommen, wenn jemand zur verkehrten Zeit Gülle fährt. Dann verirren sie sich und sind da. Man sollte sich mit den Landwirten zusammensetzen. Gucken Sie sich z.B. L. an: Der wollte nur mit seinem Güllefaß Wasser aus dem Graben holen - das ist ja erlaubt. Dies hat ein Passant gesehen, - keiner von den Grünen - , und benachrichtigte sofort die Polizei. ...

V.: In den letzten Jahren hatte man viele Landwirte durch einstweilige Verfügungen verärgert. Einstweilige Verfügungen im Naturschutz werden daher in jüngster Zeit nicht mehr so schnell ausgesprochen. Man geht nun etwas vorsichtiger vor. Haben Sie das auch schon zu spüren bekommen?

O.: Das habe ich vorhin schon gesagt. Mir ist nicht ganz verständlich, warum der Landkreis nicht schon vorher mit den Landwirten spricht, die Landwirte also schon vorher in die Planungen mit einbezieht. Es ist besser, wenn schon vorher mit den Landwirten gesprochen wird und nicht erst dann, wenn die Sache 'heiß' wird. Als die Sache brenzlig wurde, wurde eine Versammlung einberufen und die Karten auf den Tisch schließlich gelegt. Hätte man sich nicht schon vorher mit den Landwirten zusammensetzen können ? Auch die Betroffenheitsanalyse hätte man sich sparen können.

V.: Warum hätte man sich die Betroffenheitsanalyse sparen können?

O.: Ich halte das für Geldverschwendung. Wir haben es ja von vornherein abgelehnt. Insofern hätte man sich eine Befrqgung im Rahmen der Entwicklungs- und Betroffenheitsanalyse erübrigt. Das Geld hätte man sich sparen können. Das war zumindest damals meine Meinung. Inzwischen habe ich meine Meinung etwas geändert.

V.: Ich halte das Gutachten Entwicklungs- und Betroffenheitsanalyse für das geamtstaatliche repräsentative Naturschutzvorhaben 'Hammeniederung' für wichtig und sinnvoll, weil es seit zwanzig Jahren die erste Gutachten ist, was über die Hammeniederung aus landwirtschaftlicher Sicht angefertigt wurde. Es ständen ohne das Gutachten keine brauchbaren Daten zur Verfügung.

Interview 10
mit Haupterwerbslandwirt T. aus Südwede, Worpswede

V.: Haben Sie schon einmal mit den für Naturschutz zuständigen Behörden zu tun gehabt ?

T.: Ja, wir haben noch keine Jauchekuhle an der Mistplatte. Aus diesem Grund habe ich an der Mistplatte einen Kübel, in den die Jauche hineinläuft.

V.: Dann müssen Sie sicherlich noch bauen. ...Ist der Landkreis zu Ihnen heraus gekommen und hat sich das vor Ort angeguckt ? Haben Sie Auflagen bekommen ?

T.: Ja, ich habe 600,- DM Strafe gezahlt,...weil kein Jaucheauffangbecken vorhanden ist.

V.: Halten Sie das für gerechtfertigt ?

T.: Nein, hier liegt der Dung auf der Mistplatte. Andere fahren den Dung 20 oder 30 Meter weit weg und machen da eine Zwischenlagerung - das ist ja erlaubt, und dieses ist nicht erlaubt. So etwas ist nicht gerechtfertigt. ... Es versickert bei der Zwischenlagerung genauso, als wenn man es normal lagern würde, oder ? Ich kenne einen, der bringt im Herbst den Dung weg zur sog. Zwischenlagerung, und im Frühjahr pflügt er alles auseinander. Aber am Haus hat er keinen Dung liegen. So was ist nicht richtig !

V.: Meinen Sie, in Ihrem Fall hätte man es belassen sollen wie vorher?

T.: Lassen nicht, aber man hätte keine Strafe bezahlen brauchen. Und wenn, dann sollen die anderen geauso viel Strafe bezahlen wie unser einer. Die kommen schadenfrei davon, und unser eins muß bezahlen. Nach meiner Meinung ist das nicht richtig. Die waren hier mit der Polizei - bei meinem Nachbarn auch. Er mußte 400,- DM zahlen. Zu der Zeit lag er gerade im Krankenhaus (und ich habe da ein bißchen ausgeholfen). Silo mit reingefahren. Auf der Dungplatte konnte man nichts mehr lassen,d.h. sie war voll, aber da habe trotzdem weiter da Mist hingefahren. Dann kamen sie auch -400,- DM Strafe. ... Sie sind durch das ganze Dorf gegangen. Aber das ist ja auch nicht richtig ! Im Landkreis Osterholz ist das nicht erlaubt. In Ostersode - im ehemaligen Landkreis Bremervörde kräht da kein Hahn nach ! Jeder läßt seinen Mist liegen, wo gerade ausgemistet wird. Da ist alles erlaubt. ... Im Landkreis Osterholz soll sowieso alles am schwierigsten bzw. am strengsten sein. ... Das sollte in allen Landkreisen gleich gehandhabt werden. In einem Landkreis ist es erlaubt, im anderen ist es nicht erlaubt!

V.: Haben Sie dem Landkreis gesagt, daß Sie das nicht einsehen ?

T.: Die waren mit der Polizei hier. Die Polizei kam zuerst, und anschließend kam der J. aus Worpswede - der arbeitet beim Landkreis. Er sagte zu mir: "Haben Sie von der Polizei Besuch bekommen ?" Ich habe gesagt: "Ja." "Da müssen wir mal sehen", sagte er,"daß wir...." - Ich hatte hier 24 Enten, die viel Dreck gemacht haben. Es hatte drei Tage lang geregnet, als die Polizei und der Landkreis hier waren. Die Polizei hat alles fotografiert. - Den Dung hatte ich zu dieser Zeit gerade weggefahren. Hier lag kein Dung mehr. Da haben sie behauptet, im Teich wäre Jauche (von dem Misthaufen). Ein paar Tage später kamen die vom Landkreis und sagten: "So geht das ja nicht !" Ich habe ihnen erklärt: "Dieses ist die niedrigste Stelle. Von allen Seiten läuft das Wasser hier hinein. Früher war das eine Schiffswendestelle. Oben im Moor haben sie Torf gemacht, den hierhin geschippert und in den Kähnen umgekehrt. Wie gesagt, ich habe dem Landkreis das erklärt. Aber so etwas konnten sie sich überhaupt nicht vorstellen. Er sagte zu mir: "Dann könnten sie da ja auch einen Teich machen.!" Da habe ich gesagt:"Ja, ist gut." Dann habe ich den Bagger bstellt und ihm gesagt: "Baggere da mal ein Loch hinein !" Als der Teich dann fertig war - vier,fünf Tage später kam wieder jemand vom Landkreis...

V.: ...und hat das kontrolliert.

T.: Nein, wegen des Antrages zum Bau einer Jauchekuhle. Ich hatte seinerzeit schon einen Antrag gestellt. Auch Zeichnungen für die Jauchekuhle mußten beigebracht werden. Er sah, daß hier ausgebaggert war, und fragte mich: "Haben Sie schon für die Jauchekuhle ausgebaggert ?" Ich antwortete ihm: "Nein, das soll ein Teich werden." "Haben Sie denn dafür eine Genehmigung?" "Nein, das glaube ich nicht. Aber J. vom Landkreis hat das gesagt." "Was?" "Ja, Hans J., der ist bei Ihnen auf dem Landkreis." "Ja, ich weiß - der ist hier auf dem Zimmer." "Er hat gesagt, daß ich keine Genehmigung brauche." "Nein, so geht das nicht. Sie müssen sich eine Genehmigung holen !" Ich habe gesagt: "Ja." Zwei Tage später kam der J. hier wieder an: "Was haben Sie meinem Kollegen erzählt - man braucht keine Genehmigung ?" Ich entgegnete ihm: "Haben Sie doch geagt ! Ich hatte damals extra gefragt: 'Muß ich gar keine Genehmigung für den Teich haben ?' Nein. Aber wenn jetzt meine Genehmigung für die Kuhle kommt, werde ich die Erde, die hier heraus kommt, dort in den Teich wieder hineinschütten. Dann ist der Teich wieder verschwunden !" Da meinte er dann: "Der Teich bleibt jetzt."" Gut, aber ihr Vorgestzter hat gesagt, ich muß eine Genehmigung haben und Sie sagen, ich brauche keine Genehmigung." "Dann lassen Sie das erst einmal sein!"

V.: Sie haben auch weiterhin nichts mehr davon gehört ?

T.: Nein. Ich habe nichts mehr davon gehört. Ich habe auch Phasen, da überlege ich, ob ich die Kuhle noch bauen sollte oder nicht. Eigentlich will ich aufhören. Mein Neffe wird das wohl hier im Neben erwerb übernehmen. Er arbeitet bei Mercedes. Er will nicht mehr bauen, weil er überhaupt gar kein Vieh mehr halten möchte.

V.: Und was wollen Sie mit den Milchquoten machen ?

T.: Verkaufen oder verleasen. Wenn man Sie verkauft, sind sie ganz weg, besser ist es vielleicht sie zu verleasen. Wenn wir hier noch tausende von Marken in die Erde hineinstecken und er will sowieso nicht weiter machen - das lohnt sich ja nicht !

V.: Warum wollen Sie denn aufhören ?

T.: Ich bin fast 60 und mein Neffe wird da auch nicht viel rausziehen. ...Er will nur die Grünlandflächen am Haus weiter bewirtschaften.

V.: Was halten Sie denn von den von den neuen Regelungen der Agrarreform ? Es ist ja erforderlich, noch zusätzlich den Flächenantrag einzureichen.

T.: Ich halte da gar nichts von. Das ist weggeschmissenes Geld. Allein die Karten kosten beinahe 200,- DM, was so wegflitscht. Wenn das jedes Jahr sein soll, wie Sie sagen, - ...

V.: Haben Sie Ihre Fleischprämienanträge auch schon gestellt ?

T.: Nein, die habe ich noch nie gestellt. Dieses Geld habe ich dem Staat immer geschenkt. Aber dieses Jahr werde ich den Antrag stellen.

V.: Zusätzlich können Sie für das Grünlandschutzprogramm jetzt auch einen Antrag stellen. Dies ist ein zusätzlicher Antrag, der beim Amt für Agrarstruktur in Bremerhaven einzureichen ist. Es würde für Sie in Frage kommen, da sie sowieso nicht öfter als zweimal mähen. Mit dem Grünlandschutzprogramm sollen Landwirte, die nur zweimal wirtschaften - statt vier-/fünfmal mähen nur zweimal mähen bzw. im Frühjahr weniger Vieh austreiben, besonders unterstützt werden. Haben Sie von diesem Grünlandschutzprogramm gehört ? Es werden also Zahlungen geleistet, wenn die Landwirte sich verpflichten, extensiv ihr Grünland zu bewirtschaften.

T.: Ich habe davon noch nicht gehört. Ist das jetzt neu ?

V.: Seit diesem Sommer gibt es das.

T.: Wir mähen nur zweimal - die ganzen Jahre, schon immer. Aber, wenn man erst Ende Juni mäht, ist der meiste Saft aus dem Gras heraus. Es sind keine Vitamine oder weiteres drin. Man hat nur noch Rauhfutter. Die Qualität ist nicht mehr (vorhanden). Ich war letztens in Reperaturwerkstatt (und habe mich da mit einem Landwirt aus Wörpedorf unterhalten), mit dem ich zufällig ins Gespräch kam. Er fragte mich: " Haben Sie schon Silo gefahren ?" Ich antwortete ihm: "Nein, noch lange nicht." Er meinte: "Wir fahren viermal im Jahr ! Wir fahren nur Qualität." Das bedeutet, die haben ihr erstes Silo schon weg.

V.: Was halten Sie denn davon, daß es von der Regierung neuerdings besonders unterstützt wird, weniger auf den Grünlandflächen zu wirtschaften ?

T.: Das halte ich für richtig. ... Der Boden wird bei intenivier Grünlandwirtschaft ausgenutzt, gerade, wenn immer wieder Gülle raufkommt. Mäht man nur zwei- oder dreimal, ist das doch bodenschonender.

V.: Der Naturschutz, insbesondere der Vogelschutz, sieht das auch sehr gerne.

T.: Augenblicklich sind die Vögel noch richtig im Gelege drin. Wir mähen meistens Anfang Juni also ziemlich spät und selbst dann Jahr habe ich am 14. Juni gemäht. Da wußte ich genau - da sind zwei Rehkitze drin! Ich habe dreimal drum herum gemäht, wieder aufgehört und am nächsten Tag weiter gemäht. Am nächsten Tag hat mein Nachbar auch angefangen, und der hat sie gekriegt,d.h. sie sind ihm beim Mähen ins Mähwerk gekommen und dabei zu Tode gekommen. Sie sind also bei mir weggezogen und zu meinem Nachbarn hingezogen. - Die meisten Leute sagen, Anfang/Mitte Juni sind die Kitze so weit, daß sie flüchten. Aber die Rehkitze sitzen fest. Die Fasanennester und alle anderen Vögel Bodenbrüter werden ruiniert ! ... Ein anderes Thema ist die Gülle: "Der Hasenbestand nimmt immer mehr ab." Wenn die kleinen Hasen einen anderen Geruch haben, werden die Junghasen nicht mehr von der Mutter angenommen. Sind die Hasen noch ganz klein und werden mit Gülle berieselt, werden die kleinen Hasen vernichtet.

V.: Sie sehen die Gülle sehr kritisch !

T.: ... Auf dem Moor ist es nur möglich, Gülle zu fahren, wenn es gefroren ist. Im Frühjahr ist der Boden zu weich, so daß die Landwirte nicht fahren können. Viele bekommen daher Sondergenehmigungen.

V.: Gülle ist eine umstrittene Sache. Aber den großen Milchviehbetriebe mit z. B. 40 oder 60 Milchkühen bleibt (aus arbeitswirtschaftlichen Gründen) nichts anderes übrig. Sie würden sonst nicht zurecht kommen. - Was halten Sie denn von den Naturschutzplanungen (GR - Gebiets-Planungen) in der Hammeniederung ? ...

T.: Da kann man schlecht was zu sagen. ... Ich kenne einen Landwirt am Lehester Deich. Ich war da vor zwei Jahren an einem Tag, an dem genauso gutes Wetter war wie heute. Die anderen Landwirte fuhren Silo und er saß neben seinem Haus. Ich sagte zu ihm: 'Junge, wie kann das angehen, Sie sitzen hier neben dem Haus! Haben Sie Ihr Silo schon fertig ?' 'Wir sind arbeitslos,' sagte er. 'Wieso das denn ?' 'Wir liegen im Naturschutzgebiet !' 'Aber Ihr Nachbar ist doch auch...!' 'Ja, hier ist gerade die Grenze. Der darf Silo fahren. Ich darf nicht. Vor dem 25. Juni darf ich nicht anfangen. Das muß ich über mich ergehen lassen. Mein Nachbar hat alles weg, und hier ist Naturschutzgebiet,' sagte er. - Das ist ja nicht richtig so was ! Hier ist die Grenze - da wird gearbeitet und hier ist es aus. Die Stücke sind keine zwei Meter auseinander, da liegt bloß ein Graben zwischen. Er sagte auch zu mir, daß das wegen der Frösche und so sei. Ich entgegnete ihm: 'Die Frösche gehen genauso zur einen Seite wie zu dieser Seite, die kennen keine Grenzen.'

V.: Sie halten das also nicht für sinnvoll.

T.: Nein, überhaupt nicht. Dieser Zwang, daß hier an einer Grenze aus - Schluß ist...!

V.: ..., weil man die Landwirte teilweise auch verärgert ?

T.: Der war auch ganz schön verärgert. Er sagte: "Jetzt müssen wir heuen, wenn es regnet ! Es ist heute gutes Wetter, aber wir dürfen nicht." Das gleiche ist an der Hamme. Dort bekommen die Landwirte einen Zuschuß (Erschwernisausgleich in Naturschutzgebieten) und dürfen vor dem 15.Juni nicht mähen.

Interview 11
mit Haupterwerbslandwirt S. aus Teufelsmoor, Osterholz-Scharmbeck

V.: Besitzen Sie Flächen, die dem § 28a unterliegen ?

S.: Bloß nicht !

V.: Das Amt für Agrarstruktur Bremerhaven macht jährlich in Pennigbüttel einen Außentermin. Bei diesem Außentermin werden Sie als im Naturschutzgebiet wirtschaftender Landwirt angesprochen, ob Sie nicht die Variante I oder II abschließen möchten.

S.: Ja, da haben sie mich auch die ersten Jahre angesprochen, ob ich nicht die nächste Stufe nehmen wolle. Ich habe dann gesagt: "Das sehe ich nicht ein; ich habe ein Schreiben bekommen mit der einstweiligen Sicherstellung, ohne daß ich vorher benachrichtigt wurde. Außerdem bin ich auf die Flächen angewiesen." Bei mir war das immer so: Verlängern und unterschreiben - ich war in fünf Minuten fertig. Ich mußte dann bei Palo warten, ich habe dann ein Bier getrunken. Das dauerte länger als mit denen zu verhandeln.

V.: Sind auf Ihre Protestbriefe gegen das GR - Projekt Antwortschreiben zurückgekommen ?

S.: Nein, außer dem MdB und dem OKD hat keiner geantwortet. Vom MdB habe ich das Schreiben augenblicklich nicht hier, weil ich das K. gegeben habe. Der OKD hat ein paar Zeilen geschrieben: 'Wie Sie wissen ist inzwischen worden, in einer sog. Betroffenheitsanalyse eingehend die Auswirkungen des Naturschutzvorhabens auf die eventuell davon betroffenen landwirtschaftlichen Betriebe zu untersuchen. Die Ergebnisse dieser Untersuchung werden von der Landwirtschaftskammer dem Kreistag vorgetragen und dort eingehend diskutiert werden. Danach wird der Kreistag seine Entscheidung treffen. Aus diesem Vorgehen können Sie erkennen, daß der Landkreis hinsichtlich des geplanten Naturschutzvorhabens 'Untere Hammeniederung' äußerst behutsam und verantwortungsvoll vorgeht und keine voreiligen, für die landwirtschaftlichen Betriebe untragbaren Entscheidungen treffen wird. Ich bitte dieses Schreiben vorab als Zwischenmitteilung zu betrachten, weil ich davon ausgehe, daß wir zu einem späteren Zeitpunkt erneut und eingehender auf der Grundlage der Untersuchungsergebnisse der Kammer miteinander sprechen können.

V.: Vom Hauptverband des Wasser- und Bodenverbandes Teufelsmoor wurde ja kein Protestschreiben aufgesetzt, oder ?

S.: Nein, die Protestbriefe kamen von den Einwohnern der Ortschaft Teufelsmoor, vom Bürgermeister und von unserem Unterverband des Wasser- und Bodenverbandes Teufelsmoor. Im Dezember war Versammlung des Oberverbandes, da habe ich das zur Sprache gebracht. Ich war vielleicht ein bißchen zu aggressiv. Meine Frage ging dahin, daß wir vom Unterverband einen Protestbrief aufgesetzt haben, was denn der Oberverband unternommen hat und wenn nichts, warum nicht. Das möchte ich gerne wissen. Meiner Meinung sitzen die Vorstandsmitglieder des Wasser- und Bodenverbandes alle auf dem Geestrücken. Der einzige, der für uns kämpft - nehme ich an - ist R.. Die, die auf der Geest sitzen, bekommen ja keine nassen Füße. So habe ich das vorgebracht. Außer mir hat das noch I. aus Waakhausen angesprochen und er meinte, daß das ja Ceaucesco-Manieren wären, so wie man hier vorgeht. Warum der Vorstand nicht mit uns kämpft, wir sitzen alle in einem Boot. Das ist genauso wie in Rumänien hier und heute ist der auch nicht mehr am Ruder. Für diese Äußerung mußte er sich aber entschuldigen.

V.: Was halten Sie denn von der sog. 'kleinen Lösung', bei der nur die Flächen des Flickenteppichs in das Naturschutzvorhaben einbezogen werden sollen ?

S.: In diese Richtung steuert man ja jetzt im allgemeinen. ... Aber mit einen Vernässung - ich weiß nicht. ... Gut, die Landwirte haben dort verkauft und haben keinen Anspruch mehr darauf. Man wußte ja, daß man die Flächen irgendwann nicht mehr wird nutzen können. Wenn der See bzw. das Wasserrückhaltebecken gekommen wäre, hätte (man auch auf die Flächen verzichten müssen). Ich habe bloß Angst: Im Moment wird gesagt: das sind nur die 750 ha (Staatsflächen), auf denen Naturschutz betrieben werden soll. (Möglicherweise dehnt man das aber aus und sagt:) Vom restlichen Teufelsmoor, (das, was dann noch unter Naturschutz steht,) machen wir auch Naturschutz. Das, was vorher im GR - Projekt drinnen war, wird dann doch Naturschutzgebiet. Das nasse Dreieck, (Breite Wasser), ist schon unter Naturschutz und den nordöstlichen Erweiterungsabschnitt gibt es auch schon. ... Wenn hier alle Betriebe Boxenlaufställe gebaut hätten, wäre nichts mit dem Naturschutz gekommen.

V.: Was halten Sie von den zunehmenden Naturschutzgebietsausweisungen in Niedersachsen ?

S.: Solange das Geld dafür noch reicht... Wie man das finanzieren will, ist die Frage. ...Ich habe von Fischerhude gehört, daß sich erst alle mit Händen und Füßen dagegen gewehrt haben, nun wollen sie sogar Naturschutz. Sie sind jetzt bereit und wollen die Flächen verkaufen. Ich frage mich, ob das tatsächlich so ist oder nicht.

V.: Was halten Sie von den Gewässerrandstreifen ?

S.: Ich halte da nicht viel von. Der Wasser- und Bodenverband ist da ja bei, Flächen für die Gewässerrandstreifen aufzukaufen. ... An der Hamme war ja auch (gemäß GR - Plan) ein 100 Meter breiter Randstreifen geplant. Da habe ich schon gesagt: (Dann ist mein Acker noch kleiner und weiter weg von der Hamme.) Wenn das mit dem GR - Projekt gekommen wäre, wäre es sowieso mit dem Mais schlecht gewesen. ...Ich weiß nicht, wie das alles in Zukunft weiter läuft. ...Ich dachte letztens schon: Mensch, lange nichts mehr vom Naturschutz gehört. Ich dachte schon, daß das Naturschutzvorhaben ein bißchen eingeschlafen ist. Dann stand das aber gleich am nächsten Tag wieder in der Zeitung.

V.: Aber die Landwirte im Breiten Wasser verpflichten sich freiwillig ! Wer normal wirtschaften möchte, kann normal wirtschaften. Sie können mähen, wann sie wollen - meinetwegen im Mai. Sie dürfen allerdings im Naturschutzgebiet kein Grünland in Acker umwandeln. Das ist verboten ! Aber das macht im Breiten Wasser ja sowieso keiner. Wer will, kann sich freiwillig verpflichten, mit dem Staat einen Vertrag abzuschließen. Das AfA ist hierfür zuständig. Sie dürfen dann erst am 15. Juni mähen und bekommen dafür 500,- DM gezahlt.

T.: Mein Nachbar kassiert diese 500,- DM. Letztes Jahr haben wir am 7./8. Juni gemäht. Da kam er dann rüber und meinte: "Heu schon trocken ?" Ich sagte: "Jo, klar bei diesem Wetter!" "Ich will jetzt sofort anrufen, wenn ich die Genehmigung bekomme,..." Dann hat er beim AfA angerufen...ja, Genehmigung erteilt ! Morgens hatte er angerufen, da hat sie gesagt: "Sie müssen mittags nochmals anrufen. Dann ist der gute Mann da, der das entscheiden kann." Um 12 Uhr hat der gute Mann angerufen: "Sie können mähen !" Das ist doch nicht richtig so was ! Das habe ich auch zu meinem Nachbarn gesagt: "Erst einmal kassierst Du die 500,- DM und kriegst Dein Heu genauso gut rein wie alle anderen. Wenn abgemacht ist, daß im Juni nicht gemäht werden darf, darf vor dem 15. Juni nicht gemäht werden ! Da kann man auch keine Sondergenehmigung erteilen.

V.: Die Naturschutzbehörden sagen: Wenn im Grünland keine Gelege mehr sind - wenn für die Jungvögel keine Gefahr mehr besteht -, kann auch gemäht werden.

T.: Auf meinem Stück an der Hamme waren, als ich mähte, kleine Kiebitze drin. Dann sind die auch woanders. Die sind nicht nur auf meinem Grundstück, sondern auch woanders. Das ist nicht richtig. Die Regelungen müssen eingehalten werden, wenn man dafür etwas gezahlt bekommt. Sonst braucht ja überhaupt gar kein Termin festgesetzt werden. Jeder könnte ja sagen: "Ich hole mir eine Genehmigung und fange an zu mähen. Das Geld bekomme ich trotzdem."

V.: Neuerdings gibt es das Grünlandschutzprogramm, d.h. auch Sie könnten mit Ihrer Fläche an der Hamme einen Bewirtschaftungsvertrag abschließen !

T.: Wir sind meistens am 17. bis 20. Juni an der Hamme - ausgenommen letztes Jahr wegen des guten Wetters. Es wird zweimal gemäht, nicht öfter.

Im Verlauf des weiteren Gespräches kommt die EG - Agrarreform sowie die Vielzahl der Vorschriften und Regelungen, die in jüngster Zeit auf die Landwirtschaft zugekommen sind, zur Sprache.

T.: Wir Landwirte haben nichts mehr zu sagen - ähnlich wie früher in den Kolchosen in der DDR. Ich kenne jemanden, der früher in der Ostzone in der Landwirtschaft arbeitete. Er erzählte mir so: "Wir haben nichts mehr zu sagen, wir sind bloß noch Arbeiter auf unserem Hof. Wir müssen unsere Arbeit machen und gucken auf die Uhr. Morgens fangen wir um 7 Uhr an und abends um 7 Uhr ist Feierabend, ob es gutes Wetter ist, oder es regnet. Wir arbeiten ja nicht für uns, wir arbeiten für den Staat." So wird das auch hier bald sein. Auf unserem Hof haben wir bald gar nichts mehr zu sagen. ...Das muß so gemacht werden, das muß so gemacht werden - fertig!

V.: Die Regelungen sind so kompliziert geworden, daß da kaum einer mehr durchsteigt: Fleischprämie, Flächenantrag, Antrag für Benachteiligte Gebiete, Sozio-struktureller Einkommensausgleich, Regelungen bei der Milchquote, Regelungen bei der Mutterkuhquote. ...

T.: Theoretisch läuft das alles, -auf dem Papier geht das-, bloß praktisch ?!

Interview 12
mit Haupterwerbslandwirt U aus Waakhausen, Worpswede

U.: Die ehemalige Insel in der Hamme, der sog. Botterkuchen wurde immer schon bewirtschaftet. Ich weiß, früher hatten sie viele Probleme damit. Sie haben das Heu z.T. runtergetragen und mit dem Boot abtransportiert. Ich habe das in den 80er Jahren gekauft. Der Vorbesitzer hatte ein bißchen mit den Vogelschützern rumgemauschelt. Die Vogelschützer saßen damals schon im Altarm drin. Zur Zeit, als ich das schon gekauft hatte, habe ich mit Q.,dem Vorbesitzer, ausgehandelt, daß er das noch ein Jahr in Bewirtschaftung behalten kann. Er hatte diesen Vertrag mit den Vogelschützern. Nach diesem Vertrag war der Mähtermin erst Ende Juni. Dies war ein ganz einfacher Vertrag. Er wies noch nicht einmal eine Jahreszahl auf.

Der Verfasser liest den Text des seinerzeit mit den Vogelschützern abgeschlossenen Vertrages vor.

U.: Ich hatte keinen Einfluß darauf. Ich hatte das gekauft, aber er hatte noch weiter die Nutzung. Ich habe ihm für ein Jahr die Nutzung überlassen. In diesem Jahr hat er diesen Vertrag mit den Vogelschützern gemacht. Das muß 1985 gewesen sein. So ist das gelaufen. Er hatte an und für sich ja auch nur das Recht, den Vertrag für ein Jahr abzuschließen. Daraufhin habe ich die Bewirtschaftung der Fläche übernommen. Dann kam der Landkreis und meinte, diese extensive Bewirtschaftung wäre - weiß ich, wieviel Jahre schon - .Darauf haben die ihre Verordnung drauf aufgebaut. Das stimmte zwar nicht. Es war ja nur ein Jahr. Wie soll ich denen das beweisen ? Da ist keine Jahreszahl drauf.

V.: Woher wußte der Landkreis denn überhaupt von dem Vertrag ?

U.: Den Vertrag hat Q. vom Deutschen Bund für Vogelschutz denen vorgelegt und ihnen gesagt, wer das bewirtschaftet. Hier ist das Schreiben:

Der Verfasser liest laut vor.

U.: Ich habe damals nicht zurückgeschrieben, sondern bin da persönlich hingegangen und gesagt: "Unter diesen Umständen habe ich keine Lust das so zu bewirtschaften." Das bringt nichts mehr. Da sind 300,- DM zu wenig. Ich habe mit Frau B. und Herrn G. gesprochen. Die haben mich so ungefähr an die Luft gesetzt. Das war nicht schön. Sie haben mich gefragt, was ich denn überhaupt mit dem Stück wolle.

U. reicht dem Verfasser das nächste Schreiben, welches er erhielt, herüber. Der Verfasser liest laut vor.

V.: Zeigte man keine Verhandlungsbereitschaft ?

U.: Verhandlungsbereit war man schon, man wollte aber keinen Millimeter nachgeben.Es war ein bißchen deprimierend.

V.: Man ist auch nicht auf Deine Belange eingegangen ? Hat man überhaupt keine Rücksicht genommen ?

U.: Nein, überhaupt nicht. Diese seltenen Pflanzen sind im Altarm, vielleicht befinden sie sich auch im Randbereich des Botterkuchen. Ich weiß, daß Q. diese Fläche sogar früher einmal gepflügt hat. (Dadurch, daß die Hamme das umschlingte, ist das auch stark überschlickt und tritt hervor.) Zu jenem Zeitpunkt, als ich das kaufte, war der Kulturzustand nicht mehr der beste. Ich schätze, dort wuchs die Rasenschmiele zu 80 %, jetzt ist das noch schlimmer, (weil zusätzlich) der Breitblättrige Ampfer auftritt. Die Vernässung wird immer größer und - man muß sich wundern - es siedeln sich einige Sumpfpflanzen an. Das Riet wird mehr.

V.: Soll das wieder an die Hamme angeschlossen werden ?

U.: Nein, die Hamme hat wahrscheinlich einen niedrigeren Wasserstand. Das geht nicht.

V.: Es sei denn, man würde den Deich verlegen. Aber da gibt es keine Planungen, oder ?

U.: Das wüßte ich nicht. Das wäre mir neu.

V.: Waren die von der Naturschutzbehörde dann noch einmal draußen?

U.: Da habe ich keine Kontrolle über, ob die hier sind oder nicht. Wahrscheinlich haben die sich das nochmals angeguckt.

V.: Jedenfalls wurde das nicht nochmal zusammen mit Dir vor Ort besprochen ?

U.: Vor Ort nicht. Hier haben sie aufgeführt, welche Pflanzen da drin sein sollen. ....Dann ist mir erzählt worden: "Zur Zeit der Sicherstellung gibt es keine Entschädigung." So läuft das! Dies bedeutete, daß ich die 300,- DM pro ha auch nicht bekommen habe. Also habe ich versucht, das irgendwie zu nutzen. Ein Jahr lang habe ich ein paar große tragende Färsen auf der Fläche gehalten, die jedoch die Holsteinische Euterseuche bekommen haben. Das führe ich auf den rauhen Bewuchs, der da stand, zurück. Damit hatte sich das erledigt. Denn das war natürlich nicht zu tragen. ...Holsteinische Euterseuche wird durch eine Fliege übertragen. Die Fliege hält sich gerne in geschützten Gegenden auf. Sie fliegt nicht gerne im Wind. Ich führe das auf den rauhen Bewuchs zurück. Es stehen da meterhohe Bulten auf der Fläche. Dann habe ich es noch einmal mit Kälbern versucht. Da hat mich irgendein Experte angezeigt, weil ich angeblich einen zu hohen Viehbesatz hätte. ....Da hat mich also einer angekohlt.

U.: 1000,- DM Strafe! Daraufhin mußte ich einen Widerspruch einlegen, daß mein Viehbesatz doch richtig war und daß man das gerne kontrollieren könne.

U.: Das war ein ganz schönes Theater ! Ich hatte den Viehbesatz nicht überschritten. Ich habe mich an die Vorschriften gehalten. Diejenigen, die mich angezeigt haben, dachten, daß ich da große Tiere drin laufen habe. Es kam der Kreistierarzt; es sollte vom Kreistierarzt begutachtet werden:

V.: Was passierte danach ?

U.: Dann kam die Verlängerung der Einstweiligen Sicherstellung.

U.: Auf das Schreiben kam ein Telefonanruf vom Landkreis. Das war eine Frau -ich weiß nicht wer- sie machte Urlaubsvertretung. Sie wollte sich nicht darauf einlassen. "Nur ein Bauer !" haben die anscheinend gedacht.

V.: Einstweilige Sicherstellung geht vom Landkreis aus, die eigentliche Unternaturschutzstellung von der Bezirksregierung.

U.: Ja, nach zwei Jahren kann sie um ein weiteres Jahr verlängert werden, wenn dann noch keine endgültige Entscheidung getroffen ist. Solange sichergestellt ist, braucht nicht bezahlt werden, wie ich schon sagte. Dann kam die endgültige Unternaturschutzstellung, zwei Tage vor Ablauf der verlängerten Einstweiligen Sicherstellung.

V.: Wenn Deine Nachbarn diesen ganzen Vorgang mitbekommen haben, sind sie sicher dem Naturschutz gegenüber eingenommen, oder?

U.: Wenn man da neu herangeht, dann denken viele nicht an das, was der Nachbar erlebt hat.

V.: Wie ist das mit L.?

U.: Aber mit L., das muß man auch anders sehen. Da wird keine Landwirtschaft mehr betrieben. Die hat ihre Milchquote verkauft. Sie kann auch keine Landwirtschaft mehr richtig machen. ....Sie hält sich zur Zeit Mastkühe. In einem futterknappen Jahr hat sie die wieder verkauft. Aber da ist auch kein Handel mit möglich - bei dem alten Gras, was (kein Stück Vieh) mehr will! Solche Leute können vielleicht mit dem Naturschutz was machen, wenn sie da nicht von leben müssen. Das ist etwas anderes.

U.: Ich mache da nichts mehr mit. Das ist für mich vorbei. Gibt man denen den kleinen Finger, nehmen sie die Hand.

V.: Siehst Du das gleich : Landkreis oder Naturschutzverbände?

U.: Ich sehe die Naturschutzverbände, insbesondere den Deutschen Bund für Vogelschutz, als noch aggressiver als den Landkreis selbst an. Die denken überhaupt nicht über die Folgen nach.

V.: Hast Du das Gefühl, daß dort zu wenig landwirtschaftliche Sachkompetenz vorhanden ist ?

U.: Ja, beim DBV ist das ja klar, daß sie keine Ahnung von Landwirtschaft haben, weil die aus einer ganz anderen Materie kommen. ...Die Gesinnung des Landkreises hat sich im Laufe der letzten zwei, drei Jahre schon etwas zum landwirtschaftlich Positiven geändert, habe ich das Gefühl. Damals als diese Verordnungen und Verfügungen kamen, da hatte ich das Gefühl: 'Die Bauern, die machen ja sowieso nur alles kaputt. Die müssen wir erst einmal abschaffen und dann können wir weiter sehen. Ich habe jetzt in den letzten zwei Jahren ein paar Gespräche mit dem Landkreis gehabt. Der eine sagte zu mir: "Ganz glücklich sind wir da auch nicht mit." Das sind ja schon Friedensangebote! Jetzt findet überhaupt keine Bewirtschaftung mehr statt. Dann ist die Vogelwelt auch raus. ...

V.: Das will man nicht. Man will die Bewirtschaftung aufrecht erhalten.

U.: Das muß aber dann von beiden Seiten passen ! Wenn man so eine Verordnung bekommt, paßt das nicht in die Landwirtschaft rein. Ist das einmal verknackst, das Verhältnis zwischen Landwirtschaft und der entsprechenden Behörde, ist es schwer, das wieder gut zu machen. ...Ein Beispiel möchte ich noch nennen. Damals sagte ich zu I. vom Landkreis: "Das kann man doch nicht machen, da muß doch einen Kompromiß finden." I. antwortete mir: "Eigentum verpflichtet, was wollen Sie überhaupt - das ist Sozialpflichtigkeit !" So hat er mich abgespiesen. Das ist doch keine Art, so was ! Dann habe ich gesagt: "Dann kaufen Sie mir das doch ab." Dem G. habe ich das auch noch gesagt. Das wollten sie nicht. Dafür wäre kein Geld vorhanden. "Vielleicht später irgendwann einmal." ...Sie pochten fest auf die Sicherstellung. Ich habe einige gefragt und die haben gesagt: "Da kommt man nicht gegen an."

U².: Da kriegt man auch keinen Rechtsanwalt, der das übernimmt.

U.: Ich durfte also erst ab 1. oder 10. Juli mähen - steht in der Verordnung. Dann brauche ich diese Rasenschmiele den Tieren nicht mehr vorzusetzen. Dann kann ich besser Stroh füttern, obwohl Rasenschmiele nicht besser ist als Ampfer. Der Ampfer wird beinahe einen Meter hoch und hat Stengel, die daumendick werden. Dann habe ich das der Sukzession überlassen. Irgendwann rief mich jemand von der Bezirksregierung an: "Wir müssen nochmal über die Bewirtschaftung sprechen." "Da findet doch gar keine Nutzung mehr statt !" Das wußte die Bezirksregierung noch nicht einmal ! Sie fielen aus allen Wolken.

U².: Die sitzen am Schreibtisch und regeln das. - Und dann riefen sie vom Landkreis nochmal wegen des Zaunes an. Da wollten sie den Zaun abnehmen.

U.: Das Ärgerlichste daran ist, daß ich das gerade gekauft hatte. Das Stück hat mich 40.000 DM gekostet und dieses Geld ist so dick habe ich das auch nicht. Ich muß dafür noch arbeiten. Ich hätte ihnen das auch für 30.000 DM wieder verkauft, also mit Verlust. Die hatten aber kein Interesse. ....Dann habe ich nochmal beim Landkreis gefragt, ob ich nicht die normale Entschädigung von 300,- DM kriegen könnte. Da hat man mir gesagt: "Wenn da gar nichts mehr gemacht wird, dann bekommen Sie auch keinen Erschwernisausgleich." Ich bekomme nichts dafür. Die Nutzung ist aufgegeben und ich werde niemals dafür Entschädigung kriegen.

U³.: Wenn Du die Nutzung wieder aufnimmst, bekommst Du dann Entschädigung ?

U.: Ich darf die Nutzung wahrscheinlich nicht wieder aufnehmen, weil ich die einmal aufgegeben habe.

V.: Ist das schon schriftlich festgehalten worden, daß die Bewirtschaftung aufgegeben wurde ?

U.: Irgendwo steht das, daß die Nutzung aufgegeben wurde. In der Verordnung steht gar nichts mehr von Nutzung drin (,d.h. die Nutzung wird gar nicht mehr erwähnt).

V.: Wie wäre es denn, wenn Du die Nutzung wieder aufnehmen würdest? Dann könntest Du beim AfA Erschwernisausgleich beantragen!

U.: Ich muß ja jede Änderung mit der Behörde absprechen. ...Das wäre ein Versuch wert, aber ich habe ja die Erfahrung gemacht, daß sich auf diesem Flurstück auch extensiv nicht wirtschaften läßt. Ich habe die bittere Erfahrung gemacht, daß sie alle krank werden. ... Außerdem besteht das Problem, daß das da inzwischen so verkommen ist - richtige Brachflächen - das fressen die Tiere nicht mehr. ... Ich sehe die Chancen als sehr gering an. Ich habe da auch schon einmal dran gedacht. Letztens habe ich von den Galloways gehört, daß sie widerstandsfähiger sein sollen gegen die Holsteinische Euterseuche und dergleichen. Sollte man das mal versuchen? Aber die sind teuer.

V.: Das war es dann?

U.: Für mich war der Fall abgeschlossen. Ich wollte damit nichts mehr zu tun haben und mich nicht mehr darüber ärgern.

U.: Normale landwirtschaftliche Nutzung ohne Einschränkung ist in den Naturschutzgebieten ja nicht mehr möglich. Es sind immer Auflagen - ganz kommt man nicht heraus. Und wenn das Geld mal leer ist, was dann?

U²: Die Behörden würden auch niemanden aus dem Naturschutzgebiet entlassen, weil sie sich diese Niederlage nicht eingestehen möchten. Diese Niederlage wollen sie nicht haben. Allein den Erfolg, den die Bauern haben würden, wenn die sagen würden: "Ja, aus dem Naturschutzgebiet bin ich wieder raus. Bei mir ist kein Naturschutzgebiet mehr!" Das gönnen die den Bauern nicht.

V.: Was hälst Du von den GR - Planungen? Mir ist bekannt, daß die Waakhauser sich bei den GR - Planungen übergangen fühlten.

U.: Ich weiß nicht, wie das durchgeführt werden soll. ... Die Bauern wurden ja vor vollendete Tatsachen gestellt. So und so soll das werden und ich weiß nicht, ob da ein Einspruch überhaupt etwas genützt hätte. Das hätte bloß von oberer Stelle gestoppt werden können - soweit wie das war, oder? ... Das GR - Gebiet ist ja bis zur Straße geplant, die neue Planung läuft bis zum Kanal. Zwischen Hamme und Kanal sind unsere besten Flächen. Die weiter zur Straße gelegenen Flächen sind schon ziemlich schlecht, und was jenseits der Straße liegt ist noch schlechter. ... Dann kommt das nächste Problem. Hier sind noch sieben oder acht Vollerwerbsbetriebe, die arrondierte Flächen haben. Wird ein Teil des Polders - der zur Hamme gelegene - in das Naturschutzgebiet hineinkommen, wären die Landwirte aufgeschmissen. Was sollen die machen? Von dem verbleibenden Land können sie nicht leben, verkaufen können sie es auch nicht, weil es keiner kaufen würde - nicht einmal die Landesregierung, weil es noch im GR - Gebiet drin ist. Sie können nicht einmal abhauen. Was sollen die machen? Ich bin da genauso betroffen. Das würde mir doch niemand abkaufen. ... Würde ich zur Not dieses direkt an der Hamme verkaufen und mir woanders etwas neues kaufen, was sollte ich mit dem Rest hier machen?

U².: Wenn, dann wäre es sowieso nur interessant, den ganzen Hof zu verkaufen.

U.: Und so ist das bei N. genauso wie bei V., ja bei allen. ... Na ja, die Bauern - viele gibt es ja sowieso nicht mehr - , die nur noch ihre Landwirtschaft weiter machen, weil sie noch keine Rente kriegen und schleppen sich durch sie Gegend.

V.: Ich weiß, daß in Worpswede etliche Landwirte im Rahmen des Grünlandsprogramms mit dem Naturschutz Bewirtschaftungsverträge abschließen wollen.

U.: Das ist ja praktisch eine Naturschutzverordnung, die fünf Jahre lang gilt. Und danach?

V.: Man darf nach den fünf Jahren normal weiter wirtschaften - so wird es gesagt.

U.: Ja? Ich habe schlechte Erfahrungen gemacht. Ich würde das nicht machen! ...Ich weiß, daß bei meiner Fläche nur anhand dieses einen Vertrages die Naturschutzverordnung aufgebaut wurde. Dann soll das fünf Jahre extensiv genutzt werden und danach soll das wieder wegfallen!? Dann glaub' Du mal an den Weihnachtsmann! Ich glaube da nicht dran. Was einmal extensiv ist, bleibt immer extensiv und kommt nicht mehr heraus. Zwar werden wohl einige Sachen gelockert, aber richtig normal nutzen, wie man es gerne möchte, das ist vorbei.

V.: Wie beurteilst Du denn die Naturschutzplanungen auf der anderen Seite der Hamme, also im Osterholz-Scharmbecker Raum?

U.: Osterholz-Scharmbeck hat eine andere Agrarstruktur. Das ist Streuland. Vielleicht könnte man dort was machen.

V.: Es gibt eine Diskussion um den Flickenteppich. Viele sagen: diese heute staatlichen Flächen sind verkauft, die Eigentümer haben keine Ansprüche mehr. Anderseits nähme man den Bewirtschaftern des Flickenteppich die Flächen weg. Wo sollen die hin? Es soll nach wie vor hofnahe Flächen. Wo sollen die Ersatzflächen bekommen? Ist es gerechtfertigt, strenge Naturschutzauflagen auf die Flächen zu legen?

U.: Aber es ist kein Eigentum. Das mußt Du bedenken. Irgendwie hat das Eigentum doch ein gewisses Vorrecht, oder nicht? ... Man muß das mal von beiden Seiten sehen. Wir sind Eigentümer und der Staat ist Eigentümer. Wenn wir die Rechte haben, muß der Staat auch die Rechte haben.

V.: Es gibt auch diese Meinung: Der Staat greift bei den Privateigentümern in das Eigentum ein, z.B. mit dem §28a, dann könnten die Pächter genauso sagen: Das ist zwar Eigentum des Staates, aber wir brauchen das Land des Flickenteppichs für die Bewirtschaftung, weil sonst die Betriebe nicht mehr existieren können. Das muß der Staat akzeptieren.

U.: Wenn das so ist, dann will ich meinen Hof verkaufen, das Geld in die Tasche stecken und dann zurückpachten. Da würde ich besser bei dastehen, wenn ich tatsächlich die gleichen Rechte wie ein Eigentümer haben sollte. ...Dann habe ich das Geld auf der hohen Kante, bekomme Zinsen...

U².: ...brauchst nicht mehr melken und machst Extensivierung!

U.: Das geht nicht! Etwas muß beim Eigentümer das Kapital berücksichtigt werden.

V.: Findest Du es richtig, daß die Flächen für Naturschutz - Zwecke zur Verfügung gestellt werden?

U.: Wenn es dem Staat gehört - warum nicht? Der Staat soll bei seinen Flächen anfangen und nicht Privatflächen angreifen. Es ist ja auch so: Es gibt einige, die sind ganz verdrossen und sagen: "Das ist mein Stück, welches ich für keinen Preis hergebe." Aber, wenn man einen guten Preis für die restlichen noch in privat Hand befindlichen Flächen geben würde, sind wahrscheinlich auch einige da, irgendwo anders eine (neue) Landwirtschaft aufzubauen. -Die Restflächen spielen nämlich eine große Rolle.

V.: Es gibt auch viele Landwirte, die sagen: "Wir wollen auf jeden Fall hier bleiben." (Dies sind insbesondere die Landwirte der Ortschaft Teufelsmoor.) Sie wollen bleiben, selbst wenn der ganze Hof unter Naturschutz gestellt wird. Sie wollen nicht woanders hin. Sie wollen auch nicht woanders Flächen bekommen; sie wollen auf diesen Flächen weiter wirtschaften.

U.: Dort ist es das gleiche Problem wie bei uns. Keiner macht das Angebot, den ganzen Hof aufzukaufen.

V.: Sie wollen auch nicht verkaufen! Einige würden zwar einen freiwilligen Bewirtschaftungsvertrag mit dem Naturschutz abschließen, vorausgesetzt, daß sie es später möglicherweise wieder herausnehmen können.

U.: Weißt Du, wenn ich Dir eine Frage stelle: Willst Du das verkaufen? Dann gehst Du doch im ersten Moment ein bißchen auf Distanz, weil Du Dir sagst: "Mensch! Verkaufen - mit dem Gedanken habe ich mich noch nicht so angefreundet." Dann ruft der zum zweiten Mal bei Dir an und sagt: "Ich gebe Dir für den ganzen Kram hier - der normal eine Mark oder zwei Mark wert ist, vielleicht auch vier Mark. Da kannst Du Dir eine ganze Menge für wieder kaufen! Und für die Fläche kriegst Du meinetwegen noch eine halbe Millionen extra - fertig. Als Zusatz bekommst Du die Landschaftspflege dazu und kannst hier wohnen bleiben." Was meinst Du, wieviele darauf anspringen! Dann bleiben die alten darauf sitzen und machen Landschaftspflege, die junge Generation kauft sich von dem Geld woanders einen Hof wieder, und das Problem ist gelöst. Nach einer Generation ist das ganze Teufelsmoor menschenleer.

U².: Wenn die alte Generation ausstirbt, passiert hier nichts mehr, dann ist es vorbei!

U.: Das wollen sie doch!

U².: Dann haben sie ihre Gebiete, so wie sie sie haben wollen! Der von der Landwirtschaftskammer meinte ja auch, daß dieses GR - Gebiet durchzubringen ist. Er sagte: "Ja, das kommt." Er ist hundertprozent felsenfest davon überzeugt, daß das kommt. Und das finde ich sehr anmaßend!

U.: Nein, er hat gesagt, daß, wenn er die Durchführung hätte, könnte er das in zehn Jahren durchführen.

U².: Aber mich hat das unheimlich aufgeregt. Ich habe ihm dann entgegnet: "Da sind doch gar keine Gelder für da!" Ich bin davon ausgegangen, als ich von der Versammlung zurückkam, daß das kommt.

U.: Wenn mir einer eines Tages den ganzen Hof abkaufen würde, für die Gebäude erst einmal eine Million vorweg und für den Rest pro m² 3,- DM, dann würde ich mich irgendwo am Oderbruch absetzen. Da wäre ich bereit. Dann wäre man ein für alle Mal dies ganze Problem los! Irgendwie wird an der Hamme doch gerührt!

U².: Also unser Junior auch. Der wäre auch bereit. Der hat auch die Nase voll. Der kriegt das ja auch alles mit.

U.: Irgendwie werden sie es immer wieder versuchen...

U².: Man ist auch ständig verunsichert, Investitionen zu tätigen, z.B. in die Gebäude. Man fragt sich: Soll man es machen oder nicht? Lohnt sich das noch, lohnt sich das nicht? Wir sind irgendwie immer am Kämpfen. Bauen wir noch eine Halle darauf oder bauen wir keine mehr? Die Unsicherheit ist ziemlich groß. Meistens kriegt man das Geld nicht mehr, d.h. die getätigten Investitionen können nicht mehr herausgewirtschaftet werden. Eine andere Nutzung ist mit unseren Gebäuden auch nicht möglich. Ein Gewerbegebiet kommt hier nach Waakhausen sowieso nicht hinein.

U.: Wenn, dann will ich hier ganz weg. Ich will da nichts mehr von hören. Ich habe mir darüber Gedanken gemacht. Das ist natürlich eine Frage des Geldes.

Im weiteren Verlauf des Interviews kommt das Verhältnis zwischen Naturschutzbehörden und Landwirten nochmals zur Sprache. Der Verfasser erkundigt sich nach konkreten Verbesserungsvorschlägen. Herr U. beklagt den häufigen Wechsel in den Naturschutzbehörden.

U.: Da hat man gerade ein bischen Kontakt und Vertrauen gewonnen und dann gehen die weg. Gut ist es, wenn die Naturschutzbehörden selbst herauskommen und fragen, was wir hier denn z. B. am besten pflanzen. So etwas ist doch schon positiv, wenn der Betroffene selbst mit einbezogen wird.

U².: ... als wenn man sagt: "Hier wird jetzt das und das hingepflanzt!" Ich finde das ganz schön hart, daß einem vorgeschrieben wird: "Ihr pflanzt jetzt 60% Erlen und 20% Weiden usw."

U.: Wir haben schon einige Bäume außerhalb des Polders gepflanzt, und das ist das Ärgerliche, daß man die Auflage bekommt, gerade im Polder etwas anzupflanzen. Das sind aber Gesetze, über die die sich auch nicht hinwegsetzen können.

Abschließend erkundigt sich der Verfasser, ob Herr U. für seinen Betrieb Schwierigkeiten mit der ab 1994 verschärften Gülleverordnung sieht.

U.: Da komme ich problemlos mit zurecht. Sollte man sich aber verpflichten, auf einigen Flächen keine Gülle auszubringen, und die Gülleverordnung wird noch mehr verschärft - auf 1,5 Dungeinheiten - , weißt Du vielleicht besser als ich, dann kann e eng werden. Ich glaube in dieser Region, speziell Waakhausen, hat da keiner Probleme mit. Probleme haben nur die Schweinemast- oder Geflügelbetriebe. ...oder vielleicht Betriebe Richtung Tarmstedt und die Ecke Wörpedorf.

V.: Die Gegend Worpswede wird heute schon insgesamt gesehen relativ extensiv bewirtschaftet, teilweise so, wie die Naturschutzbehörde sich das vorstellt.

U.: ... sofort festschreiben auf den heutigen Stand - da ist doch jeder zufrieden ! ...Man könnte die Intensität an die Fläche koppeln - nicht betriebsmäßig, sondern flächenmäßig. Man kann sagen: Die Flächen werden mit mit 2 Großvieheinheiten begrast und fertig. Gibt ein Betrieb auf und ein anderer pachtet die Flächen, müßte er weiter so extensiv wirtschaften. Wenn er genau weiß, daß er da nicht intensiver wirtschaften darf, kann der Betrieb sich darauf einstellen.

---

Interview 13
mit Landwirtin S²aus Teufelsmoor, Osterholz-Scharmbeck

S².: Der Staat hat sowieso kein Geld und daher konnte man schon sagen: "Da wird nichts von. Der kann das nicht bezahlen" ...Was jetzt auf Pennigbütteler Seite aus dem Flickenteppich als kleine Lösung geplant wird, ist was anderes. Das gehört dem Land Niedersachsen und das wollen sie zuammenlegen.

V.: Die Betriebe des Flickenteppichs haben sich teilweise darauf eingestellt, die Flächen auch in Zukunft weiter zu bewirtschaften. Meinen Sie, es ist vertretbar, diese Flächen aus der Produktion zu nehmen ?

S².: Es gibt viele Betriebe, die aufgeben - gerade in Neuen-felde geben viele auf. Die haben ihre Ländereien dort.

V.: Halten Sie es für sinnvoll, daß der Staat große Flächen aufkauft und selbst unter naturschutzfachlichen Kri-terien bewirtschaftet ? Halten Sie solche Naturschutz-großprojekte für richtig ?

S².: Nein, überhaupt nicht. Wir haben gedacht, man solle die vorhandenen Naturschutzgebiete 'Pennigbütteler Moor', 'Breite Wasser', 'Wiesen und Weiden nordöstlich des Breiten Wassers', 'Hamberger Moor' doch zuammenlegen bzw. zusammenschließen. In der Ortschaft Teufelsmoor sind die paar Betriebe, die es noch gibt, leicht dazwischen heraus zu bekommen. Intakte Betriebe sind hier nur Nummer 1,2,4,5,10 und 11. Alles andere ist zwischen raus. Das wäre viel Fläche gewesen. Für den Aufkauf sind wir nicht.

V.: Was halten Sie von den Regelungen im Naturschutzgebiet 'Breite Wasser',in dem Sie ja auch einen Großteil Ihrer Fläche haben ?

S².: Da kann man mit leben. Was ich kritisiere ist, daß die Zahlungen des Erschwernisausgleiches nicht festgeschrieben sind, so daß man eine Sicherheit hätte. Bei uns wird das Naturschutzgebiet immer bestehen bleiben - egal, ob Geld gezahlt wird oder nicht. Wir müssen aber von dem Geld mit leben; wir müssen dieses Geld tatsächlich mit einplanen, weil alles andere auch rückläufig ist. Das ist wirklich ein Ausgleich für unseren Verdienstausfall. Wenn das nicht mehr gezahlt wird, der Naturschutz aber bleibt und die Auflagen auch bleiben, sieht das ganz schlecht aus. Es ist nicht festgeschrieben, daß der Erschwernisausgleich in Naturchutzgebieten gezahlt werden muß. Es heißt: 'solange Mittel vorhanden sind !' - genauso wie beim Bergbauerngeld Ausgleichszahlungen für Benachteiligte Gebiete. Das ist das, was uns stört. Wenn das festgeschrieben wäre, dann könnte man damit leben. Das ist zu unsicher. ... Wenn man das Naturschutzgebiet erweitert hätte, hätte es festgeschrieben werden müssen, was man darf, was man nicht darf und dann wer der Erschwernisausgleich geregelt werden soll. Dann würden wir auf extensive Wirtschaftsweise - weniger Vieh - übergehen. Das wäre uns ganz recht. Denn so viel wol-len wir auch nicht unbedingt arbeiten. Da gucken wir auch nicht nach aus, d.h. das streben wir nicht unbedingt an.

---

V.: Wie läßt es sich denn bei Ihnen betrieblich und arbeitswirtschaftlich vereinbaren, wenn Sie einen so großen Flächenanteil im Naturschutzgebiet haben ?

S².: Im Winter sind hier sowieso unten in den Weiden Über-schwemmungen. Der Boden ist kalt - kälter als auf der Geest. Die Vegetationsperiode setzt später ein. ...Wir kommen da ganz gut mit hin. Meist fangen wir Ende Mai/Anfang Juni an zu mähen, je nach dem wie es wächst. Dann mähen wir erst oben die Flächen. Wenn wir das dann fertig haben, paßt das auch zeitlich, daß wir auch am 20.6. die Flächen im Naturschutzgebiet mähen können.

V.: Im Naturschutzgebiet darf im Frühjahr nicht geschleppt und gewalzt werden. Geht das bei Ihnen ? Haben Sie keine Schwierigkeiten damit ?

S².: Wenn das notwenig ist, kann das im Herbst gemacht werden oder wir verzichten ganz drauf.

V.: Nimmt die Futterqualität nicht ab ?

S².: Die Futterqualität nimmt -zumindest bei uns- nicht ab. Denn die ist Moorboden, den können wir nicht endlos mähen. Wenn wir zwei Schnitte haben - beim dritten Schnitt wird der Boden weich. Das geht hier nicht. Wir müssen hier ein 'Been' behalten, damit wir überhaupt drauf bleiben, weil wir trockene Jahre gehabt ha-ben. Haben wir nasse Jahre, freuen wir uns auf jeden 'been Bulten', auf den wir uns retten können. Das ist hier anders als auf der Geest. Mein Bruder sagt auch, daß sie da drei-/viermal mähen. Das geht hier nicht. Dann würden wir alles tot mähen.

V.: Was halten Sie von den Regelungen im Naturschutzgebiet 'Breite Wasser', wo ja jeder freiwillig sich für die Varianten entscheiden kann?

S².: Man kann sich zwischen Variante 1 oder 2 entscheiden. Wenn man den weniger scharfen Vertrag nimmt, kommt man gut über die Runden. Wir haben unsere Flächen geteilt, d.h. wir haben für einige Flächen Variante 1, für andere Variante 2. Da kommt man mit hin. Wir haben im Moment Bullen beim Schlachthof abgeliefert. Die sind von Ende März bis jetzt über 14 Pfennig gefallen.

V.: Der Preisverfall soll ja mit den Fleischprämien aufge-fangen werden. Bekommen Sie die Sonderprämie ? Bei Ihren großen Flächen müßten Sie ja auch die Sonderprämie bekommen.

S².: Es kommt darauf an, ob man da hinreicht. Die erst Fleischprämie bekommen wir, die zweite aber nicht, weil wir nicht so lange futtern können. Unsere Bullen sind noch nicht so alt, daß wir nach 22 Monaten die zweite Fleischprämie beantragen könnten.

V.: Bekommen Sie die Sonderprämie ?

S².: Nein, wir kriegen nur die erst Fleischprämie. Wir haben das ausgerechnet. Das fängt sich nicht wieder auf, wenn wir die Tiere 22 Monate halten würden und dann die zweite Fleischprämie in Anspruch nehmen könnten. Und ich war heute zur Waage und habe unsere Tiere abgeliefert. Da habe ich Bullen gesehen - ich habe mich für

---

unsere richtig geschämt. Die waren 16 Zentner schwer. Das sind für uns Träume ! Da kommen wir mit unserem Futter ja nicht hin. Unsere lagen bei 900 Pfund, etwas dadrüber. Als die da alle nebeneinander standen, dachte ich: Das paßt überhaupt nicht zusammen.

V.: Es gibt die Bestrebung, Fleisch und Milch aus Naturschutzgebieten gesondert zu vermarkten. Was halten Sie davon?

S².: Da will keiner so richtig ran. Das hat mein Mann schon vor ein paar Jahren auf der Molkereiversammlung bei Bremerland angesprochen. Da sagte Herr A.: "Dann würde die konventionelle Milch disqualifiziert werden. Das wäre nicht gut. Dann hätte man die Milch so wie man das nennen würde, aus dem Bioanbau - oder andere konventionelle würde man als nicht so gut ansehen. Gerade im Hinblick auf die Vermarktung erscheint ihm das nicht angebracht. Da haben wir gesagt: "Es gibt doch hier Marschenlandfleisch. Das ist doch auch ähnliches Futter, mit dem dieses Fleisch erzeugt wurde." "Nein," meinte er, "letztes Jahr haben die über-haupt nichts verkauft." ... Keine Grunddüngung, nichts, wir kommen mit unserem Mist und unserer Gülle überall hin; das reicht aus. ... Im Mist ist ja auch alles drin. Wir wechseln das immer ab: Dort, wo ein Jahr Gülle hin kommt, kommt im darauffolgenden Jahr Mist hin.

V.: Sehen Sie denn da einen Unterschied zwischen Gülle und Mist ? Ich sage immer: Es gibt Gülle- und Mistbauern. Diejenigen, die nur Mist haben, schwören auf Mist; davon gibt es mehrere in Worpswede. Sie finden Gülle nicht gut, weil sie angeblich den Boden kaputt machen -verbrennen- würde; der Stickstoff geht verloren. Gülle-leute sagen: "aus arbeitswirtschaftlichen Gründen geht das schon alleine nicht, mit Mist zu arbeiten und zum anderen nimmt die Verunkrautung durch Mist nur zu."

S².: Nein, hier auf dem Moor nicht.

V.: Die Naturschützer wollen lieber Mist.

S².: Bei Mist muß man schleppen. Das braucht man bei Gülle nicht. Uns gefällt beides. Mist kann man noch das ganze Jahr fahren. Mit Gülle ist man ja abhängig. Wir haben zwar keine Schwierigkeiten, weil wir unseren neuen Stall gänzlich unterkellert haben und da können wir im Winter noch zweimal was rüberfahren. Dann reicht es.

V.: Haben Sie Ihren Stall mit Einzelbetrieblichen Fördermitteln gebaut ?

S².: Ohne. Wir konnten die nicht bekommen, weil mein Mann das nur gepachtet hatte. Er hat den Hof erst vor zwei Jahren bekommen. Das Bauen war vorher, so daß wir nie etwas in Anspruch nehmen konnten. Das haben wir alles mit unser eigen Hände Arbeit verdienen müssen.

V.: Was halten Sie vom Grünlandprogramm ?

S².: Wenn man Flächen genug hat, kann man das ja machen. ...Ich finde es auch sinnvoll. Bloß früher war es nicht sinnvoll, daß jedem, der bauen wollte, ein Kuhstall regelrecht aufgedrängt wurde. Da hätten sie danach gucken sollen, wieviel Land derjenige hat. Es war falsch jemanden, der meinetwegen 10 Morgen hatte,

Interview 14
mit Haupterwerbslandwirt S aus Teufelsmoor, Osterholz-Scharmbeck

S.: Hier, unser Naturschutzgebiet 'Breite Wasser' ist nicht von den Behörden gemacht worden, sondern das ist nur auf Initiative der unteren sechs Landwirte zustande gekommen zum Schutz ihrer Höfe gegen das Begehren von Bremer Mo-torbootfahrern, die entlang der Beeke sich Flächen ange-pachtet hatten. Sie kamen dort mit ihren Motorbooten ans Ufer heran, bauten ihre Zelte auf und die Frauensleute kamen hier den Sandweg durch mit Autos. Er war mit dem Motorboot da, baute das Zelt auf - es waren zum Teil große Kajütenboote - und die Frauen und Angehörigen kamen von hier. Da hatten wir auf dem Weg, den wir un-terhalten mußten, nichts zu sagen. Wir waren bloß am Augenreiben von dem ganzen Sand. Die waren nicht weg zu kriegen ! Das war so um den Dreh 1960/61/62. 1963 ist das Breite Wasser unter Naturschutz gekommen. ...Jeder kleine Bremer hatte ja eher ein Boot als ein Auto - dann kamen sie angetuckelt.

V.: Auf Ihre Initiative wurde es also unter Naturschutz gestellt!

S.: Unser Vater ist da hinterher und hat gesagt: "So kann das nicht angehen." G. hatte damals da seine Nachbarn in 'golden city'. Der ist hier hochgebrackert, daß die Bug-welle bis zu 10 Meter an das Land geknallt ist. So ist der hier hochgezwitschert, bis sie dann aus Worpswede und Osterholz - Scharmbeck mit der Polizeistreife ge-kommen sind und versucht haben, ihn an der Worpsweder Brücke anzuhalten. Er ist vorbeigeflitzt! Dann sind die hinterhergefahren und haben ihn unten am Brandgraben mit der Pistole angehalten. Hier war richtig Wild West. Unser Nachbar S. wollte gewerblich den Kies unter dem Moor im Breiten Wasser abbauen lassen, und über den Weg hier abfahren. Da haben wir gesagt: "Das ist ein Unding, was da läuft !" Das war alles nur zu stoppen, indem man unter Naturschutz stellte.

V.: Wie beurteilen Sie denn den Naturschutz heute ?

S.: Heute ist der Naturschutz ein so starres Gebilde.

V.: Aber im Naturschutzgebiet 'Breite Wasser' sind die Regelungen doch noch relativ flexibel. Man kann freiwillige Verträge eingehen.

S.: Auf der anderen Seite ist das aber auch im Vergleich zu dem Naturschutzgebiet 'Wiesen und Weiden nordöstlich des Breiten Wassers' schlechter, weil noch die alte Verord-nung gilt.

V.: Aber Sie haben dafür die Möglichkeit, Grasnarbenverbes-serungen durchzuführen.

S.: Solange wir hier im Winter das Wasser auf den Flächen hinnehmen müssen, solange hier im Winter das Wasser auf den Wiesen steht, brauchen wir hier keine Grasnarbenverbes-serungen zu machen, indem wir da die Schlitzdrille ein-setzen.

V.: Warum brechen Sie nicht um und säen neu an ?

.: Das haben wir ja auch gemacht. Der Grasbestand ist nach zwei Jahren schlechter als der vorherige. Auf der einen Seite sagen wir: Diese verdammte Rasenschmiele ! In den letzten zwei Jahren konnte man ruhig sagen: Diese scheiß Rasenschmiele ! Wir haben Maßnahmen gegen die Rasenschmiele ergriffen und ein bißchen Round up eingesetzt. Wir schleichen dann mit dem Dochtstreichgerät hier herum. Das Mähwerk haben wir auf die Nase gestellt, daß wir die (Rasenschmiele) putzen. Andererseits haben wir auch Sommer gehabt, in denen wir uns freuten, daß wir die Rasenschmielenhorste unter die Reifen kriegten. Dann zog der Trecker nochmal und versackte nicht. Bei dem anderen Kram, d.h. auf der Fläche, auf der narbenverbessernde Maßnahmen durchgeführt wurden, sind wir durchgeottert. Die ganze Narbe mit den besseren Ansaatgräsern war weg. Es war so tief, der Trecker hat gekratzt und gekratzt. Die ganze Narbe mit den besseren Ansaatgräsern war weg. Wir sind mit unserem kleinen Krone-Silierwagen auf das Grünland gefahren. Der Trecker hatte vorne und hinten Zwillingsreifen. Als wir auf dem Weg waren, konnte man solche breiten und tiefen Spuren sehen. Das passiert nicht, wenn wir unsere scheiß Rasenschmiele da haben. Andere Bauern haben bessere Gräser ins Silo gefahren, wir nur unsere Rasenschmiele. Vor 14 Tagen war hier Herr K. von der Landwirtschaftskammer Hannover wegen Lehrbetriebsanerkennung, der monierte sich über unser schittiges Silo. Da habe ich gesagt: "Dann kommen Sie mal im Sommer hierher, wenn es naß ist." Wir haben so viele nasse Sommer gehabt und wir bekommen wieder welche. "Kommen Sie mal einmal da unten, da war es so schlimm, daß wir den Kram nicht einmal mit dem Kreiselmähwerk abkriegen konnten. Das war der erste Schnitt. Da haben wir das Heckmähwerk herge-kriegt und haben das abgefitzelt mit dem Fingermähbalken mühselig abmähen. Als es ab war, konnten wir den Kram nicht zusammen kriegen, weil das Gras im Wasser lag. Das war im Juli ! Dann haben wir einen Pflug geholt und haben das Rille gepflügt, so daß das Wasser abziehen konnte. ...Der ganze Kram stinkt sogar, aber abräumen müssen wir es ja doch. Wir haben doch nicht den Kram da stehen lassen ! Wenn wir es abgemäht haben, können wir es nicht liegen lassen, sonst ist unter dem liegengebliebenen Gras alles tot.

S².: Du hast ja auch damals eine Versuchsfläche gehabt. Da sind auch Dr. S. ehemaliger Direktor der Landwirtschaftskammer Osterholz und alle hier hin gekommen. Die haben zu meinem Mann geagt: "Das ist doch optimal, der Graswuchs, die Gräser sind ..." Da hat mein Mann gesagt, Dr. S. solle doch da mal hineingehen.

S.: Das war an einem 20. Juni, da hatten wir diese schlauen Leute hier. Der kleine Dr. S. vorne, zack-zack, seine Schuhe bleiben stecken - er ist auf Socken da wieder herausgekommen. Da sagte er: "Schiet, und wie wollen Sie das jetzt...?" Ich sagte: "Ja, was hilft uns das denn ? Auf der anderen Seite sage ich ja auch: "Wenn der Naturschutz und das Geld für die Auflagen, die uns gegeben werden, irgendwie in einer wirklichen Sicherheit gewährt werden, und nicht nur dann, wenn Haushaltsmittel vorhanden sind, dann können wir uns ansprechen. Doch nicht diesen Käse ! ...Jede Regierung denkt sich was Frisches aus. Die Griefhahn sagt so und der Funke sagt so, wer weiß, was wir das nächste Mal kriegen. Das muß eine Zahlungsverpflichtung sein, so daß man da auch mit kalkulieren kann. Gehen wir mit dem Naturschutz Bewirtschaftungsverträge ein, machen wir denen so viel Zugeständnisse in der Betriebsführung, indem wir dies und das zurücknehmen an Intensität,... Wir sind ja extensiv in unserem Kram, - aber so weit zurückneh-men? Die Milchquote ist uns 1983 auch über Nacht ge-nommen. Wenn wir die zurücknehmen, - bei der Milchquote sind ja auch alle am Zittern: Kriegen wir sie voll oder liegen wir drüber weg ? Man weiß ja auch nie, was sie machen: Ein Jahr wird saldiert, wie dieses Jahr, - voriges Jahr war das nicht! Man weiß nie, was passiert. Dann bekommt man eine Aussetzung, dann kriegst Du eine Stillegung, dann kriegst Du nochmal 2 % Abzug, oder nicht ? - oder doch ? Nun doch nicht! Keiner weiß was genaues ! Es ist alles zu unsicher.

V.: Sie meinen alles ist zu unsicher ?

S.: Ja, und starr. Ich möchte Ihnen noch folgendes erzählen: Wir haben hier zwei Flächen gekauft, die sind zusammen 6 ha groß. Die hatte damals oder hat noch die Erbengemeinschaft G.. Die haben das verkauft. Die eine Fläche von 4 ha ist hier an der Beeke, die andere ist da unten zwischen Sandweg und Beeke. Das da unten ist im Naturschutzgebiet. Die haben wir Ende Januar 1992 gekauft. Da haben wir bis jetzt noch nicht die Zustimmung von der Oberen Naturschutzbehörde. Die Naturschutzbehörde hat in diesem Gebiet ja Vorkaufsrecht und kann das geltend machen. In Naturschutzgebieten hat die Obere Naturschutzbehörde Vorkaufsrecht. Wenn das kein anderer haben will, würde ich auch sagen: "Nehmen wir das für den Naturschutz. Aber nicht, wo wir hier schon so viel Fläche unter Naturschutz haben -." Das habe ich zu Herrn R. in Lüneburg gesagt. "Das ist ein Unding, was Sie da mit uns machen !" Er sagte: "Ja, ~egen die große Fläche haben wir ja nichts - die ist nicht unten im Naturschutz, die können Sie ja auch kriegen." Ich sagte: "Gut, und bei den 2 ha wollen Sie nicht zustimmen, daß wir die bekommen." ...Die wollten die Fläche kaufen und uns langfristig verpachten. Ich sage: "Da wird nichts von, da wird aus dem ganz einfachen Grunde nichts von, weil ich beide Flächen nötig habe. Nur mit beiden Flächen zu-sammen komme ich über die 5 ha - Milchquote-Pächter-schutz ! Deswegen will ich beide Flächen zusammen haben, um über die 5 ha zu kommen. 2 ha + 4 ha = 6 ha, also über 5 ha. Ich muß über 5 ha kommen, um an die Milchquote, die auf der Fläche ist, heranzukommen. Die Milchquote ist für uns wichtig! Da sind sie jetzt bei gewesen: "Ich bin bereit, da unten, bei der 2 ha - Fläche, weiterhin Nutzungseinschränkungsverträge mit Euch über das Amt für Agrarstruktur in Bremerhaven einzugehen! Das habe ich auch schon 1992 und in 1993 gemacht. Aber die Fläche muß ich als Eigentum haben, um das Recht zu bekommen, die Milchquote, die dadrauf ist, zu beantragen.

V.: Hatte man kein Verständnis dafür?

S.: Sie können sich nicht entscheiden.; sie kommen nicht zu Potte.

V.: Verstehen Sie es nicht oder wollen sie es nicht ?

S.: Die verstehen das schon. Die sitzen das aus wie Helmut Kohl. Dann sollen sie doch sagen: "Jawohl". Sie sollen uns den Kram verkaufen - zustimmen. Und wenn sie sich ganz und gar nicht davon trennen können, sollen sie doch zustimmen mit der Auflage, daß, wenn die Milchquoten-Sache gelaufen ist, wir sind verpflichtet,

einen Boxenlaufstall zu verpassen. Das hat nicht gepaßt. So ist das doch überall gewesen. Wollte man einen Stall mit Misteinstreu bauen, gab es keine Zu-schüsse. Man mußte sich zwangsläufig für einen Stall mit Güllegruben entscheiden, obwohl man es gar nicht wollte. Das sind alles Dinge, die sind starr gehandhabt worden. Das ist nicht richtig gelaufen. Man hätte sich an den Gegebenheiten des jeweiligen Hofes neu individuell orientieren müssen. Da hätte man gucken müssen: Was ist sinnvoll für diesen Hof ? Es wurde gesagt: "Immer mehr, immer mehr!" Man mußte ja, es blieb einem nichts ande-res übrig! - Ich finde das gut, daß die Milchquote ein-geführt wurde. ...Die könnten auch daran gehen und für das Jungvieh Quoten einführen. Das wäre sinnvoll ! Dann wird das, was alles in die Industrie geht. - Es wird immer gesagt: Es geben so und soviele Landwirte auf. Andere Landwirte kaufen die Fläche dann aber auf, die Milchquoten werden inklusive dazu gekauft. Das ist alles nicht so, wie man sich das gedacht hat. Das wird immer mehr und immer größer und die kleinen fallen da-zwischen raus. Und eigentlich wollte man doch die kleinen Landwirte damit sicherstellen. ... Ich meine, es sollte angestrebt werden, daß die Familienbetriebe von ihren Höfen leben können. Diese Entwicklung, daß das nur auf 'groß' geht -ab 400.000 kg Milchquote aufwärts - das sind Dinge...

V.: Haben Sie es in Erwägung gezogen, auch in das neue Grünlandschutzprogramm einzusteigen ?

S².: Im Moment noch nicht. Wir liegen mit unserem Viehbesatz ziemlich niedrig. Im Vergleich zu anderen liegen wir unter dem Rahmen. Man könnte das schon als extensiv ansehen. Aber, ob wir das jetzt schon machen, wir müssen unseren Viehbestand ja auch weiter ernähren.

diese Flächen wieder an die Obere Naturschutzbehörde zu verkaufen. Dann kommen wir erst einmal an die Milchquote heran. Anders ist das ganze Land für uns witzlos ! Ich habe gesagt: "Das kann doch nicht so schwer zu begreifen sein. Ich habe ihr das lang und breit geschrieben. Da sitzen sie dann, stottern das durch und kommen auch nicht weiter. Das ist doch alles nichts.

V.: Was halten Sie davon, daß der Staat in in GR - Gebieten, wie es auch in der Unteren Hammeniederung geplant war, Flächen aufkauft? Es wird oft kritisiert, daß der Staat nicht mehr mit der Bewirtschaftung zurecht kommt.

S.: Das haben wir in der DDR gesehen.

V.: Oft wird gesagt: Man solle das in privater Hand lassen und lieber die Lösung des freiwilligen Vertragsnaturschutzes wählen, wie im Naturschutzgebiet 'Breite Wasser'.

S.: Ja, richtig. Jeder überlegt doch: Wenn ich das kriege und das dafür geben soll, das ist für mich eine machbare Variante. Oder er sagt: Das alles kann ich nicht in den Vertragsnaturschutz nehmen, aber einen Teil meiner Flächen. Wir haben im Breiten Wasser auch Flächen, die wir Jahr für Jahr beweiden. Da haben wir Variante 2 gewählt, weil wir da nicht so erhebliche Minderungen hinnehmen müssen, so daß wir damit leben können. Das, was wir de-nen geben und das, was wir dafür bekommen, gleicht sich aus. Wenn das nicht der Fall ist - das ist eben von Betrieb zu Betrieb verschieden. Hat einer einen kleinen Betrieb mit viel Vieh, kann der sich an fünf Fingern abzählen: "Das kann ich nicht machen ! Ich habe das ums Verrecken nötig und muß dreimal mähen." Das muß jeder für sich entscheiden. Andererseits finde ich es nicht so gut, daß in einem so kleinen Bereich die Möglichkeit so weit auseinander geht: Hier Variante 2, da ist 1 und gleich daneben ist überhaupt nichts ! Da ist zwar auch Naturschutzgebiet, und die Bewirtschafter bekommen 300,- DM Grundbetrag. Die 300,- DM Grundbetrag werden genommen, aber es wird drei- oder viermal gemäht, jedes Mal Gülle hinterher und an Gülle wird so viel wie möglich darauf gestreut. Das ist bei einem so dichten Nebeneinander von Fläche zu Fläche kein Vorteil für die Naturschutzsache. Wenn ich da so intensiv Landwirtschaft mache, und da die Variante 1 und da die Variante 2 habe, in unmittelbarer Nachbarschaft, dann ist das zu doll vermischt. Dann müßte man sagen: "In diesem Gebiet müßt Ihr alle irgendwie extensiver wirtschaften, wenn man dem Naturschutz nachhaltig entgegenkommen will. Die Unterschiede in einem so kleinen Bereich sind zu groß. Ich bin der Meinung, daß das für die Natur nicht förderlich ist. Sagen wir mal: Der eine kriegt 500,- DM: kein Walzen, kein Schleppen, kein Mähen vor dem 20. Juni und der daneben sagt: "Ach, scheiß auf die 200,- DM. Ich nehme die 300,- DM mit. Ich walze, ich schleppe, ich knalle das an Gülle und an Stickstoff rauf und mähe Ende Mai. In einem so kleinen Bereich wie das Breite Wasser mit den knapp 400 ha - das ist ein zu kleiner Bereich, als das man so was macht. Aber andererseits ist das ja auch so: R. aus Altendamm ist hier im Breiten Wasser auch am wirtschaften. Der hat ungefähr 50 ha in Bewirtschaftung, hat einen Boxenlaufstall, ganzjährige Stallhaltung von den Kühen. Der kann gar nichts anderes machen, als seine Flächen auch im Naturschutzgebiet intensiv zu nutzen. Der sagt mir auch: "Die



ha groß - er krabbelt da alleine was rum. Der kriegt doch die Hälfte fertig. Der sagt doch: "In den Bereichen kann ich das nicht nur hinnehmen auf den und den Flächen, ich habe sogar eine Mark über !"

V.: Da sieht das anders aus.

S.: Völlig.

V².: Der würde das sonst liegen lassen und würde da nichts für bekommen. Der hat auch zwischen Torfkanal und Beeke Flächen, die als Grünland gelten, und kriegt die 500,- DM dafür. Wissen Sie, was der da macht ? Das mäht der im September oder August einmal ab. Dann trocknet das noch, wird fest in Rundballen aufgerollt und letztes Jahr hat er das auch noch für das Stück 32,- DM verhökert.

V.: Wer kauft das denn ?

S.: Unser Viehhändler damals sagte immer: "Da stehen jeden Morgen ein paar Blöde auf, man muß bloß einen finden." Er hat einen Dussel, der ihm den Scheiß abgekauft hat. Der ist damit selig geworden. Er sagt: "Mehr kann ich gar nicht machen. Da oben brauche ich nicht mit Vieh hin, weil da so viele Holzböcke sind." Hier sind ja so viele Holzböcke oder der eine sagt 'Weiderot', der andere sagt 'Blutstrahl', genau heißt das Babesiose (Europäische Rinderpiroplasmose, wird übertragen durch Zekken. Der Parasit ist ein Einzeller: Babesiadivergenz, der in den roten Blutkörperchen lebt und sie zerstört.Die Krankheit tritt in grundwassernahen Weiden auf, wenn Feldgehölze in der Nähe sind: Absterben der roten Blutkörperchen. Da haben sie die Schwierigkeiten, daß ihnen jedes Jahr welche dabei draufgehen. ...

Im Naturschutzgebiet 'Breite Wasser' bekommt man den Erschwernisausgleich für landwirtschaftliche Nutzfläche unter Naturschutz. Wir haben dieses Geld für die Gesamtheit des Flurstückes beantragt, weil die geamte 'Fläche von uns landwirtschaftlich genutzt wird. Wir haben das drei Jahre lang bekommen, bis der gute Mann in Bremerhaven (Amt für Agrarstruktur) gefunden hat, daß angeblich aufgrund seines Kartenmaterials vom Kataster - und Katasterauszügen da Differenzierungen sind. Das Flurstück in seiner gesamten Größe beinhaltet laut Karte Grünland, Wasser, Schilf und Röhricht. Damals als das 1963 unter Naturschutz kam, ist versäumt worden, eine Bestandskartierung über das Naturschutzgebiet zu machen und zu sagen: Auf der Fläche ist das und auf der Fläche ist das. Eine genaue detaillierte Bestandsaufnahme wurde vergessen. Die sind daran gegangen und haben gesagt: "Hier, so ist das - da steht das, peng ! Ihr habt zu Unrecht für eine Fläche Geld kassiert, die gar kein Grünland, sondern nach Kataster Wasser und Röhricht ist. Auf der Fläche 'Wasser und Röhricht' habt ihr gar keine landwirtschaftliche Nutzung zu betreiben. Das tut Ihr gesetzeswidrig und das ist strafbar." Erst wollten sie das an uns angeblich zu viel geleistete Geld zurück haben.

V.: Kam das schriftlich, ohne daß man sich vorher mit Ihnen zusammengesetzt hatte ?

S.: Das Geld - gleich ein Überweisungsvordruck dabei - und dann her mit der Kohle ! Ich habe gesagt: "Hier spielt sich nichts ab." Aber die waren davon beseelt. Dann ha-ben wir gegen deren Bescheid



Widerspruch eingelegt. Der Widerspruch ist nach Lüneburg gegangen und Lüneburg hat gesagt: "Die Rückforderung vom AfA Bremerhaven besteht zu Recht. Und wenn wir in diesem Bereich tatsächlich landwirtschaftliche Nutzung betrieben hätten, dann woll-te er das praktisch auf unsere Unkenntnis... - ansonsten hätten wir da einen strafbaren Tatbestand begangen und Landwirtschaft betrieben in Bereichen, in denen wir das nicht dürfen. Aber die Kohle kommt her!

V.: Sie mußten dann überweisen ?

S.: Nein, nichts. Das bißchen Geld, was wir haben, können wir nicht so schnell hergeben. ...Die wollten uns dann den Gerichtsvollzieher hierhin schicken. Dann bin ich zu meinem Rechtsanwalt und zum Verwaltungsgericht gegangen. Die haben einen Außentermin in Osterholz-Scharmbeck im Rathaus festgesetzt. ... Wir wurden zum Rathaus hinzitiert. Da saßen wir alle: zwei Berufsrichter, zwei Laienrichter, der Angestellte und der Chef (vom Amt für Agrarstruktur) und dann ging das los, erst dort, dann hier unten zum Ortstermin. Vorher liefen wir draußen rum auf dem Parkplatz, ich dachte: "Mensch, den hast Du doch vor drei Tagen gesehen." Ich brachte ihn nicht wieder unter. Ich bin zu ihm hingegangen und habe gesagt: "Guten Tag, mein Name ist S.. Sind Sie einer von denen, die mich hier richtig zur Ader lassen wollen? "Nein," sagte er zögernd. "Aber so wie Sie das geschrieben haben... - ob das nun sein mußte, daß da kein Einsehen in der Sache möglich war - ob wir das nicht, ohne das Gericht zu bemühen, regeln hätten können !". "Nein", sagte er. Da dachte ich: "Dann mal durch - einer wird wohl siegen !" Erst waren wir, wie gesagt, dort, dann hier in den Weiden. Der Aktenträger sollte zeigen, wo wir gerade in den Weiden stehen würden. Alle standen in Halbschuh da ! Dann hat er in seinen Karten gewühlt und gewühlt und getan und gesucht. Er konnte die Fläche nicht finden. Da habe ich gesagt: "Ich will Ihnen helfen, ich kenne zwar nicht jeden Grashalm, aber ich werde das wohl finden, wo wir sind. - Hier, hier sind wir, wo wir stehen. Da sind Sie der Meinung aufgrund der Aktenlage, daß hier Wasser, Schilf und Röhricht zu sein hat, so daß wir hier gleich versinken bis mindestens an die Knie. Das war zwischen dem 16. und 19. März. Ja, da sah der Richter das inzwischen auch in der Karte und schimpfte: "Das geht ja unter keine Kuhhaut, wo sind wir denn hier, was haben Sie hier bloß gemacht ?" Wir sind dann weiter getuckelt. Dann standen wir an einem markanten Baum. Das war auch Wasser, Schilf und Röhricht !

V.: Das heißt, das Amt für Agrarstruktur hatte sich das nicht vor Ort vorher angesehen.

S.: Die haben auf die Karte geguckt: Das ist das Blatt vom Kataster - das steht hier als Grünland drin. Da ist Schilf und Röhricht, da hat er kein Geld für zu kriegen !" Da ist nicht einer vor Ort gewesen. Die haben einfach gesagt: So ist es. ...Da ist eine Ecke, da habe ich gesagt: "Das erkenne ich als nicht landwirtschaftlich genutzte Fläche an. Das kann da herausgenommen werden. Diese 4.130 m² umfassende Fläche wurde dann auch herausgenommen. An dieser Stelle habe ich angestrichen: [ Herr S. legt dem Verfasser das entsprechende Schreiben vor] "Dabei kommt es aus Sicht eines Landwirtes letztendlich nicht darauf an, daß eine Fläche sich mehr, die andere weniger, als Weideland nutzen läßt." Die haben gesagt, daß es überhaupt nicht nutzbar wäre. ... Ich



habe ja nie behauptet, daß es intensiv nutzbar wäre. Das ist ja auch nicht der (Streitpunkt). Es heißt Nutzung - wie genutzt wird, ist eine andere Sache. Extensive Nutzung ist vor-teilhaft für den Naturschutz. Aufgrund des Urteils hat das Amt für Agrarstruktur dies akzeptiert.

Aber es ist ja auch so: Wenn ich auf Sand-Mineralboden bin, da ist Sand, da bleibt Sand und da wird auch in hundert Jahren noch Sand in der gleichen Höhe liegen. Der wird nicht weniger und nicht mehr. Aber auf Nieder-moor ist Wachstum im Laufe der Jahre - je nachdem wie die Wasserstände sind. Die Gräben wachsen ja auch jedes Jahr zu. Das muß berücksichtigt werden. Heute ist das (inzwischen) so verlandet, daß eine Kuh das fressen kann. In den Jahren als mein Vater ein kleiner Junge war, ist das noch Wasser gewesen.

V.: Das 'Breite Wasser' ist nicht mehr an die fließenden Gewässer angeschlossen. Daher verlandet es mehr und mehr.

S.: Das verändert sich immer. In den letzten zehn Jahren ist das 'Breite Wasser' doch so verlandet. Da konnte man vorher frei mit dem Schiff fahren. Heute gucken bei niedrigen Wasserständen im Sommer in der Mitte die Stubben heraus. Denn daß das ganze Gebiet damals ein riesiger Wald war, ist ja nachweisbar; das ist nicht unbekannt. Niedrige Wasserstände im trockenen Sommer begünstigen eine von den Rändern einsetzende Verlandung. ... Wo einmal das Wasser weg ist, nachdem es verdrängt wurde, ist es weg. Da kommt es nicht mehr hin. ... Die Zeit können wir absehen, wenn das 'Breite Wasser' dicht ist. Dann kann da nicht einmal mehr eine Ente schwimmen. Dann ist das weg. Die einzige Alternative wäre, wenn man sagt: "Da schmeiße ich einen Schwimmbagger rein, der saugt das heraus, da deiche ich eine Ecke ein, wo das hineingespült wird. Das ist zwar weg - das habe ich aber erhalten !" Ich sage: "Wenn Ihr das nicht wollt,..." Wir sind da unten mit J. und S. von der Unteren Naturschutzbehörde, Landkreis Osterholz, herumgelaufen. S. war der Meinung, daß Flachwasserbereiche und reine Röhrichte für den Naturschutz ebenso wertvoll sind wie reine Wasserbereiche. Ich meine, wenn die alle selbst unterschiedlicher Meinung sind...

Zurück zu den Nutzungsvereinbarungen. Die Nutzungsvereinbarungen wurden früher für fünf Jahre abgeschlossen. Jetzt gibt es die jährlich. Der Grundbetrag mußte jedes Jahr neu beantragt werden. Die Nutzungseinschränkung lief aber fünf Jahre.

V.: Das heißt, man mußte jedes Jahr zu Tina Heilhorn, um den Grundbetrag zu unterschreiben, oder ?

S.: Ja, ich habe dann mit einer Dame zu tun gehabt. Zu dem Herrn, der mir die Klage aufgehalst hat, habe ich gesagt: "Mit Dir will ich nichts mehr zu tun haben". Er sagte: "Kommen Sie hierher !" Ich antwortete: "....ich nicht".

V.: Man konnte also hingehen, zu wem man wollte ?

S.: Ich bin zu ihm nicht mehr hingegangen. Die anderen Landwirte gingen zu ihm hin. Ich sagte: "Ich will nichts mit Ihnen zu tun haben !" Er konnte mich da doch nicht herschleppen. Ich habe gesagt: "Ich warte, bis die Frau da hinten fertig ist und dann möchte ich mit der zu tun haben." Nein, wenn die so viel mit einem da herumgekaspert haben. - Dann gab es diese Nutzungsverträge nur für fünf Jahre und dann sollte das für das geamte Flurstück gelten. Unser Flurstück im Naturschutzgebiet ist ein großes Flurstück. Es besteht aber aus mehreren unterschiedlichen Schlägen (Bewirtschaftungseinheiten). Da habe ich gesagt: "Ich will da keinen Vertrag für das ganze Flurstück, sondern für jedes einzelne Stück einen einzelnen Vertrag. Es waren fünf Stücke. Für diese fünf wollte ich für jeden einen einzelnen Vertrag; für die ersten die Variante 2 und für das große die Variante 1. Wenn ich mich bei der kleinen 0,5 ha Fläche mal nicht an die Vereinbarungen halte - aus welchen Gründen auch immer - können sie mir nur für diese eine Fläche das Geld vorenthalten oder zurückfordern.

V.: Ja, sonst würde man alles zurückfordern.

S.: Wenn ich das auf der kleinen Fläche nicht einhalte, würde ich Vertragsbruch für die ganze große Fläche begehen. Das Amt für Agrarstruktur sagte aber: "Nee, so wird das gemacht, anders gibt es das nicht." Daraufhin antwortete ich: "Dann spielt sich hier nichts ab."

V.: Warum wollte das Amt für Agrarstruktur darauf nicht eingehen?

S.: Sie wollten das einfach nicht; gibt es nicht - fertig - aus! Nachher habe ich das dennoch hinbekommen. Die Ausschlußfrist war zwar schon am 1.3. abgelaufen. Wir hatten damals von der Jägerschaft Versammlung und als Gastredner war da Burkard Ritz, der damalige Landwirtschaftsminister. Da habe ich ihn angesprochen und gesagt: so und so ist das und ich sehe das nicht ganz ein ! Da hat der Landwirtschaftsminister denen in Bremerhaven geschrieben. Er hätte sich der Sache angenommen und würde anordnen, daß die Ausschlußfrist in diesem Fall aufgehoben wird und das sie für mich für jede Fläche einen einzelnen Vertrag abzuschließen haben. Dann bin ich nach Bremerhaven hingefahren, und wir haben die Verträge fertig gemacht. Da ging das. Herr V. vom AfA hat zu mir gesagt, daß ihm so etwas ja noch nicht passiert ist. Ich meinte zu ihm: "Der Mensch muß lernfähig sein." ...Ich habe bei denen ja schon eine dicke Akte.

V.: Man ist also, wenn man sich normal an die Behörden wen-det hoffnungslos ausgeliefert ?

S².: Ja, da muß man sich dann eben an höhere Stellen wenden. Das ist die einzige Möglichkeit.

V.: Sie haben mir letztens noch eine andere Geschichte über das Amt für Agrarstruktur erzählt !

S.: Ja, das war bei J. aus Winkelmoor. Der hat eine Fläche - ca. 2,5 ha groß - hier neben unserer in Teufelsmoor. Auf dieser Fläche hat er den Sommer über tragende Rinder laufen. Da sind sie gewesen, haben die gezählt und haben 28 oder 30 oder 31 gezählt. Ihm wurde gesagt, daß er kein Geld bekommen würde, weil er angeblich die Fläche überweidet hätte. Auf der kleinen Fläche waren das zu viel Rinder. In der Variante 2 steht, daß eine Beweidung mit maximal 2 RGVE pro ha (Rauhfuttergroßvieheinheiten) erlaubt ist. Das waren nun auf seiner Fläche im Höchst-fall 10 Tiere, die da hätten herumtraben dürfen. 8 Tiere hatte er da, so daß das hinkam. Sie hatten aber 30 gezählt. Einer hatte nicht



gesehen, daß da ein breiter Graben, Verbandsanlage des Wasser- und Bodenverbandes, 2 Meter breit, dazwischen lag. Die einen standen auf die-ser Seite, die anderen auf der anderen Seite. Die sind wohl nicht aus dem Auto ausgestiegen und haben von wei-tem mit dem Fernglas geguckt !

V.: Wird Ihnen, wie vielen anderen auch, ein früherer Mäh-termin eingeräumt ? Wenn bezüglich des Vogelschutz dem nichts entgegensteht, dann gibt das AfA grünes Licht und es kann eher gemäht werden.

S.: Ja, da haben wir letztes Jahr einen Zirkus drum gehabt. ... Wenn sie daran gehen,... Im Naturschutzgebiet 'Wiesen und Weiden nordöstlich des Breiten Wassers' ist die Bewirtschaftung nicht über die Varianten geregelt, dort ist die eingeschränkte Bewirtschaftung gleich in der Verordnung festgeschrieben. Der Vorteil, den die haben, ist, daß sie in Teilbereichen mit Gülle düngen dürfen. Das dürfen wir bei Variante 2 nicht. Wir haben dagegen keine Einschränkung bei der Stalldungdüngung. Die dürfen nur bis zu 50 kg Stalldungdüngung durchführen. ...Eine weitere Sache, die ich kritisiere, ist folgende: Die Bezirksregierung Lüneburg hat letztes Jahr die Landwirte im Naturschutzgebiet 'Wiesen und Weiden nordöstlich des Breiten Wassers' angerufen und ihnen gesagt, daß sie aufgrund der fortgeschrittenen Vegetation schon ab dann und dann mähen dürfen. Da kam V. bei mir an und hat mir das erzählt. Er sagte zu mir: "Ruf doch auch an, wir können mähen !" Ich bin ans Telefon und habe die gefragt, sagt der mir: "Ja, da müssen Sie einen Antrag stellen." "Haben die hier doch auch nicht ?" Nein, das wüßte er nicht. Ich wußte noch nicht einmal, wer das am Telefon war, weil der seinen Namen da so reinnuschelte. Wir sind aber daran gegangen und haben einen Antrag gestellt.

V.: Ging das nicht mündlich ?

S.: Nein, mündliche Zusagen haben ja keine Rechtsverbindlichkeit. Wir haben das schnell geschrieben und dann gleich dahin gesendet. Wir haben die Sondergenehmigung gekriegt, wissen Sie wann ? Am 19. Juni. Ich sagte: "Das Schreiben hätten sie sich auch sparen können.

V.: Hatten Sie an das Amt für Agrarstruktur oder an die Bezirksregierung geschrieben ?

S.: Gleich an die Bezirksregierung.

V.: Wie kommt es denn, daß die anderen im anderen Naturschutzgebiet angerufen wurden ?

S.: Deswegen sage ich auch: Das ist doch eine Sauerei, das ist doch eine Diskriminierung der Landwirte in unserem Naturschutzgebiet gegenüber denen. Zwei Naturschutzgebiete nebeneinander und so unterschiedlich wird da verfahren. Das ist doch nicht richtig. Das habe ich auch G. und R. in Lüneburg gesagt: "Was Sie hier machen ist eine Sauerei, das kann man nicht aushalten ! " Dann sollen sie doch alle anschreiben und wenn sie die nicht anschreiben wollen - da haben sie doch ihre Leute vor Ort: 'Aufgrund der fortgeschrittenen Vegetation in diesem Jahr können Sie eher mähen!' Das muß gleich sein. Entweder das gilt für



den einen und dann auch für den anderen. Das ist doch nicht richtig. Wenn da solche Unterschiede gemacht werden, soll sich doch keiner wundern, wenn da keine Motivation für den Naturschutz bei den Landwirten ist. Die Landwirte sagen doch: "Hör doch auf, erzähl mir doch nicht so was!" Was ist denn mit der Grabenräumung los ? Hier machen wir neuerdings die Grabenräumung mit dem Mähkorb - sowohl im Naturschutzgebiet als auch auf den anderen Flächen. Wieso haben sie auf den landeseigenen Flächen in Pennigbüttel ausschließlich mit der Schleuder die Gräben geräumt ? Das ist doch nicht zu fassen ! Wieso machen sie das ? Das Land Niedersachsen macht genau das, was sie uns untersagen.

V.: Haben Sie auch noch Verträge mit den Naturschutzorganisationen ?

S.: Ja, mit der Stadt Osterholz- Scharmbeck über das Feuchtwiesenprogramm oben bei den Kanalweiden. Wir sind mit dem Landkreis ja nicht zu Potte gekommen. Da haben sie festgestellt, daß da der Blaue Lungenenzian wächst. Dann ist R. vom Landkreis gekommen und hat gesagt: "Das ist so und so !" Da wollten sie mir ein einmalige Angebot machen. Wir sollten pro Hektar - 2 ha sind das - 800,- oder 900,- DM bekommmen: keine Nutzung, irgendwann im späten Herbst mähen und das gemähte abfahren. Da habe ich gesagt: "Da wird nichts von - erstens haben wir die Weide zum Beweiden nötig und zweitens, wenn ich die im September/Oktober mähen soll, wo soll ich denn mit dem Kram hin ? Ja, dann hätte ich das für mich kostenpflichtig zur Mülldeponie Sandhausen abzuliefern. "Sonst fällt Euch wohl auch nichts ein ! Wie stellt ihr Euch das vor, wenn das ein nasses Jahr ist und ich soll da im Septem-ber da herumfahren und das zusammenkratzen und dahin fahren. Ich verfahre doch mehr als daß ich da was für kriege ! Ich mache doch minus. Er meinte, "das wäre einmalig." ...Dann ist hier ja R. auf der Nachbarschaft und der war auch immer am Reden. Da meinte ich zu ihm: "Hör mal zu, ich mache Euch ein Angebot: Ihr nehmt das Stück in das Feuchtwiesenprogramm der Stadt hinein und ich verpflichte mich dafür, daß nur zu beweiden und auch nur beschränkt zu düngen - eine Erhaltungsdüngung. In den Bereichen, wo die Pflanzen hauptsächlich wachsen, setzen wir den Zaun um 15 Meter zurück. Die Ecke, wo da die meisten Blauen Enzian - Pflanzen sind, ist dann durch den Zaun geschützt. Ich bekomme das Geld aber für die ganze Fläche.

V.: Die Fläche wird also gar nicht mehr genutzt. Solche Flächen verbuschen aber schnell - das möchte man nun eigentlichaus naturschützerischer Sicht auch nicht !

S.: Nein, so kann man das auch nicht sehen. Der Blaue Enzian kommt nicht wie Löwenzahn vor. Da stehen ein paar und da stehen ein paar und auf dem Rest ist nichts. Wenn die auf der Weide sind, besteht Gefahr, daß die kaputt getrampelt und gefressen werden. Wir haben Glück gehabt, daß die gerade an der Ecke vom Campingplatz waren. Dadurch, daß der Zaun umgesetzt wurde, sind die Blumen außen vor. Dafür bekomme ich aber - beim Feuchtwiesen-programm gibt es ja nur 200,- DM/ha - diese aber vergütet. "Nicht, daß Ihr auf die Idee kommt und mir sagt: Das sind so und so viel Quadratmeter und dann kriege ich dafür 50,- DM. So hat sich das Q. gedacht." Wenn die Blumen ausgeblüht haben, mähe ich das mit dem Scheibenmähwerk ab und die Leute auf dem Campingplatz harken das zusammen und es ist



drüber weg. Die stellen sie dann hoch. Nächstes Jahr blühen sie wieder. ...

V.: In diesem Fall war es also flexibeler als mit dem Landkreis ?

S.: Mit denen war es flexibeler als mit dem Landkreis.

V.: Die meisten Landwirte wollen lieber mit den Behörden Bewirtschaftungsverträge abschließen als mit den Naturschutzverbänden.

S.: Weil das sicherer ist. Es kommt immer darauf an, was für Leute das sind. Wir können z.B. keine Kooperation mit Herrn N. zustande kriegen. Der ist erster Vorsitzender vom BUND. Mit dem komme ich nicht zurecht, weil der den Landwirten gegenüber so vor eingenommen ist. Mit dem können wir keinen Konsens kriegen. -
Ich habe hier unten einen Schaugraben, der muß jeden Ok-tober zum ersten geräumt sein. Zwei Jahre lang haben die von der Bio-Station den per Hand geräumt und ich habe ihr dafür gegeben, was mir die Maschinenräumung kostet. Dafür sind die dabei gewesen und haben das gemacht. Ich habe gesagt: "Mir ist das egal - wenn die Grabenschau ist, wird das geguckt, und wenn die Sache ordentlich ist, ist das ordentlich; wenn die Graben räumung nicht abgenommen wird, habt ihr das nicht ordentlich gemacht, und ihr müßt da wieder bei. Das ist nicht eine Sache, bei der ich sage: Das habt - hr nicht gut gemacht, das machen die, die die Aufsicht darüber haben - neutral, fertig." Zwei Jahre lang hat die Bio-Station das gemacht. Im dritten Jahr hat der Wasser- und Bodenverband gesagt: Diese Fehnderstreckenregelung, die dreißig Jahre durchgeführt wurde, ist heute nicht mehr praktikabel. Man solle nun eine Ausschreibung machen. Der günstigste An-bieter bekam den Zuschlag. Der Z. aus Großenmeer hat die Gräben mit dem Mähkorb geräumt. Aber, weil dieser spezielle Graben besonders schwer zu räumen ist - die Uferbereiche sind weich - hat der gewaltig dadrin herumgewirtschaftet. Da ist sehr viel Zirkus, Streit, Radau nach der Grabenräumung im Oktober '91 gewesen. 1992 wurde dann vereinbart, daß dieser Graben mit dem Raupenbagger geräumt werden sollte - langes Laufwerk und mit Mähkorb. Da sind sie aber nicht mit zu Potte gekommmən. Die ganze Grabenräumung, die eigentlich zum ersten November fertig sein sollte, die hat sich so verzögert und verzögert, bis er sie endlich in der letzten Februarwoche gemacht hat. Den Graben hat er auch ganz gut hingekriegt, jedoch nicht in dem Angebotspreis: 1 laufender Meter - 50 Pfennig. Aufgrund der Schwierigkeit hat der Meter 2,60 DM gekostet. Aber wenn die was von der Naturschutzseite wollen, egal von welcher, ob das nun DBV oder Bio-Station oder Untere Naturschutzbehörde ist, dann sollen sie uns auch wirklich tatkräftig unterstützen. Wenn man sagt: "Wir wollen das wohl, aber alleine können wir das nicht. Nur, wenn Ihr uns dabei helft, können wir da was machen."
Als hier die Frau B. noch bei der Unteren Naturschutzbehörde war, habe ich ihr einen Prospekt, den ich von der Ausstellung in Oldenburg hatte, mitgebracht. Ich sagte zu ihr: "Gucken Sie mal, hier wird so ein Gerät angeboten, das hinten an den Schlepper angebaut wird. Es ist ein verhältnismäßig einfaches und leichtes Gerät. Wenn der eine das nicht mehr braucht, kann der nächste das an seinen Trecker anbauen und zum schonenden Grabenräumen verwenden. Wenn wir das Gerät zusammen anschaffen würden, wir sind daran interessiert. Wir, d.h. die vier oder fünf Landwirte hier in Teufelsmoor, könnten die Hälfte bezahlen und die

Interview 15
mit Haupterwerbslandwirt X aus Worpswede

V.: Wie kamst Du dazu, mit den Naturschutzverbänden einen Bewirtschaftungsvertrag abzuschließen ? Ist der Naturschutzverband an Dich herangetreten ?

X.: Ja, das war Frau C., kennst Du die ?

V.: Nein. In Osterholz-Scharmbeck haben viele Landwirte einen Vertrag mit den Naturschutzverbänden abgeschlossen. Ich glaube, in Worpswede sind das nur wenig, oder ?

X.: Außer mir auch A. und V. aus Worpswede. V. hat mir das damals erzählt. Man kann sich nicht immer gegen alles sträuben. Man konnte ja das ein bißchen aussuchen, d.h. über die Auflagen diskutieren. Das war 1986. Es hieß damals, daß sie einmal im Jahr eine Bestandsaufnahme machen wollten. Aber ich habe da noch nie jemanden laufen sehen. ... Der Vertrag wird automatisch um ein Jahr verlängert. ...Eigentlich paßt mir das nicht.

V.: Warum löst Du den Vertrag dann nicht auf ?

X.: Ich bin irgendwie enttäuscht, daß die da nicht mal geguckt haben. Es hieß damals, daß sie eine Vegetationsbestandsaufnahme machen wollen und Bodenproben ziehen werden.

V.: Wie sind die Vertragsvereinbarungen ?

X.: Das ist eine Standweide, die nicht mit Gülle, nicht mit Stallmist und mit Mineraldünger nur im nötigen Maße gedüngt werden darf. Es heißt, daß alle zwei Jahre eine Düngung mit Stickstoff in Höhe von maximal 1 dt je Hektar vorgenommen werden darf. Zwischen dem 1.4. und 1.7. darf nicht gewalzt, geschleppt werden, es darf in dieser Zeit nicht gedüngt werden. Hierfür werden 280,- DM je Hektar bezahlt. ...Inzwischen stört mich das schon etwas. Ich vergleiche die Fläche mit meinen anderen Flächen. ...Andererseits ist das eben sumpfig da oben. Da liegt auch keine Drainage, die Kiebitze brüten darin, so naß ist das. Es ist überhaupt nicht daran zu denken, dort zu mähen. Wir hatten da auch schon einmal Erde hingefahren, hatten die abgekippt, bloß verteilen konnten wir die nicht, weil es zu naß war. Das ist so unberührt. Mähen kann man nicht, daher haben wir uns gedacht, daß wir das einzäunen und Vieh hinbringen. Zu jener Zeit hatten wir auch genügend Land. Ich dachte mir auch: Man kann sich nicht immer dagegen sträuben, man will mal was gutes tun.

V.: Und jetzt fehlt das Land ?

X.: Nein, das fehlt nicht. ...Staunässe ist da auch nicht, aber in den Senken tritt Wasser auf, Lupo, also die Rasenschmiele tritt auf, Moos macht sich breit - das wahre ist das nicht. Ich könnte das aber mit einer anderen Fläche zusammenlegen, dann hätte ich eine größere Fläche, auf die ich auch die Kühe mal rauftreiben würde. Man könnte es intensiver nutzen. Es wäre möglich, die Senken zu verfüllen. Das Ausmähen wäre einfacher; im Moment ist es so uneben, daß man vom Hocker fällt. Es ist erschreckend, wie das

in den letzten Jahren trockener geworden ist. Das Moor ist wieder gesackt.

V.: Gewalzt wird es aber jedes Jahr, oder ?

X.: Meistens ist es zu naß und zu spät und wenn man zu spät darauf kommt, macht man Schaden, - also es kommt darauf an.

V.: Willst Du den Vertrag nun auslaufen lassen ?

X.: Ganz noch nicht. Ich bin da nicht ganz begeistert von. Ich dachte, daß die sich darum kümmern und mir die Ergebnisse, was sie da herausgefunden haben, einmal vorstellen. Ich habe da noch nie einen laufen sehen. Inzwischen sehe ich das mit der Düngung nicht mehr so genau. Eigentlich könnten die mir nachweisen, daß ich mich nicht mehr daran halte. Auf den Tag warte ich eigentlich nur, daß sie mir sagen: "Hey, was ist hier los !" Dann würde ich antworten: "Das seht Ihr doch, hier habt Ihr Euer Geld und..."

V.: Du hast auch eine Fläche im Naturschutzgebiet 'Breite Wasser'. Auf dieser Fläche bekommst Du den Grundbetrag von 300,- DM.

X.: Mit dieser Fläche sind wir nie Beschränkungen, d.h. Variante 1 oder 2 eingegangen. Rundherum (um unser Stück) haben fast alle Varianten abgeschlossen, nebenan ist z.B. K., - ich sehe sie immer, am 15. Juni kommt der erste und dann geht das bei denen los. Das ist so ein Zeug - und die fahren das auch noch ins Silo! Es ist ein Wunder, daß die Siloplane nicht durchsticht. Das ist für mich kein Futter mehr ! Und so viel Heu brauchen wir auch nicht als Ballastfutter. Wir brauchen die Flächen noch. Wir fahren auf unserem Stück Gülle und mähen auch dreimal. Ich denke mir, solange da keiner was sagt...
An die Regelungen im Naturschutzgebiet 'Breite Wasser'haben sich alle dran gewöhnt. Von unserem Naturschutz redet heut keiner mehr von. Die haben alle andere Sorgen, augenblicklich ist das Hofkataster das aktuelle.

V.: Dann machst Du überhaupt gar kein Heu ?

X.: Ein bißchen für die Kälber. ... Die machen nichts. Das kannst Du jetzt gut erkennen. Aus Otterstein ist ein Landwirt, der hat nur Schaumkraut auf seiner Fläche; die Fläche ist hellgrün.

V.: Hälst Du es für sinnvoll, daß der Staat für Naturschutz viel Geld ausgibt ?

X.: Ich wundere mich eigentlich, daß da so viel Geld für ausgegeben wird. Wenn es Naturschutzgebiet ist, ist es doch vom Staat angeordnet.

V.: Was hälst Du von den Großschutzgebietsplanungen ?

X.: Ich dachte früher immer, daß die Hamme die Grenze vom Großschutzgebiet sein sollte und war der Überzeugung, daß sie auf der anderen Seite der Hamme bleiben würden. So mehr erstaunt war ich, als ich die Karte zu sehen bekam. Aber dann wurde das Gebiet ja auch immer kleiner. Oberhamm, Weyerdeelen, das ist ja alles herausgekommen. Heute soll sich das, wie ich gehört habe,

auf den Flickenteppich beschränken. Auf dem Flickenteppich sind auch noch Privateigentümer zwischen. Was macht man mit denen ?

V.: Das steht noch nicht genau fest. Ich vermute, daß sie im Rahmen eines Umlegungsverfahrens aus dem Bereich des Flickenteppichs herausgelegt werden. Was hielst Du von den Aufkaufsabsichten für das GR - Gebiet ?

X.: Das konnte ja nichts werden; das war abzusehen. Das Gebiet war ja viel zu groß. Ich dachte mir: Die Hamme, die Beek, dieses Gebiet ist schützenswert in Verbindung mit dem Flickenteppich und die Teufelsmoorstraße als Grenze im Norden - wir wären weniger davon betroffen ! Daher haben wir das nicht ganz so für ernst genommen !

V.: Die Pennigbütteler Landwirte wirtschaften z. T. seit 20 Jahren auf diesen Flächen und sie sagen: "Wir brauchen diese Flächen zur Bewirtschaftung!" ...

V.: Haben die da eine Chance mit durchzukommen, wenn die dem Staat schon gehören ? Einerseits wußten die Landwirte das, sie haben es verkauft, irgendwann wird der See kommen, andererseits wurde alles intensiver; Land war in der näheren Umgebung knapp, ja ?!

V.: Bist Du der Meinung, daß man auf solchen Flächen heute Naturschutz betreiben sollte ?

X.: Naturschutz - alles im Rahmen und im Einklang mit der Landwirtschaft. ... Mich wundert, daß jedesmal, daß wir da im Naturschutzgebiet 'Breite Wasser' keine Zwangsauflagen bekommen. Ich frage immer, ob da etwas besonderes eingehalten werden muß und mir wird immer gesagt: "Nein, das muß nicht sein." Ich bekomme meinen Stempel. Die anderen gehen die Auflagen ein, ich weiß nicht warum, aber die Teufelsmoorer haben ja alle gewaltige, größere Flächen als wir. [Hier ist die Ortschaft Teufelsmoor gemeint]. Wenn man intensiv Landwirtschaft betreibt, kann man das nicht machen ! ... Ich wurde in Pennigbüttel gefragt, ob ich weitere Einschränkungen eingehen wolle und mehr Geld haben möchte. Ich sage: "Solange ich das nicht brauche, bin ich zufrieden ! Die Teufelsmoorbauern mähen alle erst am 15. Juni. Mit einem Mal fangen alle (gleichzeitig) an. Letztes Jahr war das hart. Die Vegetation war früh. Da haben die aber ein Zeug drauf gehabt - alt! Und dieses Jahr wird das noch schlechter.

V.: Du mähst Deine Flächen viermal im Jahr. Die Weyermoorer Landwirte mähen alle nur zweimal im Jahr. Für solche Landwirte kommt in Frage, Verträge über das Grünlandschutzprogramm abzuschließen.

X.: Diese Betriebe da laufen auch alle aus.

V.: Was hälst Du davon, daß mit dem Grünlandschutzprogramm die extensive Grünlandbewirtschaftung unterstützt wird ?

X.: Ja, warum nicht. Wenn man die kleinen Stücke mit ihren Grüppen da sieht, da kann man gar nicht mehr mit großen Maschinen wirtschaften. Ich möchte da auf dem Moor kein Stück für umsonst haben. Dann haben sie da 2 Morgen für die Kühe abgezäunt. Mich wundert, die Leute sind damit zufrieden, und die leben mit ihren ---- Kühen.

andere unsere Untere Naturschutzbehörde. Dann hätten wir mit dem Apparat die Gräben im Sinne des Naturschutzes geräumt. Papierkorb - weg !

V.: Da hat Sie gar nichts dazu gesagt ?

K.: Es wäre nicht die Aufgabe der Unteren Naturschutzbehörde solche Dinge zu finanzieren. Die Grabenräumung ist Auf-gabe und Verpflichtung der Landwirte. Ich sagte: "Na ja." Wie endete das ganze ? Wir haben den Grube wieder angerufen, weil der der günstigste mit seiner Grabenfräse ist - der Meter 60 Pfennig. Und die von der Unteren Naturschutzbehörde sind wieder mit dem Fotoapparat losgelaufen und haben geguckt wie das hier alles überge-schnattert war und haben geschrieen: "Die Frösche werden wieder frikassiert!" Wieso helfen die uns denn nicht ? Immer hier bloß hinlaufen und sagen: "Das darfst Du nicht und das darfst Du nicht ! Sie können uns doch helfen ! ... Aber zuletzt hat man da auch keine Lust mehr zu. Nachdem ich den ganzen Kram hier mitgemacht habe, was sie mir alles geschrieben haben, ist mir die Lust vergangen. Ich engagiere mich auch nicht mehr für den Naturschutz. Ich passe nur noch auf unseren Kram auf. Da bin ich voll mit beschäftigt. Daß man immer nur vorne weg prescht und die anderen nicht hinter sich weiß, alleine dasteht, das ermüdet zuletzt.

Interview 16
mit einem Dezernenten des Amtes für Agrarstruktur in Bremerhaven

L.: Der Landwirt selber muß auch den Antrag für den Grundbetrag stellen. Wenn er keinen Antrag stellt, bekommt er auch kein Geld.

V.: Die Außentermine in Pennigbüttel werden von Ihnen neuerdings nicht mehr durchgeführt, ist das richtig ?

L.: Ja, dieses Jahr haben wir keine Veranstaltung mehr gemacht. Wir führen keine mehr durch, weil das sowieso nur eine Antragsannahme war. Wir haben gesagt: "Dann und dann sind wir in der Wirtschaft. Da können die Landwirte hinkommen und die Vereinbarungen abschließen." Dort haben sie ihre Vereinbarungs Varianten dann abgeschlossen. Den Grundbetrag müßte man aber nochmals extra beantragen, das sind zwei verschiedene Schuhe. ...

V.: Mir ist immer nicht ganz klar, inwieweit die Varianten in Niedersachsen einheitlich gelten.

L.: Die Bezirksregierung legt diese Varianten fest. Sie sagt uns: "Für das Naturschutzgebiet so und so wollen wir diese Vaiante haben mit maximal 2 Großvieheinheiten, oder je nachdem, was in dem Naturschutzgebiet ist. ... Hier sind die genauen Regelungen der Variante 1 und 2 in den Naturschutzgebieten 'Breites Wasser' und 'Pennigbütteler Moor'.

V.: Hier unterscheiden sich dadurch, daß bei Variante 2 im "Pennigbütteler Moor" nicht mehr zulässig ist, allerdings im "Breiten Wasser" bei Variante 2 erlaubt ist.

L.: Und im Naturschutzgebiet "Wiesen und Weiden nordöstlich des Breiten Wassers" sind die Varianten an Hand der Verordnung vorgegeben. Dort besteht nur die Möglichkeit, die Variante 2 abzuschließen. Die Variante 2 ist hier abgeändert.

V.: Wie ist überhaupt die Akzeptanz für die Varianten in den Naturschutzgebieten ?

L.: Wenn, dann wird Variante 2 abgeschlossen. Variante 1 schließt keiner ab, oder ganz selten.

V.: Wieviel Leute beantragen den Grundbetrag ? Es sind sicher auch nicht alle Landwirte, die den Grundbetrag beantragen, oder ?

L.: Es wird häufig vergessen von den Leuten, weil der Grundbetrag jährlich beantragt werden muß und die Varianten werden jetzt neuerdings auf fünf Jahre abgeschlossen.

V.: D.h. die Varianten müssen nun nicht mehr verlängert werden ?

L.: Ja, das sind zwei verschiedene Sachen. Die Varianten sind ein freiwilliger Bewirtschaftungsvertrag und der Grundbetrag ist mehr ein Verwaltungsakt. Es muß beides gesondert abgegeben werden. Wir haben wirklich auch Fälle, wo die Leute nur das Geld der Variante bekommen, aber nicht den Grundbetrag, weil sie vergessen haben, diesen Antrag abzugeben. Das ist natürlich ein bißchen ärgerlich. Das sollte man bei der Novellierung des Erschwernisausgleiches berücksichtigen.

---

Bei denen steht alles noch auf Mist und die quälen sich herum. ... Solche Leute produzieren nicht die Überschüsse, solche Leute bestimmt nicht !

V.: Es wird vielfach kritisiert, daß der Staat zu Zwangsmaßnahmen greift, um den Naturschutz durchzusetzen. Was hälst Du davon ?

X.: Freiwillig macht doch keiner Naturschutz, höchstens, wenn es so viel Geld gibt, daß die Leute eingehen. Da muß man sich erst daran gewöhnen, daß man so etwas machen muß. Mir paßt das nicht. Mir macht es Spaß zu sehen, was ich etwas schaffe. ... Ich mache reihum auf allen Flächen Bodenproben. Gülle haben wir nicht so viel.

V.: Es wäre problematisch geworden, wenn man keine Gülle mehr hätte ausbringen können.

X.: Das ist ja auch schon bei den heutigen Naturschutzgebieten bzw. Vertragsflächen so, daß die Gülle, die nicht auf den vertragsgebundenen Flächen ausgebracht wird, dafür woanders, auf den Flächen außerhalb eingesetzt wird. Insofern ist die ausgebrachte Menge gleich geblieben. Und hier ist noch Reserven, so intensiv ist das hier alles noch nicht. Die meisten Flächen in der Hammeniederung werden doch nur zwei- oder dreimal gemäht. Gülle kommt auf die meisten Flächen nicht drauf. Da sieht das in anderen Gebieten, z.B. in Grasberg, Wörpedorf anders aus. Da ist alles intensiver. Hier ist ja noch Natur - das Breite Wasser mit seinen Wiesen. Das ist gut, daß das erhalten wird. Aber, wenn man gar nichts macht, kommen da auch ruck-zuck die Büsche. Das wollen sie aber nicht. Abfahren. Die ganze Unterhaltung ist teuer, das Mähen, Pflegen, Abfahren. Und wo will man damit hin ? Als Futter kann das doch keiner nutzen, wenn das im Juli gemäht wird. Dann muß das zur Mülldeponie.

V.: Es wird vielfach gesagt, daß die jetzige Höchstgrenze für die Gülleausbringung - 2,0 Düngeinheiten - ohnehin umweltfreundlich sei. Es sei Quatsch, ein vollständiges Gülleausbringungsverbot zu erteilen.

X.: Ich weiß nicht, was die immer gegen Gülle haben. Das ist ja gar nicht vorstellbar, daß überhaupt keine Gülle mehr ausgebracht werden soll. Ich glaube, daß man da etwas gegen hat, weil die stinkt.

V.: Der Boden soll ausgemagert werden.

X.: Der Futterwert der Pflanzen ist dann aber ziemlich gering.

V.: Wie ist hier in Worpswede die Stimmung zum GR-Vorhaben ?

X.: Die ersten Tage, als das bekannt wurde, hat jeder geguckt, ob er mit seinen Flächen da drin liegt. Nun, man dachte, daß sie das nicht bezahlen können. Da bekam man doch ein bißchen Angst, als es hieß: Es darf keine Gülle mehr ausgebracht werden. Die Leute fingen schon an, Land außerhalb des geplanten GR - Gebietes zu suchen. Der A. aus Worpswede hatte sich auch schon Gedanken gemacht. Er wollte schon woanders etwas pachten. Aber nachher ist das eingeschlafen. Sollen sie doch erst einmal auf den Flächen, wo damals der Teufelsmoorsee geplant wurde, anfangen. Aber da sind

---

die Landwirte dort nicht von begeistert. Es war damals vorgesehen, die Leute wußten das. Es ist hart, aber... Wenn man selbst betroffen ist, sieht das anders aus. Wären wir betroffen, würden wir uns mit Händen und Füßen dagegen wehren.

V.: Es gibt auch einige Landwirte, vor allem Nebenerwerbslandwirte, die die Naturschutzplanungen gar nicht so schlecht finden.

X.: Auf die Nebenerwerbslandwirte bin ich gar nicht so gut zu sprechen. Wenn ich die Nebenerwerbslandwirte sehe: Die arbeiten von morgens bis abends. Morgens gehen die zur Arbeit, kommen zur Kaffeezeit nach Hause und dann geht das rund, Sonnabends, Sonntag auch - da wird Mist gefahren, da wird Gülle gefahren. Die Frau muß die ganze Arbeit machen. Und dann prahlen sie herum, was sie für weiß was für ein Geld verdienen. Das ist doch kein Leben ! Wie gesagt: Die machen alles am Wochenende ! Die am Sonnabend Gülle. Das fällt auf uns alle Landwirte zurück. Man hat da nur Ärger mit.

V.: Findest Du es richtig, daß mit den verschiedenen Programmen die extensive Landbewirtschaftung unterstützt wird ?

X.: Obwohl, wenn wir noch ein paar Jahre warten und nichts machen, regelt sich das alles von alleine. Die kleinen Stücke, die werden nachher alle liegen gelassen.

V.: Würdest Du sie nicht pachten, wenn man sie Dir anbieten würde?

X.: Ich würde mir die guten Stücke heraussuchen und für den Rest würde ich Bewirtschaftungsverträge mit dem Naturschutz abschließen. ...Wenn man Milchquote pachtet, muß man ja die ganzen Ländereien mitnehmen. Und hinter Milchquote sind alle hinterher, die wollen alle haben.

V.: Also Du würdest dann doch Bewirtschaftungsverträge abschließen, obwohl Du die nicht so gut findest ?

X.: Ja, was willst Du denn mit solchen Stücken machen, wenn Du es mit den anderen Ländereien zusammen nehmen mußt !? Diese kleinen Stücke kann man gar nicht intensiv bewirtschaften.

Im weiteren Verlauf des Gespräches kommt die Grabenräumung, die vom Wasser- und Bodenverband durchgeführt wird, zur Sprache.

X.: Früher hatte der Wasser- und Bodenverband das Gerät, was alles herausschleuderte. Jetzt kommen sie mit den Mähkörben. Das ist ja nicht so schön. Es wird aus Naturschutzgründen gemacht. Aber Du hast so einen großen Damm auf dem Land, den man eigentlich abfahren müßte. Das ist nicht das wahre. Früher war das schön verteilt. Das kann man vielleicht ein Jahr lang machen. Wir haben das dieses Jahr auseinander geschleppt. Aber das kann man ja nicht jedes Jahr machen. Oder man müßte nächstes Jahr mit dem Wagen neben dem Gerät nebenherfahren. Aber ich glaube nicht, daß sie das so gerne wollen. Es dauert doppelt so lange. Sie wollen das aber aus Naturschutzgründen, weil sonst die Frösche zerstückelt werden.

V.: Konnte man nicht die andere Maschine anfordern, die früher eingesetzt wurde ?

---

X.: Da haben wir keinen Einfluß drauf. Da wurde gar keiner gefragt. Dies sind Gräben der II. Ordnung, die der Wasser- und Bodenverband unterhält. Es heißt: Aus Naturschutzgründen wird der Mähkorb eingesetzt.

V.: Die Überschwemmungen sollen aus Gründen des Vogelschutzes bis ins Frühjahr hinein ausgedehnt werden.

X.: Das müssen sie auch, wenn sie was für die Vögel machen wollen. Letztes Jahr um diese Zeit kamen hier mit einem Mal auf dem Acker drei Störche an. Ich war gerade dabei, den Mais zu legen. Die haben da (auf dem Acker) Würmer gesucht. Woanders finden die ja gar nichts mehr. Es gibt ja keine nassen Stücke mehr, wo sich Frösche halten. - Die Kiebitze brüten jetzt auf dem Weyerberg im Maisfeld. Wenn wir den Mais hacken, sehen wir die kleinen Dinger. So haben die sich umgestellt. Die Kiebitze sind auf den Berg gezogen ! ...Und dann diese Wildretter: Heute setzt man die nur noch ganz selten. Vor ein paar Jahren war das eine Modewelle. Unser Wildretter liegt auch auf dem Dachboden. Die sind gar nicht stabil genug, nicht geeignet dafür. Es ist mit diesem Ding zu umständlich.

V.: Im Grünlandschutzprogramm ist auch nicht vorgesehen, daß man den Wildretter verwenden muß. Man soll einseitig mähen oder von innen mähen.

X.: Von innen nach außen mähen, macht aber keiner. Was hilft, um die Rehe herauszutreiben, ist, daß man einen Tag vorher einmal drumherum mäht,- sagen die Jäger jedenfalls immer. Aber wer will das machen ? Wir haben Gott sei Dank mit Rehen keine Last.

V.: Kann man das nicht gleich zusammenkoppeln ? Das wäre doch sinnvoll !

L.: Das wäre sinnvoll, natürlich. Aber der Grundbetrag ist eine ML - Geschichte. Der wird für alle Naturschutzgebiete gezahlt, ohne daß da bsondere Naturschutzauflagen drinnen sind. ... Wenn ein neues Naturschutzgebiet ausgewiesen wird, und wir haben neue Antragssteller, schreiben wir die Bezirksregierung an und bitten um Mitteilung, welche Varianten mit welchen Auflagen dort abzuschließen sind.

V.: Warum meinen Sie wird die Variante 1 so selten abgeschlossen? Ich habe auch nur selten gehört, daß jemand Variante 1 abgeschlossen hat.

L.: Es rentiert sich nicht. Wenn man das sieht - die Auflagen sind nicht so viel größer, dann kann man sich auch für Variante 2 entscheiden. Aber die Akzeptanz ist relativ hoch in den Naturschutzgebieten.

V.: Nach welchem Schlüssel werden bei Ihnen die Großvieheinheiten berechnet ? Es ist sowieso immer schwierig, wenn da Großvieheinheiten - Angaben in der Verordnung sind, also letztendlich Gewichtsangaben. Das kann schon problematisch sein, festzustellen, ob die GV tatsächlich auch eingehalten wurden. 500 kg = 1 GV. Dann wird umgerechnet auf Jungvieh, wobei es verschiedenen Umrechnungsschlüssel gibt. Die einen sagen: die ausgewachsene Milchkuh hat über 500 kg; das sind 1,2 GV. So rechnet man in der Betriebswirtschaft. Andere rechnen: Eine ausgewachsene normale Kuh ist 1,0 GV. Es gibt unterschiedliche Umrechnungsschlüssel. An sich müßte da (in den Verordnungen) stehen: so und so viel Rindviehcher, Jungrinder. Das sind dann ja auch Jungrinder. Denn es wird keiner auf solchen Flächen eine leistungsfähige Milchviehherde auftreiben. ... (Wir verwenden) den Umrechnungsschlüssel, den wir in unseren Anträgen auch haben. Mit dem Soziostrukturellen Einkommensausgleich haben wir auch dieses Problem mit der Umrechnung auf Dungeinheiten. Wir rechnen mit 1,0. Wir haben diese Probleme auch relativ selten. Wir fahren nicht raus und wiegen die da. Wenn wir bei den stichprobeartigen Überprüfungen rausfahren, gucken wir, wieviel Kopf Vieh darauf steht. Wir sehen dann ja, ob das Jungrinder sind. Da wird dann nicht gewogen. Wenn man im Frühjahr herauskommt - die Tiere kommen aus dem Stall - wiegen die etwas weniger als wenn die ein halbes Jahr auf der Weide waren. ... Hier haben wir den Schlüssel für die Ausgleichszulage in benachteiligten Gebieten. Danach werden Milchkühe und Mutterkühe und Rinder über zwei Jahren mit 1,0 GV berechnet. Wir müssen ja irgendwo mit einheitlichen Maßstäben rechnen. Wir können ja nicht den Leuten, die da in diesem Gebiet noch die Ausgleichszulage (für benachteiligte Gebiet) beantragen, mit der Einheit 1,2 kommen und hier mit 1,0. Da muß man eine einheitliche Bemessungsgrundlage haben. Ich denke - aus Prinzip ! Wir sind eine bürgerfreundliche Verwaltung. Die Landwirtschaftskammer wird wahrscheinlich, wenn sie betriebswirtschaftliche Berechnungen macht, mit 1,2 entspricht einer Großvieheinheit, rechnen. Die rechnen dann wieder anders herum.

V.: Wie laufen die Kontrollen ab ?



L.: Wir kontrollieren auch. Wir haben aber keine Vorgaben von der Bezirksregierung, daß wir z.B. 5 % kontrollieren müssen. Wir berichten jedes Jahr, wie das abläuft. Wir sind auch dafür zuständig, wenn die Auflagen nicht erfüllt worden sind. Wenn er dagegen verstoßen hat, muß das ganze Geld zurückgezahlt werden, da wird nicht gesagt: anteilsmäßig oder so. Ist er meintwegen ein Viertel darüber, fordern wir ein Viertel zurück, so nicht ! Aber ich muß sagen, solange ich hier bin, haben wir keinen Fall gehabt, daß wir aufgrund der Übertretung dieser Varianten zurückfordern mußten, sondern, wenn, wegen der Flächenangaben ! Da sind z.B. falsche Flächen angegeben worden als es sich bei Überprüfung mit dem Kartenmaterial darstellte. Wir haben natürlich auch ganz schlechtes Kartenmaterial. Das soll sich jetzt alles bessern. ... Wir bekommen jedes Jahr von der Bezirksregierung die neuesten Katasterauszüge über die Naturschutzgebiete und die haben jedes Jahr andere Flurstücksnummern. Die ändern sich und keiner weiß, warum. Diese Naturschutzgebiete werden natürlich auch nach den Naturschutzkriterien und nicht flurstücksgenau abgegrenzt. Das macht eine Bearbeitung auch schwierig. Denn nach Katasterunterlagen ist natürlich die Flurstücksgröße maßgeblich. Wenn eine Naturschutzgebietsgrenze durch verschiedene Flurstücke hindurchgeht, dann ist das recht schwierig, weil wir keine genauen Größenangaben haben.

V.: Wenn jemand ein Flurstück im Naturschutzgebiet hat, bei dem die eine Hälfte als Wiese, die andere Hälfte als Weide genutzt wird, für welches er nur mit der einen Hälfte einen Bewirtschaftungsvertrag abschließen möchte, ist das möglich ?

L.: Ja, es ist möglich. Das ist aber ein Sonderfall, der nie vorkommt ! ...Die Auflagen in den Naturschutzgebieten sind ja schon relativ stark; es kann nicht mehr viel gemacht werden. Die tatsächliche Nutzung wird zum Zeitpunkt der Naturschutzgebietsausweisung festgeschrieben. Für die Landwirte ist das ein Entgeld: Das nehme ich eben noch mit ! Mir ist kaum bekannt, daß z.B. jemand Gülle ausgebracht hatte, obwohl er Variante 2 abgeschlossen hatte, bei der er keine Gülle ausbringen darf.

V.: Die Kontrollen sind stichprobenartig ?

L.: Es ist ja auch so: Wenn einer Dünger ausbringt, dann müßten wir ja zu dem Tag kommen. Wir können das höchstens dadurch kontrollieren, daß ringsum noch alles gelb ist.

V.: Bekommen Sie Hinweise aus der Bevölkerung oder von den Naturschutzverbänden ?

L.: Ja, das kommt vor. Wir prüfen aber auch die anderen Anträge. Wir müssen die Flächenstillegung überprüfen, wir müssen die Ausgleichszulage (für benachteiligte Gebiete) überprüfen, wir haben da Prozentsätze. Da gucken wir uns einen Betrieb aus; da werden sämtliche Programme bei diesem Betrieb überprüft. Bei einem Betrieb alles, und wenn der den Erschwernisausgleich abgeschlossen hat, den auch. So kommt unsere Prüfquote zustande. Oder umgekehrt, wenn wir Hinweise aus der Bevölkerung haben, überprüfen wir die anderen Programme neben dem Erschwernisausgleich.



V.: Sie fahren aber nicht durch die Naturschutzgebiete und kontrollieren dort, oder ?

L.: Es ist nicht so, daß wir am Stichtag herausfahren und gucken, ob da auf den Weiden möglicherweise schon Viehcher stehen, die erst z.B. am 1.7. aufgetrieben werden dürften. Das machen wir nicht bewußt, können wir nicht, schaffen wir nicht mit unserem Personalbestand. Das wollen wir auch nicht. Wir sind da schon ein bißchen auf die Mitarbeit der Unteren Naturschutzbehörde angewiesen, die in den Gebieten viel häufiger draußen ist, die uns auch mitteilt, wenn da etwas ist und dann reagieren wir. Wir haben letztes Jahr einen gehabt - da kam uns eine Anzeige, daß man im Wattenmeer, im Niedersächsischen Nationalpark, Gülle ausgebracht hätte. Da sind wir natürlich gleich herausgefahren. Da müssen wir natürlich akut gucken. Es hatte auch lange Zeit nicht geregnet. Wir haben auch tatsächlich Gülle gefunden, die war aber nicht im Naturschutzgebiet. Das ist immer recht schwierig. Aber solchen Sachen gehen wir auf jeden Fall nach.

V.: Die Landwirte wenden sich mit ihren Nachfragen an das Amt für Agrarstruktur, wenn sie vor dem vertraglich festgelegtem Mahdzeitpunkt mähen möchten. Fahren Sie dann heraus ?

L.: Dann fahren wir und gucken uns das an, ob das notwendig ist. Das muß ja begründet werden. Man kann nicht einfach hinschreiben: "Ich möchte mähen, bitte stimmt zu !" Das geht nicht. Eventuell fragen wir auch bei der Bezirksregierung nach. Das haben wir bisher immer so gemacht. Wenn wir Ausnahmen erteilen, haben wir das mit der Bezirksregierung abgesprochen. In den wenigsten Fällen erteilen wir eine Ausnahmegenehmigung. Das muß auch schriftlich erfolgen, weil wir das in den Akten haben müssen.

V.: Dürfen die Landwirte erst mähen, wenn sie es schriftlich haben? Es reicht nicht vorab eine mündliche Zusage am Telefon, oder ?

L.: Wenn sie es schriftlich haben, dürfen sie mähen. Wenn sie vorab eine mündliche Zusage haben, bekommen sie es auf jeden Fall schriftlich bestätigt. Das haben wir also auch schon gemacht, daß wir in Absprache mit der Bezirksregierung das o.k. gekriegt haben und dem Landwirt das noch an dem Tag gesagt haben. Dann hat er zwei Tage später den Brief bekommen. Aber in der Regel bekommt er die Genehmigung nur schriftlich. Wenn da jemand herauskommt und (der Landwirt sagt, daß) er das mündlich mal irgendwo erfahren hat! Das muß bei uns eben auch schriftlich in den Akten festgehalten sein. Und das geht auch nur in Abstimmung mit der Bezirksregierung, weil die letztendlich für die Varianten zuständig ist.

V.: D.h. die Bezirksregierung guckt sich das vor Ort an ?

L.: Die Bezirksregierung ist meist zu weit weg ! Das kommt aber auch nur selten vor. Wir haben eher das Problem mit diesen Naturschutzgebieten, daß da gar nichts mehr gemacht wird - über Jahre hinweg ! Da treten Probleme auf. Wir haben einen Fall, da sind viele Flächen im Naturschutzgebiet angepachtet worden. Der Pächter hat aber irgendwann einmal gesagt: "Das ist mir zu weit weg, ich kassiere das Geld zwar, aber ich mache nichts mehr!" Das (lief) über drei Jahre. Er hat jedes Mal 500,- DM kassiert, hat



aber drei Jahre nichts mehr gemacht. Das kann ja auch nicht Sinn dieses Erschwernisausgleiches sein, weil der Erschwernisausgleich ein Ausgleich für die Erschwernis in Naturschutzgebieten ist. Er bekommt das Geld dafür, daß er diese Auflagen einhält und da sind wir auch mit der Bezirksregierung im Gespräch, daß wir uns darauf einigen, daß mindestens einmal im Jahr bewirtschaftet werden muß - in manchen Naturschutzgebieten kann man auch sagen: "Jede zwei Jahre muß eine Pflegemahd durchgeführt werden!" Pflegemahd! - Wir sehen das natürlich mehr von der landwirtschaftlichen Seite, die Naturschützer von ihrer Naturschutzwarte aus. Manchmal sagen sie: "Es ist gar nicht so schlecht, wenn mal nichts passiert." Aber dann müssen wir solche Gebiete auch aus der Bewirtschaftung herausnehmen.

Wir sind eine Verwaltungsbehörde, die im Auftrage der Naturschutzverwaltung handelt. (Wir sind eingeschaltet,) weil wir vor Ort sind, weil wir mit dem Landwirt sprechen und bekannt sind und die Akzeptanz wahrscheinlich größer ist als bei der Naturschutzbehörde, weil wir auch in anderen Bereichen fördern.

V.: Es wird an der Bezirksregieung kritisiert, daß sie selten vor Ort ist und der Personalstab ständig wechselt.

L.: Die kommt einmal heraus, da wird zusammen mit dem Landkreis eine Begehung gemacht, da wird das festgeschrieben. Der ganze Erschwernisausgleich soll überarbeitet werden. Wir hoffen, daß das ähnlich dem Grünlandschutzprogramm angepaßt wird. Es ist ja so, daß heute in den Naturschutzgebieten weniger gezahlt wird als später über das Grünlandschutzprogramm in den Außenbereichen. Dies ist die erste Karte für das Grünlandschutzkonzept vom Landwirtschaftsministerium für unseren Regierungsbezirk. Diese Karte (gilt für das Grundprogramm). Dazu gibt es die Karte vom Umweltministerium, die uns die weitergehende Förderung beschert. Die ist noch viel differenzierter abgegrenzt. Die ganzen Gebiete, die hier als Großraum angegeben sind, die sind dort nicht mehr mit drin. In diese roten Bereiche können wir theoretisch mit 300,- DM hineingehen und dann bekommen wir noch eine andere Karte, auf der hoffentlich flurstücksgenau die Gebiete abgegrenzt sind. der Idealfall wäre, daß wir uns als Behörde da nur hinstellen können. Und, wenn der Landwirt mit seinem Katasterauszug kommt und sagt: "Bitteschön, ich möchte für diese Fläche die höchste Variante mit 800,- DM abschließen." Da gehen wir dann hin, haben unsere Karte mit dem Flurstücksverzeichnis dabei und haken das ab, (nachdem) die Bezirksregierung uns gesagt hat, ob das auch möglich ist oder nicht. ... Wir können aber nicht jede Fläche mit dem Landwirt abgehen. Das schaffen wir nicht. Wir werden wahrscheinlich - wir müssen sehen, wie die ganzen Regelungen kommen, - Ortstermine im jeweiligen Gebiet machen. Aber das muß noch überlegt werden, wie wir das mit den anderen Sachen - der Agrarreform jetzt - über die Bühne bekommen. Die Landwirtschaftskammern sind jetzt draußen vor Ort, die haben Ortstermine. Die sind am Schimpfen, am Rumbrüllen. ... Wir haben augenblicklich so viel mit den Flächenanträgen zu tun, daß wir hoffen, daß das Grünlandschutzprogramm schön sauber durchdacht ist, wenn es anlaufen soll.

V.: Es besteht die Befürchtung, daß die extensiv bewirtschafteten Grünlandflächen nach den fünf Jahren nicht mehr wieder extensiv bewirtschaftet werden dürfen.

Gespräch 17
mit einem Vertreter der Bezirksregierung Lüneburg, Dezernat Naturschutz

Das Gespräch ist nicht als Transkript einer Tonbandaufnahme entstanden. Es wurde aus dem Gesprächsprotokoll, welches der Verfasser handschriftlich während des Gespräches anfertigte, rekonstruiert. Die Aufnahme mit einem Tonaufnahmegerät war dem Verfasser nicht gestattet.

V.: Wieviel Anfragen der Landwirte in bezug auf vorzeitige Mähen in Naturschutzgebieten werden durchschnittlich an die Bezirksregierung gestellt ?

R.: Das ist von Jahr zu Jahr unterschiedlich und hängt vom Witterungsverlauf des Jahres ab.

V.: Wann steht einer vorzeitigen Mahd nichts im Wege, nach welchen Kriterien entscheiden Sie ?

R.: Ich rufe beim Landkreis Osterholz an, dort fährt jemand heraus und guckt sich das ganze Gebiet an. Jedes Naturschutzgebiet wird einzeln abgefahren; die Flächen werden begangen. Außerdem stehen die Naturschutzgebiete unterstainder Betreuung des Landkreises und der Biologiestation, die sich gegebenenfalls mit dem Landkreis in Verbindung setzt.

V.: Sind es ausschließlich die Bodenbrüter, die für eine vorzeitige Mahd ausschlaggebend sind, oder werden auch vegetationskundliche Kriterien angesetzt?

R.: In erster Linie wird festgestellt, ob die Bodenbrüter noch auf ihren Gelegen befinden. Die Bodenbrüter stehen im Vordergrund.

V.: Die Landwirte erkundigen sich telefonisch bei der Bezirksregierung. Müssen sie dann noch einen schriftlichen Bescheid abwarten oder können sie nach Einholen des mündlichen Einverständnisses der Bezirksregierung anfangen zu mähen?

R.: Ich notiere mir Gemarkung, Flur und das entsprechende Flurstück, gebe an eine Kollegin, die die Akte Erschwernisausgleich führt und informiere den Landkreis. Wir unterhalten uns darüber, welche Landwirte angerufen haben. Ein schriftlicher Bescheid kommt nicht. Das ist möglich den mündlichen Bescheid anzufertigen, daß in die Akte geht. Ich sage am Telefon: 'Der mündliche Bescheid reicht.'

V.: Kommen aus der Bevölkerung Beschwerden, die irrtümlicherweise annehmen, daß der Landwirt unberechtigt vorzeitig im Naturschutzgebiet mäht?

R.: In Osterholz ist die Bevölkerung sensibel geworden, (es kommt schon mal vor, daß sich Leute) ans Telefon hängen und beim Landkreis anrufen. Sie wissen vielleicht den Termin, ab wann normalerweise gemäht werden darf und erkundigen sich. Dabei handelt es sich um Leute direkt aus der Bevölkerung oder um Vertreter der Naturschutzverbände.

V.: Wie gut kennen kennen Sie die Landwirte persönlich? Fahren Sie unter Umständen auch persönlich heraus, um vor Ort die Entscheidung zu treffen?

R.: Die meisten Landwirte kenne ich vom Telefon. Einmal hatte sich jemand beschwert, daß ich den falschen Wellbrock zurückgerufen hatte. Aber es gibt so viele Wellbrocks in dem Bereich. Ich kann auch nicht von heute auf morgen herausfahren. Die Dienstreise muß ja erst beantragt werden.

V.: Gibt es auch Naturschutzgebiete, in denen die Landwirte gar nicht von der Möglichkeit wissen, daß mit einer entsprechenden Genehmigung auch vor dem festgelegten Mahdzeitpunkt gemäht werden darf?

R.: Es ist eigentlich so, daß bei der Veranstaltung, die zum Abschluß des Ausweisungsverfahrens durchgeführt wird, immer auf die Möglichkeit, eine Befreiung zu beantragen, hingewiesen wird. Die Veranstaltung wird in der Regel auch gut besucht. (Daher kann man davon ausgehen, daß viele Landwirte über die Möglichkeit der Befreiung informiert sind.

V.: Sind Ihnen auch Fälle bekannt, wo gegen das Mahdverbot im Naturschutzgebiet einfach verstoßen wird, d.h. es wird gemäht, ohne daß man sich vorher eine Genehmigung einholt?

R.: Solche Fälle, wo gar nicht gefragt wird und einfach gemäht wird, kommen selten vor. Ein Neuabschluß der Vertragsvarianten für diese Parzellen ist dann nicht mehr möglich. Das sind herausgeschmissene Mittel, wenn man sieht, daß man da nicht verantwortungsvoll mit umgehen kann. Man muß damit rechnen, daß das immer wieder passiert. Aber das hängt von den jeweiligen Landwirten ab. Andererseits haben wir auch Fälle, wo die Landwirte sagen: 'Hier kann noch nicht gemäht werden, weil da noch Gelege auf dem Grünlandstück sind!'

V.: Was haben Sie für einen Eindruck, wie die Möglichkeit des Abschlusses von Bewirtschaftungsverträgen angenommen wird und wie die generelle Einstellung zum Naturschutz ist?

R.: Wir sind dabei solche Pflegeakten anzulegen, daß man einen Überblick bekommt. Ob Bewirtschaftungsverträge abgeschlossen werden, hängt einerseits von der Agrar- und Betriebsstruktur ab, andererseits von der generellen Einstellung zum Naturschutz. Außerdem variiert es schon innerhalb eines Gebietes. Wenn da zum Beispiel an einen Flußlauf ist, wo am Oberlauf die Landwirte völlig anders eingestellt sind als am Unterlauf. Auch innerhalb von Dörfern können sich dann zwei Meinungen bilden. Häufig ist es so, daß dann in Einzelgesprächen die Fronten zum Bröckeln kommen. Das hängt damit zusammen, daß man sich in der Gemeinschaft verpflichtet fühlt, die Gruppenmeinung zu vertreten.

V.: Wo werden diese Einzelgespräche geführt?

R.: Zum Beispiel, wenn man die Landwirte vor Ort trifft oder bei Verkaufsverhandlungen.

V.: Wie groß schätzen Sie die Verkaufsbereitschaft in den Naturschutzgebieten ein?

L.: Es gibt im Grünlandschutzprogramm keine Klausel, daß die ursprüngliche Nutzung so wieder aufgenommen werden kann, wie sie zum Stand des Abschlusses durchgeführt wurde. Es ist nirgendwo mit aufgenommen. ... Ich weiß nicht, ob es noch hinterher kommt. Das Landvolk ist da jetzt ein bißchen hinterher, die haben das nun auch spitz gekriegt, daß diese Möglichkeit besteht. Ich weiß es von anderen Bundesländern, daß es dort in den fünfjährigen Vereinbarungen mit drin ist im Bereich der Extensivierung. ...Wenn da drei, vier Jahre gar nichts gemacht wird, tritt ganz schnell die Sukzession, eine Verbuschung, auf. Und irgendwann haben wir ein Biotop, was schützenswert ist, was festgeschrieben ist, was nie wieder zu ändern ist.

V.: Es muß nicht unbedingt der Sukzession überlassen werden. Schon wenn auf solchen Flächen nur zweimal (pro Jahr) gemäht wird und keine Grunddüngung mehr erfolgt, findet eine Ausmagerung statt. Das bedeutet, daß auf solchen Flächen, für welche Verträge abgeschlossen wurden, z.B. Wassergreiskraut oder Sumpfdotterblume wachsen. Dann gibt es die Möglichkeit, diese Flächen über den § 28a des Niedersächsischen Naturschutzgesetzes sicherzustellen.

L.: Die sind ein für alle Mal festgeschrieben. Die Einwände der Landwirte sind dann auch irgendwo berechtigt. Ich glaube, man wird sich auch keinen abbrechen, wenn man diese Klausel mit hinneinnimmt. Die Landwirte, die sich an dem Grünlandschutzprogramm beteiligen, sind Betriebe, die langfristig ihr Einkommen nicht auf diesen Flächen erwirtschaften werden können.

V.: Es bietet sich für Nebenerwerbslandwirte oder Betriebe mit viel Fläche, aber verhältnismäßig geringer Milchquote an.

L.: Ja ! Wir haben schon über dreißig Anfragen zum Grünlandschutzprogramm, schon seit letztem Jahr, als das angedacht wurde, als die erste Hand durch die Presse ging. Die sind auf die Liste aufgenommen und werden von uns angeschrieben, sobald es losgeht. Die Akzeptanz für das Grünlandschutzprogramm - denke ich - ist da. Da sind auch Betriebe drin, man kennt ja durch die Anträge so einige, die auch größere Flächen bewirtschaften. Es sind auch Betriebe dabei, die über 300.000 kg Milchquote haben. Die wollen daran teilnehmen, zumindestens mit dem Grundbetrag.

V.: In den ML- Richtlinien steht drin, daß Betriebe mit unter 150.000 kg Milchquote bevorzugt werden sollen.

L.: Das ist nur ein Kriterium, und ich weiß nicht, ob das gehalten wird. So war es in der ersten Besprechungen. ... Ich habe letztens mit der in der Bezirksregierung für das Grünlandschutzprogramm zuständigen Sachbearbeiterin durchdiskutiert, wie man das durchführen kann, daß das praxisnah ist. Denn es ist, Bewirtschaftungsauflagen mit z.B. 30 Tage lang 1,5 GV, am 31. Tag 3 GV - und dafür nochmal das Entgelt differenziert - zu viert. Für mich sind diese ganzen Differenzierungen mit vier verschiedenen Stufen zu differenzieren, für den Landwirt, den Praktiker, gar nicht mehr durchzuführen. Die will eine Linie haben, der will wissen, ob er Kühe drauf laufen lassen kann oder anderthalb - gibt es gar nicht - zwei oder drei, ob er Kühe darauf laufen lassen kann oder nur Rinder. Meistens sind es ja nur Rinder. Da will er nicht nach zwanzig Tagen wieder abtreiben, so daß zum Ende

der Vegetationszeit vielleicht noch eins drauf läuft. ... Wieder zum Grünlandschutzprogramm. Es ist im Moment noch schwierig, weil daß die nicht ausgeschlossen sind so, die über 150.000 kg Milchquote liegen. Sie sind lediglich in nachstehender Reihenfolge förderfähig. Wir haben als Bewilligungsbehörde darauf zu achten, daß die Reihenfolge eingehalten wird. In erster Linie werden Flächen, die an Naturschutzgebiete angrenzen, berücksichtigt. Wenn wir dann noch Geld haben,- ich sage das mal so ganz plastisch,- gucken wir, ob die Grünlandbetriebe sind, die mit mindestens 50 % ihrer Grünlandfläche am Programm teilnehmen. Die können natürlich auch noch gefördert werden. Wenn dann noch Geld übrig ist, gucken wir die Betriebe aus, die kleiner als 150.000 kg Milchquote sind. Sollte dann immer noch Geld übrig sein, können wir natürlich auch Betriebe mit über 150.000 kg Milchquote fördern. Die können sich da auch ein bißchen was einbilden, weil das ja immer so eine Sache. ... Das ist eine Prioritätenliste, unter die wir gucken können. Zu beachten ist: "Wie hoch ist unser Fördertopf, den wir ausgeben können?" Denn es ist ja nicht so wie bei EG-Mitteln: Bei denen bekommt jeder Antragsteller, der einen Antrag stellt, das Geld. Wir können nicht sagen: "Wir haben doppelt so viel Antragssteller wie Geld, wir kürzen die ganze Prämie!" Sondern wir müssen uns anhand der Richtlinien nach diesen Prioritäten richten.

V.: Es werden erst einmal die angeschrieben, die schon eine Anfrage gestellt haben, oder ?

L.: Ja, die sind in einer Liste aufgeführt und die werden angeschrieben. ... Wenn das losgeht, wird das wahnsinnig durch die Presse gehen. Das wird keiner verschlafen. Wir werden vielleicht eine Mitteilung machen. Wir werden wahrscheinlich mit der Bezirksregierung vor Ort in die Schwerpunkträume hinein gehen und da Veranstaltungen machen. Die Bezirksregierung soll den Sinn und Zweck vorstellen und wir als Verwaltungsbehörde die Fördermaßnahmen. ... - das soll nicht über einen Kamm geschert werden, sondern für jeden Randbereich eines jeden Naturschutzgebietes soll das extra... Denn die wollen ja... In Nordkehdingen hat der Naturschutz andere Zielsetzungen als z.B. in Osterholz. Das ist ja auch ganz logisch. Also von daher, denke ich, wird da in Nordkehdingen manche Variante etwas abgeändert sein. Die 800,- DM - Variante wird auf jeden Fall nicht identisch sein mit der in Osterholz. Denn die wird den Zielsetzungen spezifisch angepaßt sein.

V.: Aber voraussichtlich nur die höchste Variante, oder?

L.: Aber die höchste Variante wird für viele Landwirte interessant; 800,- DM wird für eine Grünlandfläche, wenn die keine Quote darauf haben und noch genügend andere Fläche !

V.: Ich sehe das eher anders: Ich meine, daß die unterste Stufe für die Landwirte interessant ist. Da dürfen die Leute zwar nur noch zweimal mähen, sonst haben sie aber keine besonderen Auflagen. Gerade in der Hammeniederung, Raum Worpswede, sind viele Landwirte, die sowieso nur zweimal mähen.

Gespräch 18
mit einer Vertreterin der Bezirksregierung Lüneburg, Dezernat Naturschutz

V.: Das niedersächsische Grünlandschutzprogramm wird aller Voraussicht nach in den nächsten Wochen anlaufen. Das Programm wird an die Bezirksregierungen gegeben, und die Bezirksregierungen sollen die Bündelungen vornehmen.

B.: Man kann immer noch nicht hundertprozentig sagen, wie das Programm aussehen wird. Der Vorentwurf ist weiterhin die Diskussionsgrundlage.

V.: Die Hammeniederung wird eines der Hauptgebiete sein, in das Grünlandschutzprogramm angeboten werden wird !

B.: Es ist ein kleiner Bereich von den vielen Grünlandgebieten in Niedersachsen. Man kann sagen: Es ist das Hauptgebiet im Landkreis Osterholz - das ist korrekt.

V.: Wie schätzen Sie die Akzeptanz des Grünlandschutzprogrammes ein ?

B.: Das ist eine schwierige Frage.

V.: Haben Sie schon Anfragen bekommen ?

B².: Sie kommen schätzungsweise drei Wochen zu früh. Wir machen uns auch darüber Gedanken, die Akzeptanz vor Ort in den einzelnen Gebieten zu prüfen. Wir sind jetzt dabei, den Entwurf des Umweltministeriums raumbezogen bzw. gebietsbezogen auszuarbeiten. Wir sind noch nicht initiativ geworden. Wir haben das bisher nur intern zwischen den einzelnen Regionen abgesprochen. Wir haben noch keine...

B.: Das Grünlandschutzprogramm liegt seit Monaten als Entwurf vor. Keiner weiß, wie es hundertprozentig aussehen wird. Wenn es von der EG noch nicht ratifiziert ist, können wir ja schlecht hier in die Diskussion gehen. Man könnte tentenzmäßig damit vor Ort anfragen. Wir haben das aber bisher noch nicht gemacht. Es ist schwierig, von einem Papier zu sprechen, von dem keiner weiß, wie es aussehen wird und wann es kommen wird. Wir rechnen damit, daß wir Verträge für das nächste Jahr abschließen werden. Aber auch das ist noch nicht richtig sicher.

V.: Haben Sie von den Landwirten schon Anfragen bekommen ?

B.: In dem Raum der Hammeniederung noch nicht. Ich weiß, daß die Gemeinden angefragt haben. Es gibt einige Kommunen, die Wiesenfonds haben. Da kam letztes Jahr noch eine Anfrage, ob sie dieses Jahr noch einen Etat bereitstellen müssen oder nicht, weil sie natürlich schon darauf spekulieren, daß die durch Mittel des Landes abgelöst werden. Ich gehe davon aus, daß die Landwirte, die in diesen Wiesenfonds drinnen sind, auch weiterhin interessiert sind, an dem landesweiten Grünlandschutzprogramm teilzunehmen.

V.: Es ist ein großer Kritikpunkt am Grünlandschutzprogramm, daß die Gemeinden vielfach ihre Wiesenfonds aufgeben. Die Flächen werden anschließend vom Land Niedersachsen gefördert und daher wird der Naturschutz - Erfolg des Grünlandschutzprogrammes gar nicht so groß sein.

B.: Ja ? Diesen Kritikpunkt habe ich noch nicht gehört.

B².: Das kann ja nur (der Fall sein), wenn die Flächen, die früher die Kommune oder der Landkreis gefördert hat, identisch mit den Gebieten des Grünlandschutzprogrammes sind. Ansonsten überschneidet sich das ja nicht mehr. Es kann ja keine Doppelförderung geben. Die wenigen verbliebenen Grünlandgebiete liegen eigentlich alle in den Programmgebieten. Die Landkreise - das nehme ich an - haben wahrscheinlich auch in diesen Gebieten gefördert. (Ich glaube schon, daß sich das überschneidet.)

B.: Es ist so, daß wir Bewirtschaftungsvereinbarungen vorgeben können. Die sind auf die nach unserer Ansicht nach naturschutzfachlich erforderlichen Maßnahmen abgestimmt. Ich hatte im Landkreis Osterholz auch die Wiesenfonds als Grundlage, um die Bewirtschaftungsauflagen zu erstellen. Für die einzelnen Verträge gibt es natürlich auch unterschiedliche Schutzziele. Die sind für die Aufstellung der Vereinbarungen als Grundlage eingegangen. Die Akzeptanz - Abschätzung ist schwierig. Das werden wir erst dann sehen, wenn wir mit einer verbindlichen Richtlinie an die Landwirte herangehen können.

V.: Bisher können Sie also noch keine Tendenz abschätzen ?

B.: Als Tendenz kann ich sicher sagen, da sind wir uns alle einig, daß es für intensiv wirtschaftende Milchviehbetriebe nicht in Frage kommt. Aber das ist ja schon seit langem bekannt. Es wird sich für Betriebe, die sich auf Rindermast eingestellt haben oder Färsenaufzucht machen, anbieten. Für intesive Milchviehbetriebe sehe ich da nicht die großen Möglichkeiten, gerade weil wir auch Beschränkungen des Mahdzeitpunktes machen müssen. Das heißt: Ein erster Siloschnitt Anfang/Mitte Mai ist da einfach nicht drin ! Das heißt nicht, daß die Landwirte nicht mit dem Grundprogramm - 300,- DM - in das Grünlandschutzprogramm gehen können. Bei der untersten Stufe des Programms sind die Beschränkungen nicht so erheblich. ... Für hoffeme Flächen, die derzeit aus betriebstechnischen Gründen nicht als Siloflächen genutzt werden, weil sie zu weit weg sind, kommt es sicherlich in Betracht, mit der einen oder anderen Variante. ... Anfragen haben wir im Bereich der Hammeniederung noch nicht bekommen, jedoch im Landkreis Stade.

B².: Obwohl wir eigentlich nicht Ansprechpartner wären.

V.: In erster Linie ist das Amt für Agrarstruktur Ansprechpartner. Aber einige Landwirte wenden sich auch an die Bezirksregierung.

B.: Ja, aber nur, wenn die Vertreter der Bezirksregierung vor Ort bekannt sind. Bei uns ist es ja doch so, daß wir sehr weit weg sitzen, gerade von Osterholz. Daher können wir die Leute da nicht kennen - nur einzelne Landwirte. Die fragen vielleicht doch schon einmal an. Aber wir sind eine ferne Stelle.

V.: Sehen Sie das als positiv an, daß Sie eine ferne Stelle sind? Sehen Sie das als Vorteil, daß hier nicht jeder Landwirt mit allen möglichen Kleinkram anrabt oder sehen Sie das eher als Nachteil, weil Sie zu weit abgerückt sind von dem ganzen Geschehen ? Sie bekommen nicht mehr so richtig mit, was vor Ort passiert. Sie sind in vielen Sachen letztendlich verantwortlich - nicht die Untere Naturschutzbehörde - aber zu weit weg. Auch haben die Landwirte nicht den persönlichen Kontakt. Das wird oft kritisiert.

B.: Das hat Vor- und Nachteile. Wir sind einfach zu weit weg. ... Ich denke, es hat für den Abschluß der Bewirtschaftungsvereinbarungen sicher sehr große Nachteile. Meist ist es doch viel einfacher, wenn man die Leute vor Ort kennt, mit denen auch mal reden kann und nicht nur auf schriftlichem Wege konferrieren muß oder telefonisch. Insofern ist es für diese Sachen sicher von Nachteil.

V.: Es gibt ja auch die Schwellenangst vor der Oberen Naturschutzbehörde. Haben Sie das auch schon festgestellt ?

B².: Wenn man unten vor dem Haupteingang steht, dann kann man sich das schon vorstellen. Es ist hier nicht gerade einladend.

B.: Wir versuchen die Hemmschwelle auch dadurch zu umgehen, daß wir einen intensiven Kontakt mit der Unteren Naturschutzbehörde halten. Diese schalten wir als Zwischenstufe ein. Sie kennt die Verhältnisse und die Leute sehr viel besser. Mir persönlich wäre es auch lieber, daß ich vor Ort wäre und da mal zwei Wochen zubringen könnte, mit den Landwirten reden, aber dafür ist wieder die Untere Naturschutzbehörde für zuständig.

V.: Flächen, für welche Verträge über das Grünlandschutzprogramm abgeschlossen wurden, werden nach Ablauf der Verträge über den § 28a und § 28b Schutzstatus erlangen. Sehen Sie das auch so ?

B.: Das ist standortabhängig. Das kann man noch nicht abschätzen. In Marschgebieten sieht es sicherlich auch anders aus als z.B. im Landkreis Osterholz.

B².: Ich glaube auch nicht, daß das unbedingt die Masse sein wird. ... Das ist sicherlich eine Befürchtung der Landwirte, daß sie den Zugriff auf ihre Flächen verlieren, dadurch, daß sie dieses eingehen. Das Risiko ist auch in gewisser Weise da. Aber das wird nicht automatisch und auch nicht flächendeckend passieren, daß § 28a - Flächen werden, außer vielleicht bei Varianten, die in den Streuwiesen - Bereich fallen.

B.: Das ist auch eine Frage des Schutzzweckes und des Zieles. Wir geben ja die Bewirtschaftungsbedingungen so vor, wie wir uns die Entwicklung in diesem Gebiet vorstellen. Haben wir derzeit ein intensives Gebiet, was als Wiesenbrüter-Gebiet in Frage kommt, heißt das nicht, daß die Verhältnisse so sind, daß das irgendwann unter § 28a oder § 28b fällt. Im Einzelfall kann es sein, daß bei z.B. schutzwürdigen Flußniederungen die Entwicklung dahin gehen kann, was aber auch nicht sein muß. Das können aber für andere Gebiete wie überhaupt nicht in Frage kommen. Da geht es um Offenhalten der Landschaft und Verminderung der Brutverluste durch Einschränkung der Bewirtschaftung. ... Außerdem sind die Landwirte berechtigt, in der Zeit zu kündigen. Sie können zudem ihre

R.: Wenn der erste verkauft, dann kommen sie alle an. (Insgesamt muß man aber sagen: Es gibt eine ganze Palette. Sie reicht von Landwirten, die auf keinen Fall verkaufen wollen, bis zu solchen, die mit hohe Verkaufsbereitschaft signalisieren.)

V.: In den Naturschutzgebieten hat der Naturschutz Vorkaufsrecht. Wird dieses Vorkaufsrecht immer von der Bezirksregierung ausgeübt, auch wenn dem entsprechenden Landwirten dadurch ein Nachteil entstehen könnte, weil er z.B. seine Milchquote verliert?

R.: Wir haben ein Konzept. Wenn eine Fläche für den Naturschutz wichtig ist, wird durchaus das Vorkaufsrecht ausgeübt. (selbst wenn das im Einzelfall für den Landwirt nicht von Vorteil ist. In der Regel haben wir diese Probleme aber nicht; das ist selten.)

V.: Haben Sie Probleme damit, landeseigene Flächen mit strengen Bewirtschaftungsauflagen zu verpachten? Denn oft sind die Bewirtschaftungsauflagen ja so streng, daß die Flächen nicht mehr gewinnbringend bewirtschaftet werden können.

R.: Das ist regional unterschiedlich. Jedoch hat es seit der Einführung des Flächennachweises mit der EG-Agrarreform zu einem Nachfrageboom geführt.

V.: Kommt es vor, daß die Landwirte das Angebot einer Verlängerung eines Pachtvertrages ausschlagen, weil sie die Bewirtschaftungsauflagen für zu hart halten?

R.: Solche Fälle treten auf, wenn es zu Änderungen von Pachtbedingungen kommt.

Interview 19
mit dem Dezernenten G. der Kreisverwaltung Osterholz

V.: Wird nach Ihrer Einschätzung der Bereich des Flickenteppichs in naher Zukunft einstweilig sichergestellt werden ?

G.: Die einstweilige Sicherstellung ist ein Instrument, was man anwendet, wenn Gefahr im Verzuge ist. Dies ist der Fall, wenn das entsprechende Gebiet, um das es geht, was man unter Naturschutz stellen möchte, noch gerade in den letzten Wochen, Monaten kaputt gemacht wird. Diese Sorge muß man hier nun nicht haben. Ich bin sogar der Meinung, daß die einstweilige Sicherstellung hier im Bereich des Flickenteppichs völlig unmotiviert wäre. Denn der Flickenteppich existiert schon seit 15 Jahren. Da passiert auch in den nächsten zwei, drei Jahren, und schon gar nicht in den nächsten Monaten etwas anderes wie es da seit 15 Jahren besteht, daß es eben ganz normal landwirtschaftlich genutzt wird. Deswegen kann ich mir nicht denken, daß da die einstweilige Sicherstellung erfolgt. Aber, wo die Landwirte Sorge haben, daß, wenn sie selbst nicht aktiv werden und der Landkreis auch nicht unter Einbeziehung der Interessen der Landwirtschaft aktiv wird, daß dann das Land Niedersachsen durch die obere Naturschutzbehörde, sprich Bezirksregierung Lüneburg, das tut, was es als nötig erachtet. Das könnte sein, daß der gleiche Beritt, oder sogar ein größerer Beritt zur Verfügung unter Naturschutz gestellt wird.

V.: Ich gehe davon aus, daß das die Flächen sind, die im Süden durch die Straße nach Tietjens Hütte, im Norden durch die Teufelsmoorstraße, im Osten durch die Beek und im Westen durch den bebauten Bereich der Stadt Osterholz - Scharmbeck und Pennigbüttel begrenzt sind.

G.: Ja, das würde ich auch so sehen. Das hat man bisher als den Bereich des Flickenteppichs angesehen.

V.: Ist es denn realistisch, daß die obere Naturschutzbehörde über die untere Naturschutzbehörde hinweg eine Verordnung erlassen würde ?

G.: Es gibt kein Gesetz, wonach die untere Naturschutzbehörde zustimmen muß. Natürlich würde so eine Verordnung dem Landkreis vorher vorgelegt werden und um Stellungnahme gebeten werden. Aber es ist keineswegs so, daß man davon ausgehen muß, daß die das nur tut, wenn der Landkreis damit einverstanden ist. Die hat den Auftrag vom Umweltministerium Hannover, - wie ich das mitbekommen habe - Erfolg aufzuweisen. Sie wird sich da so schnell nicht irritieren lassen. Und der Gesetzgeber hat es ja auch nicht vorgesehen. Für die Unternaturschutzstellung ist nun mal die obere Naturschutzbehörde für zuständig.

V.: Bloß, wenn man sie hört, klingt das immer so, als würde sie sich ganz daran halten, was vor Ort gesagt wird, daß sehr viel auf den Rat der Behörde vor Ort gegeben wird.

G.: Rat ist schön gesagt ! Auf den Rat ganz sicherlich, weil wir vor Ort wahrscheinlich oft besser Bescheid wissen. Aber ob man auch so viel auf den politischen Willen, daß zu akzeptieren, gibt, ist eine ganz andere Sache. Also ich habe und das ist kein

V.: Es gibt heute eine große Verwirrung, weil es so viele verschiedene Programme gibt, die parallel zueinander laufen, z.B. die Wiesenfonds, die kreiseigenen Programme, das Grünlandschutzprogramm, die Gewässerrandstreifenprogramme. Innerhalb der Naturschutzgebiete treten besondere Regelungen für die Naturschutzgebiete hinzu.

B.: Es ist geplant, den Erschwernisausgleich zu novellieren und an die Richtlinien des Grünlandschutzprogrammes anzulehnen. Insofern wird diese Verwirrung in absehbarer Zeit (zum Teil) beseitigt werden. Vorgesehen ist eine Vergleichbarkeit von Grünlandschutzprogramm, Erschwernisausgleich und Vertragsnaturschutz über öffentlich rechtliche Vereinbarungen.

B².: Die Verwirrung beruht auch auf den vielen EG - Richtlinien, die von den Landwirten beachtet werden müssen, um an ihr Geld zu kommen.

V.: Bei Landwirten, die in Naturschutzgebieten wirtschaften, besteht nicht diese große Angst vor dem Naturschutz. Man ist mit den Regelungen schon vertraut. Die Angst - dazu im Vergleich - besteht bei Landwirten, die mit ihren Flächen außerhalb von Naturschutzgebieten, in Naturschutzplanungsgebieten, liegen. Hier gibt es oft eine Angst vor dem Naturschutz. Haben Sie das auch schon festgestellt ?

B.: Ich bin erst seit Oktober hier. Ich kann das nicht so sagen.

B².: Die Landwirte haben deswegen Befürchtungen, weil sie nicht mit den Regelungen vertraut sind. Sie haben sich da noch nicht mit befaßt. Oftmals schlägt das nachher um. Erst wehrt man sich dagegen und nachher hat man sich durchgesetzt und stellt dann fest, daß die Flächen nicht im Naturschutzgebiet sind. Dies hat zur Folge, daß der Erschwernisausgleich nicht zum Tragen kommt. Das merkt man, wenn der Nachbar den Erschwernisausgleich in Anspruch nimmt.

B².: Das hängt von der betriebswirtschaftlichen Kalkulation ab.

B².: Das wird jetzt von den Landwirten, die Flächen im Naturschutzgebiet haben, von Anfang an mit einkalkuliert.

V.: Wer arbeitet die Pachtverträge für landeseigene Flächen aus und wer setzt sich mit den zukünftigen Pächtern, die unter den Bewirtschaftungsauflagen wirtschaften, auseinander ?

B.: Bisher gab es noch keinen Fall, wo ich das übernommen habe. Ich bin erst seit kurzem dafür zuständig. Momentan laufen da auch keine neuen Aushandlungen von Pachtverträgen. Die sind in den meisten Gebieten ausgehandelt. ...

V.: Es sind in der Regel strenge Bewirtschaftungsauflagen. Kommt es da oft vor, daß die Landwirte die Verträge auslaufen lassen, weil sich das einfach nicht mehr lohnt, unter so strengen Auflagen zu wirtschaften ?

B.: Da kann ich in Osterholz nichts zu sagen. Wir haben nur allgemeine Tendenzen im Landkreis Stade in Bezug auf Pachtflächen und Wechsel der Pächter.

B².: In Ausnahmefällen haben die Pächter die Flächen abgegeben. Die sind aber Sonderfälle. Es handelt sich um Außendeichsflächen an der Elbe. Das ist sicherlich nicht mit den Osterholzer Verhältnissen zu vergleichen. Ich weiß gar nicht, wie das in Osterholz aussieht ?

B.: Da gibt es gar nicht so viele landeseigene Flächen. Einzelne Parzellen kann das sicher mal treffen. Ansonsten sehe ich das bei uns nicht als Problem. Um das herauszubekommen, müßte man die ganzen Ankaufslisten durchgehen.

B².: Insgesamt gesehen haben wir immer noch eine große Nachfrage. Es sind immer noch reichlich Landwirte da, die eigentlich noch mehr Flächen haben möchten.

V.: Sind dies auch Flächen, die sie vorher nicht als Eigentumsfläche hatten ?

B².: Das ist unabhängig davon.

V.: Meinen Sie, daß das unabhängig davon ist, ob die Landwirte das schon vorher über Jahre hinweg in Bewirtschaftung hatten oder nicht ?

B².: Wenn da zusätzliche Nachfrage ist, kann die sich ja nicht nur auf diese Flächen beziehen.

V.: In Schleswig-Holstein hat man festgestellt, daß die ehemaligen Eigentümer bzw. die Pächter, die schon seit Jahren oder Jahrzehnten auf diesen Flächen wirtschaften, auch bereit sind, nachher unter Bewirtschaftungsauflagen auf den gleichen Flächen zu wirtschaften - auch bei Wiedervernässung. Bietet man denen aber andere Flächen an im Nachbarbereich, so ist die Akzeptanz ziemlich gering. Ein erstaunliches Ergebnis.

B.: Wir haben damit auch noch keine Erfahrung, weil die intensive Betreuung der Naturschutzgebiete erst seit einem Jahr läuft. Vorher lief das durch die große Arbeitsbelastung nur nebenbei. Herr R. ist alleine für Pflege und Entwicklung zuständig. Jetzt haben wir schon - bitte schalten Sie das Tonband aus ! ...

V.: Haben Sie oft persönlichen Kontakt mit dem einzelnen Eigentümer und Bewirtschafter der Fläche ?

B.: In Naturschutzgebieten ist der Kontakt schon direkter, weil die Leute auch mit der Bezirksregierung auch vertrauter sind. Ich selber mache das aber nicht, das macht Herr R..

V.: Und in Planungsgebieten ist der Kontakt noch nicht vorhanden, oder ?

B.: Unterschiedlich.

V.: Nur, wenn aufgrund persönlichen Engagements die Landwirte sich direkt an Sie wenden ?

B.: Ja, momentan noch. ... Das ist auch unterschiedlich. In Osterholz hat sich noch niemand freiwillig in diesem Zusammenhang an uns gewendet, wenn dann über den Landkreis. Die haben momentan den intensivsten Kontakt vor Ort. Währenddessen rufen die aus dem Landkreis Stade hier schon mal an.

V.: Es gibt oft das folgende Problem: Die Landwirte wenden sich an die Untere Naturschutzbehörde; aber die Untere Naturschutzbehörde hat letztendlich nicht das 'Sagen'. Da wird auf die Obere Naturschutzbehörde verwiesen, die aber nicht vor Ort ist. Das sehe ich als Problem.

B.: In diesem Zusammenhang rufen uns schon Landwirte an - über die Untere Naturschutzbehörde. Ansonsten wissen (viele) noch nicht einmal, wo die Obere Naturschutzbehörde sitzt. Da können sie sich auch nicht an uns wenden. Ich werde gefragt: "Woher kommen Sie denn, aus welchem Ort ?" Es ist nicht allgemein bekannt, wie die Verwaltungsstruktur in Niedersachsen ist. Und das gilt sicher nicht nur für Landwirte. ... Die meisten wissen auch nicht, daß es eine Obere Naturschutzbehörde gibt, es sei denn sie liegen in einem Naturschutzgebiet.

V.: Wie und wer entscheidet, ob Flächen für den Naturschutz aufgekauft werden und wann schließt man freiwillige (privatrechtliche) Bewirtschaftungsverträge ab ? Es gibt Naturschutzgebiete, die in privater Hand bleiben, es gibt andererseits welche, die aufgekauft werden. Nach welchen Kriterien wird das entschieden ?

B.: Das läßt sich nicht allgemein sagen. Das ist sehr unterschiedlich. Einerseits kommt es auf das Entwicklungsziel des Naturschutzgebietes an, z.B. im Privatwaldbereich, wenn da Naturwaldzellen entwickelt werden sollen. Da ist die Sukzession kein Eingriff mehr. Dann ist es sicher sinnvoller dort anzukaufen. Ansonsten ist es auch davon abhängig, was ich will und wie intensiv die Einschränkungen notwendig sind, um das Schutzziel zu erreichen, was ich haben möchte. Wenn ich großräumig wiedervernässen will, geht es nur über Ankauf.

V.: GR - Vorhaben werfen immer große Probleme auf, weil die Planungsphase so unheimlich lang ist. Sie zieht sich - wie z.B. in den Fischerhuder Wümmewiesen über bald zehn Jahre hin. Erst dann ist endgültig festgelegt, welche Gebietsabgrenzung man hat und wie das im einzelnen parzellenscharf aussehen soll. ... Lange Zeit ist in der Planungsphase nichts konkretes bekannt. Man möchte auch keine Karten herausgeben. Da gibt es jedesmal das Kartenproblem. Es ist ein Problem, wenn man eine Karte herausgibt und es ist genauso ein Problem, wenn man Karten nicht herausgibt. Egal wie man handelt, es ist immer eine Schwierigkeit ! Sehen Sie das auch so ?

B.: Antragssteller ist der Landkreis. Wir haben da weniger mit zu tun. Ich kann da nichts zu sagen.

Geheimnis für den Beritt des Flickenteppichs - ob die Begrenzung ganz so exakt ist, weiß ich nicht - dafür schon vor der Zeit, als wir das GR-Verfahren angeleiert hatten, Überlegungen angestellt, dieses unter Naturschutz zu stellen. ...Es ist ja auch eine Frage von besonderer Pikanterie, daß aus Steuermittel vor 15 Jahren etwa für 14 Mio. DM die Ländereien gekauft worden sind und bis heute ihrem Zweck nicht zugeführt sind. Das ist ja auch so eine Sache. Mich wundert, daß der Steuerzahler da nicht hintergefaßt hat. Zweck der Flächen war natürlich mal die Wasserwirtschaft. Aber das das heute nicht mehr alleine wasserwirtschaftliche Zweckbestimmung sein kann, ist heute allen Beteiligten klar. Deswegen haben wir ja heute auch mit viel Mühe, aber inzwischen auch mit Erfolg, ein Konzept entwickelt. Federführend war hier das Staatliche Amt für Wasser und Abfall, aber mit uns zusammen - ja, sogar auf Initiative des Landkreises, in diesem Fall auch der unteren Naturschutzbehörde. Wir haben ein Konzept entwickelt, wie man die wasserwirtschaftlichen Interessen sehr gut mit den Naturschutzinteressen koordinieren kann. Das heißt im Klartext: Da das ursprüngliche Seeprojekt nicht mehr diskutabel ist, geht es heute darum, daß diese Flächen nun aber mindestens für unzeitgemäße Hochwasser als Überschwemmungsflächen zur Verfügung stellt. Das heißt natürlich, daß man die Privatflächen dazwischen heraus haben muß, sonst würde der einzelne ja schweren Schaden haben. Man hält sie als Überschwemmungsflächen vor und vergrößert damit ihren Feuchtigkeitsgehalt. Vernässung ist ja dieses aggressive Wort. Der Naturschutz hat immenses Interesse daran. ... Mit dem landesweiten Feuchtgrünlandschutzprogramm sollen ja auch gerade solche Bereiche besonders erhalten und geschützt werden. Hier würden wir schon relativ stärker entwässerte, aber ursprünglich eindeutige Feuchtgrünlandflächen wieder zu dem machen, was sie mal waren. Wir würden die Wasserstände höher fahren und würden mehr Feuchtigkeit im Beritt belassen. Wir würden gleichzeitig, was die Bewirtschaftung anbetrifft, Veränderungen vornehmen - keine intensive landwirtschaftliche Nutzung mehr. Dadurch würden auch Veränderungen der Pflanzenzusammensetzung auftreten, reichhaltige Pflanzengemische. Alles in allem würde durch diese Maßnahmen eine Verbesserung oder sogar eine Wiederherstellung eines Nahrungsbiotops für Vögel, u.a. dem lieben Klapperstorch. Das ist heute eindeutig nicht gegeben. Und das interessiert den Naturschutz. Wenn man das hinbekommt, daß man vorher noch die dazwischen herumliegenden Privatflächen entweder austauscht oder freiwillig erwirbt, auf jeden Fall in öffentlichen Besitz überführt, dann tut diese Maßnahme keinen Landwirt weh. Sie gefährdet keinerlei Existenz und nichts. Sie nutzt dem Naturschutz, nutzt der Wasserwirtschaft. Was heißt der Wasserwirtschaft, damit ja irgendwo im weiteren Sinne der Landwirtschaft, weil die unzeitgemäßen Hochwässer sich dann in Bereichen ausdehnen können, wo sie der Landwirtschaft nicht schaden. Durch die Abflußverzögerung, bedingt durch die im Gebiet vorhandenen Wegedämme und durch geschicktes Verknüpfen dieser Verwallungen, die in diesem Gebiet vorhanden sind, durch den Einbau von Schützen, die den Wasserabfluß verzögern usw., erhält man bessere Vorflutverhältnisse in Hamme und Wümme. Unter dem Strich kann man mit dieser Methode der Wasserwirtschaft und damit der Landwirtschaft in dem Gebiet Nutzen bringen und demm Naturschutz schafft man auch etwas gutes.



V.: Gibt es in bezug auf die Wiedervernässung schon konkrete Pläne, ob man da bis zum Ahrensfelder Damm oder bis zur Straße nach Tietjens Hütte gehen wird ?

G.: Das weiß ich seit gestern. Erst einmal will man sich mit dem Gebiet zwischen Bahndamm (=Ahrensfelder Damm) und der Teufelsmoorstraße befassen. So bekommt man auch Erfahrungen. Wenn das so weit voreinander gebracht ist, wird man sich mit dem dahinter liegenden Gebiet, den Hofleutewiesen, befassen. Das wird aber ganz entscheidend davon abhängen, wie weit man auch in diesem unteren südlichen Gebiet die Privatflächen hat erwerben oder herauslegen können. Hier steht immer fest, daß ich nichts überschwemmen kann, was einem Landwirt privat dient, um da seine Existenz von zu...

V.: Wann ist es denn zu erwarten, daß das Flurbereinigungsverfahren, also das BZ-Verfahren eingeleitet wird?

G.: Der grobe Gang der Handlungen müßte so sein: Ich gehe jetzt mal von einem freiwilligen Verfahren aus. Wie das Verfahren läuft, wann die Bezirksregierung aktiv wird, das ist eine andere Sache. Das ist dann auch nicht von mir mit zu beeinflussen. Aber wenn das läuft, was der Landkreis vorhat, dann muß als erstes ein klarer Kreistagsbeschluß vorhanden sein. Dann muß eine Finanzierung, die für den Landkreis auch realistisch ist, aufgebaut werden. Und das ist sehr schwer in der heutigen Zeit. Der Landkreis hat fast kein Geld für solche Dinge. Das Land Niedersachsen hat ebenfalls kein Geld, Bonn bzw. der Bund auch nicht. Die öffentlichen Hände sind leer. Deswegen weiß man nicht... Der gute Wille alleine reicht nicht. Es muß auch das Geld da sein, also die Finanzierung muß stehen, wobei man Gott sei dank in dieser Sache viel Zeit haben kann. Man kann das ja über zehn, zwölf Jahre verschieben, verziehen. Denn für das große GR-Vorhaben waren auch zwölf Jahre vorgesehen. Und wenn man so etwas über einen längeren Zeitraum entwickelt, dann ist es finanziell wieder viel eher machbar. Außerdem wollen wir doch hoffen, daß es in etlichen Jahren der öffentlichen Hand aller Ebenen mal wieder besser geht. Insofern möchte ich ausdrücklich meinen, daß man wegen der momentanen schlimmen Finanzverhältnisse die Flinte nicht ins Korn werfen sollte. Aber zum Prozedere weiter: Wenn über die Finanzierung zwischen den Beteiligten, d.h. Land, Landkreis und eventuell Bund Agreement besteht, dann ist in der Tat der Zeitpunkt da, wo das Amt für Agrarstruktur auf den Plan treten muß. ... Mit dem Instrumentariums des Flurbereinigungsgesetzes muß die Flächenregelung geschaffen werden. Das habe ich neulich nochmal ausdrücklich mit Herrn G. besprochen, daß das ganz klar ist, daß wir da nicht irgendwie diletantisch anfangen herumzutauschen. Das führt zu nichts. Wir können auch nicht vorher die paar Rosinenstückchen, die man leicht erwerben kann, herauskaufen. Wenn dann muß zu einem bestimmten Zeitpunkt ganz klar ein umfassendes Flurbereinigungsverfahren eingeleitet werden, genau wie es drüben im Verdener Bereich beim GR-Verfahren auch geschieht und auch eingeleitet ist. Das geht nicht anders. ... Ich gehe auch davon aus, daß sowohl das naturschutzfachliche als auch das wasserwirtschaftliche Konzept anerkannt ist. Das naturschutzfachliche Konzept steht übrigens im groben. Feineres muß natürlich noch ausgearbeitet werden.



V.: Bis dahin müßte genau linienscharf bekannt sein, wo heraus und wohin getauscht werden soll.

G.: Das ist sehr wichtig. Wobei es in diesem Fall auch möglich sein müßte, in dem Bereich Richtung Tietjens Hütte - Straße, wo der Flickenteppich ja immer dünner wird, und wo auch größere noch zusammenhängende Flächen sind, die noch voll privat sind, die endgültige Abgrenzung flexibler zu gestalten. (So) macht man es am Ende doch ein wenig davon abhängig, was man voreinander bekommen konnte. Denn es ist bitte ein freiwilliges Verfahren, solange wir uns auf dieser Schiene bewegen.

V.: Bis dahin wird also bekannt sein, ob nun GR-Mittel einfließen oder nicht ?

G.: Ich habe ja eben ausdrücklich gesagt, daß die Finanzierungsfrage vorher geklärt sein muß. ... Ich wiederhole noch einmal: Die Schritte können nur so sein: klarer Kreistagsbeschluß, Vorliegen eines klaren fachlichen Konzeptes für die naturschutzfachlichen und wasserwirtschaftlichen Belange. Das bedeutet für mich gleichzeitig eine Abgrenzung des Gebietes, wie es wünschenswert wäre und dann Einleitung eines Flurbereinigungsverfahrens durch das Amt für Agrarstruktur. Und dann habe ich gesagt, daß ich mir in diesem Fall durchaus denken kann, daß die endgültige Abgrenzung des Naturschutzbereiches mindestens in einigen Ecken dort oben an der K 10, davon abhängig gemacht werden kann, wie man in der Lage ist, freiwillig die Flächen in die Hand zu bekommen. Hier in dem nördlichen Bereich, was man Postwiesen nennt, zwischen Bahndamm und Landesstraße - da bin ich der Meinung, daß das komplett in öffentlichen Besitz kommen muß. Da gibt es eigentlich keine Möglichkeit, dort Flächen auszulassen.

V.: Wird in den heute schon bestehenden Naturschutzgebieten der status quo beibehalten werden ? ...

G.: Klar ist, daß auf diesen Flächen nicht das gilt, was auf den Flickenteppichbereich mit der Wasserwirtschaft gilt. Das ist ganz klar. Dort sind andere Verhältnisse. Ob sie dann, wenn sie einbezogen werden, es bei dem status quo so bleibt wie jetzt, oder ob man sogar versucht weitergehende Naturschutzauflagen durchzusetzten, das weiß ich noch nicht. Ich könnte mir das allerdings vorstellen. Denn der jetzige status ist ja relativ zwitterhaftig. Das ist nach heutigen modernen Naturschutzgesichtspunkten ziemlich dünn. Das sind ziemlich geringe Auflagen und da wird es darauf ankommen, ob die Eigentümer dieser schon seit langem unter Naturschutz stehenden Flächen Verkaufsinteresse haben. Ich weiß von einem der dort liegenden größten Eigentümer, daß er durchaus Verkaufsinteresse hat. In die Pflege und Entwicklung des Gebietes, insbsondere in die nachher erforderlichen Pflegemaßnahmen kann ja sehrwohl die Landwirtschaft eingebunden werden. Mir schwebt nun überhaupt nicht vor, daß nun etwa Vater Staat - egal, ob nun Kommune oder Land oder Landkreis - eine Truppe von Arbeitskräften einstellt und Maschinen kauft, um am Ende mal 1500 ha Feuchtgrünland zu pflegen, zu erhalten. Das muß ja, sonst würde ja sehr bald eine Wildnis daraus werden. Darüber sind wir uns klar. Das ist nicht Ziel der Sache. ... Da halte ich überhaupt nichts von. Ich denke mir, daß die Landwirtschaft entweder über Maschinenringe oder über Anlieger-



betriebe solche Flächen im Auftrage des Landkreises, wenn er Träger der Sache ist, pflegen könnte und auf diese Weise sich durchaus ein attraktives Zubrot verdienen könnte. Das halte ich sowohl für möglich als auch für wünschenswert. Es kann auch die Akzeptanz vergrößern, weil die Flächen teilweise auch so extensiv bewirtschaftet werden, daß zwar ein Betrieb seine Existenz davon nicht bestreiten kann, aber daß es immer noch interessant ist, eventuell sogar gegen eine ganz geringe Pacht. Aber das ist nicht wesentlich. Ich könnte mir auch vorstellen, daß es auch größere Flächen in diesem Gebiet gibt, die gegen Nullpacht von Landwirten nach bestimmten Rahmenbedingungen noch landwirtschaftlich genutzt werden, aber eben so extensiv, daß der Aufwand, den der Landwirt durch die Nutzung hat, gerade wieder abgedeckt wird.

V.: Kann man heute schon sagen, wie die Auflagen im einzelnen aussehen werden - das ist sicher noch verfrüht, oder?

G.: Es gibt ja auch die Möglichkeit, gegebenenfalls nicht zu kaufen, sondern die Flächen im Eigentum des Landwirtes zu belassen und mit ihm Bewirtschaftungsverträge abzuschließen. Das wird ja auch im großen Stil gemacht. Es ist auch denkbar, wenn einer unbedingt gerne Eigentum behält. ... Ich bin jedenfalls hundertprozentig davon überzeugt, daß, wenn der Landkreis hier nicht etwas macht, es eine Frage von wenigen Jahren ist, daß das Land Niedersachsen als oberste Naturschutzbehörde hier die Hände drauflegen wird. Das wird kommen. Das Gebiet ist ja auch in der Karte des Grünlandschutzprogramms besonders gekennzeichnet. Das ist nun mal ein solches Gebiet, und wenn die Gesellschaft - sage ich mal ganz allgemein - solche Gebiete erhalten will,... Die niedersächsische Landesregierung ist da zur Zeit ganz energisch hinterher. Und sie wird das auch tun.

V.: Wie geht heute der Landkreis bei der Kartierung der § 28a - Flächen vor ?

G.: Die unter der Landesregierung des Ministerpräsidenten Albrecht eingeführten § 28a-Regelung... Ich betone das ganz gerne, denn das ist keine Erfindung der grünen Koalition, es war voher schon da. Manche werden das gar nicht glauben. Aber es macht deutlich, das da allgemein gesellschaftlich ein Konsens drüber besteht, etwas zur Erhaltung von Feuchtgrünland bzw. solchen Biotopen wie den § 28a-Bereichen zu tun. Diese Regelung ist die härteste, die man sich vorstellen kann. Es gibt keine einstweilige Sicherstellung oder sonstiges. Es wird nur festgestellt: Ist es das oder ist es das nicht ? Und wenn es das ist, dann ist es in dem Moment automatisch schon unter Schutz gesetzt. Die Kreise gehen unterschiedlich vor. Es kostet einiges Geld, §28a-Flächen zu kartieren, sprich, sie festzustellen. Und weil wir so wenig Geld hatten, sind wir auch in der Sache noch nicht so riesig vorangeschritten. Aber in diesem Jahr sind wir dabei, für einige Gemarkungen etwas festzustellen und auch zu kartieren. Ansonsten machen wir das so, wie es sich aus der täglichen Arbeit der Naturschutzbehörde ergibt. Wir haben eine Karte. Immer wenn wir über § 28a-Flächen stolpern, durch Ortsbesichtigung oder andere dienstliche Sachen darauf stoßen, dann wird das festgestellt. Der entsprechende Eigentümer wird benachrichtigt. Dann ist das so.

V.: Es gibt also keinen regelrechten Plan, daß das flächendeckend nach und nach kartiert wird ?

Informationsgespräch 20
mit einer leitenden Referentin des Landes-Umweltministerium

I.: Über die großen Möglichkeiten, Großschutzgebiete mit 20.000 ha und mehr in den neuen Bundesländern zu schaffen, sollte man nicht vergessen, daß sie dort eine andere Agrar- und Siedlungsstruktur haben. Wir haben z.B. auch an der K. große Schwierigkeiten, weil das zu kleinräumig ist. Es läßt sich nicht bis ins Unendliche erweitern.

V.: Wie beurteilen Sie den Aufkauf von Flächen und das Freiräumen bzw. Herauslegen und Herausdrängen der Landwirtschaft aus den Naturschutzgebieten ?

I.: Ich stehe voll hinter dem Ankauf - komischer Weise. In der Landwirtschaft findet der Strukturwandel statt. Landwirte geben auf, Flächen werden frei. Das bedeutet die Gesellschaft tatsächlich neben dem Bedürfnis, Nahrungsmittel zu produzieren, Naturschutzansprüche. Genauso wie jede andere Branche Wachstumsraten für sich in Anspruch nimmt, hat auch der Naturschutz einen Flächenanspruch und zwar einen größeren Flächenanspruch als zur Zeit. Das muß meines Erachtens der Naturschutz ganz deutlich formulieren. Es ist ja auch nicht so, daß man die Landwirte wirtschaftlich und sozial herausdrängt, sondern es tut sich in der Landwirtschaft augenblicklich etwas. Wenn man diese Flächen bekommt, ist das für den Naturschutz zum einen ein hoher Wert und sie folgen einem gesellschaftlichen Trend. Sie geben den Landwirten - sofern da ein Nachfolger ist - dadurch, daß der Staat die Flächen kauft, eine Chance, sich neu zu orientieren. Sie geben ihm das Geld und eine andere Chance. Die Flächen werden frei. Die Landwirte werden ja nicht herausgeprügelt, sie werden nicht enteignet, sondern es wird über ein Flurbereinigungsverfahren geregelt. Landwirte, die weiter machen wollen, bekommen Tauschflächen. Es werden Arrondierungen vorgenommen. Es werden nicht alle herausgedrängt oder wirtschaftlich in die Enge getrieben. Wenn die Landschaftspflegeaufgaben dann vergeben werden, ist es von der Verwaltung her gesehen am einfachsten und auch finanziell am günstigsten, diese an die Landwirte zu vergeben. Auch ist es am einfachsten, wenn der Staat Eigentümer ist, und an die Landwirte vergeben wird. Die Landwirte werden so nicht mit ihren Eigentumsflächen in irgendwelche Auflagen hineingezwängt. Es ist sowohl. Die Landwirte dürfen die Flächen bewirtschaften, wenn sie wollen. Und es ist auch relativ einfach, die Landwirte auf ihre alten Flächen zurückzubekommen. Es ist sehr viel schwieriger, wenn sie eine Fläche von Landwirt A gekauft haben und Landwirt B wird zur Pflege hineingeschickt. Der tut sich schwer und wird Ihnen erzählen, wie furchtbar das alles ist. Der Landwirt A kennt seine Flächen, auch wenn Sie ein bißchen feuchter machen, der weiß ungefähr, daß er da so oder so mit zurecht kommt und der nimmt Ihnen die Fläche zur Pflege eher wieder ab. Das ist sowohl finanziell, von der Verwaltung als auch vom einzelnen Landwirt her gesehen besser. Der Landwirt hat seine eigenen Betriebsflächen. Das ist seine Basis. Die anderen Landschaftspflegeflächen kann er dazu nehmen. Es ist nicht so, daß sie ihm auch vor gehören und er weiß ungefähr, was er als sein Fundament in seine betriebswirtschaftlichen Rechnungen mit einkalkuliert. ... Das andere mit dem Freiwilligkeitsprinzip Extensivierungsprogramm läuft auf Flächen, die für den Naturschutz

selber nicht so wichtig sind. Wenn Sie ein GR-Projekt haben, sind Sie sogar tatsächlich verpflichtet, daß gewisse Dinge passieren. ... Freiwillige Vereinbarungen sind für die Landwirte natürlich angenehmer. Das ist ganz klar. Aber wenn der Naturschutz auf ganz bestimmten Flächen etwas umsetzen will, ganz bestimmte Ziele verfolgt und dafür in einzelne Flächen Arbeit investiert, Pflege- und Entwicklungspläne erstellt, dann denke ich, braucht der Naturschutz die Verfügungsgewalt über diese Flächen. Wenn er es sich finanziell leisten kann, sollte aufgekauft werden, damit die Pläne umgesetzt werden können. Außerdem ist es langfristig günstiger. ... Beim Pachten hat die Verwaltung die Mühe, mit jedem einzelnen Landwirt bestimmte Dinge durchzusprechen, (insbesondere) wenn Sie mit Wasserständen arbeiten. Sie werden, wenn Sie den Wasserstand hochfahren, einzelne Landwirte mehr beeinträchtigen als andere. Das heißt: Sie müssen das wieder für jeden einzelnen mit wahnsinnig guten Entschädigungsrechnungen analysieren. Und wenn sich die Flächen anders entwickeln, d. h. in zehn Jahren schlechter zu bewirtschaften sind als zur Zeit, haben Sie wieder Entschädigungszahlungen zu berechnen. Auf wehen Wert gehen Sie dann zurück ? Auf den, den die Landwirte vor zehn Jahren erwirtschaften konnten oder auf einen anderen ? Zudem stehen Sie eventuell einem Dritten gegenüber in der Verpflichtung, etwas durchzuziehen, dann gibt es in meinen Augen ganz große Schwierigkeiten. Und ich habe die Diskussion ja auch: Ankauf oder Extensivierung ? Ich gehe in Naturschutzgebieten oder in bestimmten Vorranggebieten für den Naturschutz immer auf den Ankauf. Alles andere ist nur zu wechseln. Dann habe ich dort in ganz kleinem Maße etwas regeneriert. Das habe ich und es kann auch wechseln. Da sind mir die im einzelnen nicht wichtig, sondern der Gesamtnaturhaushalt. Dadurch, daß jeder, je nach dem, ob er betriebswirtschaftlich integrieren kann, daran teilnimmt, läuft das. Wir haben auch keine Probleme damit, wenn diese Flächen wieder etwas intensiver genutzt werden. Ich finde es nicht schön, aber das macht nichts. Hier geht es um das ganze. ...

V.: Ist die Akzeptanz für das Programm da ?

I.: Die Akzeptanz ist da.

V.: Die Kritiker des Grünlandschutzprogrammes sagen: Das Programm wird von Landwirten angenommen, die ohnehin schon vorher diese Flächen extensiv genutzt haben,...

I.: ...weil diese Flächen ärmere Standorte sind. Das ist richtig. Es sind keine ertragreichen Standorte; es sind ursprünglich keine Weidelgraswiesen gewesen, es waren aufgrund der natürlichen Standortbedingungen ohnehin schon extensiv bewirtschaftete Flächen.

V.: In Niedersachsen gab es eine Diskussion. Da wurde von den Naturschutzverbänden gesagt: 'Diese Flächen werden sowieso extensiv bewirtschaftet, wenn man sie nicht besonders fördert. Warum wird das dann überhaupt über das Grünlandschutzprogramm unterstützt ?'

I.: Ich glaube schon, daß man die Flächen dadurch erhält. Sonst würde man sie vielleicht gar nicht mehr bewirtschaften oder es würde sonst etwas gemacht werden. Doch, das glaube ich schon !

G.: Einen flächendeckenden Plan gibt es schon. Wir würden gemeindeweise vorgehen, aber wir haben nicht das Geld, das mal eben zu machen. In diesem Jahr haben wir erstmals Mittel, um in einer Gemarkung systematisch vorzugehen, Hektar um Hektar. Aber unabhängig davon sind wir ja schon seit etlichen Jahren dabei. Ich habe sie nicht gezählt, aber einige Hunderte § 28a-Flächen haben wir ja auch schon regulär festgestellt und auch mitgeteilt.

V.: Wer stellt bei § 28a-Flächen eigentlich fest, ob das noch unter Sozialpflichtigkeit fällt oder ob das eine so einschneidende Maßnahme ist, daß diese entschädigt werden müßte ?

G.: Der § 28a läßt keine Diskussion zu. ... Es ist ja im Gesetz ausgeführt, daß das begrenzte Flächen sein müssen; das kann ja nicht gleich hektarweise sein. Wenn eine solche Fläche festgestellt ist, die Kriterien sind erfüllt, haben wir keine Möglichkeit, darüber nachzudenken: Ist das wohl für den noch zumutbar oder nicht ? Im übrigen, dem engagierten Landwirt ist jede § 28a-Fläche quer gelegen.

V.: Die untere Naturschutzbehörde ist verantwortlich und muß aufpassen. Denn nach § 50 NNatG heißt es, daß relativ einschneidende Maßnahmen des Naturschutzes ausgeglichen werden müssen.

G.: Ja, aber nicht wenn wir auf der Rechtsbasis des § 28a arbeiten. Dann ist der nicht anzuwenden. Das kommt nur in Frage, wenn wir jetzt hektarweise zusammenhängende Flächen alle nach § 28a unter Schutz stellen würden. Das würde nicht funktionieren. Der § 28a ist ja flächenmäßig begrenzt.

V.: Es steht aber keine Zahl der Größenordnung im Naturschutzgesetz. Wie wird das dann praktisch gehandhabt ?

G.: Das weiß ich jetzt aus dem Kopf nicht, weil ich da nicht täglich dran arbeite. Da ist Herr J. für zuständig.

V.: Gibt es Schwierigkeiten, daß da Beschwerden kommen?

G.: Wenn wir z.B. in ausgewiesenen Gewerbegebieten feststellen, daß da § 28a-Flächen drinnen sind, dann ist natürlich Gejammere und es entstehen Probleme.

V.: Und in der Hammeniederung ?

G.: Es ist mir nicht bekannt, daß wir dort... Außerdem haben wir in der Hammeniederung noch nicht systematisch angefangen. In Naturschutzgebieten brauchen wir es nicht zu machen und da haben wir es ja. ...

V.: Ich wundere mich, daß bei Ihnen noch nicht so viele Beschwerden gekommen sind, daß Sie das als nicht so problematisch beurteilen.

G.: Beschwerden in dem Sinne, daß darüber geflucht wird - jede Menge! Beschwerden habe ich jetzt so verstanden: schriftlich und förmliche Auseinandersetzungen. Das spielt bei uns keine Rolle,

weil bei uns im Grunde genommen eine Beschwerde nichtz möglich ist. Das also die Landwirte darüber fluchen - noch und noch!

V.: Die neue Naturschutzpolitik geht dahin, daß man die Akzeptanz der Landwirte mehr in den Vordergrund stellt und als besonders wichtig erachtet.

G.: Richtig, man sollte lieber Verständnis wecken und Akzeptanz erlangen und dafür lieber auf Extremes im Sinne des Naturschutzes verzichten, wenn man da mehr ein Miteinander hinbekommt. Was nützt es uns, wenn wir so ungefähr mit Polizeistaatmethoden Ökologie und Naturschutz aufrechterhalten können. An jedem Naturschutzgebiet müssen überall Posten aufgestellt werden - mit einer roten Binde. ... Das muß wachsen, das muß Überzeugung sein. Man muß aus Lust und Liebe und aus Überzeugung dafür sein, daß da meinetwegen ein Biotop erhalten wird und nicht, weil da Polizei vorsteht!

V.: Bei welcher Variante des schleswig-holsteinischen Extensivierungsprogramms ist die Akzeptanz am größten ?

I.: Wir haben bei der ersten Vertragsmöglichkeit bei den Wiesen und Weiden die meisten Abschlüsse. Diese ist auch am leichtesten, wenn Sie so wollen. Hierfür gibt es aber auch die größten Förderungsgebiete. Die anderen Förderungsgebiete sind kleinräumiger. ...

V.: Das heißt: Für die schwächsten Auflagen in Grünlandgebieten ist auch die Akzeptanz am größten ?

I.: Jein ! Es ist so, daß es für dieses Vertragsmuster größere Förderungsgebiete gibt, folglich gibt es auch mehr Anträge. Wenn man dann die Hektar nimmt, die unter Vertrag stehen, und sie in bezug auf die Prozente mit den anderen vergleicht, dann wahrscheinlich nicht.

V.: Sind Sie an die Landwirte herangetreten ?

I.: Wir haben uns damals die Vertragsmuster überlegt, haben sie mit der Landwirtschaftskammer und dem Bauernverband abgestimmt und haben sie dann angeboten. Es ist so, dadurch, daß es freiwillig ist und landesweit angeboten wird - jeder, der will, kann daran teilnehmen - muß man es nicht mit dem einzelnen Landwirten abstimmen. Man will nicht konkret auf die einzelne Fläche. Das ist ein Unterschied zu den Gebieten, wo der Naturschutz eine genaue Karte hat und eine genaue Grenze gezogen hat. Auf der speziellen Fläche will ich mit dem Landwirt das erreichen ! Da müssen Sie an die Landwirte heran. Aber, wenn ich sage: Ich mache das als Angebot und wenn Ihr wollt, könnt Ihr es haben - und wenn nicht, muß man gucken, wie man sein Naturschutzziel anders umsetzen könnte. Die Kritik am Programm ist, daß es nicht läuft, daß die Landwirte es nicht mitmachen. Das ist die allgemeine Verbreitung in der Öffentlichkeit. Aber ich kann mich vor Anträgen nicht retten !

V.: Wie kommt man denn dann zu diesen Aussagen ?

I.: Das ist politisch ! Den Naturschutzverbänden hat das nicht gefallen, den Bauern hat das nicht gefallen, also werden sie in der Öffentlichkeit 'tot geredet'. ... Fragen Sie ein kleines Kind - nicht, daß ich meine: der Landwirt ist ein kleines Kind - : Willst Du Schokolade oder lieber eine Rübe haben, wollen sie alle Schokolade haben. Und wenn Sie sagen: Es gibt nur zwei Rüben, dann nehmen sie die Rübe. Das ist jetzt überspitzt. Aber es kennzeichnet das Freiwilligkeitsprinzip. Wenn man fragt: 'Wollen Sie für 500,- oder für 1000,- DM arbeiten ?' Dann werden alle antworten: 'Ich will für 1000,- DM arbeiten, ich werde nie freiwillig für 500,- DM arbeiten.' Wenn ich aber nur die Möglchkeit habe, Arbeit für 500,- DM zu bekommen, werde ich selbstverständlich für 500,- DM arbeiten - bis zu einer gewissen Schmerzgrenze. Sie können es niemanden 100 % ig recht machen. Jeder muß sich das überlegen. Natürlich haben die einzelnen Landwirte einen gewissen Vorteil durch das Programm, sonst würden sie keine Verträge abschließen. Sie würden es nicht machen, wenn sie nicht für sich selbst einen finanziellen Vorteil sehen würden, für den Naturschutz zu arbeiten. Das ist ganz klar. ... Wir haben



Verträge umgesetzt worden. Es fallen aus der Antragsfülle wieder ein paar heraus, weil es heißt: 'Ach Gott, das steht in den Verträgen drin ? Das habe ich nicht gewußt.' Es ist aber nicht so. Insofern denke ich mir: Ich rede mir den Mund nach draußen fusselig, daß das nicht so schlecht ist. Eigentlich könnte ich sagen: 'Es ist mir wurscht ! Ich kommme mit meiner Fläche voran. Ich habe meine einzelnen Landwirte, die das mitmachen, die bereit sind, das zu tun.' Naturschutz geht nicht danach, wie die Öffentlichkeit oder bestimmte Vertretungen darüber denken, sondern danach, was auf den Flächen passiert. Insofern läuft das Programm. ...

V.: Was sind das für Landwirte, die die Verträge abschließen ? Sind das auslaufende Betriebe oder was für welche ? Sie haben doch auch persönlichen Kontakt, wenn Sie draußen sind.

I.: Das sind Haupterwerbsbetriebe, Nebenerwerbsbetriebe, große, kleine. Da sind auch große Betriebe mit großen Milchquoten dabei ! Die gehen jetzt nicht mit z.B. 30 ha in das Programm, wenn sie 100 ha bewirtschaften. Das ist klar ! Die geben also kleinere Flächen hinein. Wir hatten früher einen Durchschnitt von sieben Hektar pro Vertrag, das sind jetzt fünf Hektar pro Vertrag. Das ist ein bißchen weniger geworden. Ich analysiere die Betriebe aber nicht durch. Ich kann keine genauen Zahlen bzw. Prozente nennen.

V.: Es wurde allgemein erwartet, daß es sich besonders eignet für kleinere Betriebe, für auslaufende Betriebe, für Betriebsleiter, die in den Ruhestand übergehen und dann extensiv wirtschaften wollen. Meiner Ansicht nach ist das aber nicht unbedingt der Fall, sondern es kommt vielmehr auf die Flächenausstattung und ihre Milchquote an. ...

I.: Das sage ich auch. Aber uns ist das aus Sicht des Naturschutzes egal. Wir wollen an die Flächen heran. Mir ist es lieber, daß der Nebenerwerbsbetrieb sie so extensiv bewirtschaftet, als daß er sie dem Haupterwerbsbetrieb verkauft, der da ordentlich drauf powert. Aber letztendlich ist uns das von der Naturschutzseite her egal, ob das ein auslaufender Betrieb, ein Nebenerwerbsbetrieb oder ein Haupterwerbsbetrieb ist. Dies ist eine Fläche, die die Landwirtschaft zur Verfügung stellt und auch bereit ist, diese extensive Bewirtschaftung so durchzuführen, sei es auch nur für fünf Jahre.

V.: In Niedersachsen soll es gleichzeitig ein soziales Programm zur Unterstützung der bäuerlichen Landwirtschaft sein.

I.: In diesem Fall muß das auch über das Landwirtschaftsministerium laufen. Es ist auch gefährlich, wenn die einzelnen Betriebe von den Förderungen des Naturschutzes wirtschaftlich abhängig werden, weil sie das nicht auferst erhalten können. Dazu fehlt die Möglichkeit, öffentliche Gelder permanent im Umwelthaushalt bereit zu stellen. Sie können sich nur für die Naturschutzleistung Gelder holen. Wenn die einzelnen Betriebe Gelder zur Aufrechterhaltung der Landwirtschaft bekommen sollen, muß das auf jeden Fall über das Landwirtschaftsministerium laufen.

V.: Wie läuft in Schleswig-Holstein das Gewässerrandstreifenprogramm ?



I.: Gewässerrandstreifen sind ganz schwierig. ... Freiwillige Verträge laufen nicht.

V.: Liegt es vielleicht daran, daß die Zahlungen zu gering sind ?

I.: Die Zahlungen sind genauso groß wie beim Ackerrandstreifenprogramm. Ich weiß es nicht, woran es liegt. Das einzige, was ich mir denke: Die Fläche insgesamt ist zu klein. Um einen Hektar zu bekommen, müssen sie 1000 Meter Fließgewässer haben. Das andere ist wohl auch ganz allgemein die Einstellung: Wasserwirtschaft und Umweltminister, Naturschutz - das ist... Mit der Entwässerung ermöglicht man sich die Bewirtschaftung der Flächen. Das ist ein ganz schwieriges Kapitel.

V.: In Niedersachsen werden fünf oder zehn Jahre im Rahmen des Grünlandschutzprogramms extensiv bewirtschaftete Flächen nach Vertragsablauf über den §28a und b unter Naturschutz gestellt, wenn sie sich zu besonders schützenswerten Biotopen entwickelt haben. Wie sieht das in Schleswig-Holstein aus ?

I.: Wir haben die Flächen des Uferrandstreifenprogramms, die hier möglicherweise runter fallen. Nun ist es so, daß die Verträge genau kalendermäßig fünf Jahre dauern. Es fallen aber erst Flächen unter den Naturschutzparagraphen, die über fünf Jahre brach liegengelassen wurden. Haben die Landwirte einen Anschlußvertrag gemacht, dann fallen sie hier runter. Trotzdem gibt es die Möglichkeit, diese wieder in Bewirtschaftung zu nehmen. Dies ist ein fürchterlicher Wust, ein Verwaltungsaufwand. Die Landwirte müssen einen Antrag bei der Unteren Naturschutzbehörde stellen, daß sie einen Anschlußvertrag bekommen. Mit Zustimmung der Oberen Naturschutzbehörde kann die Genehmigung erteilt werden. Das ist ein fürchterlicher Verwaltungsaufwand, dient aber dazu, daß die Landwirte nicht sagen: 'Ich mache mit Ihnen keinen Vertrag mehr ! Sie haben mich sonst.' Ziel ist, daß die Landwirte entlassen werden. Es darf nur nicht zu leicht gemacht werden, vergleicht man das mit den anderen Flächen. Es ist grundsätzlich möglich und die Ausnahmegenehmigung ist auch zu erteilen. Es ist nicht Willkür der Unteren Naturschutzbehörde, die sagt: 'Diese Flächen finde ich so toll; Du hast Pech gehabt. Viele Flächen waren auch schon vorher in dem Schutzstatus. Die Sumpfdotterblumenwiesen oder Kleinseggenwiesen würden da runter fallen, weil da in der Regel das Wasser zum Teil auf dem Land steht. Das Grundwasser steht 10 oder 20 cm unter Flur. Das sind wirklich ganz extensiv bewirtschaftete Flächen. Manche lagen an der Grenze, da kann man das so sehen oder so sehen und die kommen dann erst herein. Diese Angst: Wenn ich das jetzt so mache, bin ich automatisch drinnen - das ist sicher eine generelle Angst vor dem Naturschutz. ... Die meisten dieser Flächen fallen heute da schon rein und auch in fünf Jahren. Aber die anderen Flächen - bei uns die Flächen des Wiesen und Weiden - Ökosystemschutzes sind normale Flächen, die zwar schon artenreicher sind, die aber nie in diesen Schutzstatus hineinkommen. Es sind keine Weidelgrasflächen, sondern artenreichere. Trotzdem können sie nie in diesen Schutzstatus hineinrutschen. Ist es tatsächlich so, daß sie vorher schon dem gesetzlichen Schutzstatus unterliegen, hat das Landesamt die Durchführungsbestimmung aufgegeben, dieses im Vertrag schon vorher anzukreuzen und dem Landwirt zu sagen. Damit es nicht heißt: 'Die waren vorher nicht so !' Wichtig ist, daß das vorher klar gesagt



wird, daß das auch schon jetzt in diesen Paragraphen hineingehört. ...

Diese Angst der Landwirte vor dem Naturschutz ist ganz groß. Diese Angst ist aber atmosphärisch-politisch verursacht. Unter dem Strich gesehen haben die Landwirte aus Naturschutzgründen sehr wenig Einschränkungen. Das einzige, was sie haben, ist die Gülleverordnung und daß man in Schleswig-Holstein keine Knicks und Kleingewässer beseitigen darf. Die Einschränkungen, die der Naturschutz zur Zeit der Landwirtschaft auferlegt, sind gar nicht einmal so groß. Diese Angst davor, daß der Naturschutz die Landwirte an den Rand der Existenz bringt, geht bei den Landwirten herum. ... Ich habe gerade bei den Landwirtschaftsschulen eine Diskussion darüber geführt, daß der Naturschutz die Landwirtschaft zur Zeit in die Ecke drängt. Die Landwirte meinten, daß sie finanziell dafür entschädigt werden müßten, daß auf ihren Flächen ein Knick steht. Das ist ganz schwer. Ich habe gesagt: 'Nehmen Sie einen Zettel und schreiben auf, was der Naturschutz zur Zeit von Ihnen abverlangt ! Wenn Sie mehr herauskriegen als die Gülleverordnung und daß Sie in Schleswig - Holstein keine Knicks und Kleingewässer beseitigen dürfen, bekommen Sie von mir eine Tafel Schokolade.' Dann fingen die auch an zu lachen. 'Aber es könnte ja - ' Da habe ich gesagt: Da kann ich nicht mit umgehen ! Ich kann mit den Ängsten mir gegenüber einfach nicht umgehen. Ich brauche ganz konkrete Angaben, wo ich Ihnen weh tue.' Dies Gefühl und diese Diskussion, die zur Zeit eine Schärfe annimmt, ist politisch geschürt. Ich denke: Die Landwirtschaft verlangt vom Naturschutz Ehrlichkeit. Da müsen sich die Landwirte ehrlich eingestehen, daß sie die Agrarpolitik zur Zeit in die Enge drängt und nicht der Naturschutz. Der Naturschutz wird aber immer emotional angegriffen. ...Wenn man von Naturschutzseite her angegriffen wird, und dafür herhalten muß, daß es der Landwirtschaft finanziell nicht gut geht, das ist nachher auch ziemlich unseriös. Genauso ist es mit dem Ankauf. Da wird einem vorgeworfen, daß man die Preise verdirbt. Man verdirbt in keiner Weise die Preise. Gut, man zahlt nicht mehr als ein Landwirt, der auch unbedingt an diese Flächen herankommen will, der auch bereit ist, einen Tausender darauf zu tun. Man zahlt den üblichen Verkehrswert des landwirtschaftlichen Bodens. Mehr kann der Steuerzahler nicht bezahlen. Mit Steuergeldern kann man keine erhöhten Bodenpreise zahlen. Andererseits hält man den Bodenwert aufrecht, weil der Naturschutz auf dem Bodenmarkt mit konkurriert. In einigen Fällen ist der Staat der einzige, der überhaupt an diesen Flächen Interesse hat. Man bezahlt nicht unter dem Wert.

V.: Bei Naturschutzplanungsgebieten gehen die Pacht- und Kaufpreise außerhalb des Planungsgebietes hoch und innerhalb herunter. Es will dort niemand mehr kaufen, nur noch außerhalb, das heißt, die Preise verschieben sich schon mit Beginn der Planungsphase.

I.: Das ist richtig. Sobald Sie eine Linie auf die Karte bringen und sagen: Innerhalb dieses Gebietes hat der Naturschutz einen Anspruch auf Fläche. Das ist ganz gemein. Hier hat der Naturschutz Gewalt. ... Da kommen die Banken dazu, die das angeblich nicht mehr beleihen. Das ist schwierig. Aber die Landgesellschaft bekommt das in Schleswig-Holstein früh gesagt, so daß sie (in der Umgebung des Gebietes bald Tauschflächen hat.
...

Das ist auch vollkommen berechtigt. Da ist jemand, der plant über mein Eigentum irgend etwas. Und das ist auch ganz, ganz gefährlich. Andererseits ist das eine Verantwortung von dem, der plant. Der weiß gar nicht, ob dieser Strich auf der Karte so stehen bleibt. Mit Karten nach draußen zu gehen, die nicht genehmigt sind, nicht abgesichert sind... Man hat dem Eigentümer gegenüber eine Verantwortung. Man nimmt eine Karte, malt, ohne weiteres zu überlegen, die Grenzen ein; die Karte geht raus. Es weiß der Nachbar, es weiß jeder Bescheid: aha, auf dessen Fläche will jemand etwas. Die Eigentümer erkundigen sich und ihm muß gesagt werden: 'Das weiß man noch nicht genau, was dort passieren soll.' So etwas ist die unmöglichste Situation, in die man kommen kann. Der Landwirt weiß nicht, was mit seiner Fläche wird. Der sitzt dort und weiß nicht Bescheid. Draußen auf dem Land entsteht Unruhe. Nach einer Weile großer Unsicherheit läuft man in die offenen Messer hinein. Da kann niemand, was auf den Flächen passieren soll, auch der Naturschutz nicht. Sollen die Flächen angekauft werden, sollen sie entschädigt werden oder wird etwas anderes passieren ? Eine unmögliche Situation.

V.: Wie entscheiden Sie sich denn dann praktisch ?

I.: Ich gebe es selber nicht heraus. Die Landwirte finden aber Möglichkeiten, an die Karten heranzukommen und haben sie auch. Dann entsteht draußen ganz große Unruhe. Da können Sie als Land nur sagen, daß es uns leid tut, daß die Bonner immer noch nicht entschieden haben. Sie haben zwar bestimmte Vorstellungen, die auch bekannt gegeben werden. Aber ob das so kommt, wie das kommt, und wann es kommt, das weiß niemand. Das gibt so böses Blut. Es ist ein unmöglicher Zustand, der davon abhängt, daß die Antragsstellung für die Großschutzprojekte vier, fünf, sechs Jahre dauern. Die Anforderungen an die Großschutzprojektanträge sind unglaublich hoch. Die sind auch nicht gerechtfertigt. ...

V.: Ist es sinnvoller zu sagen: Weil wir damit die Landwirte verärgert, sollte man von vornherein die Karte offen darlegen und außerdem die Landwirte in die Planungen mit einbinden ? Dann kommt es nicht dazu, daß die Landwirte sagen: 'Wir fühlen uns übergangen, wir bekommen nichts zu sehen, wir bekommen nichts zu hören. Es wird eine riesige Geheimnistuerei gemacht.' Man muß natürlich unter Vorbehalt vorsichtig sagen: 'Das ist eine Planungskarte, man muß ganz vorsichtig mit dieser Karte umgehen.' Ist es nicht sinnvoller so vorzugehen - egal, ob es sich um eine Planung in Schleswig - Holstein, Niedersachsen oder sonst wo handelt ? Wie sehen Sie das ?

I.: Ich glaube, man wird immer einen gewissen Grad der Verunsicherung haben. Das, was wir an der Kussau als Beispiel hatten, das war am Anfang gut. Da war der Gewässerunterhaltungsverband, in dem auch die Landwirte mit verteten sind. Mit dem haben wir gemeinsam die Hauptthemen aufgestellt, so daß die Spielregeln kannten. Sie wußten, wie die Striche oder Linien zu beurteilen sind, daß die fest sind, aber auch wiederum nicht so fest. Sie wußten, daß die erweitert oder auch ein bißchen reduziert werden können. Dann aht das Umweltministerium aber gesagt: 'Es reicht jetzt ! Es zieht sich über dreieinhalb Jahre hin.' Dies ist eine Zeit, über die Sie die Landwirte nicht mehr mit einbeziehen können. Das ändert sich, der Apparat ist schwerfällig, es kann im einzelnen nicht mehr durchgesprochen werden. Außerdem werden die Landwirte zunehmend verwirrt: Heute sagen Sie 'hüh', morgen sagen Sie 'hott'! Es kommt der Frust der Landwirte gegen eine Verwaltung durch und der ist auch gerechtfertigt. ... Es muß im Idealfall jemand Zeit haben, eine Karte zu entwerfen, zu sagen: das will ich, und mit der Karte nach draußen zu gehen. Es muß mit der Karte nach draußen werden und mit der einzelnen an der Umsetzung beteiligten Stelle besprochen werden. 'Ist das realistisch ? Ist das gut ?' Dann mit den Vertretern der Landwirtschaft abgestimmt, er verändert sich ein bißchen. Er sollte können Sie an die Öffentlichkeit gehen. Aber vorher nicht. Das ist einmal schreiben, ohne daß Sie Ihre erste Fassung an alle verteilen. Sie müssen sich erst sicher sein. Dann können Sie es herausgeben. Das Problem ist bloß, daß diese Planungen - gerade diese großen Planungen - sehr viel offizielle Beteiligte haben, sehr viele Betroffene. Der Planungszeitraum ist zu lange. Wenn da zwei Jahre lang irgendjemand sitzt und schreibt und malt und in diesen zwei Jahren wird nichts nach draußen gegeben, dann ist das ganz, ganz schwierig. ...Es ist so, daß ein genauer Antrag vorliegen muß, bei dem bei jedem Flurstück gesagt werden muß, wer Eigentümer ist, wie zur Zeit auf dieser Fläche ist und was Sie mit diesen Flächen vorhaben. Erst dann wird entschieden, ob Sie das so durchführen können. Dürfen Sie von vornherein mit niemandem darüber reden, dann ist das schon zu Anfang zum Scheitern verurteilt, weil Sie - und das kann man mit Recht sagen - die Betroffenen übergangen haben. ... Im Grunde genommen läuft das auch alles anders als bei den Großschutzvorhaben. Bei den normalen Naturschutzgebietsausweisungen ist die Vorbereitungszeit sehr viel kürzer. Derjenige, der das umsetzen will, muß wissen, warum er das will, und Sie brauchen 'Verbündete'. Sie brauchen die Vertretungen, die dann aufstehen, wenn Sie auf den Schlips getreten werden. Sie brauchen jemanden, der aufsteht und sagt: 'Das ist zwar schön, aber...' Diese Zeit für die Entwicklung eines Planes, der noch nicht bei den Betroffenen geht, brauchen Sie. Wichtig ist, daß die Planungszeit so kurz wie möglich ist. Dann kann man rausgehen. Bloß durch die Bonner GR - Vorhaben ist das nicht mehr möglich. Das ist haarsträubend. Die GR - Projekte lassen sich dann nachher nicht mehr umsetzen, weil draußen die Zustimmung fehlt. Es wird zerredet, weil man alleine gelassen wird mit einer Karte und einem Strich dadrauf. Was ein positives Beispiel ist, ist die Eider - Treene - Sorge - Niederung. Hier hat die Landesregierung gesagt: 'Ich will in diesem Gebiet 60.000 ha. Da sollen so und so viel Prozent für den Naturschutz bestimmt werden. Der Rest soll so und so entwickelt werden. Wir setzen das mit einer Planungsgruppe vor Ort um. Das klappt gut. Da ist keine parzellenscharfe Linie gezogen worden, sondern es ist ein ganz großes Gebiet - 60.000 ha ! Wir wollen die und die Flächen, wir machen Betroffenheitsanalysen mit Ihnen zusammen und entwickeln das ganze mit Ihnen zusammen.' Da ist eine Gruppe, die sitzt vor Ort; die ist ansprechbar. Da können die Leute hin und lassen sich das im einzelnen erklären.

V.: Handelt es sich um eine Gruppe aus dem Ministerium ?

I.: Das wird von uns finanziert. Dort ist nicht einer direkt von uns. Der ist über einen Werkvertrag von außen dazugekommen. Aber er hat das Vertrauen der Landwirte. Es ist kein Beamter, der hier im Ministerium in Kiel etwas gemacht hat und nun da herausgeht und etwas vor Ort macht. Ob der nun hier einen Schreibtisch hat oder da, sondern das ist die dritte Person, die aber von uns finanziert wird. Die macht das echt geschickt. Das ist eben ganz toll! Die sitzt da, da kann jeder kommen und auch so schusselig, so ungeschickt reden wie er will. Dort wird das erklärt. Das läuft gut, richtig mit Sprechstunde. Man kann da hinkommen und fragen: 'Wie ist das, ich habe da diese Fläche ? Eigentlich möchte ich nicht mehr. Gibt es jetzt schon ein Programm ?' Oder : 'Ich habe da eine Fläche, ich will sie verkaufen. Kann ich die verkaufen ? Habt Ihr da Interesse daran oder nicht ?' Die einzelnen Anliegen können da so richtig vorgetragen werden.

V.: Die Person berät und vermittelt also ?

I.: Ja, z.B. kann man auch kommen und sagen: 'Ich habe das nicht verstanden, erklären Sie mir das noch einmal !'Die Person kann die Probleme dann auch weiter an uns vermitteln. Wir können dann darauf eingehen. ... Es wurde in Schleswig - Holstein von der Landgesellschaft eine Umfrage zum Extensivierungsprogramm durchgeführt. Bei der Umfrage hndelte es sich um eine quantitative Erhebung. Die Erhebung durchgeführt, kam ich zu feststellen, ob die Landwirte bereit wären, Anschlußverträge einzugehen. Es zeigte sich, daß laut Umfrage nur wenige Anschlußvertrag wollten. Inhalt des Fragebogens war: 'Wollen Sie einen Anschlußvertrag mit den und den Auflagen. Es wurden alles Landwirte, die schon einen Vertrag hatten, gefragt und dem ganzen aufgeschlossen gegenüber standen. ... Im Erhebungsbogen wurde gefragt: 'Wann, wieviel wollen Sie und wenn nicht, aus welchen Gründen nicht ?' Das Ergebnis war niederschmetternd. ...Ich habe aber trotzdem 620 Anträge bekommen, die auch fast alle in Verträge umgesetzt wurden. Das ist diese Fragestellung im Erhebungsbogen: 'Wollen Sie das oder wollen Sie das nicht ?' Es ist auch entscheidend, wer diese Umfrage macht.

Interview 21
mit dem Abteilungsleiter Naturschutz im Bundesumweltministerium

V.: Sie werden als der Initiator der GR-gebiete angesehen. Ist das richtig?

K.: Ja, so ein bißchen - mit der Erfinder. Es ist schon so lange her, daß ich das vergessen habe. Als wir damals am Bundesnaturschutzgesetz gebastelt haben, ging es sowieso um die Frage der Finanzierung. Da haben wir versucht, einen Abschnitt in das Bundesnaturschutzgesetz aufzunehmen, um angelehnt an die ungeschriebene Finanzierungskompetenz des Bundes solche Dinge fördern zu können. Das ist dann aber vom Bundestag, Bundesrat und Vermittlungsausschuß nicht akzeptiert worden. Dennoch haben sie gesagt: "Wir wollen das gleichwohl nicht ausschließen." Und dann haben wir nach mehreren Ansätzen bei dem neuen Finanzminister Matthöfer, der dem Ertl etwas gutes tun wollte, und gar nicht wußte, in welches Abenteuer er sich stürzt. Er hat ihm das zugesagt, so daß wir erstmals 1979 fünf Millionen DM über den Haushalt des BML für diese Zwecke bekommen haben. Die sind dann einmal aufgestockt worden und sind auch wieder abgestockt worden. So haben wir es in einer Größenordnung von 4 Mio. DM bis 1986 durchgehalten. Damals wollte es der Finanzminister ganz tot machen und dann wurden wir BMU. Dann haben wir Herrn Wallmann ein bißchen munitioniert und motiviert, sich diesem zu widersetzen, weil es natürlich ganz schlecht gewesen wäre: Kaum haben wir ein Umweltministerium, werden die Gelder gleich dafür gestrichen! Mit dieser Argumentation ist dieser Titel dann pertinuiert worden, auf 10 Mio. aufgestockt und hat sich dann mit Schwankungen allmählich bis jetzt, für das nächste Jahr auf 37 Mio. DM erhöht. Wir hatten auch schon vor zwei Jahren 40 Mio.DM. Weiterhin ist zu sagen: Für unser Ministerium ist es ein ganz wichtiges Instrument, weil mit diesem Instrument auf dem breiten Lande auch ein bißchen aktiv getan werden kann. Der Titel läuft relativ gut. Für den Umweltminister war auch gerade jetzt nach der Vereinigung mit den östlichen Bundesländern viel zu tun. Er hat uns sehr getreten, muß ich beinahe sagen, dort vorrangig anzuleiern. Inzwischen sind genügend und auch große Projekt angeleiert mit der Folge, daß wir das im Moment gar nicht mehr bedienen können. In den nächsten Jahren werden wir hier erhebliche Schwierigkeiten mit den neuen GR- Vorhaben bekommen.

V.: Nochmal grundsätzlich eine Frage zu den GR- Finanzierung. Man hätte sich ja auch damals entscheiden können, die Gelder einfach an die Landesministerien zu überweisen ?

K.: Nein, eben nicht!

V.: Steht die Überführung der Flächen in staatliches Eigentum nicht im Widerspruch zu der offiziellen Politik der Bundesregierung, die sich ja eher als Ziel gesetzt hat, Privateigentum zu fördern ? Es gebe ja auch die Möglichkeit, die Flächen in privater Hand zu belassen, um sie so im Sinne des Naturschutzes extensiv zu bewirtschaften.

K.: Herr Meyer zu Erbe, was Sie sagen ist generell richtig. Es geht nicht, da der Bund grundsätzlich auf dem Gebiet des Naturschutzes keine Verwaltungs- und Finanzierungskompetenz hat.

Er hat nur ausnahmsweise eine ungeschriebene für ganz außergewöhnliche Fälle, dort wo ganz besonders wertvolle Projekte gefördert werden. Ist es vom fachlichen richtig dies u tun ? Sie können solche Gebiete nur mit absoluten Vorrang für en Naturschutz langfristig fördern, wenn Sie Herr der Geschichte sind, sonst nicht. Was die Eigentumsphilosophie des Bundes angeht, sind die Flächen insgesamt gesehen in Relation gesetzt zu den land- und forstwirtschaftlichen Flächen, weniger als ein Fliegenschiß. Es würde ganz anders aussehen, wenn der Bund flächendeckend Naturschutz fördern könnte, was er nicht kann. Z.B. wäre eine Gemeinschaftsaufgabe Bund -Länder Naturschutz denkbar, die man neu schaffen müßte. Dann würde es völlig anders aussehen. Da würde sicherlich in so einem Programm der Ankauf von Flächen für die öffentliche Hand keine oder eine verschwindend geringe Rolle spielen. Da beantworte ich auch die Frage: Hätte man sich damals nicht auch etwas anderes denken können ? Etwas anderes hätte man sich nur denken können, wenn wenn wir gesagt hätten: "Wir ändern die Verfassung und geben dem Bund eine Finanzierungskompetenz wie wir sie z.B. in der Gemeinschaftsaufgabe Agrarstruktur haben, oder GA zur Förderung der regionalen Wirtschaft oder zum Ausbau der Hochschulen. Das sind ja die drei Gemeinschaftsaufgaben, wo ja der Bund in einem Bereich, für den er per se nicht zuständig ist, gleichwohl auch aus besonderen Gründen mitgefördert.

V.: Heute gibt es eine Antragsflut; aus dieser werden diejenigen Anträge herausgesucht, die besonders naturschutzwürdig sind. Gleichzeitig spielen auch Akzeptanz und weitere politische Aspekte eine Rolle. Wie wird die Prioritätenliste aufgestellt ?

K.: Politische Aspekte im Sinne von Parteien oder allgemeinpolitische Aspekte spielen keine Rolle. Wir fördern im Rahmen von Richtlinien, in denen das fachliche drin steht. Hier steht das fachliche drin. Das zweite ist, daß wir einen vernünftigen Träger finden, von dem wir auch meinen, daß er fähig und in der Lage ist, sowohl was die Komplementärmittel angeht, als auch was sein Wollen angeht, die Sache auch so weiter zu betreiben. Denn wir fördern nur die Beschaffung des Landes und ein Erstmanagement. Dann muß der das im Sinne des Gesamtkonzeptes mit eigenen Mitteln weiter pflegen. Der dritte Punkt ist vielleicht noch: Wir legen Wert darauf, daß die Sache auf dem Prinzip der Freiwilligkeit erfolgt. Akzeptanz und Freiwilligkeit ist nur zu erlangen, wenn Sie in dem Gebiet alle politisch relevanten Meinungsführer für sich haben, daß da nicht einer dauernd quer schießt. Sonst haben sie mit dem Kram dauern Ärger. Aus diesem Grunde nehmen wir als Träger besonders gerne die Landkreise oder einen Verbund von Landkreisen, wenn sich das Gebiet über mehrere Landkreise erstreckt. Hier sind alle versammelt, die politisch etwas zu sagen haben. Der weitere Punkt ist, daß wir natülich auch die betroffenen Grundstückseigentümer für uns haben müssen.

V.: Treten Sie auch mal direkt mit den Grundstückseigentünmern in Kontakt ?

K.: Nein, wir nicht! Das machen die Träger. Wir leisten allenfalls gewisse Hebammedienste. Wir erläutern die Philosophie, warum wir das machen. Wir fahren unter Umständen auch mal vor Ort, wie ich z.B. da letztens da hoch fahren mußte, um den oberen Zehntausend

das zu erläutern. Das machen wir dann schon mal. Aber die Verhandlungen mit den einzelnen Grundstückseigentümern sind sind Sache des Trägers.

V.: Wenden sich nicht auch gelegentlich die Grundstückseigentümer als einzelne Personen an das Bundesumweltministerium ?

G.: In solchen Fällen geht es nicht um spezielle Grunderwerbsgeschäfte, sondern darum, daß man sich an den Minister wendet und seinen Unmut kundtut. Das ist generell, nicht auf einen Einzelfall bezogen. Es kommt nicht vor, daß jemand sagt: "Ich habe hier einen schlechten Kaufpreis bekommen," und fühlt sich selbst benachteiligt. Daß da im Vorfeld eines Projektes Stimmen kommen und sagen: "Sie könnten Ihr Geld ja auch besser für andere Maßnahmen ausgeben als gerade Naturschutz zu betreiben!" Das kommt vor. Es wird versucht darauf einzugehen und entsprechend zu beantworten. Aber die Abwicklung eines Projektes mit allen damit verbundenen Einzelfragen wird nicht von hier aus in Bonn bearbeitet, sondern wird von dem Projektträger abgewickelt. Der kann das auch viel besser. Wir können hier von Bonn aus nicht auf den Einzelfall eingehen, weil wir viel zu fern sind, um die einzelnen Probleme zu kennen. In bezug auf die Grundstückspreise müssen die Vorstellungen von dem Projektträger kommen; die werden hier nicht abschließend geregelt: "Zu den oder den Preisen kann ich verkaufen oder erwerben." Von uns wird einfach nur geprüft: "Erscheint das angemessen ? Und wenn ja, werden die Gelder dafür bereit gestellt. Die ganze Abwicklung liegt vor Ort.

V.: Werden die Beschwerden bzw. Meinungsäußerungen schriftlich an Sie herangetragen ? Oder mündlich ?

K.: Schriftlich ja. Es ist ja auch nicht auf Einzelbürgerebene der Normalfall. Dies kommt vielleicht einmal in ein paar Jahren vor, daß sich ein einzelner Bürger an den Minister wendet und um Klärung bittet. Dies geschieht immer, wenn im politischen Vorfeld Unklarheiten bestehen.

V.: Werden die Briefe auch beantwortet ?

K.: Oh ja. Unsere Politiker werden selbst angeschrieben mit der Bitte auch selbst zu antworten. Das bedeutet, daß die Antwort von hier kommt. Wenn sich einer nicht an den Minister wendet und einen einzelnen Grundstücksfall hätte, würden wir ihm sagen: "Mit dieser Sache können wir uns nicht beschäftigen !" Wir haben das an den Träger oder...

G.: ...an das Bundesamt abgegeben. Die bearbeiten es weiter, wenn sie es können. Oder sie würden es an den Projektträger wieder zurückgeben. Wir würden gleichzeitig dem Petenten mitteilen, daß das eine so spezifische Angelegenheit ist, die man von hier aus nicht beantworten kann. "Wir haben Dein Schriben an den Träger weitergegeben und gehen davon aus, daß Du Antwort bekommst."... Sie müssen unterscheiden: Wenn sich hier einer beim Haus beschwert, darüber, daß der Naturschutz grundsätzlich Blödsinn ist, müssen wir das auch beantworten. Hat er zu einem bestimmten Projekt hinsichtlich seines Grundstückes irgendetwas, dann ist das eine Sache, die verwaltungsgemäß und ordnungsgemäß von dem dafür zuständigen, -und das ist der Träger-,

V.: Werden Sie direkt vom Träger eingeladen ?

K.: Es ist ganz selten, -leider Gottes-, daß ich herausfahre.Eher ist es Herr Dr. Gallus oder der Referatsleiter, Herr Dr.Dietrich, die vor Ort sind.

V.: Wie werden Sie vor Ort empfangen ? Bemüht man sich um Ihre Gunst ? Drückt man auch seinen Unmut aus, z.B. der Bauernverband?

K.: Das ist eine Frage, die Ihnen Herr Gallus besser beantworten kann. Der ist da vor Ort, nicht ich. Nächste Frage! Sagen Sie, ob ich betroffen bin!

V.: Wie sieht die Zusammenarbeit mit den Landesregierungen aus ?

K.: Generell legen wir Wert darauf, daß wir solche Projekte nur in Übereinstimmung mit den zuständigen Landesbehörden , sprich mit dem zuständigen Ministerium, das dann wieder seine Bezirksregierungen einschaltet,... Das war schon immer so. Früher haben nur wir mit einem 10%igen Anteil des Trägers, meistens des Landkreises,... Seit einiger Zeit verlangen wir, durch unsere Haushälter veranlaßt, daß das Land 15 % selber leistet. Das erfordert dann doch eine engere Kooperation und Abstimmung mit dem Land. Wie das abläuft, kann Ihnen auch Herr Gallus sagen. Jedenfalls eines war von vornherein immer so: Wir betreiben kein Projekt in einem Land, wo wir nicht die Zustimmung des zuständigen Ministeriums haben! Wenn wir also ein Projekt gut finden würden und das Land sagt:"Nein, nicht!" Jetzt geht es sowieso nicht, weil wir Geld brauchen; aber auch früher hätten wir gesagt: "Nein"

V.: Treten diese Fälle tatsächlich auch auf ?

K.: Ich kann mich nicht erinnern.

G.: ...,weil der Antragsweg üblicherweise über das Land läuft. Es würde sich kein Kreis unmittelbar an den Bund wenden, sondern erst einmal im eigenen Lande den Vorschlag vortragen und sagen: "Hier schicke den Antrag auf dem Dienstwege weiter!" So ist das Land immer eingebunden. Wenn das Land Probleme hätte, würde es dann schon abblocken können, so daß das Anliegen des Träger gar nicht erst an uns herankommt. Es geht ja keine Initiative von hier aus, sondern die Initiative kommt von unten.

V.: Eine letzte Frage: Wie sehen Sie die GR-Förderung langfristig? Gehen Sie davon aus, daß auch in einer neuen Regierung dieser Titel weiter fortgeschrieben wird, so daß das Programm über die Jahrtausendgrenze laufen wird ?

K.: Da kann ich nur sagen: ich bin nicht Jesus oder sein Prophet. Ich bin der Meinung, daß sich diese Förderungsmaßnahme so etabliert hat, daß sie auch weiter fortgeführt werden wird, weil es auch für jeden Bundesumweltminister eine gute Chance ist, vor Ort etwas gutes zu tun und sich zu zeigen. Sie ist auch fachlich gut, also das, was wir gebracht haben, ist schon fachlich gut. Es findet auch Anerkennung. Deswegen bin ich zuversichtlich und beruhigt. Welche Größenordnung das haben wird, hängt sehr von der Haushaltssituation ab. Ich kann nur sagen, daß wir für das Jahr 1994 trotz der Beschneidung bei der Mittelsituation beim Bund und auch hier beim Ministerium in Bezug auf diesen Titel zu den 32

Mio. DM noch 5 Mio.DM dazu bekommen haben, weil wir das beim Finanzminister durchsetzten und auch die Berichterstatter des Haushaltsausschußes das akzeptiert haben und keine Kürzungsvorschläge machten. Dies spricht eigentlich dafür, daß der Titel als gut und sinnvoll angesehen wird.

G.: Es wird auch von der ganzen Palette der politischen Parteien mitgetragen. Es war unstrittig.

V.: Ich bedanke mich bei Ihnen.

Interview 22
mit dem Referenten für Großschutzgebiete im Bundesumweltministerium

V.: Herr Dr. G., wenn Sie zu einem Projekt herausfahren, erfolgt das dann aufgrund einer Einladung?

G.: So war es früher. Heutzutage tritt er an das Bundesamt für Naturschutz heran und verhandelt mit denen. Wir werden in Projektvorbereitungen gar nicht eingebunden; dies ist an das BfN abgegeben. Insofern sind wir ganz außen vor. Wir nehmen in der Regel auch nicht an solchen Außenterminen teil, es sei denn es gibt im Vorfeld eines Projektes Diskussionen im politischen Bereich. Dann läuft die Gesprächseinladung meist auf politischer Ebene, daß sich Abgeordnete an die Leitung unseres Hauses wenden. Minister oder Staatssekretär werden vor Ort geladen, um sich einen Eindruck über die Situation zu schaffen und zu bestimmten Aspekten eine Diskussion zu führen. Das war im Fall 'Hammeniederung' genauso. In diesem Fall ist eben Herr K. als Vertreter des Staatssekretärs dazu eingeladen worden, sich vor Ort einen Eindruck über die Situation zu verschaffen und zu bestimmten Aspekten eine Diskussion zu führen. ... Es sind einzelne Projekte, wo ein Vorhaben so auf der politischen Ebene im Vorfeld gefahren wird. Üblicherweise wird ein Projekt auf fachlicher Ebene gefahren und da sieht es im allgemeinen so aus, daß es vor Ort einen Interessenten gibt, so ein Vorhaben durchzuführen. Bei uns in der Phase ist immer Projektträger oder Antragsteller genannt. Der holt sich zunächst bei seinem Fachministerium auf Landesebene Informationen. "Hat der Antrag Aussicht auf Erfolg? Klärt das mal grob ab?" Und die halten Rücksprache beim Ministerium bei uns: "Sind Gelder da? Hat es überhaupt Sinn, dieses Gebiet anzumelden?" Dann kommt so eine Art erste schriftliche Voranfrage, welche über das Ministerium hierhin gegeben wird, d.h. an das Bundesamt gegeben wird, dort anhand unserer Richtlinien-Kriterien abgecheckt wird. Dort sagt man: "O.k., es könnte die Kriterien erfüllen oder es kann aus dem und dem Grunde die Kriterien nicht erfüllen." Im positiven Falle gibt man dann seitens des Bundesamtes dem Projektträger gleich Hilfen für die Antragserarbeitung mit oder trifft sich vor Ort und sagt: "Wir erörtern das ganze mal!" Da wird der Antrag, vom Projektträger gebastelt werden muß,... die Konzeption gleich auf das richtige Gleis gesetzt. Dann fährt der BfN zusammen mit dem Landesministerium, machen einen Termin vor Ort und sagt: "Das und das müßt Ihr noch ausarbeiten; hier brauchen wir noch Informationen, da braucht uns noch Informationen. Dies erscheint uns sehr wenig. Da müßt Ihr noch nachbessern." So kommt man ins Gespräch.

V.: Das sind Fragen, die auf rein fachlicher Ebene gehandelt werden.

G.: Üblicherweise läuft das auch auf fachlicher Ebene.

V.: Gibt es Ausnahmen?

G.: In der Hammeniederung läuft es nicht aus fachlicher Ebene, sondern da hat man den politischen Weg gewählt, was im Grunde nicht üblich ist. Man kommt jetzt erst im nachherein auf die fachliche Diskussion.

V.: Waren Sie in der Vergangenheit öfters auf solchen Terminen? Sind Sie da auch mit betroffenen Landwirten in Kontakt gekommen?

G.: Im Vorfeld meist nicht, sondern während des Projektes... Wir haben ja vorhin angesprochen, daß in den ersten Projektjahren ein Pflege- und Entwicklungsplan erarbeitet wird. Zu dem Pflege- und Entwicklungsplan wurde eine sog. projektbegleitende Arbeitsgruppe gebildet. Da finden sich im Grunde all diejenigen wieder, die von dem Vorhaben berührt werden. Angefangen über die Fischer, Bauern, Förster, die dadrin sind, genauso wie die Gemeinden, Naturschutzorganisationen sowie unterschiedliche Fachverwaltungen, die in dem Gebiet tätig sind. Das ist also ein unterschiedlich großes Gremium, das sich mit der Bearbeitung des Pflegeplanes beschäftigt, wo jeder sein Input hineingeben kann, was vom Planer verarbeitet wird, wieder diskutiert wird, überplant wird, so daß sich jeder in diesem Planwerk und auch in dem Projekt wiederfindet.

V.: Sehen Sie zwischen Nord- und Süddeutschland Unterschiede bei der Umsetzung von Naturschutzgroßvorhaben?

G.: Die fachlichen Inhalte sind im Norden wie Süden doch ähnlich, natürlich von Einzelfall zu Einzelfall unterschiedlich. Unterschiedlich ist ja auch der Weg zur Lösung, den dem einzelnen Projektträger vorschwebt. Aber das kann man dann im Vorfeld eines solchen Projektes erörtern. Dabei muß man ortsspezifische Probleme und auch Sichtweisen berücksichtigen, und setztendlich muß der Projektträger absehen können, in welchem Zeitraum er das Projekt durchführen kann. Er muß das auch nachweisen und wenn das Hand und Fuß hat, ist das o.k.. Und man wird dem kaum etwas entgegen setzen. Jeder weiß die Mentalität der Bevölkerung einzuschätzen und wird da sicherlich so den richtigen Weg finden. Sicherlich, es dauert lange, ist umfangreich und wirft viele Probleme und Fragen auf.

V.: Sie bemühen sich also, sich aus den Schwierigkeiten herauszuhalten. Ich habe die Fischerhuder Wümmewiesen vor Augen und weiß, daß es dort mit dem sog. neutralen Gebiet Schwierigkeiten gab.

G.: "Neutrale Gebiet" sagt mir jetzt nichts. Da gab es Abgrenzungsschwierigkeiten. Da wird sich die BfN reinhängen und wird sagen, wenn es jetzt um eine deutliche Reduzierung eines Projektgebietes geht. Wird man die Ziele des Vorhabens nicht mehr erreichen können, wird die BfN ihre fachlichen Vorstellungen äußern. Sie wird sagen: "Hier ist eine Grenze erreicht. Unter die können wir nicht mehr gehen, weil dann einfach das Projektziel nicht mehr erreicht werden kann, wenn ich das sow weit abspecke. Das sind aber Verhandlungen fachlicher Art im Vorfeld eines solchen Projektes bis es zur Bewilligung kommt. Da sind eben die Gesprächspartner BfN auf der einen Seite, das jeweilige Land auf der anderen Seite und der Projektträger als dritter. Das sind die Hauptverhandlungspartner.

V.: Wie werden Sie persönlich - ich betone besonders persönlich empfangen, wenn Sie vor Ort Termine haben? Wird Ihnen beiS

Unstimmigkeiten, wenn z.B. zu technischen Schwierigkeiten kommt, auch Mißmut ausgedrückt?

G.: Also, als ich das noch abgewickelt habe, ist mir so etwas nicht bekannt geworden. Mir persönlich hat die nie irgendwie Unmut ausgedrückt. Der wäre im Grunde genommen ja auch schwer zu verstehen. Wenn es einen Projektträger gibt, der einen Antrag stellt und will Gelder bekommen und meint, daß das Programm ihm in seinem Gebiet helfen kann, wird er nicht irgendwie sagen: "Blöd, daß mir das BMU auf die Pelle rückt." Er kommt mit einem Wunsch, wendet sich an... und möchte etwas haben.

V.: Der Träger! Ich denke vielmehr an die jeweiligen Bauernverbände oder an die Naturschutzverbände.

G.: Nein. Naturschutzverbände begrüßen das Programm und das geht quer durch die Republik. Da sind nie Kritik oder Vorwürfe gekommen. Was eben kommt, -das haben wir vorhin schon besprochen-, ist einzelfallbezogen. Der ein oder andere hat vielleicht ein Problem und wendet sich vielleicht auf politischer Ebene an die Leitung des Hauses. Das ist das, was hierher kommt; und das andere, was fachbezogen ist, kommt nicht an das BMU. Es bleibt üblicherweise beim Projektträger, der der Verhandlungsführer für jeden einzelnen ist. Bei der Projektabwicklung tritt das BMU ja nie auf, sondern das BfN. Wir geben ja nur die Gelder, die Abwicklung, das ganze Verfahren wird vom Projektträger durchgeführt. Da sitzt ja nie einer vom Bund am Tisch und sagt: "Ich gebe für Dein Grundstück nur 1000 DM;" so ist das ja nicht! Man wartet darauf, daß einem ein Grundstück zu einem Preis angeboten wird. Und da kann der Projektträger in freiem Ermessen entscheiden, ob er dies nun kaufen will oder nicht. Insofern werden diese ganzen Probleme, die da möglicherweise auftreten, immer auf der untersten Ebene zwischen Projektträger und Betroffenen ausgehandelt und verhandelt. Ich glaube noch nicht einmal, daß da so viel an Einzelproblemen an die Landesministerien herangetragen wird.

V.: Ja, das glaube ich auch nicht.

G.: Unser größter Part ist aus Bundessicht gesehen die Erarbeitung der Konzeption und der Ziele, daß das stimmig ist. Hier im Haus wird im Grunde nur noch die Entscheidung herbeigeführt, wenn alle Fragen im Vorfeld geklärt sind. Die Frage, ob Bundesmittel bereitgestellt werden oder nicht, das entscheidet der Minister. Dann geht der Bewilligungsbescheid heraus und die wird dann in den jährlichen Tranchen. Das was vorher als Konzept erarbeitet worden ist, muß vor Ort umgesetzt werden. Die BfN möchte das auch begleiten. Das sieht in der Regel so aus, daß einmal im Jahr ein Termin vor Ort stattfindet wo die BfN dann noch sich über die Situation berichten läßt und sagt: "Gibt es Probleme? Müssen wir unseren Zeitplan umändern? Müssen wir unser Maßnahmenkonzept umändern oder nicht? Kann man das auf der Schiene abwickeln, auf der man das geplant hat, kann man das Vorhaben meistens in aller Ruhe über viele Jahre zur Zufriedenheit aller... So ist es jedenfalls in den meisten Fällen.

V.: Mir ist ein Fall bekannt, in dem storniert wurde.

G.: Da kamen immer mal Phasen, in denen das schlecht läuft, daß man mal eine......macht oder daß man da mal eine Fax-Frage klärt.

V.: Woran liegt das?

G.: Das liegt meist im Zuge der Projektlaufzeit, daß irgendwie einmal das, was als Grunderwerb getätigt werden konnte abgeschlossen ist, daß da noch einmal Verkaufsangebote sind, daß man dann die Konzeption umstellen oder daß man in Flurbereinigungsverfahren zusammentrifft und die Ziele der Flurbereinigung zwischenzeitlich mit den Zielen des Naturschutzes abklopft, um zu sagen: "Stimmt das noch überein? Paßt das noch zusammen?" Also konzeptionelle Überarbeitung. Ist aber auch nicht der Regelfall.

V.: Zurück zu den Protestbriefen! Wenn solche Protestbriefe auf Ihren Schreibtisch landen, wie werden Sie von Ihnen beantwortet? Oft sind es die gleichen Kritikpunkte, die aufgelistet werden, z.B. die Nichteinsicht, daß öffentliche Gelder für solche Naturschutzmaßnahmen abgestellt werden.

G.: Je nachdem, was für eine Frage gestellt wurde nach bestem Wissen und Gewissen. Wenn es ein fachliches Problem ist, lassen wir uns über die BfN berichten, damit wir Hintergrundinformationen bekommen. Wir sind nicht so am Projekt dran. Ansonsten versuchen wir, wenn es generelle Probleme sind, Uneinsichtigkeiten, auch Fragen zum Förderprogramm, den Hintergrund des Förderprogramms dem Petenten zu erläutern. Wir legen dabei auch noch einmal dar, welche Überlegung und welche Philosophie hinter dem Förderprogramm steckt. Man versucht, auf diesem Wege durch umfassende und sachgerechte Informationen bei dem Petenten ein bißchen positive Einstellung für die Anliegen des Naturschutzes zu wecken. Ob das im Einzelfall gelingt, weiß ich nicht. Aber er bekommt Informationen, was mit dem Förderprogramm verfolgt und zu welchem Zweck das heute betrieben wird, in der Hoffnung, daß die betreffende Person ein bißchen positiver eingestellt wird.

V.: Kommen hiernach nochmals Rückfragen?

G.: Das kommt in der Regel nicht vor. Meistens ist es so, daß sich einer spontan äußern will oder etwas konkret: "Ich habe gehört, daß das gefördert wird. Können Sie mir weitere Informationen zusenden?" Das machen wir natürlich auch. Da gibt es Broschüren, Unterlagen, Projektberichte, die zur Verfügung gestellt werden, damit sich diese ein bißchen vertiefen können. Daß danach nocheinmal nachgehakt wird, kommt selten vor.

V.: Kommt es nicht vor, daß sich Landwirte in ihrer Existenz gefährdet sehen, wenn sie Angst haben, daß ihre wirtschaftliche Existenz durch den Naturschutz zerstört wird?

G.: Dann versucht man deutlich zu machen, daß das Förderprogramm auf dem Prinzip der Freiwilligkeit beruht. Jeder bekommt durch das Förderprogramm ein Angebot und kann selbst freiwillig entscheiden, ob er Nutznießer werden will, sprich verkaufen will. Wenn er das nicht will, ist das auch o.k.. Es zwingt ihn ja keiner. Es wird keine Enteignung durchgeführt; es beruht ausschließlich auf dem Prinzip der Freiwilligkeit. Der Projektträger reagiert auf

Angebote, die ihm von außen zugetragen werden. Wenn einer kein Angebot macht, kann er theoretisch vom Projektträger gefragt werden: Möchtest Du auch veräußern oder pachten..." Und wenn er sagt: "Nein" O.k., gut.

V.: GR ist eine freiwillige Angelegenheit. Trotzdem haben die Landwirte oft Angst vor dem Naturschutz, weil viele andere Maßnahmen administrativ durchgesetzt werden. Ich denke an NAturschutzgebiete, in denen die Bezirksregierung Verordnungen herausgibt, wo die Eigentümer nur beschränkt in die Entscheidungsfindung eingebunden wurden, wo Flächen als NSG ausgewiesen wurden, wo oft in der Vergangenheit über die Köpfe hinweg entschieden wurde, wo man machtlos dem gegenüberstand. Diese Einstellung, diese grundsätzlich unterschwellige Angst besteht. Es besteht die Anst, daß es vor dem Naturschutz kein Zurück gibt, daß das eine Sache ist, die man nicht abzuwenden vermag. GR ist nun eigentlich eine ganz andere Geschichte, die eigentlich nichts damit zu tun hat. Aber GR ist nicht so bekannt. Aufgrund der Tatsache, daß es nicht so bekannt ist, kann man da nicht mit umgehen. Man denkt: "Wieder eine Naturschutzgeschichte, die uns da übergestülpt werden soll!" Daher besteht oft von vornherein eine ablehnende Haltung gegenüber GR-Vorhaben. Die Landwirte wissen nicht genau, daß das nichts damit zu tun hat.

G.: Das ist das Problem des Antragstellers, sprich Projektträgers. Er muß für seine Absichten Öffentlichkeitsarbeit betreiben. Das sind in der Tat zwei verschiedene Dinge: zum einen NAturschutzverwaltungshandeln, es fällt in die Zuständigkeit der Länder- mit Naturschutzgebietsausweisung und ähnlichem. Die Art und Weise, wie man es macht, ist Landessache.
Hier ist ein Förderprogramm, ein Finanzierungsinstrument, wo Bundesmittel bereit stehen, um für bedeutende Gebiete, die aus Naturschutzsicht herausragend sind. Es kann nicht Geld bereitgestellt werden und gleichzeitig die Bewirtschaftung wie bisher erfolgen. Es muß schon eine deutliche Verbesserung zugunsten des Naturschutzes sein. Deshalb sagen wir: "Wir machen es am liebsten über Landkreise, weil wir davon ausgehen, daß da bei Problemen, die da im Raum stehen, erst einmal eine politische Entscheidung des Kreistages erfolgen muß. Hier finden sich alle Bevölkerungsgruppen wieder. Durch den Kreis kann auf regionaler Ebene durch Presse und andere Medien informiert werden. Der Landkreis bekommt von hier aus die Informationen zum Förderprojekt. Er muß uns durch die Kreistagsbeschlüsse und durch die Parteitätigkeit nachweisen, daß eine Akzeptanz gegeben ist. So kann man das auf eine breite Basis stellen. Was er letztendlich für eine Öffentlichkeitsarbeit betreibt, und wie er da vorgeht, bleibt ihm überlassen. Jeder kann sich an den Kreis wenden und fragen: "Was steckt dahinter ?" Allerdings muß man auch bedenken: Wenn wir für die Kengebiete Gelder geben, steht da auch im Bewilligungsbescheid, daß diese Kerngebiete, die aus Naturschutzsicht besonders bedeutend sind und wo die Gelder hineingeflossen sind, als Naturschutzgebiete ausgewiesen werden. Dies geschieht erst nach Ankauf oder erfolgter Pacht, so daß die Betroffenen auch entsprechende geldliche Gegenleistung sehen. Hier besteht nicht nur eine Forderung: "Wir weisen als NSG aus!" Sondern es wird auch ein finanzielles Instrument angeboten, um bestehende Probleme auszugleichen.



Interview 23
mit dem SPD-Landtagsabgeordneten, Mitglied des Umweltausschusses im Niedersächsischen Landtag

V.: Welche Ämter bekleiden Sie im Niedersächsischen Landtag?

B.: Im Landtag bin ich für die SPD im Umweltausschuß; da wiederum für den Naturschutz, Bodenschutz und Reinhaltung der Luft zuständig. Im Agrarausschuß bin ich der agrarpolitische Sprecher der SPD-Fraktion und zeichne für die Agrarplitik verantwortlich.

V.: In Osterholz hat es ursprünglich einmal die Idee gegeben, einen Natiopnalpark einzurichten. Inwieweit wurde diese Diskussion auch in den Landtag hineingetragen? Inwieweit wurde dieses Thema im Umwelt- und Agrarausschuß behandelt?

B.: Das Teufelsmoor-Thema wurde da nie besprochen. Ich glaube, deswegen nicht, weil das nur ein Gedanke war. Diesen Gedanken hat man zunächst weiter verfolgt. Wenn man so einen Nationalpark installieren möchte, dann müssen auch ganz bestimmte naturschutzrechtliche Forderungen erfüllt werden. Ich denke, die waren für die Hammeniederung nicht in vollem Umfang gegeben. Und deshalb ist man auch einenn Schritt zurückgegangen und hat daraus ein GR-Gebiet gemacht. Ich denke auch in bezug auf den Wert der Grundstücksflächen war das das richtige. Dieses hat sich auch durch die vielen Untersuchungen im Vorfeld bestätigt. Diese mußten sein, denn es macht keinen Sinn, ein GR-Gebiet auszuweisen, wenn die Rahmenbedingungen für den Naturschutz nicht stimmen. Die gesamte Hammeniederung ist gerade wegen der Hamme selbst und ihrer Seitenarme, aber auch wegen der schützenswerten Feuchtwiesen ein hervorragendes Gebiet. Weil die Rahmenbedingungen stimmten, hat sich die Bundesregierung auch bereit erklärt, dieses GR-Gebiet zu fördern. Der Bund ist mit 75% finanziell dabei, das Land finanziert mit 10% co und der Landkreis Osterholz mit 15%. So, ich denke, daß gerade unsere Teufelsmoorgegend, -die Hammeniederung-, ein sehr schönes Schutzgebiet ist. Dieses sollte man auch erhalten. Soweit zum Naturschutz. Was jetzt die Landwirtschaft betrifft, ist viel geschimpft worden, daß die Landwirte zu viel Dünger ausbringen und dadurch diese Schutzgebiete kaputt gemacht würden. Dem kann ich überhaupt nicht zusatimmen. Und zwar deshalb nicht: Es sind seit Generationen, solang Menschen leben, solange diese NIederung bewirtschaftet wird, ist das Gebiet so bewirtschaftet worden, daß es sich so entwickeln konnte, wie es sich jetzt darstellt. Hätten die Landwirte nicht ordnungsgemäß Landwirtschaft betrieben, wäre diese Fläche sicherlich heute kein GR-Gebiet. Insoweit sind wir, denke ich, auch der Landwirtschaft verpflichtet, daß sie sehr naturnah diese Bereiche bewirtschaftet hat. Sie muß auch weiter bewirtschaftet werden, natürlich unter anderen Rahmenbedingungen, die dann vorgegeben werden. Wenn man diese Flächen so bewirtschaftet, daß vor Juli keine Mahd erfolgen kann, damit sich Flora und Fauna entwickeln können...- Das kann sie nur, wenn nicht zwei- oder dreimal im Jahr gemäht wird. Nach der Mahd im Juli kann das Vieh die Flächen beweiden. Ich gehe davon aus, daß da eine sehr extensive Landwirtschaft betrieben werden wird.

V.: Lange Zeit stand es in der Schwebe: Wird die Hammeniederung zu einem GR-Gebiet erklärt oder kommt es zu einer NSG-Ausweisung



durch die Bezirksregierung auf kleinerem Umfang nur auf diesem Kernbereich, also auf diesem sog. Flickenteppich. Wie haben Sie das zum damaligen Zeitpunkt beurteilt? Wie hätten Sie eine Schutzgebietsausweisung durch die Bezirksregierung gesehen ?

B.: Also, das GR-Gebiet stand lange zur Disposition und es stand im Vordergrund. Man kann sagen, daß es lange Zeit auch unbestimmt war: Kommt es oder kommt es nicht? Das war das große Fragezeichen. Wird es anerkannt, ja oder nein? Sobald die Bezirksregierung befürchtete, daß es dort eventuell zu anderen Entwicklungen kommen könnte, wollte sie dieses unter Naturschutz stellen. Ich denke, daß ich meinen Anteil auch dazu beigetragen habe, daß die Bezirksregierung dazurückgestanden hat und da auch bereit war, ersteinmal die Entwicklung -kommt GR,ja oder nein-... Wäre GR nicht gekommen, wäre es zweifelsohne zum Naturschutzgebiet erklärt worden. Das wäre dann auch gut und richtig gewesen. Aber die Rahmenbedingungen haben sich nun mal so ergeben, wie sie jetzt sind, und das GR-Gebiet ist ja höher einzustufen als das Naturschutzgebiet. Insofern bin ich froh, daß es einvernehmlich mit allen Beteiligten... ...und das wird sich jetzt zeigen, wenn es an die Grundstückskäufe und die an die Verträge geht, die mit den Landwirten über die entsprechende Bewirtschaftungsform zu machen sind. Ein Naturschutzgebiet stand nur dann zur Diskussion, wenn GR nicht gekommen wäre. Weil jetzt GR gekommen ist, ist... Es ist folgende Priorität aufzustellen: Nationalpark - GR-Gebiet und dann erst Natur- und Landschaftsschutzgebiet.

V.: Sie haben auch auf jeden Fall...

B.: mit gefördert, unterstützt, soweit ich das aus meiner.... Dieses war auch eigentlich landespolitisch auch kein Thema. Dies ist ja in der Regel Aufgabe der Bezirksregierung. Wir haben das landespolitisch dahingehend begleitet, daß das Umweltministerium Stellungnahmen abgeben mußte, nämlich für das Bundesamt für Naturschutz. Man hat es stets positiv begleitet. Hätten sie das nicht positiv begleitet, hätten sie sich auch nicht bereit erklärt, co zu finanzieren. Sie hätten von vornherein die Kooperation und Koordinierung abgelehnt. Aber in erster Linie hat der Landkreis die Voraussetzungen dafür geschaffen. Wenn vom Bundesamt für Naturschutz Rückfragen kamen, ist das immer von Bonn über Hannover nach Osterholz gelaufen. Solche Verfahren laufen ordnungsgemäß so ab:Landkreis - Bezirksregierung - Hannover - Bonn

V.: Gab es auch Rückfragen der Bezirksregierung an den Umweltausschuß des Landes oder an das Niedersächsische Umweltmiinisterium ? Ist eine Weisung an die Bezirksregierung erfolgt, sich bezüglich der Ausweisung zurückzuhalten ?

B.: Nein. Das haben wir im Rahmen der Verhandlungen erreicht. Die Regieungspräsidentin hatte - nicht sie selbst, aber die Naturschützer der Bezirksregierung befürchteten, daß das GR-Gebiet nicht kommen würde. Daher haben sie von sich aus darauf gedrungen, dieses als Naturschutzgebiet auszuweisen. Aber dann haben wir es durch Gespräche erreicht, -weil wir auch berechtigte Hoffnungen hatten-, daß das GR-Gebiet kommt. Schließlich hat auch die Bezirksregierung von sich aus gesagt: 'Gut, wir warten die Dinge ab!' Dann ist es auch so gekommen wie es sich jetzt darstellt.



V.: Ist an Sie auch persönlich Kritik herangetragen worden - etwa wie an Herrn J., welcher als Bauernkiller bezeichnet wurde?

B.: Das muß man natürlich unterschiedlich sehen. Ich sage: Es kommt auf die Perspektive an, aus welcher ich das sehe. Wenn es sich um einen Landwirt handelt, der intensive Landwirtschaft betreibt und der muß Einbußen hinnehmen muß, könnte man das so sehen. Das ist die eine Seite, aber ich denke, wenn man ein solches Gebiet entwickeln will, kann man das nur mit dem Partner. Die Landwirtschaft ist nun mal der Partner. Deshalb muß man das auch einvernehmlich mit dem Partner lösen, d.h. wenn ein Betrieb, der intensiv gewirtschaftet hat und jetzt extensiv wirtschaften soll, ist dies natürlich eine extentielle Frage. Er muß zurückstecken und es ist mit finanziellen Einbußen verbunden, die ausgeglichen werden müssen. Das ist ganz klar. Deshalb waren wir auch dazu bereit, diese Flächen aufzukaufen, um den Landwirten dann auch die Möglichkeiten zu geben, im Rahmen von Flurbereinigungen oder anderer Möglichkeiten, sich irgendwo wieder etwas wieder zu kaufen. Oder dies Geld zu verwenden, um den Betrieb umzustellen oder gar auch, um ganz aufzugeben oder um einen anderen Berufszweig anzupeilen. ...Ich sage, Bauerenkillerein ist das dann, wenn es im Rahmen der Enteignung läuft. Wenn man sagt: 'So, jetzt kommt das Gesetz! Jetzt ist es Naturschutzgebiet oder GR-Gebiet und Du hast entsprechend zu bewirtschaften, dann ist das Bauernkillerei und kommt quasi einer Enteignung glich. Weil das aber einvernehmlich laufen wird, weil die meisten Landwirte auch bereit sind, Flächen zur Verfügung zu stellen, kann man nicht von Bauernkillerei sprechen.

V.: Also persönlich wurden Sie nicht in diesem Sinne beschuldigt ?

B.: Wir haben natürlich mit den Landwirten insgesamt gesprochen und wir haben viele Einzelgespräche geführt. Auf der einen Seite haben die Landwirte das eingesehen: Dies ist eine schönes Gebiet! Aber das ist unser Eigentum. Wir haben das immer so bewirtschaftet. Ich sagte es bereits, daß die Flächen so sind, wie sie sind. 'Und nun sollen wir da weg. Wir haben ja nie...' Es tritt ja auch immer die Frage der Bedüngung auf. Ich sage: Unsere Flächen und unsere Landwirte... Wenn man von mal von den Dungeinheiten ausgeht, haben wir nie über Maßen gedüngt, sondern immer so, wie die Pflanzen den Dünger auch brauchen.' Ja, insofern meine ich schlicht und einfach: Bauernkillerei...- Die Bauern haben sich natürlich um ihre Zukunft Sorgen gemacht und zurecht Sorgen gemacht. 'Was wird aus unserem Betrieb, wenn das jetzt alles unter Schutz gestellt wird? Habe ich dann überhaupt noch eine Existenzmöglichkeit? Kann mein Betrieb weiterlaufen ? Welche neuen Alternativen werden mir geboten ?

V.: Also, die ganze Diskussion ist auf sachlicher Ebene gelaufen?!

B.: Aus meiner Sicht ist sie sachlich und in fairen Formen gelaufen. Ich denke, daß das auch nur so umzusetzen ist. Wenn ich etwas machen will, brauch ich einen Partner Und in disem Fall ist die Landwirtschaft der Partner. Und das kann man dann auch nur so umsetzen, wenn man es gemeinsam...

V.: Wie sieht die Kritik der Sportler aus?
....

V.: Die Landesregierung hat jetzt das Feuchtgrünlandschutzprogramm groß auf ihre Fahnen geschrieben. Der Titelansatz bewegt sich leider nur in der Größenordnung von drei Millionen DM. Das Umweltministerium ist etwas unglücklich über die geringe finanzielle Ausstattung. Wie beurteilen Sie diese knappe Ausstattung?

B.: Generell ist es ja so, daß in Anbetracht der Finanzlage von Bund und Ländern - da schließe ich die Kommunen auch mit ein - wir überall Einschränkungen machen müssen. Punkt. Deshalb muß der Naturschutz nicht unbedingt darunter leiden. Man kann ja trotzdem auch weiterhin Naturschutzgebiete weiter ausweisen und weiter entwickeln. Das Feuchtgrünlandschutzprogramm ist ein richtiger Weg. Wenn die Landwirte extensiv wirtschaften, kostet das Geld. Wenn wir das wollen, muß hierfür auch genügend Geld zur Verfügung stehen. Und weil die Mittel knapp sind -ich weiß gar nicht mal die Höhe der Mittel,die vorgesehen sind,- wird dies zuächst einmal ein Anfang sein. Wir können diese Feuchtgebiete nur deshalb finanzieren, weil das über die EU läuft. Die EU muß notifizieren, d.h. sie muß ihre Zustimmung geben. Ohne die EU läuft überhaupt gar nichts mehr in diesem Bereich. ... Man könnte das auch ganz selbst tragen, wenn denn das Land Eigenmittel hat. Nun muß man sehen, wie sich das entwickelt. Wir sind jetzt dabei, den Nachtragshaushalt aufzustellen. Im Moment kann man gar nichts sagen, erst im Dezember, wenn der Haushalt beschlossen ist. Dann müssen wir sehen, wie das... Aber die Verpflichtungen, die wir eingegangen sind, die werden weiterlaufen. Sie müssen ja auch weiter laufen, weil es vertragliche Regelungen sind.

V.: Meinen Sie die Verpflichtungen des Erschwernisausgleiches oder die des Feuchtgrünlandschutzprogrammes ?

B.: Alles! Das Feuchtgrünlandschutzprogramm ist ja auch eine Art von Erschwernisausgleich. Denn die Landwirtschaft kann nicht mehr so wirtschaften, sondern muß Einschränkungen hinnehmen. Dafür steht der Erschwernisausgleich zur Verfügung. Jetzt muß man sehen, wie das finanziell weiter geht. Ich sage: Von dem, was bereits vertraglich läuft, kann man nicht herunter. Aber was zukünftig neu anlaufen kann, das muß man sehen, wie sich das entwickelt.

V.: Der Erschwernisausgleich soll in den Naturschutzgebieten und Nationalparken aufgestockt werden. Es gab schon vor Jahren einen Entwurf des Umweltministeriums. Die 300-500 DM sollen auf 600/650 DM aufgestockt werden, um für die Bewirtschafter der Naturschutzgebiete einen zusätzlichen Anreiz zu schaffen. Auch sollten die §28a und b -Flächen in diese Regelung mit einbezogen werden. Der Entwurf ist aus finanziellen Gründen seit Jahren nicht aus den Schubläden herausgekommen. Sehen Sie noch eine Chance für die Novellierung des Erschwernisausgleiches?

B.: Soweit ich das übersehen, -nun bin ich, gebe ich zu, nicht bis ins letzte in der Materie drinnen-, sind die Erschwernisausgleichszahlungen von vornherein vertraglich zwischen 300-500 DM je nach dem wie sich die Beeinträchtigungen gestalten, vertraglich festgelegt worden. Was §28a betrifft, das ist eine gesetzliche Regelung und dafür gibt es überhaupt nichts für, weil sich diese Flächen so entwickelt haben, daß sie langfristig so geworden sind. Die Landwirtschaft hat so gewirtschaftet, daß sich die Flächen so entwickeln konnten und dadurch werden ja keine



Einschränkungen gemacht. Anders ist es bei §28b. Für diese Bereiche muß es Erschwernisausgleichszahlungen geben, wird es auch geben. Zum gegenwärtigen Zeitpunkt können wir aber keine neuen Dinge aufgreifen, weil die finanzielle Basis fehlt.

V.: Können Sie das einschätzen, wann der neue Erschwernisausgleich, der auch §28b mit einschließt, kommen wird?

B.: Der sollte eigentlich schon anlaufen. Ich weiß nun nicht, inwieweit das Umweltministerium über die Bezirksregierung da schon tätig geworden ist. Eigentlich war ja mit Inkrafttreten des §28 ja auch -wenn man diese Flächen unter Schutz stellt- damit verbunden auch den Erschwernisausgleich an die Landwirte zu leisten. Inwieweit sich das nun entwickelt, weil die Flächen erst einmal kartiert, sie müssen festgestellt werden und dann müssen vertragliche Regelungen treffen mit der Landwirtschaft. Ich kann momentan nicht sagen, wie weit das vorangekommen ist. Zum Teil sind sie am arbeiten. Aber wie sich das zukünftig weiterentwickelt, muß im Rahmen der finanziellen Möglickeiten abgewogen werden.
...
Wichtig ist, daß die Nationalparke weiterentwickelt werden, damit es auch richtige Nationalparke werden. Der Harz ist erst im Begriff, ein richtiger Nationalpark zu werden. Es muß sich jetzt entwickeln. Da werden entsprechende Mittel im Haushalt zur Verfügung gestellt, damit das so weiter laufen kann. Was wir jetzt ganz neu in Angriff nehmen, ist der Nationalpark Elbtalaue. Dieser Nationalpark wird sich jetzt auch entwickeln. Wir sind mit den dort betroffenen Landwirten, -mit der Region insgesamt- im Gespräch. Ich denke, daß das im nächsten Jahr auch anlaufen wird. Das wichtigste ist, daß wir insgesamt und das war das gesetzte Ziel der Landesregierung, -nicht nur dieser-, mehr Naturschutzflächen ausweisen. Wenn wir denn das wollen, müssen wir weiter daran arbeiten. Auf der einen Seite müssen wir die finanziellen Rahmenbedingungen dabei beachten,... Was kann man sich leiten? Auf der anderen Seite darf es nicht dazu kommen, daß aufgrund der leeren öffentlichen Kassen der Naturschutz jetzt hinten herunterfällt. Das wäre das gefährlichste, was uns passieren könnte. Insoweit denke ich, daß alle politischen... - ganz egal, wer an der Regierung ist- so denken, daß wir die Flächen, die schutzwürdig sind, unter Schutz stellen. Sonst könnte das für nachfolgende Generationen sehr problematisch werden.

V.: Sie sprechen die Großschutzgebiete an, wie z.B. den Harz, Wümme-Niederung, Hammeniederung usw. In diesen Gebieten treten insbesondere Probleme mit der Planung auf, weil sie sich über Jahre, manchmal Jahrzehnte hin erstrecken. Hier herrscht Unklarheit. Wo soll ein Naturschutzgebiet entstehen? Welche Abgrenzung wird es haben? Welche Auflagen werden kommen? Sehen Sie in der langen Planung eine Gefahr?

B.: Ich denke, bevor man ein Schutzgebiet ausweist, müssen diese Gebiete vor Ort ordnungsgemäß untersucht werden. Sind die Rahmenbedingungen für eine solche Unterschutzstellung überhaupt gegeben? Das ist Punkt eins. Wenn Sie schon bei den Vorplanungen... bei solchen Untersuchungen kommt natürlich sofort die Diskussion auf. Die Betroffenen, meistens sind es die Landwirte, fühlen sich sofort in die Defensive gedrückt und sagen: 'Sie wollen uns wieder etwas nehmen!' Wenn man rechtzeitig, d.h.



von vornherein, die Betroffenen einbezieht, in die Diskussion... Wenn man die Betroffenen wissen läßt, was man vorhat, wie man damit umgeht, und was auf die Betroffenen zukommt, dann kann das in guter Kooperation nur positiv laufen. Wenn man natürlich Fronten aufbaut, -die kann man ja sehr schnell aufbauen, wenn man im stillen Kämmerlein plant und die Betroffenen außen vor läßt, dann kommt zu recht die Opposition auf, weil die nämlich befürchten: 'Man nimmt uns etwas weg!' Das ist genau der entscheidende Punkt. Aber das ist ja nun mal leider so; bei Großschutzgebieten hat man eine lange Vorplanungsphase. Und ich denke, bei unserem Großschutzgebiet ist es nicht so sehr die Planung gewesen, sondern die Diskussion: 'Kommt es oder kommt es nicht? Sie zog sich über einen langen Zeitraum hin. Das die Voraussetzungen dafür gegeben sind, das wußte man schon länger. Aber die Umsetzung bedurfte einer langen Zeit. Wenn man überlegt, wie lange es gedauert hat, von der Antragsstellung bis zur Genehmigung, welche Anforderungen immer wieder von dem Bundesamt für Naturschutz auf den Landkreis hinzukamen, dann ist das manchmal vom Planungsablauf nicht das Optimale gewesen. Aber das ist nun mal leider so. Im Harz ist das ganz anders gelaufen; da ist das relativ schnell gegangen. Da hat man gesagt: 'Dieses Gebiet wollen wir zum Nationalpark erklären!' Es war auch insofern leichter, weil das Staatswälder sind und privat Betroffene gar nicht so sehr... Da war das wesentlich einfacher. Aber die Interessengruppen waren ja auch da: Da sind die Wintersportler, die Sommersportler, die Wanderleute und die ganzen Vereine und Verbände im Harz. Die haben natürlich auch opponiert, weil sie glaubten: 'Man will uns etwas wegnehmen! Man will dort Einschränkungen vornehmen!' Aber das hat man dann auch in vielen, vielen Gesprächen voreinander gekriegt. Und jetzt läuft das gut. Alle sind befriedigt. Da waren sowohl auf der einen als auch auf der anderen Seite Kompromisse. Das ist gut gelaufen. So kann das auch überall laufen.

V.: Es ist gefährlich mit unausgereiften Kartenentwürfen in eine Diskussion einzusteigen. Daher sagen einige Naturschutzplaner: Möglichst keine frühe Diskussion beginnen, sondern erst, wenn die Planungen schon weiter forangeschritten sind,

B.: weil sich die Planer sich die Planer selbst in Frage stellen. Wenn ich im Vorfeld eine Diskussion beginne und mir selbst nicht im klaren bin: Ist es schutzwürdig? Ja oder nein? Dann muß man sich nicht wundern, wenn man selbst in Frage gestellt wird. Wenn ich das im Vorfeld weiß: Diese Fläche wollen wir unter Naturschutz stellen, dann kann ich auch konkret auf den Betroffenen zugehen und sagen: 'So Leute, dies ist ein hervorragend schutzwürdiges Gebiet; das müssen wir unter Schutz stellen. Wir brauchen Euch, wir müssen das gemeinsam machen!' Dann kann man den Betroffenen auch sagen, wo es längst gehen kann, wie es laufen kann. Und die entscheidende Frage für die Betroffenen ist immer: Was kriege ich als Entschädigung? Weil hiermit viele Einschränkungen für die Landwirtschaft verbunden sind.

V.: In der Elbtalaue kommt erschwerend hinzu, daß sich das Planungsgebiet über fünf Länder erstreckt. ...

B.: Als der Gedanke aufkam, diesen Nationalpark Elbtalaue zu installieren, hat man schon im Vorfeld, als es die DDR noch gab, Gespräche geführt. Mit der damaligen DDR war dies aber kaum



machbar. Jetzt nach der Wiedervereinigung sind die Verhandlungen sehr schnell in die Puschen gekommen und auch konkretisiert worden. Man ist sich über die Größe des Schutzgebietes einig. Das ist ja eine wichtige Voraussetzung. Weil das länderübergreifend ist, ist das natürlich erschwerend, weil drei verschiedene Landesregierungen damit zu tun haben - drei unterschiedliche Naturschutzverwaltungsformen. Und diese müssen erst einmal wieder auf einen Punkt gebracht werden. Das ist erschwerend. Aber ich denke, daß die Rahmenbedingungen soweit sind, daß man sich einig wird. Man führt jetzt auch schon Gespräche mit den Betroffenen inwieweit Einschränkungen erfolgen sollen. Es sind ja nicht nur Einschränkungen, die Landwirtschaft soll dort weiterhin arbeiten können. Da ist man in Gesprächen. Den Sachstand kenne ich nicht genau. Wenn dann die finanziellen Fragen geklärt sind, kann das in den nächsten Jahren anlaufen.

V.: Gibt es dort eine Planungsgruppe?

B.: Vor Ort macht das da die Bezirksregierung. Für uns ist die Bezirksregierung Lüneburg zuständig. In Mecklenburg-Vorpommern weiß ich nicht, welche Behörde das da macht und in Schleswig-Holstein... Die beteiligten Länder haben Arbeitsgruppen eingesetzt, die sich damit beschäftigen. ... Man muß aus der eigenen Erkenntnis aus unserem Landkreis heraus wissen, daß die erste Stufe der Unterschutzstellung das Landschaftsschutzgebiet ist. Es ist quasi die Vorstufe; hier sind schon gewisse Einschränkungen zu beachten. Die zweite Stufe ist das Naturschutzgebiet, in dem schon Einschränkungen für die Betroffenen vorhanden sind. Die Voraussetzungen für die jeweilige Schutzkategorie müssen natürlich erfüllt sein. Ich kann ja nicht sagen: Die Wiese X oder Y wird unter Schutz gestellt, wenn die Rahmenbedingungen dafür nicht erfüllt sind. Das muß man wissen. Daher sagt man in der Elbtalaue: 'Dies Gebiet ist insgesamt schutzwürdig. Das muß ich entwickeln. In Landschaftsschutzgebieten sind die Kriterien nicht voll erfüllt, daher die Vorstufe. Dann kommt Naturschutz, die nächste Stufe. Die Nutzungseinschränkungen und Entwicklung wird in den verschiedenen Schutzkategorien unterschiedlich gehandhabt.

V.: Für die landwirtschaftlichen Betriebe in dem Planungsraum herrscht eine immense Planungsunsicherheit. Wenn die jetzt vor der Frage stehen: 'Investieren wir in diesen Betrieb? Bauen wir den Betrieb weiter aus? Werden notwendige Investitionen getätigt, z.B. eine neue Melkanlage? Wird eine neue Melkanlage gekauft? Die alte ist kaputt! Lohnt sich das überhaupt, wenn das sowieso Naturschutzgebiet oder Biosphärenreservat wird? Ist diese Planungsunsicherheit von einem Agrar- und Naturschutzpolitiker politisch zu verantworten?

B.: Ich sage: Es gibt nichts schlimmeres, als wenn man nicht weiß, wo es lang geht - insbesondere für die Landwirtschaft! Wenn die Landwirtschaft nicht weiß: Kann ich noch investieren oder kann ich nicht investieren, muß man mit den Leuten sprechen und sagen: So soll es werden! Auch die Zeitpunkte müssen entsprechend festgelegt werden, damit der Landwirt weiß, wie er zu disponieren hat, wie er disponieren kann. Sie haben vollkommen Recht, das ist genau die Unsicherheit, mit der 'Bauernkillerei' gemeint ist. Es ist in dem Moment 'Bauernkillerei', in dem man die Landwirte vor vollendete Tatsachen stellt. Wenn ich jetzt einen ganz neuen Stall baue, oder

investiere und morgen nicht weiß, ob ich meine Flächen noch weiterhin ordnungsgemäß so, wie ich sie bisher bewirtschaftet habe, bewirtschaften kann, das...
Auch in der Elbtalaue laufen die Gespräche so, daß alle Beteiligten wissen, was kommen soll und deshalb kann sich auch jeder darauf einstellen. Die Frage ist: Kann ich mich entsprechend umorientieren? Wenn ich die Landwirtschaft weiter betreiben möchte, habe ich entsprechend andere Flächen zur Verfügung. Heute ist das auch dadurch, daß wir einen permanenten Strukturwandel haben, alles etwas leichter als früher. Immer mehr Betriebe geben auf. Zur Zeit liegt der Strukturwandel bei drei Prozent. Wir haben noch 80.000 landwirtschaftliche Betriebe. Wenn man ausrechnet, bei drei Prozent, die jährlich aufgeben, weil kein Hofnachfolger vorhanden ist, oder die Bereitschaft nicht mehr da ist - kein Hofnachfolger, keine Zukunftsperspektive. Und das ist heute in der Landwirtschaft sehr schwierig, das muß man einfach so sehen, weil die Rahmenbedingungen nicht mehr so sind, wie sie früher einmal waren. Insofern kann man durch Flächenaufkauf und Flächenaustausch... Dies wird auch durch die Agrarstrukturämter gemacht. So kann auch diesen Landwirten, die auf der einen Seite Einschränkungen hinnehmen müssen, aber weiter wirtschaften möchten, versucht werden, ihnen im Rahmen der Flurbereinigung Austauschflächen anzubieten.

V.: Im Landkreis Osterholz läuft das Flurbereinigungsverfahren jetzt an. Es gibt erste Vorgespräche und erste Karten.

B.: Das Amt für Agrarstruktur wird das umsetzen. Bisher konnten wir nicht tätig werden. Die Zusage lag ja länger auf dem Tisch. Die Frage, ob wir Geld bekommen, stand aber noch im Raum. Ohne Geld läuft nichts. Nachdem das geklärt wurde, kann es jetzt an die Arbeit gehen. ...Zunächst kommen die Verhandlungen mit den Betroffenen. Da sind alle Beteiligten gefordert, das Landvolk als Interessenvertretung sowie insbesondere der einzelne Landwirt.

V.: Sehen Sie im Flurbereinigungsverfahren keine Stolpersteine? Bei der Flurbereinigung kommt es oft zu erhitzten Gemütern. Sehen Sie da keine Probleme?

B.: Ich sehe Sie im Moment noch nicht, weil ich davon ausgehe, wenn der Wille da ist, dies gemeinsam umzusetzen... Ich weiß aber, daß Flurbereinigungsverfahren sehr lange dauern, die dauern ja bis zu 30 Jahren, im Schnitt sogar dreißig Jahre - es sei denn, es sind keine landwirtschaftlichen Flurbereinigungsverfahren, sondern z.B. für die Bundesbahn oder die Bundesautobahn. Diese gehen in der Regel schneller, weil da der Staat etwas will und dieses konsequent umgesetzt wird. Dieses kann sogar mit vorläufigen Besitzeinweisungen laufen. Wenn die Grundstückseigentümer absolut nicht wollen, wird das hinterher geregelt. ... Hier sagt zum Beispiel der Staat: Die Bahnlinie Hannover-Würzburg ist ein Beispiel dafür, wo diese Flurbereinigung kraft Gesetz durchgeführt wurde.

V.: Sind Sie da auch mit eingebunden?

B.: In das Flurbereinigungsverfahren sind wir als Politiker überhaupt nicht mit eingebunden. ...

V.: Es gab vor ca. zwei oder drei Jahren diesen Entwurf der SPD-Fraktion zur Novellierung des Bundesnaturschutzgesetzes. Damit sollte die Stellung des Naturschutzes noch mehr hervorgehoben werden, d.h. die Landwirtschaftsklausel sollte aus dem Gesetz herausgestrichen werden. Glauben Sie, daß die Herausnahme der Landwirtschaftsklausel erfolgen wird? Wie ist der derzeitige Sachstand?

B.: An eine Herausnahme glaube ich nicht. Wenn man etwas will, geht man häufig von einem Extrem ins andere. Ich weiß nicht, was sich die Fachleute bei der Einbringung gedacht haben, aber... Also ich gehe davon aus, daß der Entwurf des neuen Bundesnaturschutzgesetzes so nicht umgesetzt wird. Zweitens bin ich dagegen, daß die Landwirtschaftsklausel herauskommt, weil nämlich dann die Landwirtschaft stark benachteiligt werden würde. Das können wir uns heute nicht erlauben. Wir haben ja gar nicht mehr so viel Landwirtschaft und ich gehe davon aus, daß man Naturschutz auch nur mit der Landwirtschaft betreiben kann. Die Landwirte sind ja quasi unsere Naturschützer. Also, das kann man nur gemeinsam. Daher kann die Landwirtschaft nicht herausgenommen werden. Inwieweit nun das Bundesnaturschutzgesetz verschärft werden muß, vermag ich momentan nicht abzusehen, weil wir mit dem jetzigen Naturschutzgesetz eigentlich ganz gut leben können. Ich sehe, Verschärfung vorgenommen werden muß. Ich weiß das vom niedersächsischen Landesnaturschutzgesetz. Dies klappt gut. Wir arbeiten da gut mit. Ich sehe keine Schwierigkeiten. ...

V.: Eine letzte Frage: Wie beurteilen Sie die Zusammenarbeit auf den verschiedenen politischen Ebenen zwischen den vom Naturschutz betroffenen Fraktionen?

B.: Da gibt es eine ganz klare Richtung: Den Grünen geht es nicht scharf genug, die wollen mehr Naturschutz, mehr extensive Wirtschaftsweise und ökologischen Landbau. Die andere extreme Richtung ist die CDU - weniger Naturschutz. Warum, weiß ich nicht.

V.: Sind Sie sicher? Weniger Naturschutz!? Ich frage nochmal nach, weil ich von anderer Seite etwas anderes gehört habe.

B.: Weniger Naturschutz! Das weiß ich ganz genau, weil ich war ja im letzten Wahlkampf mit... Er sagte: Weniger Naturschutz und weniger Eingriffe! Und wir sagen: mit Augenmaß! Auf der einen Seite sage ich: Die Landwirtschaft produziert, weil wir ein Überangebot. So! Und da sage ich: Lieber eine ordnungsgemäße flächenschonende Landbewirtschaftung, dafür bessere Preise. Warum ist denn die Landwirtschaft so heruntergekommen? Das hat doch alles seine Ursachen! Es wurde früher produziert, da waren die Preise noch einigermaßen in Ordnung. Die Preise gingen dann langsam in den Keller. In den ersten Jahren konnten die Landwirte das durch Mehrproduktion ausgleichen. Und jetzt haben wir eine Mehrproduktion, die wir nicht mehr absetzen können. Deshalb haben wir auch die ganzen Flächenstillegungen und Quoten. Das macht ja keinen Sinn, daß wir über Maß produzieren. Da ist es mir lieber: eine ordnungsgemäße flächengebundene Landwirtschaft, die mit mehr Naturschutz verbunden ist.

V.: Und die anderen Parteien?

B.: Die FDP ist zur Zeit nicht im Landtag. Ich kann sie nicht bewerten. Die sind ja noch liberaler und sagen: 'Das soll sich möglichst frei entwickeln!' Die haben da einen ganz besonderen Standpunkt. Ich weiß gar nicht, was die Bundespartei für einen genauen Standpunkt hat. Die sind wohl auch für Naturschutz, aber ich denke: Die sind noch liberaler als die CDU. ... Ich denke, was die Zusammenarbeit im Naturschutz betrifft, sind wir gar nicht so weit auseinander. Nur eben, daß die einen sagen: Wir brauchen nicht so viel Eingriffsregelungen - etwas weniger! Und wir sagen: Mit Augenmaß. Was unter Schutz ist, sollte auch unter Schutz bleiben und dafür flächendeckende Bewirtschaftung. Das macht mehr Sinn.

V.: Sie sagen: Wir sind gar nicht so weit auseinander. Beziehen Sie das auf die Landes-, Bundes-, Kreisebene oder alle Ebenen?

B.: Auf Kreisebene sehe ich eigentlich gar keine Unterschiede. Im Bund kann ich das nicht so abschätzen. Was ich so aus den Papieren heraushole, ist es wohl so, daß die SPD wohl auch mehr möchte, die CDU da aber auch zurückhaltender ist, um das mal so ganz vorsichtig zu formulieren.

V.: Vielen Dank! Ich habe Sie über Gebühr beansprucht.

Interview 24
mit dem Fraktionsvorsitzenden der CDU im Kreistag des Landkreises Osterholz

K.: Es ist zu Anfang die Auseinandersetzung gekommen: Ja, was machen wir denn ? Einen Nationalpark oder Naturpark ? Wir haben diesen Gedanken gehabt von der ursprünglich geplanten Stiftung zum Naturpark und Bürnsen einen draufgesattelt und hat gesagt: "Wir machen einen Nationalpark !" Aber das ist so absurd - das haben auch die Experten gesagt. Dann hat er diesen Gedanken auch begraben. Absurd deshalb, weil in einem Nationalpark keine kulturellen Verformungen bleiben dürfen. Die großen Nationalparke sind zu 100 % dem Naturschutz unterworfen. Das ist ja der Gedanke. Gut, das ist dann fallen gelassen worden. Dann ist der Gedanke ein GR-Gebiet daraus zu machen.... Den haben wir (CDU) von uns aus aufgegriffen und haben dann Kontakt zum Bundesumweltministerium aufgenommen. Dabei gingen die ersten Vorstellungen des Landkreises - der Verwaltung - dahin, den Bereich jenseits der sog. Teufelsmoorstraße noch dazu zu nehmen, aber nicht den Bereich Richtung Süden, Ritterhude - südliche Hammeniederung. Da hat das Bundesamt für Naturschutz gesagt: "Nein, der Teil jenseits der Teufelsmoorstraße kommt deshalb nicht in Betracht, weil er abgetorft ist und nicht mehr erhaltenswerte Naturschutzflächen aufweist, sondern... Es müßte zunächst einmal rekultiviert oder sonst etwas gemacht werden. Dies ist dann ausgeklammert worden. Und die Abgrenzung zur K 9,- das ist die Tietjens Hütte-Straße -, die ist zu wenig; sondern wir müssen bis zur Geestgrenze nach Ritterhude gehen und in das GR-Vorhaben einbeziehen. Das ist dann auch geschehen. Das war die Erweiterung, die dann für das Gutachten der Landwirtschaftskammer, an dem Sie ja auch mitgewirkt haben,-... Dabei wurde darauf Wert gelegt, daß bevor überhaupt etwas läuft, eine Betroffenheitsanalyse eingeholt wird und das das die Landwirtschaftskammer machen sollte. Es waren seitens der SPD Überlegungen im Gange, die Betroffenheitsanalyse, wenn überhaupt, dann aber durch andere, nicht durch die Landwirtschaftskammer machen zu lassen. Da haben wir uns im maßgeblichen Ausschuß durchgesetzt, ..., weil die Landwirtschaftskammer das Vertrauen der Landwirte besitzt. Wir haben gesagt: "Es nützt nichts etwas anzupacken, das nicht von Institutionen begleitet wird, die auch bei der Landwirtschaft Vertrauen genießen. Und das ist dann ein wesentlicher Schritt gewesen, daß die Betroffenheitsanalyse gemacht wurde, die dann ein kleineres Gebiet von maximal 1900 ha vorschlug, welches schließlich auch Berücksichtigung fand. Dann hat das Umweltministerium nochmals gesagt: "Also, dieser Bereich Hamme und Hammeufer und die Mäander, sollten schon noch mit einbezogen werden !" Und das ist dann auch geschehen, so daß eine Gesamtgröße von 2700 ha herausgekommen ist. Das ist jetzt das Gebiet, das in die GR-Förderung einbezogen wird.

V.: Wie wurde das Vorhaben von der CDU-Basis eingeschätzt, die sich größtenteils auch aus Landwirten zusammensetzt ? Können Sie als Fraktionsvorsitzender hier etwas zu sagen ? Wurde Kritik an Sie herangetragen ?

K.: Gewaltige Kritik. Innerparteilich insbesondere von den Landwirten. Ich weiß nicht, ob Sie das wissen ! Befragen Sie mal den Geschäftsführer des Landvolkes mit welchen Bemerkungen ich bedacht wurde, die in der spitzen Formulierung "Bauernkiller" gipfelten. Das war wirklich so !

V.: Wurde das öffentlich behauptet ?

K.: Öffentlich nicht, aber unter der Hand. Ich habe das selbst nicht gehört, aber aus zuverlässiger Quelle ist mir dies gesagt worden. ... Ich hatte das als Fraktionsvorsitzender zu vertreten. Und wer so etwas nach außen vertritt, gilt dann auch immer als Initiator. Und das muß ja nicht sein, oder ?

V.: Sie haben auch die Protestschreiben, ich meine, diese Rundschreiben mit Unterschriftensammlung bekommen ?

K.: Ja, aber insbesondere aus dem Gebiet Waakhausen, Waakhauser Polder, war eine Initiative. Ich weiß noch, daß da eine Sitzung stattfand, wo einige Bauern mit Traktoren und Dreschpflegeln aufgekreuzt sind und haben uns sogar Schläge angedroht. Aber ich nehme mal an, daß sich das völlig geändert hat und daß, -wie das so oft ist-, erst im zweiten Schritt gesehen wird, daß das auch im Interesse der Landwirte ist. Denn ich meine, daß man mittel- oder langfristig davon ausgehen muß, daß Teilbereiche der landwirtschaftlichen Produktion sich nicht dadurch verbessern können, daß man Produktionserhöhung anstrebt, sondern allenfalls auf andere Arten umsteigt.

V.: Sie meinen, daß das in einer langwierigen Naturschutzdiskussion erkannt wurde ?

K.: So sehe ich das. Vor allem wurde allmählich begriffen, daß die Gefahr des sog. administrativen Naturschutzes, der dann nicht mehr steuerbar ist, noch größer ist. Diese Gefahr hat sich dann aktualisiert als die Bezirksregierung in Lüneburg gesagt hat: "So, und jetzt erlassen wir eine Naturschutzverordnung für ein Gebiet von 1040 ha!" Dann hätte es keine Diskussion gegeben, sondern wäre sofort vollzogen worden mit allen Möglichkeiten, die das Naturschutzgesetz bei der Beschlußfassung einer Naturschutzverordnung bietet und zwar ohne Mitwirkung der parlamentarischen Vertretung.

V.: Konnte die Gefahr endgültig gebannt werden ?

K.: Ich sehe sie als endgültig gebannt an, nachdem der Stroetmann, der beamtete Staatssekretär aus dem Bundesumweltministerium gesagt hat: "Wir nehmen das in das Förderprogramm für die sog. GR-Gebiete auf !"Die Bezirksregierung hatte ja vorher Fristen gesetzt. Und die letzte Frist war -aus zum Teil unverständlichen Gründen- bis zum letzten Juli. Diese kurze Fristsetzung wurde so begründet, daß andernfalls angeblich Mittel aus dem Landeshaushalt in einer Größenordnung von 500.000 DM verloren gehen würden. Gut, lassen wir das ! Denn da sind auch Mißverständnisse da gewesen; und durch die Kontakte zu dem Regierungspräsidenten und dem Bundesamt für Naturschutz kam zusätzlich zu Mißverständnissen. Wir haben gefragt: "Würde das denn schaden, wenn wir eine Naturschutzverordnung erlassen ? Worauf die in Bonn, diese untergeordnete zuarbeitende Institution sagte: "Nein, natürlich nicht, wenn Naturschutzfläche da ist, um so besser !" Aber man hatte dabei nicht das politische Fealing dabei, daß, wenn man das so rigoros macht, den Widerstand so herausfordert, daß dann alles



kaputt gehen könnte. Das sagte im übrigen auch der Staatssekretär Stroetmann bei seinem Besuch am 17./18. Juli. "Wenn das hier gemacht worden wäre, hätten wir uns zurückgezogen. Warum sollen wir ein Gebiet, das schon in einer Größenordnung von rund 1000 ha mit einer Naturschutzverordnung erfaßt ist, also schon Naturschutzgebiet ist, noch in das GR-Programm nehmen ? Da haben wir keinen Grund mehr dafür. Das Herzstück ist weg ! Und dann hätten wir uns zurückgezogen, denn wir kaufen nur dort auf, wo wir die Möglichkeit sehen, daß es etwas bringt. Da greifen wir das auf!" Ja, und dann ist das dann losgegangen,daß... Es ist uns gesagt worden: "Ja", haben einige, -auch die Verwaltung-, gesagt,"nun liegt es an der CDU dieses Damokles-Schwert der administrativ verhängten Naturschutzverordnung - das man da schließlich herunterkommt, das Umweltministerium zu veranlassen, einen positiven Bescheid zu geben. Na ja, in der Zwischenzeit - im Mai ist dann dieser erweiternde Antrag für 2700 ha an das Bundesamt für Naturschutz gegangen, gleichzeitig auch eine Kopie an das Umweltministerium, an Staatssekretär Stroetmann. Der Staatssekretär hat, um das nicht zu gefährden, das Bundesamt gebeten, in kürzester Frist die Qualifikation zu überprüfen. Sie ist dann quasi durch eine Testat erfolgt: "Jawohl, es ist für ein GR-Gebiet geeignet." Ein Tage bevor der hierher kam... Das ging alles im engen Zeitraffer... Und um der Sache willen hat sich die CDU, die wirklich den Hauptanteil des Entscheidungsprozesses hatte, völlig in das zweite Glied gestellt. Sie hat das nicht an ihre eigenen Fahnen geheftet. Wir hatten immer noch ein ungutes Gefühl, daß das kippen könnte, zumal auch von anderer Seite Sperrfeuer kam. Die Bedenkenträger kamen nicht aus der Landwirtschaft, sondern von den Sportlern.

V.: Von den Sportlern ?

Ja, bei der Nutzung der Hamme befürchtete ein Teil, - auch der Mandatsträger der SPD, die namhaft in Wassersportvereinen tätig sind, daß die Nutzung der Hamme erheblich beeinträchtigt würde. Sie hätten das wohl ganz gerne gesehen, wenn es stirbt. Die Namen möchte ich im einzelnen nicht nennen; aber sie sind an mich herangetreten und haben gesagt: "Ja, muß das denn sein ? Laßt das doch bleiben! Wenn die dann 1000 ha machen, dann sind ja auch die Landwirte zufrieden. Mehr kommt ja nicht." Erstens: Das dies der erste Schritt gewesen wäre, der den anderen nach sich gezogen hätte, wurde nicht gesehen. Zweitens: Dies GR-Programm geht ja quasi umgekehrt vor: Es verhängt zunächst nicht und fängt dann an, mehr oder weniger unter Druck das durchzusetzen, sondern macht das auf freiwilliger Basis. Flurbereinigung, Landtausch und dergleichen sollen Instrumente sein, um es durchzusetzen. Zudem sollte man bedenken, Träger ist der Landkreis hier, so daß das auch mehr an der Basis liegt, wenn es auch von der Verwaltung getragen wird. Es ist durch die politischen Gremien eine Zugriffsmöglichkeit gegeben. Und wir werden auch beantragen, daß bei der Durchführung der einzelnen Maßnahmen eine begleitende Arbeitsgruppe eingesetzt wird, gerade weil es über zehn Jahre läuft und ein langfristiges Programm ist.

V.: Wie wird sich die begleitende Arbeitsgruppe zusammensetzen ?

K.: Aus Abgeordneten und vielleicht auch vom BUND, Umweltschutzbereich, natürlich Landwirtschaft, die Betroffenen selbst. Sie begleiten die Umsetzung. Beauftragter wird der



Landkreis als Behörde sein, sprich die Verwaltung. Hierüber ist aber noch nicht definitiv befunden. Diesen Antrag werden wir jedenfalls stellen.

V.: Sie schätzen es offenbar als wichtig ein, daß das Vorhaben vom Landkreis getragen wird, oder ?

K.: Es muß einen Träger geben; die Arbeit selbst können ja keine Abgeordneten machen. Unter der Federführung des Herrn Hundt, der der Leiter des Dezernates ist, wird das Herr Kleine-Büning machen. Maßgeblich ist, daß Vertrauen aufgebaut und auch fachlich beraten wird, damit sich keine künstlichen Widerstände aufbauen. Denn wenn mit Gewalt etwas gemacht wird, wird sich irgendeiner mal dagegen wenden und in unserem Justizstaat kann man das im Prinzip nicht weit treiben. Das würde alles verzögern und auch vergiften. Im übrigen würde sich auch das Umweltministerium zurückziehen und sagen: "Wir tun nichts mit Gewalt. Wir können," -so hat er das ein paar mal formuliert, und das ist ja auch richtig-, "wir können uns sehr zurücklehnen. Wenn an uns jemand herantritt und sagt: "Wir wollen ein Naturschutzvorhaben in diesem Sinne durchführen, dann prüfen wir, ob das geeignet ist. "Das haben wir bei Euch getan und für gut befunden. Aber wir wollen niemanden unser Geld aufdrängen. Wir kontrollieren nur, ob das auch so gemacht wird, wie es sinnvoll ist. Wenn nicht, steigen wir aus und Ihr könnt auch aussteigen. Dann müßt ihr jedoch unter Umständen die Mittel zurückzahlen." Das ist umgekehrt als bei der Bezirksregierung, schon alleine vom gesamten Verfahrensablauf.

V.: Drei Jahre nachdem die Förderung ausgelaufen ist, muß es als Naturschutzgebiet ausgewiesen sein.

K.: Wenn die Förderung neun Jahre läuft, wie in den meisten GR-Gebieten, muß nach zwölf Jahren ausgewiesen sein.

V.: Richtig, nun muß man eines noch sagen: Das alles steht unter dem Vorbehalt der haushaltsmäßigen und finanziellen Absicherung. Beschlußorgan ist der Haushaltsausschuß; unser Bundestagsabgeordneter v.Hammerstein ist Mitglied des Haushaltsausschusses. Herr Börnsen ist es wohl nicht, aber er wird es - hat er zugesagt, wenn er wieder in den Bundestag hineinkommt. Er würde das wohl sicherlich auch machen, weil er sich in diesem Bereich engagiert fühlt - das sehe ich so! Er wird sich dafür auch einbringen, so daß sicher eine Mehrheit erreicht werden könnte. Auch Herr Stroetmann hat gesagt: "Es ist bei uns noch nie ein GR-Vorhaben am Geld gescheitert. Man kann vorfinanzieren. Man kann die Mittel strecken und je nach Fließen der Mittel wird man auch die Laufdauer so oder anders fassen. Ich meine, wenn das Geld 1995 noch nicht da ist, kann man doch nicht sagen: "So, ab 1994 geht es los!" Denn es braucht alles seine Zeit und das hängt alles vom Geld ab.

V.: Hat die Bezirksregierung denn eine Zusicherung gegeben, daß in den nächsten Jahren keine Naturschutzgebietsausweisung erfolgen wird ? Es wäre durchaus denkbar, daß im Laufe der Jahre die Bezirksregierung es dann doch für notwendig erachtethier eine Nasturschutzgebietsverordnung zu erlassen, weil der Verfahrensablauf einfach zu lange Zeit beansprucht und aus naturschutzfachlichen Gründen heraus schnell gehandelt werden muß.



K.: Die Bezirksregierung hat gesagt: "Wir wollen eine Aussage dazu haben, daß das GR-Gebiet wird. Wenn der Bund das übernimmt, ziehen wir uns zurück!" Das haben sie gesagt. Diese mündliche Aussage unter dem Vorbehalt der Finanzierung ist gemacht. Die untere Verwaltung wird das der Bezirksregierung mitteilen. Es sind schon Gespräche geführt worden. Damals als die Regierungspräsidentin hier war, wurde erklärt, daß bis zum 1.Juli die Erklärung da sein sollte. Und wenn sie nicht komme, wolle man sich anschließend nochmals treffen, um weiter zu überlegen, was zu tun ist. Die ersten Kontakte mit der Bezirksregierung haben aber auch ergeben, daß sie sich als befriedigt fühlt. Interessant war,- und deshalb war auch dieser Besuch von dem Stroetmann so nötig-, und der hat im Grunde auch den Durchbruch gebracht. An Bord war ja auch ein Vertreter der Bezirksregierung, der Vertreter von dem Herrn Salomon, neben dem ich das Vergnügen hatte zu sitzen. Ich habe mit ihm im einzelnen gesprochen. Er sagte immer wieder: "Wenn das so ist, das haben wir ganz anders gesehen. Na gut, das ist ja fantastisch; da haben wir keinen Grund!" Er wollte das in dem Sinne auch vortragen. Und wir nehmen an, daß das geschehen ist. Einige, insbesondere Herr Brauns, haben anschließend mit der Bezirksregierung Gespräche geführt. Da hat man zu erkennen gegeben, daß sie sich mit dieser Aussage zufrieden geben und dieses Vorhaben einstweilig beerdigen. Eines steht fest: Das GR-Vorhaben ist so weit vorangeschritten, daß es von der Bezirksregierung nicht mehr durchsetzbar wäre. Die Bezirksregierung ist ja auch - das brauche ich Ihnen nicht zu sagen - eine weisungsgebundene Behörde, die dem Ministerium untergeordnet ist. Da würde mit Sicherheit gesagt werden: "So kann es nicht gehen!" Ich bin nicht dazu da, irgendwelche selbstverständlichen und optimistischen Prognosen zu geben. Aber ich sehe das so, daß diese Gefahr nicht mehr besteht.

V.: Die niedersächsische Umweltministerin hat noch vor drei Wochen beteuert, daß sie die bäuerliche Landwirtschaft unterstützt. Es sei einer ihrer Hauptanliegen.

K.: Aha, na gut. Das macht sich ja immer gut, solche Sprüche los zu lassen. Es sind allgemeinwertende Aussagen, die nichts verbindliches bringen. Für mich als Jurist wäre so etwas unbefriedigend. Ich würde sie immer fragen: "Was meinen Sie damit? Können Sie das konkreter auf den Einzelfall...? Sind Sie der Meinung, daß ein Hof in der Größenordnung von...bis oder wann er erhaltenswert ist oder wann nicht ? Bitte Frau Ministerin etwas genauer !" Es sind diese allgemeinen Floskeln, die Politiker gerne mal bringen.

V.: Man könnte sich kritisch fragen, ob die offizielle niedersächsische Naturschutzpolitik dies nicht konterkariert. Wie sehen Sie das ?

K.: Das sehe ich so ! Die eine Seite sind diese Sprüche, die andere Seite ist die Realität. Das ist ja auch bei dem Landwirtschaftsminister, der sehr bäuerliche Sprüche losläßt, so. Wenn es dann nicht so geht, wie es erklärt wird, dann waren es andere Gründe, die das verhinderten.

V.: Wie schätzen Sie die Rolle der anderen politischen Parteien, die auch im Kreistag vertreten sind, ein?

K.: Die Grünen haben zunächst gesagt: "Ja, wir machen das mit!" Dann haben sie aber beim nächsten Mal Bedenken bekommen und verlangt, es müsse die große Lösung, nämlich diese viereinhalbtausend Hektar sein. Gut, sie sagen jetzt: "Das ist bemerkenswert, immerhin sehr bemerkenswert !" Wenn sie auch die ganz große Lösung mit viereinhalbtausend Hektar lieber gesehen hätten, tragen sie das auch mit. Andererseits spielt auch der Neid eine Rolle, daß andere bewirkt haben, und das nehme ich mal für uns nachhaltig in Anspruch, daß wir etwas bewirkt haben. "Ja, ob da etwas von wird?" So diese allgemein nörgelige und zweifelnde Tendenz war schon erkennbar. Die selbst haben da wenig oder nichts bewegt. Aber das erfreulichste ist, daß das hier konsensual abgelaufen ist. Hier sind keine Widerstände von irgendeiner Seite mehr da - nicht mehr! Das Umweltministerium hat durch den Staatssekretär die positive Grundtendenz erkennen lassen und sie haben damit das Vorhaben zusätzlich beflügelt. Es ist nicht zuletzt dadurch Konsens entstanden. Der Staatssekretär bemerkte immer wieder: "Also erstens, wir wollen Euch gar nichts aufdrängen und zweitens, wenn es dann losgeht, läuft es viel geschmierter als manche im Vorfeld geglaubt haben.

V.: Glauben Sie, daß die Umsetzung des Naturschutzvorhabens, sprich die Einleitung des Flurbereinigungsverfahrens ohne Probleme ablaufen wird ? Und wie beurteilen Sie die Verkaufsbereitschaft der Landwirte ? Diejenigen Landwirte, die verkaufen wollten, haben schon damals, als für das Teufelsmoorseeprojekt gekauft wurde, verkauft. Es sind diejenigen übrig geblieben, die grundsätzlich nicht verkaufen wollen.

K.: Na gut, das liegt aber schon jahrelang zurück. Man hat folgende Erfahrung gemacht: Sobald es wieder ERsatzgebiete, die sogar eine bessere Aufstockung des Betriebes bedeuten können, gibt, steigt die Bereitschaft. Weiterhin spielen die Preise und die familiäre Situation eine Rolle. Das müßten Sie ja eigentlich besser wissen, weil Sie an der Befragung teilgenommen haben.

V.: Ich frage bewußt ein bißchen naiv.

K.: Ich sehe keine Schwierigkeiten, daß das ganze zum Stolpern kommen könnte.

V.: Bei Flurbereinigungen fürchten Landwirte immer wieder, daß es zu einer schleichenden Enteignung kommen könnte oder daß sie übers Ohr gehauen werden.Sehen Sie bei der Einleitung des Flurbereinigungsverfqahrens Stolpersteine ?

K.: Es ist im landwirtschaftlichen Bereich selten, daß Landwirte in Bezug auf Preise übers Ohr gehauen werden. Die wissen in dieser Beziehung bestens Bescheid und wissen sich auch mit allen Kräften dagegen zu wehren, wenn sie meinen, daß sie irgendwo auf den Arm genommen werden. Zweitens werden sie ja von starken Interessensvertretungen begleitet. Es gibt wenige Berufsverbände, die so gut organisiert und durchsetzungskräftig sind wie in dem Bereich. Stellen Sie sich mal vor: Von meiner Kreistagsfraktion sind etwa 50 % Landwirte und das bei einem Anteil der bäuerlichen Bevölkerung, der enorm niedrig ist - weit unter 10 %; ich glaube 6% oder so. Die sind gut repräsentiert. Es gibt so viele Institutionen, die sich für die Landwirte einsetzen können, daß ich da keine Bedenken habe.



Auch im Vorfeld ist es nicht so, daß da irgendjemand gesagt hat: "Ich will auf gar keinen Fall!" Es gibt auch welche, die gerne verkaufen oder tauschen wollen und sich dabei vielleicht eine Chance dabei aussehen. Aber da sind Sie, Herr Meyer zu Erbe, viel kompetenter als ich.

V.: Es wird vielfach kritisiert, daß Naturschutzflächen in staatliches Eigentum überführt werden. Was halten Sie davon ?

K.: Soweit wie möglich sollte man das vermeiden, wenn der Zweck, ein Naturschutzgebiet auszuweisen auf andere Weise erreicht werden kann. Denn wir wollen auch damit einen Berufszweig in einer schwierigen Übergangszeit, nämlich der Landwirtschaft helfen. Und ich sehe da für die Zukunft große Aufgaben. Denn wenn diese großen Kulturflächen - und es sollen ja auch Kulturflächen bleiben - nicht betreut werden, wird... Wer soll das eigentlich machen?

V.: Die Betreuung soll an die Landwirte gegeben werden.

K.: Richtig! Dann können die das ja auch als Eigentum behalten; so ist ja die Beziehung wesentlich stärker. Und es sollten privatrechtliche Vereinbarungen getroffen werden, nach denen sie sich verpflichten, das zu unterlassen und jenes zu tun.

V.: Sehen Sie das als vorrangig an?

K.: Ich sehe das als vorrangig an und sehe es als wünschenswert an, weil man dabei sehr viel Geld spart, welches man für andere Dinge verwerten kann. Zum anderen bleibt die Beziehung zu dem (Grund und Boden bestehen) und es gibt für die Zukunft eine sinnvolle Aufgabe, auf dem eigenen Grund und Boden zu wirtschaften. Die Flächenbewirtschaftung der Landwirte nur zu Zwecken der Produktion landwirtschaftlicher Erzeugnisse, -seien es nun Tiere oder Früchte-, daß das nur das Gebiet (Arbeitsfeld) sein kann, ist eine Verengung der Möglichkeiten. Ich bir der Meinung, daß sich da in den nächsten Jahren auch in der Bewußtseinsbildung eine Änderung ergibt, und nicht in einer Tour davon gesprochen wird: "Wie können wir eine Produktionsvermehrung von Produkten bewirken, die auf dem Markt nicht mehr absetzbar sind. Ich weiß, daß das sehr mühsam ist und...
Man wird Veränderungen anstreben müssen. Sie wissen, wieviel Landwirte von hier in den Osten gehen, weil da in bezug auf die Qualität der Böden und der landwirtschaftlichen Struktur wesentlich günstigere Möglichkeiten bestehen. Wir haben einen Krieg mit Rußland angefangen u.a. mit dem Scheinargument: "Wir brauchen als Volk ohne Raum Flächen, nicht um unser Volk unterzubringen, sondern vor allem um die Ernährung zu verbessern: nämlich die Kornkammer Europas, die Ukraine! So! In den vergangenen Jahrzehnten war das eine Zuschußgebiet. Wenn das erst floriert, dann aber Gnade Gott der Produktion. Mit anderen Worten: In unseren Bereichen, die aus strukturellen und qualitativen Gründen... wird man sich überlegen müssen, ob es nicht besser sein wird, der Landwirtschaft eine wunderbare Zukunftsaufgabe zu übertragen, nämlich Naturschutzbereiche zu erhalten. Denn das kostet ja so oder so auch Geld. Warum ist das denn eine nicht vollzunehmende...? Die Landwirte haben sich ja vor Jahren dagegen gestreubt, weil das eine Tätigkeit ist, die mit ihrem Berufsbild übereinstimmt. Das ist doch überholt! Aber das muß ich Ihnen nicht sagen, sondern Sie müssen mir das sagen.



V.: Ich weiß nicht, inwieweit Ihnen bekannt ist, wieviel Gelder über den Erschwernisausgleich gezahlt werden.

K.: Der Erschwernisausgleich ist eine Teil des finanziellen Aufwandes, der da betrieben wird. Welche Größenordnung kann ich Ihnen nicht sagen. Darüber wird es Detailerhebungen geben müssen. Ich sehe auch als Kommunalpolitiker nicht meine Aufgabe darin zu sagen: "Das müßt Ihr so oder so machen, sondern das wird sich aus der Detailuntersuchung ergeben müssen.

V.: Ein entscheidender Kritikpunkt der Landwirte ist, daß Bewirtschaftungsauflagen zu streng ausfallen. Die allgemeine Akzeptanz leidet darunter.

K.: Ja, dafür wird es Erschwernisausgleich geben. Wenn ich mich freiwillig verpflichte, aus der intensiven Landwirtschaft herauszugehen in die extensive, wird es auch Entschädigungen geben.

V.: Bei Landwirten kommt Empörung auf, wenn von Naturschutzflächen überständiges Gras abgefahren wird und so schlechte Qualität hat, daß es zur Müllverbrennungsanlage gefahren wird. Es ruft wenig Verständnis hervor. Wie beurteilen Sie das?

K.: Ich höre diesen Kritikpunkt das erste Mal und wußte nicht, daß das eine große Rolle spielt. Es wird schon so sein, daß im Detail sehr viele Schwierigkeiten entstehen. Der Teufel sitzt bekanntlich immer im Detail. Das wird man dann sehen müssen. Zunächst ist der große Wurf da. Ich halte ihn für gelungen. Es war wert, sich dafür einzusetzen. Insbesondere sehe ich die Aufgabe darin, darauf zu achten, daß die Akzeptanz der Landwirte erhalten bleibt, die betroffen sind. Auf diesen Konsens und diese Akzeptanz sind wir trotz aller Kritik stolz. Wir haben immer wieder gesagt, bis uns schließlich auch geglaubt wurde: "Wir werden überhaupt nichts mit Gewalt machen; nun hört und seht Euch das erst einmal an. Staatssekretär Stroetmann ist vier- oder fünfmal hier gewesen und hat immer wieder vor entsprechenden Kreisen gesprochen und das vorgetragen. Er hat gesagt: "Wir machen gar nichts mit Gewalt!" Aber es ist dann begriffen worden, daß der administrative Naturschutz vor der Tür steht und es eben nicht die Alternative gibt: Fortsetzung der intensiven Landwirtschaft, die ja die reine Lehre ist, unbeschadet aller Beeinträchtigungen durch den Naturschutz oder die Alternative GR-Gebiet oder Naturschutzgebiet. Auch weniger bekannt war, daß es da Grade gibt von unterschiedlicher Art und daß der Naturschutz, wenn er von der administrativen Seite kommt, wesentlich gefährlicher sein kann als das, was jetzt vorgesehen ist.

V.: Warum gefährlicher?

K.: Weil es nur über die Administration läuft; es wird per Verordnung angeordnet. Es werden sofort Beschränkungen auferlegt. Es gibt eben nicht diesen umgekehrten Weg wie es beim GR-Gebiet möglich ist.

V.: Es sind also negative Erfahrungen mit dem Naturschutz in Schutzgebieten. Sind Ihnen auch Schwierigkeiten im Zusammenhang mit dem § 28a oder b bekannt ?



K.: Einzelschwierigkeiten hat es mit dem § 28a gegeben - diese Sicherung der Tümpel. Das ist ja diese Vorschrift des Naturschutzgesetzes. Aber soweit ich das sehe, hat das nicht zu ganz großen Protesten geführt. ...
Ich kann mich noch daran erinnern, als damals dies kleine Schöpfwerk in Waakhausen gebaut wurde, daß da schon einige Naturfreunde gesagt haben: "So, und nun ist die schöne Flora und Fauna teilweise kaputt!"

V.: Schon zum damaligen Zeitpunkt? Das war 1954 !

K.: Ende der 50er Jahre kann ich mich an Leserbriefe erinnern. Ich weiß das noch wie heute, als da jemand dafür gefochten hat: "Jetzt wird also die Flora und Fauna verändert." Und das ist auch so, denn... Jetzt werde ich Ihnen das einmal von einer anderen Perspektive schildern: Der schöne Worpsweder Himmel, der um die Jahrhundertwende Künstler hierher gezogen hat, ist nicht zuletzt auf die damals wesentlich feuchtere Luft zurückzuführen. Die ganzen Flächen waren feuchter und die Atmosphäre war dadurch in der Farbgestaltung anders als sie jetzt ist. Ich erinnere mich an meine Kindheit. Damals waren die Naßwiesen im Bereich Tietjens Hütte wesentlich bunter. Es waren wesentlich mehr Farben da. Ich habe als Kind in der Hamme schwimmen gelernt: Wenn wir da in Richtung Tietjens Hütte an der Hamme entlang liefen, dann wackelte der Boden, weil er völlig feucht war. Durch die Senkung des Wasserspiegels ist das wesentlich fester geworden. Also, es hat sich dadurch erheblich geändert.

V.: Es gab also damals in den 50er Jahren schon Kritik an der Einpolderung Waakhausens ?!

K.: ja, die gab es schon, es war aber keine ernsthafte Kritik. Was heißt ernsthaft ? Es war schon ernsthafte Kritik, aber keine nachhaltige Kritik. Es war ein hiesiger Arzt, der Naturfreund ist, der das geschrieben hat. Er hat sich damit im Zusammenhang mit der Melioration im Hammebereich befaßt. Damals war die Tendenz, mehr die Produktivität zu steigern.

V.: Zurück zu den GR-Planungen. An den GR-Gebieten wird kritisiert, daß der Planungszeitraum zu lange ist.

K.: Ich bin der Meinung, daß man das Tempo nicht so forcieren sollte, weil dadurch der Konsens gestört werden könnte. Ich weiß, daß Naturschützer sagen: "Hier ist nun schon so viel kaputt; daher muß das am besten heute oder gestern gemacht sein." Das hilft ihm aber gar nichts, wenn man weiß, daß der Widerstand da ist und das gegen den Widerstand durchzusetzen ist noch schwieriger als wenn man das über Jahre hinaus macht. Ich bin kein Experte; aber ich bin der Meinung, daß die zeitliche Verzögerung, die dadurch eintreten kann, daß es ein Programm über neun bis zehn Jahre ist, daß die Qualität darunter leidet. Dieser Meinung bin ich nicht...

V.: Die voranschreitende Zeit macht die Planungen fruchtbarer.Der Konsens kann geschaffen werden.

K.: Es ist ja auch so: Wenn es zu dieser Naturschutzverordnung gekommen wäre, dann hätte diese nur 1000 ha umfaßt. Jetzt haben wir 2700 ha. Das ist ja schon ein wesentlich größerer Bereich, der da einbezogen wird. Was wäre denn dann mit den anderen Bereichen gewesen ? Die hätten sich nur auf ein zentrales Gebiet mit Schwerpunkt ehemaliger Teufelsmoorsee konzentriert und das, was jetzt noch dazu gekommen ist, wäre noch nicht einmal dabei gewesen. Ich weiß nicht, ob die das nicht bemerken, daß hier ein wesentlich größerer Raum einbezogen wird. Daß die da immer darauf herumhacken, daß das sonst schneller gegangen wäre. Also ich halte nichts davon. Es ist ja auch so, -jedenfalls haben uns das die Bonner aus dem Umweltministerium gesagt: "Das Gebiet ist nicht so kaputt, daß eine langsamere Gangart das ganz kaputt machen würde. Die untere Hammeniederung, die ja ziemlich intensiv bewirtschaftet wird, ist für den Naturschutz noch nicht kaputt," das sagen die Experten. Also, diese Argumente, die hier immer wieder gebracht werden, -ich bin kein Experte- oder andere, die da täglich mit umgehen, wie das Bundesamt, ... Wenn die sehen würden, daß diese Art der Umsetzung per GR-Gebiet in bezug auf die Qualität des Naturschutzes nachteilig ist, würden sie sagen: "Laßt die Finger davon ! Laßt die Hannoveraner das machen, denn die machen es schneller!" Abgesehen davon haben die jetzt auch erzählt: "Ja, so ist das auch nicht, daß wir so schnell zuschlagen. Wir sichern nur mal und gehen dann langsam vor." Sie haben sich gegen den Vorwurf des ganz schnellen Durchsetzens auch allmählich gewehrt. Außerdem, wenn es dann zu Prozessen kommt,.. Ich weiß nicht, ob das so gut ist !

V.: Trotzdem gibt es Stimmen, die gerne die ganz schnelle Umsetzung sehen würden.

K.: Zu diesen Stimmen gehöre ich nicht. Man kann nicht alles haben wollen. Das Leben muß auch mit Kompromissen begleitet werden. Wenn es nicht zu erheblichen Beeinträchtigungen kommt, ist dies der richtigere Weg.

V.: Sie sehen also in der langen Planungsphase, die ja praktisch seit 1990 läuft, keine Verunsicherung ?

K.: Die Vorphase ist abgeschlossen. Wir kommen jetzt in die Umsetzungsphase. Das lag ja auch daran, daß wir uns selbst erst ganz vorsichtig an dieses Thema herangetastet haben. Daß das so lange gedauert hat, war vielleich ein Grund für die Bezirksregierung oder auch anderen, daß sie meinten: "Jetzt schnell zuschlagen !" Aber das ist nun abgeschlossen. Es geht jetzt darum, daß es losgeht. Bei uns ist es eben gerade umgekehrt: Wir haben die Landwirte nicht zusätzlich verunsichert, sondern immer sicherer gemacht. Es ist etwas, was sie mitgestalten können und ihnen nicht übergestülpt wird. Gerade das ist im konkreten Fall Osterholzer GR-Gebiet nicht so geworden. Ja, schönen Gruß an die Dame ! Sie soll sich an uns wenden, ich kann ihr andere Erfahrungen mitteilen und dann soll sie sich mit den hiesigen Landwirten unterhalten. Wenn sie hören, daß inzwischen die bösen Buben, die das mal angerührt haben, nicht als Helden, aber zumindest als vernünftige Sachwalter gelten... Im übrigen ist es so: In Schleswig-Holstein gibt es in der Tat ein GR-Gebiet mit Problemen. Ich habe das per Zufall an dem Abend vor dem Treffen mit Stroetmann in einer Sendung im dritten Programm gesehen. In diesem GR-Gebiet ist gewaltiger Widerstand aufgekommen. Es ist alles kaputt geredet worden. Vielleicht kennen Sie es ? Und bei uns dank unserer großen Geschicklichkeit nicht !



Interview 25
mit dem Fraktionsvorsitzenden der Grünen im Kreistag des Landkreises Osterholz

V.: Wie beurteilen Sie die jetzige Absteckung bzw. Abgrenzung des Großschutzgebietes Hammeniederung ? Die anderen Parteien sind mit der jetzigen Abgrenzung sehr zufrieden.

Z.: Jetzt haben wir 2700 ha. Naja gut. Es reicht. Man muß sagen: Lieber den Sperling in der Hand als die Taube auf dem Dach - mehr wäre schöner gewesen, aber wir müssen uns zunächst damit zufrieden geben. Es ist ja auch eine Menge Geld, welches dafür bereit gestellt wird. Und da machen wir uns nichts vor: Die Landwirte haben -behaupte ich zumindestens- alleine durch dieses Geld zum großen Teil eine echte Perspektive, denen es ohne schlechter gegangen wäre. So manch einer ist heilfroh, da wo die Söhne nicht weiter machen wollen, daß er so halbwegs mit diesem Geld über die Runden kommt. Ich kann es nicht beweisen, aber auch andere teilen diese Einschätzung. ...
Wir haben jetzt schon 3% NSG-Fläche, und das Großschutzgebiet kommt noch hinzu.
Die globale bundesrepublikanische Gesamteinschätzung ist so: Im Prinzip brauchen wir keine Naturschutzgebiete, wenn wir unsere Gesamtlandschaft bis in jeden Garten hinein tier- und pflanzengerecht gestalten würden. Da liegt noch ein unheimliches Potential. Aber bei unserer Einstellung zur kultivierten Natur, bei dieser überzogenen Einstellung ist es so, daß das Umfeld der Lebensgemeinschaft Mensch einfach auch für die Tiere so schlecht ist, daß es noch zu wenig ist. Die Flächen werden täglich weniger, weil Industrie und Verkehr sie beanspruchen. Deshalb konzentrieren wir uns auf wenige Naturschutzgebiete, die dann alles wieder herausreißen sollen. Sie liefern für Industrie, Landwirtschaft, Verkehr und Autolobbiesten das Alibi: 'Wir haben ja Naturschutzgebiete und dann reicht das aus.' Und das reicht eben nicht. Hier ein Naturschutzgebiet und da ein Naturschutzgebiet und dann haben wir da so einen Flickenteppich und außen herum brandet der Schwachsinn - der technische Fortschritt. Wenn das so weiter geht, ist irgendwann Schluß. Bei dem festgestellten ungehäuerlichem Artenrückgang brauchen diese Naturschutzgebiete eine großflächige Vernetzung. Sogenannte Trittsteine hier und da mal, die bringen nichts. Da gehen die einzelnen Populationen im Grunde am Inzest kaputt. Oder wie heißt das ?

V.: ...kein ausreichender genetischer Austausch.

Z.: Ja, der ist nicht da! Also, wir müssen großräumiger denken. Aber zurück zu dem Naturschutzgebiet. Es ist eine schöne Sache....

V.: Meinen Sie, daß der Verlauf der Planungen für das Großschutzgebiet Hammeniederung zu langsam war ? Oder sahen Sie in dem langsamen Planungsverlauf geradezu eine Chance für den Naturschutz?

Z.: Es bestand die Möglichkeit,...und da hatten die Landwirte eine wahnsinnige Angst vor, daß von der Bezirksregierung ein Naturschutzgebiet sehr schnell übergestülpt wird, wo Bewirtschaftungsauflagen in extensiver Landwirtschaft und wo sie auch in Schwierigkeiten gekommen wären. - Wir sind die letzten,



die den Leuten die Existenzgrundlage entziehen wollen. Das ist ja nun nicht eingetreten.
Aber die lange Laufzeit über elf, zwölf Jahre birgt natürlich die Gefahr, daß bedrohte Tier- und Pflanzenarten schließlich verschwinden. Und dann nützt mir am Ende nach dem Motto 'Opperation gelungen und Patient tot' die Sache gar nichts. Der heutige Stand mit dem vielleicht in zwölf Jahren verglichen, das wissen wir erst dann. Am Ende des Zeitraumes, wenn das Geld verbraten ist, können wir sagen: Jetzt haben wir zwar ein GR-Gebiet, aber es ist kaum noch etwas wert. Die Gefahr ist einfach da! ...
Zu Anfang waren wir immer die Bösen, die auf der Landwirtschaft herumgehackt haben,... Ich habe von den Leuten der Biologiestation gehört, daß etliche Landwirte zunehmend sachlicher werden und auch gewillt sind, Bewirtschaftungsauflagen hinzunehmen, vor allem, wenn da Entschädigungen von der Stadt Osterholz-Scharmbeck oder dem Landkreis - Naturwiesenfonds usw.. Das funktioniert inzwischen ganz gut. Gerade im Naturschutzgebiet 'Torfkanal': Wenn die eine Mahd im Jahr im September oder so ansteht, wird das genau besprochen. Die Bauern selbst achten auch schon mal darauf, ob innen da eine Vogelart aufgefallen ist; der eine oder andere ist dann ja auch spezieller interessiert. Allmählich sind die heutigen Leute schlauer geworden.

V.: Sie haben vorausgesetzt, daß es aufgrund der Intensivierung der Landwirtschaft zu einem Artenrückgang kommt. Ist das richtig?

Z.: Während dieser zwölf Jahre Projektlaufzeit werden ja nicht alle Auflagen auf einmal umgesetzt. Ich sehe die Gefahr, daß am Ende zu wenig übrig bleibt. ...Es kommt ja alles zusammen. Die Gülle wird zwar nicht in dem Maße wie im Südoldenburgischen auf die Felder gekippt...- die verschiedenen Mahden, wo den Wiesenvögeln keine Möglichkeit...-ich weiß es nicht. Man wird es feststellen. Die BIO-Station ist dabei, das zu betreuen. Sie haben einen entsprechenden Betreuungsvertrag - für das GR-Gebiet allerdings noch nicht.

V.: Würden Sie es favorisieren, daß die BIO-Station hier als ein Zusammenschluß von Naturschutzverbänden die federführende Betreuung übertragen wird ? Oder würden Sie es bevorzugen, wenn die Bezirksregierung administrativ eine Naturschutzstation, die zur Bezirksregierung gehören wird, aufbaut, wie z.B. im Fehntjer Tief oder in Nordkehdingen ?

Z.: Das ist eine Zentralisierung. Zu Zeiten leerer Kassen liegt es nahe, daß man mit einem relativ geringen Aufwand hier vor Ort die BIO-Station und die ehrenamtlichen Naturschutzverbände einbindet. Das ist ein ungeheueres Potential an Leuten. Wenn man auf diese Leute zurückgreift,... Die haben ja auch schon ein ziemliches Wissen aus den einzelnen Gebieten. ... Diese Naturschutzfilialen von der Bezirksregierung kosten meiner Meinung nach zu viel. Man muß natürlich auch seitens des Landkreises die BIO-Station ein bißchen mehr unterstützen. Mit 8000 oder 10.000 DM im Jahr ist das zu wenig. Die haben schwer zu knapsen. Wenn sie im das Geld im nächsten Jahr nicht kriegen, weiß ich auch nicht, was die dann machen.
Die haben von der Bezirksregierung für alle Naturschutzgebiete im Landkreis einen Betreuungsvertrag bekommen, mit Ausnahme des GR-Gebietes. Es ist ein Betreuungsvertrag, der die Beobachtung dieser



Gebiete mit einschließt und aufgrund dieser Beobachtungen reagiert die Bezirksregierung, was Pflegemaßnahmen und sonstiges betrifft. Das GR-Gebiet steht eben noch aus. Für mich sind das die besten Leute.

V.: Sie sehen also die Gefahr, daß es während dieser langen Planungsphase zu einem Artenverlust kommt ?

Z.: Natürlich sehe ich die Gefahr. Sie können das doch hochrechnen. Sie haben doch nur noch...- machen wir es doch an dem Storch fest. Auf dem Dammgut ist ein Paar gewesen. Wir haben doch kaum noch etwas! ...

V.: Meinen Sie, daß die Naturschutzlobby in den Parlamenten hinlänglich vertreten ist?

Z.: ...Natürlich sind unsere grünen Leute vor Ort und machen,was sie können. Ich sehe das, wenn entsprechende Anträge kommen. Es dauert immer sehr lange bis... Es wird gekämpft, ob ich nun Transrapid, den Straßenbau oder den Autobahnbau nehme. Es ergibt sich doch die Frage, wann einmal mit der Zupflasterung Schluß sein soll.

V.: Meinen Sie,daß das Bundesnaturschutzgesetz und das Niedersächsischen Naturschutzgesetz nach seiner letzten Novellierung einen vorbildlichen Charakter erreicht haben ?

Z.: Vorbildlich mit Sicherheit nicht. Nun sind inzwischen in Niedersachsen und Bremen die Naturschutzverbände klageberechtigt; das ist schon einmal ein Fortschritt. Der Naturschutz steht immer an zweiter oder dritter Stelle. - Um mal mit einem falschen Begriff aufzuräumen: Es gibt keine Ausgleichsfläche. Die Fläche, die zugepflastert ist, ist weg! Diese kann ich nicht irgendwo wieder herbeischaffen. Ich kann zwar sagen: 'Ich zerstöre hier und nebenan diese Fläche kann ich herrichten. Aber das geht dann schon so weit, daß man sagt: 'Wir bauen eine neue Straße und rechts und links pflanzen wir Bäume und Büsche - das ist doch etwas! Da hat die Landschaft doch gewonnen! Solche Leute gibt es. Aber wir können nicht ausgleichen. Sie sehen am Beispiel Elbtunnel...

V.: Im GR-Gebiet Hammeniederung ist auch vorgesehen, in weiten Bereichen wiederzuvernässen, d.h. die Wasserstände anzuheben. Wie beurteilen Sie diese Maßnahmen?

Z.: Im Sinne des Naturschutzes ist das gut. Die Bauern werden fluchen. Wenn es nasser wird, wird die Aufbringung der Gülle schwieriger usw. Aber wenn ich ein Rastgebiet mit internationaler Bedeutung hier erhalten will, muß ich die Voraussetzungen dafür schaffen. Ich gehe davon aus, daß die Bauern halbwegs befriedigend dafür entschädigt werden. Die langjährige Entwässerung über den Hauptvorfluter Hamme war immer zu ungunsten der Natur. Es ist immer zu viel Wasser weggeflossen. Das dann schließlich die Gräben trocken gefallen sind, die Amphibien darunter zu leiden hatten, der Laich austrocknete und kaputt ging....

V.: Es ist vorgesehen, Milch und Fleisch aus den Naturschutzgebieten gesondert zu vermarkten. Wie beurteilen Sie diese Vermarktung? ...

Z.: Die Hygienegesetze hat die Industrie gemacht und die hat natürlich auch unter maßgeblichem Einfluß die Landwirtschaft zusammen mit der Chemieindustrie gemacht. Die wollen die letzte Fliege im Kuhstall kaputt machen, mit der Folge, daß wir dadrin überhaupt gar keine Schwalben mehr haben. Und die Anzahl der Keime bis gegen Null zu drücken, ist ein Schwachsinn. Das ist genauso, als wenn Sie Ihr Kind auf Meister-Proper gewieherten Fußböden spielen lassen. Davon wird es krank. Ein gesunder Mensch verträgt eine gewisse Anzahl an Keimen oder auch Salmonellen, wenn er insgesamt gut und vollwertig ernährt wird. Was das Vermarkten betrifft: Eine dezentrale Vermarktung von ökologisch einwandfreien Produkten, d.h. von halbwegs giftfreier Nahrung, sollte unser Ziel sein. Davon profitieren die Landwirte bzw. Erzeuger vor Ort auf jeden Fall. Denn die Preise müssen steigen. Der Transport und die Umweltbelastung durch den überlangen Transport fällt weg. ... Aber wir arbeiten ja seit Jahren hin zu einer Zentralisierung. Alles wird zentralisiert in Richtung Brüssel und Straßburg. Das negativste Beispiel für einen Zentralismus ist Moskau; das sollte uns doch eigentlich zu denken geben. Und wir machen den gleichen Schwachsinn.

Wenn wir sagen: Die Landwirtschaft wird in Richtung Extensivwirtschaft zurückgeschraubt, und dieser Raum wird von der ansässigen Landwirtschaft auch versorgt, erfordert das natürlich auch ein gewisses Bewußtsein. Man muß viel Reklame machen und sagen: 'Leute, Du mußt nicht jeden Tag zwei, drei Eier fressen. Drei oder vier Eier in der Woche sind vollkommen ausreichend. Und dann zahlst Du für ein Ei eben 35 Pfennig. Das ist mit Fleisch oder anderen Lebensmitteln genauso. ...Man muß den Leuten beibringen, daß sie auf den Mist, den sie im Supermarkt gibt, getrost verzichten können und sollen. Der Trend muß hingehen zum dezentralen und gesünderen Leben. Und die Naturschutzgebiete sind im Grunde genommen das Tüpfelchen auf dem I. Wenn wir in dieser Weise wirtschaften, haben wir auch eine entsprechende Vernetzung der bestehenden Naturschutzgebiete. Heute sind es Inseln oder Trittsteine, die durch von Industrie- und Gülle- und Chemiebelasteten Flächen verbunden sind.
...
Die Leute, die nur mit Naturschutzgebieten zufrieden sind, sind auf dem falschen Dampfer. Die Naturschutzgebiete müssen in eine Landschaft eingebettet sein, die auch einen gewissen Wert für Naturpflanzen hat. Trittsteine und Inseln sind für den Naturschutz zu wenig. Und dies erfordert eine Umstellung der gesamten Lebensweise. Dies den Leuten mit unseren Medien deutlich zu machen, das ist eine sehr schwere Aufgabe. Das erfordert gesamtgesellschaftlich ein Zurücknehmen unserer Wachstumsphilosophie.

Gerade diese Mahd im September muß sein und das sollte aus finanziellen Gründen schon der Landwirt machen, dem die Wiese gehört. Wenn da amtlich eine Landschaftsgärtnerei mit beauftragt wird, kann das keiner bezahlen; wir brauchen die Landwirte. Ich weiß nicht, wie das sonst funktionieren sollte.

V.: Von den Naturschutzverbänden wird kritisiert, daß die Grünen sich zu wenig im Naturschutz engagieren. Was sagen Sie zu diesem Vorwurf?

Z.: Ich bekomme das zu hören: Was machen Sie da eigentlich als Grüne? Wissen Sie, was ich inzwischen entwickelt habe? Eine Gegenfrage: Was haben Sie denn inzwischen schon gemacht? Und wir inclusive der Naturschutzverbände haben ja nur ganz wenig Leute. Die etablierten Parteien haben zwar mehr eingeschriebene Mitglieder, aber die, die etwas machen wollen, sind nur ganz wenige. Die müssen auch ackern und tun. Wir haben personell auch einfach unsere Grenzen. Ich kann nur hier etwas intensiver machen, wenn ich woanders etwas fallen lasse. Ich kann zwar informativ alles abdecken,...

V.: Worauf führen Sie es zurück, daß die Grünen/Bündnis90 nicht das Wählerpotential im ländlichen Raum haben, sondern eher im städtischen Bereich?

Z.: Die Landwirtschaft hat sich nach dem Kriege mit dieser neuen Landwirtschaftspolitik, die sich inzwischen europäische Landwirtschaftspolitik nennt, von vorne bis hinten etwas vormachen lassen. Die Landwirte sind immer auf falsche Versprechungen hereingefallen. 'Investiert noch hier und investiert noch da! Hier 100,- DM investieren, bringt im nächsten Jahr 110,-DM!' Und schließlich stellte sich heraus: Sie haben zwar investiert, es kam aber kein Wachstum, es ging sogar noch runter. ... Man hat immer auf das falsche Pferd gesetzt. Wir sind zwar erst seit 15 Jahren am Ruder,... Viele Bauern sind einfach von der Realität nicht zu überzeugen. Die Realität heißt: Wenn Ihr weniger macht und zurückfahrt in Richtung extensiv, dann habt Ihr überhaupt nur eine Chance. ...

V.: Es gibt Untersuchungen, die besagen, daß die ablehnende Haltung gegenüber den Grünen und den Umweltschutzverbänden hauptsächlich auf soziale Komponenten zurückzuführen ist.

Z.: So auf den Nenner gebracht: Die schlauen Grünen - im wesentlichen Akademiker, die wollen uns etwas vormachen; die haben von Landwirtschaft keine Ahnung. Ich gebe das als akademischer Grüner genauso zurück. Ich sage dem Bauern, wenn er so um die 60/70 ist, und die Nachkriegslandwirtschaft vom Vater gemacht hat, daß er von Landwirtschaft keine Ahnung hatte, daß er sich immer verlocken lassen: 'Nun investiere doch im Bereich Boxenlaufställe! Da noch etwas anbauen und da noch mehr und größere Maschinen. Und unterm Strich ist da nichts geblieben. Stimmt das- dieser Spruch: Wachsen oder Weichen! Es muß immer mehr investiert werden und immer mehr Flächen dazu. Und da kommen die Industrieagrarier...
Wir sind abgeschweift von den Landwirten. Sicherlich, ich kann auch nichts dafür, daß in unserer Partei so viele Akademiker, Lehrer, sind. Man braucht auch ein bißchen Zeit. Lehrer haben wie es bekannt ist, ein bißchen mehr Zeit.

V.: Es stand in der Wümme-Zeitung ein Bericht, der sich auf den Landkreis Rotenburg/Wümme bezog. Dieser Artikel war überschrieben mit 'Wir brauchen keine Umweltstasi' Der Landkreis wehrt sich gegen die Einrichtung einer Landschaftswacht. Wie beurteilen Sie diese Ressentiments, die da auftreten? Worauf führen Sie das zurück?

Z.: Auf das schlechte Gewissen. Das mit der Stasi ist so politisch und soll ordentlich wirken. Da kriegen die so ein Stasimäntelchen umgehängt nach dem Motto: Dann sind wir es auf jeden Fall los. Das schlechte Gewissen ist da! ... Es ist kaum zu kontrollieren, ob der einzelne Landwirt die Literzahl Gülle pro Hektar einhält oder aber nicht eine Fläche überdüngt und andere gar nicht begüllt. Was alleine das Aufbringen von Gülle betrifft, meine ich, müßte ein bißchen mehr Kontrolle erfolgen. Ich möchte wetten, daß das in Berufskreisen der Landwirte ein offenes Geheimnis ist, in welchem Umfang sich die Leute da nicht dran halten.
Wir arbeiten für das Beseitigen von Gehölzen an den Rändern der Flächen. ...Im Landkreis Rotenburg sind die Landwirte noch sehr stark vertreten und die wollen freie Hand haben. Wer ein reines Gewissen hat, der kann auch die Karten auf den Tisch legen. ...Es gibt offensichtlich noch viele uneinsichtige Landwirte, die meinen, sie müßten Feldgehölze beseitigen, damit sie noch den letzten Quadratmeter nutzen können oder Gülle in jedem Umfang ausbringen. Den Leuten muß ich sagen: Ihr habt keine Ahnung von einer Landschaft, die in die Natur eingepaßt sein sollte. Manche machen ganz offensichtlich eine reine künstliche...- da haben sie ihren Acker, da wird Chemie drauf gehauen und da spielt die Fruchtfolge keine Rolle, habe ich manchmal das Gefühl.
Wenn ich an den Landkreis Osterholz denke- die paar Leute, die da sind: Was machen die? Wo schwärzen die den Landwirt an? Das ist ja auch immer - die schwärzen den Landwirt an! Das ist im Grunde genommen etwas positives- Leute, die sich kümmern und sichern, was schützenswert ist. ...

V.: Wie beurteilen Sie die Arbeit der Naturschutzbehörden im Hinblick auf die Bezirksregierung und Untere Naturschutzbehörde?

Z.: Also, unsere Naturschutzabteilung hier im Landkreis ist gut bis sehr gut, das muß ich wirklich sagen. Das ist der Kleine-Büning mit seinen zwei, drei Leuten. Die machen eine ganze Menge. Von dem, was sie von ihrer Arbeit dem Naturschutz zuteile - die haben ja noch andere Aufgaben - das ist gut. In anderen Landkreisen ist das nicht genauso. Ich vermute mal, in Rotenburg ist die Abteilung sehr viel schlechter besetzt. Das ist eine Sache der politischen Mehrheit und eine Sache des Verwaltungschefs, der das in Hand hat. Vergleichen Sie das mal mit der Straßenbaubehörde! Hier in der Naturschutzabteilung sitzen drei oder vier Leute. Wieviel sitzen in der Straßenbaubehörde, die all das verwalten, was mit Straßenbau zu tun hat? Von der praktischen Durchführung ganz zu schweigen. Was das für eine Wertigkeit ist! Wo wir amtlich-staatlich den Naturschutz überhaupt ansetzen, das ist eine zu vernachlässigende Größe, sage ich mal sarkastisch. Und so darf es nicht bleiben. Da sind wir wieder beim Ausgang; gestern standen wir noch am Abgrund - heute sind wir schon einen Schritt weiter !

Interview 26
mit dem Umweltpolitischen Sprecher der PDS-Fraktion im Brandenburgischen Landtag

G.: Wir haben die Elbtalaue noch in Planung als Großschutzgebiet und Nationalpark, und den Naturpark Westhavelland, der im Entstehen ist. Es läuft eine Antragsstellung aus dem Zusammenschluß der kOmmunen und Gemeinden, die dieses NAturparkgebiet bewohnen. Da ist eine Befragung gemacht worden: Wer möchte dem Naturpark dazugehören? Wer nicht? Das ist ein sehr ungewöhnlicher Prozeß.

V.: Sind die Gemeinden befragt worden ?

G.: Die dort gelegenen Städte und Gemeinden sind befragt worden. Nun haben wir 80% Zustimmung und 20% haben sich noch nicht entschieden. Im Mittelpunkt liegt die Stadt Rathenow. - Es ist beabsichtigt, dies als Naturpark Westhavelland zu entwickeln, weil in diesem Raum drei Urstromtäler zusammenfließen. Sie bilden mitten in Brandenburg eine riesige große Schüssel, in der natürlicherweise teilweise unter dem Pegel der Havel Land liegt, das in der DDR-Zeit melioriert wurde. Friedrich der Große hatte damit angefangen. Die DDR hat das dann zum Höhepunkt gebracht, so daß man sagen könnte: Das ist durch die Trockenlegung der Niedermoore faktisch teilweise zerstört. Man kann Niedermoore nicht wieder lebendig machen - nur mit größten Schwierigkeiten.

V.: Mit Wiedervernässung.

G.: Wiedervernäßt wurde zwar an einigen Stellen. Aber es entsteht nur Schlamm, nicht weiter. Die Wiedervernässung ist mißlungen, weil...

V.: ...weil die Moorzersetzung schon zu weit vorangeschritten ist.

G.: 40 Zentimeter tief wird es naß und dann ist es Pulver. Das Moor kommt nicht wieder durch. Aber das ist nicht überall.

V.: Dies sind Naturparkplanungen. Gibt es auch GR-Planungen für das Gebiet ?

G.: Ja, das wird angedacht.

V.: Steht die Befragung im Zusammenhang mit dem Naturpark oder den GR-Planungen ?

G.: Die Befragungen steht noch nicht im Zusammenhang mit den GR-Planungen.
Die Elbtalaue wird Nationalpark mit Niedersachsen und Sachsen-Anhalt zusammen. Das ist jetzt schon voll in den Planungen drinnen.

Das sind Dinge, die flächenmäßig ziemlich große Probleme mit sich bringen - zwischen den Bauern, Akzeptanz und Widerspruch. Wenn man nun diesen Widerspruch zwischen Akzeptanz und Ziel nimmt, findet man die Ursprünglichkeit dieses Prozesses -nach meiner Auffassung- am deutlichsten in diesem Westhavelland. Das hat man so bisher in keinem anderen Gebiet gemacht. Sollten Sie Zeit haben, machen Sie

mit Herrn Okupusch aus Rathenow einen Termin ! Die haben hoch interessante Berechnungen gemacht, Karten mit Strukturen zu den jeweiligen Strukturen zu den jeweiligen Fluren und was passiert mit den Fluren, wenn die Havel steigt oder sinkt? Und was viele nicht wissen - dieses Gebiet war früher ursprünglich der Flußlauf der Elbe. Die Elbe ist erst vor 250 Jahren umgeleitet worden. Wenn man heute auf der Elbe ist, kann man sich das nicht vorstellen. Wenn man bestimmte Deich wegnähme, würde die hier genau wieder entlang fließen. Das ust von Friedrich II. begonnen worden und dann sukzessive durch die verschiedenen Veränderungen immer wieder fortgesetzt, so daß die Havel eigentlich heute dort kein strömender Fluß mehr ist.
...

G.: Aber das bezieht sich jetzt auf die Menschen, die da wohnen. Die Menschen muß man überzeugen, daß sie hier ein Teil ihres Landes in den Vertragsnaturschutz geben und das hätte man überall machen müssen. .... Im unteren Odertal oder im Spreewaldgebiet hat man das administrativ gemacht. Also Beschluß der Landesregierung...

V.: Sie wollen den Gegensatz zu den älteren Schutzgebiet4en darstellen, wo man administrativ von oben gleich Anfang der 90er Jahre sehr schnell...

G.: Da entstand die Akzeptanzlosigkeit bei den Bauern, die dann sofort auch wieder Schutz fanden beim Landwirtschaftsminister. Dieser Widerspruch zwischen Landwirtschaftsminister und Umweltminister ist bis heute nicht ganz ausgeräumt. Der ging im Beispiel des unteren Odertals bis zu der Tatsache, daß der Landwirtschaftsminister sagte: 'Laßt Euch nicht Eure Felder nicht wegnehmen !' Er hat das sozusagen als Drohgebärde ausgesprochen. Während den Umweltminister mit seinen Verantwortlichen hat Schlagbäume aufstellen lassen. Die Bauern konnten gar nicht auf ihre Felder. Dann gab es eine kleine Bauernrevolte. Die sind mit Traktoren losgefahren und haben die Schlagbäume liquidiert. Das ging bis in den Landtag zu heftigen Debatten.
Also, das Problem ist immer die Akzeptanz, Naturräume mit den Menschen und nicht gegen sie zu gestalten.

V.: Aufgrund dieser Erfahrung, die Sie gemacht haben, wird jetzt bei den Schutzgebieten eine andere Planungsstrategie verfolgt. Man bemüht sich mit Hilfe einer Befragung der Gemeinden und der Landwirtschaft schon frühzeitig um eine Akzeptanz. So habe ich das verstanden.

G.: Das ist richtig verstanden! Wenn man das langjährig machen will, muß man es zusammen mit den Menschen machen, die da wohnen und die da leben. Da muß man die Demokratie von unten gestalten. Wenn das möglich ist, wird ein nachfolgender notwendiger administrativer Prozeß der Unterschutzstellung relativ schnell und einfach sein.

V.: Führt das nicht auch zu Problemen, wenn über so lange Zeit hinweg geplant wird? Bei solchen Großschutzgebietsplanungen ist es ja nicht möglich, die Bevölkerung langfristig einzubinden ?

G.: Was verstehen Sie unter langfristig ?

V.: Langfristig - über zehn, zwanzig dreißig Jahre.

G.: Das ist zu lange. Der Prozeß muß sich in drei bis fünf Jahren vollzogen haben, sonst zerfasert er sich.

V.: Hier sind Sie so vorgegangen, daß Sie direkt die Gemeinden gefragt haben - die Gemeinderäte ?

G.: Ja! Der Gemeinderat oder die Stadtverordnetenversammlung faßt einen Beschluß und das hat auch schon wieder Spruch gemacht, weil die nicht immer abgestimmt waren mit den Menschen, die da wohnen. Aber es ist erst einmal das gewählte Gemeindeparlament. Das war interessant zu verfolgen. Um das Riemlochgebiet herum war die FDP sehr stark und die war dagegen. Da haben wir bis heute keine Zustimmung.

V.: Gehen wir mal von dem Fall aus, daß eine Gemeinde hier mitten in dem Naturschutzplanungsgebiet drinnen liegt. Und diese Gemeinde möchte nicht an den Naturschutzvorhaben teilnehmen. Sie möchte ausgespart werden. Wie wird so etwas berücksichtigt ?

G.: Das haben wir momentan schon. Also, die Stadt Rathenow hat sich noch nicht entschieden, obwohl sie der Ausgangspunkt des Ganzen ist. Das hängt aber mit dem Landrat zusammen, der andere Vorstellungen hat. Der hat neulich zu uns gesagt: "Ich habe wichtigeres zu tun, als einen Naturpark zu gestalten." Also, die begreifen noch nicht, daß das eigentlich die Frage ist: Wie produziert man denn in diesem Gebiet ? Was passiert mit solchen Orten ? Hier bin ich der Auffassung,... - das ist ja immer ein Engagement-Problem, daß dann eine Mund-zu-Mund-Propaganda entwickelt, die sehr schnell funktioniert. In diesem Raum ist vorwiegend Grünlandnutzung. Wenn die eine vertragliche Entschädigung bekommen für bestimmte Räume und sie das spüren, daß das möglich wird, gleichzeitig Absatzgarantien gegeben werden für das, was sie produzieren, daß sie also eine relative Sicherheit aus dem Vertragsnaturschutz haben, dann wirkt das anders. Diese Erfahrungen haben wir gemacht. Der ursprüngliche Widerstand vor drei Jahren im unteren Odertal ist heute fast verschwunden. Aber das ist natürlich immer eine Frage, wie man den Menschen das erklärt.

V.: Können Sie diese Garantien denn geben ?

G.: Solange man das Geld für den Vertragsnaturschutz hat, kann man das machen. Aber ich habe da auch Bedenken, daß das Ganze vielleicht nicht ausreicht. Die finanzielle Basis. Wir müssen jedes Jahr den Umwelt- und Naturschutzhaushalt kürzen. Und irgendwo muß ja dann weggenommen werden. Seit drei Jahren gibt es eine sukzessive Kürzung der Haushaltsmittel im Naturschutz von landesweit 700 Mio auf 500 Mio - und das macht sich schon ganz schön bemerkbar.

V.: Vom Bundesamt für Naturschutz werden nur Mittel für den Aufkauf bereitgestellt. Die langfristige Pflege der Flächen ist normalerweise dem Land überlassen.

G.: Die kommen aus den Finanzmitteln des Landwirtschaftsministeriums, soweit es sich um landwirtschaftlich

bestimmte Gebiete, die man mit in den ökologischen Landbau mit hineinnimmt. Beide haben ein Abkommen, daß sie...

V.: Es werden mehr und mehr Großschutzgebiete ausgewiesen, d.h. die Fläche, die vom Naturschutz gepflegt werden muß, nimmt zu. Gleichzeitig werden die Haushaltsmittel gekürzt. Wie läßt sich das vereinbaren ?

G.: Also theoretisch läßt sich das vereinbaren. Im konkreten haben wir das Problem, daß zu wenig produktives Gewerbe da ist und dadurch die Gemeinden außergewöhnlich wenig Steuern einnehmen. Es existiert eine sehr hohe Konzeptionsphase. Es fließen aus den Orten Gelder ab, weil sie nicht produktiv werden. Das ist die Hauptproblematik, daß dadurch die Gemeinden selbst finanzunfähig werden. Wenn sie nur Komplementärmittel bereitstellen müssen, können sie es nicht mehr, weil sie keine Kredite aufnehmen können. Zu 80% sind unsere Gemeinden zur Zeit schon am Rande der Zahlungsunfähigkeit.

V.: Bei dem Bundestitel betragen die Komplementärmittel 10-20 %. Bei den Ländern, die nicht so viel zahlen können, geht man eher auf 10 % herunter. Können diese 10% aufgebracht werden ?

G.: In einigen Gemeinden ja! Wir haben da eine sehr unterschiedliche Struktur der Bodenqualität. Wo der Boden gut ist und die Krume etwas hergibt, sind auch relativ reichere Gemeindeverbände - die haben die Mittel. Da...

V.: Sie sagen: Es wird jetzt eine Betroffenheitsanalyse durchgeführt, wo die Gemeinden befragt werden. Von wem wird die Befragung durchgeführt? Werden nur die Gemeinden befragt? Inwieweit sind Wasser- und Landwirtschaft in die Planungen eingebunden ?

G.: Die Befragung wird von engagierten Naturschützern in dieser Region durchgeführt. Die gehen tatsächlich mit Tabellen von Hof zu Hof.

V.: Muß man bei engagierten Naturschützern nicht schon davon ausgehen, daß diese Befragung von vornherein in eine Richtung gedrängt ist. Man bemüht sich, solche Befragungen möglichst objektiv zu gestalten, d.h. von einer unabhängigen Person oder Institution durchführen zu lassen. Birgt das nicht die Gefahr, Naturschutzverbände mit so einer Aufgabe zu betrauften ?

G.: Das ist sicherlich davon abhängig, was ich erreichen will. Dieser Fall im Westhavelland - dies sind von Fachleuten zusammengestellte katasterähnliche Bögen über Umfang und Höhe der Ackerkrume: Wie hoch liegt sie im Verhältnis zur Havel ? Wenn die jetzt auf Karten umgetragen werden oder in den Computer, dann kann man einem Bauern sagen: Dein Acker würde bei Wasserhoch sowieso überflutet werden usw. Das ist eine ganz objektive Sache. Die hat erst einmal von Naturschützern überhaupt keine weitere Beeinflussung. Und dann wird ihm gesagt: 'Diese Fläche, die Du hier hast, ist mehr oder weniger nutzlos für Deinen Hof, weil sie jährlich acht Monate unter Wasser steht.

V.: Wenn dann der Wasserstand angehoben werden würde !?

G.: Ja! Die Havel hat das aber zweimal im Jahr - komischer Weise, obwohl alles flach ist. Der Pegel zum Boden ist so gering, wenn das Wasser so hoch ist und es ist alles überschwemmt, kann ich auch nichts machen.

V.: Aber trotzdem werden die Flächen derzeit genutzt, oder nicht ?

G.: Ganz unterschiedlich! Wir haben schon große Flächen von diesen Genossenschaften oder Wiedereinrichtern naturschutzvertragsmäßig bezahlt. Sie könen sie benutzen, wenn sie nicht zu naß sind. Aber da beispielsweise die Schöpfwerke, die da alle existierten, die sind ja künstlich angelegt. Die Schöpfwerke waren ja früher nicht.

V.: Die Flächen sind eingepoldert. Warum können sie dann überschwemmt werden ?

G.: Doch, die Polder sind jetzt alle mit Öffnungsanlagen versehen worden. Das ist alles neu gemacht worden. Die Polder sind überschwemmungsfähig und zugleich will man den Wasserstand so halten, daß man die Niedermoore wieder zu Mooren werden läßt. - Da hat er jetzt sein Kataster: Welche Äcker sind von mir bearbeitbar? Welches sind von ihm trotz dieser Nässe Trockenböden? Wir haben in diesem Bereich ganz widersprüchliche Bodenverhältnisse. Da Trockengräser treten auf, wo nie Wasser hinkommt und nur selten Niederschlag ist. Das ist ein hochinteressantes Gesamtbiotop. Dann bekommt der gesagt: Wir zahlen Dir, wenn Du diese Flächen nicht nutzt, so und soviel und Ihr bereit seid, in das Havellandparkgebiet mit hineinzukommen. Die Bewirtschafter entscheiden mit den Befragungen. So vollzieht sich das. Und wenn man dann so ein Dorf überzeugt hat, dann sagen auch die Gemeindevertreter, sagen die: 'Ja, gut, wir...' Das ist eine riesige Kleinarbeit gewesen. Vorher wollte man das administrativ machen, das ging nicht. Da sind die von Hof zu Hof gegangen und innerhalb von acht Monaten hat sich ein großes Gebiet bereit erklärt, das zu machen. Und jetzt kommt hinzu, daß das welche machen wollen, wo wir noch gar nicht waren.

V.: Diese neue Politik hat sich also für den Naturschutz sehr positiv bewährt.

G.: Das wird man überall..., aber sie... Das sind aber hinterher, -wenn man sie fragen würde-, keinen potentiellen Naturschützer. Das sind Menschen, die da leben und sagen: 'Im Interesse dieser Sache mache ich das.'
...

V.: Wie weit sind die Bestrebungen, Produkte aus Naturschutzgebieten -Milch und Fleisch- im Großraum Berlin gesondert zu vermarkten, mit höheren Preisen zu versehen , um daraus den Naturschutz zu finanzieren ? Inwieweit ist das vorangeschritten ?

G.: Mit Naturschutzprodukten den Naturschuz zu finanzieren, ist kaum denkbar.

V.: Zumindestens indirekt die Region dadurch unterstützen, zu stärken!?

Interview 27
mit der Vorsitzenden des Naturschutzbundes Deutschland, Kreisverband Leer

V.: Wenn Sie in einem so agrarisch geprägten Landkreis wie es der Landkreis Leer ist, auftreten, haben Sie dann keine Probleme, akzeptiert zu werden ?

T.: Ganz allgemein: Wir werden ja allgemein als Naturschutzverbände als selbsternannte Naturschützer bezeichnet. Das man erst einmal so angesehen wird, passiert mir vor allem auf der Ostfrieslandschau, nicht, wenn ich bei irgendwelchen Anhörungen bin. Da nicht! Aber solange ich auf der Ostfrieslandschau bin und wir irgendwelche Themen mit der Landwirtschaft angreifen, dann wird mir erst einmal sonst was erzählt. Wenn ich dann frage: "Sind Sie Betroffener ?" Dann kommt der aus einer ganz anderen Ecke von Leer -aus dem Landkreis Leer, ist nicht einmal Betroffener, sondern weiß das auch nur Vom Hörensagen. Wenn ich dann sage: "Ich war Lehrerin an der Landwirtschaftsschule," dann plötzlich treten auch Argumente auf. Vor so allgemeines Zeugs und dann geben sie so langsam zu, daß man vielleicht doch etwas weiß. Und was man immer wieder erfährt - wenn ich dann sage: "Ihre Probleme die kommen gar nicht vom Naturschutz, die kommen von der EG-Politik !" Dann sagen sie sofort: "Ja!" Ich sage: "Nun kommt das I-Tüpfelchen: der Naturschutz!" "Jetzt haben wir Sie - haben Sie vor Ort - hier können wir unseren Frust loswerden, oder hier können wir meckern, an die anderen kommen wir ja nicht ran! So daß ich vieles von dem Geschimpfe gar nicht so zu Herzen nehme, wenn ich angegriffen werde, daß ich dieses oder jenes falsch mache. Was ich auch immer wieder sage: Bei Ausstellungen oder so wird ja plakatiert. Das wird sofort angegriffen. Ich sage: "Wenn Sie auf die Straße gehen, dann argumentieren Sie auch nicht: 'Einigen Landwirten geht es gut, einigen Landwirten geht es nicht so gut,'sondern da argumentieren Sie auch: 'Der Landwirtschaft geht es schlecht!' Also das habe ich mir längst abgewöhnt. Wenn Sie Landwirte ganz allgemein fragen, z.B. nach den Pflegeverträgen, dann sagt alles: "Nein!" Wenn Sie was wollen, müssen Sie mit den Leuten einzeln sprechen.

V.: Einzeln aus dem Grunde, weil dann der Gruppeneffekt nicht da ist ?

T.: Ja, dann verkaufen sie eventuell auch Land, was sie auf keinen Fall tun, wenn sie in einer größeren Gruppe sitzen. Wenn Sie dann merken: Die Bedingungen sind so und so, dann sieht die Sache schon wieder ganz anders aus.

V.: Wir haben am Telefon über §28a gesprochen. Hier hatten Sie einen besonderen Fall gehabt. Können Sie den nochmals erläutern ?

T.: Es trat die Frage auf: Sollten wir darauf verzichten, daß die Flächen, wenn sie nach fünf Jahren §28a-Flächen geworden sind, daß das dann vollzogen wird.

V.: Es gibt eine Vereinbarung zwischen der Bezirksregierung und den Landwirten, daß die Flächen, selbst wenn sie §28a/b-Flächen werden, nachdem sie nach fünf Jahren aus dem Feuchtgrünlandschutzprogramm entlassen worden sind, nicht dem §28a unterliegen.

T.: Richtig! Das betraf zunächst nur die §28b-Flächen. Da sollten wir auf den Vollzug verzichten. Die Schreiben gingen erst an unseren Landesverband und ich hatte hier schon vorher 'ja' gesagt. Ich hatte mich schon vorher bei einem Gespräch im Reiderplan in Zusammenhang mit dem Reiderplan schon aus dem Fenster gehängt und den Landwirten gesagt: "Nun wagen Sie doch endlich mal einen Vertrag zu machen. Es muß ja wohl nicht! Wird der ganze Betrieb sein - zwei, drei Hektar. Na, und dann kam der Landesverband und sagte: "Das geht ja wohl nicht! Wir können doch nicht auf unsere Rechte verzichten.!" Da habe ich erst lange diskutiert. Vor allem ist Herr Fillbrand sehr darauf aus, daß das... Wenn Sie mit dem sprechen würden hier in Aurich, daß also die Gesetze den Buchstaben getreu verwirklicht werden, was vom Prinzip her nicht verkehrt ist. Ich habe dann mit unserem Landesgeschäftsführer gesprochen und gesagt: "Wieso geht es denn da in der Stollhamer Wisch ? Ich war damals zu dieser Veranstaltung vom NLÖ und habe mir das angehört - nicht wissend, daß ich ein viertel Jahr später das gleiche Problem im eigenen Kreis habe. Ich sage: Wenn wir irgendwie vorankommen wollen und mit den Landwirten irgendwie vorwärts kommen wollen, dann muß man da mal entgegenkommen sein. Dann hat sich nachher auch der Landesverband... Na ja, sie haben geschrieben: sie schließen sich unserer Stellungnahme an, aber... "Da können wir nichts mit anfangen," bekam ich dann zu hören. ...
Ich weiß nicht, inwieweit Sie über den Landkreis Leer Bescheid wissen. Wir haben ja furchtbar viel Probleme. Wir haben zur Zeit um die 16 Flurbereinigungsverfahren. Einmal durch die Autobahn, die von Westen nach Osten quer durch den Landkreis Leer geht. Dann ist von Bunde ein Anschluß nach Holland gebaut und jetzt als letzte Stück eröffnet, der Anschluß von dieser Nordumgehung von Leer nach Emden, so daß also praktisch beinahe dreiviertel des Landkreises von Flurbereinigungsverfahren überlagert ist. Das macht uns natürlich furchtbar viel Probleme, die auch nicht so auslaufen, daß nur das notwendigste getan wird, sondern es wird ja hier versucht, möglichst viel da mit hinein zu bekommen - alle Probleme der Landwirtschaft mit in diese Flurbereinigungsverfahren mit hinein zu bekommen.
Dann sind auch nicht die Ersatz- und Ausgleichsmaßnahmen für den Autobahnbau für die große Umgehung im Reiderland erfolgt. Da müssen eine ganze Menge von Maßnahmen durchgeführt werden. Erstens als Gänseäsungsgeschichte und zweitens für Brut- und Watvögel.

V.: Warum sind die Ausgleichs- und Ersatzmaßnahmen noch nicht erfolgt ? Hatte man noch keine Flächen zur Verfügung stehen ?

T.: Es heißt oft: Es gibt keine Flächen; gleichzeitig sagt das Amt für Agrarstruktur: "Wir haben schon Flächen !" Dann müssen die Flächen noch getauscht werden. Und die Landwirte sperren sich. Wir sind noch vor der 'Wiedervereinigung der Landkreis im ganzen Bundesgebiet mit den meisten Feuchtwiesen gewesesn. Und wo kann man Feuchtwiesen schützen ? Nur da, wo sie sind. Aber das betrifft einen Großteil des Landkreises. Dieses Leda-Jümme-Gebiet ist früher zum Großteil im Frühjahr zum überschwemmt gewesen. Erst als das Ledasperrwerk gebaut wurde, da mußten auch Leda und Jümme eingedeicht werden. Und vorher, als ich hierher kam, 1957 kam ich nach Ostfriesland - da standen die Wiesen, wenn man nach Papenburg hinunterfuhr, ausgangs des Winters unter Wasser.

V.: Bis April ?

T.: Die Winter sind jetzt auch etwas milder. Seinerzeit war das noch etwas länger. Der Frost ist hier meistens erst im Februar/März. Dann mußten die Speicherbecken gebaut werden...
Das ganze Reiderland ist Äsungsfläche für Gänse mit Ausnahme der breiten Wege, Straßen und der Ortschaften. Zunächst sind die Gänse im Dollart, wo sie schlafen, und zum Äsen kommen sie hierher. Wenn dann angefangen wird zu güllen, gehen sie weiter hier herüber (Karte). Zeitweise sitzen sie dann hier...

V.: Wieviel Naturschutzgebiete sind im Reiderland ausgewiesen ?

T.: Da sind gar keine Naturschutzgebiete. Nur der Dollart ist inernational. Hier hat sich Herr Dr. Gerdes, unser Gänseexperte, sehr bemüht. Aber jetzt hat mir neulich die obere Naturschutzbehörde, Herr Faida, gesagt: Sie weisen hier keine Naturschutzgebiete aus. Es ist ja auch so: Was sie ausweisen, müssen sie nach unseren Gesetzen finanzieren. Und wenn sie nichts ausweisen, brauchen sie auch kein Geld auszugeben. Faida hat gesagt: "Wir setzen jetzt erst einmal auf Vertragsnaturschutz. Das einzige, was kommen wird, sind diese beiden Sande in der Ems: Bingsumer Sand und Hatsumer Sand. Diese beiden sind auch für die Vögel noch sehr wertvoll - es könnte sein, daß sie das ausweisen. Dann bemühen wir uns... Wir haben gegen die Emsvertiefung sehr viel argumentiert und als die Verbände merkten, daß nichts mehr zu machen war, haben sie sich öffentlich kaufen lassen, weil nun für sieben Millionen DM im Deichvorland etwas passieren soll. Aber da passiert zur Zeit auch noch nichts, obwohl das nächste Schiff schon wieder runter ist !

V.: Nochmal zu den §28b-Flächen zurück. Wieviel sind derzeit im Landkreis kartiert worden ?

T.: Die kartieren zur Zeit immer nur das, was gerade notwendig ist. Die haben zu wenig Leute und wenn wir sagen: 'Hier ist eine Fläche, die müßt Ihr eigentlich unter §28a oder b stellen, gucken sie, ob sie schon haben und wenn irgendwelche Maßnahmen irgendwo ergriffen werden, haben sie auch gesucht. Im Augenblick haben sie z.T. wieder im Fehntjer-Tief-Gebiet gesucht, weil dort diese Verträge hinein sollten. Da haben wir gesagt: 'Es kann aber auf keinen Fall angehen, daß die, die eigentlich jetzt schon unter §28a oder b stehen, daß die nun nachher nur möglicherweise unter Vertragsnaturschutz kommen. Und das hatten sie auch schon auszuweisen gemacht, hat mir die Naturschutzbehörde erzählt. Sie hatten Landwirte angeschrieben, ob sie nicht bereit wären Feuchtgrünlandverträge abzuschließen - für Flächen, die schon §28a-Flächen waren. Also, noch ist der ganze Kreis nicht regelrecht erfaßt. Aber eine ganze Menge mehr zu erfassen. Sie haben zu wenig Leute und sie haben keine Botaniker; sie haben drei Landschaftspfleger und haben jetzt erst dieses Jahr einen Botaniker als ABM-Kräfte bekommen. So haben sie mir neulich gesagt: "So, jetzt haben wir," und stellten die auch vor. Die sollen jetzt hier speziell kartieren.

G.: Das ist regional unterschiedlich. Dort ohne Dünger einen ökologischen Gemüseanbau zu betreiben, geht nicht. ...

V.: Hat sich in der Einstellung des Landwirtschaftsministeriums zum Naturschutz heute eine Änderung ergeben, nachdem 1990 diese großen Spannungen zwischen Patzeck und Zimmermann aufgetreten sind?

G.: Es ist schon Konsensfindung entstanden. Also, diese Konzeption, die ich nannte, ist nicht das Produkt einer dieser beiden Ministerien, sondern das ist das Produkt der Praxis geworden, derer, die damit vor Ort arbeiten. Wenn die nicht gewesen wären, bestünden wahrscheinlich nach wie vor solche Probleme. Aber man hat sich dem auf hoher politischer Ebene angenommen. Das zweite ist: Wir haben im Landtag quer durch alle Parteien hervorragende und kompetente Leute, die diesen Schritt dadurch abgemildert haben, daß sie in die Kreise und Gebiete gegangen sind und sich angesehen haben, was die Ministerien so verzapft haben. Dann haben wir noch in meiner Zeit, als ich Vorsitzender des Umweltausschusses war: 'So, jetzt setzen wir uns mit dem Umweltausschuß des Landtages an einen Tisch, laden die beiden Minister dazu ein und dann wollen wir mal in diesem Problem eine Klärung herbeiführen. Dann haben sich die erst einmal gegenseitig Komplimente gemacht. Es gab gar keine... Und wir haben ihnen auch unsere Widersprüche, die wir in der Praxis haben, mal auf den Tisch gelegt: 'Hier ist das und da hat die Zeitung das geschrieben. Da hat die Bürgerversammlung das gesagt. Wie stehen Sie dazu?' Daraus entstand ein gemeinsames Papier über das Zusammenwirken von Landwirtschaftsministerium und Umweltministerium im Interesse des landwirtschaftlichen Produktionsbereiches und des Naturschutzes. Dieses Dokument gibt es. Das ist nun zwei Jahre her. Dann hat sich das wieder aufgeschaukelt mit neuen Problemen.
In dieser Zeit ist der Landtag von Brandenburg -berechtigterweise kann man das sagen- unabhängig von Regierenden oder Opposition zu einem Katalysator dieses Streites geworden. Und ich glaube zugunsten der Menschen, die damit leben müssen. Das zweite ist, daß sich viele Bauern im Norden Brandenburgs besonders davon überzeugt haben, daß der Widerspruch, der manchmal administrativ herbeigeführt wurde, gar keiner ist. Ich sage immer: Ein Bauer ist doch normalerweise der vernünftigste Naturschützer. Nur wenn er aus Marktgründen gezwungen wird, chemische Mittel oder anderes einzusetzen, macht er das. Von alleine macht er das im eigentlichen Sinne nicht. Und wenn man ihm das richtig erklärt, dann machen die das auch.
Nun gibt es neue Streitpunkte, die bei der Landwirtschaft zwischen Wasser und Abwasserproblem. ...

V.: Bei den §28b-Flächen handelt es sich quasi um sehr kleine Naturschutzgebiete, die ohne Verfahren per se durch Gesetz unter Naturschutz gestellt sind. Eine Bürgerbeteiligung ist nicht vorgesehen. Es ist die Ursache dafür, daß der Landvolkverband hiergegen Klage eingereicht hat.

T.: Das ist mir gar nicht bekannt, daß dagegen Klage erhoben wurde. Manch einer meckert über den..., aber da habe ich nichts von gehört. Es ist so, daß sie zunächst einmal so weiter wirtschaften dürfen, wie sie es bisher gemacht haben. Diese Biotope sind ja bei der bisherigen Bewirtschaftungsweise entstanden. Und wenn sie weiter so wirtschaften dürfen, ist eine ganze Reihe von Landwirten recht vernünftig, vor allem, weil sie manche Flächen..gar nicht anders bewirtschaften können, es sei denn, wie es im Reiderland und Leda-Jümme-Gebiet geschehen ist - ganz gewaltig trocken legen. Und das ist im Leda-Jümme-Gebiet geschehen. Da waren vor dem Autobahnbau in einigen Gemeinden große Flurbereinigungsverfahren, in dessen Rahmen sehr viel trocken gelegt wurde. Das ist auch im Reiderland passiert. Sonst könnten die Landwirte gar nicht so wirtschaften wie bisher...

V.: Sie sprachen am Telefon einen Landwirt an, der sich ein Gutachten gegen die §28a-Flächen anfertigen lassen hat!

T.: Ja, der sitzt da an der Ems. Da kam ich dahin und da saßen da gerade einige in der Küche zusammen. Ich gehe dann manchmal mit einigen Sachen ins Haus, weil ich die erkenne oder die mich kennen oder ich die Frauen kenne. Da habe ich mir angewöhnt zu Mitgliedern oder sonst so einfach mal aufzutauchen. Das ist auch einer von denen, der uns hier eine schöne Windanlage spendieren will. Das ist das nächste Riesenproblem im Landkreis. Da hat die Stadt gesagt: "Ach, dann machen wir doch gleich einen ganzen Windpark davon!"
Der war da am schimpfen. Der hat hier im Deichvorland ein §28a-Biotop, eine Röhrichtfläche. "Da ist gar kein Röhricht," hat er erzählt. Na ja, da habe ich zu dem anderen Landwirt, den treffe ich öfters mal, gesagt: "Hier habe ich Ihnen mitgebracht!" Da gibt es ja dieses Heft über die verschiedenen geschützten Biotope von der unteren Naturschutzbehörde - das Heft kennen Sie ja sicher ! Das habe ich ihm in die Hand gedrückt und gesagt: "Hier stehen sechs oder sieben oder noch mehr Röhrichtbiotope drinnen - da können Sie sich eins aussuchen! Und gerade jetzt letzte Woche hat er mir erzählt, daß das so schwierig ist, weil alle Namen auf lateinisch sind und Röhrichte und Gräser sind ja auch nicht in den gängigen Bestimmungsbüchern drinnen. Das sind gewöhnlich Bestimmungsbücher über Blütenpflanzen, aber keine mit Gräsern und Röhricht. Da sagt er: "Jetzt sind wir genauso schlau wie vorher und wissen überhaupt nicht, was da wächst!" Und ich setze mich für gewöhnlich hier hin und fange mit den Fachbüchern an, wobei ich mir daneben schreibe, was das auf deutsch ist.

T.: Hier ist das Leda-Jümme-Gebiet. Dieser Altarm z.B. wurde in der Vergangenheit abgetrennt, weil ein Teil begradigt worden ist. Und dieses Gebiet ist mit im Fischotterprogramm. Genau wie im Fehntjer Tief sind hier, das wird mit vorgehaltener Hand erzählt, noch irgendwo...-aber da erzählt keiner, weil er dann ja für dieses Programm wieder Flächen abgeben muß. Hier sitzen etliche Programme im Leda-Jümme-Gebiet. Die haben diesen furchtbaren Aufstand erregt.



V.: Programme ?

T.: Ja, also wirklich Programme. Hier greift das Fischotterprogramm, hier greift das Landesraumordnungsprogramm. Die Aufregung kam gar nicht mal durch das Landesraumordnungsprogramm, sondern die obere Naturschutzbehörde hat sich ein Gutachten anfertigen lassen. Das ist nach Aussagen der oberen Naturschutzbehörde gezielt von den Landwirtschaftsexperten der Bezirksregierung in die Landwirtschaft gegangen ehe man mit denen darüber sprechen konnte und erklären konnte, daß das erst einmal ein Gutachten ist, was aussagen soll, was hier schützenswert wäre und was nicht, was unter Schutz gestellt wird. Bloß das glaubt kein Mensch mehr. Das sieht jetzt wie ein Rückzieher aus. Das haben sie eben in der Stollhamer Wisch viel besser gemacht. Da haben sie schon vorher - ehe dies Gesetz überhaupt war, mit den Landwirten ständig gesprochen. Im Reiderland glauben sie der unteren Naturschutzbehörde -den Behörden insgesamt- nicht. Das Vertrauen ist restlos weg. Sie haben jetzt ja auch so furchtbar gegen den Vertragsnaturschutz geschimpft, weil sie sagen: "Heute versprechen sie Euch das und zwei Jahre später ist jemand anders an der Regierung oder sie haben kein Geld mehr und streichen das alles. Und dann kriegt Ihr sowieso nichts. Also, laßt Euch da gar nicht erst darauf ein ! Und jetzt erzählen sie Euch, daß das nicht unter §28a fallen wird - aber Ihr wißt ja gar nicht, was sie später machen ! Selbst die Landwirte, die uns sehr gut gesonnen sind, sagen: "Man muß schon bei den kleinsten Kleinigkeiten aufpassen, weil meistens da etwas übles hinterherkommt. Das ist eigentlich das Hauptproblem. Man kann sie nicht überzeugen, irgendetwas zu machen, weil sie fürchten, sie geben den kleinen Finger und nachher ist die ganze Hand genommen.

V.: Führen Sie das auf das Fachgutachten zurück, welches frühzeitig in den Raum gegeben wurde ?

T.: Hier ist das offensichtlich. Die ganze Unruhe ist... Ich habe eine Kollegin, die hat einen landwirtschaftlichen Betrieb, die ist nur halb als Lehrerin. Die fragt mich manchmal: "Wie ist das, wie ist das ?" "Davon habe ich überhaupt noch nichts gehört !" Wie dieses Gutachten, was bei uns auch noch nicht zu Gehör gekommen ist. Und dann fragt sie mich und ich sage: "Davon weiß ich nichts!" Inzwischen haben die aber längst hinten herum gezielt über die Abteilung der Bezirksregierung vorzeitig Informationen gekriegt, damit sie sich also dagegen wehren. Es ist z.T. so undurchsichtig. Und die Behörden halten sich auch nicht an das, was gesagt wird. Das haben wir jetzt erst gerade wieder erlebt. Hier ist die K 27, die muß ausgebaut werden, weil die Holländer hier nach Papenburg wollen mit ihren Lastwagen. Da steht im Planfeststellungsbeschluß, daß bevor der Ausbau beginnt, die Flächen für die Ersatz- und Ausgleichsmaßnahmen festgelegt sein müssen. Jetzt sollten wir zu einer vorzeitigen Planfeststellung Stellung nehmen: die und das, die Gräben zuschütten und die Wege bauen usw. Du weißt gar nicht das gesamte Konzept. Du weißt gar nicht, wenn Du jetzt hier ja sagst, ob das im nächsten Moment wieder anders herum ist. Ich habe das mit den Flurbereinigungen erlebt: Da wurden im Herbst die Flächen zugeteilt,- wie auch im Schreiben vom Amt für Agrarstruktur stand. Im Frühjahr beantragten sie, daß der und der Durchbruch durch Wallhecken erlaubt wird. Ich



fahre dahin und denke, ich traue meinen Augen nicht. Ich gehe sonst nie in die Presse, aber da war ich so stinksauer. Alle Durchbrüche, die beantragt wurden, waren längst erfolgt. Da habe ich sofort an die Bezirksregierung und an das AfA geschrieben, was sie sich dächten. Ob unsere Mitwirkung darin bestünde, daß wir illegale Eingriffe nachträglich legalisieren. Da mußten wir einen ganz neuen Antrag stellen. Das hat sich lange hingezogen. Da kriegte ich das zum zweiten Mal und zum dritten Mal, dann waren noch Anhörungen und dann waren noch immer unklare Sachen. Ich sagte: "Was ist das denn ? Letzte Mal haben sie hier beantragt, einen Durchbruch - der existierte schon. Jetzt beantragen Sie hier einen, hier einen und genehmigt ist noch gar keiner von den dreien. Dann haben sie ein bißchen Stacheldraht dahin gemacht. Ich sage: "Was soll das ?"...

V.: Worauf führen Sie das zurück ?

T.: Manchmal habe ich das Gefühl... Die sagten dann: "Sie wissen da ja sehr gut Bescheid !" Ich sagte: "Ja, ja, ich bin da immer wieder hingefahren !" Daß die einfach denken: "Da guckt sowieso keiner! Wir nehmen uns sowieso nicht die Zeit. In Holtland ist es auch so. Ich sollte da nochmals wegen einer vorzeitigen Änderung zu einer Erörterung kommen und ich bin dahin - ganz anders als auf den Plänen, die uns vorliegen, weil sie merken, daß irgendetwas anders ist.

V.: Haben Sie auch den Eindruck, daß die Behörden sich über das vorgeschriebene Verfahren hinwegsetzen ?

T.: Ja !... Hier bei der Reiderland-Sache in Marienchor, wo die Ausgleichsmaßnahmen erfolgen sollen: "Ja, das soll dann noch ein anderes Mal besprochen werden. Da sollen dann die und die daran teilnehmen!""Ah,"sagte ich,"da fehlen nur noch die Naturschutzverbände." Da müssen Deichacht, die Landwirte und alle Behörden, die in der Landwirtschaft etwas zu sagen haben, kommen dann dazu. Und die Naturschutzverbände brauchen dann ja nicht mehr... Die untere Naturschutzbehörde sagt uns dann auch Bescheid und wir kommen da einfach hin. Aber es passieren immer wieder Dinge, wo wir überhaupt nicht wissen, daß...

V.: Auch in Großschutzgebieten gibt es oft Schwierigkeiten mit der Planung, weil die Betroffenen nicht genügend mit eingebunden werden.

T.: Genau kann ich das für das Fehntjer Tief nicht sagen. ....
Aber das sich das so lange hinzieht, ist hier der Fall (Autobahn). Zu dem Zeitpunkt, als sie die Autobahn bauen wollten, da ging es schon darum, welche Flächen für die Ersatzmaßnahmen genommen werden sollen. Dann haben wir den ganzen Autobahnbau da überhaupt nichts mehr von gehört. Nach dem Autobahnbau ging das plötzlich los, daß die Landwirte über die zehn Jahre gar nichts wußten. Einer hat dann modernisiert und ist natürlich sauer, daß er nun plötzlich (Flächen abgeben soll). Er sagt: "Dann gehe ich vor Gericht, wenn nun plötzlich doch diese Maßnahmen kommen !" Andere haben die ganzen zehn Jahre nichts an ihren Betrieben verbessert, weil sie immer dachten und fürchteten, da wird irgendeine Maßnahme in Angriff genommen. Das ist ja auch bei allen Naturschutzplanungen, so daß wir später forderten: "Die Ausgleich-



und Ersatzmaßnahmen müssen mit Beginn des Eingriffs durchgeführt werden. Aber das passiert doch nicht. ...

V.: Waren Sie auch am Flurbereinigungsverfahren Flumm-Niederung beteiligt ?

T.: Nur im Zusammenhang mit der Gemeinde Hese, die in unseren Kreis hineinragt. Das Gebiet für das Flurbereinigungsverfahren muß auch noch wesentlich ausgeweitet werden. Die Landwirte sagten sofort: "Die haben auch so schwierige Bedingungen, daß...

V.: Das ist ja erstaunlich. Denn oft ist es anders, daß man das Gebiet verkleinern möchte.

T.: Nein, bei uns ist es meistens so, daß das Gebiet vergrößert wird. - Es zieht sich von Leer nach Hese ein Geestrücken und der alte Fritz hat seiner Zeit angeordnet, daß als Grenze zwischen den Flurstücken Hecken auf Wällen angelegt - angepflanzt werden müssen. Diese Wallhecken stehen seit 1936 unter Naturschutz. Im Raum Ammersum sind eine Reihe von Wallhecken kaputt. Da werden eine Reihe von Wallhecken völlig herausgenommen, damit die Flurstücke größer werden, obwohl die alle unter Naturschutz stehen. "Der Naturschutz müßte da mal ein Auge zudrücken oder wegsehen", so ähnlich haben sie sich ausgedrückt. So wurde in der Diskussion vor der Einleitung gehandelt. Jetzt stand in der Zeitung, daß es eingeleitet ist, damit die Flächen also größer werden.

V.: Finden Sie es richtig, daß man darüber hinwegsieht ?

T.: Das finde ich absolut nicht richtig. Sie sehen: Die Wallhecken sind z.T. in einem Schlechten Zustand, weil die Tiere daran gehen und fressen. Es stehen noch einzelne Eichen da, aber was für Wallhecken typisch ist, das fressen die wieder ab. Und z.T. wollen sie mit großen Maschinen heran. Die Bäume sind im unteren Bereich so gestutzt, daß die mit ihren riesigen Maschinen bis an die Wälle heranfahren können und damit den Boden verhärten oder kaputtfahren - je nach Fläche. Im Holltländer Raum da ist in den Wallhecken fast überall Grünfläche. Der Boden ist da so, daß da nicht viel Ackerwirtschaft betrieben werden kann. An einigen Stellen findest Du auch schon Mais zwischen den Wallhecken.

V.: Der Anteil an Acker nimmt also hier zu ?

T.: Ja, wo es irgend geht... Das heißt es gibt auch Stllen, wo es hieß: "Das werden sie wohl wieder aufgeben. Da ist der Ertrag für Mais nicht gut genug, weil wir hier zum großen Teil Moorböden unter den Wiesen und Weiden haben und das erschwert den Landwirten die Bearbeitung. Insofern, weil sie eben diese Feuchtwiesen loswerden wollen,...

V.: Ist die Verkaufsbereitschaft vorhanden ?

T.: Also, das Amt für Agrarstruktur kriegt eigentlich immer noch, oder siedelt Höfe aus, daß da also bei den Flurbereinigungen, die ich jetzt mitgemacht habe, daß da noch nie ein Fall war, daß da ein Flächenverlust auf die Landwirte aufgeteilt werden mußte, sondern es ist immer wieder so gewesen... Hier an der Kreisstraße 27 ist ein Hof ausgesiedelt, hier im Leda-Jümme-Gebiet haben sie einen Hof ausgesiedelt, so daß also immer genügend Flächen zur Verfügung stehen, daß das getauscht und ausgeglichen werden kann und nicht, wie es oft in Flurneuordnungsverfahren steht, daß der Flächenverlust auf alle Landwirte verteilt werden muß.

V.: Wie beurteilen Sie die Wiedervernässung für den Naturschutz ?

A.: Das ist auch hier und im Leda-Jümme-Gebiet angedacht. ... Es dürfen nur die Flächen einen höheren Wasserstand haben, die für die Ersatz- und Ausgleichsmaßnahmen zur Verfügung stehen. Nun wollten die umliegenden Landwirte ihre Flächen so trocken behalten, wie sie sie gekriegt haben. Daher sucht man Flächen, auf denen man den Wasserstand erhöhen kann, die aber aus unserer Sicht nicht die günstigsten Flächen für den Naturschutz sind. Z.Teil werden dann die Gräben umgelegt wie hier oder im Leda-Jümme-Gebiet. Nach dem Gutachten sollten Flächen wiedervernäßt werden. Nun haben sie aber andere etwas höher liegende in die Wiedervernässung genommen, alles von fast einem Landwirten. Dies paßte ihnen besser und sonst wären z.T. mehrere Höfe betroffen und auch Kirchengelände.
Für die Wiesenvögel, d.h. Uferschnepfe, Kiebitz und Großen Brachvogel brauchen wir diese feuchten Flächen, weil die ja stochern müssen. Wenn das zu trocken ist, ist das zu hart und dann können die da nichts werden und nichts finden. Und die haben auch schon furchtbar abgenommen.

V.: Worauf führen Sie das zurück ?

T.: Drainierung und intensivere Bewirtschaftung. Dies Stück ist auch durch ein Gebiet gegangen, wo sehr viele Uferschnepfen waren. Da steht direkt in den Ersatz- und Ausgleichsmaßnahmen: So und so viel Hektar und so und so viel Paar Uferschnepfen, die da ihren Lebensraum verloren haben. ... In den 50er Jahren - meine ich - ist das Leda-Sperrwerk gebaut worden.

V.: Meinen Sie, daß es zu verantworten ist, die Wasserstände anzuheben ? Die Flächen können mit den großen schweren Maschinen bei so hohen Wasserständen nicht oder nur unter erschwerten Bedingungen bewirtschaftet werden ?

T.: Der Grundwasserstand wird bei uns nur in den Flächen, die als Ersatz- und Ausgleichsmaßnahmen für den Autobahnbau dienen, angehoben.

V.: Wem wird die Bewirtschaftung der Flächen überlassen ?

T.: Das ist unterschiedlich. Im Fehtjer Tief sind Landwirte, die... Wir haben da mal eine Führung mitgemacht. Zwei Herren von der oberen Naturschutzbehörde leiten das. Die sind ein paar Tage im Freiland. Bisher hatten sie nur eine provisorische Unterkunft in Ihloherfehn. Und die waren auch mit zur Tagung im Stollhamer Wisch seinerzeit. Die haben Landwirte, die einmal und später mähen. Als wir die Führung machten, hieß es: "Jetzt sind es eine ganze Menge Landwirte, die daran interessiert sind, das Futter von diesen Flächen noch mit zu bekommen. Es ist aber auch unterschiedlich. Ich war im Rahmen einer Flurbereinigung auf einer Sitzung im Fehntjer Tief-Gebiet. Da sagten die Landwirte eigentlich: "Wenn das uns gehört, bewirtschaften wir die gleichen Landwirte anders, weil wir sie unserem Sohn einigermaßen übergeben



wollen als wenn wir bloß so pachten und dann abernten." Dann hieß es aber in der Diskussion: "Ja, die Gesetze sind so, daß das nicht anders geht. Wir müssen die Flächen für den Naturschutz aufkaufen und...

V.: Sie sind also mit dem Aufkauf gar nicht zufrieden ?

T.: Nein, die Landwirte nicht und wir auch nicht, weil wir sagen: Wir können nur mit der Landwirtschaft diese ganze Natur pflegen. Und wenn die Landwirte, die diese Flächen bis jetzt immer gehabt haben,... Wir haben hier z.B. in der Nähe des Fehntjer-Tief-Gebietes Gewässerrandstreifenprogramm. Da haben wir zwei Flächen mit Enzian, Arnika, also mit noch sehr vielen unter Schutz stehenden Pflanzen, gekauft und haben den beiden Landwirten, denen die Flächen gehören, dadrauf gelassen. Die mähen die für uns jetzt. Die wissen ja... Wir haben zwar gesagt: "Später Mähtermin, damit der Enzian sich ausgesät hat. Aber dann kommen sie auch immer wieder: Aber wir müssen eigentlich..., aber wir haben sonst... Können wir nicht dieses Jahr ein bißchen eher ? " Voriges Jahr war es ja so naß, daß man das Futter teilweise nicht herunterkriegen konnte. Auf unseren zwar nicht,aber da sieht man auch da die Fahrspuren. Auf anderen Flächen, die da unter Schutz stehen, lagen die Heuballen noch im Frühjahr da, weil sie nicht auf die Flächen konnten. Und es handelt sich da um zuverlässige Landwirte, die sie geholt hätten, wenn es gegangen wäre. Insofern haben wir immer dafür plädiert, schon seit langen Jahren, daß wir nur Naturschutz mit der Landwirtschaft machen können. Aber es ist kein Vertrauensverhältnis mehr vorhanden.
...
Es gibt ja auch Fehnprogramme vom Kreis und den Gemeinden. Im Rahmen dieses Programmes will man eventuell zurücknehmen und ausdeichen. Die zahlen auch gemeinsam Geld ein. All diese Programme sind nicht berücksichtigt worden. Ich habe jetzt hier an einem Sieltief im Zusammenhang mit Fischotterprogramm gesagt: "In welcher Form haben Sie jetzt das Fischotterprogramm berücksichtigt? Wo sollen Flächen herkommen, wenn das an den Sielen etwas zurückgenommen wird, damit der Fischotter auch Lebensraum hat ?" Ich sage, wenn wir irgend etwas beantragen, heißt es: "Flächen sind nicht vorhanden ! Die müßten erst in einem flurbereinigungsverfahren zur Verfügung gestellt werden! "Jetzt haben wir ein Flurbereinigungsverfahren, aber von solchen Dingen wird jetzt wieder nicht geredet!" Das wird möglichst alles vr sich hergeschoben.

T.: Wer ist dafür verantwortlich, daß die Landwirte aufgeklärt werden ? Wofür haben wir denn diese ganze Landwirtschaftskammer, die Bauernverbändde ? Warum klären die ihre Mitglieder nicht auf ? Für dieses Stück Bundesautobahn durch Feehnhusen haben sie in diesem ganzen Gebiet nicht mehr genügend Ersatzflächen. Infolgedessen müssen im Leda-Jümme-Gebiet Ersatzflächen geschaffen werden. Dafür ist ein Betrieb hier oben irgendwo an der Küste angesiedelt worden. Da hat unsere unter Naturschutzbehörde gleich auf der ersten Veranstaltung, auf der wir auch dabei waren, gesagt. Die sitzen ja schon vorher - ich weiß nicht wieviel mal - mit all den Landwirten einzeln da und die Landwirte sitzen zusammen. Da hat er sofort gesagt: "Ehe Sie anfangen, Ländereien zu tauschen," hat die untere Naturschutzbehörde gesagt,"stellen Sie fest oder lassen Sie feststellen, ob das §28a oder b-Flächen sind ! Wir konnten wegen Arbeitskräfte- und Zeitmangel noch nicht



alle §28a- und b-Flächen erfassen. Gucken Sie selber, damit Sie sich nachher nicht ärgern oder wundern, daß Sie eine §28a-oder b-Fläche getauscht haben, daß Sie nun plötzlich eine §28a-Fläche haben. Hier ist von der unteren Naturschutzbehörde darauf hingewiesen worden.
Die haben bei uns eine riesige Karte hängen, auf der überall Fähnchen stecken, wo §28a-oder b-Biotope sind. Aber sie haben sie noch nicht alle erfaßt, bloß die, die in der Liste stehen. Wieviel waren es? Ich habe doch mal angefragt - waren es dreihundert ? Also §28b ist fast überhaupt nichts. Das ist ja auch erst nachgeschoben worden. Die §28a-Flächen gibt es ja schon länger im Gesetz. Und wenn, dann sollten sie im westlichen Niedersachsen liegen, aber bei uns sind es... Einige wenige davon waren schon als §28a-Flächen ausgewiesen worden und im augenblick haben wir, glaube ich, zwei registrierte §28b-Flächen. Zu der Tagung haben sie extra geguckt und gesucht, um uns welche vorführen zu können. Da waren wir auf der Exkursion im Rahmen der Tagung auf einer Fläche, die schon §28a-Fläche war. Aber das sind immer ganz kleine Stücke. Die müssen mindestens 50 Quadratmeter haben, damit sie überhaupt erst anerkannt werden. Meistens sind das nur ganz kleine Stücke - nicht so groß, daß sie unter Schutz fallen.
...
Ich hatte im Papenburger Raum auf einer Tagung teilgenommen, die sich mit Landschaftspflege und Landschaftspflegeverbänden beschäftigt. Da habe ich gesagt: "Wir wollen doch mal unsere Landwirte informiern! An die Volkshochschule, damit das etwas neutraler aussieht und dann haben wir mit der unteren Naturschutzbehörde, Volkshochschule und einem Vertreter der Landwirtschaft vom Bauernverband -oder war es...- diese Besprechung gehabt. Der hat sich geziert, als sollte er ein Kind kriegen, überhaupt mit uns etwas zusammen zu machen. Angst, daß er sozusagen schon irgendwelchen Sachen zugestimmt hat. Ich sage: "Wir wollen ja gar keine Verträge mit Ihnen abschließen. Wir wollen nur einmal informieren, daß es so etwas gibt. Die Flächen müssen ja von Landwirten irgendwie gepflegt werden! Anders geht es ja gar nicht; alles andere wird auch viel zu teuer. Die anderen haben zum Teil weder die Kenntnis noch die Maschinen. Man kann sich nicht einen Maschinenpark hinstellen. "Sie können so eine Fläche mit pflegen. Einfach, daß Sie mal informiert sind, wie so etwas läuft!" Wir hatten also Fachleute, ich glaube, aus Schleswig-Holstein hatten wir jemanden bestellt, den habe ich auch kennengelernt. Die Volkshochschule hat das organisiert. Es war so, daß der Saal nachher überfüllt war. Wir haben gesagt: Wir müssen in einen Saal gehen, wo die Landwirte immer sitzen. Wir müssen hingehen, wo sie Bier trinken können, es darf kein Eintritt kosten - das haben die Verbände bezahlt. Ganz wahnsinnig! Und dann haben weir gesagt: Wir müssen im Gespräch bleiben: Ja! Aber beim Reiderlandtreffen habe ich schon wieder gesagt: "Die nächste Veranstaltung müssen wir wohl wieder organisieren, denn die Landwirte kommen mit so etwas nicht über.

V.: Worauf führen Sie diese Angst zurück ?

T.: Sie haben wohl das Gefühl: Es wird ihnen wieder etwas aufgedrängt, wo sie nicht übersehen können, welche Folgen das für sie und ihren Betrieb hat. Und sie lassen sich gar nicht gerne etwas aufdrängen. Wir haben jetzt in dem Gebiet Westerham, wo die Stadt-der Sportverein sich breit machen will. Da soll ein Sporthotel, u.U. eine Umgehungsstraße- irgend so etwas hin! Wir



haben gesagt: "Nein, das wollen wir vom ASL, in dem die Naturschutzverbände drinnen sind, behalten. ..."Ja, wo könnte denn dann der Sportplatz sonst hin ?" wurde dann diskutiert. Vielleicht auf die Flächen von Landwirt sowieso. Das hat der Mensch aus der Zeitung erfahren. Infolgedessen hat er sofort "Nein!" gesagt. Obwohl, inzwischen habe ich mich bei Verwandten von dem erkundigt: "Er ist nur noch so für Landwirtschaft !" Die nächste Generation geht wahrscheinlich sogar aus der Landwirtschaft heraus. Da es nun erst in der Zeitung stand, und man nicht mit ihm erst so leise-heimlich, still und leise verhandelt hat: "Nein, kommt nicht in Frage, auf keinen Fall !"

V.: Ein großes Problem im Naturschutz, daß die Landwirte Angst haben, daß die Planungen über sie hinwegrollen !
Wie beurteilen Sie das Gülleproblem - Güllenachweisflächen gehen an den Naturschutz verloren.

T.: Ich weiß jetzt nicht, ob der Verband das so sieht! Ich persönlich sage: Die Unsiocherheit ist das viel größere Übel als wenn ich wüßte: Hier passiert das und das und dann muß ich damit fertig werden, und unter Umständen auf andere Wirtschaftsformen ausweichen oder. Ich persönlich fand den Versuch eines Landesraumordnungsprogrammes die einzige Möglichkeit. Ich kann nicht bei jedem kleinen Betrieb gucken: Was hat der und wie macht der das? Ich muß einen größeren Raum betrachten und gucken, was für Möglichkeiten ich hier in bezug auf Bodenschätze und Natur habe. Ich habe schon vorhin gesagt: "Ich kann Feuchtwiesen nur da schützen, wo sie sind. Und nun haben wir mal das Pech oder das Glück - ganz so rum, wie Sie es sehen wollen, daß wir der Landkreis mit den meisten Feuchtwiesen sind. Also ist es für die Landwirte natürlich ein Problem und sie haben im Laufe der Jahre...-einer vom StAWA oder AFA hat auch mal gesagt: "Meine ganze Lebensarbeit wird jetzt auf den Kopf gestellt. Denn ich habe die ganze Zeit dafür gesorgt, daß das Wasser hier heraus kann und nun soll das Wasser wieder hinein !" Aber wir können nun ja nicht all unsere Natur und alle Hochmoore - wir haben ja nur noch Restmoore an Hochmooren, -tatsächlich alles kaputt machen, was nachher nicht wieder rückgängig zu machen ist. Ein Moor wächst einen Millimeter im Jahr. Da brauchen wir Jahrtausende, bis sich da wieder so etwas ansiederlt. Und die Moore haben früher in diesem Raum das Wasser gebunden. Seitdem sie alles abgetorft haben, haben wir diese Hochwasserprobleme. Wir machen die Flüsse enger, wir bauen die Moore ab und wundern uns, daß nachher unsere Städte ersaufen. Ich meine also, man müßte das im größeren Zusammenhang sehen. Es haben ja auch schon manche Landwirte gesagt: "Ich gehe dann weg. Ich siedele aus! Machen Sie das doch so wie das war; das war wunderbar." Da sind durchaus Landwirte bereit zu.
Man muß also an einigen Stellen Naturschutzgebiete ausweisen, um die Natur zu erhalten. - Da sagte neulich ein Landwirt -auch ein Mitglied, wir haben einige, die Mitglieder sind- zu mir: "In Zukunft gibt es hier drei Landwirte." Der hat aber auch alles mögliche: Der hat Distelanbau, der will jetzt Hanf anbauen. Der zieht Saatkartoffeln und so, der ist nicht in den Grünlandflächen, sondern ist in den Polderflächen, wo also Ackerwirtschaft herrscht.

V.: Sie haben also auch mehrere Landwirte als Mitglieder ?

T.: Ja, wir haben einige Landwirte mit drinnen. Es gibt immer welche, die sich tatsächlich auch für die Natur einsetzen und auch in dieser Richtung etwas wirtschaften - nicht nur, sie müssen natürlich auch etwas verdienen und Erträge haben. Sie wirtschaften etwas mehr mit der Natur als gegen die Natur, sage ich jetzt etwas drastisch !

V.: Werden diese Landwirte nicht aus den eigenen Reihen kritisiert?

T.: Also diejenigen, die hier im Polder sitzen, sind ja sowieso ein bißchen anders und haben andere Probleme oder haben nicht die Probleme der Grünlandwirtschaft.

V.: Haben Sie auch Grünlandwirte im Naturschutzbund ?

T.: Doch, wir haben auch einen, der vor allen Dingen..., der ist neuerdings auch im Beirat. Und der hat mir auch schon... Zuihm bin ich früher schon immer hinspaziert und habe ihn in Bezug auf unsere Pflegeflächen gefragt: "Was mache ich hier ?" wenn wir wieder so etwas übernehmen sollten oder so etwas. "Wie sehen die Landwirte das ? Wie ist das von der Seite aus zu betrachten ? Jetzt im Augen blick fragt er auch: "Frau Tilsner, können Sie mir den Reiderplan nochmal geben? damit ich da nochmal gucke, was da angedacht ist. Der Landwirt merkt ja also von beiden Seiten: Was erfahre ich von der Landwirtschaft? Was erfahre ich vom Naturschutz? Für uns ist das eigentlich ganz hilfreich! Ich habe ihn früher schon immer aufgesucht und habe mir in bezug auf einige Sachen das von der landwirtschaftlichen Seite erklären lassen. Als er für den Beirat vorgeschlagen und gleich auch gewählt wurde, habe ich das auch begrüßt. Das ist bis jetzt eigentlich nur psitiv!

...

Man verlangt von uns bei den Stellungnahmen oder so, daß wir für die Landwirtschaft Verständnis haben. Das gleiche macht bei den ganzen Verhandlungen kein einziger Verein ! Die Landwirtschaft argumentiert ja auch nicht für den Naturschutz, sondern jeder argumentiert für die Interessen seiner Mitgleider. Und wir argumentieren für die Interessen der Natur und müssen sagen: Was wäre für die Natur am besten ? Der Kompromiß muß hinterher gefunden werden. Aber wir müssen schon bei unseren Vorschlägen das ganze Wohl und Weh der Landwirtschaft mit einbeziehen. Wenn wir schon mit Kompromissen kommen, wird von den Kompromiß nochmal ein Kompromiß gemacht und dann bleibt für die Natur schließlich gar nichts mehr übrig.

V.: In der Landwirtschaftsklausel des BNatSchG steht, daß die Landwirtschaft im Sinne der Natur wirtschaftet.

T.: Wirtschaften soll ! Also, wissen Sie, wenn die sich hier hinstellen und sagen: "Wir bringen jetzt so und so viel Tonnen weniger Dünger aus," dann frage ich mich: Warum haben die denn vorher so viel raufgeschmissen, wenn sie jetzt noch genauso viel ernten ? Dann ist das doch zum Teil eben ins Grundwasser gegangen und bei uns gleich in die Flüsse und ins Meer. Wir haben hier zum Teil in den Gräben hier - wenn die Berichte über den Wasserzustand in der Zeitung stehen - eine ganze Reihe von Gräben mit zu wenig Sauerstoff, also mit ganz miserabelen Werten. Wenn die ihre Gülle ausbringen, und das Land ist zu naß, fahren sie auf der Straße und



spritzen das über die Gräben. Das die Hälfte da hineinfällt, kann sich jeder selbst ausmalen. Das braucht er gar nicht zu sehen. Das nennen wir nicht unbedingt, daß sie auf die Natur achten, wenn sie da ihre... Das spielt oft überhaupt gar keine Rolle. Es gibt eben sone und solche. Es gibt eben auch eine ganze Masse schwarzer Schafe. Ich sage immer: Die Gesetze sind eigentlich für die bösen Menschen gemacht, die guten brauchten das gar nicht. Wer sich richtig normal verhält, der braucht keine Gesetze. Warum muß es Gesetze gegen Mord, Todschlag,Diebstahl geben ? Wenn die Leute das nicht machen würden, brauchten wir die ganzen Gesetze nicht, wo all die Strafe drinnen stehen.

V.: Inwieweit greift das Feuchtgrünlandschutzprogamm im Landkreis?

T.: Wir haben einen Arbeitskreis Feuchtgrünlandschutz für Westniedersachsen. Da treffen wir uns alle sechs Wochen. ... Wir haben einen Lehrer vom BSH, der sich in den ganzen Moorgebieten südlich des Kanals bei Papenburg, die durch die Mercedes-Strecke wieder aufgewertet werden sollen, sehr für die Landwirte eingesetzt hat. Der hat mit denen die ganzen Pflegeveretråge usw. usf., der hat ihenen lange zugeredet. Und das ist jetzt so: Hierfür sollen zum großen Teil die Gelder gestrichen werden. Und da haben wir neulich wieder eine Resulotion gegen verabschiedet. Ich sagte in diesem Zusammenhang: "Das müssen wir nicht ans Umweltministerium schicken; die kriegen ihr Geld auch bloß von den anderen. Das muß gleich ans Kabinett. Da muß gleich darauf geachtet werden, daß das nicht rückgängig gemacht wird. Auch unser Dr. Gerdes hat sich immer wieder dafür eingesetzt, daß die Ausgleichszahlungen für die Schäden, die die Gänse verursachen, bekommen.

V.: Wer ist Dr. Gerdes ?

T.: Dr.Gerdes war 25 Jahre unser Vorsitzender und ist Gänseexperte. ...Die Landwirte schimpfen, daß ihre Ernten verdorben werden, obwohl das zum Teil nicht so schlimm ist, wie es dann im Winter aussieht, wenn die bei Matschboden alles platt getreten haben. Das verhärtet sich so, wenn die auf dem nassen Boden da herumtrampeln. In Nordrhein-Westfalen kriegen sie Ausgleichszahlungen. Das Land hat eben mehr Geld und hat nicht so viel Flächen, für die sie zahlen müssen. In Niedersachsen kriegen sie es nicht.

Es ist nicht so, daß wir im Prinzip gegen die Landwirte sind. Aber gegen Gesetze können wir auch nicht argumentieren. Da haben wir neulich wieder eine Resolution erlassen, daß das nicht gestrichen werden darf. Wir haben uns da für die Landwirte stark gemacht - Herr Augustin vor allen Dingen, daß die Landwirte da Ersatz kriegen. Das soll jetzt noch mehr gekürzt werden. Wir haben wohl gesagt: 'Es wäre richtig...' Es gibt eine Reihe von Landwirten, die bekommen Ausgleichszahlungen und tun dafür überhaupt nichts. Sie machen nichts anderes als jemals zuvor. Und andere haben wirklich große Erschwernisse, das heißt ja Erschwernisausgleich in den Naturschutzgebieten. Und die, die wirklich Erschwernisse haben, sollten in unseren Augen mehr bekommen und den anderen, die dafür gar nichts tun, sollte man das kürzen. Das ist unsere Meinung.

V.: Es gibt viele Landwirte, die hätten normalerweise die Möglichkeit gehabt, ihre Betriebe zu modernisieren oder zu



intensivieren - eben neue Boxenlaufställe bauen - und die jetzt Gelder bekommen, weil sie mit geringem Viehbestand extensiv wirtschaften. Sehen Sie das als gerechtfertigt an ? Wie beurteilen Sie das ?

T.: Wir meinen,... Das ist ja auch das, was im §28a und b steht: "Du darfst so weiter wirtschaften wie bisher!" Und dafür wird beim §28a und b ja auch bisher kein Erschwernisausgleich gezahlt. Warum sollte das denn im Naturschutzgebiet gezahlt werden ? Wenn er nun aber wirklich Erschwernisse hat, warum soll der nicht etwas mehr kriegen als der andere, der so weiter wirschaften darf wie bisher ? Warum wird der anders behandelt als einer, der §28a-Fläche hat ? Ich weiß es nicht. Man guckt bei manchen Sachen auch nicht ganz dahinter. Man hat keine Begründung. Das ist ja ähnlich bei UVP oder irgendwelchen anderen Maßnahmen, daß man keine anderen Begründungen hat - wieso, weshalb, warum ? Man kann das nicht unbewdingt nachvollziehen.

V.: Ziehen Sie freiwilligen Naturschutz oder Naturschutz, der administrativ mit Hilfe von Naturschutzgebietsverordnungen arbeitet, vor ?

T.: Ich glaube, daß man manche Gebiete tatsächlich als Naturschutzgebiete festsetzen muß. ... Wenn man nun also hier sieht: Das ist unser Naturschutzgebiet hier. Da kannst Du gar nichts anderes machen, als daß der Staat da eigentlich dahinterstehen müßte. Und wir haben hier auch Domänen. Dem Domänenamt sind wir zum Teil auf die Füße getreten, wo wir gesagt haben: 'Wenn ihr das so doll beweidet...!' Das ist auch wieder- da wird uns vorgeworfen: "Wir wüßten ja gar nicht," bei einer Landfrauenveranstaltung, auf der ich dabei war, "was wir wollten." Als ich dann sagte: "Wir wissen sehr wohl, was wir wollen!" "Ja, das stimmt! Hier in Ostfriesland ja!" Da wird schon beinahe praktisch offiziell Landwirtschaft gegen Naturschutz aufgehetzt. Warum stellt der sich hierhin und sagt so etwas. Außerdem sagte ich: "Die Frage ist, ob wir die Pflanzen unter Schutz stellen, oder, ob wir die Tiere -die Vögel-, die in dem Bereich leben, schützen. Da muß die Bewirtschaftung unterschiedlich aussehen. Und ich weiß nicht, warum man nicht an einer langen Küste hier ein Stück so, hier ein Stück so und da wieder wie eins und da wieder wie zwei pflegen kann, warum es nicht zwei verschiedene Möglichkeiten an einer solchen langen Küste geben soll, um hier die Pflanzen und da die Tiere zu schützen. In diesen ganz kleinen Flächen...und Herr Faida hat das ja letztens auch gesagt: "Wir wollen freiwilligen Naturschutz, weil wir dann die Bauern mit eingebunden haben. Die sind ja nun die Fachleute und haben dieses Land über Generationen... Das ist ja auch so ein Problem: "Mein Großvater und mein Vater haben sich bemüht, diese Flächen so zu machen, daß sie den richtigen Ertrag bringen. Und nun kommt Ihr und sagt: "Das soll alles wieder unter Wasser gesetzt werden, was wir in Jahrhunderten dem Meer abgetrotzt haben." Das ist überspitzt, aber das steckt dahinter.

V.: So etwas führt zur Konfrontation. Sie sprachen von einer Versammlung...?

T.: Worum ging es da ? Ging es da um Küstenschutz ? Ich bin ja auch Mitglied im Landfrauenverein, weil die Vorsitzende... Als ich hierher kam nach Ostfriesland, da wollte ich eigentlich Mitglied



werden, um die Verhältnisse kennenzulernen. Ich unterrichte ja an der landwirtschaftlichen Berufssschule. Ich hatte die ganzen Lehrlinge von den ganzen Betrieben. Ich habe die Lehrbetriebe dann auch besucht. Also wollte ich auch wissen, was hier los ist. Und die hatten also auch damals Angst und da wurde ich nicht aufgenommen - ich wohnte damals in Ihrhofe. Und da lud die mich von Leer ein. Frau von Wedel, die hatte da also keine Probleme mit. Seitdem bin ich da also drin. Und die Landfrauen kennen mich eigentlich alle ! Ich kann wohl sagen: "Es ist keiner, der irgendwie gegen mich ist, sondern sie schätzen mich. Sie wissen, wenn irgendwelche Vorträge sind, wenn ich dann frage, läuft das an! Und ich habe auch schon Vorträge gehalten. Da haben sie sich gewundert. Das hätten sie gar nicht so gedacht ! Das haben sie gar nicht so gewußt !

V.: Bei Ihnen ist es kein Problem, weil Sie als Insider langjährig akzeptiert sind. Aber es gibt ja in vielen Naturschutzverbänden Schwierigkeiten, weil die Vertreter des NaBu oder des BUND nicht akzeptiert werden, sondern als Städter oder Außenstehende angesehen werden, die hier besserwisserisch auftreten.

T.: Ja, das ist das: Selbsternannte Naturschutz und so etwas - was einem ja immer vorgeworfen wird. Ich habe ja auch schon gesagt, sobald ich durchblicken lasse, daß ich schon was weiß, ist die Argumentation anders. Aber ich kann mir das schon denken, daß das manchmal nicht einfach ist. ...

Das ist eine uralte Sache, daß man nur dem traut, der da als Nachbar dieselben Probleme hat und damit fertig wird. Z.T. liegt das auch ein bißchen am Verhalten und an der Argumentation, wie man auf die Leute zugeht. Ein bißchen auch an den einzelnen Menschen. Ich glaube nicht, daß das unbedingt immer daran liegt, daß der Mensch aus der Stadt kommt. Ich bin Berlinerin - also, wenn Sie danach gucken, müßte ich auch nichts wissen.

...

Neulich hatte ich auf einem ganz anderen Gebiet... Ein Äthiopier sagte zu mir: "Ich habe mit meiner Hautfarbe also nie Probleme gehabt. Wenn ich freundlich zu den Leuten bin, sind sie auch freundlich. Und wenn ich meine Arbeit gut mache, passiert auch gar nichts. Ich bin überall hier in Deutschland gut ausgekommen !" Also, ich glaube, daß das im Konflikt zwischen Landwirtschaft und Naturschutz etwas ähnlich ist. Wenn man auf die Leute zugeht,... Ich sage ihen eben nicht gleich: "Du machst das verkehrt," sondern: "Wie machen Sie das ? Und warum machen Sie das ?" Und wenn ich das alles herausbekommen habe, dann sage ich: "Haben Sie das schon einmal so probiert ? Warum machen Sie es nicht so ?" Ja, wenn ich immer gleich hingehe und sage: "Das machst Du falsch !" Dann sagt der natürlich: "Was will die denn hier ?!" Manch einer geht da psychologisch völlig verkehrt vor. Ein bißchen Fingerspitzengefühl und Psychologie gehört schon dazu, mit Menschen umzugehen, gerade wenn man ihnen erzählt, was sie nicht hören wollen !...

V.: Wie werden im Landkreis Leer die Gräben geräumt ? Mit dem Mähkorb ?

T.: Auf dem Gebiet bin ich gar nicht kompetent. Da hat sich Herr Herrmann immer sehr viel eingesetzt. ...Die Gräben werden zum Teil rücksichtsvoll geräumt. Im Jetena-Bereich haben wir Gräben gesehen, wie sie vor zwanzig Jahren waren. Wir sind gar nicht mehr weggekommen; so etwas von wunderbarem. Alle Pflanzen, die in den Graben gehörten, waren noch zu finden. Wir haben eine Exkursion dahin gemacht- wir sind bloß ein paar hundert Meter weit gekommen. Die haben alle gesessen, fotografiert und fotografiert - alles, was da sonst nirgends mehr zu finden ist. Es gibt also auch solche Gräben, die von den Landwirten noch so gepflegt werden. ...

V.: Um diese Frage abschließend zu klären, daß diese beiden Schienen...

T.: Ich glaube schon, daß beides nebeneinander notwendig ist. So ein großes Gebiet sollte schon Naturschutzgebiet werden und da muß sich der Staat engagieren. In den anderen Gebieten außerhalb muß man die Landwirte mit beteiligen.

V.: Wie sieht die Situation in der Naturschutzplitik im Landkreis Leer aus ?

T.: Der SPD habe ich mal gesagt: "Sie setzen sich jkein bißchen für die Natur ein !" "Muß ich Ihnen Recht geben," hat mir einer gesagt.
Der Umweltausschußvorsitzende von der Stadt ist bei uns Mitglied, kommt aber auch eigentlich nie, weil er viel zu viel andere Sachen um die Ohren hat. Aber ich bin jetzt mit ihm im Arbeitskreis Stadtmarketing zusammen. Da sind alle Umweltverbände und die Umweltbehörde der Stadt vertreten, eben auch Herr Völker, der Vorsitzende vom Umweltausschuß. Das entwickelt sich im Moment recht günstig. Dadurch, daß er den Vorsitz hat, - sagen wir mal die SPD geht. Den ich vorhin nannte, der von der CDU, der in der Landwirtschaftskammer war, -weiß ich gleich, daß es gegen die Natur geht. Weil er hat gesagt: "Ich arbeite für die Bauern und verdiene nicht schlecht bei den Landwirten mein Geld. Der argumentiert heute noch ganz so. Ich gehe zu diesen Ausschußsitzungen meist hin und höre mir das an. Im Umweltausschuß des Landkreises bin ich und noch einige Mitglieder des Beirates als beratende Mitglieder drin. Und der Landkreis-Beauftragte für Naturschutz kommt von der Jägerschaft, hat da auch natürlich mehr sein Herz in der Jägerschaft, aber ist einer, der Jagd und Naturschutz zusammenbringt. Er ist mit in unserem Beirat. Der wird von den Jägern teilweise sehr angegriffen, wenn er für den Naturschutz zu sehr einsetzt. Aber er sieht ja eben... Er hat über zehn Jahre im Landkreis Leer alle Greifvögel gezählt und alle beringt. Dadurch hat er natürlich sehr viel gesehen. Das geht eigentlich ! Wenn sie sich profilieren wollen, dann geht es gegeneinander.

V.: Sehen Sie das so, daß die CDU nicht so engagiert ist ?

T.: Das ist verschieden. Das kann ich nicht sagen. Wir haben also hier einen, der ist auch mit im Umweltausschuß - einen CDU-Menschen - großer Jäger vor dem Herrn. Der hat die ganzen Wände voll mit Köppen, aber nicht aus Deutschland ! Ist mir ganz egal, wo er die Tiere abmordet. Und der hat sich hier für ein Moor... Die Jäger machen das zum Teil aus Eigeninteresse Hier ist ein Moor noch nicht ganz abgetorft. Das ist auch so ein Affentheater! Staperler Moor! Die haben einen Pachtvertrag - das ist Naturschutzgebiet und das Land Niedersachsen hat das an die Moorgesellschaft - nein, wie heißt das ? Jedenfalls, die dürfen abtorfen.

...
Das kann man bei uns nicht so.... Das liegt wieder an den Personen. Es ist personengebunden.

V.: Sind die Grünen/Bündnis 90 auch vertreten ? Und die FDP ?

T.: Die sind bei uns ziemlich kläglich. ... Die Grünen, die machen das alle nicht so furchtbar lange. Irgendwie zusammenarbeiten mit den Grünen oder der FDP, das zeigt sich eigentlich nie. Mit den anderen beiden großen Parteien...

V.: Die Grünen haben ja gerade den Natur- und Umweltschutz als Zielsetzung. Deshalb frage ich so eindringlich.

T.: Ich weiß jetzt gar nicht, wer da von den Grünen ist. Da habe ich das nicht von der Partei her, sondern mehr vom Umweltausschuß weiß ich: Der setzt sich hier ein und der setzt sich da ein. Aber parteigebunden arbeiten, sondern ich arbeite mehr... Ich weiß ja auch nicht, wer katholisch und wer evangelisch ist. Das sehe ich erst, wenn ich mal auf einer Beerdigung war. Das ist mir wurscht. Ich sehe die Menschen mehr, wenn sich jemand für die Natur einsetzt. Da ist es mir piepe von welcher Partei der ist. Das ist auch unser Ziel, überparteilich zu arbeiten. Da gebe ich mir gar keine Mühe, das zu lernen. Die anderen Landkreis-Vorsitzenden sind da sehr viel mehr..., Meppen usw.: "Da müssen wir mal den von der Partei und den von der SPD und den von den Grünen; und der ist ja im Landtag. Also das handhaben wir hier nicht so. Auch Herr Dr. Gerdes ist in dieser Richtung gar nicht irgendwie, sondern der macht seine Gänse wissenschaftlich. Während in Emden Herr Schramm, der arbeitet schon wieder mehr politisch.

Interview 28
mit dem Vorsitzenden des Naturschutzbundes Deutschland, Kreisverband Aurich

H.: Damals 1982 hatten wir... Da begann gerade die Naturschutzbewegung und hatte eine große Aufbruchstimmung. Ich fing Ende der 70er Jahre im Naturschutz an. Da kannte ich weder Hans noch Franz, so die Querverbindungen, wie das in Behörden läuft, kannte ich damals noch nicht. Da bin ich eigentlich ziemlich direkt darauf losgegangen, habe Anzeigen geschrieben, habe mich rückversichert. 'Ist das angekommen?' Heute kenne ich sehr sehr viele und kann über diese Schiene manchmal schneller erreichen. Aber man darf eines nicht vergessen: Die Probleme sind im Naturschutzgebiet nationaler Dimension - welches man ja jeden Tag sieht, heute nicht mehr so gravierend. ...

V.: Weil sich der Zeitgeist geändert hat?

H.: Die Umweltprobleme sind vielleicht größer als damals. Aber solche Großprojekte hat man nicht mehr zur Hand. Höchstens... Heute erstatte ich keine Anzeige mehr, wenn es um ein paar Meter Wallheckenbeseitigung geht. Aber bei dieser Größe, wenn es um hunderttausende geht, muß man schon ganz massiv werden. Ich habe auch immer ganz bewußt immer das andere Extrem von dem, was die anderen wollten, vertreten. Nur so kommt überhaupt Bewegung in Gang.

V.: Das führt aber auch gleichzeitig zu einer verstärkten Konfrontation. Wenn Sie dann noch gleichzeitig eine Anzeige erstatten, stößt das auf, gerade wenn Sie als alter Auricher bekannt sind, kann ich mir vorstellen, daß Sie auch persönlich angegriffen werden.

H.: In der Zeit war ich in manchen Kreisen der Land- und Wasserwirtschaft - Entwässerung ein ganz böser Feind. Heute hat sich das alles etwas geglättet. Derzeit war ja noch Hochkonjunktur. Jeder versuchte jeden Quadratmeter urbar zu machen, zu entwässern, umzubrechen, damit noch mehr Kühe da sind, noch mehr geerntet wird. Dieser Einschnitt der Milchquote war damals noch nicht. Jeder versuchte noch ein paar Kühe mehr zu haben.

V.: Wenn die Gesetze so sind, daß das ein Verstoß war, wäre es ein Unterlassungsfehler gewesen, der Sache nicht nachzugehen. Das kann sich doch keiner in der Verwaltung leisten?

H.: Ach! Haben Sie schon einmal gehört, daß ein Bediensteter hier in Aurich zur Rechenschaft gezogen wäre? In drei Monaten habe ich dreimal geschrieben und um Aufklärung gebeten. So ist das. Man hätte einfach hinfahren müssen und sich ein Bild machen müssen. Wenn es nicht genehmigt ist, wird es stillgelegt und das scheuen die Behörden heutzutage.

V.: Worauf führen Sie das zurück ? Auf eine Lobby, die dahinter stand ?

H.: Das ist eine Seite. Die Landwirtschaft und Entwässerung hat hier in Ostfriesland eine ganz große Bedeutung. ... Das Rückgrat fehlte damals schon den Bediensteten und es fehlt heute genauso. Und es steht natürlich häufig eine Lobby dahinter.

V.: Waren Sie an allen Gesprächen anwesend, als es um eine einstweilige Sicherstellung des Fehntjer Tiefs ging ?

H.: Ich bin mehrfach dagewesen. Naja, ich wurde nicht erschlagen. Ich lebe ja noch. Aber das war mitunter ganz interessant. Beispielsweise haben Landwirte gesagt, die auch Einfluß haben: 'Ihr könnt die ganze Niederung aufkaufen, und da könnt Ihr meinetwegen Palmen pflanzen, aber nicht an Eigentum herangehen!' ...
Als deutlich wurde, daß das Naturschutzgebiet entsteht, haben die hier noch kräftig Kanäle gebaut und melioriert. ...

V.: Im Fehntjer Tief /Flumm-Niederung wurde nachträglich die Naturschutzzielsetzung in das Verfahren hineingeschoben.

H.: Es hat da immer Verhandlungen gegeben und es ist anfürsich nicht so schlecht für den Naturschutz zurückgeblieben wie man sich das gewünscht hätte. Es war schon vieles gemacht; das da die Landwirte nicht gerne zurückgehen ist schon klare Maisäcker; das da die Landwirte nicht gerne zurückgehen ist auch klar. ... Der Bund hat die Bedingung gestellt, daß alle Flächen gekauft werden.

V.: Wie beurteilen Sie diesen Aufkauf ?

H.: Positiv! Andere Landwirte sind negativ eingestellt, die sagen: 'Hätten wir lieber das Geld in eine Stiftung gegeben und aus den Kapitalerträgen den Landwirten so eine Art Erschwernisausgleich gezahlt.'

V.: Wie hätten Sie diese Möglichkeit beurteilt?

H.: Nicht gut. Ich glaube, wir müssen ein Mischsystem haben. Die öffentliche Hand darf sich aus der Pflege nicht zurückziehen. Es ist im Moment so, daß ein Pflegehof gegründet wird,...

V.: ..., der zentral die Pflege übernimmt?

H.: Nein, nur die Verwaltung. Die Pflege selbst machen die Landwirte. ... Ich habe mir immer vorgestellt, daß man Naturschutz quasie mehrgleisig betreibt. Einmal sicherlich über die Landwirte, die bereit sind, Flächen kostenlos zu pachten. Wir geben unsere Flächen alle kostenlos ab. Und dann gibt es sicherlich in diesem Bereich, wo die Grundwasserstände angehoben werden müßten - aber da stoßen wir schon wieder an Grenzen. Dann müßte man vielleicht Teilflächen einpoldern, damit das Wasser nicht hinaus kann oder nur dosiert heraus kann. Die Landwirten ziehen ja auch die Kanäle, damit sie noch mehr entwässern kann und das Wasser... Aber für den Naturschutz ist immer kein Geld da! Solche nassen Flächen haben wir jetzt zusammenhängend aufgekauft und den Wasserstand angehoben. Solche müßten viel mehr da sein - aber da kriegen wir natürlich Schwierigkeiten mit der...

V.: Ist denn niemand bereit, auf diesen wiedervernäßten Flächen zu wirtschaften?

H.: Die Pflege und Unterhaltung ist stark erschwert. Die Kulturgräser, die Einheitsgräser gehen zurück und es kommen wieder niedrigwüchsige Seggen auf, auch Wasserschwaden usw. Das sind alles Pflanzen, die unsere hochgezüchteten Tiere nicht fressen. Jetzt müßte man in ganz viele Richtungen denken. Eine ist meinetwegen: Die Fläche ganz extensiv mit robusten Tieren zu beweiden, meinetwegen die alten ostfriesischen Rinder. Die geben natürlich nicht so viel Milch, aber die sind vielleicht robuster, was die Nässe anbetrifft - Galloways, Highlands.
Die andere Möglichkeit ist, die Flächen einschürig zu bewirtschaften. Einmal pro Jahr mähen, das machen wir mit vielen Flächen. Das hat Nachteile, dadurch werden auch gerade Lurche nicht... Aber es ist immer noch ein Probierstadium und muß auch Probierstadium bleiben. Man kann das nicht in allen Jahren gleich machen. Dies Jahr war unheimlich trocken. Da konnte man im Frühjahr ohne weiteres mit schwerem Gerät drauf. Und dann hat man mal ein Jahr dann kann man darauf, wenn es naß ist nicht. Manche Flächen müssen auch spät gemäht werden, wie beispielsweise die Enzianfläche. Enzian muß mindestens zur Blüte kommen, er braucht nicht Früchte tragen; Enzian wird vegetativ vermehrt. Aber andere Flächen müssen auch Frucht tragen - meinetwegen Sumpfläusekraut. Das muß Frucht tragen, sonst kann es sich nicht vermehren, d.h. die Mahd muß spät sein. Und die Englische Distel beispielsweise darf man erst ab Mitte August mähen.

V.: Wie ist denn die Akzeptanz dafür?

H.: Das ist eine auf Feuchtigkeit und Nährstoffmangel angewiesene Pflanze. Die ist so weich, daß man sie nicht als Distel identifiziert. Aber die Akzeptanz ist gering.

V.: Auch bei den Bewirtschaftern der Naturschutzflächen?

H.: Es ist sogar so, daß die Flächen inzwischen vom Staat auf eigene...- Dienststelle, die Gerät und Leute hat, das ist die staatliche Moorverwaltung. Bloß die Moorverwaltung in Meppen mit ihrer Außenstelle in Wiesmoor ist völlig überlastet. ... Das Heu, welches schlecht ist, wird zum Teil auf den Kompost heraufgefahren, was sehr kostenintensiv ist.

V.: ...,weil das von den Landwirten nicht gemäht wird!

H.: bzw., wenn es sehr spät gemäht wird, wird es nicht mehr trocken. Dann kommt es in Rundballen. Das Gras ist nicht lagerfähig. Es ist sogar schon vorgekommen, daß das Heu in den Ballen von der Moorverwaltung 20 km weit transportiert worden ist zu einem Bauern, der das mal einmal haben wollte. Man kann sagen, daß mit der Fähigkeit oder Bereitschaft, so große Flächen zu pflegen, der Naturschutz in Niedersachsen steht und fällt. Wenn das Land nicht in der Lage ist das zu tun, was zu tun, dann fällt der Naturschutz, auch wenn es...

V.: Wie beurteilen Sie diesen Transport über zig Kilometer weiten Abtransport, der ja auch nicht gerade umweltfreundlich ist ?

H.: ...und überhaupt nicht für ernst genommen wird, wenn man bei den Landwirten alternative Landwirtschaft begünstigt.

Fleischgewinnung ohne Zusatz, Vermarktung,... Das geht aber nicht nur hier nicht, sondern bundesweit! ...
Nur hier fehlt der Markt. Es muß ja teuer verkauft werden können. Es gibt hier eine ganze Reihe alternative Landwirte, die können sich ja so gerade über Wasser halten. Aber die Bereitschaft 20 Pfennig mehr zu bezahlen ist nicht so groß. ...Wenn man das Gesamtkonzept sieht. Das muß mehrgleisig sein. Es muß ein Teil über die Landwirte geregelt werden und...
Für die 60% staatlichen Flächen müßte die Naturschutzstation Pächter suchen und falls das nicht mehr geht, muß das selbst bewirtschaftet werden.
...
Es kommt eine große Presseveröffentlichung: 'Es ist kein Kiebitz mehr im ganzen Naturschutzgebiet - Was soll das für ein Naturschutzgebiet sein!?' Das heißt also, die kennen bloß den Leitvogel Kiebitz.

V.: Rotschenkel, Uferschnepfe, Bekassine sind nicht bekannt!

H.: Und das ist jetzt das große Problem. Die Pflege ist nicht mehr so intensiv; das ist auch das Ziel. Aber Kiebitze brauchen einen ganz niedrigen Rasen, der naß und ganz langsam zu wachsen beginnt. Wenn jetzt die Pflege nicht mehr so intensiv, nur noch einschürige Mahd...

V.: Der Kiebitz muß lückigen und kurzrasigen Vegetationsbestand haben.

H.: Ja, man muß es differenziert sehen. Für Bekassine und Brachvogel ist das richtig. ... Aber man darf natürlich eines nicht vergessen: Wenn man außen herum alles ganz intensiv bewirtschaftet, welcher Kiebitz, welche Bekassine kann denn unterscheiden, ob er nun gerade im Naturschutzgebiet ist oder in den nächsten Tagen unter die Mähmaschine kommt, sondern hätte mir ein anderes Gebiet gewünscht. Bei einer Fläche von dieser Größe müßte es möglich sein, den Kernbereich der Sukzession zu überlassen und die Randbereiche von hochgradiger Extensivierung bis intensiver langsam überlaufen zu lassen. ...Aber das ist an der flurbereinigten Agrarstruktur gescheitert.

V.: Wie hat sich denn das Akzeptanzverhalten entwickelt?

H.: Es ist ruhiger geworden. Die Landwirtschaft hat ja in den letzten 15 Jahren eine unheimliche Negativentwicklung durchgemacht, weniger aus Deutschland heraus, sondern die EU greift ja hier stark ein. Die Milchquotenregelung ist dazu gekommen. Die Ausmärker waren, haben verkauft. Die haben kein Interesse mehr daran. Es sind nur noch ganz wenige Großlandwirte, die da Flächen drinnen haben. Diese melden sich immer noch zu Wort. Aber es sind immer die gleichen. Ich denke, das hat sich beruhigt.
Die Akzeptanz wäre dann groß, wenn Landwirte da Flächen übernehmen, so nebenbei als Rindviehweide oder einschürige Mahd.
...
Es gab Pläne, Höfe auf der Nordseite ganz auszusiedeln. Dann hätte man ein oder zwei Schöpfwerke ganz eliminieren können. Aber das ist nicht zustande gekommen.
Ich bin zum Amt für Agrarstruktur gegangen und habe das angeregt. Die hatten einen Dezernenten, ich glaube der ist sogar Leiter des

Amtes, der außerordentlich aufgeschlossen war. Aber es gab auch immer wieder Punkte, wo er nicht mit dem Naturschutz gehen konnte, obwohl er es wollte, weil aus der Landwirtschaft heraus Widerstände kamen. ...
Meiner Meinung nach müßte die Naturschutzstation wie der Bauhof des Straßenbauamtes oder wie die Stadtgärtnerei organisiert sein. Die haben eigenes Personal, die haben eigene Maschinen, die können eingesetzt werden und das ist...

V.: Ist das nicht zu kostenintensiv ?

H.: Was heißt kostenintensiv ? Das sollte dem Staat bzw. der Gesellschaft der Natur- und Umweltschutz wert sein. Ist es nicht zu kostenintensiv für jede Kommune in der Stadt alle Flächenteile einmal mit dem Rasenmäher zu mähen? ... Ich habe jetzt auf dem Radweg einen Traktor mit einem Gebläse gesehen, der die Blätter an die Seite pustet. Ich fragte: 'Warum?' 'Wir müssen das für Radfahrer machen!' Ja, und so ist das und hierfür kein Geld da - Es keine produktive Seite, der Naturschutz. Die Gartengestaltung hingegen hat eine produktive Seite, die hat die ästhetische Gefühl: 'Das sieht doch nicht schön aus, wenn das nicht abgemäht ist!'

H.: Wenn man keinen Dünger, keinen Kalk gibt, ist nach zwei, drei Jahren auf den vormals intensivst bewirtschafteten Flächen die Flatterbinse da. Und das widerstrebt jedem Landwirt. Die Tiere fressen oben an der Flatterbinsen die Spitzen ab. Die Galloways gehen in einem kargen Winter auch daran. Das habe ich selbst an einer Fläche festgestellt. So hohe Binsenlandschaft, - deshalb haben wir die Fläche auch kaufen können. Später hat der Landwirt gesagt: 'Was ist das denn? Ich habe nicht die Fläche verkauft, sondern Galloways da hineingesteckt!'' ...langwierig... Und das sehen die meisten Naturschützer auch nicht durch. Man muß mit fünfzehn bis zwanzig Jahren rechnen, bis der Dünger verbraucht ist, so daß da die Binse weg ist. Sie ist ein typischer Anzeiger für gestörte nährstoffreiche, stickstoffreiche Böden. Und wir wollen Seggenwiesen, die ist ein typischer Anzeiger für saure und nährstoffarme Böden. Je mehr da heraus kommt, um so besser ist das! Bloß wir haben neben den Problemen, daß über den eingetragenen Luftstickstoff die Aushagerung unheimlich lange dauert. Die Geduld muß man haben.

H.: Aber das Land hat einen Fehler gemacht: Da wurde der Erschwernisausgleich für Grünländereien im Naturschutzgebiet... Es gibt ja drei Varianten. Einmal 300,- DM pauschal, wo man die Bewirtschaftung nicht verändern darf - Chaos ! Kommen Sie mal nach 'Ewiges Meer'. Da wird mehr gewirtschaftet als alles andere! Das stimmt. Keinerlei Bedingungen.

V.: Aber da muß man zu sagen: Dies liegt an den alten Naturschutzverordnungen, die noch keine Bewirtschaftungsauflagen drin haben.

H.: Die alten Naturschutzverordnungen lassen die zeitgemäße Bewirtschaftung zu. Die Bewirtschaftung damals, als die Verordnung geschaffen wurde, da war ja man noch mit Pferd und Wagen unterwegs. Die Zeit entwickelt sich ja. Dann kam der Traktor dazu usw., es wurde immer intensiver, was ursprünglich vom Naturschutz gar nicht erwartet wurde. Erst dann kam der Erschwernisausgleich.

Der Erschwernisausgleich besagt, man soll Erschwernisse in den Gebieten irgendwie kompensieren. Diese hat jetzt einen Haken - 300,- DM pauschal ohne Sprizungseinschränkung; 400,- DM und dann 500,-, wenn bestimmte Bedingungen eingehalten werden.

V.: Der Erschwernis besteht ja darin, daß die Wasserstände nicht mehr zeitgemäß abgesenkt werden können. Die Wasserstände sind immer festgeschrieben. Sie konnten nicht so reguliert werden, daß zeitgemäß mit schweren Maschinen gewirtschaftet werden könnte. Insofern sind doch gewisse Auflagen vorhanden.

H.: Naja, diese Naturschutzverordnung galt ja schon. Sie mußten sich danach richten. Und der Erschwernisausgleich ist ja später aufgesattelt worden.

V.: Bloß nach der alten Naturschutzverordnungen drften die Bewirtschafter nicht die Grundwasserstände absenken absenken. Die mußten so bleiben, wie damals war.

H.: ...Da müssen Sie mal ans 'Großen Meer' fahren, da sind schon solch (breite und tiefe) Gräben Damals stand im Entwässerungsplan: "Der Graben muß zugemacht werden, der und der !" Nach fünf Jahren bin ich dahin gekommen: Kein einziger Graben ist zugemacht worden. Alles wunderbar. Die haben da (im Naturschutzgebiet sogar drainiert! Deshalb haben die da auch in diesem trockenen Sommer mehr Erträge gehabt als die kahlen Geestböden.

V.: Ist das von der Naturschutzbehörde geahndet worden ?

H.: Am 'Großen Meer' ist ein Chaos !

V.: Beziehen Sie das nur auf dieses Naturschutzgebiet oder grundsätzlich ?

H.: Grundsätzlich ! Speziell in diesem Gebiet müßte die Aufsicht latent präsent sein, so daß die Landwirte immer meinen, sie seien beobachtet. Sie können mir natürlich jetzt vorwerfen: Das wird zu einem absolutärem Staate führen. Ich glaube, daß solche Dinge nur durch Kontrolle erfolgreich geregelt werden. Denn es ist ja so: Eine Fläche, die einmal botanisch falsch behandelt wurde, z.B. kräftig gekalkt oder entwässert wurde, ist für viele Jahre kaputt! Das ist kein Kavaliersdelikt! Und das wird von den Behörden ganz anders gesehen, ganz anders. Sie haben nicht das Rückgrat gehabt, das durchzusetzen. Hier ist ein Fehler gemacht worden: Das Land hätte die Flächen nicht selbst bewirtschaften sollen, sondern z.B. an die Naturschutzverbände geben sollen. Das interessante ist: Naturschutzverbände können auch den Erschwernisausgleich beantragen! Nehmen wir mal an: 100 ha a 500,- DM sind 50.000,- DM. 700 ha sind schon im Landkreis Aurich angekauft, das sind 350.000,- DM Zuschuß über den Erschwernisausgleich in jedem Jahr. Da hätte man noch für einen Maschinenpark übrig usw.

V.: Warum haben Sie das nicht angeregt?

H.: Habe ich angeregt.

V.: Wo sind Sie da auf Widerspruch gestoßen?

H.: Da bin ich mir nicht ganz sicher, ob der Bund das nicht wollte oder das Land oder der Landkreis - vermutlich der Landkreis nicht. Ich weiß nicht sicher, wer es gehakt hat. Allerdings begann der Erschwernisausgleich - ich weiß nicht wie alt ist - als freiwillige Leistung und jetzt seit drei Jahren ist er letztlich fixiert. Und diese Freiwilligkeit, man wüßte nicht wie es weiterläuft, es ist nur ein Erlaß ! ... Aber ich weiß, daß im Moment diese Sache mit dem Sockelbetrag stark diskutiert wird. ...die 300,- DM, die letztlich für den Naturschutz nicht viel bringt. Und die meisten nehmen nur die 300,- DM !

V.: Sind es hier nur wenige, die mehr nehmen ?

H.: Ich wüßte überhaupt keinen, der die 500,- DM- Variante nimmt. Ich gehe jedes Jahr wegen unserer Flächen ein paar Mal zum Amt für Agrarstruktur und frage: "Wer hat denn schon Aufbauvarianten abgeschlossen ?" "Sie sind der einzige!"

V.: Aus anderen Gebieten ist mir bekannt, daß auch die Aufbauvarianten durchaus angenommen werden.

H.: Das beinhaltet ja Nutzungsbeschränkungen und die Erträge werden geringer. Aber vielleicht ist dort die landwirtschaftliche Struktur anders, größer, so daß die Höfe da nicht drauf angewiesen sind (intensiv zu wirtschaften); keine Milchquote. Also die Intensivlandwirte würden das nie tun! Die nehmen 300,- DM und ansonsten...

V.: Wie beurteilen Sie den Erschwernisausgleich ?

H.: Prinzipiell ist er sehr gut. Aber das Geld müßte an andere Bedingungen geknüpft werden! Ich erinnere mich da heute an eine Versammlung mit der Bezirksregierung und Landwirten. Die wollten mich totschlagen, weil ich es wagte, mehr Naturschutzfläche zu fordern. Und dann hat man eine Exklave gebildet, weil wir dort eine Fläche gekauft hatten mit Orchideen usw. und dazwischen Intensivlandwirtschaft gelassen. Und dann kam der Erschwernisausgleich. Da sagte mir der Vorsitzende des Entwässerungsverbandes Aurich letztens: "Hätten wir das nur mal angenommen und auf Sie gehört, daß das Naturschutzgebiet wird! In dem Gebiet bekomme ich 300,- DM und außerhalb gar nichts. Das heißt es werden die 300,-DM mißbraucht!

V.: Sie sehen die 300,-DM also als Mißbrauch an ?

H.: Die Landwirtschaftsstruktur ist ja heute... Die kleinen Landwirte, von denen immer so viel gesprochen wird, die gibt es kaum mehr. Das sind ja große Landwirte! Wir haben hier in den Dörfern höchstens noch zwei, drei Großlandwirte; die machen alles und die kennen sich mit den Antragsregelungen für Zuschüsse gut aus. Der Erschwernisausgleich ist nur ein Antrag. Da kommen - weiß ich, Abschlagsprämien und Getreidezuschüsse und Vermarktungshilfen hinzu. Die kennen sich ganz genau aus bzw. sind immer in der Beratung. Und die kleinen ? Die großen machen das rein aus materiellem... - würde ich wahrscheinlich auch tun, wenn ich Landwirt wäre.

V.: Wenn ich das richtig verstehe, sagen Sie, daß die kleinen Landwirte möglicherweise naturschutzfreundlicher sind, weil sie nicht so materiell ausgerichtet sind.

H.: Unbedingt ja! Die kleinen haben weniger Land. Die Flächen... Sie haben häufig einen Nebenerwerb oder die Landwirtschaft selbst ist Nebenerwerb. Sie haben Rinder, die Sie das ganze Jahr über beaufsichtigen, grasen lassen usw.; sie sind umweltfreundlicher! Ich sehe das bei den Wallhecken: Wer uns da die großen Probleme macht, sind immer die großen Landwirte, die den Hals nicht voll kriegen können. Vielleicht müssen sie es auch, ich kann es nicht beurteilen! Die Entwicklung ist so; ein oder zwei Hektar mit einer Wallhecke drum herum sind zu klein. Wenn Sie manchmal die Fleischberge sehen, die da in der Freiland laufen mit 50,60 bis 100 Tieren, quälen sich da auf einer Einhektarfläche herum und müssen dann... Der Landwirt ist fast verpflichtet zu vergrößern. Für den Naturschutz ist das nicht gut. - Es gibt ja auch Bestrebungen vom Naturschutz auf der ganzen Fläche. Das wäre natürlich eine feine Sache. Aber wie wir das organisieren wollen ?

V.: In das Feuchtgrünlandschutzprogramm wurden große Hoffnungen reingelegt, daß dieses nun endlich das Programm ist mit dem man außerhalb von Naturschutzgebieten großflächig der Naturschutz greifen kann. Wie ist das bisher angenommen worden ?

H.: Das ist gar nicht bekannt. Das ist ja radikal finanziell und redaktionell... Ich habe da mal mit dem Herrn W. von der Bezirksregierung gesprochen: Wenn es mal aufgestockt werden würde, würde man das in Erwägung ziehen. Aber es ist kein Geld da!

V.: In der Wesermarsch läuft das sehr gut. Hunderte un tausende Hektar im Programm.

H.: Das ist Paradegebiet. Man kann es glaube ich nicht... Ostfriesland ist eigentlich für Feuchtgrünlandschutz prädestiniert. Aber da fließt kein Geld!

V. Warum nicht ?

H.: Ich weiß es nicht. Vielleicht ist die Akzeptanz größer. In einem Gespräch haben sie einfließen lassen, daß die Zusammenarbeit mit den Landwirten da ist. Wir werden da noch viel Arbeit mit haben, die Landwirte naturschutzfreundlich auszurichten. Heute ist diese Akzeptanz nicht echt. ... Es hat große Kompetenzschwierigkeiten gegeben, was diese Naturschutzstation anbetrifft. Der Landkreis wollte die in Eigenregie übernehmen. Das Land Niedersachsen wollte das nicht!

V.: Warum nicht?

H.: Ich weiß nicht. Da gab es immer Reibereien zwischen Oldenburg und Aurich. Jetzt hat man so eine Art gentlemen agreement getroffen, daß in der Station zwei Bedienstete der Bezirksregierung drin sind. Es kommt auch jemand vom Landkreis hinzu, so daß das eine Art Doppelstruktur haben könnte.

V.: Wie wurde die Einführung des §28a und b im Landkreis Aurich aufgenommen ?

H.: Ja, da gibt es inzwischen eine ganze Reihe besonders geschützter Biotope. Aber was heißt geschützt ? Es muß ja auch irgendwie eine Absicherung da sein und eine Pflege muß auch sein. Wir haben beispielsweise selbst einen Teich angelegt, mit dem Ziel, artenreiche Randvegetation zu entwickeln mit Wiesencharakter. Drum herum sind Wallhecken und die samen ewig aus - Pappeln dazwischen und Weiden und Ahorn usw. Wenn das nicht in jedem Jahr gemäht wird, wird das als geschützt §28a-Fläche ausgewiesen.

Wenn ich das nicht in jedem Jahr einmal mähe und das Mähgut abtransportieren würde, dann wäre das in fünf Jahren kein Biotop mehr, sondern mit Bäumen und Büschen bewachsen. Da nehme ich meine... und mähe die alle ab. Wenn das nicht geschieht, ist der Wert weg. Insofern sind viele solche Biotope zwar ausgewiesen, aber... Wenn das nur Grünland ist, wer will da nachweisen, daß da nicht zur falschen Zeit gemäht oder gedüngt worden ist.

V.: Aber damit unterstellen Sie ja gleich, daß das nicht eingehalten wird !

H.: Das kann aus Unkenntnis geschehen, das kann geschehen, weil ein Pächterwechsel stattfindet und der alte Eigentümer sagt ihm das nicht. Das muß nicht Vorsatz sein, kann aber Vorsatz sein. Es müßte - so könnt ich mir vorstellen, ein ständiges Gespräch mit einer gewissen Regelmäßigkeit erfolgen. Mit unseren Pächtern - die haben 150 ha in Bewirtschaftung - da spreche ich mit jedem Pächter zwei-, dreimal: 'Wie siehts aus?' Da sagt er: 'Ja, es ist jetzt sehr trocken. Ich darf noch nicht mähen, weil die Zeit noch nicht da ist.' Da sage ich ihm:'Mache das trotzdem, sonst bekommst Du es später nicht mehr herunter,' oder ich sage: 'Es ist sehr naß, laß da mal lieber diese Ecke heraus !"
...
Dies sind Flächen, welche außerhalb des Naturschutzgebietes liegen, die aber quasi so bewirtschaftet werden als wäre es Naturschutzgebiet mit höchsten Auflagen. Aber das ist auch ganz interessant: Die Bewirtschafter haben inzwischen an unseren außerhalb liegenden Flächen mehr Interesse als an den Staatsflächen innerhalb des Naturschutzgebietes. Ich weiß nicht, ob das auffällt. Aber irgendwann werde ich da mal darauf aufmerksam machen!

V.: Es wird oft kritisiert, daß intensive neben extensiven Flächen liegen. Haben Sie da keine Probleme mit ?

H.: Da haben wir keine Probleme mit, obwohl ich es gerne hätte, wenn ein Gebiet eine einheitliche Entwicklung nimmt. Wir haben ganz viele vertreute Flächen. Es ist so angelegt, daß wir im Laufe der Zeit alle dazu bekommen. Aber solange das nicht ist,... Es ist millimeterweise erkennbar, daß sich der Naturschutzgedanke immer mehr realisieren läßt. Dann spielt die Zeit keine Rolle. - ... Und das ist im Grunde genommen auch verwerflich. Die Landwirte bekommen das nasseste Land, z.T. hohe Bezahlung für Flächen oder es sind z.T. drainierte oder haben feste Straßen. Da wird Geld in Massen verschleudert. Wir haben immer wieder gesagt: 'Laßt das doch mit dem unbedingt-kaufen-wollen und laßt die Zeit arbeiten !' Ich meine, wir sind die Behörden überall nicht flexibel genug. Die könnten ja auch die 16 Mio. DM irgendwo hinlegen bis plötzlich die Verkaufswilligkeit kommt und dann zugreifen. Und nicht hingehen und sagen:'Ich will das unbedingt haben!' So machen die

Naturschutzverband das in Aurich, z.B. sind wir am Großen Meer hingegnagen und haben gesagt: 'Eure Flächen wollen wir haben.' Da antworten sie: 'Warum kannst Du nicht mehr geben?' Ich entgegne: 'Wir wollen uns die Preise nicht kaputt machen lassen!' Wir haben so und soviel im Schnitt gegeben und mehr kriegst Du nicht!' 'Nee, dann nicht!' Im nächsten Jahr rufe ich wieder an:'Nee, vielleicht!' Im fünften Jahr: 'Jetzt wollen wir.' Oder sie rufen selbst an: 'Ich will eine neue Scheune...' oder 'der Nachbar hat aufgegeben und ich wollte mir von ihm Flächen kaufen.' Begründung: Der Mann hatte plötzlich in der Nachbarschaft Gelegenheit, zwei Hektar zuzukaufen und das kostet Geld. Und so müßte es in der Gesamttendenz bei der Umsetzung von Naturschutz sein. Hundert Jahre ist es in Richtung Instensivierung gegangen. Jetzt kann es auch langsam zurückgehen.

V.: Andere Naturschützer sagen hingegen: 'Die Zeitbombe tickt!' 'Wir dürfen nicht so lange mit dem Naturschutz warten.'

H.: Man würde also viele Spannungen heraufbeschwören. Man denkt, daß man die Landwirtschaft bespitzeln würde. Es muß deutlich werden, daß...
Nehemen wir mal an, die 16 Mio. DM hätte man festgelegt dann gibt es Zinsen - so kann man viel großflächiger denken. Die Probleme würden sich von alleine entflechten. Am 'Ewigen Meer' haben wir 25 ha zusammengekauft, ziemlich arrondiert. Für die erste Fläche haben wir 1,70 DM bezahlt, jetzt sind wir schon bei 2,80 DM.
...
Ich kenne ja auch viele Landwirte privat. Da sieht das immer ganz anders aus, wenn man mit denen unter vier Augen spricht. Es sind vor allem die Funktionäre, die überall laut tun, noch bei den etwas herausholen können. Es sind meistens die Funktionäre der großen Landwirte. Die kleinen sehen sich da nicht so vertreten. Meinetwegen der Landwirtschaftliche Hauptverein, der hat auch eine Beratungsstelle, wo jeder hinkommen kann, der Mitglied ist und dann beraten wird: 'Da kann man noch etwas herausholen und da!' Richtige Bürokraten, die nur damit beschäftigt sind, alles, was die EU ausstößt, wirklich voll zu nutzen. ...

Die haben immer die Tendenz zu sagen: Der Landwirt ist ja von Natur aus der geborene Naturschützer.

V.: Das steht ja auch im Naturschutzgesetz drinnen.

H.: Jawohl, das ist es. Das ist eben die Crux! Ordnungsgemäß bewirtschaftete Flächen sind praktizierter Naturschutz. Das bezweifle ich entschieden. Und das gestehen auch die meisten Landwirte, wenn man mit ihnen spricht, zu. Die sagen dann im zweiten Satz: 'Aber wir müssen ja so intensiv wirtschaften,sonst kannst Du nicht überleben!' In Amerika müssen die Höfe, weiß ich 1000 ha groß sein, damit eine Familie existieren kann. Wir haben ja noch Glück, daß Ihr durch die EU so stark gefördert werdet. Wenn das wegfiele, würde ein Bauer pro Dorf vollkommen reichen. Aber die Landwirte leiden unheimlich - und das sehe ich auch. Heutzutage muß also hier ein Grünlandbetrieb -und das sind alles Grünlandbetriebe- 60 bis 80 Kühe haben, dazu den entsprechenden Jungvehbestand und dann auch noch eigene Flächen, die beackert werden, damit Grundfutter in Form von Maissilage vorhanden ist mit wachsender Tendenz. Und jetzt stellen Sie sich vor: Da wird auf

einmal jemand krank oder ein Landwirt fährt gegen den Baum und ist schwer verletzt oder tot. Ein Bekannter von mir, der einen ganz neuen Betrieb hatte - gerade erst gebaut, ist jetzt kürzlich zu Tode gekommen. Der Betieb bricht so in sich zusammen. Die sind ständig nur im Streß. Oder einer hier, der macht sämtliche Arbeiten selbst. Der ist aufs Dach geklettert, heruntergefallen und hat sich die Wirbelsäule gebrochen. Wochenlang, monatelang durfte er nicht auf dem Trecker sitzen. Er ist immer auf Fremdpersonal angewiesen. Gott sei Dank war er Meister und hatte einen Lehrling, so daß ihm vieles abgenommen wurde. Aber allen anderen, denen so etwas dazwischen kommt, da sind die großen Betriebe kaputt, die kleinen nicht. ... Es ist ja auch aller dermaßen technisiert. Die laufen alle inzwischen mit dem Computer um den Hals in der Gegend herum. Die Landwirtschaft ist nicht zu beneiden.
...

V.: Wir haben mehrere Entwässerungsverbände. Erst einmal den Entwässerungsverband Emden, Aurich, Deich-und Sielacht Ehsens. Das sind so die, mit denen ich agiere. Die unterhalten unterschiedlich. Erst einmal der Entwässerungsverband Emden, mit dem komme ich am besten klar. Der hat sich ganz früh auf die Unterhaltung mit dem Mähkorb eingerichtet, aus meiner Sicht die naturschondendste..., aber auch nur dann wenn...- bei dem Mähkorb kommt es auf die Gewässerbreite an. Wenn es einigermaßen breit ist, dann müßte der Einsatz so erfolgen, daß er von der Gewässermitte anfängt, durchmäht und das Mähgut auf den Gewässerrandstreifen umlädt, der ja hier in Ostfriesland bewirtschaftet ist, damit die biologische Masse herauskommt und nicht im Wasser verfault oder auf der Kante verweilt.

V.: Als nachteilig wird es angesehen, daß am Gewässerrand ein dammartiger Rückstand des Räumgutes verbleibt!

H.: Alle Satzungen hier enthalten, daß wechselseitig geräumt werden muß. Ein Jahr von einer Seite, im nächsten Jahr von der anderen. Und so immer hin und her. Das trifft man kaum an! In anderen Gebieten läuft das besser. ...
Der Mähkorb hat einen Vorteil: Der Entwässerungsverband hat ca. 1200 km Gewässer. Da müssen in jedem Jahr mindestens die mittleren oder kleinen unterhalten werden, weil die schnell zuwachsen und die können ab Mitte August oder September beginnen,- sie haben Ketten- und Radfahrzeuge, so daß sie bis Weihnachten bei jedem Wetter fahren können. Ein Mann kann etliche Kilometer ganz alleine machen. Der setzt sich morgens hinein und steigt abends heraus und hat mehrere Kilometer weg. Und was mich dabei... Das Zeug wird herausgehoben und ist weg! Und es ist nur eine einzige Unterhaltung. Während die Sielacht Ehsens Mähstreifen hat. Dies sind besondere Fahrzeuge, die fahren die Böschung einzel entlang... Einen Monat später fahren sie wieder entlang - der gleiche Prozeß wiederholt sich drei-, viermal im Jahr und da kann also keinerlei Röhricht oder Hochstaudenflur wachsen. Das ist der große Nachteil, denn dies sind die biologisch aktiven Flächen an den Gewässern, die wir brauchen. Was zunehmend ist und auch von den Gemeinden und dem Landkreis gemacht wird,- und das ist nicht gut- , daß sie die...- wie heißt die Maschine ?

V.: Schleuder ?



H.: Nein, Schleuder gibt es nicht mehr! Sie ist nicht mehr zugelassen. Die Grabenfräse ist verboten worden. Aber, was alle Satzungen enthalten, daß der Zaun... Die Gewässer müssen ja eingezäunt werden, mindestens 80 cm von der Oberkante des Gewässers entfernt müssen sie stehen! Und den Graben zeigen Sie mir mal, wo das ist ! Ich habe den Entwässerungsverband angeschrieben: "Viele sind ja überhaupt nicht eingezäunt, - auch im Fehntjer Tief nicht!" Fehntjer Tief ist ein staatliches Gewässer. Nach fünf Tagen bekomme ich eine Antwort: "Wir kennen das Problem, aber wir können nichts machen! Denn wir haben 1200 Kilometer Gewässer - 1200 Kilometer Gewässer, die wir abgehen müßten und mit den Eigentümern ins Gericht gehen müßten und sagen: 'Hier, Zäune ziehen!'" Da habe ich mal nachgerechnet. Wenn man bei 12100 Kilometer nur 80 Zentimeter zurücknimmt, was das für ein Gewinn für den Naturschutz ist, ohne daß... Das muß man mal nachrechnen. Die meisten Gewässer sind ja bloß 10 oder 20 Zentimeter entfernt von... Der Zaun, wenn er vorhanden ist, steht ja genau auf der Kante der Böschung. Das ist extensive Fläche, die dem Naturschutz eigentlich zukommt. Und das ist wichtig im Gewässerschutz und letztlich auch für die Landwirtschaft. Alle Welt regt sich darüber auf, was für Nährstoffe aus der Landwirtschaft in die Nordsee fließen. Unsere Gewässer wimmeln von Algen. ...
Die Satzungen beanspruchen 80 Zentimeter. Für die Einzäunung muß der Zaun 80 Zentimeter von der Oberkante entfernt sein. Das sagt das Wasserverbandsgesetz. ...
Aber die Satzungen sind ja noch nicht dem neuen Wasserverbandsgesetz angepaßt. Aber selbst die Anpassung bedeutet ja noch nicht, daß es umgesetzt ist. Ja! Das muß man sehen! Geschriebenes Wort ist etwas anderes als das, was draußen in der Natur geschieht!
Und jetzt diese Gewässerrandstreifen: Einige Verbände, aber wenige, haben an ihren eigenen Gewässern, an interessanten Stellen Gewässerrandstreifen eingerichtet, aber auch nur, wenn das Land Niedersachsen dazugegeben hat. Hier in diesem Bereich, wo der Fischotter ist, läuft viel über das Fischotterprogramm oder im Rahmen von Planfeststellungsverfahren. So z.B. beim Ems-Jade-Kanal, der verbreitert wird. Da wird auch gleichzeitig... Da haben wir schon im Rahmen des Verfahrens einen Gewässerrandstreifen angelegt. Der Ems-Jade-Kanal ist ein landeseigenes Gewässer, bei dem zehn Meter Abstand gehalten werden müssen. Am Ems-Jade-Kanal wurde ein Streifen angekauft und als Gewässerrandstreifen ausgewiesen. Wenn man ihn jetzt einzäunen würde, würde da eine Hochstaudenflur entstehen. Das ist für das Auge des Ostfriesen nichts! Also erst einmal versucht: Wir verpachten dem angrenzenden Landwirt die Fläche kostenlos mit. Da darf er keinen Dünger streuen. Wer will das jemals in den Griff bekommen? Außerdem, wenn im Frühjahr-gleich im Mai, die Tiere darauf kommen, werden die dann die Streifen nicht beweiden ? Das ist doch alles Unsinn ! Ich fordere grundsätzlich, daß diese Randstreifenflächen nicht bewirtschaftet werden und allenfalls alle paar Jahre mal gemäht werden.

V.: Gibt es im Landkreis Aurich ein kreiseigenes Gewässerrandstreifenprogramm ?

H.: Der Landkreis ist praktisch pleite. Im nächsten Jahr fehlen dem Landkreis 40 Mio. DM ! Das ist auch der Grund, warum in der Naturschutzbehörde der Personalverlust nicht ersetzt wird. Der



kann nicht mehr bezahlen ! Ich bin ja gespannt, ob hier so eine Art Zwangsverwaltung kommt. Aurich ist eine ganz arme Gemeinde - keine Industrie. Wir haben eine Arbeitslosigkeit von 13 %, das ist schon fast Ostverhältnisse.

V.: Wie sieht die Räumung bei den Gräben dritter Ordnung aus?

H.: Die entfällt zunehmend. Da findet nicht mehr so ganz viel statt, weil dort überall Drainagen eingezogen sind. Nur noch, wenn sie Oberlieger sind und praktisch gezwungen sind dies...
Da habe ich auch große Bedenken mit den Wallhecken. Die Wälle, wie sind die entstanden ? Der Wallkörper stammt aus dem Boden, der den Seitengräben entnommen wurde. Er ist immer so draufgeschmissen worden. Aber von beiden Seiten, jeder hat das gemacht. Heute, wenn da mal ein Graben - ist das in den seltensten Fällen, das der Boden auf den Wall gepackt wird. Der wird immer auf das Land geschüttet. Ist das bewußt oder unbewußt ? Ich weiß es nicht !Also bei manchen ist es bewußt und bei vielen ist es unbewußt. Aber es ist auch gleich ein bißchen mehr Arbeit, wenn das wieder herunterfällt. ...
Es gibt noch eine andere Form der Unterhaltung, das Spaken. Der Entwässerungsverband X hat das Glück, daß er im eigenen Hause die Deichacht Y hat. Die Deichacht-Leute haben im Winter wenig Arbeit an den Deichen. Da haben sie einen Verbund geschlossen. Im Winter arbeiten sie für den Entwässerungsverband und spaken...
Die maschinelle Gewässerunterhaltung insgesamt hat zur Folge, daß die Artenvielfalt der Gewässer enorm abgenommen hat. Wir haben kaum noch Gewässer mit Teichrosen oder Seerosen hier in Ostfriesland.

V.: Wie sind die Verbände zum Naturschutz eingestellt ?

H.: Der X-Verband, Deich- und Sielacht Hesel sowie Emden haben mehrere Programme, aber immer nur Abschnittsweise. Es ist nicht so ganz leicht... Aber der Vorsteher macht das; er versucht da etwas auf die Beine zu bringen. Na ja, wie soll ich sagen: Es ist von Verband zu Verband recht unterschiedlich! Der Holsumer Verband ist recht aufgeschlossen.
Aber ich muß sagen, sowohl was Landwirtschaft anbetrifft, als auch die Entwässerungsverbände und Behörden: Die letzten fünfzehn Jahre haben doch einen gewissen Sinneswandel bewirkt. Es wird nicht mehr alles so gemacht, wie es früher selbstverständlich war. Man darf nicht vergessen, Ostfriesland hat, -so lange es existiert- , seine Hauptlast war nicht der Krieg, sondern immer das Wasser. Immer mit der Überlegung: Wie werden wir es los ?
...
Ich glaube, die Landwirte hier sind auch insgesamt etwas vorsichtiger. Ich kenne mehrere Landwirte, die haben hier auch...

V.: Vorsichtiger aufgrund agrarstruktureller Gegebenheiten oder agrargeschichtlicher Entwicklung oder aufgrund der ostfiesischen Einstellung ?

H.: Wir haben auch Holländer. Die haben Pachthöfe; da sieht das ganz anders aus: Die sind bei den ostfriesischen Landwirten nicht gut angesehen, obwohl sie sehr tüchtig und fleißig und alles sind. Die holen alles aus dem Betrieb heraus, fahren sonntags und feiertags Gülle raus und...



V.: Vielleicht ist das Umweltbewußtsein auch bei den ostfiesischen Landwirten etwas höher ?

H.: Ja, aber auch nicht mehr bei allen!

V.: Sehen Sie Unterschiede zwischen den verschiedenen Parteien und Wählergemeinschaften in bezug auf das Engagement im Naturschutz ?

H.: Im Landkreis Aurich ist es immer so gewesen, daß die SPD sich auf die Fahnen geschrieben hat, sie seien die besseren Naturschützer. Aber ich will da nicht unbedingt etwas zu sagen, weil die CDU nie die Gelegenheit der Regierung gehabt hat. Und manche würden zu Ihnen sagen: 'Die SPD ist das, was die CSU in Bayern ist. Ja, das ist so... Vor einigen Jahren war die Stimmug insgesamt Naturschutz-freundlicher. Das ist inzwischen stark zurückgegangen ! Aber das ist bei allen Parteien stark zurückgegangen.
...
In anderen Bereichen sind die Grünen insgesamt aufgeschlossen. Ich würde sagen, daß die Grünen von den drei angesprochenen Parteien die...

V.: Zum Teil haben die Grünen irreale Vorstellungen, die fern von jeglicher Umsetzungsmöglichkeit liegen.

H.: Aber die gesamtwirtschaftliche Lage, das ist das Problem. Naturschutz und zum großen Teil auch Umweltschutz, wenn sich das nicht in Mark und Pfennig rechnen läßt,...- Naturschutz ist zunehmend von den Bröseln abhängig, die vom Tisch fallen. Beim Naturschutz noch mehr als beim Umweltschutz, der könnte sich nochmal rechnen. ...
Naturschutz ist eine Frage der Bildung im Kopf und der Bildung im Herzen. Ich habe so viele Landwirte kennengelernt, die von all diesen Beziehungen zwischen Wiesenvögeln und Feuchtwiese keinerlei Ahnung haben, aber die machen es automatisch richtig. Und das machen die alle alleine..., weil die Menschen da eine Beziehung zu haben!- Die ganze Organisation - auch der Erschwernisausgleich, so schön und gut das ist, aber nur wenn es auch auf Dauer realisiert wird. Wenn der Sohn das nicht genauso macht wie der Vater,...- Früher hat man in ein paar Jahren ein Moor trocken gelegt, kaputt gemacht, heute kann man das an einem Tag, in ein paar Stunden.
...
Ach, was ich hier schon mit den Behörden im Zusammenhang mit den Verfahren geredert, angeschrien ! So eine Dickfälligkeit - Wahnsinn ! Man spricht von Verschlankung und Verschnellerung der Verwaltung und der Arbeit, und da passiert überhaupt nichts. ...
Die Behörden sitzen auf einem ganz hohen Roß - ganz schlimm ! Vor allem die Wasserwirtschaftsverwaltung, die wissen alles, haben aber von Biologie noch nie etwas gehört. Das sind alles Ingenieure.
...
Um nochmal auf das Naturschutzgebiet Fehntjer Tief zurückzukommen: Inwieweit es letztlich nur eine Insel wird von lokaler Bedeutung, das muß die Zeit ergeben. Wahrscheinlich muß die Tendenz auf Vergrößerung angelegt werden. Das muß ich noch dem Bundesamt für Naturschutz schreiben. Am Rande des Naturschutzgebietes wird noch ein Flurbereinigungsverfahen durchgeführt, welches zugunsten der Landwirtschaft im alten klassischen Stil läuft. Jetzt wird schon erkennbar, daß mancher Betrieb, welcher 'gut' aufgebaut werden

Interview 29
mit einem hauptamtlichen Vertreter des Naturschutzbundes
Deutschland in Bergenhusen, Schleswig-Holstein

A.: Die Region Eider-Treene-Sorge-Niederung ist ein etwa 60.000 ha
großes Grünlandgebiet. Ein großer Teil sind Hochmoore, Niedermoore
usw.. Unsere Landesregierung hat ein Gesamtkonzept entworfen, um
Naturschutz, Landwirtschaft und alternative Einkommensquellen für
die Menschen hier in der Landschaft zu erschließen und diesen
ganzen Nutzungskonflikt zu entschärfen. Ziel ist es, 20 % der
Fläche in der Region als Vorrangfläche für den Naturschutz
auszuweisen, in großen Teilen zu erwerben und naturschutzgerecht
zu pflegen.

V.: Wurde die Vorrangfläche im Landesraumordnungsprogramm
ausgewiesen ?

A.: Ja, als Schutzkategoria. Es gibt nach dem Schleswig-
Holsteinischen NAturschutzgesetz einen Passus: Vorrangfläche für
den Naturschutz. Und diese Flächen sollen im Laufe der Zeit vom
Land Schleswig-Holstein aufgekauft und entsprechend entwickelt
werden. Die Landwirtschaft soll in dieser Region naturgerecht
entwickelt werden, der Nutzungskonflikt soll entschärft werden,
wobei das eine schwierige Sache ist. Der Bereich, der aufgekauft
werden soll ist von den anderen Bereichen zu unterseiden. Für den
Aufkauf gibt es mehrere Projekte, die in gesamtstaatlich
repräsentativ sind. Das ist zum einen die Alte Sorgeschleife, die
aus diesem Titel heraus finanziert wird. In dieses Gebiet sind
sechs Millionen Mark geflossen.

V.: Ist die Sorgeschleife bisher das einzige Teilgebiet, welches
als gesamtstaatlich repräsentativ anerkannt ist und mit
Bundesmitteln gefördert wird ?

A.: Ja, die anderen Gebietsanträge sind gestellt worden. Aber im
Moment laufen viele Sachen in Ostdeutschland-klar. Die
Landesregierung steckt hier jedes Jahr drei Millionen Mark in den
Flächenaufkauf, d.h. sie kauft hier überall Flächen für den
Naturschutz auf.

V.: Wurde der GR-Antrag von der Landesregierung oder vom Landkreis
gestellt ?

A.: Wir sind jhier im Landkreis Schleswig-Rendsburg. Diese Region
Eider-Treene-Sorge-Niederung erstreckt sich über vier Landkreise:
Landkreis Dittmarschen, Nordfriesland, Rendsburg-Eckernförde und
Schleswig-Flensburg, wobei Schleswig-Flensburg den größten
Flächenanteil hat. Der Antrag ist durch die Stiftung "Naturschutz
Schleswig-Holstein" gestellt worden, welche auch Trägerin der
Maßnahme ist. Das ist eine landeseigene Stiftung, um
Naturschutzflächen aufzukaufen.

V.: Ist dieses Großschutzgebiet identisch mit den Suchräumen, die
es in Schleswig-Holstein gibt ?

A.: Ganz so identisch ist das nicht. Das ist ziemlich gesondert.

V.: Inwieweit sind die Kommunalpolitik, die landwirtschaftlichen
Berufsverbände und die Naturschutzverbände in das Projekt
einbezogen ?

A.: Die Geschichte des ganzen fing damit an, daß sich die
Arbeitsgemeinschaft der Naturschutzverbände dafür einsetzten, daß
die Alte Sorgeschleife im Rahmen des
Flurbereinigungsverfahrens...- da drohte eine Drainierung in dem
Raum! Dann sind Privatinitiativen an die Landesregierung gegangen.
Das ist Anfang der 80er Jahre gewesen: "Dies Gebiet muß unter
Naturschutz; es muß aufgekauft werden; es muß aus diesem
Flurbereinigungsverfahren herausgenommen werden." Die vorherige
Landesregierung hat daraufhin das sog.
Stapelholm-Programm gefahren, wo zum ersten Mal in Schleswig-
Holstein sog. Extensivierungsverträge oder Bewirtschaftungsverträge
gelaufen sind. Die neue Landesregierung hat gesagt: "Wir dehnen
das auf das ganze Gebiet aus und bringen auch andere
Regionalentwicklungsplanungen damit hinein !" Dies ist nicht nur
ein Projekt für den Naturschutz oder die Landwirtschaft und den
Naturschutz, sondern ein integratives Konzept.

V.: Inwieweit besteht Akzeptanz für das Extensivierungsprogramm im
Grünland ? Wieviele Verträge können Sie abschließen ?

A.: Bis Ende der 80er Jahre hatten wir in bezug auf die Auflagen
relativ niedrige Extensivierungs- oder Bewirtschaftungsverträge
unter dem Titel Wiesenvogelschutz, die dann für 350,- DM/ha den
Landwirten entlohnt wurden. Das war für einen großen Teil der
Landwirte recht interessant. Nur Untersuchungen haben gezeigt, daß
die Auflagen nicht ausreichten, da wirklich etwas für die
Wiesenvögel zu tun. Die Bewirtschaftung war noch vergleichsweise
intensiv. Ende der 80er Jahre ist das dann geändert worden. Jetzt
haben wir die sog. Biotopprogramme im Agrarbereich, die sehr viel
schärfere Bewirtschaftungsmaßnahmen enthalten. Beispielsweise
dürfen auf der Weide nur 1,5 Tiere pro Hektar aufgetrieben werden.
Dann muß 1-2 % der Fläche für Biotopschutzmaßnahmen abgegeben
werden. Hier wird aufgestaut oder Knicks und Hecken gepflanzt, um
das ganze in die Landschaft einzubringen. Diese Geschichte wird
dann für 600,- DM entlohnt. Bloß das ist für einen normal
wirtschaftenden Landwirt, wie wir ihn hier haben, und der darauf
achtet, daß sein Vieh einigermaßen gutes Futter kriegt und nicht
so ein spätes Heu, späte Silage absolut nicht interessant.
Letztlich nehmen dies neue Biotopschutzprogramm nur
Nebenerwerbslandwirte oder Landwirte, die vorwiegend Ackerbau
haben und nur Restgrünland.

V.: Das heißt aufgrund der zunehmenden Strenge der
Bewirtschafungsauflagen im Biotopprogramm ist die Akzeptanz
geringer geworden !?

A.: Ja, sicherlich! Es rechnet sich für viele Landwirte nicht.
Aber letztendlich muß man den Effekt sehen, ob ich dort für wenig
Geld sehr viel Flächen habe und sich da nicht viel tut oder ob ich in
einem Bereich viel Geld stecke und dadurch gute Sachen entwickeln
kann. Das ist die Frage, die dabei zu stellen ist.

V.: Sind es nur agrarökonomische Aspekte, die da bei der Akzeptanz
einfließen ? Das Umweltministerium erzählte mir, daß es da auch
starke Resentiments gegen das Programm gab und daß auch vom

Schleswig-Holsteinischen Bauernverband offiziell abgeraten wurde,
Verträge über das Biotopprogramm abzuschließen ? Sind Sie da auch
mit konfrontiert worden ?

A.: Wir sind natürlich in der Diskussion drinnen. So wie wir das
kennengelernt haben: Von Bauern zu Bauern oder Bauern zum
Naturschützer hat das eigentlich nur ökonomische Gründe, weil es
sich nicht rechnet. ... Die Akzeptanz bei den Bauern bezieht sich
darauf: Ist das wirtschaftlich ? Paßt das in ihr Betriebskonzept
hinein ? Oder paßt es nicht hinein, dann lassen sie es eben. Das
andere: Der Bauernverband sieht da sicherlich aus der
Verbandsstrategie heraus andere Gesichtspunkte, daß der
Naturschutz da jetzt in etwas hineinbricht, daß er da jetzt über
landwirtschaftliche Flächen mit zu entscheiden hat. Aber für den
einzelnen Landwirt ist entscheidend: 'Wie rechnet sich das ? Paßt
das in mein Betriebskonzept ?'

V.: Sie sagen: Der Bauernverband sagt, ...lasse ich den
Naturschutz einbrechen! Was meinen Sie ist die Ursache dieser
Resentiments ?

A.: Ja, das frage ich mich auch immer! Wir haben ja nicht nur
einen Konflikt mit der Landwirtschaft in bezug auf die
Biotopschutzprogramme aufgebaut, das ist eher unstrittig, wo man ins
Gespräch kommen kann. Viel größere Konflikte gibt es, wenn wir
Flächen aufkaufen, d.h. in Schleswig-Holstein haben wir im
Landesnaturschutzgesetz das Problem, daß etwa 15 % der
Landesfläche als Vorranggebiet für den Naturschutz ausgewiesen
werden soll und zu diesem Biotopverbundsystem entwickelt werden
soll. Hier in diesem Raum haben wir konkret 20 %, was wir an
Vorrangfläche haben möchten. Da kommen natürlich ganz andere
Konflikte auf uns zu. Wir verknappen sozusagen, d.h. wir treten
auf den Bodenmarkt als Konkurrenz auf. Für die aufgebenden
Landwirte ist das zwar finanziell wichtig, aber für die weiter
wirtschaftenden Landwirte ist das ein Problem. Die Pachtpreise
sind hoch und für die ist eine Konkurrenz. Der Bauernverband
versteht sich sicherlich eher so: Für die weiterwirtschaftenden
Landwirte soll Land im Überfluß da sein und die Pachtpreise sollen
niedrig sein. Da kommen wir in einen ganz anderen Konflikt. Das
muß man ganz klar sagen. Die Bauern vor Ort sehen das auch anders,
die sagen: "O.k., wenn entstehen Konflikte - laß uns abwarten.
Vielleicht sehen wir das in zehn Jahren ganz anders, wenn sich da
vielleicht Möglichkeiten ergeben haben." Wir müssen sehen, daß wir
mit dieser Strategie 'Landankauf' den landwirtschaftlichen
Strukturwandel ausnutzen.

V.: Sie meinen, vor Ort steht man dem abwartend gegenüber ?

A.: Man kann vor Ort über Gespräche viel mehr Übereinstimmung...
auch, indem man gewisse Sachen zurückstellt. Die Erfahrung haben
wir gemacht.

V.: Das ist interessant. In anderen Bereichen, in anderen Ländern
ist es so, daß vor allem der Naturschutz vorwiegend an den weniger gut
bonitierten Flächen interessiert ist, also Flächen, die keinen
großen Nutzen bringen, daß dort diese Flächen aus der
Landwirtschaft herausgenommen werden können.

sollte, es doch nicht schaffen wird. Und über diese Schiene werden
hier in Zukunft Flächen frei werden, die auf lange Sicht dem
Naturschutz zufallen könnten. Man muß da auch noch viel gelassener
an die Sache herangehen.
...
Notwendig wäre ein begleitender Arbeitskreis, welcher sich
regelmäßig trifft und diskutiert. Hier sollten die Gemeinden,
StAWA,....
Es reichte der große Sitzungssaal im Kreishaus in Aurich nicht aus.
Und das bringt dann praktisch alles nichts.

Ein Planungsbüro wurde mit dem Pflege- und Entwicklungsplan
beauftragt. Ich glaube, nach anfänglichen Schwierigkeiten haben
sie sich ganz gut eingearbeitet. - Im letzten Jahr wurde im
Fehntjer Tief eine 100 ha-Fläche abgetrammt und wiedervernäßt. Da
standen im Winter die Seggen längere Zeit unter Wasser. Da sagte
einer vom Planungsbüro auf einem Treffen zur Eröffnung der
Naturschutzstation zu mir: 'Was für ein Wunder, daß die nicht
unter Wasser abgestorben sind!' Ich sagte: 'Warum sollten die
absterben? Da werden die erst richtig flott!'"

A.: Im Prinzip können sie das auch. Das hängt auch von Gemeinde zu Gemeinde ab. Wir haben hier die Gemeinde Seeth westlich im LAndkreis Friesland. Da steht es fest, daß sehr viele LAndwirte aufgeben und daß einfach viel mehr Land da ist als was die weiterwirtschaftenden überhaupt aufnehmen können. Da ist es völlig unstrittig, daß der Naturschutz Flächen bekommen kann, und daß diese ausgetauscht werden, um in Flächen hineinzugehen, die für den Naturschutz interessant sind. Das müssen nicht immer die schlechtest bonitierten Flächen sein. Da gibt es auch durchaus Nutzungskonflikte.

V.: Warum halten Sie denn weiterhin so streng an dem Aufkauf fest? Es wird vielfach favorisiert, den freiwilligen Naturschutz weiter auszubauen und über die Schiene private Grünlandflächen mit jährlichen Ausgleichszahlungen zu gehen. So wäre es auch hier möglich größere Flächen dem Naturschutz zuzuführen.

A.: Was die Schleswig-Holsteinische Landesregierung genau bewegt hat, warum sie jetzt Flächenankauf favorisieren, kann ich Ihnen nicht 100%ig genau sagen. Für uns oder den Naturschutz hat das den allgemeinen Vorteil: Wenn ich Flächen aufkaufe und diese arroniere, kann ich dort wirklich in großen Bereichen bestimmen, wie die Nutzung gestaltet werden soll, wie hoch die Wasserstände sein sollen, wann die Mähzeitpunkte sind. Und ich kann es langfristig entwickeln, nicht nur wie hier: Die Programme laufen über fünf Jahre. Wenn der Bauer keine Lust mehr hat oder das Geld im Staatshaushalt nicht mehr da ist, dann fallen die Flächen wieder der allgemeinen Nutzung zu oder werden wieder normal genutzt. Da haben wir eben diesen langfristigen Effekt, daß wir da nicht nur fünf oder zehn Jahre, sondern das ganze kann sich über 30-40-50 Jahre in die Zukunft weiter entwickeln. Das ist für Naturschutz oder Ökosysteme unheimlich wichtig, daß wir dort langfristig entwickeln können. Und das schaffen wir durch die Biotopprogramme auch nicht, zumal diese Dinger freiwillig, d.h. der Bauer X sagt: 'O.k., meine Fläche könnt Ihr kriegen.' Bauer Y sagt aber: 'Nein, ich brauche die.' Und ich will eben in dieser ganzen Region, daß der Wasserstand so ist, daß ich die optimal nutzen kann!' Nun habe ich einen Flickenteppich und kann an die wichtigen Sachen, Wasserstände sind für Feuchtwiesen beispielsweise unheimlich wichtig, nicht heran. Sicher, es kann sinnvoll sein, diese Biotopprogramme zu machen. Das ist ohne Zweifel. Aber wenn ich in großen arrondierten Gebieten etwas langfristig für Naturschutz bewegen will, muß ich die derzeitige Aufkaufstrategie fahren. Das ganze ist natürlich zwangsläufig unter...: Wie ist die EU-Agrarpolitik gestaltet ? Und da sind wir derzeit gezwungen, Flächen, die interessant sind, aus der Landwirtschaft herauszunehmen. Wir brauchen natürlich weiterhin Landwirte, die diese Flächen pflegen oder naturverträglich nutzen. Das Wort 'Pflege' ist eine zweischneidige Sache.

V.: Sind da genügend Landwirte, die da die Pflege durchführen ?

A.: Derzeit, - was die Eider-Treene-Sorge-Niederung betrifft, sind da noch genügend Landwirte. Es gibt immer noch welche, die dieses Futter, welches davon herunter kommt, nutzen können. Die können im Prinzip auch intensiv nutzende Milchviehbetriebe sein, die dieses Futter für spät laktierende - in der späten Laktationsphase der Kühe - dann müssen sie geringere Energie haben, das ist für die durchaus interessant. Andeererseits gibt es mittlerweile auch



Tendenzen, daß sich einige Landwirte ein alternatives Standbein aufziehen, daß sie Mutterkuhhaltung in großen Herden machen. Das ist eine relativ naturverträgliche Nutzungsweise. ... Ich habe Naturschutzflächen, die ich günstig zupachten kann. Da kann ich eben mit wenig Tieren auf großer Fläche wirtschaften, was wir ja auch wollen. Das sind interessante Partnerschaften für den Naturschutz.

V.: Zu den Planungen zurück. Wie verlief die Diskussion im Planungsablauf ? In den meisten Großschutzgebieten ist es so, daß zu bestimmten Zeitpunkten, dann wenn es in die Kommunalpolitik und -presse getragen wird, daß es dann in der Bevölkerung akut diskutiert wird. Gab es hier auch Höhepunkte in der Diskussion ?

A.: Es hat mehrere Höhepunkte gegeben. Das ganze ist ja durch die Naturschutzverbände in dieser Arbeitsgemeinschaft initiiert worden. Die Arbeitsgemeinschaft 'Rettet Feuchtgebiete' hat immer wieder Initiativen hineingebracht. Es fing mit der Sorgeschleife an; dann aber auch andere Gebiete. An der Treene beispielsweise sollte in bestimmten Bereichen der Deich werggenaommen werden. Das wurde immer schubweise und sehr heftig diskutiert. Als dann die Landesregierung sagte: Wir machen jetzt dies 60.000 ha - Projekt und wollen das und das machen, das ist auch nochmals sowohl seitens des Bauernverbandes als auch seitens des Naturschutzes ganz heftig und kontrovers diskutiert worden. Die Positionen waren von Gemeinde zu Gemeinde recht unterschiedlich. Bergenhusen beispielsweise war diesem Konzept zumindestens nicht unbedingt ablehnend gegenüber eingestellt. Aber andere sehr viel bäuerlich geprägte Dörfer als unsers, wo der Bürgermeister gleichbedeutend ist mit dem Bizirksbauernvorsitzenden, da wurde viel mehr gegen dies Konzept gegengeschossen. Also die Fronten gingen quer durch die Gemeinden. Mittlerweile ist es so: Das ganze Projekt ist am laufen und die Wogen sind geglättet. Jeder sieht: Die Landwirtschaft geht hier nicht von heute auf morgen unter. Man kann durch Diskussionen und Absprachen durchaus langfristig abgestimmte Entwicklungen erreichen, d.h. daß da keiner einen Schaden von hat.

V.: Es ist erst zu einer verschärften und polarisierten Diskussion gekommen und nach und nach zu...

A.: Vielfach auch durch diesen Regionalentwicklungsaspekt, der in dem Konzept drinnen ist. Man möchte einen sanften Tourismus entwickeln, Vermarktungsstrategien für die Produkte hier... Da merken die Leute auch: 'Aha, da läuft doch mehr. Man will uns hier nicht nur eine Käseglocke überstülpen, sondern man sieht: Die Leute sollen hier arbeiten und Geld verdienen. Dazu muß man auch sagen: Wir sind im Prinzip auch kein Großschutzgebiet, kein Biosphärenreservat. Das ist überhaupt nicht in der Diskussion. Wir haben die Diskussion: Diese Naturschutzflächen wollen wir entwickeln. vielleicht vergrößern und ein Verbundsystem daraus machen. Es soll ein Naturschutzgebiet daraus entwickelt werden. Das, was draußen drum herum liegt, ist überhaupt noch nicht..., wie das Kind einmal heißen soll. Ob es mal ein Biosphärenreservat wird oder nicht. Bis jetzt ist das auch noch nicht angesprochen. Ob noch einmal dann die Diskussion hoch geht, weiß ich nicht.

V.: Wie ich Ihren Worten entnehme, wird das wahrscheinlich nicht der Fall sein ?



A.: Das ist sehr sachlich. Man hat natürlich verschiedene Interessenspunkte. Durch die ganze Begleitung des Projektes von staatlicher Seite her ist sehr viel Konflikt genom,men worden. Wir haben hier Regionalberater, die zwar nicht dauernd anwesend sind, aber zumindest als Ansprechpartner da sind. Auch die Behörden bemühen sich, wenn etwas in einer Gemeinde geplant ist, dieses zusammen mit der Bevölkerung zu entwickeln. Das geht eigentlich !

V.: Wer ist da federführend ? Das Landesamt oder die Umweltämter in den Kreisen ?

A.: Nein. Die Umweltämter in den Kreisen nicht. Das Landesamt ist dort federführend. Die Umweltämter sind hier nicht so involviert, weil das ein Landesprojekt ist. Das Land kauft ja auch die Flächen auf. Die Umweltämter haben über bestimmte Maßnahmen, die in ihren Gebieten gemacht werden sollen, zu entscheiden.

V.: Wieviel Hektar sind bis jetzt innerhalb dieses Großraumes von 60.000 ha ausgewiesen ?

A.: Ausgewiesen ist noch nicht so viel! Ich glaube sechs Gebiete, die aufgekauft und ausgewiesen sind. In Bezug auf die Vorrangfläche sind wir jetzt bei 12 %.

V.: Wenn ich das richtig verstanden habe, werden auch nur die Flächen als Naturschutzgebiet ausgewiesen, die zuvor aufgekauft wurden ?

A.: Nein, nicht unbedingt. Es gibt sehr viele alte Naturschutzgebiete, die auch in Privathand sind. Z.B. Hochmoor: Da dürfen sie ja überhaupt nichts machen. Es sind besonders geschützte Biotope und die sind größtenteil noch in Privathand.

V.: Und in Bezug auf bewirtschaftete Fläche ?

A.: Ja, es gibt da einige Gebiete. Aber da versucht man dann, diese Flächen herauszukaufen bzw. herauszutauschen.... Letztendlich kann ich mit der Naturschutzverordnung nur den Status quo festlegen, aber keine Entwicklung.

V.: Wie beurteilen Sie die Naturschutzpolitik der Landesregierung in Kiel ? Ich denke, daß die Naturschutzverbände kritisieren, daß hier von verantwortlicher Seite zu langsam gehandelt wird, oder ?

A.: Sicher kann man sagen: Man könnte es schneller machen. Aber letztendlich hat es keinen Sinn, wenn man Naturschutzgebiete macht, die dann vor Ort nicht akzeptiert sind. Hier gibt es dann Probleme bei der Umsetzung. Viel wichtiger ist, daß - auch in den vorhandenen Naturschutzgebieten - die Begleitung einigermaßen und finanziell der Ankauf läuft. Es wird in Schleswig-Holstein eine Menge Fläche angekauft. Sicher sollte man da noch mehr machen und auch noch mehr begleiten, wie sich die Flächen entwickeln, daß da auch Leute für zuständig sind. Im Moment wird in Schleswig-Holstein großflächig aufgekauft, aber die Flächen liegen dann sozusagen brach oder es gibt dafür keine Konzepte, wie man das weiter entwickelt. Das ist ein großes Manko ! Natürlich wünscht man sich, daß es mehr Naturschutzgebiete gibt - letztendlich ist das eine Frage der gesellschaftlichen Umsetzbarkeit.



V.: Es gibt Regionen, in denen ständig Grünland in Acker umgewandelt wird. Die Naturschützer sagen: "Die Zeitbombe tickt!" Kann man das auf die Eider Treene Sorge Niederung übertragen ?

A.: Wo Grünland ist, da ist das absolute Zwangsgrünland auf Niedermoorböden. Wer darauf Ackerbau betreiben würde, der ist nicht recht bei Trost ! Aber die Intensivierung läuft natürlich weiter. Und die Flächenankaufspolitik läuft im Moment darauf hinaus, daß wir Flächen, die noch in einem guten Zustand sind, vorrangig kaufen, weiol es uninteressant ist, die ohnehin schlecht nutzbaren Flächen zu bekommen. Wie sich das weiter entwickeln wird, ist natürlich schwer zu sagen. Die Nutzung ist da sehr intensiv; dieses zurückzufahren ist problematisch. Wir haben hier mit die intensivste Acker-und Grünlandwirtschaft, wie sie betrieben wird. Die Leute haben hier keine andere Alternative.

V.: Gibt es auch Probleme im Hinblick auf Gülle ?

A.: Wir haben in Schleswig-Holstein die Gülleverordnung und die greift wohl einigermaßen gut. Sicherlich ist das eine Sache...Wenn man Grundwassernitratgehalte in den Griff bekommen will, und auch Oberflächenwasser Nur für die Biotope reicht das als solches natürlich nicht. Dadurch bekommt man kein mageres Grünland oder sonst was. Das ganze ist eben darauf abgestellt, daß der Bauer da sein Futter produzieren kann. Das ist der Nutzungskonflikt, den wir haben. Die heutige Grünlandwirtschaft mit ihren Mähzeitpunkten, mit den Wasserstandsabsenkungen, mit denm Düngemittelmengen und der Zusammensetzung der Grasnarbe ist für viele Vogel-, für viele Tier- und Pflanzenarten einfach überhaupt nicht mehr verträglich. Der Kiebitz beispielsweise hat hier Anfang der 80er Jahre bis heute um fast 90 % abgenommen. Das ist einzig und allein darauf zurückzuführen, weil die Grünlandwirtschaft hier so intensiv ist. Das hat eben auch Auswirkungen auf den Storch. Ich sehe das Problem in der Notwendigkeit, intensiv wirtschaften zu müssen. Bisher ist es so gewesen durch die Milchmengenbegrenzung, die Milchquote, sind die Landwirte gezwungen, wenn sie ihre Gewinne erhöhen wollen, bei gegebener Milchmenge möglichst rationell zu produzieren. Und das hat dazu geführt, daß man möglichst hochwertiges Grundfutter, sprich Grassilage anders produzieren muß. Das hat zur Intensivierung auf dem Grünland geführt. Der Schnitt wurde vorverlegt, um den Eiweißanteil in das Grundfutter zu bekommen, um eben Kraftfutter, was man zukauft, einsparen zu können.

V.: Will man intensivieren, muß man Milchquote aus anderen Gebieten aufkaufen. Es gibt ja neuerdings die Möglichkeit, aus anderen Gebieten Milchquote zu kaufen. Wie beurteilen Sie das? Sehen Sie das als eine Gefahr an ? Wie sind da die Intentionen der Landwirte, die Milchproduktion in diesem Gebiet zu intensivieren ?

A.: Sicherlich hat das für die Landwirte seine Vorteile. Das ist alles viel einfacher geworden. Nur man muß daran denken, daß es zu einer großflächigen Entmischung kommt, d.h. daß sich aus den vorwiegenden Ackerbauregionen die Milchwirtschaft herauszieht und in diese vorwiegenden Grünlandregionen geht. D.h. also: In einigen Gebieten wird der Grünlandanteil noch weiter zurückgehen als er ohnehin ist und hier wird die Milchproduktion weiter intensiviert. Natürlich ist es für die Region wichtig, daß hier produziert wird

- die Milch aus gesamtgesellschaftlich oder aus markt- und wirtschaftspolitischer Sicht ist es für die Landwirte wichtig, daß sie hier auch weiterhin produzieren können.

V.: Ist dies im Zuge der Naturschutzplanungen in einer Analyse erfaßt worden ?

A.: In Bezug auf den Flächenankauf gibt es von der Landwirtschaftskammer eine soziostrukturelle Untersuchung bei den Landwirten, die festgestellt hat, daß man Flächen vom Naturschutz aufkaufen kann und das für die landwirtschaftliche Nutzung keine Auswirkung hat. Das kann von Gemeinde zu Gemeinde unterschiedlich sein. Aber im großen und ganzen ist für beide genügend Fläche da. Und damals war es noch nicht so, daß man Milchquote ohne Land von außerhalb zukaufen konnte. Wie das heute ist festgestellt, ist jetzt die Frage. Aber irgendwann werden die Betriebe ihre Größenstruktur erreicht haben, die sie nicht mehr vergrößern können. Denn das sind Familienbetriebe und irgendwann kann bei der AK auch bei den modernsten Ställen nicht mehr...

V.: Wie beurteilen Sie die Einbindung der Landwirtschaftskammer in die Befragung ? Konnte man da eine politische Einfärbung beobachten ?

A.: Also, den Eindruck habe ich nicht gehabt. Die Landwirtschaftskammer hat die Sache aufgezeigt, wie sich das in Zukunft entwickeln wird - mit oder ohne Naturschutz. Insofern haben sie festgestellt, daß für alle genügend Fläche da ist. Und letztendlich haben sie uns in der Argumentation, die wir gegen die Interessenverbände der Landwirtschaft zu führen haben, eigentlich nur unterstützt. Ich meine: Was will man mehr? Zudem hat das Gutachten dazu geführt, daß das nicht in eine Richtung erstarrt(?).

V.: Wie haben sich die Ämter für Land- und Wasserwirtschaft in der Diskussion verhalten ?

A.: Die sind dem Land untergeordnet und haben auszuführen. Die Flurbereinigungsverfahren, die hier in der Region gelaufen sind, sind ein Instrument, um Flächen auszutauschen. Sie werden ganz gut genutzt. Zu Anfang sind da ganz andere Sachen gelaufen.

V.: Das habe ich nicht ganz verstanden ! Was war da ?

A.: In der Gemeinde Megga ist eine Flurbereinigung geplant. Daraufhin haben sich die Naturschutzverbände in einer Arbeitsgemeinschaft zusammengetan, um zu fordern, dieses Gebiet aus der Intensivnutzung herauszunehmen und für den Naturschutz zu sichern. Die Naturschutz hat es mit der Flurbereinigungsbehörde ziemlich heftige Diskussion gegeben - Anfang der 80er Jahre. O.k., Anfang der 80er Jahre war die Diskussion noch ganz anders. Die jetzige Entwicklung ist erst in den letzten Jahren so drastisch vorangekommen.

V.: Wie verhalten sich die Flurbereinigungsbehörden ?

A.: Es kommt darauf an, welche Personen da sitzen. Wir haben hier mehrere Ämter für Land- und Wasserwirtschaft, die ja bei uns Flurbereinigungsbehörden sind und hier hineineingreifen:

Flensburg, Heide, Husum. Die Flensburger sind also mehr konservativ, während Heide beispielsweise ganz federführend Naturschutzprojekte durchgezogen hat und letztlich sehr offen ist. Auch bei den Husumern tut sich etwas. Sicherlich, die sehen ja auch, daß sich Flurbereinigungen alten Stils so nicht mehr verwirklichen lassen. Und letztlich sehen sie ihre Chance darin sehen, so daß sie ihre Klientel verringert, die Fehler der Vergangenheit wieder rückgängig zu machen.

V.: Wir es in dem 60.000 ha-Gebiet ein flächendeckendes Verfahren geben ?

A.: Es gibt mehrere Verfahren, die noch alle am Laufen sind. Das Verfahren in Arfte war anfangs nach dem klassischen Muster geplant, Knicks zu verschieben - weg zu machen. Letztendlich durch den Protest der Naturschutzverbände ist das für die Natur gelinde ausgegangen. Da sind also erheblich weniger Knicks verschoben worden; letztendlich wurde nur Landtausch durchgeführt, Wege verbessert, und das war es dann. Das kann man aus Sicht des Naturschutzes noch tolerieren. Und es werden für den Naturschutz Flächen ausgetauscht.
Es gibt einige Flurbereinigungsverfahren, beispielsweise dies ehemalige Flachseengebiet X, welches für den Naturschutz aufgekauft wurde. Da hat man eine Flurbereinigungsgeschichte daraus gemacht, um die Flächen zu erwerben und auszutauschen. Die Flurbereinigung ist ja durchaus ein Instrument, was man gut nutzen kann. Anderseits...

A.: Wie verhalten sich die politischen Parteien in der Diskussion? Es sind in anderen Regionen verschiedene Konstellationen bekannt. Wie sieht das hier aus?

V.: Mittlerweile sind sich die politischen Parteien darüber einig, daß sie Naturschutz wollen... ...war es sicherlich nicht so. Da gab es Unterschiede zwischen den örtlichen Regierungsabgeordneten und Nichtörtlichen-Regierungsabgeordneten. Da waren durchaus landwirtschaftlich freundlichere Worte zu hören, von denen, die hier vor Ort... Das hat sich aber ganz gut geändert. Die Diskussion ist eigentlich so, daß sie aus dieser ganzen heißen Phase herausgekommen ist. Man ist in der Umsetzungsphase; man sieht: Es läuft etwas; es fließen Gelder hinein. Es wird langsam umgesetzt. Jetzt gibt es eben ganz andere Probleme.

V.: Es ist auch nicht so, daß eine politische Kraft dies besonders gefördert hat, z.B. Bündnis 90/Grüne oder wie in anderen Bereichen die CDU.

A.: In Schleswig-Holstein sind die Grünen nicht im Landtag. Und in den Kreistagen hängt es von Kreis zu Kreis ab; da wird durchaus mal mehr oder weniger gebremst. Kreis Schleswig-Flensburg ist eher konservativ; aber das Konzept ist ein Landeskonzept, d.h. es kommt aus Kiel, wo die SPD die alleinige Regierung ist. Vorher hatte natürlich auch die CDU-Landesregierung dieses Vorläuferprogramm laufen. Die Bedeutung war durchaus zu sehen. Nur wie man das umsetzt, da gibt es sicherlich Unterschiede. Wie die CDU derzeit auf Landesebene steht, vermag ich nicht zu sagen. ... Aus agrarpolitischer Sicht ist dies ja eine schwierige Region. Wir sind weit weg von jeglichen Märkten. Die Bodenverhältnisse hier -

das liegt teilweise unter dem Meeresspiegel, - sind sehr problematisch.

V.: Gibt es Bestrebungen, Milch und Fleisch aus Naturschutzbereichen besonders zu fördern und gesondert zu vermarkten ? Es wurde seinerzeit vom WWF in Bremen verfolgt. In diesem Zusammenhang ist man auch an die Bremerland-Molkerei herangetreten.

A.: Es gibt in Hessen, in der Rhön ein ganz pfiffiges Konzept - Direktvermarktung von solchen Produkten und Spezialitäten. Und ähnliches bauen wir derzeit auch auf. Nur hier wohnen wenige Leute. Das Fleisch von hier ist immer schon weiter weg transportiert worden. Auch die Milch ist in andere Regionen gegangen. Daher ist es ganz schwierig, hier etwas aufzubauen. Wir sind auch kein touristisches Gebiet, wo man sagen kann: Sehr viele Touristen kommen hier hin und wir können das direkt vor Ort vermarkten. Das ist also alles noch in der Entwicklung begriffen, aber wir sind dadran. Die Regionalberatung begleitet das auch.

V.: Es muß sich nicht unbedingt eine Vermarktung im Raum sein; es kann ja auch in den Ballungszentren Kiel oder Hamburg vermarktet werden !?

A.: Das ist schwer und wird im Moment überhaupt noch gar nicht ins Auge gefaßt. Die Vermarktungswege sind auch schwierig, weil wir nicht mehr viele große Schlachthöfe bei uns haben, wo man sagen kann: "Jetzt wollen wir eine extra Schiene davon machen." Das ist ein großes Problem. Und wie soll man herangehen ? An die Schlachtereien oder Metzgereien ? Oder an die Großhandelsketten ? Die Gemüsevermarktung ist sicherlich einfacher als die Vermarktung der Fleisch- und Milchprodukte !

V.: Da sehen Sie Probleme. Das gleiche gilt wohl auch für die Milch ?

A.: Ja, für die Milch noch viel mehr, weil man keine Möglichkeit hat,...

V.: Im Nationalpark gibt es auf Pellworm diese spezielle Vermarktung.

A.: Die Meierei steht kurz vor der Pleite. Die haben ganz große Schwierigkeiten.

V.: Wer ist in der Naturschutzstation von den Behörden, und wer vom Nabu tätig ?

A.: Das ganze nennt sich Institut für Wiesen und Feuchtgebiete - Naturschutzzentrum Bergenhusen. Wir sind eine Einrichtung des Bundesverbandes Nabu. Wir haben mehrere Aufgaben. Dazu gehört Weißstorchschutz und Feuchtwiesenschutz. Dann über konkrete Gutachten in Untersuchungen tätig sein - zu den einzelnen Naturschutzmaßnahmen, z.B. in der Eider-Treene-Sorge-Schleife. ... Das dritte sind Öffentlichkeitsarbeit und Entwicklung von Initiativen für den Tourismus. ...
...wobei dieses allerdings beschämend wenig ist, was hier an Personalinput hineinläuft. Insofern sind das beschämende Dimensionen, wenn man denkt: Das ist ein 60.000 ha großes Gebiet

und man will hier wirklich etwas umsetzen. Diese personelle Ausstattung ist beschämend - viel zu wenig. Das vor Ort dasein ist beschämend.

V.: Worauf führen Sie das zurück ?

A.: Sicherlich knappe Haushaltskassen. Personalmittel werden nicht so gerne bewilligt. Das muß man ganz klar so sehen. Nur das ist auch eine Sache, wie ich Prioritäten setze. Ob ich etwas vor Ort- oder lieber im Ministerium in Kiel haben möchte.

V.: Wie setzt sich die Mitgliedersruktur des Naturschutzbundes zusammen ?

A.: Wir haben hier in Bergenhusen eine Ortsgruppe, die daraus entstanden ist, weil hier Störches sind und sie helfen wollten. Das ist eher eine konservative... - also vom Naturschutz her denken die konservative und kommen sehr stark aus dem Artenschutz, aus dem Tierschutz heraus. Das ist für unsere Arbeit natürlich sehr problematisch.

V.: Warum kann das problematisch werden ?

A.: Ganz konkret, wenn es darum geht: Die Störche verhungern oder die Nahrung ist knapp, wird gesagt: "O.k., dann füttern wir zu !" Das kann einem im Naturschutz viele Strategien kaputt machen und in der Öffentlichkeit. Wenn ich beispielsweise sage: "Die Störche kann ich zufüttern," dann brauche ich keinen Feuchtgebietsschutz machen. Das ist natürlich ein Problem, was wir haben.

V.: Warum gibt es vor Ort so wenige Mitglieder ?

A.: Ja, das ist eine bäuerliche Gegend. Welcher Bauer ist im Naturschutzbund ? Wir haben hier auch sehr viele kleine örtliche Naturschutzverbände, bäuerliche Naturschutzverbände. Die sind auf einem Schmusekurs mit der Landwirtschaft. Das sind Bauern, die einen Naturschutzverband gegründet haben - örtliche Gruppen, so kleine Vereine, die hier wurschteln.

V.: Warum sind diese parallel zum Nabu gegründet worden ? Haben sie eine andere Zielsetzung ?

A.: Ursprünglich waren es - Mitte der 80er Jahre, als der Naturschutz hier von außen hereindrängte Organisationen, um den Naturschutz hier ein bißchen abzubügeln. Das muß man ganz ehrlich sagen. Aber mittlerweile sind das Verbände oder Vereine, die durchaus ernstzunehmende Arbeit machen. Nur, natürlich mit einem ganz anderen Verhältnis zur Landwirtschaft. Die versuchen mehr, keine Konflikte zu schaffen oder Problemen aus dem Wege zu gehen. Wir sind ein großer Verband, der überregionale Arbeit hat, und anders vorgeht in der Diskussion mit der Landwirtschaft. Vom know-how her haben die natürlich nicht so über Zusammenhänge das..., das was ein ein Verband hat, der auch hauptamtliche Mitarbeiter hat.

V.: Sie arbeiten aber letztendlich im engen Kontakt mit ihnen ?

A.: Ja! Wir sind bei deren Mitgliederversammlung. Wir diskutieren häufig miteinander über gewisse Probleme. Aber...

V.: Kommen Ihre örtlichen Mitglieder überwiegend aus dem Humandienstleistungssektor, z.B. Lehrer ?

A.: Bergenhusen ist ein Dorf,was auch sehr viele Handwerker usw. hat. Das ist eine andere Mitgliedschaft. In Bergenhusen gibt es neben dem Nabu keinen örtlichen Naturschutzverein, sondern nur in den anderen Orten...

V.: Wie ist die Zusammenarbeit mit den Wasser- und Bodenverbänden?

A.: Gibt es eigentlich nicht - mehr eine Zusammenarbeit zwischen uns und denen. Aber die Regionalberatung arbeitet mit denen zusammen. Dies bezieht sich auf konkrete Maßnahmen nach dem Aufkauf, z.B. Aufstau und solche Geschichten. Daran sind wir auch durchaus interessiert. Sie sind natürlich auch dafür prädestiniert, weil sie die ganzen Pläne und vor-Ort-Kenntnisse haben. Nur in den normalen Gebieten, wo normal Landwirtschaft betrieben wird, arbeiten sie weiterhin wie immer. Das ist ganz klar.

V.: Die Akzeptanz ist von Gemeinde zu Gemeinde unterschiedlich. Kann man auch andere Korrelationen feststellen, z.B. zur Haupt- oder Nebenerwerbslandwirtschaft oder zur Höhe der Milchquote ?

A.: Ich glaube, das sind eher Sachen persönliche Art und Weise oder wie die Menschen oder Personen im Raum Entwicklungen sehen. Hier sind mehrere große landwirtschaftliche Betriebe. Und ein Ortsbauernvorsitzender, der sagt schon: "O.k., da sind sicherlich Probleme. Nur eine Frist ist Fläche genug da, das zeigt auch das Landwirtschaftskammer-Gutachten. Und da wird man sich in Zukunft drüber einig werden. Nur in der Gemeinde Erfte ist der Bezirksbauernvorsitzender eben größter Bauer und Bürgermeister und da ist das ganz,ganz anders. Eher: "Mit dem Naturschutz nichts zu tun haben wollen. Wir wollen lieber unsere Ruhe haben und weiter so wirtschaften und Flächen rankriegen." Mitlerweile sind aber auch dort die Fronten abgebaut, zumindest so, daß das ganze nicht mehr offensiv torpediert wird.

V.: Wie verhalten sich die hiesigen Umweltämter in der Diskussion?

A.: Ich kann nicht genau sagen, wie die Umweltämter akzeptiert sind. Die sieht man kaum. Die haben diese ganz klassischen Aufgaben, Ausgleichsmaßnahmen usw.; die sind für die Region nicht so wichtig wie beispielsweise das Umweltministerium oder die Landesplanung in der Staatskanzlei oder das Landesamt für Naturschutz, welche mehr vor Ort auftreten. Aber zu den Umweltämtern kann ich nichts allgemeingültiges sagen. Das ist schwierig.

V.: weil sie zu rar sind.....?

A.: Das heißt 'sind zu rar' ? Die treten natürlich mit einem bestimmten Interesse auf. Und da kommt es auch drauf an. Natürlich, als Prof. Heidemann noch Umweltminister war, da ging das hier ganz anders ab. Alleine durch die Person Heidemann war das ziemlich polarisiert. Und jetzt bei Frau Müller - ist das eigentlich eine ganz friedliche... Man war froh, daß der Heidemann weg war. Sie wußten nicht so recht, warum der weg sollte - ...dieses Auftreten vor Ort, dies selbstbewußte... Das hat.- nicht so wie ein Landwirt...sich diesen typischen Landwirtschaftsminister vorstellt. Diese kumpelhafte Art - auch mal einen Korn trinken oder sonst was - und das war Heidemann nun mal wirklich nicht. Der war nun mal Professor, den hat man gefürchtet und gehaßt.

V.: Wenn ich das richtig interpretiere, sehen Sie die personelle Umbesetzung ganz positiv ?

A.: Nein, nicht unbedingt ! Nein ! Ich bewerte das für die Bauern, wie die zu ihm gestanden haben. Dieses Konzept, wie es jetzt hier gefahren wird, hätte es so ihn nicht gegeben. Das muß man ganz klar sehen. Und auch unser Landesnaturschutzgesetz hätte es wahrscheinlich so nicht gegeben. Dasmuß man ganz klar so sehen. Auch unser Landesnaturschutzgesetz hätte es wahrscheinlich so nicht gegeben, wenn es keinen Heidemann gegeben hätte. Das ist eben diese Polarisierung. Die Person war schon von vornherein polarisiert. Das gab natürlich in der Diskussion unheimliche Schwierigkeiten. Die landwirtschaftliche Seite - da fällt er. Man will da nichts mehr von hören. Man ist da nur gegen, weil dieser Mann so ist. Das ist natürlich auch durch den Bauernverband ganz extrem geschürt worden. Man hat da eine schöne Feindfigur. Das ist natürlich für die etwas schwieriger. Frau Müller ist da mehr so: Sie geht auf die Leute zu usw.

V.: Ist dieser personelle Wechsel planmäßig erfolgt im Hinblick darauf, daß man Umwelt- und Naturschutz in der Bevölkerung besser umsetzen können ? Das man sagte: Heidemann ist nicht mehr tragbar ?

A.: Ich weiß nicht, was Frau Simonis im Kopf herumgegangen ist.

V.: Wurde das in Schleswig-Holstein öffentlich diskutiert ?

A.: Als Engholm damals wegging und Heide Simonis kam,... Kann für mich aber auch nicht von Interesse sein. Als Vertreter eines Verbandes vor Ort muß ich das so nehmen, wie es zur Zeit ist. Die Diskussion war damals viel polarisierter. O.k. die Position des Naturschutzes...

V.: Das heißt aufgrund der Person Heidemann kam es zwar einerseits zu einer starken Polarisierung und Ablehnung, andererseits konnte dem Naturschutz der Weg gebahnt werden. In der Umwelt- und Naturschutzgesetzgebung konnte mehr durchgesetzt werden. Viele Maßnahmen wurden mit Energie durchgesetzt. Jetzt ist es so...

A.: 'durchgesetzt' stimmt nicht ganz. Besser: 'auf den Weg gebracht'! Wir sind ja jetzt erst einmal in der Umstzungsphase, in der die Problemer eigentlich erst entstehen. Die Diskussion läuft derzeit viel entspannter als es seinerzeit war, als Heidemann das Konzept hier vorgestellt hat. Da gingen die Wogen hoch!

...kurzfristig mal das Geld gesperrt, weil die Pflegemaßnahmen oder Entwicklungsmaßnahmen nicht so liefen, wie der Bund es gerne gehabt hätte. Das waren zwischenzeitliche Probleme, die da vor Ort waren. Da wurde zwar Land aufgekauft, aber trotzdem tiefe Gräben

hineingezogen und dann unter dem Deckmantel 'Wiesenvogelschutz' für die Landwirte nutzbar gemacht. Das ist damals dann...

V.: Wie konnte das denn passieren ?

A.: Das konnte angehen, weil die Agrarverwaltung, die Flurbereinigungsverwaltung - das Ding durchgezogen hat. Das ist eben auf Druck dieser Arbeitsgemeinschaft der Verbände dann umgebogen worden. Auch darüber, daß man mit dem Bund Kontakt aufnahm und gesagt hat: "Paßt mal auf,was da mit Euren Mitteln passiert !" Die gaben wiederum auf die Landesregierung Druck, daß da ihre Ämter für Land-und Wasserwirtschaft unter Kontrolle gekriegt haben.

V.: Das heißt, die Ämter hatten sich ein bißchen verselbständigt !?

A.: Na, die Vorgaben waren wahrscheinlich auch nicht so genau gefaßt, daß da auch keine...

V.: ...Spielraum vorhanden war; und der Spielraum wurde so genutzt, daß es gerade nicht im Sinne des Konzeptes war.

A.: Das war es! Genau!

V.: Das heißt man mußte erst diesen ganz beschwerlichen Weg bis zum Bundesamt für Naturschutz nehmen und dann wieder zurück über die Landesregierung ?

A.: Vielleicht hätte man es auch über die Landesregierung geschafft. Aber die Arbeitsgemeinschaft, die ehrenamtlich gearbeitet hat, konnte eben auch nur so über diese Geschichte der Öffentlichkeit und indem sie verschiedene Stellen ansprach, zu damaliger Zeit etwas bewirken. Heute ist das viel viel weiter. Wir sind jetzt seit drei Jahren hier tätig. Wir können jetzt natürlich bei solchen Problemen ganz anders arbeiten. Und die Diskussion ist heute viel weiter.

Interview 30
mit einer Vertreterin der Bundesforschungsanstalt für Naturschutz und Landschaftsökologie (heutiges Bundesamt für Naturschutz) in Bonn

R.: In der Hammeniederung ist erst einmal aus finanziellen Gründen vom Antragsteller verkleinert worden. Wie das aussieht, wenn die Betroffenheitsanalyse ausgewertet ist, wissen Sie momentan wahrscheinlich besser als ich. Denn ich habe darüber bisher noch keine Informationen bekommen.

V.: Die Betroffenheitsanalyse wird Ihnen wahrscheinlich demnächst übergeben werden. Man kann sagen: Es sind erhebliche Kosten, die auf die öffentliche Hand zukommen würden, und es sind einschneidende Maßnahmen in die Agrarstruktur, die gerade bei einem so großen Gebiet zu erwarten sind. Der Landkreis hat sich daher jetzt für die sog. "kleine Lösung" ausgesprochen. ... Haben Sie da schon von gehört?

R.: Nein, da weiß ich nichts von. Die Sitzung sollte schon viel früher, Anfang des Jahres, stattfinden. Aber die ist wohl verschoben worden.

V.: Die Sitzung war erst im März angesetzt worden. Aber mit der Betroffenheitsanalyse war man noch nicht so weit. Bis Januar wurde noch Datenaufnahme gemacht und die Auswertung war Anfang März noch nicht abgeschlossen. So schnell kann man keine Auswertung machen. Die Ertragsausfälle müssen ermittelt werden und monetär berechnet werden. Das dauert einige Monate, so daß jetzt erst am 17. Juni die Ergebnisse vorgetragen worden sind. Daraufhin hat sich der Kreistag sich für die sog. 'kleine Lösung' ausgesprochen. 'Kleine Lösung' heißt, daß man auf den staatlichen Flächen, dem Flickenteppich, Naturschutz betreiben will.

R.: Ach Gott, das waren ja nur 700 und ein paar zerquetschte Hektar.

V.: ...plus Restflächen.

R.: Was sind denn das ?

V.: Die grauen Flächen auf der Karte sind die staatlichen Flächen, die aus GA - Mitteln aufgekauft wurden; die weißen Flächen sind die Privatflächen.

R.: Das hier noch eine neue Variante vorgestellt werden soll, habe ich gehört, aber nichts konkretes. Das weiß ich offiziell überhaupt noch nicht. Ob das nun auf Gegenliebe stößt, kann man auch noch nicht sagen. Das muß man erst einmal sehen. Ich will da nicht vorgreifen. ... Die finanzielle Belastung der Landwirte durch Kreditaufnahme - die ganzen Bauten, die gemacht wurden, das ist in den Protestbriefen dargelegt worden. Das hat uns eigentlich nochmal darin gestärkt, nochmal nach der Akzeptanz zu fragen. Das Problem bei der ganzen Sache ist ja: 1989 ist hier ein Orientierungsantrag gestellt worden, damals an das Bundesumweltministerium. Der lautete Teufelsmoor - Hamme mit 8000 bis 9000 Hektar. Das war das Doppelte von dem Jetzigen. In dieser ganzen Zeit hat ja offensichtlich kaum jemand mit den Betroffenen gesprochen. Damals waren das ja noch viel mehr Betroffene. Auch der Torfabbau war da noch mit drin. Das Allerschlimmste scheint mir zu sein, daß scheinbar niemand den Betroffenen gesagt hat, daß das alles auf freiwilliger Basis erfolgt. Denn wenn ich höre, daß jemand sagt: 'Ich bin nicht bereit darauf einzugehen, auch wenn sie in Polizeibegleitung kommen,...' Wir haben hier natürlich auch ständig Anfragen von Leuten auf dem Tisch. Bezüglich Hamme habe ich auch schon ein paar Anfragen bekommen. Die gingen hoch bis zu Herrn Kohl. Auch bei Herrn Waigel haben sich Leute über die ihres Erachtens damit verbundene Verschwendung öffentlicher Gelder beschwert. Es wurde gefragt, ob man das nicht sinnvoller einsetzen könnte, anstatt mit öfffentlichen Geldern Existenzen zu vernichten. Die haben es auf den Punkt gebracht. Ihre Sorgen haben sie dargelegt. Diese Dinge bekamen wir auf den Tisch und haben immer wieder betont, daß es auf Freiwilligkeit beruht. Ich kann mich natürlich in gewisser Weise da hineinversetzen, daß das schwierig ist. Mache ich eine Planung, die noch nicht ausgereift ist - soll ich damit an die Öffentlichkeit gehen ? Das ist schwierig; das beißt sich irgendwie. Bloß wenn ich in der Umgebung den Eindruck erwecke, daß das mit Gewalt und von oben herab durchgesetzt wird, ist das natürlich aus Sicht der Landwirte durchaus verständlich, daß die auf die Barrikaden gehen. - Ich meine, das Problem für uns von der Bundesforschungsanstalt für Landschaftsökologie und Naturschutz ist folgendes: Es gibt einen Bundesfördertitel, da hängt aber auch das Land und der Träger mit drinnen. Und der Träger wird bewußt finanziell mit zur Kasse gebeten, damit auch ein gewisses Interesse vorhanden ist, sich um diese Projekte intensiv zu bemühen. Auf die Distanz von hier aus kann man sich natürlich nicht um alle Details kümmern - letztendlich auch nicht um die Trägerschaft. Dafür habe ich ja den Träger. Und wenn uns so ein Träger erklärt, ja, die Akzeptanz ist vorhanden, dann ist es von hier aus schwierig, das nachzuprüfen.

V.: Die Akzeptanz ist ja auch nicht einheitlich. Man kann nicht sagen: die Akzeptanz ist vorhanden oder die Akzeptanz ist nicht vorhanden. Zu so einer Aussage kann man im Grunde genommen schlecht kommen. ...

R.: Wir verlangen ja nun keine Aussage über die Akzeptanz im einzelnen, sondern es wird insgesamt eine Einschätzung verlangt, so weit es möglich ist, absehbar für den Träger ist, zu erklären, ob die Akzeptanz vorhanden ist oder ob die hergestellt wird. Wenn dann bloß so ein lapidarer Satz kommt... Gerade in der Hammeniederung haben wir ziemlich intensiv nachgefragt. Denn dies ist immerhin ein wichtiger Punkt. Wenn ein Projekt gestartet wurde, weiter fortgeschritten ist und es wurde schon investiert und dann stellt sich heraus: Die Akzeptanz ist nicht vorhanden, Verkaufsbereitschaft besteht nicht mehr! Die Leute verkaufen nicht mehr, die wollen nicht mehr, die gehen auch auf die Bewirtschaftungsverträge nicht ein, dann sind die Mittel weg. Dann ist alles für die Katze. Es ist im Falle der Hammeniederung durchaus erklärt worden, daß die Akzeptanz grundsätzlich vorhanden ist und die wird sogar im Laufe der Projektlaufzeit aufgrund agrarstruktureller Veränderungen noch besser werden. D.h. es gibt einige Höfe, wo keine Nachfolger mehr da sein werden. Das trifft bestimmt alles zu - partiell. Der eine hat keinen Nachfolger, der andere sagt: "Um Gottes willen, das ist nicht mehr wirtschaftlich, das trägt sich nicht mehr," gibt auf. Das gibt es sicherlich alles, gerade bei einer so riesigen Fläche. Wenn man dann dagegen stellt, was bei uns an Unterschriftensammlungen ankommt, dann



wächst die Skepsis, ob so ein Projekt wirklich machbar ist. Wir haben das jetzt bei einem anderen Fall, einem bayrischen Projekt. Da ist das Projekt nach sechs Jahren, gerechnet ab der ersten Antragsstellung - inzwischen läuft es seit einem Jahr - sind jetzt Diskussionen über erhebliche Akzeptanzprobleme. Nach sieben Jahren Bearbeitungszeit spricht sich das doch herum !

V.: Entwicklungs- und Betroffenheitsanalysen werden jetzt bei allen großen Naturschutzvorhaben durchgeführt.

R.: Wir haben es sogar bei kleineren gemacht, auch für Fischerhude. Und das ist ja ein kleines Projekt. Schon im Vergleich zur Hamme ist das Fischerhuder Projekt klein und im Vergleich zu anderen Projekten in den östlichen Bundesländern ist es ja wirklich ein Miniprojekt. ...

V.: Wie beurteilen Sie denn die Akzeptanz im Fischerhuder Projekt?

R.: Bei den ersten konstituierenden Sitzungen der projektbegleitenden Arbeitsgruppe kam da heraus, daß da ein Konsens auf dem kleinsten gemeinsamen Nenner zu finden ist. Als dort in die Debatte geworfen wurde, daß der Südarm eigentlich auch aus Naturschutzsicht auch in das Projekt hätte mit einbezogen werden müssen, kamen sofort massive Proteste der dort vertretenen Landwirte, die in der Arbeitsgruppe mitwirken. Da können sie nicht mitgehen. Sie brauchen den Südarm für die Entwässerung und außerdem ist ja ausdrücklich gesagt worden, bevor das Projekt ins Laufen kam, daß der Südarm nicht integriert wird und daß nur das zur Debatte stehende Gebiet für diese... und jegliche Änderungen... Als die Vertreterin der Bezirksregierung daraufhinwies, daß es im Rahmen der Gülleausbringung vielleicht nötig sein könnte, daß man die Naturschutzgebietsausweisung vorzieht, da war sofort auch wieder Kontrastimmung. Diese Probleme traten auf. Man hatte sich geeinigt, daß bis nach Abschluß des BZ-Verfahrens keine Schutzgebietsausweisung erfolgt. Seitens der Landwirte möchte man natürlich, daß das auch so status quo bleibt, damit sie wissen, woran sie sind. Sie möchten nicht, daß da weitere Diskussionen darum entstehen. Das kann man auch verstehen.

V.: Warum wurde die Hammeniederung als Naturschutzgroßprojekt und nicht als Gewässerrandstreifenprojekt beantragt?

R.: Die Hamme ist als ein Naturschutzgroßprojekt beantragt worden. Ein Gewässerrandstreifenprojekt kam nicht in Frage, weil das gesamte Gewässereinzugsgebiet unter Schutz gestellt wird oder ganz wesentliche Teile davon. Das würde bei der Hammeniederung bedeuten, bis in den Giehler Bach hinein. Neuerdings können allerdings auch Ausgleichszahlungen für Gewässerrandstreifen in Naturschutzgroßprojekten gezahlt werden. ... Wir haben folgende Möglichkeiten zu fördern: der Ankauf, langfristige 30jährige Pacht, dann gibt es die Möglichkeit die Pflege- und Entwicklungspläne zu fördern und die biotoplenkenden Maßnahmen. Seit 1992 gibt es zusätzlich die Möglichkeit, sich Personalkosten und Sachkosten fördern zu lassen.

V.: Warum wird nur der Aufkauf und die langfristige Pacht gefördert, warum werden nicht auch Gelder für Ausgleichszahlungen für Grünlandflächen - ähnlich dem Erschwernisausgleich in



R.: Das ist von der Richtlinie her nicht möglich. Und auch haushaltsmäßig gibt es Restriktionen. Das sind Vorgaben, um die wir nmicht umhin können. ... Der Rahmen, in dem wir und bewegen können, ist innerhalb der aufgezählten Maßnahmen vorgegeben. Alles, was sich in diesem Rahmen einordnen läßt, das läuft. Bei allen anderen Maßnahmen müssen wir sagen: "Du Land, mach'!" Deswegen hatten wir bei der Hamme auch vorgeschlagen, um die große Lösung überhaupt noch zum Laufen zu bekommen, daß in Teilen des Projektgebietes das Land fördert. Wir haben gesagt: "In Ordnung, das Kerngebiet völlig aufzukaufen, ist nicht machbar, (weil) es zu teuer ist." Das war ein Finanzvolumen von über 50 Mio. DM. Wenn sie rechnen - 75% sind Bundeshöchstförderung - das ist zu teuer. Das geht nicht. Projektgebiet und Kerngebiet waren seinerzeit identisch. Daraufhin wurde das Kerngebiet verkleinert und im Randgebiet sollte das Land über das Feuchtgrünlandschutzprogramm fördern. Da hat das Land auch mitgespielt. Das Land hat gesagt: "o.k., das ist ja Vorranggebiet für das Feuchtgrünlandschutzprogramm, machen wir das!" Allerdings waren im Antragspapier, welches wir bekommen haben, die Auflagen nicht angegeben. Es war daraus nicht ersichtlich, was das eigentlich bedeutet. Es hieß einfach nur: "Wir nehmen unser Grünlandschutzprogramm mit auf!"

V.: Zurück zu den Protestbriefen! Wurden Sie von den Landwirten auch direkt angeschrieben oder bekamen Sie nur vom Bundesumweltministerium nachrichtlich Bescheid ?

R.: Sowohl als auch. Wir haben die Verteilerliste mitbekommen, damit jeder weiß, an wen das noch gegangen ist und meines Wissens waren es drei Sammlungen und mindestens bei einer war die Bundesforschungsanstalt direkt mit aufgeführt. ...

V.: Waren Sie da erstaunt ? Wie haben Sie das im Vergleich zu anderen Projekten aufgefaßt ?

R.: Bei den Projekten, die ich betreue, habe ich es noch nicht erlebt, daß da Unterschriftensammlungen aufgetreten sind. Wie das bei anderen Projekten aussieht, kann ich nicht sagen. Sonst sind das keine Sammlungen, sondern direkte Briefe, die von einem direkten Betroffenen kommen. Oder es ist ein Vertreter von bestimmten Interessen, der uns schreibt. Unterschriftensammlungen mit 80 Unterschriften wie bei der einen, bei der die Listen mitgeschickt wurden, sind mir das erste Mal zugeschickt worden. Aber wie gesagt, dies gilt für die Projekte, die ich bearbeite. Ob da bei anderen im Vorfeld der riesig langen Antragsphasen etwas gelaufen ist, weiß ich nicht. ... Erstaunt war ich eigentlich nicht, weil wir mit den Vertretern des Landkreises die ewirtschaftungsauflagen diskutiert hatten. Da wurde gesagt: 'Wir müssen eine Zonierung machen. In Bremen - Borgfeld ist das auch gemacht worden und ein bißchen in Anlehnung an dieses Projekt wurde das auch für die Hammeniederung gemacht. Es sollte eine Bewirtschaftung überhaupt noch ermöglichen. Da wurde seitens des Landkreises ein Vorschlag unterbreitet, bei dem wir bei einigen Punkten nicht mitgehen konnten. Zwölf Großvieheinheiten pro Hektar im Kerngebiet, das ist nicht machbar. Da wurde schon gesagt: Wenn man die Bewirtschaftungsauflagen sehr streng macht, wird das nicht akzeptiert. Die ganze Akzeptanz - Diskussion war ständig da. Es gibt ein gewisses Ringen um die Frage: Wie weit kann man gehen ?



Bis wohin kann man noch eine gewisse Akzeptanz erwarten, daß es für den Landwirt noch wirtschaftlich ist und wo nicht ? Von daher hat mich das nicht so wahnsinnig erstaunt, daß da eine Unterschriftensammlung zustande kommt. Was mich erstaunt, ist diese Befürchtung, daß da etwas mit Brachialgewalt durchgesetzt wird. Denn von unserer Seite wird die Freiwilligkeit auch ständig betont.

V.: Was halten Sie von der Befürchtung der Landwirte, daß sie mit ihren Flächen vom Naturschutz eingekreist werden?

R.: Wenn gesagt, daß die Flächen ringsum aufgekauft werden und man sitzt mitten drin, selbst den bekommt niemand heraus. Das ist auch überhaupt nicht im Sinne des Förderprogrammes, da jemanden nachher zu enteignen. Das ist auf keinen Fall machbar. Da gibt es in anderen Projekten, gerade mit solchen Leuten, die sich sperren, erhebliche Probleme.

V.: Man muß das auch aus der Perspektive des Landwirts sehen. Der hat zu tun mit der unteren Naturschutzbehörde, mit der Gülleplatte bekommt er Auflagen, mit dem § 28a, mit der Gülleverordnung und anderen. Bei diesen Berührungspunkten sitzen sie immer am kürzeren Hebel. Wenn beispielsweise eine Fläche unter Paragraph 28a kommt, es wird geschütztes Gebiet, dann gibt es kein Ausweichen. Dann muß man das so hinnehmen. Das gleiche gilt für die anderen Umweltauflagen. Es muß so akzeptiert werden, wie es vorgegeben wird. Das ist hier beim GR-Projekt eigentlich nicht so, aber Unterschiede werden da nicht gemacht. Denn GR-Projekte sind ja auch nicht so bekannt. Für jemanden, der sich da nicht so gut auskennt, ist es nicht transparent, wie groß die Freiwilligkeit ist und wie groß der Zwang ist. Daher sehen die Landwirte es als Gefahr, wenn der Staat Flächen außen herum aufkauft und die Privatleute sitzen mitten drin. Es besteht seitens der Landwirte die Befürchtung: 'Der Staat sitzt am längeren Hebel. Wir müssen klein beigeben.' Diese Befürchtung besteht tatsächlich, selbst wenn sie sich rechtlich nicht absichern läßt.

R.: Ich merke schon: die Öffentlichkeitsarbeit ist schwierig. Wie macht man das ? Einerseits will man nicht nur mit Vorstellungen, mit Luftblasen, an die Öffentlichkeit gehen, weil man befürchtet, Porzellan zu zerschlagen und von vornherein Konfliktpotential zu schaffen. Aber ich sehe nicht, wie man das anders machen soll, als von vornherein die Karten auf den Tisch zu legen und zu sagen: Das sind die Vorstellungen! Das Prinzip der Freiwilligkeit kann man nur immer wieder hervorheben. Das ist die einzige Möglichkeit, die ich sehe, um Befürchtungen und Ängsten aus dem Weg zu gehen. Wie will man denn das prüfen, ob wirklich eine Akzeptanz vorhanden ist, um hier in dieser Größe etwas machen zu können ? Das Borgfelder und Fischerhuder Gebiet ist nicht umsonst so klein, weil man sich da auf den kleinsten gemeinsamen Nenner geeinigt hat. Das ist das, was aus damaliger Sicht möglich war. Heute würde man sagen: Solche kleinen Großprojekte kann man nicht in die Förderung nehmen. Die Größe der Gebiete hat sich doch so explosionsartig entwickelt.

V.: Aber die neuen Bundesländer haben eine andere Agrarstruktur, das ist ganz klar! Da muß man andere Maßstäbe ansetzen. Es können am Oderbruch nicht die gleichen Maßstäbe angesetzt werden wie im Bremer Raum. Das ist etwas anderes. ... In der Hammeniederung war man erstaunt, daß der Waakhauser Polder in das Projekt einbezogen werden sollte. Das hatte niemand erwartet.

R.: So weit ich das mitbekommen habe, ist das hauptsächlich wegen der Wiedervernässung mit hineingenommen worden. Das war die ursprüngliche Version. Da war alles mit einbezogen worden, jetzt ist nur noch ein Teil.

V.: Wie beurteilen Sie die Chancen für eine nochmalige Verkleinerung des GR-Projektes ? Es ist irgendwann kein Naturschutzgroßprojekt mehr. Andererseits steht man unter dem Zugzwang das an die Agrarstruktur anzupassen. Wieweit sehen Sie Möglichkeiten das Gebiet zu verkleinern ?

R.: Bisher orientierte man sich ja immer an der großen Variante. Mit der Maßgabe, um das noch als gesamtstaatlich repräsentativ anerkennen zu können, braucht man Großräumigkeit. Ob es nun die Großräumigkeit in dieser ursprünglich beantragten Fassung sein muß, das kann ich Ihnen im Augenblick nicht sagen. Aber man muß näherungsweise diese Großräumigkeit haben. Ansonsten schaffen wir es mit den Kriterien einfach nicht mehr. Bisher war es so, daß wir den Fördertopf hatten und einige Anträge. Jetzt ist es aber so, daß wir viele Anträge haben. Als Bundesforschungsanstalt haben wir auch eine gewisse Verantwortung, wo die Gelder aus Sicht des Naturschutzes zuerst eingesetzt werden müßten. Das kann ich Ihnen noch nicht sagen, ob das, wenn dieser Antrag mit der verkleinerten Variante kommt, da noch darunter fällt. Momentan haben wir noch nicht einmal Haushaltsmittel für das nächste Jahr fest. Ich weiß nicht, wie das finanziell weiter geht. Die Haushaltsdebatte ist noch voll im Gange. Da habe ich noch keine Zahlen, wie es sich weiter entwickelt. Unter diesen Maßgaben kann ich Ihnen wirklich nicht sagen, wie die Chancen stehen. Das ist schwierig. Man muß auch sehen, wie die neue Variante lautet. Wenn Sie sagen 1500 Hektar - das ist ein Drittel von dem, was wir bisher hatten. Das ist eine heftige Einschränkung. - Wir hatten die Diskussion, welche Flächen eventuell nicht gekauft werden müßten. Von mir aus kam die Idee, daß man das Naturschutzgebiet "Wiesen und Weiden nordöstlich des Breiten Wassers" nicht unbedingt kaufen müßte. Da wurde gesagt: Doch, trotzdem, wegen der nicht ausreichenden Naturschutzverordnung. Das Bundesförderprogramm ist im Grunde ja ein Ankauftitel. Das ist das Hauptinstrument, was für den Ankauf verwendet werden soll, einfach deshalb, weil man die Maßnahmen sonst nicht durchführen könnte. Denn welcher Landwirt könnte da noch mit den Nutzungen, die da noch drauf sind, existieren ? Im Grunde muß man es kaufen. Daher heißt es auch: In erster Linie Ankauf! Wenn das überhaupt nicht geht, dann Pacht, dann Ausgleich.

V.: Aus rein naturschutzfachlicher Sicht ist das sicher richtig. Aber ist es nicht pragmatischer und kann man nicht auch großflächiger planen, wenn man nicht auf Ankauf geht. Man könnte großflächigeren Naturschutz durchsetzen, wenn man die Gelder nicht für den Ankauf, sondern mehr für Anpacht bzw. Ausgleichszahlungen einsetzt, also einen anderen Schwerpunkt setzt. Wie beurteilen Sie das ?

R.: Langfristig ist es kostengünstiger, wenn man es kauft, als wenn man es langfristig pachtet. Und es ist gesichert. Man kann auch bei den langfristigen Pachtverträgen nicht davon ausgehen,



es passieren, daß die Flächen anderweitig genutzt werden. ... Was in einem anderen Projekt gemacht wird, da gibt es sog. rstattungsverträge. Da wird nicht verkauft. Der Eigentümer behält seine Flächen und gestattet aber, daß dort aus Naturschutzsicht alle notwendigen Maßnahmen ergriffen werden, und bekommt dafür eine einmalige Entschädigung gezahlt - etliche tausend Mark pro Hektar. Diese beschränkt persönliche Dienstbarkeit, - so heißt das -, wird eingetragen. Diese Verträge schließt meistens der Träger mit dem Eigentümer ab. In diesem Fall war es der Landkreis Celle. Der hat also auf diesen Flächen alle Optionen offen, aus Naturschutzsicht zu wirtschaften oder die notfalls auch aus der Nutzung zu nehmen, stillzulegen. Was immer er vorgesehen hat, kann er machen. ... Das ist in dem Großprojekt Lutter. Dies gilt für unbeschränkte Zeit. Es ist nicht festgelgt, daß das fünf oder zehn Jahre gilt. ... Bloß auch hier muß die Akzeptanz vorhanden sein, daß jemand diesen Vertrag abschließt. ... Bei der Hamme hat man gesagt: Die 750 ha Flickenteppich sind schon einmal ein guter Grundstock, auf dem man aufbauen kann und dieses Projekt in die Förderung kriegen kann, so daß man nicht so viel Finanzmittel benötigt. Wenn man die 750 auch noch mit einbeziehen müßte, was soll das dann kosten ?

V.: Von den Landwirten wird gesagt: Man soll doch mit dem Naturschutz erst einmal auf den staatlichen Flächen anfangen, zumindest im ersten Schritt.

R.: Das mag für andere Naturschutzgebiete auch zutreffen, aber für diesen Fördertitel... GR - Gebiete sind in vieler Hinsicht doch etwas anderes als die üblichen Naturschutzgebiete. Ich meine, eine Rolle spielt auch noch der Pflege- und Entwicklungsplan, der für diese Projekte gemacht wird. Da gibt es auch noch verschiedenste Empfehlungen oder Auflagen. ...

V.: Das Gülleausbringungsverbot wirft große Probleme auf. Wie beurteilen Sie die Gülleproblematik in GR-Gebieten ?

R.: Man muß sich ja auf gewisse Bewirtschaftungseinschränkungen verständigen. Da ist es mit Beweidung schon kompliziert, mit Düngung ist es ganz kompliziert. Wenn wir uns auch noch auf Gülle einlassen, dann frage ich Sie: Warum machen wir das dann überhaupt? Was bringt das dann noch? Da muß ich die Gegenfrage stellen. Wenn wir sagen würden: Ihr könnt da düngen, Ihr könnt da so und so viel Großvieheinheiten weiden lassen, Ihr könnt mähen und Ihr könnt auch noch die Gülle ausbringen. Ja, also, da muß ich wirklich die Frage stellen: Was bringt das noch? Wozu muß ich da noch mit einem Bundesförderprogramm herangehen, um gesamtstaatlich hochwertige Gebiete unter Schutz zu stellen? Ich wüßte es nicht. ...

V.: Ich meine, die Auflagen sollten nicht so streng gefaßt werden, um die Akzeptanz der Landwirte zu erlangen! Sicherlich, man muß dann erhebliche Kompromisse eingehen.

R.: Das ist sicherlich wünschenswerter als wenn man totale Extensivierung auf den Flächen anstrebt. Wenn man zwischen annähernd extensiver Bewirtschaftung und einer völlig hyperextensivierten wählt, da gebe ich Ihnen Recht. Problem ist bloß, bei den Schutzzielen, die in diesem Förderprogramm vertreten werden, komme ich da nicht weit. Als Beispiel seien die Borgfelder



Wümmewiesen genannt: In der Zone I mit den rstriktivsten Auflagen hat man festgestellt, daß eine doch unwahrscheinlich günstige Entwicklung in bezug auf Artenvielfalt abgelaufen ist. In den anderen Zonen mit weniger strengen Auflagen ist die positive Entwicklung kaum merkbar. O.k., jetzt kann ich sagen: Sie hat sich aber auch nicht verschlechtert im Vergleich zu anderen Gebieten, wo ich nichts mache, wo mit der gleichen Intensität wie die ganze Zeit schon gewirtschaftet wird. Wenn ich das als Maßstab nehme, dann haben Sie natürlich Recht. Da ist es eine Verbesserung, daß es nicht schlechter geworden ist. ... Ein anderes Problem sind die Tauschflächen. Dies ist ein speziell bremerisches Problem. Das tritt auch in der Hamme auf. Da sagen die Leute auch: 'Wir haben gar nicht genug Tauschfläche.' Das haben die uns auch direkt mit der Unterschriftensammlung mitgeteilt. Es sind in erreichbarer Entfernung keine Tauschflächen vorhanden; die gibt es nicht. 'Selbst wenn wir bereit sind zu verkaufen, wollen wir woanders Flächen haben, auf denen wir wirtschaften können', und die gibt es nach Auffassung nicht. .. Aber das ist eine Angelegenheit des Trägers. Der muß prüfen, ob er überhaupt Angebote hat. ...

V.: In der Hammeniederung hätte es bei einem Projektgebiet von 4500 Hektar geheißen, daß das Flurbereinigungsgebiet etwa sechsmal so groß ist. Das würde sich über die Landkreigrenze hinaus erstrecken bis in den Landkreis Cuxhaven hinein.

R.: Es muß auch beachtet werden, wieviel Landwirte mit wieviel Fläche betroffen sind. Bei dem anderen Projekt, welches ich betreue, sind 50 % der Landwirte mit 30-70 % ihrer Flächen betroffen und die anderen 50 % also unter 30 %. Das ist ein großer Unterschied. Das habe ich auch in Borgfeld oder Fischerhude nicht. Da habe ich keine Bauern, die ihren ganzen Besitz in dem Gebiet drinnen haben. Der Anteil ist bei der Hamme sicher entscheidend höher. Das haben wir auch mit dem Träger besprochen. Haben z.B. Landwirte 80% ihres Besitzes in dem Projektgebiet, ist das sicherlich hart. Die wären fast zur Gänze von dem Projekt betroffen.

V.: Die Idee, eine Entwicklungs- und Betroffenheitsanalyse anfertigen zu lassen, geht die im allgemeinen mehr von Ihnen oder vom Träger aus?

R.: Fordern können wir es nicht. Die Idee, das zu machen, kam meistens von den Trägern, weil das für die auch eine gewisse Absicherung ist, was den weiteren eventuellen Projektverlauf anbelangt. Wir haben es bisher nicht gefordert, zumal das eine Entscheidung auch ziemlich herauszögert, je nach dem, wann damit begonnen worden ist, und wie lange gebraucht wird, um so eine Analyse zu erstellen. Aber es heißt Entwicklungs- und Betroffenheitsanalyse. Das wurde gerade bei der Hamme betont, daß das nicht nur die Betroffenheit, sondern auch den Entwicklungsaspekt berücksichtigt. Und da war die Rede von der Lösung von erkannten Problemen. Die Frage z.B. von der Vermarktung von Naturschutzmilch und solche Sachen... Wenn ich die Landwirte schon derart restriktiv behandele, brauchen die ja etwas, was sie noch anbieten können, wo sie mit auf den Markt kommen können. Irgendwie müssen die Landwirte ja leben.

R.: Es wird von verschiedenen Projektträgern immer wieder als Variante offeriert, z.B. in der Schafheide in Brandenburg. Da



steht so etwas ebenfalls zur Debatte. Die haben diesen riesigen Berliner Markt vor Augen und meinen, wenn sie ihre Bioprodukte aus dieser schönen Gegend - wenn das unter Schutz steht - dort anbieten, da doch eine Chance hätten. Wie gesagt, ich habe das schon aus verschiedensten Projekten gehört und ich bin trotzdem skeptisch. - Ich weiß nicht, ob man die Intensivierung der Außenbereiche so ausschließen kann. ... Im GR-Gebiet wird extensiviert und im Prinzip wird vieles nur verlagert, ob das nun die Gülle, die Milchquote, die Düngung oder sonstiges ist. Das kann man nicht von der Hand weisen. Theoretisch wird immer gesagt, daß man auch die benachbarten Bereiche nicht so intensiv bewirtschaften soll. Aber ich glaube, das ist ein Wunschtraum. Ich sehe das nicht, wie man das unter realen Bedingungen machen soll. Nun hängt das auch davon ab, wo das Gebiet liegt. Wenn ich Flächen habe, die ziemlich hochwertig sind, habe ich generell Probleme, da überhaupt eine Akzeptanz für Naturschutzprojekte zu finden. Das war im Antrag auch so begründet, daß das bei der Hamme nicht so kompliziert wäre, weil das agrarstrukturell doch nicht ein so gutes Gebiet ist. Man geht davon aus, daß sich das verschlimmert, d.h. noch mehr Fläche stillgelegt werden usw. Man dachte, daß die Aussichten von daher gar nicht so schlecht sind und die Zeit ein bißchen für sich arbeiten würde. Wie hat sich das bei Ihnen bei der Befragung wiedergespiegelt ? Wie ist da die Tendenz ? Ich weiß nicht, wie schwarz die Leute sehen oder wie hoffnungsvoll die Leute sind, daß sie sich noch über längere Zeit halten können, abgesehen von denen, die definitiv schon sagen: 'Dann und dann gebe ich definitiv auf.' ...Ich weiß nicht, ob das Gespräch für Sie so viel gebracht hat. Ich hatte Ihnen im Vorfeld auch schon versucht ein bißchen klar zu machen, daß wir an den Problemen, die die Konflikte betrifft, nicht so nahe dran sind, weil der Träger da noch zwischen hängt. Wir haben von hier aus nicht den Zugriff. (Außerdem) wird es von den Ländern nicht unbedingt erwünscht, daß der Bund sich zu stark in die Kompetenzen einmischt. Denn Naturschutz ist im Grunde genommen Länderkompetenz. Und das ist hier für den Bund überhaupt nur möglich, so ein Förderprogramm zu machen, weil er sich auf die gesamtstaatliche Repräsentanz beruft. Das ist gewissermaßen ein ungeschriebenes Gesetz. Das kann man nirgends nachlesen. Von daher ist es für uns auch immer schwierig, in gewisse Dinge so einzugreifen. Das wird von Landesseite nicht unbedingt gewünscht. ... Wir können uns natürlich nicht vor der Verantwortung drücken. Das ist vollkommen klar. Ich hatte Ihnen das erzählt mit der Prüfung durch den Bundesrechnungshof. Die nehmen uns da schon in die Pflicht. Wir nehmen uns auch selber in die Pflicht; das müssen wir schon machen. Das geht damit los, daß die Förderrichtlinien eine Effizienzkontrolle erfordern. Aber zu fördern sind diese Effizienzkontrollen aus Bundesmitteln nicht. ... Auch die Dauerpflege wird zwar gefordert, aber nicht gefördert. In dem Pflege- und Entwicklungsplan werden zwar Ersterhebungen gemacht, und es wird zwar festgelegt, zumindest vorgeschlagen, welche Flächen für Daueruntersuchungen eingerichtet werden sollen, aber bezahlt wird es nicht. Da geht es schon mit einer einfachen Maßnahmenkontrolle los. Das ist im Grunde genommen das erste, was man machen müßte, bevor man an eine wissenschaftliche Untersuchung herangeht. Wissenschaftliche Begleitung wird auch nicht gefördert - nichts, geht nicht! Das steht ausdrücklich in den Richtlinien unter "nicht zu fördernde Maßnahmen". Bei Entwicklungs- und Erprobungsvorhaben geht es wiederum. Da wird vom Antrag bis zu den wissenschaftlichen uns auf eine gewisse Maßnahmenkontrolle beschränken. Das ist aber schwierig. Wenn ich ca. zehn Projekte habe, quer verteilt in der Bundesrepublik, dann müßte ich ständig draußen vor Ort sein und kontrollieren. Und auch das ist eine Illusion. Fahre ich dort weg, weiß ich, was während der drei, vier Monate passiert, in denen ich mich um dieses Projekt nicht kümmere? Deswegen ist der Träger da. Der muß ja nachweisen, wofür er diese Gelder ausgibt, den sog. Verwendungsnachweis. Aber das hat auch nichts mit Erfolgskontrolle oder so zu tun. Das ist eine simple Vorlage von Rechnungen. Die prüft in erster Linie das Land, weil das Land Bewilligungsbehörde ist. Das ist im Grunde genommen schon extra so gemacht, so daß jeder seinen Teil Verantwortung hat. ... Der Träger ist ja oft ein Landkreis oder ein Verein. Die sind finanziell ja oft gar nicht in der Lage, so horrend hohe Mittel zu zahlen. In den östlichen Bundesländern haben die z.B. händeringend gebeten, ob nicht dann das Land einspringen könnte. Wenn schon der Bund nicht mehr als 75% gibt, das ist der Höchstsatz, daß das Land z.B. 20 % und der Träger nur 5 % gibt. Aber da ist uns auch gesagt worden: Nein, das geht nicht, weil ein gewisses Eigeninteresse vorhanden sein muß, damit der sich gewisser Maßen verantwortlich fühlt und nicht nur Geld, was nicht seines ist, verteilt. Von daher ist das schon richtig, jeder hat seinen Teil (Verantwortung). Und diese Sachen vor Ort muß der Träger machen. Nicht umsonst ist es seit April letzten Jahres so, daß Personalkosten gefördert werden, d.h. es kann ein Projektmanager eingesetzt werden. (Das geht) natürlich nicht für ein so kleines Projekt wie Fischerhude. (Außerdem) lag das nicht in dem Zeitraum, in dem wir das hätten bewilligt bekommen. Ich will nicht sagen, daß nicht auch kleine Projekte Arbeit machen. Denn das ist unlogisch, daß an Hektar fest zu machen. Das ist nicht richtig. Aber wie gesagt, nach diesen Förderrichtlinien ist es seit April letzten Jahres möglich, daß die neuen Projekte, die in die Förderung gehen, einen Projektmanager haben.

V.: Sehen Sie es auch als Vorteil, daß sie nicht immer vor Ort sind?

R.: Das muß so auch sein, weil man sich auch den Blick für die übrigen Gebiete, sagen wir für das Förderprogramm insgesamt bewahren muß. Man kann sich nicht zu tief in einzelne Projekte verstricken. Das klappt nicht. Das kommt sowieso, weil der Träger sich dann rückversichern will. "Können wir das nun machen, oder nicht?" Die sehen dann natürlich auch noch das Gepenst der Mittelrückforderung. Das steht auch noch da. Das ist bisher noch nicht praktiziert worden, aber theoretisch besteht ja die Möglichkeit, daß der Bund sagt: "Bei dem Projekt, das klappt nicht; Ziel wird nicht erreicht, also gehen wir wieder zurück, oder es wird ausgesetzt." Wenn da erhebliche Probleme auftauchen, hatten wir das schon, das ein Projekt ausgesetzt wird. ... Von den Problemen her ist das nicht uninteressant, wenn man das mitbekommt, wie das vor Ort läuft. Auch die Betroffenheitsanalyse - man bekommt da so einen Bericht auf den Tisch. Was da im einzelnen hintersteckt, das kann man nur ahnen, wenn man die Ortskenntnis nicht hat.

V.: Die Betroffenen werden ihrer Ansicht nach immer zu spät in Naturschutzplanungen mit eingebunden. Die Planungskarten werden teilweise geheimgehalten. Dies führt natürlich zu massiver Kritik der Landwirte.



R.: Die eigentliche Planung - mit dem GR-Antrag wird ein Maßnahmenkonzept vorgelegt. Das ist das Kriterium, die Beispielhaftigkeit. Da wird geprüft, was dort passieren soll. Konkrete Planungen gibt es jedoch erst, wenn der Pflege- und Entwicklungsplan geplant wird. Dies wird in den ersten zwei, drei Jahren der Projektlaufzeit gemacht. Wir haben alte Projekte, da läuft das erst zum Schluß, z.B. Borgfeld. Borgfeld läuft 1995 aus und jetzt erst ist der Pflege- und Entwicklungsplan fertiggestellt worden. Früher gab es das nicht, da war das nicht vorgesehen. - Ich gebe eines zu: Die Anforderungen an solche Projekte haben im Laufe der Zeit ganz schön zugelegt. Verglichen mit den Anfangsjahren Ende der 70er Jahre/ Anfang der 80er, selbst noch bis Mitte der 80er Jahre wurde kein Pflege- und Entwicklungsplan gemacht. Die Anträge wurden auch nicht in so detaillierter Form verlangt. Da bitten wir um Verständnis, daß man nicht auf dem Stand Mitte der 70er oder Ende der 70er Jahre kleben bleiben kann. Wobei die Projekte natürlich auch teuer werden. Das darf auch nicht vergessen werden.

V.: In den Fischerhuder Wümmewiesen wurden bis heute noch keine Naturschutzgebietsverordnung von der Bezirksregierung Lüneburg erlassen. Es soll erst das Flurbereinigungsverfahren, in diesem Fall das BZ-Verfahren, abgeschlossen werden. Daher wurde mit der Landwirtschaft vereinbart, daß keine Intensivierungsmaßnahmen erfolgen. Jetzt steht man vor der Frage, ob man nicht doch schon das Naturschutzgebiet ausweisen sollte, weil sich nicht alle Landwirte an die Vereinbarungen halten. Denn im Einzelfall wurde Grünland umgebrochen. Was halten Sie davon ?

R.: Nach dem, was die letzte Arbeitsgruppensitzung ergab, schreitet der Flächenankauf ziemlich gut voran. Aus diesem Grunde hatte man sich geeinigt, gerade, weil das mit dem Flächenankauf so gut verläuft, erst einmal von der Ausweisung absieht. Es ist aber von der Bezirksregierung an die Landwirte appelliert worden, den Bogen nicht zu überspannen, was jetzt die Intensivierung anbelangt. Da ist versichert worden: "Nein, das wird nicht gemacht, wir halten uns an die Vorgaben. Wir müssen abwarten, wie das weiter läuft. Wenn das nicht klappt, muß man nochmal überlegen, ob man nicht die Ausweisung vorzieht."

V.: Wie ist das denn in anderen GR-Gebieten. Wird da auch so verfahren wie in Fischerhude? Wie geht man da vor?

R.: Es ist mir nicht bekannt, daß das irgendwo vorgezogen wurde. Es heißt, daß das bis zum Ende der Laufzeit Naturschutzgebiet werden soll. Mir ist es nicht bekannt, daß das in irgend einem Projekt vorgezogen worden ist. Und nach den neuen Förderrichtlinien muß es nicht einmal bis zum Ende der Laufzeit gemacht werden, sondern bis zum Ende der Laufzeit ist das Verfahren zu beantragen. So lautet die Formulierung. Das ist natürlich auch ein himmelweiter Unterschied. Zumindest in diesem Punkt ist die Neuerung eine gewisse Aufweichung. So sehr wir uns gefreut haben, daß wir die Ausgleichszahlungen jetzt für alles haben, nicht nur für die Gewässerrandstreifenprojekte, hat das natürlich ein bißchen Betrübnis unsererseits geführt. Das war ein Zugeständnis an die Länder. Die haben sich massiv dafür ausgesprochen, daß dieser Passus geändert wird, damit sie nicht



mehr so sehr mit der Naturschutzgebietsausweisung in die Pflicht genommen werden können.

V.: Sie stehen auch vor den Schwierigkeiten, daß von Land zu Land unterschiedliche Gesetze bzw. Regelungen gelten.

R.: Ja, das ist richtig. Damit muß man leben. Es ist das föderale Prinzip.

V.: Die Regelungen im Naturschutzbereich sind heute so kompliziert, daß kaum jemand mehr richtig Bescheid weiß. Eine Vereinheitlichung wäre nach meiner Meinung wünschenswert.

R.: Das ist Wunschdenken. Ich sehe nicht, daß das in absehbarer Zeit passiert. Das glaube ich nicht. Wie gesagt, von seiten der Länder wurde es gewünscht, daß die stärker in den Ablauf der Projektförderung einbezogen werden und auch eine gewisse stärkere Eigenständigkeit bekommen. Der Bundesforschungsanstalt ist vorgeworfen worden, daß wir uns zu stark in viele Dinge einmischen. Daher vorhin meine Andeutung als wir von Verantwortung sprachen. Das ist für uns auch nicht ganz einfach. Wie man es macht, ist es verkehrt. Mischt man sich ein, wird gesagt: "Das ist überhaupt nicht Eure Kompetenz, das wollen wir als Land selbst machen." Und tut man es nicht, kommt der Bundesrechnungshof und sagt: "Der Kontrollpflicht nicht nachgekommen" - jetzt mal als Extrem. Das ist eine Stellung, die ist nicht so ganz einfach. Wir sehen natürlich erst einmal das Projektziel. Wenn wir da der Meinung sind, daß man sich zu einem bestimmten Zeitpunkt einklinken müßte, dann machen wir das, - ob die sich nun ein bißchen aufregen oder nicht. Da muß man sich im Interesse der Projekte durchsetzen. ... In vieler Hinsicht können wir uns auch nicht darauf verlassen, daß wir da über bestimmte Entwicklungen informiert werden. Da ist ein gutes Verhältnis zu den Projektträgern wichtig. Ohne das läuft das von hiesiger Seite nicht. Und der Projektträger fühlt sich (sonst) auch ein bißchen alleine gelassen.

R.: Was bei der Hamme die zukünftige Perspektive anbelangt, kann ich verstehen, daß sich das noch ein bißchen herauszögert, bis der überarbeitete Antrag gestellt worden ist. Aber eine Kerngebietsverkleinerung wird schwierig, um diesen gesamtstaatlich repräsentativen Fördertitel für das Projekt noch zu bekommen. ...

V.: Wenn ein neuer Antrag gestellt wird, wird sich dieser auf das Gebiet des Flickenteppichs plus der heute schon vorhandenen Naturschutzgebiete beziehen. Diese Naturschutzgebiete sind in privater Hand. Wie wird das aus naturschutzfachlicher Sicht von der Bundesforschungsanstalt bewertet werden ? Wird dann noch die Großräumigkeit gewährleistet sein ?

R.: Ob dem gefolgt werden kann, das sehe ich kritisch. Wir hatten damals mit der Erweiterung in Richtung Ritterhude eine Abgrenzung von 4500 ha. Die Erweiterung wurde quasi seitens der Bundesforschungsanstalt gefordert, damit man diese Großräumigkeit hat. Ursprünglich sollte das ja in nördlicher Richtung weiter gehen. Das ist abgetrennt worden und dann hat man gesagt: "Dann eben die Erweiterung in Richtung Ritterhude." Wenn das jetzt alles abgespeckt wird und letztendlich der Flickenteppich mit diesen



ich sehr kritisch sehen. Sie fragten auch, wie wir das sehen, daß die vorhandenen Naturschutzgebiete mit einbezogen werden. Ich hatte ja gesagt: Gerade im Breiten Wasser und auf den Wiesen und Weiden nordöstlich des Breiten Wassers sind nach Aussaga des Trägers die Auflagen so lasch, daß man die Flächen kaufen müßte. Also müssen sie ins Kerngebiet mit einbezogen werden. Das war ja unsere Idee, daß man die Flächen nicht kaufen muß, aber trotzdem mit ins Kerngebiet mit einbezieht. Da wurde vom Träger gesagt: 'Das geht nicht; hier muß angekauft werden, weil sonst die Naturschutzmaßnahmen nicht realisierbar sind. Das kann ich nachvollziehen. Wenn ich da vernässen oder etwas anderes machen will, und sich das nach den jetzigen Bestimmungen nicht mit den Nutzungen der Landwirte vereinbaren läßt, muß ich es kaufen.

V.: Wiedervernässung wird aber östlich der Beek sowieso nicht angestrebt.

R.: Ja, richtig, aber strenge Bewirtschaftungsauflagen. ... Wie gesagt: Wir müssen die neue Variante erst einmal sehen - was da nun wirklich vorgelegt wird. Die müssen uns das erst einmal zuschicken. Aus der hohlen Hand heraus möchte ich da jetzt nichts zu sagen. - Auch in unseren Veröffentlichungen sagen wir, daß man sich, bevor man sich die Arbeit macht und einen so großen Antrag schreibt, was doch mit Aufwand und Mitteln verbunden ist, sich erst eine Skizze macht und da die ungefähren Vorstellungen etwas genauer äußert. So wird klar, was eigentlich beabsichtigt ist. Das wird eingereicht und hier geprüft. Es wird von uns dann beurteilt, ob es überhaupt für eine Förderung in Frage kommt. Es geht in der Regel dann ein entsprechendes Votum heraus, also o.k. oder eben nicht und dann wird ein Antrag gemacht. Deswegen haben wir diese eine Veröffentlichung, damit potentielle Träger oder Interessenten erst einmal wissen, wie sie vorgehen. Nicht gleich einen dicken Antrag liefern und dann nachher gesagt bekommen : Nein, das wird nichts, geht nicht - kommt für die Förderung nicht in Frage. Da ist die ganze Arbeit für die Katze plus der Mittel. Das ist der Hintergrund, auch im Zusammenhang mit dem, was zum Pflege- und Entwicklungsplan gesagt wurde. Wir hätten gerne wenigstens ein paar grundsätzliche Minimalanforderungen, wie ein Pflege- und Entwicklungsplan auszusehen hat. Da wird auch schon ein bißchen an spätete Effizienzkontrollen gedacht. Der Pflege- und Entwicklungsplan ist ja so eine Art Ersterhebung für eine zukünftige Effizienzkontrolle. ...

V.: Effizienzkontrollen bedeuten, daß dort Nachkartierungen durchgeführt werden ?

R.: Ja, ich meine Effizienzkontrollen, keine Maßnahmenkontrollen. Was hat es gebracht hinsichtlich Artenvielfalt oder Artenentwicklung oder welche Pflanzengesellschaften haben sich neu entwickelt ? Oder sind Verschiebungen von Arten (aufgetreten ?) Oder wie hoch sind die Bruterfolge oder so etwas, also im Prinzip mehrere Kartierungen über die Jahre hinweg. Das ist unter anderem eine Forderung des Bundesrechnungshofes. Das kann ich auch verstehen. Wenn da so viel Geld investiert wird, will man sehen, was da herauskommt. Das wird bis jetzt nicht gemacht, erst in den neuen Förderrichtlinien - in dem Vorläufer von 1991 - steht das auch schon drinnen. Man kann das irgendwo verstehen, daß man wissen möchte, was da hinten herauskommt. Deswegen hat man auch die Langfristigkeit der Pachtverträge. Wenn man schon so viel Geld investiert hat, möchte man auch, daß das langfristig gesichert ist und nicht nur über einen Zeitraum von zehn Jahren. Gut, da kann man sich streiten, was kurzfristig und was langfristig ist. Aber in diesem Fall ist an die langfristige Sicherung gedacht und die bedeutet zumindest 30 Jahre.

**BREMER BEITRÄGE ZUR GEOGRAPHIE UND RAUMPLANUNG**

Bisher erschienen:

Heft 1: G. BAHRENBERG und W. TAUBMANN (Hrsg.): Quantitative Modelle in der Geographie und Raumplanung. 1978. DM 8,-

Heft 2: G. FELLER und W. TAUBMANN (Hrsg.): Meere und Küstenräume, Häfen und Verkehr. Vorträge und Arbeitsberichte. 17. Deutscher Schulgeographentag 1980. 1982. DM 18,-

Heft 3: M. M. FISCHER: Eine Methodologie der Regionaltaxonomie: Probleme und Verfahren der Klassifikation und Regionalisierung in der Geographie und Regionalforschung. 1982. DM 15,-

Heft 4: G. LENG: Desertification. A bibliography with regional emphasis on Africa. 1982. DM 15,-

Heft 5: G. BAHRENBERG und M. M. FISCHER (Hrsg.): Theorie und quantitative Methodik in der Geographie. 1984. DM 15,-

Heft 6: K. FINKE: Identifikation, Parameterschätzung und Güteprüfung von STARMA-Modellen. Eine Darstellung des Modellkonzeptes, veranschaulicht am Beispiel der Bevölkerungssuburbanisierung in einem Umlandsektor Bremens. 1983. DM 15,-

Heft 7: K. LÖSCH: Probleme des Abfallaufkommens und der Abfallbeseitigung dargestellt am Beispiel bundesdeutscher Städte. 1984. DM 15,-

Heft 8: G. BAHRENBERG und M. M. FISCHER (Hrsg.): Theoretical and Quantitative Geography. Proceedings of the Third European Colloquium held at Augsburg, 13th - 17th September 1982. 1986. DM 20,-

Heft 9: T. HEBERER: Nationalitätenpolitik und Entwicklungspolitik in den Gebieten nationaler Minderheiten in China. (Arbeiten zur Chinaforschung). 1984. DM 20,-

Heft 10: W. STEINGRUBE: Probleme der Standortplanung allgemeinbildender Schulen im ländlichen Raum. Eine Sensitivitätsanalyse der wichtigsten Einflußfaktoren mit Hilfe räumlicher Optimierungsverfahren - am Beispiel des Landkreises Rothenburg/W. 1986. DM 12,-

Heft 11: G. BAHRENBERG, J. DEITERS, M. M. FISCHER, W. GAEBE, G. HARD und G. LÖFFLER (Hrsg.): Geographie des Menschen. Dietrich Bartels zum Gedenken. 1987. DM 28,-

Heft 12: B. ROBERTS: Die ökologischen Risiken der Stadtentwicklung und Landnutzung in Ürümqi, Xinjiang/China. (Arbeiten zur Chinaforschung). 1988. DM 19,-

Heft 13: G. AUSTRUP: Entwicklungs- und Planungsprobleme in der Öresundregion. 1988. DM 18,-

Heft 14: G. LENG und W. TAUBMANN (Hrsg.): Geographische Entwicklungsforschung im interdisziplinären Dialog. 1988. DM 12,-

Heft 15: S. KERBECK: Nutzungsformen, Nutzungskonkurrenzen und Nutzungskonflikte im Bereich der deutschen Nordseeküste. 1989. DM 17,-

| | |
|---|---|
| Heft 16: | L. JANDER: Prolegomena zu einem ganzheitlichen Geographieunterricht. Zum Problem des Reduktionismus. 1989. DM 14,- |
| Heft 17: | D. VOIGT: Lage und Zukunftsperspektiven des öffentlichen Personennahverkehrs in ländlichen Räumen unterschiedlicher Struktur. Eine empirische Untersuchung am Beispiel Niedersachsens. 1989. DM 18,- |
| Heft 18: | T. HEBERER: Die Rolle des Individualsektors für Arbeitsmarkt und Stadtwirtschaft in der Volksrepublik China. (Arbeiten zur Chinaforschung). 1989. DM 32,- |
| Heft 19: | J. EHLERS: Untersuchungen zur Morphodynamik der Vereisungen Norddeutschlands unter Berücksichtigung benachbarter Gebiete. 1990. DM 20,- |
| Heft 20: | P. P. MANZEL: Reliefmodelle und Abtragungsbilanzen in Polargebieten. 1990. DM 14,- |
| Heft 21: | C. BEIER: Neuere Regionalplanungsansätze in der VR China - untersucht am Beispiel der Region Jinhua, Provinz Zheijiang. (Arbeiten zur Chinaforschung). 1991. DM 20,- |
| Heft 22: | M. KRIETER: Ökosystemare Untersuchungen zur Boden- und Gewässerversauerung im südlichen Taunus und Hunsrück. 1991. DM 20,- |
| Heft 23: | H. A. PIEKEN: Die Osterstader Marsch. Werden und Wandel einer Kulturlandschaft. 1991. DM 43,- |
| Heft 24: | D. STROHMEYER: Bremerhaven. Wirtschafts- und Stadtentwicklung im Spannungsfeld langfristiger Konjunkturlagen. 1992. DM 30,- |
| Heft 25: | K. C. TAN, W. TAUBMANN und S. YE (Hrsg.): Urban Development in China and South East Asia. (Arbeiten zur Chinaforschung). 1993. DM 20,- |
| Heft 26: | N. EBI: Eine Methodik zur frame-basierten Modellierung und Bildinterpretation von topographischen Karten mittleren Maßstabs. 1993. DM 17,- |
| Heft 27: | B. LAUTERBACH: Extraktion attributierter Strukturprimitiven aus kartographischen Vorlagen auf der Basis einer multispektralen Bildanalyse. 1993. DM 18,50 |
| Heft 28: | V. HOCHSCHILD: Geomorphologische Kartierung und Untersuchung der Auftaudynamik mit ERS-1-SAR-Daten im Bereich der Antarktischen Halbinsel. 1995. DM 25.- |
| Heft 29: | G. KÖNIG: Entwicklung einer GIS-gestützten Methode klimaökologischer Standortbewertung am Beispiel Bremens. 1995. DM 23,- |
| Heft 30: | R. ZARSTECK: Ökonomischer Strukturwandel und innovative Unternehmensstrategien. Ein Beitrag zu den Auswirkungen flexibler Produktion im Verarbeitenden Gewerbe - am Beispiel der Regionen Bremen/Oldenburg und Duisburg/Oberhausen. 1995. DM 30,- |